고대 문명의 이해

고대 문명의 이해

크리스토퍼 스카레, 브라이언 페이건 지음

이청규 옮김

사회평론

영남문화재연구원 학술총서 11

고대 문명의 이해

2015년 3월 9일 초판 1쇄 찍음 2015년 3월 16일 초판 1쇄 펴냄

지은이 크리스토퍼 스카레, 브라이언 페이건 **옮긴이** 이청규 **펴낸이** 권현준 **펴낸곳** (주)사회평론아카데미
편 집 김천희, 이소영, 김혜림, 조유리 **디자인** 김진운 **본문 조판** 디티피하우스 **마케팅** 김현주

등록번호 2013-000247(2013년 8월 23일) **전 화** 02-326-1182 **팩 스** 02-326-1626
주 소 서울시 마포구 월드컵북로6길 56(4층) **이메일** academy@sapyoung.com
홈페이지 www.sapyoung.com
ISBN 979-11-85617-36-7 93900

머리말

아마 누군가가 이 바닥을 마지막으로 밟은 뒤 3000년 혹은 4000년 정도 흘렀을 것이다. 하지만 문 옆 그릇에 아직도 반쯤 남아 있는 모르타르, 꺼져 있는 횃불, 칠한 직후 벽에 남은 손가락 흔적, 문간에 떨어진 이별 화환 같은 것들이 이승에서 조금 전에 보낸 듯한 모습으로 남아 있었다… 이러한 낯선 것들로 인해, 그동안 시간이 멈추었고 자신이 스스로 침입자라는 느낌을 갖게 된다.

— 이집트 학자 하워드 카터(Howard Carter),
투탕카멘의 무덤에 대한 메모, 1922년 11월 26일

고대 문명을 생각할 때 우리는 소용돌이치는 안개 속에 있는 황금 파라오, 위대한 도시와 신전 언덕, 버려진 왕궁들과 같은 낭만적 광경을 떠올리게 된다. 아시리아인, 호메로스의 트로이, 중앙아메리카 마야 문명의 발견은 19세기 위대한 모험 이야기들 중 하나였다. 영국인 오스틴 헨리 레이어드(Austen Henry Layard) 같은 19세기 고고학자가 니네베(Nineveh)를 발굴하였고, 뉴욕 시민 존 로이드 스티븐스(John Lloyd Stephens)가 고대 마야인을 세상에 알려 유명 인사이자 동시에 베스트셀러 저자가 되었다(그들을 포함한 이전 발굴조사자들은 20세기 후반의 영화 속 주인공으로 과장되게 묘사된 인디아나 존스의 원형이었다). 환상적인 상상은 1920년대까지 지속되었다. 하워드 카터와 카나본(Carnarvon) 경이 도굴되지 않은 파라오 투탕카멘의 무덤을 발견하는 놀라운 성과를 올리고 레너드 울리(Leonard Woolley)가 이라크 우르(Ur)에서 왕가 무덤을 극적으로 발굴하였을 때 과거에 대한 사람들의 관심이 정점에 이르렀다. 심지어 오늘날에도 중국 최초 황제인 진시황제의 병마용이나 페루 해안의 시판(Sipán) 신과 같이 중요하고 화려한 발견이 이루어질 때는 고고학이 상당히 흥미로운 도전일 수 있다는 것을 다시금 인식하게 된다.

19세기는 고고학적 모험이 활발한 시기였다. 20세기에 들어서면서 고고학은 우연을 기대하는 탐험에서 복잡하고 매우 전문적인 학문적 분야로 바뀌었다. 존 로이드

스티븐스와 화가 프레더릭 케서우드(Frederick Catherwood)가 마야 코판(Copán)의 폐허 사이를 가까스로 헤쳐 나가면서 조사하고, 폴 에밀 보타(Paul-Emile Botta)와 레이어드가 아시리아 궁정의 장엄한 부조를 런던과 파리에 소개하여 충격을 준 지 155년이 지나서야 우리들은 세계의 초기 문명들에 대하여 눈을 뜨게 되었다. 이 책은 모험과 환상에 관한 이야기가 아니라, 세계 모든 곳의 산업화 이전 문명에 대한 가장 최근의 연구 성과를 요약, 정리한 것이다. 고고학적 발굴조사, 연구실에서의 실내 작업, 흑요석과 금속광물들의 생산지와 관련된 주제를 다룬 고도로 전문적인 과학적 조사 그리고 역사적 기록과 민족지 등의 여러 자료에 기초하여 다양한 접근을 시도하였다. 최종 분석 단계에서는 남겨진 물질자료만으로 재구성한 내용을 보다 구체적으로 설명하여 줄 고대 구전기록과 자연과학의 성과를 종합, 정리할 것이다.

이 책은 총 6부로 구성되어 있는데 상호 논리적으로 연결되어 있다. 제1부는 기초 배경으로 약간의 주요 정의들과 역사적 정보를 다루었다. 또한 1세기 이상에 걸쳐 고고학의 중요한 논쟁 중 하나였던 문명의 발전과 관련된 몇몇 주요 이론에 대하여 서술하였다. 제2부는 수메르, 이집트, 인더스와 최초 중국 국가의 초기 문명에 초점을 맞추었다. 제3부와 제4부는 기초 문명을 토대로 한 근동과 지중해의 후기 문명을 추적한다. 이 책은 고전 그리스와 로마 문명을 서술하는 데에서 독특한 내용을 담고 있는데, 과거 권위자들이 주장했던 것보다 더 거슬러 올라가 기원을 논의하였다. 제5부는 약 2000년 전 인도양 계절풍이 발견되어 관계망이 조성된 지중해와 아시아의 세계를 다룬다. 마지막으로 제6부에서는 주목을 당연히 받아야 하는 메소아메리카와 안데스 산맥에 걸친 아메리카의 초기국가에 대하여 4개의 장으로 나누어 기술하고, 에필로그에서는 마무리할 것이다.

이 책은 약 5000년 전 근동에서 출현한 문명을 시작으로 16세기 초 스페인이 점령한 멕시코와 페루의 문명까지 고대 문명에 대하여 꾸밈없는 이야기체로 그 내용을 설명하였다. 특정 이론체계에 맞추지 않고, 그야말로 전 지구적인 관점에서 세계 문명을 서술하고 있다. 이는 고대사회 자체의 변이성과 최근 수십 년에 걸쳐 이루어진 연구방법의 다양성을 고려한 결과이다. 제2장에서 이론적인 주요 관점들을 요약하고, 국가 조직사회들이 복잡한 과정을 거치면서, 여러 방면에서 세계의 많은 지역이 관계를 갖고 발달하였다는 논리에 중점을 두어 정리하였다. 또한 여러 국가 발달 과정들을 아우르는 포괄적 원칙이나 규칙도 없다는 것을 강조하였다. 반면에 각 문명은 현지 환경과 독특한 세계관을 반영하여 제도로 구체화하였음을 보여준다. 신성 왕권은 이집트, 크메르, 마야와 잉카 문명의 특징이지만, 그것이 신성왕권 정치가 한 곳에서 시작되어 세계의 모든 지역으로 퍼져나갔다는 것을 의미하지는 않는다. 만약 이 책의 내용에 이론적인 틀이 있다면, 그것은 초기 문명이 각각 유일사회로서 인구의 증가, 생활여건의 상호의존성 강화, 그리고 경제적, 정치적, 사회적 복잡성의 심화 등과 같은 문제를 각기 다른 환경 속에서 생존한 인류(개인이든 집단이든)의 시도에 의한 것이라고 보는 것이다. 우리는 이 책을 교재로 하여 가르치는 사람들이 자신의 이론을 강조하면서 각각 다른 방법으로 설명할 것을 알기 때문에 이러한 접근에는 무리가 없다고 본다.

책의 끄트머리에 포괄적인 내용의 참고문헌 대신 심층적인 독본을 지침으로 제시하였다. 이는 각 분야의 개별적 문헌들이 현재 매우 복잡해서, 심지어 전문가들조차 혼란스러워하기 때문이다. 각 장별 심층 독본의 지침에서 소개한 연구저작물들은 인용횟수가 많은 표준적인 것이어서 독자가 전문적인 문헌에 접근하는 데 유용한 자료가 될 것이며, 아울러 수많은 전문 단행본과 정기 간행물들의 지침 역할도 할 것이다.

이러한 성격의 책에서는 지리적 범위를 어떻게 정할지에 대해서 심층적인 논의 주제를 고려하여 절충적인 입장을 취할 수밖에 없다. 논의 대상이 되는 사회의 복잡한 고고학적 자료를 제시할 수 있는 능력에는 한계가 있다. 예를 들어 예리한 독자들은 이 책에서 사하라 이남의 아프리카의 왕국들이 기술되지 않았다는 사실을 알아차릴 것이다. 그 왕국들이 종종 '문명' 또는 '국가'로 서술되기는 하지만, 최근 수백 년 전에 이르기까지 상대적으로 그 용어에 맞는 적합한 조건을 갖추지 못하였다고 판단되어 의도적으로 생략하였다. 초기 아프리카의 왕국들을 연구 조사하고 싶은 독자는 그레이엄 코나(Graham Connah)가 쓴 『아프리카의 문명(*African Civilizations*)』을 참고하기 바란다. 같은 이유로 이집트와 메소포타미아 문명의 많은 영역에 대하여 개략적으로 다룰 수밖에 없는데, 특히 종교, 철학, 문학에서 그러하다. 관련 주제를 상세히 다룬 연구저서를 독자들에게 소개하는 것으로 그칠 수밖에 없다. 이 책의 주요 관심은 가능한 지리적으로 편중되지 않게 세계의 고대 문명들을 폭넓은 고고학과 역사학의 맥락에서 살펴보는 데 있다. 그들의 먼 과거 뿌리를 추적하고 지역의 환경을 이해하며 지역은 물론 광역적인 관점에서 조망함으로써 고대 문명사회를 이해할 수 있다고 생각한다. 이러한 점에서 이 책이 성공하였기를 바라 마지않는다.

제3판의 중요 내용

이 책 『고대 문명의 이해(*Ancient Civilization*)』 제3판은 현장에서 이루어진 최근의 성과를 바탕으로 수정하였다. 이전의 발행본을 읽고 우리들에게 연락하는 수고를 아끼지 않았던 교수진과 학생들의 제안을 반영하였다. 책 전반에 걸쳐 새로운 내용이 추가되었는데, 특히 새로운 발견과 최근의 이론적인 성과가 그것이다.

수정 보완과 재기술

- 국가의 기원과 멸망에 대한 새로운 견해 : 제2장에서 문명의 존속 문제를 재검토하였다. 기후 변화에 대한 새로운 세대의 연구를 통하여 초기국가들이 자연환경과 기후 변화에 취약하였다는 종전의 견해를 수정하였다. 아울러 서양과 지역의 고고학자의 최근 성과에 대하여 간단하게 내용을 추가하였다.
- 최초 문명 : 제3장과 제4장에서는 새로운 발견들을 개괄하였는데, 이로 인해 수메르와 이집트 문명의 기원에 대하여 오랫동안 인정되었던 인식들이 바뀌고 있다.
- 지중해의 세계 : 제9장과 제10장에서 고전 그리스의 해외 식민지 문제에 관한 새로운 연구 성과를 반영하여 상당한 부분을 수정하였다.
- 남아시아와 동남아시아의 문명 : 제5장과 제13장에서 최근의 현장조사를 통하여

이루어진 이들 문명에 대하여 새롭게 알려진 부분을 서술하였다.

- 메소아메리카와 안데스 문명 : 제16장과 제18장에서 선고전기 마야 문명의 산 바르톨로(San Bartolo) 벽화와 아메리카 대륙의 최고 의례 중심지인 카랄(Caral)을 포함시켰다.
- 전체적인 수정 보완 : (책 끄트머리의 한 장으로 통합하여) 심층 연구를 위한 참고문헌을 꼼꼼하게 수정, 보완하여 소개하였다.

주요 읽을거리

이해를 높이기 위하여 본문과 별도로 세 종류의 주요 읽을거리를 삽입하였다.

- 발견 : 초기 문명에 대한 개념을 바꾸게 한 중요 발견을 기술한다.
- 유적 : 특별히 관심을 가질 만하고 중요성이 인정된 유적에 대하여 기술한다.
- 기록 : 본문 내용에 생동감을 불어넣는 고대 기록을 다룬다.

새롭게 수정된 시각적 작업

제3판에서는 새로운 시각적 효과를 주었다. 새로운 사진을 추가 삽입하거나 기존의 도면을 수정하였다. 이들 사진과 도면을 통하여 최근의 발견을 보다 이해하기 쉽게 하고 설명을 보강하였다. 기존 그림을 새로운 그림으로 대체하였으며, 삽화와 본문의 연관성을 더 높이기 위하여 편집 내용을 일부 수정하였다.

디자인의 전면적인 수정

독자가 친근감을 갖도록 책 전체의 디자인을 완전히 새롭게 하였다.

감사의 글

이 책은 세계의 많은 유적지를 방문하고 수년에 걸쳐 대학 동료와 토론하여 얻은 성과로 만들어진 결과물로, 도움을 준 동료들이 많아 모든 사람의 이름을 적는 것은 불가능하다. 그들의 충고와 지적인 통찰에 대한 고마움을 제대로 표현할 수 없는 미숙함을 반성하면서 간략하나마 이렇게 깊은 감사의 뜻을 표하는 것을 받아 주기 바랄 뿐이다.

준비단계에서 많은 학자들이 원고를 검토하여 주었다. 제3판에서 근동, 이집트, 남아시아, 에게 해의 청동기시대 그리고 고전기 지중해 문명과 관련된 장들을 검토해 준 토니 윌킨슨(Tony Wilkinson), 페니 윌슨(Penny Wilson), 로빈 커닝햄(Robin Coningham), 크리스틴 모리스(Christine Morris)와 롭 위처(Rob Witcher)에게 감사드린다.

특히 오하이오주 대학교의 엘리엇 에이브람스(Elliot Abrams), 사우스이스트 미주리주 주립대학교의 캐럴 A. 모로(Carol A. Morrow), 샌프란시스코 시립대학교의 헨리 W. 슐츠(Henry W. Schulz), 텍사스 공과대학교의 탐라 L. 월터(Tamra L. Walter), 미네소타 대학교의 피터 S. 웰스(Peter S. Wells)가 세심하게 비평해 주었다.

매 원고마다 격려와 지원을 해 준 피어슨/프렌티스 홀 출판사의 낸시 로버츠, 매우 친절한 그녀의 조수 리 피터슨 그리고 복잡한 원고를 (한층) 흥미로운 책으로 변화시킨 편집팀에 감사드린다.

크리스토퍼 스카레
브라이언 페이건

저자 소개

크리스토퍼 스카레(Christopher Scarre)는 유럽과 지중해의 선사시대를 전공하고 있는 고고학자이며, 대서양 연안(이베리아, 프랑스, 영국 그리고 아일랜드)의 고고학에 특히 관심을 갖고 있다. 그는 케임브리지 대학교에서 석사 학위, 서부 프랑스의 경관 변화와 고고학적 유적에 대한 연구로 박사 학위를 취득하였다. 영국, 프랑스와 그리스의 유적 현장조사 작업에 참여하고, 프랑스와 포르투갈의 신석기시대 유적지 발굴을 지휘하였다. 그의 초기 연구성과는 『고대 프랑스(Ancient France)』에 수록되었다. 케임브리지 대학교 맥도날드 고고학 연구소의 부소장과 『케임브리지 고고학 저널』의 편집장을 지냈으며, 지금은 영국 더럼 대학의 고고학 교수이다.

스카레 교수는 오랫동안 건축물과 경관에 관심을 가졌으며, 서부 유럽의 초기 기념물들, 즉 거석무덤과 대서양 연안의 환상 열석(stone circle)을 집중적으로 연구하였다. 최근의 현장 프로젝트는 중부 포르투갈의 거석무덤 발굴이다. 유럽과 지중해의 여러 곳을 여행하였고, 고고학과 역사의 주제에 대하여 다양한 저술을 발표하였다. 2005년에 출판된 세계 선사에 관한 주요 교재 『인류의 과거(The Human Past)』의 편집장이다.

그는 여행, 와인, 클래식 음악과 기니피그에 대해서 관심이 많다.

브라이언 페이건(Brian Fagan)은 세계적으로 유명한 고고학 저술가 중 한 사람이며 세계 선사에 대하여 국제적으로 인정받는 권위자이다. 그는 케임브리지 대학교의 팸브로크 대학에서 고고학과 인류학을 공부하였으며, 사하라 이남의 아프리카에서 7년 동안 박물관과 기념물 보존에 관련된 일을 하고 있다. 또한 잠비아와 동부 아프리카의 초기 경작 유적지를 발굴하였다. 그는 1960년대 학제 간으로 접근하는 아프리카 역사 연구의 선구자 중 한 명이다. 1967년에서 2003년까지 샌타바버라 캘리포니아 대학교의 인류학 교수였으며, 대중을 대상으로 한 고고학 저서와 강의를 전문으로 하였다. 현재 이 대학교 명예교수이다.

페이건 교수는 이 책 외에도 『고대 생활 : 고고학과 선사학 개론(*Ancient Lives : An Introduction to Archaeology and Prehistory*)』, 『고고학 세계로의 초대(*Archaeology : A Brief Introduction*)』(이희준 2002년 번역판), 『고고학과 당신(*Archaeology and You*)』, 『태초에 : 고고학 소개(*In the Beginning : An Introduction to Archaeology*)』, 『고고학 약사 : 고전시대부터 21세기까지(*A Brief History of Archaeology : Classical Times to the Twenty-First Century*)』, 『지구의 사람들(*People of the Earth*)』 그리고 『세계 선사 문화의 이해(*World Prehistory : A Brief Introduction*)』(최몽룡 1987년, 이희준 2011년 번역판) 등 다수의 베스트셀러 교재들을 저술하였다. 이 책들은 모두 피어슨/프렌티스 홀 출판사에서 출판되었고 전 세계에서 널리 읽히고 있다. 그가 쓴 대중서적으로는 이집트학의 고전기 역사를 다룬 『나일 강의 약탈(*The Rape of the Nile*)』과 『고고학의 모험(*The Adventure of Archaeology*)』, 『시간 추적자(*Time Detectives*)』, 『고대의 북아메리카(*Ancient North America*)』, 『소빙하기(*The Little Ice Age*)』, 『긴 여름(*The Long Summer*)』 그리고 『금요일의 물고기(*Fish on Friday*)』 등을 포함하고 있

다. 그는 『옥스포드 고고학사전(*Oxford Companion to Archaeology*)』의 수석 편집장이다. 이 외에도 다수의 아프리카 고고학 단행본과 영국 및 국제 학술지에 많은 전공논문을 발표하였다. 또한 멀티미디어 강의의 전문가이고, 고고학 교육을 위한 열정적인 노력에 대하여 미국 고고학회에서 수여하는 최초의 대중교육상(Public Education Award)을 받았다.

브라이언 페이건은 자전거 타기, 항해, 카약과 맛있는 음식에 대하여 관심이 많다. 샌타바버라에서 결혼하였으며, (그의 아내와 딸과 그의 집필을 감독하는) 고양이 네 마리 그리고 결코 가볍게 여길 수 없는 토끼 일곱 마리와 함께 살고 있다.

차례

I

배경

BACKGROUND

센나케리브왕과 그의 군대가 위엄과 영광을 과시하며 원정을 떠났다가 많은 전리품과 포로와 함께 이 왕궁의 황소 조각상 사이를 지나 돌아왔다. 포로 중에는 이스라엘의 궁녀는 물론 부자도 있었을 것이다… 아시리아 왕은 최후의 치명적인 패배를 당한 후에도 치욕 속에 그 사이를 지나 수도로 들어왔다.

> −머리가 사람 모양인 황소 조각상 유적지에서. 이 조각상은 아시리아 왕 센나케리브의 니네베 왕궁을 지키고 있었다. (레이어드, 1853, p.212)

THE STUDY OF CIVILIZATION

제1장 문명에 대한 연구

사자 사냥을 하는 아슈르바니팔(Assurbanipal) 왕(대영박물관)

왕이 활시위를 잘 가늠할 수 있도록 병사는 말을 다루며 전차를 평원으로 몰았다. 이 전차에는 아시리아 제국 최고 지배자 아슈르바니팔 왕이 버티고 서서 전차를 피해 달아나는 사자들을 향해 화살 세례를 날릴 준비를 하고 있었다. 왕은 이미 왕실전용 공원에서 여러 마리의 사자를 멋지게 사냥하며 왕의 지위에 걸맞은 기량을 과시한 적이 있다. 느닷없이 왕과 전차병 뒤에서 포효 소리가 들렸다. 상처 입은 사자가 호위를 뚫고 살기등등하게 전차에 덤벼든 것이다. 그러나 왕을 호위하는 병사들은 빠르게 대응했다. 비상 상황에 대비하여 전차 뒤에 배치된 병사들이 긴 자루 창으로 사자의 가슴을 찔렀다. 그 날뛰던 짐승은 흙먼지와 함께 숨이 끊어졌다.

오늘날 대영박물관의 아시리아 전시실에 가면 아슈르바니팔 왕의 사자 사냥 석판 부조를 볼 수 있다. 이것은 파리 루브르 박물관이나 뉴욕 메트로폴리탄 박물관 같은 저명한 서양 박물관에 전시된 '문명'의 많은 기념비적 유물 중 하나이다. 또다른 전시실을 둘러보면 고대 이집트의 미라 관과 중국 초기의 정교한 청동 의례 용기를 볼 수 있다. 모퉁이를 돌면 고전기 아테네의 붉은 무늬 화병이나 로마 황제의 흉상이 있다. 열정과 용기가 있는 사람들은 이 귀중한 유물이 원래 있던 곳을 직접 보기 위해 멀리 모험을 떠난다. 또한 2500년 전 고대 그리스인의 항로를 따라 에게 해를 항해하거나 멕시코 저지대에 있는 마야 구기장을 거닐며 어떤 게임을 하였을지 상상하고, 페루의 '잃어버린' 잉카 도시 마추픽추의 가파른 언덕을 오르기도 한다.

이 모든 것은 오늘날 우리가 '고대 문명'(그림 1.1, 표 1.1)이라고 하는 세계유산이다. 고대 문명에 대한 연구는 16세기 문예부흥기 이래 고고학자와 일반 대중의 관심

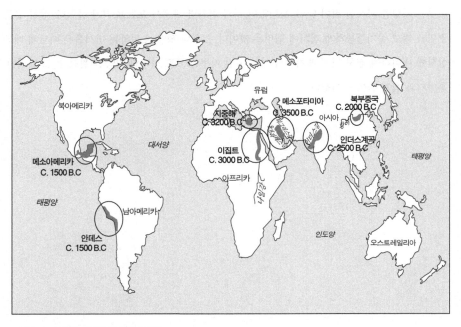

그림 1.1 산업화 이전 초기 문명의 분포

을 끌었다. 이 책에서는 고고학적인 증거와 역사적 기록, 구전된 전설 그리고 다양한 학문 분야에서 입증된 과학적 증거를 이용하여 경이로운 초기 사회의 모습을 살펴보고자 한다. 우리의 이야기는 현대 과학뿐만 아니라 초기 문명을 창조한 당사자가 직접 전하는 이야기도 토대로 삼았다.

이 책에서 다루는 사회의 시공간의 범위 서기전 3500년경 고대 근동지역 최초의 도시부터 이집트, 중국, 고전 그리스·로마의 구대륙 문명과 마야, 올멕을 비롯하여 16세기 스페인 정복 당시에 번성하였던 잉카, 아즈텍 제국을 포함한 신대륙 문명에 이르기까지 5000년 동안 세계 전 지역에 걸쳐 있다.

'문명'이란 무엇인가?

문명에 대한 적절한 정의는 여러 세대 동안 고고학자, 인류학자 그리고 역사학자의 관심의 대상이었다. 엄청난 양의 학술적 연구가 이 복잡한 주제를 다루어 왔지만, 이 책에서는 서술의 편의상 복잡하고도 다양한 초기의 문명들을 아우를 수 있는 단순한 조작적 정의에 만족하고자 한다.

옥스퍼드 사전에는 '문명화'는 "야만 상태에서 벗어나도록 하고 삶의 기술을 가르치는 것, 즉 계몽하고 세련되게 만드는 것"이라고 한다. '문명'이 '야만'보다 우월하다는 생각은 1세기 이전 민족 우월성을 주장하는 빅토리아 시대의 사상적 토대였으며, 오늘날까지도 널리 퍼진 생각이다. 그러나 이는 고고학에서는 인정되지 않는다. 고고학자는 문명을 수렵-채집사회나 소규모 농경사회보다 우월한 것이 아니라, 단지 다른 것으로 본다. 고대 로마와 이집트인들이 남긴 웅장한 기념물, 감동적인 예술과 문학작품을 접하면 경탄하지 않을 수 없다. 그것들은 어떤 면에서 현대의 그것에 필적할 만한 복합사회의 생생한 모습을 보여준다. 그렇다고 이 문명들이 그 이전의 문명이나 현대의 덜 복잡한 사회보다 '우월'하다고 할 수는 없다.

정치적인 성향의 해설자들이 주장하는 것과 같이 특권 엘리트와 중앙집권 정부

표 1.1 세계 초기 문명의 연대표

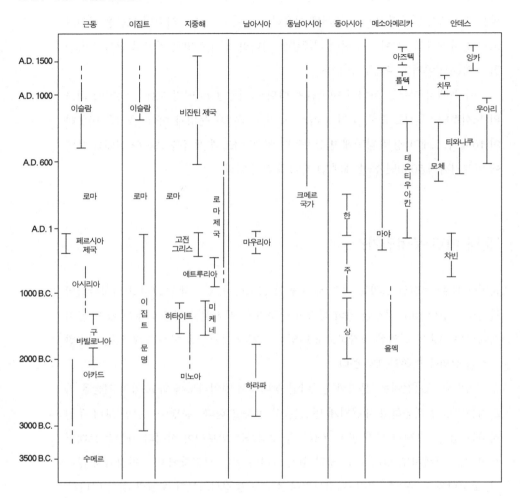

가 존재하는 고대 문명들이 일반적인 소작농이나 도시 민중에게는 오히려 생활하기에 열악한 곳이라는 대립된 결론도 설득력이 있다. 이른바 문명화된 사회가 전쟁, 노예제도, 지배, 징벌을 통하여 적 또는 자신의 식민지에 가한 잔인함에 대한 증거는 분명하고도 충분하다. 소크라테스학파나 플라톤학파의 고향인 고대 아테네에서도 남성 시민들만큼 많은 노예들이 납·은 광산의 강제 노역에 동원되었다. 오늘날 경탄의 대상이 되는 많은 예술품은 엘리트를 위한 것이었고 소수의 특권층만 감상할 수 있었다. 그렇다고 초기 문명의 업적이나 세계사에서 차지하는 중요성을 부정하거나 과소평가할 수는 없다.

고고학자들이 문명을 기준으로 인류사회 간 우열을 가릴 수 있다는 생각을 최종적으로 포기한 것은 겨우 20세기, 특히 지난 반세기에 들어와서이다. 백여 년 전, 학계의 분위기는 매우 달랐다. 19세기의 고고학자와 인류학자는 생물학자 찰스 다윈(Charles Darwin)과 사회학자 허버트 스펜서(Herbert Spencer)가 주장한 생물학적, 사회학적 진화론에 많은 영향을 받았다. 다윈은 1859년 발간된 저서 『종의 기원(Origin of Species)』에서 자연계에서는 적응력이 강한 식물과 동물만이 살아남으며 '자연선택'은 다른 종을 멸종으로 이끄는 힘이라는 것을 증명하였다. 스펜서와 같은 초기의 사회과학자들은 인류사회에 동일한 추론을 적용하려고 하였다. 그들은 전 세계적으로 도시 문자 사회(문명)가 덜 복잡한 사회를 대체하는 것을 많이 보아왔으며, 그것이 문명을 '우월성'이라는 진화론적 관점에서 조망할 수 있는 증거라고 여겼다. 프랑스의 인류학자 가브리엘 드 모르띠예(Gabriel de Mortillet)는 1867년 파리 박람회의 고고학 전시 안내서를 통하여 19세기 고고학자의 이러한 사고방식을 '인류 진보의 법칙, 인류 발전의 유사성 법칙 그리고 인류의 태고성'이라고 요약 소개하였다.

영국의 인류학자 에드워드 타일러(Edward Tylor) 경은 빅토리아 시대 인류학의 아버지 중 한 사람이며 인류 진보의 열렬한 신봉자이다. 그는 프랑스 구석기시대의 돌도끼에서부터 중앙아메리카의 마야 신전 그리고 빅토리아 시대의 문명에 이르기까지 인류 발전의 모든 형태를 조사하였다. 타일러는 18세기와 19세기 초반 학자들이 주로 사용하였던 인류 발전의 3단계, 즉 단순 수렵의 '미개'에서 단순 농경의 '야만'을 거쳐 가장 복잡한 수준의 '문명'에 이르는 순서를 재차 강조하였다. 타일러와 동시대 인물인 미국의 인류학자 루이스 헨리 모건(Lewis Henry Morgan)은 한걸음 더 나아가 저서 『고대사회(Ancient Society)』(1877)에서 단순 미개에서 시작하여 '문명 상태'에 이르는 인류 진보의 단계는 최소한 7단계로 구분된다고 주장하였다.

단선 문화 진화와 같은 이론은 20세기에 들어서도 매우 인기가 있었다. 오스트레일리아 태생의 고고학자 고든 차일드(Gordon V. Childe)는 이 일반론적인 접근방법을 1930~40년대에 저서 『역사에서 무엇이 발생하였는가?(*What Happened in History*)』(1942)에서 세련되게 다듬었다. 그는 구석기와 중석기시대의 '미개'를 수렵-채집사회, '야만'을 신석기와 동기시대의 농경사회 그리고 '문명'을 근동의 청동기시대와 동일시하였다. '야만'이 '미개'보다 우월하고 '문명'은 '야만'보다 우월하다는 것이다. 차일드는 설명이 필요한 것은 한 상태에서 다음 상태로 이행하는 과정이 아니라 사회를 변화시키는 동인이라고 믿었다. 그러나 이런 주관적인 용어들은 현대고고학에서는 더 이상 받아들여지지 않는다.

오늘날 고고학자는 도시화, 국가 수준의 사회를 가리키는 것으로 '문명'이라는 용어를 사용한다. 이 사회는 석탄 같은 화석연료보다는 육체노동에 의존하기 때문에 '산업화 이전 문명'이라고 불린다. 그러나 모든 학자가 그렇게 단순한 용어로 내려진 정의를 수용하는 것은 아니다. 어떤 학자는 문명으로 인정되기 위하여 사회가 갖추어야 할 특징을 긴 목록으로 작성하기도 한다. 그런 목록 중에는 문자와 야금술이 종종 포함되기도 하는데, 이것에는 분명한 한계가 있다. 예를 들어 안데스의 잉카에는 문자가 없었지만, 매듭 줄을 이용한 기록시스템과 함께, 중앙집권정부와 실질적인 도시, 질서 있고 계층적인 사회, 장인기술, 야금술 그리고 정교한 도로와 주거 건물이 있었다. 이런 잉카가 문명임을 부정할 사람은 별로 없는 것이다.

그러면 고고학자는 어떻게 문명을 이해하고 정의해야 하는가? 이것은 어려운 토론 주제이다. 우리는 이미 두 개의 주요한 특징, 즉 도시화(도시의 존재)와 국가(중앙집권적 정치 단위)에 대해서 검토하였다. 이 특징은 다음과 같이 정의할 수 있다.

- 도시(city)는 규모가 크고 상대적으로 밀집된 거주 구역으로 최소한 수천 명의 인구가 있어야 한다. 고대 세계의 작은 도시에는 2000 또는 3000명의 거주자가 있었으며, 로마나 장안(중국)과 같은 최대급 도시에는 백만 명이 넘는 인구가 있었다.
- 도시는 그 전문성과 함께 배후지인 농촌 그리고 도시 내 전문 장인과 다른 집단

간의 상호의존 관계로 특징지을 수 있다. 도시는 일정지역의 '중심지'로서 주변의 마을에 서비스를 제공하고 동시에 식량을 그 마을에 의존한다. 이와 관련하여 대부분의 도시에는 농산물을 교환할 수 있는 시장이 있다.

- 또한 도시에는 소규모 농업 공동체보다 훨씬 복잡한 조직이 있다. 내부 문제를 다스리고 안전을 확보하기 위한 중앙집권적 제도가 있는 것이다. 이는 신전이나 왕궁 또는 때때로 도시성곽으로 표현된다. 여기에서 우리는 도시와 국가의 개념이 중복될 수 있음을 인정할 수밖에 없다. 국가에도 역시 중앙집권적 제도의 특징이 있는 것이다. 국가는 도시 없이 존재할 수 있다. 그러나 국가를 전제하지 않은 도시는 상상할 수 없다.

고고학자의 입장에서 고대 도시 유적의 규모를 파악하기는 쉽다. 그러나 국가는 규정하기가 어렵다. 국가는 기본적으로 혈연을 초월한 권력을 행사하는 중앙정부에 의해 지배되는 정치적 단위이다. 물론 혈연집단이 사라진 것은 아니지만 그 권력은 약화되고, 지배 엘리트에 대한 충성에 근거한 새로운 관료 축이 등장한다.

문명을 역사적으로 정의할 때 도시와 국가만이 언급되는 요소는 아니다. 유명한 것으로는 앞서 언급한 차일드의 시도가 있다. 그는 1950년에 전 세계의 초기 문명이 갖는 공통된 속성을 검토한 후 목록을 작성하였다. 최근에는 고고학자 찰스 레드먼 (Charles Redman)이 차일드의 목록을 '1차'와 '2차'로 구분하였다. 1차 속성에는 전문화된 노동, 잉여생산물의 집중, 계급화된 사회와 함께 도시와 국가가 있다. 이런 1차적인 경제와 조직적 변화가 가져다 준 5개의 2차 속성은 기념비적 공공시설물, 장거리 무역, 표준화된 기념비적 예술작품, 문자 그리고 과학(수학, 지리학, 천문학)이다.

우리는 그런 공통된 속성을 목록화하였을 때의 단점을 이미 살펴보았다. 그것이 문명의 적절한 '정의'로 간주될 수 있는지 여부는 여전히 논쟁거리이다. 비록 우리가 수긍할 만큼 간편한 체크리스트를 제공하기는 했지만, 앞서 우리가 살펴본 대로 모든 문명이 차일드의 열 가지 속성을 전부 가지고 있는 것은 아니다.

이 책에서는 산업화 이전 문명을 개략적으로 설명하고자 한다. 초기 문명에 대한 많은 연구는 초기국가와 고고학의 가장 큰 주제인 문명의 기원을 둘러싼 논쟁에 국한되어 있다. 이와 달리 전 세계의 초기 문명을 소개하고 오랜 시간에 걸친 그 발달 과정을 서술하고자 하는 것이다. 예를 들어 근동에서 초기 도시국가는 물론 아시리아 와 바빌로니아 제국까지 검토한다. 지중해 지역의 초기 문명에 대한 많은 연구에서는 서기전 1200년경 후기 청동기시대의 미케네 몰락까지 다룬 데 반해, 여기에서는 그 리스, 카르타고, 에트루리아 그리고 로마에 대한 내용을 포함시켰다. 동아시아에서는 상(商)나라의 초기 중국 문명 다음에 한(漢) 제국을 설명하는 장을 마련하였는데, 한 국과 일본의 국가 출현에 대해서도 설명한다. 마찬가지로 중앙아메리카와 남아메리 카에서는 국가 조직 사회를 이루었던 총 3500년간의 궤적을 다루고자 한다.

문명의 비교

세계의 초기 문명은 사회 복잡성과 같은 기본적인 핵심 속성 몇 가지를 같은 시기에 공유하였지만, 각기 다른 방향으로 발전하여 왔다. 세계의 반대편에 있던 수메르와 마야 문명이 공유한 속성은 도시이다. 이집트는 군주를 피라미드에 안치하였으며, 마 야 또한 그렇게 하였다. 중앙집권화된 정부가 소수의 사람들에 의해 운용되었던 사실 에서 알 수 있듯이 사회 불평등은 모든 초기 문명에 일반적이었다. 그들은 희귀 자원 을 비롯하여 수천 명에 달하는 평민의 충성심과 노동력을 통제하였다. 무력 또는 무 력을 사용하겠다는 위협은 경쟁자와 반항적인 시민을 압박하는 수단으로 아주 중요 하였다. 이집트인, 캄보디아의 크메르인 그리고 멕시코의 아즈텍인은 모두 왕권은 신 성한 것으로 받아들였다. 비교 작업은 상사성과 상이성을 규명하여 통합이론을 구축 할 때 유용하다. 인구밀도, 기술, 종교적 신앙과 의식, 법적 시스템 그리고 가족과 공 동체 조직 등의 특징과 관련하여 캐나다의 고고학자 브루스 트리거(Bruce Trigger)는 일곱 개의 초기 문명을 비교 설명하는 저서를 발표한 적이 있다.

트리거는 (메소포타미아, 마야, 그리스와 같은) 도시국가에 기반을 둔 문명과 (이집트, 잉카, 중국의 상과 같은) 영역국가 간 차이점을 강조하였다. 그는 도시국가에서 인구는 사회의 모든 범위에서 장인, 농민, 엘리트처럼 연속적인 계층으로 구성된다고 지적하였다. 도시 자체는 시장이 번성한 상업 활동의 중심지라는 것이다. 반면, 영역국가의 초기도시는 주로 정치적 중심지였다. 농민은 (영역국가에서는 내부 권력 투쟁으로 인한 고통을 덜 받았기 때문에) 성벽 없이도 안전한 농업 배후지의 소형 가옥에서 살았다. 트리거는 영역국가에서 농촌과 도심 사이의 상호작용은 대부분 농민이 도시에 기반을 둔 관료에게 세금을 납부하는 형태였다고 주장하였다. 도시국가사회에 비해 농민은 도시의 장인이나 시장에 덜 의존적이었다.

트리거가 제시한 것과 같은 비교, 대조 작업은 새로운 통찰력을 보여주지만, 모든 것을 설명하지는 않는다. 예를 들어 (그가 영역국가로 분류한) 중국 상(商)의 도시는 엘리트의 중심지에 지나지 않지만, (역시 영역국가인) 주(周) 시대에 형성된 도시는 왜 진정한 의미의 도시인지 설명하지 않는다. 그러나 멀리 떨어진 세계 각 지역에 있는 아주 다양한 인간세계에서 왜 그렇게도 놀라우리만큼 유사한 해결방법들을 선택하였는지에 대하여 전반적인 질문을 제기하고 검토하게끔 한다. 이는 이 책에서 곧 검토할 주안점이기도 하다.

문명과 그 이웃

모든 문명에 공통된 한 가지 기본 특징은 높은 인구밀도이다. 이것은 도시와 국가의 형성에서 기본이다. 수렵-채집 소집단 또는 자급자족 농민은 도시를 건설하지 않으며 영역국가를 만들지도 않는다. 영역국가의 성립이나 그 필요성은 인구밀도가 높은 데 기인한다. 소규모 사회는 도시 생활을 지원하고 통제하는데 부담스러운 경제나 정치적 조직 없이도 잘 유지될 수 있다. 대규모 마을이라고 부르든 소규모 도시라고 부르든 일단 수백 명의 사람이 단일 거주구역에서 살게 되면 공동체의 방향을 설정하고 갈등을 해결할 수 있는 특정한 중앙집권적 권위가 필수적이다. 그 과정의 결과로 대규모 인구집단은 양적, 질적으로 주변의 다른 사회와 점차 다른 모습을 갖추게 된다. 그것이 (단일 도시이든 한정된 비옥한 농촌이든) 단지 작은 공간에 많은 사람이 집중된다는 것만을 뜻하지는 않으며, 각각 상이한 조직을 형성하고 독특한 이념이나 사회적 제도를 갖추게 된다는 것을 의미한다. 문명인지 여부를 판단하게 하는 것은 이런 혁신이다.

높은 인구밀도는 모든 초기 문명의 특성이다. 풍부한 인적 자원이 이집트의 피라미드와 중국 상나라 안양(安陽)의 무덤 조성을 가능하게 하였다. 대규모 인구는 또한 주변지역에 중대한 영향을 미친다. 초기 문명들은 폐쇄적이지 않았다. 그들은 원자재에 대한 새로운 수준의 수요를 창출하였고, 자신의 영역 안에서 발견되지 않은 것은 외부에서 수입도 했다. 이에 대한 전형적인 사례로 메소포타미아를 들 수 있다. 우르, 우루크, 바빌론과 같은 유명한 초기도시는 티그리스와 유프라테스의 쌍둥이 하천에서 물을 공급받아 비옥한 평야가 형성되어 있는 남쪽 지역에 있었다. 이 지역은 곡물과 토양이 풍요로운 곳이지만 도구를 만들 수 있는 단단한 돌을 찾기 어렵고, 도시 엘리트 계층에서 수요가 증가하던 구리, 주석 그리고 금은 더욱 부족하였다. 메소포타미아의 무역업자는 이 원자재를 얻기 위해서 자그로스(Zagros) 산맥이나 남부 터키의 타우루스(Taurus) 산맥까지 가기도 하고, 이란 고원을 가로지르기도 하며, 배를 타고 오만이나 인도까지 여행을 떠나야 했다. 이 과정에서 매우 상이한 수준의 사회조직을 갖춘 공동체와 접촉한 것이다. 무역업자들은 직물이나 이국 장인이 생산한 다른 제품들을 선물하여 그 지역 지도자의 환심을 사면서, 메소포타미아 제품을 원자재와 거래하였다.

그러한 접촉이 항상 평화롭지는 않았다. 초기 문명의 거대한 인적 자원을 가진 집권화된 조직은 상업 조약을 맺지 않고 약탈과 침략 그리고 합병을 통하여 주변지역에서 가치 있는 것을 빼앗기도 하였다. 메소포타미아의 기록에는 골치 아픈 산악 부족에 군사적 행동을 가한 증거가 많이 남아 있다. 또한 그 반대의 경우도 있었다. 산악 부족과 사막 유목민은 정착 마을을 약탈하였다. 따라서 국가 조직이 군사 행동을 하는 목적 중 하나는 평원의 도시를 외곽지역의 사람들이 공격하지 못하도록 하는 것이다. 그러나 주된 목적은 목재, 금속, 재화를 충당하거나 공물을 강요하는 것으로, 이는 외곽지역의 사람들이 '문명화된 자'에게 교환의 대가를 요구하면 군사적 위협밖에 얻지 못한다는 것을 알려주는 것이다.

그러므로 초기국가의 주변지역에 있을수록 불편한 일을 더 빈번히 당하게 된다. 이런 방식으로 초기 문명은 자신의 국가 영역을 넘어 영향력을 확대하는데, 주변지역 사람들은 일단 이들과 접촉하면 그 영향을 받지 않을 수 없다. 쉽게 상상할 수 있는 것은 주변지역의 사람들이 무역업자가 가지고 온 이국적인 교환 물품과 먼 곳의 이야기에 충격을 받고 현혹되었으리라는 것이다. 물론 청동 무기와 갑옷으로 무장한 상당한 규모의 군대가 이전에는 본 적도 없는 호사로운 치장을 한 왕의 인솔하에 자신들의 성문 앞에 당도하였을 때는 더욱 그러할 것이다. 이들이 받는 문명의 위세는 결코 과소평가될 수 없는 것이다. 이러한 사실은 근동과 중국 상나라는 물론 메소아메리카[1]의 마야와 테오티우아칸(Teotihuacán) 문명, 나아가 그리스와 로마 문명의 국경 너머 '바바리안' 거주민과의 관계에서도 볼 수 있다.

'1차'와 '2차' 문명

지금까지 문명과 그 주변에 있는 덜 복잡한 사회의 관계에 대해서 논의하였다. 그렇다면 문명들 간의 접촉은 어떠할까? 이러한 접촉이 있었다는 것은 발견된 무역물품과 문서상의 증거를 통해 알 수 있다. 예를 들어 인더스 계곡에서 발견된 메소포타미아의 원통형 봉인에는 (메소포타미아 통치자인) 아가데(Agade)의 사르곤(Sargon) 왕이 인더스의 배를 수도에 잡아 두고 있다고 자랑하는 기록이 있다. 또한 지중해 연안 로마 유적지에서 발견된 중국 비단은 중국 사신이 서기 1세기에 안티오크를 방문하였

---

1 고고학자가 안데스라는 용어를 사용할 때는 남아메리카에서 문명이 발달한 페루의 고원과 저지대 및 인접지역을 포함시키는 것이 관습이다. 그리고 메소아메리카는 문명이 발달한 멕시코에서 과테말라까지 중앙아메리카 고원과 저지대를 말한다.

다는 문헌기록을 뒷받침한다.

한 문명과의 접촉을 통하여 새로운 문명이 과연 발생하는지 여부에 대한 질문은 대답하기 곤혹스럽다. 이는 '1차(혹은 원초적)' 문명과 '2차' 문명이라는 용어와 관련이 있다. 1차 문명은 보통 독자적으로 형성된 문명을 의미하며, 이는 때때로 '최초 문명'이라고 불리기도 한다. 메소포타미아와 이집트, 인더스, 중국 상나라, 마야 그리고 페루의 초기 문명이 이에 해당된다. 이런 사례는 모두 그 문명이 형성될 때 다른 문명의 중심에서 들어온 자극 중 결정적인 역할을 한 것은 없다고 생각된다. 2차 문명은 나중에 발생한 것으로, 에게 지역의 미노아와 미케네 또는 누비아와 서남아시아의 초기 문명이 잘 알려진 사례이다. 이미 오래 전에 자리잡은 문명이 2차 문명의 형성에 중요한 영향을 미친 것으로 이해된다.

(우리를 포함한) 많은 고고학자는 이런 분류가 유용한지 의문을 갖는다. 문명 간 접촉의 증거는 놀라운 것도, 희귀한 것도 아니다. 검토한 바에 따르면 기초 자원에 대한 수요나 전례 없는 규모의 사회적 명성과 권력은 먼 지역까지 영향을 미쳤다. 문명은 생활을 어떻게 꾸려나갈 것인가에 대한 일련의 새로운 개념을 만들어냈고, 새롭고 복잡한 형태의 사회에서 엘리트에게 주어질 수 있는 부가 무엇인지 보여준다. 그러나 이용 가능하다는 것이 즉시 혹은 반드시 수용된다는 것을 말하지는 않는다. 우리가 여기에서 설명하고자 하는 초기 문명의 가장 큰 특징은 독립성과 차별성이다. 문명 사이에 접촉이 있다고 해서, 어떤 한 문명이 다른 문명의 출현과 연결된다고 말할 수는 없다.

세계 초기 문명의 발생에는 몇 가지 공통점이 있다는 생각이 한때 유행하였고 지금도 주장되곤 하는데, 이는 세계 각지의 사례를 검토하면 쉽게 부정된다. 메소포타미아, 이집트, 인더스 그리고 에게 문명 간의 접촉은 분명히 문서로 기록되어 있고 놀라운 일이 아니다. 이런 사실이 있다고 해서 단순히 한 문명이 다른 문명을 모방하였다고 결론을 내려서는 안 된다. 중국 상나라도 서아시아와 어느 정도 접촉이 있었다. 안양의 상나라 무덤에서 발견된 전차가 서아시아에서 발명된 것이고 중앙아시아의 대초원지대를 거쳐 중국에 전달되었다는 것은 어느 정도 틀림없는 사실이다. 그러나 오늘날 어떤 고고학자도 상나라 문명이 서쪽과의 접촉을 통하여 형성되었다고 주장하지 않는다.

문명이 독립적으로 발달한 사례에 대하여 아메리카 지역에서는 논쟁의 여지가 없다. 아메리카 내의 여러 문명이(어느 정도이든 간에) 적어도 수세기 동안 상호 접촉한 것은 분명하다. 그러나 10세기 후반 뉴펀들랜드의 노르웨이인이 5세기 뒤 스페인 정복자가 도착하기 전에 구대륙과 접촉하였다는 증거는 없다. 그러나 구대륙과 신대륙 문명은 모두 농업, 문자, 야금술, 도시화 그리고 국가수준의 조직과 같은 속성을 똑같이 갖고 있다. 거의 동시대에 상호 무관한 지역에서 이런 평행적인 혁신이 일어난 것은 인간 역사의 가장 경이로운 현상 중 하나이다. 특정한 환경하에서 인류는 같은 노선을 따라 사회를 발달시켰지만, 각각 자신만의 신앙적, 철학적 신념, 사회적 전통과 관습 그리고 경제와 기술의 환경 속에서 복합사회를 이룩하였다.

그래서 문명의 발생을 설명할 때 접촉과 차용에 대하여 지나치게 강조할 필요는 없다. 이 책에서는 그들 사이의 접촉과 교역에 대한 증거를 지적하기는 하지만, 각각 개별적, 독립적으로 발달한 것으로 설명하고 있다.

고대 문명의 재발견

1세기 전에는 나일 강을 거슬러 올라가는 여행을 하려면 이집트 농경 지대의 중심을 지나야 했다. 영국 작가 아멜리아 에드워즈(Amelia Edwards) 같은 빅토리아 시대의 여행자는 파라오 시대와 별반 다를 것 없는 강둑 마을의 생활을 만화경처럼 묘사하였다. 이집트 고대 신-왕들의 신전과 무덤은 진흙벽돌 마을 가운데 놓여 있다. 이집트 펠라힌(fellahin, 소작농)은 가장 오랜 고대 문명 중 하나가 그곳에 있었음을 항상 알고 있었다. 오늘날 유카탄 반도 저지대의 마야 사람이 항상 자신의 뿌리를 과거의 위대한 왕국에서 찾듯이 그들도 빛나는 조상에 대하여 잘 알고 있었다. 마야 사람은 대대로 구전된 역사와 전통 지식을 일부나마 조심스럽게 보존하여 왔으며, 그것으로부터 먼 과거에 대한 가치 있는 정보를 얻을 수 있었다. 그러므로 초기 문명의 '발견'

이라는 표현은 잘못된 것이다. 여하튼 지난 두 세기에 걸쳐 이루어진 세계의 초기국가사회의 '재발견'은 서양 학문의 가장 중요한 업적이 될 것이다.

고고학자는 산업화 이전의 국가에 대하여 놀라울 정도로 상세한 정보를 생산해냄으로써 고대 문명 연구에 세련되고 학문적인 방법을 발전시켰다. 오늘날의 초기 문명에 대한 지식은 고고학, 역사학과 구전자료를 융합하여 성취한 것이다. 다시 말해서 많은 경우에 현존하는 기록 그리고 구전을 통하여 보존된 먼 과거의 실제 '목소리'와 고고학의 자료를 조합할 수 있는 것이다.

고대 문명의 고고학은 5세기 전 모험가, 골동품 수집가 그리고 몇몇 유명한 개척적인 고고학자에 의해 시작되었다. 그렇게 이루어진 초기 문명의 재발견을 발견된 순서대로 서술하고자 한다.

고전 문명: 그리스와 로마

우리의 이야기는 15~16세기 르네상스 시기에 시작된다. 이 시기는 이탈리아를 비롯하여 북부 유럽의 학자에 이르기까지 그리스·로마의 고전 작가 저술에 새로이 관심을 갖게 된 때이다. 이탈리아 건축가는 고전 건축 원리에 대해서 새롭게 이해하고자 그리스·로마의 예술과 건축 작품을 현존하는 로마 건축물 유적과 비교하였다. 그리스·로마의 예술과 문학에 대한 관심은 더 나아가 이것이 유래한 나라에 대한 관심으로 이어졌다. 부유한 유럽 사람은 주로 이탈리아에서 나온 운반이 가능한 고전 골동품을 수집하기 시작하였다. 17세기 초, 영국의 찰스 1세는 주요 수집가 중 한 사람이었다. 로마의 추기경도 마찬가지였는데, 에트루리아, 그리스, 로마 그리고 이집트 골동품이 바티칸 박물관 소장품의 중요한 부분을 차지하였다.

상대적으로 접근이 용이한 이탈리아에서 통치자와 귀족은 로마 유적을 고고학적인 관점에서 접근한 초기 발굴자였다. 당시 발굴은 오늘날의 기준으로 보면 미흡한 것으로 그들의 주요 목적은 수장할만한 유품을 찾는 데 있었다. 그러나 몇몇 발굴자가 최소한 무덤이든 거주지이든 화병 같은 유물이 원래 놓인 상태를 기록하기 시작한 덕분에, 전문 학자가 유적 관련 정보를 풍부하게 얻을 수 있었다. 서기 79년 베수

그림 1.2 이탈리아 폼페이 누체리아 문(Nucerian Gate)의 바깥쪽에서 화산재에 질식한 걸인의 흔적

비우스 화산의 대폭발로 화산재에 묻힌 폼페이와 헤르큘레늄(Herculaneum)의 도시에서는 극적인 모습을 볼 수 있었다. 조각, 청동기 그리고 값진 금속 유물이 1740~50년대에 나폴리의 왕과 여왕의 명령으로 유적지에서 발굴되었다. 보다 정교한 발굴 방법이 적용된 것은 불과 1860년대부터이며, 폼페이는 휘황찬란한 벽화와 화산재에 덮여 죽은 사람의 석고 주형과 같은 섬뜩한 증거를 내놓기 시작하였다(그림 1.2).

　그리스가 오스만(터키) 제국의 지배하에 있었기 때문에 고대 예술·문학 전문가는 지중해의 주요 고전 문명에 쉽게 접근하지 못하였다. 그럼에도 몇몇 서구 학자와 수집가는 그리스를 방문해서 현지인이 값진 골동품을 석회로에 집어넣거나 그것을 파괴하는 광경을 보았다. 1751~53년에 영국 건축가 제임스 스튜어트(James Stuart)와 니콜라스 레베트(Nicholas Revett)가 탐험에 나서면서부터 중대한 전환이 이루어졌다. 그들은 자신들이 찾아낸 위대한 고전 건축물을 섬세하고 정확하게 사생하면서 몇 개월을 아테네에서 머물렀으며, 돌아와서 훌륭한 도록 세 권을 발간하였다. 50년 뒤 영국 외교관 엘긴(Elgin) 경은 유명한 파르테논 박공 장식을 아테네에서 영국으로 가져왔다. '엘긴의 대리석'은 대영박물관에 전시되었고 오늘날까지 영국에 남아 있다. 골동품 애호에서 학문적 관심으로 점차 바뀌기는 하였지만 그리스 골동품의 약탈은 19세기 전 시기에 걸쳐 계속되었다. 고전 그리스의 고고학은 아테네, 델로스, 델파이, 코린트 그리고 올림피아에서 19세기 말에 내외국인 모두가 참여하는 대규모 발굴을 통하여 비로소 확실한 기반을 갖추게 된다.

이집트

고고학이라는 학문이 정립되기 전에도 서구 학자는 그리스와 로마에 어느 정도 접근할 수 있었다. 그들에 대한 기록—역사, 문학 그리고 연극—은 오늘날에도 읽혀지는 그리스어와 라틴어로 쓰여 있다. 그러나 다른 문명의 경우, 언어와 명문에 대한 지식이 사라져 그 문명에 접근하기 어려웠다. 기록된 암호를 해독하는 일은 무엇보다 중요한 첫 단계 작업이다.

　　이집트, 메소포타미아 그리고 페르시아 근동 문명을 연구할 때는 문자 해독이 중요한 역할을 한다. 그리스인과 로마인은 항상 이집트를 인류 문명의 요람으로 생각하였다. 로마인 여행객은 나일 강 언덕을 방문하면 기자의 피라미드(발견 4.1)와 테베(룩소르) 신전에 경탄하며 멈추어서곤 하였다. 그러나 이 지역이 19세기까지는 오스만 제국의 영역이어서 기독교인이 접근하기 어려워 이집트를 탐험한 여행객은 별로 없었다. 이따금 여행객이 피라미드를 그리거나, 만병통치약으로 알려진 이집트 미라의 잔해 가루를 구하는 일이 있을 뿐이었다. 이집트 상형문자와 미라에 대해서는 구약성서에 등장하는 파라오의 세계 때문에 유럽 학계에서 강한 흥미를 갖고 있었다. 그러나 유럽인이 이집트 문명에 비로소 친숙해진 때는 나폴레옹 전쟁 시기 중에 그 전략적인 중요성을 알게 된 후이다.

　　그 직접적인 동기는 프랑스의 나폴레옹 보나파르트가 이집트를 지배하면 인도 내 영국 소유지에 접근할 수 있을 것이라고 생각하고 일으킨 군사 출정이었다. 그래서 그는 1798년 나일 삼각주를 침략하여 오스만 지배자로부터 이집트의 지배권을 빼앗았다. 철저한 성격의 나폴레옹은 '나폴레옹의 당나귀'라고 불리는 40명의 학자로 이루어진 학술 조사단을 대동하였는데, 그들의 임무는 그 나라의 지리와 문화 그리고 고고학적 자료를 기록하는 것이었다. 학자들은 펜과 연필을 들고 나일 계곡 너머까지 흩어져 유물을 수집하고 비문을 기록하며 스케치를 하였다. 그들은 그 성과를 묶어 『이집트에 대한 기록(*Description de l'Egypte*)』(1809~1822)이라는 여러 권으로 된 방대한 저서를 발간하였다. 이 책은 유럽 전역에 파문을 일으켜, 예술과 건축에 영향을 주었을 뿐만 아니라, 이집트 고미술품 수집 붐을 일으켰다(그림 1.3). 그러나 무엇보다도 위대한 발견은 이집트 삼각주의 로제타에 요새를 건축하던 몇몇 군인의 손에 의해 이루어졌다. 그들은 그리스어와 두 가지 상형문자 형태로 된 이집트어가 나란히 새겨져 있는 석판을 발굴하였던 것이다. 이 석판은 프랑스 학자 장 프랑수아 샹폴리옹(Jean François Champollion)이 1822년 고대 이집트 문자를 해독하는 데 결정적인 단서를 제공해 주었다.

『이집트에 대한 기록』은 이후 1세기 이상에 걸쳐 이루어진 화려한 고고학적 성과의 토대가 되었는데, 그 정점은 1922년 하워드 카터(Howard Carter)와 로드 카나본(Lord Carnarvon) 경의 파라오 투탕카멘무덤의 발견이다. 투탕카멘의 무덤은 '이집트 열풍'을 일으킨 도화선이 되었는데 이후에도 여러 번 세계를 뒤흔들었다. 이 열

그림 1.3 조반니 벨조니(Giovanni Belzoni, 1778~1823)가 파라오 람세스 2세의 머리를 나일 강으로 운반하는 모습. 조반니 벨조니는 나일 강에서 사망한 탐험가로 서커스단 차력사였다.

풍은 황금 파라오, 피라미드의 힘, 고대 이집트 종교 그리고 몇 편의 할리우드 영화에 나오는 것과 같은 미라의 저주 등 여러 가지 형태로 세상에 소개되었다. 고대 이집트 는 다른 문명이 견줄 수 없는 대중성을 가지고 있는 것이다.

메소포타미아 문명: 아시리아와 수메르

님루드(Nimrud), 니네베(Nineveh) 그리고 다른 고대 메소포타미아 도시에서 이루어 진 발견은 19세기의 위대한 고고학적 성과 중 하나이다. 프랑스인 폴 에밀 보타(Paul Emile Botta)와 영국인 헨리 오스틴 레이어드(Henry Austen Layard)가 1840년대에 니네베를 발굴하기 전까지 구약성서의 아시리아는 단지 역사 속의 희미한 존재일 뿐 이었다. 모험과 명예, 재산에 대한 야망을 가진 청년 레이어드는 낭만적인 발견을 꿈 꾸어 왔다.

> 지하 궁전, 거대한 괴물, 조각상 그리고 끝없는 비문. 이런 것들의 환상이 내 앞에서 떠 다녔다. 이런 보물을 발굴하기 위한 계획을 세우고 또 세우면서 나는 출구를 찾을 수 없는 방들의 미로에서 헤매는 자신을 상상하였다. 정신을 차리고 나면 다시 모든 것이 흙에 덮이고, 나는 풀이 자란 언덕에 서 있었다(레이어드, 1849, p.111).

그는 이 글을 1845년 북부 이라크의 니네베에서 먼지가 날리는 언덕에 올라가서 써냈다. 레이어드는 처음에는 님루드에서, 1849년 후에는 니네베에서 작업하였다(그 림 1.4). 반면 보타는 1840년 북부 이라크 모술의 외딴 도시에 프랑스 영사로 임명되 면서 티그리스 강 바로 건너편인 니네베를 발굴하였다. 그곳에서 파리의 루브르 박물 관에 소장될 고미술품을 수집할 수 있었다. 그는 또한 코사바드(Khorsabad) 근처의 아시리아를 발굴한 첫 번째 인물이다. 두 사람 모두 위대한 왕과 신하, 정복을 위하 여 진군하는 군대, 위대한 궁전에서 노역하는 노예, (앞에서 서술한 바 있는) 사자 사냥 을 하는 왕과 구약성서 열왕기 하 18장 3절에 기록된 이스라엘 라키시(Lachish)의 포 위 장면을 화려하게 묘사한 부조 장식을 발굴하였다. 기병 장교에서 언어학자로 변신

그림 1.4 레이어드는 아시리아에서 발견한 것들을 바람을 넣은 염소가죽으로 지지되는 나무 뗏목에 실어 티그리스 강으로 내려 보냈다. 일단 페르시아 만에 뗏목이 도착하면 가죽에서 바람을 빼서 당나귀에 실어 상류로 보냈다. 나무는 상당한 이익을 보고 팔았다. 아시리아인도 이와 같은 방법으로 배를 사용하였다.

한 헨리 크레스위크 롤린슨(Henry Creswicke Rawlinson)이 포함된 조사팀은 메소포타미아 쐐기문자를 해독하였다. 레이어드는 센나케리브 왕이 라키시 앞에서 "심판의 왕좌에 앉은 위대한 왕이며, 아시리아의 왕인 나 센나케리브는 라키시 도시를 파멸시킬 것을 명령하였노라."라고 자랑하는 것을 읽을 수 있었다. 그는 아시리아 군주 아슈르바니팔의 왕립 도서관도 발견하였는데, 그곳의 자료를 통하여 창세기 1장의 창조 전설에 대한 기원을 밝힐 수 있었다.

아슈르바니팔의 도서관에서 출토된 점토판에는 티크리스와 유프라테스 강 사이에 존재한 서부 메소포타미아의 많은 초기 문명이 기록되어 있다. 이런 초기 도시사회의 존재가 확인된 것은 1877년 프랑스 외교관 에르네 드 사르제(Ernest de Sarzec)가 텔로(Telloh) 언덕을 발굴한 때부터이다. 수메르 문명은 영국 고고학자 레너드 울리(Leonard Woolley)가 성경에 나오는 우르를 발굴하기 시작한 1922년까지 대중적

그림 1.5 우르의 '왕족' 무덤 갱에서 벌어진 광경을 재현한 그림(대영박물관)

인 상상력을 끌지 못하였다. 그 해는 투탕카멘 왕의 무덤을 발굴한 때이기도 하다. 그 것은 명석한 상상력과 함께 자신의 발견을 대중과 폭넓게 공유할 수 있는 능력을 갖춘 고고학자가 지휘한 대규모 발굴이었다. 1926년에 그는 16기의 '왕족' 무덤과 수천 기의 평민 무덤이 포함된 거대한 수메르 공동묘지를 발굴하였다. 울리는 궁핍한 예산으로 작업하면서 놀랄 만한 무덤구덩이를 발굴하였는데, 그곳에는 독약을 마시고 죽은 왕실 사람들 모두가 여자 노예와 함께 매장되어 있었다(그림 1.5). 우르(Ur)의 왕실 무덤은 거의 투탕카멘 무덤만큼이나 사람들을 흥분시켰으며, 남부 메소포타미아의 첫 번째 도시 주민에 대한 관심을 새롭게 불러 일으켰다.

여러 나라의 고고학자들이 수십 년간 지속적이고 헌신적으로 작업한 덕분에 우리는 오늘날 고대 근동 사회에 대한 풍부한 그림을 그릴 수 있다. 그렇지만 아직 많은 것들이 완성되지 않은 채 남아 있는데, 특히 아나톨리아 같은 지역의 연구가 그러하다. 고대 근동에서 주요한 위치를 차지하는 히타이트도 수도인 보가즈쾨이(Bogazköy)에서 독일인들이 1906년부터 1908년까지 발굴을 시작하기 전까지는 거의 알려지지 않았음을 상기할 필요가 있다. 보다 최근에는 (1933년부터 시작된) 유프라테스 강 유역 마리(Mari)에서 이루어진 프랑스인의 발굴, (1964부터 시작된) 에블라(Ebla)에서 이루어진 이탈리아인의 발굴, (1978년부터 시작된) 텔 레이란(Tell Leilan)과 텔 알-라카이(Tell al-Raqa'i) 그리고 주변지역에서의 미국인의 발굴, (1937~38년까지 이루어졌다가 1976년에 재개된) 텔 브라크(Tell Brak)에서의 영국인의 발굴을 통하여 남부 메소포타미아의 핵심 지역에서 멀리 떨어진 북부 메소포타미아와 시리아의 초기 주요 문명의 전개 과정이 알려지기 시작하였다.

그리스와 크레타: 미노아와 미케네

19세기 후반, 청동기시대의 그리스와 크레타에 대한 첫 번째 탐험이 독일의 백만장자 기업가인 하인리히 슐리만(Heinrich Schliemann)과 같은 몇 명의 유명한 고고학자에 의해 이루어졌다.

> 지금까지 트로이, 미케네, 오르코메노스(Orchomenos), 티린스(Tiryns) 등의 유적을 발굴할 때마다 경이롭고 새로운 고고학의 세계를 영락없이 찾아냈다. 나는 지쳐서 발굴을 취소하고 여생을 조용히 지내고 싶은 마음이 굴뚝 같다. 더 이상 이 엄청난 작업을 지탱할 수 없음을 느낀다(슐리만, 1855, p.22).

어릴 적부터 그리스 신화에 매료된 슐리만은 40대에 사업에서 은퇴하고 고고학에 몰두하여 호메로스의 서사시『일리아드』와『오디세이아』가 문자 그대로 역사적 사실이라는 것을 증명하는 데 여생을 바쳤다.

슐리만의 주요 업적은 오늘날 터키의 다르다넬레스에 있는 히살리크(Hissarlik) 언덕을 프랭크 캘버트(Frank Calvert)라는 그 지역 영국인 거주자와 함께 발굴하여 그곳이 호메로스의 트로이라는 사실을 밝힌 것이다. 호메로스 전설에 나오는 10년 전쟁에서 그리스가 공격한 도시 트로이가 현재 터키의 다르다넬레스 해협 입구에 실재하였음을 확인하였다. 이 이야기는 서기전 8세기, 호메로스가 쓴 위대한 서사시 『일리아드』의 배경이 되었다. 슐리만과 그리스인 부인 소피아(Sophia)는 1870년 초 히살리크를 대대적으로 발굴하여, 적어도 7개의 중첩된 도시 문화층을 확인하였다. 그는 밑에서 두 번째 층에서 화재로 소실된 석조 건물과 두터운 재를 발견하고 이곳이 그리스에 의해 파괴된 호메로스의 트로이라고 주장하였다. 처음에 슐리만은 트로이에서 발견한 것의 중요성을 거의 이해하지 못하였지만, 대부분의 사람은 (그리고 오늘날까지도 여전히) 전설로 알려진 도시가 정말로 발견된 것이라고 확신하였다.

트로이 정벌을 이끈 그리스의 지도자는 남부 그리스의 미케네 왕 아가멤논(Agamemnon)이었다. 히살리크의 성공에 고무되어 아가멤논이 실제 역사적 인물이라고 확신한 슐리만은 1874년 에게 해 너머 미케네로 관심을 돌렸다. 그곳에서 그는 거대한 무덤방과 순금으로 장식된 19구의 남녀 인골을 발견하였는데, 그중 일부는 순금 가면을 쓰고 있었다(그림 9.7). 슐리만은 자신이 아가멤논의 무덤을 발견하였다고 세상에 주장하였다. 실제로 그는 청동기시대의 미케네 문명을 발굴한 것이었다.

그리스 전설은 또한 미노스(Minos)라 불리는 왕과 관련된 이야기를 통하여 어렴풋한 크레타의 초기 문명에 대해서 알려 주고 있다. 그 문명은 미케네보다 늦게 재발견되었는데, 그 중심 유적은 엄청난 양의 잔해에 덮여 있던 크노소스(Knosos) 왕궁이다. 1890년대에 영국의 고고학자 아서 에번스(Arthur Evans) 경은 기이한 문자가 있는 크레타의 봉인석을 본 뒤로 그 유적에 관심을 갖게 되었다. 이 봉인석은 아테네 벼룩시장의 골동품 상인에게서 구입한 것이다. 에번스는 그 출처를 찾아 크노소스까지 갔으며, 1900년부터 30년 이상 발굴을 계속하였다. 크노소스에는 크레타 유적에 열광한 어떤 사람이 이미 몇 년 전부터 조사 작업을 하고 있었다. 따라서 에번스가 크노소스를 발굴한 첫 번째 사람은 아니지만, 그 중요성을 깨달은 첫 번째 사람이라고 할 수 있다. 왕궁은 생생하게 묘사된 벽화로 여러 곳을 장식한 거주 공간과 거실이 딸린 작은 방을 비롯하여, 정원과 계단, 수장고가 뒤죽박죽되어 혼란스러운 시설이었다. 에번스는 이 왕궁을 미노스 왕의 저택으로 추정하고 그 이름을 따서 미노아 문명이라고 명명하였다.

미노아인은 이집트, 그리스 본토, 동부 지중해 국가와 교역하였다. 그들은 경제와 행정에 대한 정보를 점토판에 새겨 넣기 위하여 선형 A라는 새로운 문자를 발명하였다. 점토판의 내용은 상징의 배열과 형태로 추측할 수 있었지만, 문자 자체는 해독하지 못하였다. 크노소스에서는 선형 B라는 다른 문자가 새겨진 더욱 많은 점토판이 출토되었다. 에번스는 선형 A, B 두 문자를 해독하지 못한 것을 두고두고 아쉬워하였다. 에번스가 죽은 지 12년 뒤인 1953년 마이클 벤트리스(Michael Ventris)는 초기 그리스어가 표기된 점토판 몇 점을 발굴하였다고 발표하였다. 선형 B 문자의 점토판을 해독하게 됨으로써 이 문자를 사용한 그리스 본토의 미케네 왕궁은 물론 후기 크노소스 왕궁의 통치 체제에 대하여 많은 것을 알 수 있게 되었다.

인도와 동아시아

남아시아와 극동의 초기 문명에 대한 고고학적 발견은 20세기에 이루어졌다. 영국과 인도의 고고학자가 1921년 하라파(Harappa)와 모헨조다로(Mohenjodaro)의 고대도시를 발굴함으로써, 오늘날 파키스탄에 속한 인더스 강 유역에서 당시까지는 예상치 못한 청동기시대 초기 문명이 존재함을 밝혔다. 하라파와 모헨조다로가 가장 널리 알려진 유적이긴 하지만, 그것은 단지 인더스 문명의 거대한 주거구역 십여 곳 중의 두 곳일 뿐이다. 유감스럽게도 사각형 봉인석과 구리판에서 볼 수 있는 수수께끼 같은 인더스 문자를 해독하는 데 아무도 성공하지 못하였다.

1920년대는 초기 중국 문명을 조사한 주요 시기이기도 하다. 중국의 후대 역사 문헌에는 상 왕조가 서기전 2000년기에 북중국을 통치한 사실이 기록되어 있다. 그러나 이 사실은 황허(黃河) 유역의 안양 유적에서 초기 중국 문자가 새겨진 황소 어깨뼈가 발견된 1899년 이후에야 알려지기 시작하였다. 발견과 관련된 이야기는 크레타의 미노아 문명과 유사하다. 그러나 중국의 경우, 안양에서의 첫 번째 발굴이 이루어진 것은 1928년이 되어서였다. 중국의 고고학자 리치(Li Chi, 李濟)의 지휘하에 발굴 작업이 시작되었으며, 곧 화려한 왕릉과 궁정 기단의 엄청난 내용이 밝혀져 희미하였던 상 왕조의 역사를 고고학적으로 뒷받침해 주었다. 중국 전설이 기본적으로 정확하다는 사실이 확인되면서 안양과 다른 상 왕조의 중심지에서 지금도 조사 작업이 이루어지고 있다. 최근의 발견은 상 왕조에 병행하여 독자적인 지역 전통을 갖춘 중국의 다른 지역의 전개 상황에 대해서도 밝혀 주고 있다.

아메리카 문명: 중앙아메리카

보타와 레이어드가 아시리아 고대도시에서 작업하고 있을 때, 보스턴의 역사학자 윌리엄 프레스콧(William Prescott)은 고대 아메리카 문명에 대해 연구하고 있었다. 그는 스페인 정복자들이 남긴 기록을 토대로 조사연구에 착수하면서, 멕시코 고원에 형성된 아즈텍 문명의 정교함에 탄복하였다.

> 호수 위와 육지에 세워진 그 많은 도시와 촌락 그리고 멕시코(테노치티틀란, Tenoch-titlan)로 연결되는 곧고 평평한 둑길을 보았을 때, 우리는 아마디스(Aamadis) 전설에 나온 것과 같은 거대한 탑과 호수에서 솟아오른 듯한 석조 건축물이 연출하는 황홀경에 감탄을 금할 수 없었고, 어떤 병사는 우리가 본 것이 꿈은 아닌지 물어보기조차 하였다(디아즈, 1963, p.118).

아즈텍 수도 테노치티틀란의 첫인상에 대하여 스페인 정복자 버널 디아스(Bernal Diaz)는 이렇게 적었다. 1519년에 에르난 코르테스(Hernan Cortes)와 그의 병사들이 테노치티틀란에 도착하였을 때, 그들이 본 것은 고고학적인 유적지가 아니라 생기가 넘치는 위대한 산업화 이전 도시였다. 여기에는 건축, 문자, 야금술 그리고 웅장한 피라미드 신전과 전쟁, 정부, 조세의 조직화된 시스템을 갖춘 아메리카의 토착 제국이 있었다.

불행하게도 코르테스와 그의 부하는 아즈텍 문명을 기를 쓰고 파괴하여 망각의 역사 속으로 사라지게 하였다. 식민지 수도 멕시코시티가 테노치티틀란의 폐허 위에 건설되어 콜럼버스 이전 시대의 도시를 묻어 버렸다. 다만 몇 명의 스페인 수사가 힘들게 토착 방언을 공부한 덕분에 한때 위대하였던 문명에 대하여 구전된 내용이 기록으로 남을 수 있었다. 비록 불완전하기는 해도 그들의 연구는 현대 학자에게는 값으로 매길 수 없는 귀한 아즈텍 문명의 보고가 되었다.

신대륙 정복자는 식민지 개척자이자 정복자이며 '하느님을 섬기고 풍요를 위하여' 아메리카에 온 사람들이다. 천주교 수도사는 '이교도' 신앙의 모든 흔적을 지울 목적으로 아즈텍의 예식 제물과 문서 형태의 귀한 코디세(códice, 그림이 있는 문서)를 파괴하였다. 정복된 사람들의 전통과 역사에 대한 연민이 있는 연구는 장려되지 않았다. 19세기가 지나서야 미국과 멕시코 학자가 역사적 현지 자료를 조사하였고, 아즈텍뿐만 아니라 이전 메소아메리카 문명에 대하여 저술하기 시작하였다. 프레스콧이 낭만적으로 묘사한 걸작 『멕시코 정복(*The Conquest of Mexico*)』(1843)은 베스트셀러가 되었으며, 그것은 문헌기록과 고고학 자료를 바탕으로 기술한 초기 메소아메리카 문명의 첫 번째 설명서이다. 그가 고고학적 성과를 전폭적으로 활용할 수 있었던 것은 두 명의 유명한 여행가, 미국의 법률가인 존 로이드 스티븐스(John Lloyd Stephens)와 영국의 미술가 프레더릭 캐서우드(Frederick Catherwood) 덕분이다. 그들은 두 번에 걸쳐 멕시코 저지대 정글과 과테말라로 가는 힘든 여행(1839-1840, 1841-1842)을 함께 하였는데, 이 여행을 통하여 코판(Copan), 팔렝케(Palenque), 치첸 이차(Chichen Itza) 그리고 욱스말(Uxmal) 같은 마야 중심지의 폐허를 그렸다. 캐서우드는 사진처럼 정교한 그림(그림 1.6)을 그릴 수 있는 뛰어난 화가였고, 스티븐스는 훌륭한 작가였다. 그들은 발견한 내용을 추려 소박한 제목의 저서 두 권, 즉 『중앙아메리카, 치아파스와 유카탄 여행기(*Incidents of Travel in Central America, Chiapas and Yucatan*)』(1841)과 『유카탄 여행 이야기(*Incidents of Travel in Yucatan*)』(1843)를 출판하였다. 이 베스트셀러는 화려한 마야 문명을 소개하여 세상 사람들을 놀라게 하였다.

40년이 지나서야 마야에 대한 본격적인 조사연구가 이루어졌다. 영국의 고고학자 알프레드 모즐리(Alfred P. Maudsley) 경은 1889~1902년에 마야 고고학에 대한 첫 번째 종합 연구서 4권을 완성하였다. 이 책에는 마야의 비문에 대한 긴 내용이 부록으로 실렸다. 마야 유적지에 대한 발굴과 해석은 모즐리 이후 20세기 고고학 연구

그림 1.6 스티븐스가 마야 저지대의 팔렝케 신전을 조사하고 있다. 캐서우드의 그림

의 주요 분야가 되었으나, 불과 얼마 전인 1980년대에 마야 상형문자를 해독한 뒤부터 크게 진전되었다. 40년 전까지 고대 마야인은 수학과 천문학에 관심을 가지며 열대우림 저지대 중앙의 화려한 의례 중심지에서 살아가는 평화로운 사람들이라고 생각되었다. 그러나 해독된 기록에 따르면 메소포타미아를 비롯한 다른 많은 고대 문명 세계처럼 지배자나 도시 간에 격렬한 전쟁이 있었기 때문에, 이런 관점은 완전히 재검토되어야 한다는 의견이 지배적이다.

아메리카 문명: 페루

아즈텍 문명이 폐허가 된 지 10년이 지난 1532년에 또 다른 스페인 정복자인 프란시스코 피사로(Francisco Pizarro)가 안데스 산맥 고지대에서 잉카 지배자 아타우알파(Atahuallpa)와 마주쳤다. 피사로와 그의 소규모 군대는 아타우알파를 체포하는 데 성공하여 그를 감금하고 방을 가득 채울 만큼의 황금을 요구하였다. 잉카 제국은 곧 멸망하고, 10년이 지나지 않아 스페인 정복자는 페루의 주인이 되었다. 고원 지대에 위치한 잉카의 수도 쿠스코(Cuzco)는 도로와 파발 네트워크로 왕실 영토의 모든 지역과 연결되어 있었다. 정복자들은 쿠스코 사원의 황금을 약탈하였고 그들의 선조가 멕시코에서 하였던 것과 같이 '이교도' 문명의 모든 흔적을 지워버리려 하였다. 단지 몇몇의 스페인 사람과 토착인 학자만이 잉카 문명에 대하여 약간의 기억을 되살려 기록으로 남겼는데, 그것은 중앙아메리카에서 확보한 풍부한 자료에 비할 바가 못 된다.

학자들이 안데스의 웅장한 잉카 유적지와 페루의 건조한 해안의 초기 유적을 조사한 것은 4세기가 지난 뒤였다. 이와 관련하여 특히 유명한 사람 중 한 명은 1896~97년에 남부 페루 해안의 파차카마크(Pachacamac) 유적의 발굴을 통하여 남아메리카 문명의 연대를 밝혀낸 독일 학자 막스 울레(Max Uhle)이다. 그리고 더 유명한 한 명은 마치 인디애나 존스와 같은 고고학자이자 역사학자인 미국의 학자 하이럼 빙엄(Hiram Bingham)이다. 빙엄은 1911년 7월, 스페인 군대에 대항하여 건설된 마지막 요새인 '잃어버린 도시 빌카밤바(Vilcabamba)'를 찾아 쿠스코로 떠났다. (단지 5일 만에) 그가 방문한 곳은 작지만 잘 보존된 산 정상의 도시, 마추픽추(Machu Picchu) 유적이었다(그림 18.11). 이 유적은 외딴 지역에 위치하였기 때문에 파괴로부터 보존될 수 있었다. 마추픽추 유적은 쿠스코에서 불과 97킬로미터 떨어져 있었는데, 스페인 정복자들에게 들키지 않았고 그들의 손에 파괴되지도 않았다. 빙엄이 언제 그 지역을 방문하였는지는 분명하지 않지만, 현지 농부가 그를 마추픽추 유적지로 안내하면서 서구학계에 알려지게 되었다. "믿지 못할 꿈과 같았다…. 이곳은 과연 무엇이었을까?"라고 빙엄은 기록하였다. 잃어버린 도시에 대한 그의 절제되지 않은 주장은 이후 정밀한 과학적 검증 과정을 통하여 부정된다.

마추픽추의 발견은 고대 문명의 마지막 선구자적 탐험 중 하나로 평가받는다. 그러나 최근 몇 년 동안의 엄청난 발견들, 남부 터키 해안에서 발견된 근동 9개 지점의 유물을 실은 울루부룬(Uluburun)의 청동기 난파선(제9장) 등으로 미루어 보면, 아직 세계 도처에서 많은 것이 발견되지 않고 있다. 그리고 페루의 북부 해안 람바예케(Lambayeque) 계곡의 시판(Sipan)에서 고고학자가 황금유물로 덮인 모체(Moche) 전사 겸 제사장의 무덤을 1989년에 발굴하였는데, 도굴되지 않은 채로 남아 있어 아메리카에서 발굴된 무덤 중에서 부장 유물이 가장 많은 사례가 된다(표 18.1).

시판이나 울루부룬 같은 발견은 극적이어서, 뉴스의 헤드라인이 되어 대중의 상상력을 사로잡았다. 그러나 덜 화려한 발견도, 비록 더 많지는 않더라도 유익한 정보를 제공할 수 있다. 왕의 무덤과 화려하게 장식된 왕궁을 통하여 문명을 지배한 특권 엘리트나 왕, 왕비의 삶을 설명할 수 있다. 그러나 때때로 가장 설명력 있는 단서는 분명치 않은 고대 비문이나 잘 보존된 오두막의 바닥면과 같은 평범한 곳에서 발견되기도 한다. 이를 통하여 위대한 지도자는 물론, 세계 변혁의 그늘 아래서 조용히 무명으로 살았던 평민, 노예, 소박한 예술가에 대하여 알게 된다. 고대 문명은 국가 내에서 토지를 경작하고, 사원을 세우며, 예술적 걸작을 만들어 내고 장거리를 이동하는 수천 명의 평범한 사람들이 제공한 노동력에 의해 이루어졌다. 그들의 삶은 소형 주거지의 바닥, 저장공의 내용물, 별로 매력적이지 않은 유물과 음식 잔존물로 설명된다. 고고학은 이런 유물을 통하여 기자 피라미드를 세우고, 위대한 테오티우아칸의 멕시코 도시를 창조하였으며, 전설적인 힌두(Hindu) 세계를 묘사한 서남아시아의 왕실 영묘를 세운 문명사회에 대하여 균형 잡힌 관점을 제시한다.

죽은 자들에 대한 의무감으로 만들어진 오래된 걸작 건축물은 우리 모두가 공유하는 문화유산이다. 그러나 이 건축물들은 부도덕한 도굴꾼과 산업 발전, 내전과 공해로 인한 황폐화, 패키지 여행자의 바쁜 발걸음으로부터 위협을 받고 있다. 고대 문명은 종종 우리가 통제할 수 없는 방식으로 현대사회로부터 공격받고 있는 것이다. 유감스럽게도 그런 많은 손상은 의도적으로 이루어진다. 이는 만족할 줄 모르는 국제 골동품 시장의 욕심을 채워주기 위하여 전문 도굴꾼이 예술 작품과 명문자료가 묻힌 유적이나 무덤을 파헤치는 사례에서도 알 수 있다. 산업화된 국가의 부유한 개인이 고대 예술 작품에 높은 가격을 지불할 의사가 있는 한, 유럽, 미국, 일본의 골동품 시장에 팔 목적으로 멀쩡한 기념비 조각을 떼어내어 기록되지 않은 유적을 파헤치거나 박물관에서 도둑질하려는 사람들은 계속 존재할 것이다. 고고학계와 세계 문화유산이 입은 손실은 추산할 수 없을 정도로 막대하다.

요약

이 장에서 우리는 문명이라는 용어에 대한 대안적 정의를 검토하였고, 이를 문화적 진보나 우월성의 개념과 어떻게 구별해야 하는지 살펴보았다. 초기 문명은 도시와 국가 수준의 사회·정치적 조직을 포함한 많은 중요한 특징을 갖고 있다. 문자와 야금술과 같은 다른 특징은 초기 문명에 공통적이지만 일반적인 것은 아니다. 초기 문명의 재발견은 16세기 유럽 르네상스 시기에 스페인 정복자가 신세계에 도착하면서 시작된 점진적인 과정이었다. 우르의 왕묘, 투탕카멘 왕과 시판 모체 군주의 무덤을 발견함으로써 20세기 전 기간 내내 문명에 대한 관심을 불러일으켰지만, 한편으로는 도굴과 파괴가 자행되어 주요 유적지와 기념비적 건축물에 다가올 어두운 운명이 걱정된다.

THEORIES OF STATES

제2장 국가 이론

이집트 정의의 여신 마트(Maat). 이집트 19대 왕조의 채색 석재 부조.
(이탈리아 플로렌스 고고학박물관)

1487년, 화려하게 치장한 전쟁포로의 긴 행렬이 아즈텍 수도인 테노치티틀란의 피라미드 꼭대기에 있는 쌍둥이 재실을 향해서 한 걸음씩 가파른 계단을 오르고 있었다. 포로로 잡힌 전사들은 좌우로 눈길 한 번 주지 않은 채, 일부는 당당하게 일부는 마지못해 희생 제물이 되어 걸어 올라갔다. 아래에서 들려오는 군중의 소음은 그들을 압도하고 피라미드 꼭대기의 북소리마저 삼켜버렸다. 희생자가 제단 정상으로 한 명씩 걸어오면, 가면을 쓴 네 명의 제관이 제단석에 올려놓고 사지를 벌려서 묶었다. 그리고 미처 비명을 지를 새도 없이 예리한 흑요석 칼로 찔러 순식간에 희생자의 흉부를 열었다. 제관이 유혈이 낭자한 절개 부위에서 박동하는 심장 핏덩이를 뜯어내어 바로 옆에 있는 태양신 위칠로포치틀리(Huitzilopochtli) 조각상 쪽으로 던진다. 새로운 희생자가 죽음을 향해 걸어오면, 아직 체온이 남아 있는 앞 희생자의 시신은 피라미드 옆에서 기다리고 있는 성직자 쪽으로 떨구어진다. 몇 분 후 희생자의 머리는 다른 수백 개의 희생자 해골이 안치된 성역 안의 선반에 놓이게 된다. 이것이 아즈텍 전사의 꽃다운 죽음이라는 의식으로, 이를 통하여 살해된 희생자는 매일 태양신과 함께 하늘로 가는 여행의 영광을 누리게 된다는 것이다.

1519년, 스페인 정복자 에르난 코르테스가 인솔하는 소수의 병사와 탐험가가 멕시코 만에서 출발하여 멀리 멕시코 고원까지 은밀하게 침투하였다. 그들은 '가시투성이 선인장 지역'으로 알려진 아즈텍의 위대한 수도 테노치티틀란을 목격하고 넋을 잃었다. 높다란 피라미드와 신전은 태양에 하얗게 빛을 발하는 위세로 그 아래 광장의 인간들을 왜소하게 만들었다. 테노치티틀란은 멕시코 계곡의 얕은 호수 안의 섬에 있는데, 흙 방죽으로 육상에 연결되어 있었다. 25만 명의 인구가 아즈텍 수도와 그 주변에 거주하였으며, 공식적으로 장이 서는 날이면 2만 명 이상의 사람이 스페인의 세빌리아나 로마의 콘스탄티노플보다 더 큰 규모의 시장을 찾았다. 스페인 사람은 이처럼 규모가 크고 잘 조성된 도시를 보고 깜짝 놀란 것이다. 그들은 아즈텍 지배자 목테수마(Moctezuma)에게 태양신 위칠로포치틀리와 비의 신 틀랄록(Tlaloc)의 사당이 나란히 있는 피라미드의 정상에 올라갈 수 있게 해달라고 부탁하였다. 여기에서 그들은 값진 장신구가 달려 있는 신들의 위대한 조각상을 보았다. 화로에서는 코팔(copal, 천연수지)향을 풍기며 그날 제물로 희생된 세 명의 심장이 연기에 그을리고 있었다. "사원의 모든 벽은 피로 뒤범벅이 된 채였고 마루와 함께 온통 검은 색이었다."라고 정복자 버널 디아스는 기술하였다. 그는 보석 같은 돌로 된 조각상의 두 눈이 반짝거렸던 것을 기억하였다. 인간희생은 아즈텍 신앙의 핵심이었다. 제단에서 죽은 영혼은 낮 동안 태양신과 함께 하늘을 가로질러 간다고 믿었기 때문이다. 그들의 피는 아즈텍 생활의 연속성을 보장하는 영양분이었다(그림 2.1).

코르테스와 그의 부하들은 세력이 막강한 전성기의 산업화 이전 문명을 목격한 거의 마지막 서구인이다. 아즈텍인은 살아 있는 신이자 범접하기 어려운 지도자 목테수마의 지배를 받으며 살았다. 사회 계급의 구분이 엄격하여 아즈텍인은 태어나면서부터 복종을 요구받았다. 소수의 귀족 계급, 성직자 그리고 고위관료로 구성된 지배층은 대부분의 부와 모든 경제적, 정치적, 종교적 권력을 차지하였다. 모든 사람들은 인간의 심장으로 자양분을 공급받는 신성한 신 위칠로포치틀리를 섬기기 위하여 이 땅에 존재한다고 교육받았다. 많은 다른 고대 문명과 마찬가지로 아즈텍인은 현세와 내세는 연속선상에 있다고 믿었다. 그들의 세계관은 그들이 마주친 기독교인과 전혀

그림 2.1 예복 차림의 엘리트 전사 계급을 표현한 아즈텍 독수리 전사상. 많은 아즈텍 병사들은 신전 제단에서 포로로서 '꽃다운 죽음'을 맞이하였는데, 그들은 이런 죽음을 통해 태양신과 함께 하늘을 가로지를 수 있다고 믿었다(멕시코시티 템플로 마요르 박물관).

달라서, 그들의 사회를 연구하고 이해하는 것은 매우 어렵다. 이런 면에서는 다른 초기 문명도 마찬가지이다. 이 장에서는 문명을 탄생시킨 국가의 기원과 그 주요 동인에 대한 몇 개의 이론을 검토하고자 한다.

역사학과 인류학의 관점

문명론자와 세계체계

1장에서 우리는 초기 문명의 공통 속성 몇 가지를 설명하였다. 문명과 복잡한 인류사회가 등장하였다가 당황스러울 만큼 빠르게 붕괴한 이유는 무엇일까? 역사학자와 고고학자 모두 이 주제에 대하여 방대한 양의 논문을 발표하였다. 종종 '문명론자'라고 불리는 세계 문명의 연구자들은 주기적으로 변화하는 문명사의 패턴을 개념화하는 비교역사학자라 할 수 있다. 그들의 생각이 변화하는 과정을 살피는 것은 이 책의 관심 밖에 있지만, 기념비적인 12권의 저서 『역사의 연구(A Study of History)』(1934~61)를 통하여 순환 이론을 발전시킨 유명한 영국의 역사학자 아놀드 토인비(Arnold Toynbee)에 대해서는 언급할 필요가 있다.

그는 문명을 생성, 성장, 소멸 그리고 붕괴라는 독특한 생명 순환을 가진 동적 유기체에 비유하였다. 토인비의 연구는 문명을 일반화하려는 시도에 대하여 다른 연구자로부터 많은 비판을 받았다. 그중 한 명이 같은 시기, 하버드대의 역사학자 피티림 소로킨(Pitirim Sorokin)이다. 그는 문명의 이면에 존재하는 '중심 개념'이 각 문명의 문화적 다양성의 원인이라는 데 초점을 맞춘다. 그도 토인비와 마찬가지로 순환론을 수용하면서, 문명이 발전할 때 '중심개념'이 작용하여 독특한 순환 과정을 만든다고 주장하였다. 1961년에 다른 역사학자 캐롤 퀴글리(Carol Quigley)는 『문명의 진화(The Evolution of Civilization)』라는 저서에서 문명이 과연 순환하는지를 국가의 공간적 경계를 중심으로 이론적으로 설명하였다. 그녀는 초기국가의 외곽에서 문화와 사회가 융합되면서 국가조직을 가진 사회가 형성되고 인구 성장, 경제적 잉여, 교역을 통하여 발전한다고 주장하였다. 문명론자의 저술이 늘어나면서 덜 복잡한 사회보다 문명 지역이 역동적이며 인구밀도가 높았다는 사실에 의견이 모아졌다. 각각의 문명에는 유명한 독일 역사학자 오스발트 슈펭글러(Oswald Spengler)가 언급한 바 있는 고유의 기본 '핵심'이 있어서, 이것으로 인해 각 문명은 독특함을 갖게 된다는 것이다. 그러나 문명 대부분은 몇몇 기본 속성을 공유하는데, 중앙집권 정부가 그것이며 문자와 도시도 일반적으로 이에 포함된다.

한편으로는 새로운 개념을 갖춘 인류학자와 역사학자가 전 세계 도처에서 수행된 조사 성과를 토대로 새로운 관점을 제시한다. 서구 역사에만 집중하여 초기 문명을 근시안적으로 보던 관점에서, 여러 학문 분야가 참여하고 전 세계의 성과를 종합하는 방향으로 바뀌면서 순환적 성장과 문명 중심의 이동 그리고 민족과 문화의 다양성을 바탕으로 하는 관점에서 문명을 조망하게 되었다.

진화의 체계

역사학자가 문명의 개념에 대하여 고민하는 반면, 고고학자와 인류학자는 그것과 다른 방법과 용어를 사용하면서, 산업화 이전 문명을 규정짓는 사회복합도의 증가에 초점을 맞추었다. 그래서 그들은 사회적, 정치적 조직을 강조하는 경향이 있다. 많은 형태의 인류사회의 맥락을 진화론적 관점에서 접근하여 문명의 발전을 조망하면서 '국가'와 '복합사회'를 설명한다. 고고학은 근동의 5000년 문명보다 훨씬 오래된 문화 변동을 연구할 수 있는 유일한 과학적 방법이다. 그러므로 정교한 고고학적 이론을 갖춘 발굴자의 삽날이 문명의 기원에 대한 논의에 중추적인 역할을 한다. 고고학 연구는 과거를 설명하고 고대 생활방식을 복원하는 데 초점을 둔다. 그러나 가장 중요한 과제는 지구상의 초기국가가 형성된 과정을 역학적으로 어떻게 설명할 것인가이다. 그 과정은 고고학자들이 공통적으로 '문화 과정'이라고 부르는데, 이처럼 장기적 관점에서 문화 변동의 연구에 중점을 둔 고고학이야말로 초기 문명 연구의 핵심적 역할을 한다고 볼 수 있다.

다음에서는 국가의 기원과 그 후속 발전에 기여하는 몇 가지 요인에 대한 주요 인류학적 접근방법에 대하여 설명하고자 한다.

국가 이전과 국가조직 사회

인류학자와 고고학자는 인류사회가 여러 갈래로 진화하였다고 믿으면서 오랫동안 문명의 기원에 대하여 관심을 가졌다. 일반적인 수준의 '다선론적 진화'는 국가의 기원을 인류학적으로 설명할 때 거의 기본적으로 작용하는 신념이라고 할 수 있다. 또한 그것은 모든 산업화 이전 문명이 최근의 '전통적' 부족사회와 유사한 초기의 단순한 사회에 그 뿌리를 둔다는 가정에 근거한다. 이 가정은 인류사회를 국가 이전 사회[무리, 부족, 족장(군장)사회]와 국가조직 사회(문명)로 구분하는 분류 방식을 광범위하게 통용한다.

국가 이전 사회는 공동체와 무리 또는 마을에 근거한 소규모 사회이다. 정치적 통합 정도로 볼 때 상당히 다양하지만 세 개의 범주로 구분될 수 있다.

- 무리(bands)는 보통 몇 개의 가족으로만 구성된 자치적이며 자기 충족적인 집단이다. 정치적 권력이 아닌 경험과 개인적 품성에서 리더십이 생기는 평등주의 사회이다.
- 부족(tribes)은 평등주의 사회에 가까우나 사회와 문화의 복합성이 더욱 진전된 모습을 보여준다. 그들은 보다 정착적인 삶을 수용하기 위하여 혈연에 기반을 둔 기제를 발전시켰다. 이는 식량을 분배하며, 공동체 활동을 조직하기 위해서이다. 평등 사회에서 구성원 전체의 의견은 의사 결정에 중요한 역할을 한다. 태평양 북서지역의 주민 집단처럼 보다 복잡한 부족사회는 수렵–채집집단이지만, 대부분 촌락 농경과 연관된다.
- 족장(군장)사회(chiefdoms)는 비일상적인 의례와 정치 혹은 사업과 관련된 재능을 갖춘 개인에 의해 주도되는 사회로서, 부족과 구분하기 어려운 경우가 많다. 사회는 혈연에 기반을 두지만 보다 위계적이며, 식량, 위세품, 기타 자원을 재분배하는 강력한 혈연 지도자의 집중적인 통제를 받는다. 족장(군장)사회는 인구밀도가 높은 경향과, 사회적 서열화의 징후를 보여준다. 그것은 정교한 물질 소유 체계에 반영된다. 많은 요인에 따라 세부적으로 다양한 모습을 보여주는데, 그중 하나가 경관마다 달라지는 인구의 분포이다. 1000년 전 번성한 태평양의 타이티와 하와이 족장(군장)사회, 미국 중서부와 남부의 미시시피 족장(군장)사회가 그 전형적인 예로서, 이들 사회는 원거리상에서 교역망을 구축하고 의례적으로 상호교류를 하였다.

국가조직 사회(문명)는 중앙 지향의 사회 정치조직, 계급의 층서화, 집약농업의 특징을 갖추고 대규모로 운영되는 사회이다. 복잡한 정치구조와 영구적인 정부기관을 갖고 있으며, 소수의 상위계급이 지배하는 사회적 불평등에 기초하고 있다.

이와 같이 인류사회를 개략적으로 규정한 분류에 따르면 국가 이전 사회 중에서 가장 정교한 족장(군장)사회가 몇몇 지역에서 국가로 진화한다는 가정에 이른다. 이 '사다리' 모델은 일반적으로 인정되는 전제로서 30년 이상 거의 비판 없이 널리 수용되었다. 그러나 족장(군장)사회를 강조한 사다리 모델은 오늘날 비판을 받고 있다.

족장(군장)사회(Chiefdoms)

족장(군장)사회라는 호칭은 곧 국가로 이행할 탈평등사회를 표현하기 위하여 광범위하게 사용되었다. 그 명칭은 비교 연구할 때 사용되었지만, 그 정의를 구성하는 요소는 처음 제안된 이후 계속 바뀌었다. 족장(군장)사회는 세습적인 족장(군장)이 인도하는 혈연 기반 사회이다. 족장(군장)은 가끔 제사장의 성격을 띠면서 제사를 주관하거나 음식을 재분배하는 것 이외에는 별로 권한이 없었다. 그가 제한된 권력을 사용할 때에는 대중의 의견에 주의 깊게 귀를 기울여야 했다.

고고학자는 사회 전체의 거래물품, 음식 등의 자원에 대한 재분배와 관련하여 족장(군장)이 중요한 역할을 하였음을 인식하여 족장(군장)사회의 개념을 광범위하게 수용하였다. 그러나 많은 고고학자들은 재분배의 중요성이 그렇게 크지 않았다고 주장한다. 고고학자 티모시 얼(Timothy Earle)은 하와이 족장(군장)사회에서 족장(군장)은 토지 소유주로서 자신의 토지에 종속되어 노동하는 평민을 감독하는 것이 주요 역할이라는 사실을 확인하였다. 간단히 말하면 족장(군장)사회는 정치적 단위이지 재분배의 작동 체계(기제)가 아니라는 것이다. 이런 관점에서 보면 족장(군장)사회는 자치적 특징을 갖춘 무리와 부족사회에서 중요한 한 개인이 다수 공동체를 통제하는 새로운 형태의 권한을 갖게 되면서 나타나는 정치적 약진이라고 할 수 있다. 그러므로 족장(군장)사회는 국가 발생의 초기 단계로서, 한 개인이 특정 지역 내 수천 명의 인구를 지배하고 주요 산물의 생산과 외래품의 취득을 통제하는 사회라고 할 수 있다.

최근에 족장(군장)사회가 단순 족장(군장)사회와 복합 족장(군장)사회로 구분되면서 그 개념이 발전하였는데, 전자는 혈연에 의존하는 반면 후자는 최고 족장(군장)과 그 아래 족장(군장)으로 구성된 지역적 위계를 갖추고 있다. 전자에서는 중앙 집중화된 권한이 자원 이동을 결정하는 반면, 후자에서는 종속 공동체 자체가 상당한 자치권을 향유한다. 그러므로 복합 족장(군장)사회에서 최고 족장(군장)은 자원 취득을 조직화하는 외부적인 권력을 행사할 수 있으나, 내부적으로 잉여식량을 관리하고 자원의 분배와 저장을 관리할 복합 관료체계는 갖추고 있지 않다. 사회는 귀족과 평민으로 구분되는데, 귀족 집단은 리더십과 특권 그리고 종교적 권한을 두고 경쟁한다. 그러나 관료제와 상비군 그리고 재화를 통제할 장기적인 수단이 없다면 족장(군장)사회는 저항, 분열 그리고 불안정한 여건 속에서 계속 변화하는 사회 형태가 될 수밖에 없다. 여하튼 상당한 인구밀도, 계속해서 늘어나는 잉여식량, 사회를 관리하는 새로운 시스템 등이 나타나면서 족장(군장)사회가 중앙집권적 국가를 향한 정치적 초석이 된다는 점은 중요하다.

족장(군장)사회에 대한 이런 정치적 관점은 초기국가 발전에 중요한 경제적, 사회적 분화에 대하여 관심을 갖고 있지 않다는 점에서 비판을 받는다. 이런 상황은 메소포타미아(제3장), 선왕조 이집트(제4장) 그리고 저지대 메소아메리카(제15장)에서 분명하게 확인된다. 고대 메소포타미아 연구의 권위자인 노먼 요피(Norman Yoffee)는 족장(군장)사회가 국가의 선행 단계로서 사다리 역할을 한다는 것은 무의미하다고 믿는다. 예를 들어 요피는 수메르 이전 문화에서 족장(군장)사회라고 할 만한 고고학적, 역사학적 자료는 없다고 주장한다. 그 대신 서기전 3000년경 짧은 기간에 광범위한 도시화 과정이 발생하자 혈연집단과 중앙집권조직 간에 지속적인 권력 경쟁이 있었다고 설명한다. 이 과정에서 노동의 분화, 도시 교외에서의 집약농경 조직화 그리고 사회 대다수의 희생에 기초한 불공평한 부 축적 기회 등 심각한 변화가 나타난다는 것이다. 초기의 기록에서 장로회에 대하여 언급한 부분이 있는데, 그것에 따르면 장로회가 도시국가 문제에 결정적 역할을 하였다고 한다. 이는 권력이 족장(군장)이 아닌 공동체에 귀속되었기 때문이다. 종교적 사제나 정치적 지배자의 권력 강화와 초기 공동체 기반 사회의 관계가 진화하는 과정을 살피는 것이 이 지역의 국가 형성 과정을 밝히는 주요 주제이다. 요피는 지배자와 피지배자 간에 비혈연적 관계가 형성되는 것이 국가의 출발점이라고 주장한다. 족장(군장)사회 대신 국가가 권력을 가져야 장기간 안정적이고 흔들리지 않는 권위를 행사할 수 있는 것이다.

취락의 위계

국가 수준 사회의 성격을 규정하는 것은 위계적 사회 구조이다. 많은 고고학자는 취락 구조의 관점에서 그에 상응하는 위계를 모색하였다. 이런 접근법은 취락을 네 개의 형식, 즉 소형 촌락, 대형 촌락, 읍락(towns) 그리고 도시로 분류하는 것에서 시작한다. 사회 진화 이론에 따라 직접적으로 추론하자면, 취락의 위계적 접근법을 지지하는 학자는 복합적인 국가 이전 사회는 세 형식의 취락, 즉 소형 촌락, 대형 촌락 그리고 읍락으로 구분되며, 반면 국가로서 지위를 갖는 경우에는 도시의 출현이 두드러진다고 주장한다. 이런 위계에서 도시는 왕궁, 행정 건물 그리고 주요 신전을 소유한 중앙집권 정부의 거점이 되며, 읍락과 대형 촌락은 행정관 또는 촌락 원로와 같이 권한을 위임받은 자의 사무실을 갖게 된다. 소형 촌락은 어떤 종류의 공공건물도 갖지 않는 것으로 추정된다.

1960년대에 남부 메소포타미아에서 로버트 맥코믹 애덤스(Robert McC. Adams)와 동료들이 실시한 자세한 현장 조사를 통하여 확인된 초기국가사회의 유적 등을 보면 이런 종류의 네 단계 위계가 뒷받침된다. 그러나 문자기록 정보까지 고려하면, 역사적 실체는 네 단계 위계처럼 단순하지 않다. 켄트 플래너리(Kent Flannery)가 메소포타미아의 라가시(Lagash) 국가에서 관찰한 독특한 정치체처럼, 고고학자들은 하나가 아닌 세 개의 도시가 20개 이상의 읍락, 최소한 40개의 촌락과 함께 존재한다는 것을 밝혀냈다. 그럼에도 취락 형태와 규모 그리고 공간적 배치의 다양성 정도가 관련된 사회 단위의 크기와 복합성 그리고 국가의 존재 유무를 검토하는 지침이 될 수 있다.

국가사회의 발생에 대한 네 가지 이론

초기 인류의 과거를 연구한 학자들은 세계 여러 지역에서 문명이 출현한 것은 역사적으로 주요한 발전이라는 데 의견을 같이한다. 250만 년 전부터 1만 년 전까지 인류는 동식물 식량을 약탈하며 살아왔다. 1만 년 전 빙하기가 끝나면서 전 세계에 걸친 온난화 현상이 환경을 변화시켰는데, 빙산이 줄어들면서 해면이 상승하고 광활한 툰드라 지역이 숲으로 뒤덮였다. 인간은 채집과 수렵 방법을 발전시키고, 지역에 따라 기존 식량 자원을 보충하기 위하여 야생 작물을 인위적으로 재배하면서 환경에 적응하였다. 서기전 1만 년경에 콩과 보리가 근동에서 경작되었으며, 야생 상태의 염소와 양이 가축화되었다. 넓은 지역에 산재한 영속적 농경촌락들 간의 접촉이 증가하면서 새로운 농업경제는 급속히 전파되었다. 서기전 5000년경에는 농업공동체 사회가 근동, 남아시아와 서아시아, 유럽에 걸쳐 번영하였다. 촌락 농경은 서기전 7000년경 북부 중국, 서기전 3000년경 서남아시아, 서기전 2600년경 중앙아메리카에서 각각 독립적으로 시작되었다. 약탈에서 농경으로 극적으로 전환하면서 세계 각 지역에서 최초의 산업화 이전 문명이 발전할 수 있는 기초가 마련된 것이다.

제1장에서 우리는 문명을 도시화된 국가 수준의 사회라고 간략히 정의하였다. 그러나 문명을 다른 고대사회와 구분 짓는 공통적인 속성이 무엇인지 묻지 않을 수 없다. 산업화 이전 문명 간에는 많은 차이가 있지만, 다음과 같은 특징을 열거할 수 있다.

- 고도로 복잡한 대규모 사회조직을 갖춘 도시화된 사회이다. 산업화 이전 문명은 반드시 나일 강과 같은 중요한 지리적 영역과 관련되어 있다.
- 경제는 공물과 조세를 통한 자본과 사회적 지위의 중앙 집중에 그 토대를 두고 있다. 예를 들어 수메르 왕은 국가의 이름으로 교역활동을 독점하였다. 이런 형태의 경제를 통해 수백 명 때로는 수천 명의 대장장이나 성직자와 같은 비식량생산자를 지원할 수 있게 된다. 제조업의 전문화는 물론 장거리 교역과 노동의 분업화가 종종 초기 문명의 특징으로 나타난다.
- 공식적인 문서의 보존 방법을 비롯하여 과학과 수학 그리고 몇 가지 형태의 기록문자가 발달하였다. 이집트의 상형문자에서 안데스 잉카의 매듭줄까지 여러 형태로 나타난다.

- 마야의 의례 중심지, 로마의 신전과 같은 인상적인 공공건물과 기념비적 건축물이 있다.
- 모두가 수용하는 특정 형태의 국가 종교가 있으며 통치자가 주도적 역할을 한다. 캄보디아의 크메르인은 지도자를 살아 있는 신으로 여겼다. 이런 왕들은 힌두 세계를 상징적으로 묘사한 웅장한 궁성에서 살았다.

이런 사회들이 어떻게 발전하였는가를 살펴보기 위해 이제 널리 인정되는 네 가지 이론을 검토할 것이다. 차일드의 도시혁명, 관개, 기술과 교역 그리고 전쟁 등이다.

차일드의 도시혁명

빅토리아 시대의 사람들은 인류가 진보한다는 개념을 열정적으로 신봉하였는데, 현대산업 문명을 인간 달성의 정점에 두는 문화적 진화의 위계적 형태를 염두에 둔 것이다. 그들은 단순한 수렵-채집에서부터 인간 잠재력이 충분하게 실현된 단계에 이르기까지, 세계 여러 지역에서 인류가 상이한 속도로 진화한다고 믿었다. 1870년대에 메소포타미아의 수메르 문명이 발견되었음에도, 이전에 그리스인과 로마인이 그랬던 것처럼 그들도 문명의 기원은 파라오의 땅인 나일 강 유역에서 시작되었다고 추정하였다. 종국에 가서야 비로소 이론화 작업을 하면서 서남아시아와 근동 지역을 그 지리적 범위에 포함시켰다. 1920년대에 미국 고고학자 제임스 브레스티드(James Breasted)는 유대 언덕(Judaean hill), 자그로스 산맥 그리고 저지대 메소포타미아를 아우르는 곡선 형태의 지역을 '비옥한 초승달 지대(The Fertile Crescent)'라고 지칭하였다. 이 명칭은 오랫동안 통용되어 왔다. 비옥한 초승달 지대는 초기 문명의 요람이며, 지구상에서 최초로 복합사회가 출현한 장소이기도 하다.

문명의 기원에 대하여 비교적 정교한 이론을 최초로 제안한 사람은 오스트리아 태생의 고고학자 고든 차일드(1892~1957)이다. 차일드는 농경이 발생한 '신석기혁명'을 주장하였는데, 그 뒤를 이어 '도시혁명'이라는 개념을 제시한다(신석기는 금속도구를 갖지 못하였던 석기시대의 초기 농경인을 지칭하는 일반적으로 광범위하게 사용되는 용어이다). 그는 이 2차 혁명을 통하여 야금술과 전문 장인 계급, 거대 취락지인 도시가 나타났다는 이론을 세웠다. 예를 들어 차일드는 메소포타미아의 수메르 문명에서는 새로운 전문장인들이 소작농의 잉여식량을 지원받고 있다고 믿었다. 그러나 전문장인이 생산한 제품은 분배 과정을 거쳐야 했고 원재료도 종종 먼 거리에서 조달받아야 했다. 둘 다 소작농 사회의 자급능력을 감소시켰다고 차일드는 주장하였다. 증가하는 비경작 인구를 유지하기 위해서는 자본당 식량 생산성을 향상시킬 필요가 있었으며, 정교한 농경 기술이 요구되었다. 관개사업으로 생산성이 증가하였고 잉여식량, 생산, 분배의 집중이 이루어졌다. 나아가 조세와 공물로 인한 자본의 축적도 이루어졌다. 결국 차일드가 지적한 대로 전통적 혈연관계 대신 경제적 계급에 근거한 새로운 계급화된 사회가 생겨났다. 문자는 기록 보존과 정확하고 예측 가능한 과학을 발전시키는 데 필수적이었으며, 육상과 수상 운송은 새로운 질서 속에 편입되었다. 사제 왕과 전제군주가 권력을 가지며 부상하게 됨에 따라 통일된 종교의 힘이 도시 생활을 지배하게 되었다. 기념비적 건축물이 그런 상황을 보여준다.

차일드는 전문장인의 손으로 이루어진 전문화와 기술이 도시혁명의 초석이라고 생각하였다. 70년이 지난 뒤, 대부분의 고고학자는 전문장인의 출현을 국가의 형성과 대등시하는 수준에 이를 정도로, 문화 복합성과 장인 전문화가 상호연관된다고 생각하였다. 논의를 발전시키면, 장인의 전문화 수준이 높아졌다는 증거는 문화의 복합성이 한층 심화되었음을 말해주는 것이다. 이런 관점은 장인의 전문화 현상이 많은 평등한 사회의 특징이라고 지적하는 학자들에 의해 비판받는다. 작든 크든 족장(군장)사회를 지배하는 많은 족장(군장)은 비범한 기술이 필요한 카누와 같은 위세용 제품이나 공예품을 생산하는 전문가를 후원한다. 또 다른 이론에 의하면 장인의 전문화는 국가가 확장되고 도시가 성장함에 따라 토지에 대한 권리를 빼앗긴 소작농이 어쩔 수 없이 치러야 하는 운명이라고 한다.

고고학자 존 클라크(John Clark)와 윌리엄 페리(William Perry)는 이런 이론들을 검증하기 위하여 다방면에 걸쳐 환경이 대비되고 문화제도가 상이한 사회를 대상으로 표본 자료를 수집하였다. 검증 결과 장인 전문화가 족장(군장)사회와 국가 모두에 공통된 것임을 확인하였다. 비록 장인의 전문화가 문명과 강한 상관관계를 갖고 있음에도 자신들이 수행한 조사연구 결과를 토대로 그것이 문명 발전의 주요 동인이었다는 것은 인정하지 않았다. 그 대신 그들은 장인에 대한 후원이 국가 출현에 결정적인 역할을 하였을 가능성에 주목하였다. 왜냐하면 그것이 위계와 관련되어 있고 혈연 시스템에서 벗어나 경제적 권력을 취득할 수 있는 중요 요인이었기 때문이다. 그들은 나일 강 유역에서 보듯이, 생산활동이나 공동체 간 교환 활동과 마찬가지로 숙련 장인을 후원하는 것은 사회적 특권과 지위, 경제적 부를 얻을 수 있는 한 가지 방법이었다고 믿었다. 장인의 전문화는 그 자체가 문명화의 주요 동인은 아니지만, 결국 상속 가능한 부를 축적할 수 있는 보다 영구적인 투자의 기초가 된다는 것이다.

차일드의 도시혁명 이론은 1930~1950년대 사이에 널리 받아들여졌다. 근동 문명에 대하여 알려진 것이 별로 없고, 더욱이 중국, 남아시아 그리고 아메리카의 복합 국가에 대해서는 더더욱 그러하였던 때에 수집된 여러 복합적 사실을 논리적으로 합성한 성과였다. 그러나 예를 들어 기능 전문화는 국가 형성의 원인이 아니라 그 소산이며, 문명에만 해당하지는 않는다는 점 등을 보면 그 진화가설은 심각한 약점을 갖고 있다고 하지 않을 수 없다. 또한 잉여생산에 근거하여 국가와 도시의 형성을 예측하였지만 그것이 잉여의 발생 이유를 설명하지는 못하였다.

로버트 맥 애덤스와 메소포타미아를 연구하는 다른 고고학자는 1960년대에 도시혁명이라는 용어가 사회 계층과 정치적 제도의 발전이라는 사회변화를 소홀히 하면서 도시를 지나치게 강조하는 부적절한 것이라고 주장한다. 애덤스는 토지를 공동으로 통제하던 혈연집단에서 사적 재산을 소유한 귀족 가족이 발전하는 과정이 초기 메소포타미아와 아메리카, 두 지역에서 동일한 형태로 나타났다고 지적하였다. 그 최종 결과가 계급을 지향하는 엄격하게 구분된 사회조직의 형태라는 것이다.

관개

오늘날 대부분의 학자는 차일드가 말하는 도시혁명의 세 가지 요소, 즉 대량 잉여식량, 다양화된 농업경제, 관개농업이 세계의 모든 초기 문명의 발전에 매우 중요하다는 것에 동의한다. 문명과 관련된 초기의 생태학적 이론은 이 세 가지 광범위한 주제에서 크게 벗어나지 않는다.

1. 거대한 생태학적 잠재력을 갖춘 풍부하고 비옥한 토양을 갖춘 강변, 범람원

브레스티드의 비옥한 초승달 지대 가설은 메소포타미아의 범람원과 나일 강 유역에서의 예외적인 비옥함이 이 지역의 도시와 국가 발생의 주요 동인이라는 것이다. 사회문화적 변화가 그러하였듯이, 농업 효율성의 증가로 기본적 생계에 필요한 수요를 초과해 잉여곡물을 생산하였고 저장관리의 필요성이 나타났다. 여분의 식량으로 국가조직 사회의 근간을 이루는 숙련공, 성직자 그리고 무역 상인과 같은 식량 비생산자를 지원할 수 있었다.

경제학자 에스터 보서럽(Esther Boserup)을 포함한 일부 학자는 이와 다른 입장을 취한다. 그들은 잉여식량이 아니라 인구의 증가가 농업 집약화와 복합사회의 형성 동인이라고 믿는다. 보서럽을 추종하는 다른 학자들은 초기 메소포타미아나 (연례적으로 농경지가 물에 잠기는) 나일 강의 둑을 따라 조성된 농업시스템은 보다 집약적이어서 자연 환경을 좀더 체계적으로 개발 운용하였다고 주장한다. 이 농업시스템으로 인해 연간 수확 식량을 개략적으로나마 예측할 수 있게 되었고, 이 식량에 의존하여 유지되는 거주구역이 조성되었다. 이런 노력으로 조성된 보다 전문화된 생태 시스템이 더욱 집중화되고 급격히 증가하는 인구를 뒷받침하면서 결국 문명을 발생시켰다고 주장한다. 그렇지만 미케네나 잉카 문명에서 볼 수 있듯이 높은 인구밀도가 모든 국가조직 사회의 특징은 아니었다.

2. 해발고도, 식량 및 기타 자원에 대한 접근성 그리고 토양 비옥도 등의 생태적 요인이 서로 다른 지역에서는 상이한 문명이 발전한다. 다양한 식량자원이 확보되면 기근을 피할 수 있고, 다른 생산물과의 무역과 교환을 촉진시키며 한편으로는 분배조직이 발전하고 나아가 중앙집권적 권력이 성장한다.

다각화된 농업경제는 보다 희소하거나 생산성이 높은 작물에 집중하는 경향이

있으나, 궁극적인 생계 기반은 광범위하게 걸쳐 있다. 예를 들어 이집트인은 밀과 보리를 대규모로 재배하였지만, 소와 염소도 대량 사육하였다. 구세계와 신세계의 초기 문명을 보면 분명히 여러 생태지역에 걸친 복합적인 생계 양식에 근거하고 있다. 예를 들어 안데스의 고지대 국가는 생선, 면 그리고 기타 자원을 저지대 이웃세력에게 크게 의존하였다. 인더스 계곡의 하라파인은 면을 준보석과 바꾸었으며, 메소아메리카의 고지대와 저지대 문명은 모든 형태의 물품과 식량 그리고 공예품을 교환하였다. 이런 환경하에서 지역 중심지에서는 인접한 생태 지역의 제품을 관리하는데, 이는 잉여식량 관리에 치명적일 수 있는 수확 실패나 기근에 대한 대비책을 마련하기 위한 것이다.

3. 관개농업은 상당한 고밀도의 인구집단을 부양하는 방식이면서 문명 발생의 주요 동인이다.

생태학 관점의 초기 이론은 초기국가가 곡물 생산을 늘리기 위하여 관개농업을 적극적으로 수용하였다고 설명한다. 농업 집약화는 환경을 대폭 변경시킨다는 것을 의미하는데, 보통 수로를 개발하고 집수하여 건기에 농경지에 물을 대는 작업을 의미한다. 관개 이론은 한 세대 전에는 인기 있는 이론이었다. 고고학자 줄리언 스튜어드(Julian Steward)와 역사학자 칼 비트포겔(Karl Wittfogel)은 관개사업이 이집트, 메소포타미아 등 여러 지역에서 계층사회 발전의 기반이 되었다고 주장하였다. 이들 문명을 일컬어 1950년대에 비트포겔이 '수리 문명(hydraulic civilizations)'이라 한 것은 유명하다. 두 학자는 관개사업이 이루어지는 지역에서는 환경, 식량 생산, 사회 제도의 상호관계가 두드러진다고 주장한다. 중국 전문가인 비트포겔은 중국, 이집트, 인도와 같이 인구밀도가 높은 지역의 전제적 권력은 강우량 부족으로 대규모 수자원 통제 프로젝트에 대한 기술적, 환경적 요구가 있어 가능하였으며, 아시아의 초기 문명은 그런 이유로 '강력한 수리 관료제'였다고 믿는다. 국가의 관료조직은 수리사업에 동원된 노동력을 관리 통제하였다. 관개에 대한 사회적 수요가 구세계 여러 지역 국가와 도시사회의 발전을 가져다주었고, 상호 유사한 경제사회적 구조가 창출되었다는 것이다.

1920년대에 독창적으로 제안된 비트포겔의 주장은 30년 이상 지나면서 수정되었는데, 그동안 대규모 경관조사의 성과를 포함한 많은 새로운 자료를 통해 초기 문명의 모습이 정교하게 다듬어졌다. 1960년대 메소포타미아의 고대 관개사업이 이루어진 주요 유적에 대하여 고고학자 애덤스가 수행한 조사가 그 예이다. 애덤스는 초기 메소포타미아의 관개사업은 자연 하천 수로와 몇 개의 작은 농수로로 구성되어 있다고 설명한다. 대부분의 촌락은 큰 강 유역에 위치하면서 자연적인 수로를 이용하였으며, 각 공동체는 소규모 관개시설을 통제하였다. 몇 세기가 지나지 않아 고도의 중앙집권화된 국가 정부가 대규모 관개시스템을 조직하였다. 이집트도 마찬가지인데, 가장 큰 규모의 관개사업은 신왕조 때 이루어졌다. 이는 국가에 대한 조세 의무를 치르기 위하여 동원된 수천 명의 노동자가 수행한 것이었다. 초기 이집트 농업이—읍락 수준의 소규모 운영이어서 공식적인 감독이 필요치 않은 규모로—나일강의 물을 끌어다 쓰는 자연 유수지에 의존했던 것과 대비된다(그림 2.2). 대규모 관개

그림 2.2 이집트 중왕조 테베의 관리 메케트-레(Meket-Re)의 무덤에서 출토된 농장 창고 모형. 이집트 11대 왕조 시기의 사유노예들이 곡물창고에서 작업하고 있다(메트로폴리탄 박물관).

사업은 정치적 안정을 비롯하여 수자원에 대한 지속적인 관리와 감독을 필요로 한다. 예를 들어 페루 해안의 치모르(Chimor) 국가는 강성한 잉카 제국에 의해 전복되었는데, 그렇게 된 이유 중 하나는 잉카 제국이 해안에서의 관개시스템(제18장)을 유지하는 데 필요한 수자원의 통제권을 획득했기 때문이다.

　세계 최초의 도시가 출현한 남부 메소포타미아 평원은 특정 형태의 관개가 정착에 필수적인 선행조건이었지만, 초기 문명이 출현한 모든 곳에서 대규모 관개가 주된 동인이었던 것은 아니다. 같은 관점에서 오늘날의 연구는 생태적 환경이 국가조직 사회를 발생시키는 많은 변화의 모자이크 중 단지 하나의 요인일 뿐이라는 것을 잘 보여주고 있다. 그러나 빙하기 이후 지구 온난화에 영향을 미치는 강우 유형이나 해수면 상승과 같은 주요 환경 변화의 관점에서 보면 어떤 지역에서는 기후가 상당히 중요한 역할을 한 것으로 보인다.

기술과 교역

복합사회의 기원, 진화와 오랫동안 연계되어 온 것이 기술적 혁신과 교역이었다. 교역의 대상은 흑요석(석기, 거울 그리고 장식품에 이용되는 화산암), 구리와 같은 원자재와 모든 종류의 사치재였다. 차일드는 야금술을 도시혁명의 중요한 요인으로 보았으나 사실 근동 지역에서 구리를 비롯한 기타 이국적인 자재는 처음에는 제의용 물품과 보석 등 소규모 생산에 사용되는 정도에 불과하였다. 기술적 혁신의 대부분은 재화생산보다는 운송 부문에 효과가 더 컸으며, 그런 예로 메소포타미아의 수레바퀴나 이집트의 항해 선박 등을 들 수 있다. 문명이 시작되고 난 지 몇 세기 지나지 않아 구리와 청동은 운송과 군사 부문에서 수요가 급증하면서 대량으로 이용되었다. 기술은 진보하였다. 그러나 그것은 단지 시장의 발전과 신규 수요 그리고 소수 관료층의 늘어난 요구에 부응하기 위한 것이었다.

　어떠한 형태의 교역이라도 그 대상은 재화이며 그 주체는 사람이라는 사실, 두 가지를 기본으로 한다. 사람은 자신의 지역 내에서 구할 수 없는 재화와 서비스를 획득할 필요가 있을 때, 예를 들어 사금 또는 구리 광석과 같은 재화가 필요할 때 거래 상대방과 접촉하고 교환 시스템을 만들어낸다. (보다 전통적으로 '교환'이라고 불리는) 이런 교역에는 선물을 주는 것도 포함시킬 수 있다. 선물을 줌으로써 개인 간 또는 집단 간 사회적 관계가 강화된다. 선물은 양쪽 모두에게 의무를 부여하는 행위이다. 이런 종류의 교환은 뉴기니와 태평양에서 흔한 것으로, 아프리카에서도 지난 2천 년간 널리 퍼져 있었다. 물물 교환은 수천 년 동안 비정기적으로 발생하였는데, 보통 호혜성의 원리에 근거하여 이루어진 교역 메커니즘으로 개인과 집단 사이에 물품을 상호 교환하는 것을 말한다. 재화를 사회에 재분배하는 것은 족장(군장)과 종교지도자 그리고 혈연집단의 손에 달려 있었다. 우리가 본 바와 같이 재분배는 족장(군장)사회의 기본적인 요소이다. 재분배에서—아마도 고정된 가격과 불변의 통화를 갖춘 정규화된 상업 활동에 근거한—공식적인 교역으로의 변화는 정치적 성장과 복합사회, 나아가 국가의 발전과 밀접한 관계가 있다.

1970년대 몇 명의 고고학자는 교역이 국가의 출현에 주요한 역할을 하였다고 보았다. 영국 고고학자 콜린 렌프류(Colin Renfrew)는 에게 해 전역에 뻗친 크레타의 미노아 문명이 개화한 것은 왕성한 교역활동과 올리브와 포도 경작의 영향 때문이라고 이해하였다. 농업경제가 보다 다양해짐에 따라 잉여식량은 자기 지역 뿐만 아니라 원거리에서도 구하는 경우가 있었다. 이로 인해 원거리 지역 간에도 경제적으로 상호의존하게 되었다. 결국 사치품과 필수품에 대한 재분배 시스템이 조성되었는데, 그 시스템은 미노아 궁정과 에게 해 연안의 다른 올리브 생산 중심지에서 조직되고 통제되었다. 시간이 흐름에 따라 물품의 자가공급은 상호의존으로 대체되었다. 장거리 교역이 이루어지면서 상업 거래, 선물 교환 그리고 해적 행위 등 어느 정도 유사한 문화적 현상이 수반되었으며, 강화된 교역과 상호작용 그리고 전문장인에 의한 수공업은 긍정적인 피드백의 복잡한 과정을 거치면서 더욱 발달한 복합사회를 만들었다. 그것은 새로운 미노아 문명의 경제적 거점 역할을 하는 왕궁에 기초를 두고 있었던 것이다. 렌프류의 모델은 현재 평가절하된(제9장) 몇 가지의 전제를 제시한다. 예를 들어 그는 초기 청동기시대에 재배된 포도와 올리브는 경작 토지의 면적을 크게 늘려 복합사회의 출현에 힘을 실어주었다고 주장하였다. 많은 고고학자와 고식물학자는 포도와 올리브 재배의 증거에 근거하여 경작지의 확대는 청동기시대 후반에 비로소 일어났다고 지적하면서 그런 관점에 의문을 던진다. 그럼에도 교역이 미노아 크레타의 왕궁 경제를 이룩한 많은 변수 중 하나임은 분명하다고 할 수 있다.

미국의 고고학자 윌리엄 랏제(William Rathje)는 마야 문명의 근본적 동인이 장거리 교역의 확대였다는 가설을 세웠다. 그는 마야 저지대에는 흑요석, 소금, 옥수수 제분용 갈판, 여러 종류의 사치재 등 많은 자원들이 결핍되어 있다는 사실에 주목하였다. 만약 기본적인 교역망이 존재하였다면, 이 모든 것은 근거리 고지대, 멕시코 계곡 그리고 다른 지역에서 조달될 수 있었을 것이다. 그와 같은 연결망과 그것을 유지하기 위한 교역 원정대는 개개 촌락에 의해 조직될 수 없었다. 마야 주민은 상대적으로 획일적인 환경에서 살았으며 모든 공동체는 자원이 부족했다. 그러므로 장거리 교역망은 지역 내 의례 중심지를 기반으로 하여 지배자에 의해 조직되었다고 랏제는 주장한다. 때가 되어 이 조직은 국가로 발전했고, 그 기능에 대한 지식은 토기, 열대 조류, 특수한 석재, 지역 생산물품들이 수출될 때 같이 전파되었다. 랏제의 가설은 마야 국가 형성의 복잡한 과정 중 일부를 설명한다. 그러나 적절한 대체 원료가 저지대에서 발견되었을 수 있다는 반대 주장이 이 가설을 위협하고 있다. 또한 인구의 성장과 주요 농경 토지의 부족이 심화될 경우 대응책으로 교역 대신 전쟁이 가능한 수단이 될 수 있고, 이것이 마야 국가의 출현에 중요한 역할을 했을 수도 있다.

우리가 고대의 교역과 상업에 대하여 많은 것을 알면 알수록 단순히 어떤 하나의 측면만이 문화의 변동이나 진화의 최우선적 동인이 아니며, 교역이 고대 문명의 공통된 요소 또는 가장 중요한 동인이라고 할 수도 없다는 것을 알게 된다. 고대의 교역에 영향을 미치는 많은 변수 중에 재화에 대한 수요가 있다. 수요는 공급을 촉진하고, 지역에서 필요한 것 이상으로 생산된 제품은 외부의 수요를 충족시키는 데 활용되었다. 그에 따라 그것에 적합한 물류 수송, 교역망의 범위, 사회적 정치적 환경이 창출되었다. 그물 같은 시장망은 잘 정비된 도로를 따라 물류 유통을 가능하게 하였다. 수요와 공급을 주관하는 권력자는 향후 거래를 위한 유인책을 쓰면서, 생산자에게 돌아가는 이익을 조절했을 수도 있다. 시장 조직이 존재했을 수도, 존재하지 않았을 수도 있다. 대규모 관개와 마찬가지로 광대한 범위의 장거리 교역은 문명의 원인이라기보다는 결과이다.

전쟁

로버트 카네이로(Robert Carneiro)는 1970년대에 발표된 고전적 논문에서 페루 연안 계곡의 고고학적 성과를 바탕으로 전쟁이 국가 형성의 주요 역할을 했다고 주장하였다. 그의 국가 기원에 대한 '강압이론(coercive theory)'은 이 계곡에서 경작할 수 있는 토지의 면적이 제한되어 있고 사막에 의해 둘러싸여 있다는 사실에서 출발한다. 그래서 일련의 예측 가능한 사건이 일어나고 국가로 발전되었다고 주장한다. 첫 번째, 자급자족하는 농경촌락들이 계곡에 번성한다. 인구가 늘어남에 따라 토지 수요가 증가하면서 한정된 토지를 놓고 경쟁했다. 이후 공동체들은 다른 마을의 경작지를 약탈하기 시작하였다. 촌락 지도자 중 일부는 군사 지도자로 성공하거나 족장(군장)이 되었으며 거대한 부족 정치체를 지배했다. 계곡의 인구는 증가하였고, 전 지역을 한 명의 전사가 지배할 때까지 전쟁은 계속되었다. 그는 계곡을 중심으로 단일 국가를 세웠고, 야망에 찬 지배자와 후계자는 계속해서 이웃 계곡을 침략했다. 결국 여러 계곡을 아우르는 국가가 형성되고 더 큰 문명이 탄생하게 된다.

비록 페루의 산타(Santa) 계곡 현지를 대상으로 한 것이지만 카네이로의 이론을 검증하기는 어렵다. 자급자족하는 촌락에 대한 아무런 흔적을 찾지 못하고 오히려 여러 세기에 걸쳐 진화된 더 복잡한 촌락의 흔적만 찾았을 뿐이다. 고고학자 데이비드 윌슨(David Wilson)은 서기 400년경 모체 사람들이 이웃 계곡들을 정복하여 여러 계곡에 걸친 국가를 세웠을 때 오직 '강압적인' 과정만이 있었다고 주장하였다(제18장). 그런 정복 과정은 산타 계곡에 발달한 관개사업을 기반으로 한 복합사회가 번성한 한참 후에 나타났다. 관개이론과 마찬가지로 카네이로가 제시한 시나리오는 실제를 설명하기에는 너무 간략했다.

다른 관점에서 볼 때도 역시 전쟁은 문명의 주요 원인이 되지 못한다. 체계적인 전쟁의 수행은 부와 권력이 몇몇 소수의 손에 집중되어야 가능하다. 초기 촌락 공동체의 사회조직은 느슨하였기 때문에 전쟁을 수행하기 어려웠다. 오직 절대적 전제 군주가 권력을 갖고 상비군을 확보하여 주요 자원을 통제하고 정치적 문제를 해결하며 사회적 불평등을 유지할 수 있어야 비로소 전쟁이 일반화된다. 이런 형태의 전쟁은 권위가 전제되어야 하며, 문명의 원인이 아니라 결과이다.

강압이론 대 자발이론

우리가 앞서 살펴본 여러 이론들은 개인과 공동체가 국가 형성 과정에 참여하도록 압박받는다는 강압이론의 범주에 들어 있다. 그와 같은 결과를 초래하는 압력은 다음과 같다.

- 적대적인 외부 압력(카네이로의 군사 정복 모델)
- 억압적인 내부 강압(관료 집단이 관개용수 등의 중요한 요소를 통제한다는 비트포겔의 수리 전제 통치 시나리오)
- 군사 위협 환경하에서의 자기 방어. 개인은 강한 이웃세력의 위협을 막아내기 위하여 중앙집권적 통제가 강화되는 것을 인정하지 않을 수 없음.

그러나 어떤 환경에서는 사회집단이 다른 요소의 자극을 받아 자발적으로 국가에 합류하기도 한다. 남부 메소포타미아의 우루크(Uruk)는 분명 중요한 제사 중심지로서 신성함과 종교적 특권 때문에 주민의 관심을 끌었던 것으로 보인다. 테오티우아칸도 마찬가지로 태양의 피라미드 아래에 있는 동굴이 세계 창조가 이루어진 장소로서 널리 알려져 군사와 정치적 권력에 관계 없이 종교적 권위로 주민을 유도하였다. 예루살렘(Jerusalem)과 메카(Mecca)를 포함해 순례자의 중심지로 상당히 규모가 커진 도시와 같은 최근의 사례도 많다.

강압적 요인과 자발적 요인을 결합시켜 국가사회의 발전을 설명한 범주의 이론들은 다음에 보는 것처럼 문화시스템의 개념을 수용하고 있다.

문화시스템과 문명

대부분의 고고학자는 도시 생활과 산업화 이전 문명이 사회정치적 주요 변화와 함께 점진적으로 이루어졌다는 데 의견이 일치한다. 또한 관개, 교역 또는 전쟁에 근거한 단선적 설명은 부적절하다는 데 모두 동의한다. 국가의 기원에 관한 최근의 이론은 다양하고 복잡한 원인을 찾는 시스템 모델에 근거한다.

1960년대 고대 메소포타미아의 권위자인 애덤스는 신세대의 복합 이론을 소개하였는데, 그 이론에 따르면 관개농업, 확대되는 전쟁, '지역자원의 다양성'이 새로운 도시 문명을 출현시키는 결정적 세 요소라고 한다. 각각의 요소는 긍정적 순환 체계를 통하여 사회와 다른 요소에 영향을 주고 변화를 불어넣는다는 것이다. 잉여식량의 생산과 계층사회의 출현은 중요한 발전이며, 관개농업을 통하여 더 많은 인구가 부양된다. 인구와 영구 촌락이 증가하고 재분배를 수행하는 중심지와 교역이 이루어지면서 생산량을 늘릴 수밖에 없다. 잉여식량의 생산은 사회의 지배 집단에 의해 적극적으로 장려되었다. 잉여식량이 크게 늘어나면서 이를 관장하는 사람들은 곡식을 재배하지 않는 숙련공과 전문기술자의 숫자를 늘려 고용할 수 있었다.

애덤스는 스스로 개발 가능한 자원이 상당히 다양한 사회는 스스로 국가로 발전하는 것이 쉬웠다고 주장하였다. 인구가 증가함에 따라 전략적 자원을 독점할 수 있었다. 이들 공동체는 이웃세력보다 강성하여 군사 행동으로 영역을 확장할 수 있었으며, 다른 주민을 효율적으로 착취하였다. 그렇게 형성된 도시는 종교적 활동, 기술과 예술의 혁신 그리고 문자기록의 최초 중심지가 되었다. 그리고 몇몇 사람에게 국한된 읽고 쓰는 기술은 권력의 중요한 원천이었다(표 3.1).

1960년대 고고학자는 인류 문화는 상호작용하는 많은 부분으로 구성되어 있으며, 기술과 사회조직 그리고 종교적 신념이 포함되는 '문화적 시스템'이라고 생각하기 시작하였다. 문화적 시스템 그 자체는 보다 크고 계속 변화하는 생태적 시스템의 부분으로서 지속적으로 이루어지는 환경의 변화에 따라 다양하게 반응한다. 이런 시스템으로서 문화의 개념은 보다 정교한 국가 기원의 모델을 만드는 기초가 되었다.

고고학자 켄트 플래너리(Kent Flannery)는 중앙아메리카에서 연구하였는데, 국가를 매우 복잡한 '살아 있는' 시스템으로 이해하고 접근하였다. 그 복합도는 농업과 기술, 종교적 신념 등과 같은 하위시스템이 내부적으로 서로 차별화되면서 그물망처럼 연결된 상태를 기준으로 측정될 수 있다. 하위시스템이 연결된 방식과 사회가 전반적으로 시스템에 부과한 통제방식이 결정적으로 중요하다. 이 모델은 강력한 종교적 신념을 매개로 공공건물, 경제 그리고 다른 문명의 '하위시스템'들을 긴밀하게 연결시켜서 형성된 메소아메리카 국가에 적용이 잘되는 것으로 보인다. 렌프류는 미노아 문명의 기원을 연구할 때 시스템 접근법을 적용하였는데, 교역과 집약농법이 주도적 역할을 한 것으로 설명하였다.

문명의 기원에 대한 이런 시스템 접근법은 다소 추상적이다. 문화 변동의 과정(초기국가가 복합성을 한 단계 높이기까지의 연속적 변화), 바꾸어 말하면 그 과정들이 발생하는 메커니즘 그리고 그 메커니즘을 작동하게 하는 사회환경적 압력을 구분한다. 그러므로 국가의 발전에 대한 설명은 그 과정이 진행되는 방식에 중점을 둔다.

문화적 하위시스템은 영역 내 시스템의 모든 변수를 관리하는 통제 장치에 의해 규제되며, 이로 인해 시스템의 생존이 위협받지 않는다. 이런 사회적 통제장치는 종교적, 정치적 그리고 이념적 가치들을 생존의 필요에 걸맞게 균형을 맞추어주기 때문에 매우 중요하다. 개인의 의사결정에서부터 성직 활동과 같은 전문화된 기능을 갖춘 사회제도, 더 나아가 최상위의 기본 사회정책에 이르기까지 잘 규정된 규제와 정치 체계가 존재한다. 이런 추상적 기준 또는 가치가 문화 시스템에 대한 사회적 규제의 중심에 있다.

국가의 경영과 규제는 작은 부족의 그것보다 정교하고 중앙집권적이다. 국가와 덜 복잡한 사회의 가장 큰 차이는 의사결정에 도달하는 복잡성의 정도와 계층조직에 있으며, 생계활동에 있는 것이 아니다. 살아 있는 어떤 시스템도 많은 변수들 중 하나가 시스템이 허용할 수 있는 편차 범위를 넘어서면 스트레스를 받는다. 스트레스를 받은 시스템은 새로운 국가나 정책을 진화시킨다. 이런 대응 메커니즘을 작동시키는 전쟁, 인구 압력, 교역, 환경 변화 또는 다른 변수들은 메소아메리카 전문가 플래너리가 말하는 진화론적 변천의 '적응환경'을 창조하는 것이다.

초기국가의 시스템 모델은 문명의 기원을 설명하기 위하여 동원한 메커니즘과 그 과정, 사회환경적 압력을 각각 구별해야 하기 때문에 복잡해질 수밖에 없다. 종교와 정보통제는 초기 문명은 물론 모든 인류사회의 환경적, 경제적 변수에 영향을 주는 주요 동인인 점을 주목해야 한다.

생태학적 이론

생태학에 기초한 이론들도 시스템 접근법에 크게 의존하고 있다. 이 이론들은 다른 많은 가설에 비해 상당히 긴 생명력을 갖고 있지만, 모델 검증이 매우 어렵다는 비판에 직면하였다. 예를 들어 윌리엄 샌더스(William Sanders) 같은 고고학자들은 멕시코 계곡에 대한 고전적 연구를 통하여 아즈텍 국가가 어떻게 얕은 호수가 있었던 계곡 주위에 거대한 농업시스템을 조직하였는지 설명한다. 지역의 환경이 다양하므로 아즈텍 사람들은 모든 방법을 동원해서 주어진 환경을 이용해야 했다. 그에 맞추어 샌더스는 아즈텍 수도 테노치티틀란 내부와 그 주변의 25만 명에 달하는 인구를 지원할 수 있는 대규모 농업을 국가가 조직하였다고 주장하였다. 환경 요인은 중앙집권화된 리더십과 함께 문명이 시작되는 모든 지역에서 결정적으로 중요하다.

이런 관점을 지지하는 것이 메소포타미아에서의 해수면 상승에 대한 최근의 연구로서, 티그리스와 유프라테스 강 사이의 저지대 메소포타미아 삼각지의 지형 변화에 새로운 관점을 제공해 준다. 빙하기 후반에 해수면은 현재의 해안선보다 약 90미터 낮았다. 페르시아 만은 2만 년 전에는 메마른 땅이었으며 서기전 1만 년 전만 해도 바닷물은 낮은 지역에만 들어와 있었다. 오래전 티그리스와 유프라테스 강은 만의 안쪽 깊숙한 지점에서 발원하여 침식작용을 동반하면서 해수면이 낮아진 인도양으로 흘러들어 갔다. 오늘날의 메소포타미아 삼각주는 존재하지 않았으며 전 지역이 매우 건조하였다. 1만 년 전과 4000년 전 사이에 근동 전 지역에서 강수량이 약간씩 증가하면서, 해안선은 페르시아 만에서 때에 따라서는 1세기에 약 11미터의 속도로 급격히 높아졌다. 서기전 6500년까지 바닷물이 올라와 예전 하천 시스템을 범람시켜 만의 북쪽 안까지 도달하였다. 강어귀가 우르의 고대도시였던 내륙까지 도달한 서기전 5000년경에 해수면의 상승은 비로소 둔화되었다. 너른 어귀는 아라비아 사막으로부터 바람에 날려 온 모래로 채워졌지만, 지하수면은 상승하여 잔모래로 덮인 강어귀에 거대한 늪지를 형성하였다.

불행하게도 이런 수천 년간의 고고학적 기록은 침니의 깊은 층과 오늘날 해발고도가 높은 곳에 묻혀 있다. 그러나 지리학자와 고고학자인 제임스(James)와 더글러스 케네트(Douglas Kennett)는 다음과 같은 가상의 환경 문화적 시나리오를 제시하였다. 서기전 7000년 이후 약 1500년 동안 남부 메소포타미아는 풍부하고 예측할 수 있는 강수량과 함께 이상할 정도로 기후가 좋았다. 급격히 변하는 해안선을 따라 지금은 걸프 만 아래에 묻힌 단기간의 거주지에 정착한 사람들이 사냥하고 채집하였다. 이런 공동체들 중에서 일부는 곡물 농사를 짓기 시작하였다. 기후가 건조해지고 범람원토지가 확대되자, 몇 개의 집단은 단순하게나마 관개농업을 시작하고, 더 많은 곡물을 수확하였다. 수확량에 비례하여 인구밀도가 높아지면서 경작 가능한 토지와 기타 식량에 대한 경쟁도 치열하였는데, 그때는 마침 걸프 만이 10년에 1킬로미터씩 내륙 쪽으로 이동하는 시기였다. 그런 환경에서 강가의 공동체는 일정 시기마다 이주하였고 결국 큰 촌락으로 통합되었다. 처음에는 작은 공동체가 강변 목초지와 지류를 변경시켜 수로를 만들었다. 많은 촌락 공동체의 사례에서 볼 수 있듯이, 범상치 않은 초자연적 권력을 가진 남성과 여성 혈연 지도자들이 수로 공사를 조직하고 토지를 배분하기도 한다. 때가 되면 이런 개인들은 복합도가 높은 사회로 이행하는 농경 촌락의 정신적, 정치적 지도자로 변신한다. 작은 촌락은 읍락, 더 나아가 멀고 가까운 촌락을 정치적, 경제적으로 연결하는 중심 장소로서 북적거리는 도시로 발전한다. 그렇게 하여 도시가 탄생하고 궁극적으로 메소포타미아 문명이 형성되었다.

케네트의 이러한 시나리오는 새롭게 수집된 정교한 기후 자료를 근거로 하였으나 고고학적인 관점에서 보면 가설 수준에 지나지 않는다. 또한 그것은 농업이 북부와 서부에서 남부 메소포타미아로 확산되었다는 전통적 관점과 대비된다(제3장). 그러나 산업화 이전 문명의 기원을 밝히는 데 지역의 환경 변화가 매우 중요하다는 것을 강조한 점에 의의가 있다. 예를 들어 나일 강 홍수의 감소가 이집트 국가의 형성에 영향을 준 요인일 수 있다. 또한 그것은 중앙집권화된 조직이 상당히 중요하다는 것을 시사한다. 강력한 지도자는 자신의 재량권을 행사할 수 있는 국가 필수 자원에 대한 정보를 갖고 있으면서 인력 동원을 명령하고 그 성과를 수합, 재분배하는 능력을 갖추고 있다. 케네트의 주장대로라면, 국가는 중앙집권화된 경영을 통하여 문제를 효과적으로 해결하는 사회와 환경의 여건이 갖추어질 때 출현한다는 것이다.

생태학적 접근법은 중요한 약점을 갖고 있다. 예를 들어 어떤 환경이 국가를 형성하게 하는지 어떻게 알 수 있는가? 메소포타미아와 이집트에 있는 것과 같은 비옥한 범람원인가? 페루의 예와 같은 해안 하천 계곡인가? 메소아메리카의 고원인가? 또는 (페루 해안처럼) 토지 공급이 부족한 지역인가? 메소아메리카의 마야 저지대와 같이 지리적인 제약이 별로 없는 곳에서 발생한 국가도 있다. 더욱이 이란과 근동 일부 지역에서는 급격한 인구성장의 어떤 징후도 없이 산업화 이전 문명이 발전하였다. 어떻든 환경이 문화변동의 매우 복잡한 과정에 영향을 주는 주요 요인이라는 사실에 대해서는 의심할 여지가 없다.

사회 이론

최근에 고고학은 시스템-생태학적 접근법에서 개인과 집단에 대한 관심으로 연구 방향을 돌리고 있다. 기존 이론들은 종종 인간을 염두에 두지 않고, 문화 변동의 복잡한 과정 속에서 획일적으로 움직이는 기계와 같은 주체로 국가를 보는 경향이 있다.

새로운 세대의 연구자들은 새로운 방향의 사회적 접근법을 시도하고 있다. 모든 인류 사회는 궁극적으로 상호작용하는 개인과 집단으로 구성되어 있으며, 그들 자신의 어젠다를 추구하고 있다고 주장한다. 이 가설은 권력, 이념, 파벌주의 그리고 개인적 성향과 같은 현상을 기본으로 한다.

세 영역의 권력

고고학적인 관점에서 권력은 세 개의 영역, 즉 경제적 권력과 사회 이념적 권력 그리고 정치적 권력으로 나누어 볼 수 있다. 경제적 생산성, 자원에 대한 통제와 식량과 부의 재분배, 계층화된 사회시스템과 이념의 관리 그리고 무력에 의한 제어 능력들이 초기국가에 영향을 주는 결정적인 요소들이다. 각 영역의 권력은 상호 연계되어 있으며, 고고학적 증거를 통하여 개별적으로 접근할 수 있다.

경제적 권력은 보다 전문화된 생산을 창출하고, 저장과 분배의 다양한 과업을 원만하게 수행할 수 있는 능력에 기초한다. 때가 되면 축적된 식량과 재화는 생산하고 취득하는 사람과 재분배하는 사람들의 관계에 따라 처리된다. 국가는 엘리트(귀족 계급), 관료(관리자) 그리고 종속인(평민)을 두루 포함한다. 토지 소유 계급—사원이나 지배자 또는 개인 누가 소유하든—은 그에 딸린 평민들을 안전하게 보호할 의무가 있다. 모든 초기국가들은 집약적이고 다양한 농업 생산을 토대로 발전하였으며, 순수한 혈연조직의 유대를 넘어선 중앙집권적 구조를 갖춘다.

경제적 권력은 자기 지역에서는 획득할 수 없는 재화가 필요할 때 이루어지는 무역과 교환을 그 근거로 삼는다. 수메르는 금속기의 원료를 이란의 아나톨리아와 페르시아 만에서 획득하였으며, 이집트는 금과 상아를 누비아에서 취득하였고, 고지대의 안데스 문명은 생선을 태평양 연안에서 수입하였다. 어떤 규모이든 이국적 물품 또는 재화의 취득은 조직, 기록 보존 그리고 감독을 필요로 한다. 고고학적 기록을 통해 교역과 교역자에 대한 국가의 감독 수준이 문명에 따라 상당히 다르다는 것을 알 수 있다.

사회적 권력은 곧 이념적 권력을 의미하는데, 구성원이 문화적으로나 정치적으로 공유할 수 있는 특정한 상징을 다듬어가면서 만들어진다. 예술과 건축물 그리고 문학작품 등의 매체를 빌어 대중이나 개인이 실천하는 의례절차 속에서 표현된 그런 공통된 이념은 개인과 공동체를 혈연을 초월하는 공통된 연대감으로 묶어 준다. 이런 이념을 창출하고 영속시키는 사람은 종종 영혼 세계와 신들을 중개하는 존재로 인식되며, 때로는 살아 있는 신 자체로 여겨지기 때문에 높은 명예를 얻고 상당한 특권을 갖는다. 이념을 수호하는 그들은 특권을 갖는 개인으로서 정신적 권력을 통하여 특별한 사회적 지위와 불평등을 영속적으로 인정받는다. 많은 도시국가로 구성된 메소포타미아나 마야 문명에 대해서는 이념을 정치적인 관점이 아니라 종교적인 관점에서 설명하는 것이 중요하다.

멕시코 계곡의 테오티우아칸 또는 캄보디아의 앙코르 톰(Ankor Thom) 같은 과거에 위대했던 많은 도시들은 영혼의 세계와 현세의 조합이다. 도시들은 모두 강력한 성직과 종교적 제도를 자랑하였는데, 그들이 누리는 부는 국가의 영적 문제를 관리하고 통치자를 우주 질서의 지지자로 합법화할 수 있는 능력 때문에 가능한 것이었다. 그리고 신전, 피라미드, 광장 시설물은 인간생활과 우주의 영속성을 보장하기 위하여 정교한 공공 의식을 치를 때 위엄있는 연출 무대가 된다.

정치적 권력은 행정적, 군사적 수단으로 사회 전체를 위압하는 지배자의 능력에 그 기초를 두고 있다. 관료나 군대를 대상으로 권위를 행사하는 자는 혈연 시스템을 벗어나서 발탁된다. 정치적 권력은 외교와 전쟁을 수행하거나 국가 차원에서 상이한 파벌 간에 발생하는 주요 갈등을 해결하면서 만들어진다. 그러나 권력의 대부분은 정치적 문제와 관련이 없으며, 토지 소유권이나 가족법 등과 같은 많은 법적 문제를 처리하는 공동체와 혈연 지도자의 손에 달려 있다.

요피는 이런 권력의 세 가지 원천 간에 발생하는 상호작용이 사회 전반의 새로운 제도를 발전시키고 최고 통치자의 출현과 국가의 형성을 유도한다고 믿었다. 그는 사회적 진화 현상은 국가가 출현해도 계속되기 때문에, 어떤 순간을 지목하여 문명이 발생하였다고 할 수는 없다고 말한다. 산업화 이전 단계의 국가는 지속적인 변화와 갈등을 겪으면서 붕괴하기도 하고 수세기 동안 살아남기도 한다.

국가의 기원에 대한 이런 접근에서는 신진화론에서 말하는 사다리 개념을 파기하고, 사회적 복합성이 증대되는 과정에 다양한 진화 경로가 있다는 관점을 수용한다. 많은 사회들은 심각한 제약을 받으면서 움직이는데, 그 제약의 예로는 곡식이나 가축의 부족, 식량저장 능력의 부족 등이 있다. 이러한 제약으로 인해 국가와는 아주 다른 경로로 사회가 진화한다. 어떤 사회가 문명에 이르지 못하였다는 것은 그들이 이전 '단계'에 묶여 있는 것이 아니라, 단지 제약이 국가의 형성을 주도하는 요인들의 상호작용을 억제하였다는 것을 의미한다. 그러므로 자원과 권력 접근에 사회적 불평등이 내재된 혈연 시스템, 즉 족장(군장)사회가 국가에 대한 대안적 방안이 되는 것이다. 국가의 기원에 대한 접근은 고고학과 역사기록을 새로운 논리전개로 조합하는 정교한 연구를 필요로 하는데, 이는 과거에는 별로 수용되지 않았던 방식이다.

이념과 파벌주의

모든 초기 문명은 종교적 신념과 철학으로 견고하게 구성된 일련의 구조를 갖고 있는데, 이는 사회 구석구석에 영향을 미친다. 사회를 조성하고 그 구성원들에게 일체감을 부여하는 무형의 이념을 연구하는 것은 가공할 만한 작업이다. 최고 지배자의 권력과 신 그리고 영혼 세계와 맺는 특별한 관계를 강화시켜 주는 것이 이념인데, 이를 시각적으로 확인시켜주는 것이 이집트나 안데스 차빈(Chavin)의 사례와 같은 독특한 예술 형태의 작품이다. 소수 관료만이 읽고 쓸 줄 아는(또는 서기를 고용할 수 있는) 사회에서 예술은 사회를 결집시키고 이념을 강화하는 강력한 기능을 한다.

공공건축물 또한 이념을 강화한다. 최초의 메소포타미아 도시들은 빠른 속도로 형성되었는데, 느슨하게 뭉쳐진 촌락에서 시작하여 공공건물 복합단지를 중심으로 규모 있고 밀접하게 연계된 도시 클러스터로 발달했다. 우르와 같은 수메르 도시국가의 신전 피라미드인 지구라트(Ziggurat)는 하늘 높이 솟은 인공적인 산으로 주변 경관을 압도하였다(그림 3.11). 마야인이 거주하였던 코판과 엘 미라도르(El Mirador) 같은 도시에서는 신성한 언덕, 동굴, 숲과 같은 상징적인 풍경이 돌, 나무 그리고 치장벽토 공간의 많은 곳에 묘사되어 있다(그림 15.11). 이곳에서 위대한 군주가 정교한 공공 의식을 통하여 사람들 앞에 모습을 드러낸다. 의식적 사혈과 샤머니즘적 이입을 통하여 그는 다른 세상, 즉 신과 조상의 영역으로 들어간다. 이런 신성한 의식은 마야 세계를 정당화하고 귀족과 평민, 통치자와 미천한 촌락 농민을 복잡한 사회계약을 맺게 하는 것이다. 지도자들은 풍요로운 수확과 인간 생명의 지속을 보장하기 위하여 신과 통하는 중개인의 역할을 한다. 피라미드, 광장, 사원 등의 의례중심지에서는 계속 변화하는 계절과 시간을 배경삼아 삶과 죽음, 파종과 추수를 묘사한 연극을 공연함으로써 삶을 안정시킨다. 이런 의식을 통해 사회적 불평등, 지배자와 피지배자 간의 엄청난 차별을 합리화하는 것이다.

의례중심지는 문화 전통의 연속성을 확신시키는 종교적 권력의 도구 기능을 한다. 이곳에서 사회의 종교적, 윤리적 모델을 제시하여 정치적 제도와 사회적 질서를 규정한 신성한 법규를 만들게 된다. 신의 말은 위안을 주는 성가가 되어 종종 그 자체가 지상의 신이나 다름없는 신성한 통치자의 이름으로 여러 세대에 걸쳐 전해진다. 피라미드와 신전, 공공건물들은 시각적인 표현이며 종교적 권력의 수단이었다. 마야인, 메소포타미아인 그리고 하라파인의 것과 같은 많은 초기 문명은 그 깊은 내면에서 우러난 강력한 종교적 신앙심으로 건설된 것이다. 의례중심지는 때로는 무력을 갖추고 새로 등장하는 현세적인 지배자에게 승계되었다. 왕의 권력이 커짐에 따라, 비록 그 종교적 기능은 조심스럽게 유지되었지만, 의례중심지의 정치적 권력은 축소된다. 왕은 국가에 대하여 세속적이면서 종종 군사적인 리더십을 행사한다. 비록 통치자가 세속적이라 하더라도 스스로 성스러운 역할을 맡는다면 필연적으로 왕의 거주지인 왕궁은 공공적인 의례중심지의 중요한 부분이 된다. 왕의 무덤은 상당히 정성들여 조성되었는데, 화려하고 빛나는 기념물을 세워 위엄있는 정치적, 사회적 권력을 과시하였다.

초기 문명이 출현한 세계의 모든 지역에서 의례중심지는 성직자나 제사 지도자들이 주관하고, 종종 명예롭고 존경받는 선조들을 추모하는 장소가 된다. 이들은 식량을 생산하는 부담에서 벗어나 그들이 봉사하는 공동체에 의해 우선적으로 지원되는 사람들 중 하나임에 틀림없다. 그러므로 의례중심지는 세속적 권력, 교역뿐만 아니라 종교적 상징을 통해 사제를 조직하는 권위의 주된 관심 대상일 수 밖에 없는 것이다. 신성한 존재를 섬기는 이런 사람들은 경제적 잉여, 공물 그리고 재화의 재분배를 통제하는 권한을 갖는 주체가 되는 경우가 다반사이다. 신전은 새로운 정치적, 사회적 그리고 종교적 조직체를 만들어내는 새로운 도구역할을 하게 되었다. 오래지 않아 사회를 표현하는 상징적 서술들이 행동과 신앙뿐만 아니라 그들 사회를 영속시키고 공식화하는 의례중심지에 모델로 제시되었다. 크메르와 마야의 도시는 상징적인 세계를 진흙과 돌로 만든 재창조물이었다. 이집트의 피라미드는 파라오와 하늘에 있는 태양신 사이의 밀접한 관계를 상징한다. 테오티우아칸이나 티칼(Tikal)과 같은 메소아메리카 고대도시의 광장과 피라미드는 수많은 관중 앞에서 종교의식이 극적으로 이루어질 수 있는 웅장한 무대를 제공한다. 지배자는 신과 영혼 세계의 중개자로서 그런 행사를 통하여 극적인 방법으로 사람들 앞에 나타나면서, 사회가 평탄한 궤도 위를 달리고 인간 생활과 문명의 연속성을 확인하여 준다는 믿음을 강화시켜 나갔다.

고대의 이념도 우리의 것과 마찬가지로 복잡한데, 그 복잡성과 비물질적인 속성으로 인해 기존의 고고학적 분석의 대상으로 삼기 어렵다. 고대 이념의 진정한 복잡성을 이해하기 위해서는 수메르, 이집트 그리고 다른 문명들처럼 그 당시 사람들이 쓴 문서가 반드시 필요하다. 최근 마야 문서를 해독한 결과 상당히 중요하고 널리 퍼진 이념이 고대 문명에 있었음이 밝혀졌다. 해독되기 전까지는 대부분의 권위 있는 연구자들은 마야 지도자가 평화로운 사제 왕으로 천문학에 대한 지식을 갖고 그들의 권력을 작은 도시국가를 지배하는 데 사용하였다고 추정하였다. 그러나 마야 상형문자를 통해 종종 현대적 분석이 밝히지 못한 신들과 종교적 신념들로 복잡하게 구성된 만신전(Pantheon)의 모습을 알 수 있게 되었다. 마야 달력의 모든 날짜는 나침반 방향, 색깔을 비롯하여 신들의 역할이나 성격 같은 속성을 반영하고 있다. 마야 사회의 어느 것도 상징이나 이념적 의미를 갖고 있지 않는 것이 없다. 이집트에서도 마찬가지로, 파라오의 조상이 제시한 법과 신의 가르침은 모든 사회에 퍼져 있었고 조세 징수와 배급품 분배를 규제하였다. 제4장에서 보는 바와 같이, 이집트 왕권의 독특한 이념의 발전은 3000년 이상 나일 강 유역의 문명을 만드는 데 결정적 역할을 하였다.

이념과 함께 파벌주의도 생겼다. 앞서 본 바와 같이, 특히 지도자가 인근 혹은 원거리 지역의 이웃세력과 교역을 하면서, 고대사회는 현대사회 못지않게 다양하게 발전하였다. 국가는 모든 부와 권력이 흘러들어가는 소수자, 즉 특권 지배자와 귀족의 이익을 위하여 운영되었다. 최고 통치자는 친척과 왕실 추종자를 지역의 지배자로 삼아 자신의 영역을 대리통치하였다. 잉카 군주는 왕실귀족과 함께 자신의 이름으로 새로 복속한 땅을 식민지로 삼아 지배하였다. 그들은 반역을 방지하기 위하여 종종 수천 명의 농민을 고향에서 멀리 떨어진 땅으로 이주시켰다. 그러나 필연적으로 몇몇 개인들은 다른 사람보다 큰 야망을 갖고 권위에 반항하였으며 최상의 권력을 얻기 위하여 온갖 방안을 강구하였다. 지역 집단 내 혹은 다른 지역에서 파벌들과 경쟁하면서 리더십의 형태가 변화하고 사회적 불평등과 전문화가 증대되면서 국가가 더욱 발전하였다. 하나의 문명이 등장하면서 왕실 계승에 대한 도전이 발생하고, 지배자가 약하거나 우유부단하다는 것이 알려지면 내전이 일어나기도 하였다.

파벌주의 연구는 고고학을 비롯하여 인류학적 관찰 그리고 역사적 기록의 조합을 통하여 이루어진다. 예를 들어 최근에 마야 상형문자를 해독한 결과, 야망을 가진 호전적 왕조의 군주가 끊임없이 바뀌는 외교적 연합과 파벌 분쟁 속에서 자신의 재능과 군사기술을 동원하여 혈통을 유지하고 계승을 합리화하는 데 골몰한 사실이 밝혀졌다. 마야의 비석 명문을 통하여 두 개의 거대한 국가, 칼라크물(Calakmul)과 티칼(Tikal)이 치열한 경쟁관계에서 파벌과 끊임없는 반역으로 피해를 입으면서 수세기 동안 마야세계를 지배하였음을 알 수 있다. 제4장과 제16장에서 알 수 있듯이 경쟁과 파벌주의의 출현은 많은 초기국가의 발전에 강력한 촉매제 역할을 하였다.

개인과 성

초기 문명의 양성 관계와 소집단에 대한 연구는 아직 초기 단계에 있지만 대단히 중요한 과제가 될 것으로 기대된다. 예를 들어 아즈텍 여성은 어렸을 적에 천을 짜는 기술을 배우는데, 아즈텍에서는 숙련된 직조기술이 중요한 자질로 여겨졌다. 16세기 프란체스코 수도사 베르나르디노 데 사아군(Bernardino de Sahagun)은 현지 아즈텍인 으로부터 스페인 정복 이전 멕시코 문명의 귀족 여인의 역할에 대해서 다음과 같이 전해 들었다. "훌륭한 중년 여성은 디자인을 잘하는 숙련된 직공일 뿐만 아니라, 음식 도 잘 차려낼 줄 아는 요리사이어야 한다." 그러나 이는 직조, 요리, 육아를 비롯한 많 은 작업과 여성이 속한 사회와의 연계를 무시한 것으로 전반적으로 지나치게 단순화 한 표현이다. 여성이 아즈텍 사회 내에서의 지위를 나타내는 상징물인 천과 망토를 짰다. 그들이 짠 제품은 아즈텍 문명이 의존하는 거대한 공물 시스템에서 중요하였 다. 면으로 짠 망토는 일종의 화폐였으며, 천은 국가를 유지하는 재화와 서비스의 유 통을 뒷받침하는 일차적인 수단이었다.

고고학자 엘리자베스 브룸피엘(Elizabeth Brumfiel)은 아즈텍 수도에 사는 여성 들의 노동이 천을 짜는 일에서 인근 늪지에 조성된 밭을 경작하고 생선을 소금에 절 이는 일로 바뀌었다고 주장한다. 이와는 대조적으로 수도에서 어느 정도 떨어진 거 리에 사는 여성들은 아즈텍 수도의 공물 수요를 충족시키기 위하여 대부분의 시간을 천을 짜는 데 소비했다는 것이다. 브룸피엘의 연구 덕분에 우리는 아즈텍의 가정과 여성의 역할이 사아군의 정보 제공자가 제시한 것보다 훨씬 다양하다는 것을 알게 되었다. 요리와 직조는 사회적, 정치적 통제를 유지하는 중요한 장치다. 여성은 가치 있는 재화와 사람 모두를 생산하는 장본인이며, 아즈텍 혈연집단을 지킨 것은 그들이 다. 여성은 이 대단한 문명에서 동적이며 상당히 적응력 있는 역할을 수행한 것이다.

또 다른 고고학자 크리스틴 하스토프(Christine Hastorf)는 페루 고지대에 있는 고대 사우사(Sausa)의 옥수수와 감자 재배 농민의 성별 관계 변화에 대하여 연구하였 다. 1460년 잉카 정복 전, 사우사에는 수천 명 규모의 인구 집단이 거주하였다. 잉카 제국은 사우사 사람을 작은 촌락으로 분산시켜 옥수수 수확량을 늘리도록 압박하였 다. 하스토프는 그로부터 초래된 성별 관계의 변화를 연구하기 위하여, 고대와 현대 주거지의 식량 유체의 분포를 조사하고, 고고학적 유적에서 확보된 남성과 여성 인골 에 대한 동위원소 측정방법을 이용하였다. 잉카의 모든 남성은 농업과 병역을 담당하 였다. 그들은 고기, 옥수수, 콩으로 만든 술을 공급받았다. 이전과는 달리 남성과 여성의 작업내용은 물리적, 정치적 그리고 상징적으로 구분되었다. 여성이 남성을 지원하기 위하여 식량 생산과 술 제조에 집중하는 동안 남성은 농사를 짓고 자주 바깥으로 나돌았다. 하스토프는 잉카 이전 시기에 남성과 여성은 퀴노아(quinoa), 감자 그리고 약간의 옥수수를 먹었다는 것을 알아냈다. 그러나 잉카 정복 이후 많은 남성은 여자보다 옥수수를 더 많이 소비했는데, 이는 남성의 술 소비율이 증가하였음을 반영하는 것으로 추정된다. 정치적 분위기도 바뀌었다. 새로운 사회에서 남성은 가정 외부의 일에 더 많이 참여한 반면, 여성은 더 많은 일을 하고 활동의 제한을 더 받았다.

초기 메소포타미아에서도 유사한 변화 과정이 있었음이 기록으로 전해진다. 이곳에서도 멕시코 아즈텍과 같이 주요 수공예품은 직물이었다. 옷감을 짜는 일은 여성이 집에서 하는 가내 작업으로 시작되었는데, 서기전 3000년대에 메소포타미아의 도시가 성장하고 환경이 바뀌면서 섬유 생산은 대규모 자본 시설과 연결되었다. 문헌 기록에 따르면 많은 여성과 아이들이 포함된 수천 명이 생산활동 참여 여부를 결정할 권한이 없는 강제 노동자로서 작업에 동원되었다. 고고학자 조이 맥코리스톤(Joy McCorriston)은 옷감 생산에서의 그런 변화가 혈연 중심에서 계급 중심의 사회로 전환되는 고대 메소포타미아의 변화에 핵심적인 역할을 하였다고 주장하였다.

고대사회 내에서 상대적으로 덜 알려진 소규모 집단이 때때로 그들만의 독특한 유물로 식별되기도 한다. 그 사례로 들 수 있는 것이 멕시코 계곡의 위대한 고대도시 테오티우아칸인데, 왁사카(Oaxaca) 계곡 출신의 장인과 상인이 중심이 된 번성한 공동체가 이 도시의 4분의 1에 달하는 특정 구역을 점유한 사실이 주목된다. 고고학자 르네 밀롱(Rene Millon)은 이 소수 집단이 사용한 독특한 토기를 근거로 이들이 도시의 한 구역에 자리잡고 있었음을 확인할 수 있었다. 구약 성서에 기록된 바빌론의 다수 언어 집단과 로마제국의 도시인구의 다양성을 고려한다면, 많은 초기 문명들은 기왕에 알려진 것보다 훨씬 다종다양한 인구 집단으로 구성되어 있다고 볼 수 있다.

최근에서야 고고학자들은 초기 문명 내 많은 하위 집단을 연구하는 데 인공 및 자연 유물을 대상으로 삼기 시작하였다. 이 연구를 통해, 남성과 여성이 변화하는 환경에 적응하는 방식뿐만 아니라 왕과 성스러운 지배자의 행위 그리고 그들이 지배하는 사회 내에서 지속적으로 변화하는 집단간 상호작용을 구명할 수 있는 고고학의 역량이 나타난다. 그리고 이런 종류의 세심한 연구 조사를 통해 같은 국가조직을 갖춘 복합사회라 할지라도, 우리의 것과는 상당이 다르고 복잡하며 항상 변화하는 사회에 대한 많은 역학이 존재했음을 알 수 있다.

고고학 연구가 점차 전문화되는 시대에 아마도 모든 문명에 적용될 수 있는 국가 형성 이론을 추구하는 것은 쓸모없는 일일 수 있다. 그러나 국가로 발전하는 사회의 정치적 질서에 영향을 주는 생태적 변수의 함의에 대해서는 누구나 공통적으로 의문을 갖는다. 생태학적 기회 또는 필요성이 어떻게 정치적 변화에 투영되는가? 국가가 형성되는 동안 개인적 목표를 추구하는 정치적 주역의 목표는 무엇인가? 어떠한 생태적 변수가 장애물인가? 어느 것이 기회인가? 이런 질문에 대한 대답은 영국 고고학자 렌프류(Colin Renfrew)가 명명하였던 '마음의 고고학(the archaeology of mind)', 즉 과거의 물질적 자료 뒤의 무형의 유산에 대한 신중한 접근방법과 시스템-생태학적 접근방법을 결합한 복잡 미묘한 연구를 통하여 얻을 수 있는 것이다.

순환하는 족장(군장)사회 : 과정과 대리인

세계 최초의 국가, 즉 정치적으로 중앙집권화되어 있고 사회적으로 계층화된 사회는 서기전 3000년경 이집트와 메소포타미아, 서기전 200년경 멕시코와 안데스 지역 등 몇몇 지점에서만 발달하였다. 그 국가들은 한결같이 플래너리가 '순환하는 족장(군장)사회의 역동적인 도가니'라고 부르는 독특한 정치적 환경에서 형성되었다. 그와 다른 학자들은 서기전 4000년경 나일 강 유역의 사례와 같이, 족장(군장)사회 집단들이 서로 경쟁하는 상황 속에서 국가가 출현한다고 믿었다. 경쟁자 중 하나가 이웃세력을 정치적으로 지배하는 데 최종적으로 성공할 때 더 큰 정치 단위가 된다는 것이다. 이런 경쟁은 여러 동인 때문에 발생하는데, 족장(군장)가족 간 경쟁, 파벌주의, 전쟁과 교역, 지역 간 인구밀도의 현격한 차이, 수확의 실패, 미약한 리더십과 노골적인 정복 행위 등이 바로 이에 해당한다.

헨리 라이트(Henry Wright)는 족장(군장)사회 간의 이런 과정을 단순 족장(군장)사회와 복합 족장(군장)사회 간에 이루어지는 지속적인 변동, 즉 '순환 현상'으로 표현하였다. 각 족장(군장)은 하나의 촌락과 인근의 작은 촌락을 지배한다. 그리고 한 지도자가 한때 동등하였던 이웃의 권력을 빼앗고 더 큰 정치적 단위를 형성하게 되면, 이전 촌락의 족장(군장)은 하위 족장(군장)이 된다. 새롭게 강력한 왕국으로 확장되었다가 출현, 확장, 붕괴의 반복되는 과정 속에서 다시 여러 개의 작은 족장(군장)사회로 해체되기도 하였다.

고대 족장(군장)사회는 세습적 불평등과 위계적인 사회 구조를 갖추고 있어 국가로 발전할 수 있으나, 그런 상황은 실제로 거의 발생하지 않았다. 이미 살펴본 대로, 족장(군장)사회 전문 연구자인 카네이로는 한 족장(군장)사회가 형성되는 과정을 개략적으로 설명하였다. 이웃 공동체와의 전쟁에서 승리하여 그들을 더 큰 정치적 단위에 통합시킨다. 동시에 죄수로 만들어 노예처럼 강제로 일을 시킨다. 일단 이런 제어방식을 정착시켰음에도 패배한 족장(군장)이 협조하지 않으면 가까운 추종자를 지명하여 정복지역을 관리하도록 한다. 신하는 정기적으로 공물을 바치고 전시에는 병력을 제공한다. 국가는 족장(군장)사회보다 사회적으로나 정치적으로 계층화되어 있을 뿐만 아니라 더 크고 중앙집권화되어 있다. 여하튼 카네이로가 앞서 제시한 과정을 예외 없이 거쳐 국가에 이른다는 것이다.

이런 논의에 따르면 국가는 일단 카네이로가 제시한 과정을 통하여 형성되고, 그 이후 족장(군장)사회로의 순환과정이 이루어지기도 한다. 수세기 동안 단순함과 복잡함의 통상적인 순환이 사회적, 정치적 측면에서 비약적인 변화 없이 이루어진다. 그러다 갑자기 다음과 같은 세 과정이 한꺼번에 나타나게 된다.

- 인접 지역에 거주하며 지속적으로 전쟁을 벌이던 이웃세력 사이에 교착상태가 발생한다. 이는 인구의 분산, 이웃세력 사이의 '완충지대' 형성 등의 현상으로 나타난다.

- 이웃세력을 희생시킨 결과로 특정 중심 집단의 인구가 급격하게 늘어난다. 가끔 고도로 조직화된 전쟁이 발생하는데, 초기에 지속적으로 있었던 약탈행위를 대신하여 군사적 정복행동이 이루어진다. 정복된 지역은 보다 큰 새 왕국으로 통합된다.
- 일반적으로 도시로 알려진 대규모 수도구역이 도시, 지역중심, 구역중심 그리고 촌락의 4단계로 이루어진 위계적인 거주구역으로 발달한다.

카네이로와 라이트는 국가가 형성되려면 어떤 형태로든 영토의 확장이 필요하다고 믿고 있다. 그러나 족장(군장)과 엘리트들이 추종자들에게서 얻어낼 수 있는 자원의 양은 한정되어 있다. 때가 오면 그들은 몇 가지 선택을 하는데, 국민의 반역을 유발할 만큼 강한 요구를 하거나, 기술혁신으로 농업생산량을 늘리거나, 이웃을 정복하여 영토를 확장하는 것이다. 만약 세 번째 대안이 채택되면 족장(군장)이 스스로 관리할 수 있는 한도보다 왕국이 더 커지는 단계에 급격히 도달하여 영역을 관리하는 방법을 재구축해야 하며, 나아가 새로운 정치적 시스템, 즉 국가에 걸맞은 이념적인 변화를 도모해야 한다. 이런 과정은 메소포타미아와 이집트 그리고 메소아메리카와 안데스의 사례로 잘 입증된다.

그러나 후기 과정주의자들이 비판하는 것처럼 이런 과정은 일반적이고 실명이 전해지지 않는다. 그들은 정치적이고 문화적인 변화를 담당하는 주체는 개인이든 집단이든 사람이라는 사실을 지적한다. 그들을 '과정'과 구분하여 '대리인'이라고 한다. 고대의 대리인을 연구하기 위해서는 많은 역사적 기록이 필요한데, 이를 통하여 개인을 식별하고 그들의 행동을 설명할 수 있다. 이집트의 경우 첫 번째 파라오인 호루스 아하(Horus Aha)와 같이 이름이 전해지는 초기 통치자들은 역사시대에 속하지만 알려진 것은 별로 없는 인물이다. 그러나 위대한 능력과 카리스마를 갖춘 사람이 역사시대 이후 많은 강력한 국가의 출현에 주도적 역할을 한 것은 두말할 필요도 없다. 플래너리는 남아프리카에서 19세기에 줄루(Zulu) 국가를 세운 유명한 왕 샤카(Shaka)(그림 2.3)나 하와이의 카메하메하(Kamehameha) 왕과 같은 사람의 사례를 인용한 바 있다. 그들 모두 그들이 속한 시대의 산물로서 정치적, 군사적 목적을 달성하

그림 2.3 줄루의 왕 샤카

기 위한 특별한 환경과 상황, 기회를 만들 수 있는 개인적 능력을 갖추고 있었다. 그들이 이룩한 성과는 한결같이 역사적 변천 과정의 하나이다.

플래너리(Flannery)는 샤카 등의 대리인이 지닌 특성 10가지를 열거하고, 초기 문명을 창출한 비범한 능력의 족장(군장)들이 공통적으로 그러한 특성을 가졌다고 주장한다. 그들은 공격적이고 권위주의적 성격을 가지고 있으며 사회적 상승을 가능하게 한 탁월한 군사적 능력을 보유한 엘리트라는 것이다. 그들은 온갖 수단을 동원하여 다른 족장(군장)의 지위를 빼앗고 인접 이웃세력을 정복하여, 보다 먼 거리에 있는 경쟁자를 압도하는 데 유리한 기반(기술적이거나 군사 전략상 문제 등)을 조성하였다. 그들은 먼 거리의 땅을 영토화하는 데 유리한 기반을 활용하였으며, 그에 딸린 주민들과 군대에 식량을 공급하기 위하여 농업 생산에 인력을 강제로 동원하였다. 식량 생산량을 늘리지 못하면, 추가적으로 필요한 자원을 약탈하였다. 나중에는 명목상의 몸짓이기는 하였지만, 권력을 나누어서 지위를 공고히 하였다. 초기국가는 명목상 자문 위원회가 있어도 강하고 능력 있는 전제적인 통치자가 지배하므로 절대로 민주주의라고 할 수 없었다.

산업화 이전 국가들은 강력하고 독특한 이념에 의해 유지되므로, 이념의 영향을 크게 받을 수밖에 없다. 유명한 『길가메시 서사시(*The Epic of Gilgamesh*)』를 통하여 메소포타미아의 이념에 얼마간 접근할 수 있다. 파라오는 태양신의 살아 있는 화신으로서 통치하였고, 마야의 군주는 주민과 조상을 연결하는 무당이며 중개자였다. 이런 이념이 투영된 신성한 장소에서 호화스러운 행사가 치러지고, 대중 앞에 통치자가 모습을 드러냄으로써 지속과 안정을 보여주는 중요한 상징화 작업이 이루어진다. 그곳에서 또한 통치자의 신하들은 충성의 대상이 되는 중심적 인물에 대하여 깍듯이 예의를 표한다. 이념이 국가를 만들지는 못하지만, 일단 만들어진 국가의 조직에 일관되고 중요한 역할을 한다.

과정과 개인 대리인 둘 다 국가의 형성에 결정적인 역할을 한다. 위대한 야망을 품은 공격성이 강한 개인은 원래 평범한 인류사회의 구성원이었다. 그가 두각을 나타내는 것은 메소포타미아와 나일 강 또는 메소아메리카와 안데스 같은 지역에서 사회 불평등의 조건이 나타나고 족장(군장) 간의 경쟁이 전개되는 6000년 전 이후이다. 이런 환경과 함께 경쟁상의 이점, 군사적 용맹, 그 밖의 다른 요인을 통하여 그들은 강력한 족장(군장)에서 권위를 갖춘 왕으로 변신한다. 그리고 곧 초기의 단순한 세계관에서 발전한 새로운 이념을 통해 지지를 받는다.

문명의 붕괴

폴 케네디(Paul Kennedy)나 재레드 다이아몬드(Jared Diamond)와 같은 학자들은 역사의 순환, 문명의 출현 그리고 그 빛나는 발전과 갑작스러운 몰락에 대해서 줄곧 글을 써 왔다. 한 문명이 몰락하고 새로 등장한 다른 문명이 그것을 대체하면서 차례로 출현과 몰락의 동일한 순환과정을 거친다. 과거 5000년 동안 세계 모든 지역에서 당황스러울 만큼 빠른 속도로 국가가 출현하고 붕괴하였기 때문에 초기 문명에 대해서 순환이라는 용어를 사용하는 데 큰 무리는 없다. 한 예로 서기전 200년에서 서기 750

년 사이에 멕시코 고지대에서 번성한 고대도시 테오티우아칸을 들 수 있다. 서기 600년경 인구가 12만 5천 명을 넘어 테오티우아칸과 그 근처에 멕시코 계곡 인구의 85% 이상이 거주할 정도로 번성하였는데, 8세기에 들어서서 갑자기 붕괴했다. 반세기 안에 인구는 이전 규모의 1/4로 줄어들었다. 위대한 도시의 몰락에 따른 정치적 공백을 메우기 위하여 일련의 작은 국가들이 경쟁하였고, 톨텍과 뒤이어 아즈텍이 최고 절정기에 나타난다. 고고학자 조이스 마커스(Joyce Marcus)는 많은 초기 문명에서 나타나는 통합, 확장, 해체로 이어지는 반복적인 순환을 '역학적 모델(Dynamic Model)'이라 불렀다.

칼라크물(Calakmul)이나 티칼과 같은 마야 국가의 성장과 쇠퇴에 대한 초기연구를 통하여 구축한 이론적 틀을 중앙 멕시코, 안데스, 메소포타미아 그리고 에게 해 지역에도 적용하였다. 그녀는 이들 사례를 보면 초기 단일국가는 약 200년 동안 지속되다가 작은 단위(종종 도시국가)로 분할되었는데, 정치적 그리고 경제적 운명이 융성하고 쇠약해짐에 따라 확장, 통합, 분화의 순환과정을 겪게 된다고 한다. 그녀의 관점에서 볼 때 이런 순환의 원인은 대규모의 불평등한 구조를 장기간에 걸쳐 유지하는 것이 어렵기 때문이며, 통합의 '정상'은 필연적으로 해체의 '계곡'으로 이어지기 마련이라는 것이다.

복합사회가 붕괴되면 급격히 소규모 단순 평등사회로 전환된다. 인구밀도가 낮아지고 교역과 경제 활동이 위축되며, 정보의 흐름이 원만하지 않고 기존의 세계는 생존자에 맞추어 축소된다. 붕괴과정에 대하여 비교 연구를 한 드문 고고학자 중 한 명인 조셉 테인터(Joseph Tainter)는 어떤 사회가 복합성을 발전시키기 위해서는 초기에 당면한 문제에 대한 당시로서 최선의 방법을 택할 수 밖에 없다고 지적한다. 처음에는 그 전략이 효과를 발휘하여 집약농업을 통하여 농업 생산력이 증가하고 관료제도 또한 발전하면서 제대로 운영된다. 아울러 확대되는 교역망은 새로운 엘리트에게 부를 가져다주는데, 그들은 정신적 권위와 성스러운 협의체를 과시하는 피라미드나 사원과 같은 거대한 공공건축물 건설 사업에 그들의 권한과 경제적 영향력을 활용한다. 마야 문명은 이런 과정을 보여주는 좋은 예로서, 메소아메리카 저지대에서 위축 시점에 도달할 때까지 수세기 동안 번성하였다.

사회의 수요에 대해 앞서 언급한 고비용의 해결 방안이 소진되면 새로운 조직적, 경제적 해결책이 마련되어야 하는데, 그 방법을 통하여 얻어지는 것은 많지 않으면서 비용은 한층 더 많이 부담해야 한다. 테인터에 따르면 이런 압박이 마야와 같은 복합사회를 붕괴하기 쉽게 만들었다고 한다. 가뭄, 기근, 홍수 그리고 다른 자연 재해에 버틸 수 있는 비축식량은 충분하지 않아서 결국 붕괴될 수밖에 없다. 특히 중앙집권화와 사회 복합성이 더 이상 유지되지 못하고 개별적으로 해체되어야 한결 더 잘살 수 있다고 사회의 중요한 하위단위가 인식할 때 더욱 그러하다. 분권화, 붕괴를 향한 추세는 거스르기 어렵다. 테인터는 붕괴라는 것이 재앙이 아니라 압박이 증가하면서 조직적 변화가 요구될 때 불가피하게 발생하는 합리적 과정이라고 주장하였다. 붕괴에 선행 또는 동반하거나 그 후에 나타나는 인구의 감소 등의 재앙이 가져다주는 결과가 그 당시로는 손실일 수도 있으나, 한편으로 경제적 합리화 과정으로 간주될 수도 있다.

물론 붕괴는 단순한 경제화 과정 이상일 수 있으며, 완전한 붕괴는 권력의 공백이 있는 환경에서만 발생한다. 많은 경우에 강력한 이웃세력이 옆에서 기다리고 있다. 초기에 많은 도시국가는 좁은 지역에서 서로 교류하고 경쟁하였다. 수메르 도시를 비롯하여 미노아와 미케네 왕궁, 그리스와 에게의 왕국, 메소아메리카의 마야 등은 모두 이웃세력과 긴밀하게 의존하여 지속적으로 동등한 정치적 상호작용을 하면서 생존하였다. 그들은 교역하고 서로 싸우기도 하면서 한편으로는 지속적으로 외교활동을 벌였다. 이런 맥락에서 붕괴는 경쟁자의 지배를 유도한다고 말할 수 있는 것이다. 상호작용하는 클러스터 내의 모든 정치체가 동시에 붕괴하면 단지 복합성만 상실하게 될 뿐이다.

그러므로 초기 문명의 붕괴는 파벌주의, 사회적 불안, 승계 갈등 그리고 내전 등의 정상적인 정치적 과정을 거쳐 사회적 복합도가 낮아지는 현상과 밀접한 관계가 있다고 말할 수 있다.

문명과 지속성

지속성은 국가의 형성과 성장 그리고 붕괴를 검토할 때 제기되는 핵심적인 질문이다. 국가사회는 예전에 볼 수 없었던 인구의 규모와 밀도로 특징지어진다. 그것은 마야 지역이나 고대 메소포타미아에 살았던 전체 인구를 말하는 것이 아니라, 상대적으로 좁은 지역에 인구가 집중된 현상을 의미한다. 이러한 인구를 뒷받침하기 위하여 대규모 관개시설과 경사진 언덕의 계단식 경작지를 포함한 다양한 집약농법이 개발되었다. 그것은 모두 한정된 지역에서 생산량을 증가시키기 위하여, 그리고 경작할 수 있는 토지의 절대량을 증가시키기 위하여 설계된 것이다. 이런 전략은 기본적으로 성공하였다고 볼 수 있다. 이전보다 더 많은 인구에게 식량공급을 할 수 있었고 도시의 성장을 뒷받침하였기 때문이다. 그렇지만 한편으로는 상당한 환경적 부담을 받으면서, 예상치 못한 기후 현상이나 사회적으로 이미 익숙해 있었던 단기 변동에 취약해지기도 한다. 그러므로 고대 국가사회는 근본적으로 지속적으로 농업의 집약도를 높여야 유지되는 인구 규모와 수요 때문에 붕괴될 수 밖에 없다고 학자들은 주장한다.

그러나 그 증거를 찾기가 아주 어려운 상황이 종종 발생한다. 이집트의 성공적인 왕조의 출현과 몰락이 나일 강이 가장 크게 범람할 때 환경이 가져다준 직접적인 결과라고 오랫동안 주장하였다. 나일 강의 연례적인 범람은 고대 이집트의 농업시스템에서 중요한 현상으로 물과 침니 모두를 들에 날라 주었다. 좋은 해는 물을 들판에 공급하고 관개저수지를 채우는 해이며, 나쁜 해는 수위가 너무 낮아서 가뭄이 발생하거나 반대로 수위가 높아서 경작지와 촌락을 황폐화하는 해이다. 나일 강의 수면이 낮아진 서기전 2180년에 첫 번째 중간 혼란기가 도래하였다. 과장된 표현으로 의심되긴 하지만, 당시의 기록에 따르면 광범위한 기근이 있었다고 전해진다. 따지고 보면 중앙집권적 왕실의 지배와 그와 함께 했던 확실성이 붕괴된 것이 그 배경이었을 것이다. 비르켓 카룬(Birket Qarun) 호수에서 얻은 증거에 따르면 당대 나일 강의 수위가 하강한 것은 사실이나, 당시 기근에 대한 기록은 실제 상황을 목격하지 않은 사람이 쓴 문학적 장르의 수사로 보인다. 더욱이 기근은 150여 년 전 우나스(Unas)의 피라미드군 유적에서 입증된 것처럼, 이전 세기부터 이미 알려져 있었다. 모든 기후 체계를 특징짓는 예외적인 현상과 규칙적인 변화 형태는 조심스럽게 구분되어야 한다. 더욱이 인간의 대응이 항상 결정적인 역할을 하였음을 염두에 두어야 한다. 서기 전 2200년경 나일 강 범람이 작은 규모일 때 이집트 국가는 혼란을 겪었지만, 역설적으로 1천 년 이전에 있었던 유사한 형태의 나일 강 범람은 통일 이집트 국가의 토대가 되는 일차적 동인이었다고 주장하기도 한다.

그럼에도 집약농업은 위험하며, 국가가 재앙의 씨앗을 키우고 있다는 견해는 진지하게 주목할 만하다. 증가하는 도시인구를 지탱할 만한 수확량을 제공하도록 설계된 농업기술이 지역 환경에 역효과를 준다고 가정할 수 있을까? 얼핏 그것이 필연적인 결론처럼 보일 수 있다. 예를 들어 메소포타미아의 초기도시 지역은 건조한 환경에 둘러싸여 있다. 그러나 이것이 초기 단계 농민들의 과도한 경작에 기인한 것이라고 생각하는 것은 옳지 않다.

도시 우루크(Uruk)는 남부 메소포타미아에서 가장 큰 도시 중 하나인데, 서기전 3000년경 적어도 400헥타르에 달하는 거대한 메트로폴리스로 성장하였다. 집약적인 관개농업으로 유지할 수 있었던 높은 인구밀도는 다시 인근 환경의 가용능력에 압박을 주었음에 틀림없다. 그러나 우루크는 3000년 이상 유지되었는데, 이는 지역 환경에 대처하는 수용능력이 일정 수준에 이르렀기 때문임을 시사한다. 나아가 오늘날 사막과 같은 환경은 과도한 토지경작의 결과가 아니라, 도시의 서쪽 경계를 흐르면서 주변의 들판에 관개농업에 필요한 물을 공급하는 유프라테스 강의 지류가 더 서쪽으로 이동하였기 때문이다.

증발률이 높은 기후 환경에서 관개할 경우 나타나는 피해는 지표수의 염분 함유량이 증가하고, 극단적인 경우 들판 표면에 소금 부스러기가 형성되는 염분집적 현상이 발생하는 것이다. 예를 들어 이런 현상은 유프라테스 강 중류의 마리 같은 메소포타미아 지역에서 볼 수 있다. 염분집적 현상은 초기도시들이 등장하였던 서기전 3000년경 남부 메소포타미아의 문제였다는 주장이 1950년대에 제기된 바 있다. 서기전 2450년경 라가시(Lagash) 도시의 통치자는 티그리스 강에서 물을 끌어들이기 위하여 운하를 건설하였다. 그로부터 15년 후 점토판의 기록에 따르면 염분집적 현상이 이 지역에서 나타났다. 염분집적 현상은 적이나 잠재적인 범법자들에게 표하는 공식적인 저주 중 하나이다. 라가시와 움마(Umma) 도시 간 국경에서 벌어진 전쟁에서 "엔릴(Enlil) 신이시여, 그의 밭고랑에 소금 표면을 만들어 주십시오."라는 저주의 글귀를 통하여 국경을 지키려 하였고, 움마의 통치자는 그 국경을 넘어서려고 노력해야 하였다.

비록 그 과정에 몇몇 연구자들이 시사한 것보다 지역적인 편차가 있기는 하지만, 서기전 3000년경 남부 메소포타미아의 농민은 이미 염분집적 현상 문제에 대하여 익숙하였음이 분명하게 확인된다. 그러나 우루크가 그곳에서 장기간 도시로 유지되었다는 것은 사회의 극적인 붕괴가 일어나지 않았음을 보여준다. 문헌을 통해 염분집적 현상에 의해 피해를 입은 농경지가 몇 년 후 다시 경작되었음을 알 수 있다. 메소포타미아 농민은 이 현상에 대처하기 위한 치유법을 터득하고 있었던 것이다.

환경 악화에 대한 주장은 메소아메리카 저지대의 마야 도시국가의 붕괴에 대한 논의에서 두드러진다. 탐험가 스티븐스와 캐서우드가 마야 도시를 1830년에 '재발견'하였을 때, 그들은 무성하게 우거진 숲 사이에 있는 큰 피라미드와 정교하게 조각된 석비를 보고 놀랐다. 위대한 '잃어버린' 문명, 숲에 덮인 채 폐허가 된 도시의 원초적 모습과 마주할 때, 그 극적 장면을 설명하기 위하여 재앙 또는 종말론적 붕괴 이론들을 자연스럽게 떠올릴 수밖에 없었다.

마야 붕괴에 대한 최근의 연구는 남쪽에서 먼저 시작되어 북쪽으로 전개되는 과정의 점진적인 현상을 강조한다. 일회성의 극적인 건조 주기가 아니라, 반복되는 가뭄에 그 원인이 있었던 것이다. 전쟁과 사회의 불안이 붕괴를 초래하는 데 일부 역할을 한 것이라고 추정되지만, 그것은 다른 원인들의 압박을 받아 발생한 것이라고 보는 것이 타당하다. 마야 도시는 500년 이상 번성하면서 자주 서로 전쟁을 벌였던 것이다.

그러나 식량 부족으로 인한 붕괴의 가능성은 어떤가? 이는 자연 혹은 인간이 유발한 환경의 변화 모두를 통하여 초래되었을 수도 있다. 마야 도시 간에 더 격렬해진 경쟁 때문에 8~9세기 동안 기념비적인 건축물을 더 건설하였고, 그것은 농업 생산과 확장에 압력을 가하였다. 국가 간 경쟁은 취약한 생태시스템을 과도하게 착취하는 방향으로 마야를 몰아붙였을 것이다. 삼림의 황폐화와 토양의 침식, 주기적으로 발생하는 가뭄 등이 결국 마야 도시의 많은 인구수를 지탱하는 토지의 생산력을 파괴하여 기근, 사회 불안 그리고 마야 주요 중심지의 붕괴를 초래하였을 수도 있다.

그러나 인간 행위에 모든 책임을 지우는 것은 적절치 못할 수 있다. 티칼(Tikal) 과 같은 저지대의 여러 도시는 오늘날 우기에는 간헐적으로 범람하고 평상시에는 영구적인 호수, 바조스(bajos)라고 알려져 있는 저지대 늪지 한가운데 상대적으로 고도가 높은 들판에서 이루어지는 농경에 대부분 의존하고 있었다. 집약적인 농경의 경작지 시스템 덕분에 그 주변에 판 도랑으로부터 토양 자양분을 지속적으로 공급받아 연중 내내 식량 생산이 가능했다. 안정적인 수위는 이런 생계 시스템에 필수적인데, 유카탄의 치찬카나브(Chichancanab) 호수에서 얻은 증거에 의하면, 서기 800~1000년 동안에 이 지역에서는 건기가 지속되었다. 수면이 낮아짐에 따라 많은 지역의 경작지가 쓸모없게 되었다고 추정할 수 있다. 그러나 사회적, 정치적 그리고 문화적 관점에서 인간의 대응방식을 관찰해야 한다. 이 방식이 마야가 어려움을 극복하기 위한 방법을 강구하는 데 강력하게 작용하였다. 인구수가 줄어들어 가뭄의 영향이 재앙이 되지 않을 수도 있었다. 그러나 실제로 마야는 이미 생존 가능한 역량의 한계에 도달하였으며, 마야의 엘리트들은 (큰 도시 간의 전쟁이나 경쟁을 포함한) 특정한 사회적, 정치적 어젠다를 선택하였다. 그것은 가뭄이 위기와 붕괴를 빠르게 초래한다는 주장과 어울리지 않는다.

자연 환경은 페루 북부에 있는 모체 국가의 쇠락에 직접적인 영향을 주었을 수도 있다. 그곳은 인구밀도가 높은 거주구역이 조성되면 훨씬 더 파괴되기 쉬운 자연환경인데, 이 해안 지대에 충분한 양의 비가 오는 것은 몇 년에 한 번 정도로 매우 건조한 지역이다. 그 결과 이곳 취락은 안데스 지역에서 발원하여 해안 사막을 가로질러 바다로 흐르는 람바예케(Lambayeque), 치카마(Chicama) 그리고 모체(Moche) 강에서 공급되는 물에 전적으로 의존할 수밖에 없다. 서기 4~6세기까지 모체의 주요 중심지는 계곡 입구에 자리 잡은 두 개의 진흙벽돌 피라미드가 있는 수도 세로 블랑코(Cerro Blanco)였다. 그리고 6세기 중 어느 때 세로 블랑코는 폐기되고 새로운 중심지가 모체 계곡의 위쪽 갈린도(Galindo) 그리고 람바예케 계곡의 팜파 그란데(Pampa Grande)에 등장한다. 이곳은 고지대에서 저지대 평야로 강이 들어서는 지점으로, 관개의 잠재력을 최대화하는 데 이상적이다.

페루 북부의 고지대 쿠엘카야(Quelccaya)의 빙하에서 얻은 자료를 통하여 이런 재배치 현상이 서기 563~594년까지 37년간 발생한 장기 가뭄과 동시에 일어났음을 알 수가 있다. 모래언덕이 모체의 옛 수도를 잠식하였고, 파괴적인 범람을 가져온 일련의 강력한 엘니뇨 현상에 의해 비로소 오랜 가뭄이 끝을 맺었음이 거대한 퇴적층을 통하여 확인된다. 상류로 거슬러 올라가 북쪽으로 거주구역을 옮긴 것은 가뭄이 잦은 지역을 떠나 보다 신뢰할 수 있는 관개시스템을 구축하기 위함이다. 이런 사실들을 통해 미래의 가뭄에 따른 곤경을 이해하고 대책을 모색하였음을 알 수 있다. 그러나 여전히 홍수에 취약하여 1세기 이후 거대한 엘니뇨 홍수 때문에 갈린도와 팜파 그란데 주변의 관개시스템이 파괴되고 두 도시 모두 붕괴되기에 이르렀다.

모체의 재배치는 이 사회가 6세기에 상처받은 경험을 통하여 학습하고 수정한 관개전략을 채택하였다는 것을 말해 준다. 몇 세기 후에 페루의 같은 해안 계곡에 있는 치무(Chimu) 국가는 12세기에 최장 길이 84킬로미터에 이르는 광대한 치카마 모체(Chicama-Moche) 계곡 간 운하시스템으로 문제를 해결하려고 시도하였다. 여러 계곡 간의 물의 흐름 차이를 줄이고 무엇보다도 가장 중요한 치무 수도인 찬찬(Chan Chan) 주변의 경작지에 물을 공급하기 위해 이러저러한 모험적 사업을 모색하였다. 그러나 한 세기가 지나지 않아 이 거대한 계곡 간 운하는 조금씩 구조물이 기울거나 그 벽이 침식되어 물 흐름을 방해하게 됨에 따라 사용할 수 없게 되었다. 이 사례를 통하여 사용 가능한 기술이 한계에 도달하였음을 알 수 있다. 그 기술로는 도시의 인구 성장에 맞추어 필요한 물의 원활한 공급을 이루어내지 못하였다.

이와 유사한 사례를 남부 예멘의 마리브(Marib) 댐에서 볼 수 있다. 여기에서도 실제 사막 환경 내에 입지한 도시사회가 관개를 위한 강의 치수사업에 많은 것을 의존하고 있음이 확인된다. 이들은 길이가 약 580미터이고 양 끝에 웅장한 석조 수문탑을 갖춘 거대한 댐을 건설하였다. 댐 뒤편에 침전물이 퇴적되면서 구조물을 들어 올리고 수리하여 규모가 커졌으나 홍수에는 오히려 더 취약해졌다. 결국 6세기 후반에 마지막으로 파괴되고 폐기되었는데, 아마도 마리브 거주자가 댐을 유지할 기술적 능력을 더 이상 갖고 있지 않았기 때문일 것이다.

이런 사례를 통하여 초기국가사회 안의 인구, 사회적 조직, 기술과 환경적 영향 간의 상호작용이 어떠한 것인지 알 수 있다. 성장하는 도시의 유례없는 인구 규모와 식량 소요량은 농경체계에 많은 것을 요구하였다. 그렇게 조성된 농경체계는 농민 자신이 과도하게 경작하는 경우 또는 기후가 불규칙할 경우 쉽게 피해를 입기 쉬운 환경에 놓인다. 어떤 기후 현상은 인구밀도가 낮은 농업 공동체가 극복할 수 있지만, 피해를 입기 쉬운 관개시스템에 대한 의존도가 높을수록 더 큰 재앙을 만날 수 있다.

이런 국가사회들이 자신들의 취약함 자체에 대하여 또는 인구 규모와 집약농업이 취약성을 증가시키는 과정에 대해서 어느 정도 알고 있었을까? 상대적으로 안정된 환경의 나일 강 계곡에서도 기근은 분명히 존재했다. 마찬가지로 어떤 도시는 장기적인 염분집적 현상과 같은 관개와 관련된 문제를 알고 있었고 대처할 수단을 고안해낸 것으로 보인다. 농민의 전통적 지식—수백 년에 걸쳐 만들어진 경험—이 수천 년 동안 국가사회를 높은 수준으로 유지하게 하는 주요 요인임에 틀림없다. 그럼에도 초기국가사회가 장기적인 위험에 대하여, 예를 들어 당장 오늘이나 내일의 위험은 아니지만 오늘날의 지구 온난화와 같은 현상처럼 인간 수명을 감안하면 먼 미래의 문제를 극복하는 데 효과적인 정책을 개발해야 하는 현대 국가와 마찬가지로, 미래를 대비하기 위한 심각한 과제로 인식하고 있었다고 하기에는 의심스럽다. 위험이 분명하다고 하더라도 효과적인 조치를 취하는 것은 매우 어렵다. 하지만 아주 취약한 환경에서, 페루 계곡 간 운하 건설 사례와 같이, 초기국가사회는 어떤 안전을 보장받기 위하여 이례적으로 오랜 기간 노력하였다. 이것은 당장 제기된 필요에 대한 조치가 아니라, 모체 국가를 심각하게 손상시킨 것과 같은 미래의 가뭄을 예상하고 이에 대응하기 위한 조치로 해석해야 한다.

무엇보다도 분명한 것은 국가사회와 환경 간의 관계가 취약하다는 것이다. 그 관계와 위기발생시 인간의 대응에 대해서는 항상 사회적, 정치적 그리고 문화적 맥락에서 검토해야 한다. 가뭄, 홍수, 화산 또는 혜성 충돌이 사회적 붕괴를 직접 초래하였다는 기계적 해석은 언제나 부적절하다고 판단되어야 하지만, 그런 요인이 그 사회에 거대한 압력을 주었다는 사실이 중요하다는 것을 인정해야 한다. 한편으로 초기 국가 엘리트의 부와 공물에 대한 요구―상위 신분의 생활 또는 영토 확장을 뒷받침하기 위한―는 인구 증가에 따른 문제를 심화시켰고, 많은 경우 사회를 지탱하는 유효한 기술로서의 집약농업이 그 한계에 이르게 하였다. 종종 이런 압력은 지배자이든 피지배자이든 대리인이 효과적으로 제어할 수 없을 정도의 큰 변화와 붕괴를 초래하기도 한다. 몇몇 사례를 보면 자연적인 원인에서 발생한 변화가 사회가 적절하게 대응하기 어려울 정도로 막대하였다. 그러나 모든 경우에 초래된 결과는 높은 인구밀도와 분포, 농업기술 그리고 특별한 사회 전략 같은 인간이 수행한 요소와 관련되어 있다. 여러 사회가 환경적 퇴보에 책임을 져야 하며, 그런 의미에서 자신들의 붕괴에 대해서도 영향을 미쳤다고 이해해야 한다. 그러나 굴곡 있는 운명에도 불구하고 이집트 왕조나 메소포타미아에서 보는 바와 같이 장기간 유지되었던 사례에 대해서도 주목해야 한다. 그러므로 대답은 간단하지 않으며, 특정 사회, 문화 그리고 정치적 환경을 적절하게 검토하고 관련 없는 요인을 제시하지 않아야 한다. 초기국가사회에서 볼 수 있는 진실은 현대사회에서도 확인되는데, 클로로플루오르카본(CFCs) 냉매, 온실 가스, 유전자 조작 곡식에 대하여 논쟁하는 것처럼 과학적 증거와 함께 인간의 태도에 대해서도 활발하게 논의해야 한다.

서구의 고고학자와 현지인의 활동

이집트, 메소아메리카, 메소포타미아 그리고 기타 지역에서 초기에 작업한 고고학자는 거의 남성으로 대부분이 개인 재산으로 비용을 충당하였다. 전문 고고학자는 드물었고, 대부분이 동지중해의 고전세계에 대하여 박학다식함을 자랑하는 많은 소규모 클럽의 구성원이었다. 그러나 여성이 관여치 않은 것은 아니어서, 소피아 슐리만(Sophia Schliemann)은 남편과 함께 1870년에 트로이와 미케네에서 작업하였다. 소설가이자 여행 작가인 어밀리아 에드워즈(Amelia Edwards, 1831~1892)는 영국에 있는 이집트 탐사 연구회의 설립자 중 한 명이었으며 전문가로서 이집트학에 정진하였다. 프랑스 고고학자 잔 듀라포아(Jane Dieulafoy)는 1880년대에 남편 마르셀(Marcel)과 함께 진흙벽돌 요새를 지어 거주하면서 수사(Susa)의 크세르크세스(Xerxes) 궁정을 발굴하였다. 매우 뛰어난 거트루드 벨(Gertrude Bell, 1868~1926)은 1920년대에 이라크 박물관을 설립하기 위하여 힘써 작업하였고, 제1차 세계대전 이전에 터키, 시리아 그리고 다른 지역의 이슬람과 비잔틴 유적지를 조사하였다. 해리엇 호스(Harriet Hawes, 1871~1945)는 고전 고고학을 연구하였는데, 그리스 본토를 발굴하는 것이 금지되어 대신 크레타를 탐사하여 구르니아(Gournia)의 미노아 중심 취락을 발견하였다. 제1차 세계대전 이후 초기 문명의 연구에 관여한 여성의 숫자는 조금씩 늘어났으며, 제2차 세계대전 이후에는 폭발적으로 증가하였다. 이 당시의 많은 발견이 여성에 의해 이루어졌다.

고고학은 바빌로니아 군주 나보니도스(Nabonidus)까지 거슬러 올라가는 인간의 기원과 우리들의 선조에 대한 호기심에서 시작된 것이기 때문에 그 자체가 서구 문명의 한 부분이라 할 수 있다. 그래서 이집트를 비롯한 여러 지역에서의 첫 번째 발굴이 외국인의 손에 의해 이루어진 것은 필연적이다. 그렇다고 하여 많은 주요 고고학적 프로젝트에서 현지인이 수행한 주요 역할이 간과되어서는 안 된다. 1920년대에 모헨조다로 유적을 발굴한 존 마샬(John Marshall)에 비견되는 현지 학자가 하라파 유적을 조사한 마드호 사럽 바츠(Madho Sarup Vats)이다. 중국 고고학자는 1920년대부터 상나라와 그 왕실무덤에 대한 조사에 착수하였다. 퉁쯔오삔(董作賓)과 리치(李濟)는 1928년부터 안양의 위대한 상나라 중심지에서 왕실무덤과 갑골을 처음으로 발굴하였다. 제2차 세계대전 이후, 초기 문명의 조사연구에 현지 학자들의 참여가 증가하였는데, 그들 중 일부는 유럽 발굴자들에게 훈련받았다. 모티머 휠러(Mortimer

Wheeler) 경은 1940년대 인도에서 인도와 파키스탄의 1세대 고고학자를 교육시켰다. 영국과 독일 고고학자는 이라크에서 굽지 않은 진흙벽돌을 발굴하는 방법을 개발하였는데, 그들은 1세대의 이라크 학생과 작업자를 가르쳤다. 현지 유적지에서 작업한 고고학자의 명단을 일부 열거하면 다음과 같다. 푸아드 사파르(Fuad Safar)는 1950년대의 특출한 이라크 발굴자이며, 자히 하와스(Zahi Hawass)는 이집트 문화재 위원회를 이끌면서 나일 강 서쪽 바하리야(Bahariya) 오아시스의 그레코 로만 시대 미라 발굴에 적극적으로 참여한 바 있다. 이그나시오 버날(Ignatio Bernal)은 메소아메리카 고고학의 개척자이며, 에두아르도 마토스 목테수마(Eduardo Matos Moctezuma)는 멕시코시티 중심부에 있는 아즈텍의 템플로 마요르(Templo Major) 대신전의 복잡한 역사 비문을 해독하였다. 페르시아 고고학자 왈터 알바(Walter Alva)는 1989년 페루 북쪽 해안 시판의 모체 군주의 화려한 무덤을 발굴하였다. 루스 샤디 솔리스(Ruth Shady Solis)는 최근에 리마 북쪽의 태평양 해안 카랄(Caral)에서 초기 안데스 도시를 발견하였다. 몇몇 사람들이 주장하듯이 초기 문명의 고고학이 서구의 배타적 영역이라는 것은 명백히 사실이 아니다. 현지 사람이 자신들의 과거를 연구하기 위하여 어쩔 수 없이 서구 언어로 발간된 문헌에 의지할 수밖에 없지만, 오늘날 대부분의 초기 문명에 대한 연구는 현지인과 외래학자 간의 협동 프로젝트로 이루어진다.

19세기로 돌아가면 발굴자는 자신들이 발견한 독특하고 장엄한 것들의 대부분을 반출할 수 있도록 관대한 허락을 받았다. 19세기 후반 대영박물관의 유명한 수집 책임자였던 월리스 버지(Wallis Budge)는 자신이 수집한 모든 유물이 대영박물관에 있으므로 '안전'하다고 주장했다. 그는 그 당시 중개인과 약탈자는 그들이 할 수 있는 만큼 유물을 훔칠 수 있었기 때문에, 현지 박물관이 실제로 존재하지 못하거나 종종 폐쇄되기도 하였다는 사실을 강조한다. 터키의 술탄(Sultan)과 이집트의 파샤(Pasha)는 수도에 박물관을 갖고 있었지만, 그런 기관들은 20세기 초가 되어서야 최소한의 자금을 지원받고 학문적으로 인정받기 시작하였다. 오늘날에는 실질적으로 세계의 모든 국가에 국립박물관이 들어서 있다. 동시에 이집트, 그리스, 멕시코 그리고 이탈리아와 같은 국가에서는 고고학적 관광여행이 큰 수익사업이 되었다. 필연적으로 문화유산의 현지 보존을 강조하고 박물관에 대한 서비스가 증가했으며, 훈련된 고고학자와 보존과학자들이 현지에서 활동하면서 결국 엘긴(Elgin) 경이 파르테논에서 떼어내어 대영박물관에서 소장하고 있는 대리석 박공과 같은 값진 문화유산을 유럽과 미국이 반환해야 한다는 주장이 제기되기에 이르렀다. 이탈리아 당국은 약탈된 공예품의 반환을 최근에 특히 적극적으로 추진했다. 문화유산에 대한 민족주의적 정서와 논쟁이 제기되면 복잡한 윤리적 문제가 수반된다. 주요 공예품, 예술 그리고 초기 문명의 유적지는 그것들이 소재한 국가의 재산인가? 아니면 종종 논의된 바와 같이 모든 인류의 공통된 문화유산인가? 논쟁은 겨우 시작되었으며 해답을 얻는 데는 오랜 세월이 걸릴 것이다.

초기 문명에 대한 이 책의 설명은 상당히 다양한 학자들에 의해 수집된 고고학과 기타 자료에 근거한다. 그것은 5000년 이전부터 전개되는 연대기에 근거한 일련의 역사로서, 가능한 구전이나 현지 정보도 활용하여 구성하고자 한다. 문명을 연구하는 고고학은 새로운 발견과 참신한 이론으로 세계의 가장 매력적인 고대사회를 조망할 때 끊임없이 변신한다. 그 속에 고고학의 매력이 있다. 인류사회가 오랫동안 어떻게 변화하였는지를 알려주는 유일한 자원으로서 우리들 자신을 더 잘 이해하도록 도와주는 것이 고고학이다.

요약

제2장에서 국가에 대한 역사적, 인류학적 접근방법을 비교하였고, 뒤에 설명되는 내용의 사전 지식으로 삼고자 차일드의 도시혁명 이론에서 시작하여 국가의 기원에 대한 4개의 고전 이론들을 요약하였다. 집약농업과 관개 그리고 교역망과 전쟁을 문명의 또 다른 잠재적 동인으로 삼는 이론들을 제시하였다. 많은 현대적 이론은 체계적인 진화론의 가설과 설명에 중점을 두고 있으며 환경의 변화와 밀접하다. 이와는 대조적으로 사회적 접근에 중점을 두는 신세대 학자들은 종교와 정보의 요소가 중앙집

권적 기구를 통하여 초기 문명의 환경적, 경제적 변수를 규제하는 주요 동인이라고 주장한다. 이런 이론은 또한 사회의 구조가 궁극적으로 변화를 결정한다는 것을 강조하며, 그래서 문명의 동인에 대한 연구에서 생태학적 변수를 중요시하고, 각기 다른 사회에서 정치적인 목표를 추구하는 개인들에게 제공된 기회에 초점을 맞춘다. 바꾸어 말하면 생태학적 기회 또는 필요성이 어떻게 정치적 변화에 적용되는가에 초점을 맞춘다는 것이다. 최근의 연구조사는 파벌주의, 이념, 성별 그리고 카리스마 리더십을 유망한 과제로 삼고 있다. 지속성이라는 주제는 문명의 형성, 성장 그리고 붕괴에 대한 논의를 비판하면서 제시된 것이다.

이제 다음 장부터는 독특하고 고도로 복잡한 세계 각지의 초기 문명에 대하여 그 주요 발전 과정을 추적하면서 이론적 접근을 피하고 분석적 설명을 하고자 한다.

II

최초 문명

THE FIRST CIVILIZATIONS

끝없이 비슷하다가 다시 끝없이 달라지는 경관을 보여주는 이곳에 석재 무덤, 피라미드 그리고 신전이 줄지어 서 있었다…. 수세기 동안 이 지역은 인간의 생활공간으로 쓰였다든가 인간의 감흥을 불러일으킨다든가 하는 것과는 거리가 멀었다. 후세 사람들 어느 누구도 그 중요성을 이해하지 못하였고 유적을 건설한 문명이 어떤 것이었는지조차 알지 못하였다. 측량, 복원 그리고 현장조사가 이루어지고 있는 오늘날에도 그것을 이해하는 것은 쉬운 일이 아니다. 어떻게 해야 20세기의 시각으로 전쟁의 여신인 세크메트(Sekhmet)의 마음을 이해할 수 있고, 헤로도투스(Herodotus)가 그러하였던 것처럼 사자(死者)의 신 오시리스(Osiris)의 이름을 적는 것만으로도 느끼는 공포를 이해할 수 있을까?

— 로빈 페든(Robin Fedden), 『이집트: 계곡의 땅 *Egypt: Land of the Valley*』(1977, p.72)

문명의 서곡 :
비옥한 초승달 지대의 최초 촌락

농경의 기원은 광범위한 연구 주제인데다 더욱이 이 책에서 다루고자 하는 주된 초점도 아니다. 그러나 경작활동이 근동 문명의 발전과 성공의 기본적 토대였기 때문에, 당시 상황을 이해하기 위하여 간단하게나마 설명하고자 한다. 경작활동 없이 도시와 국가의 생성은 불가능하였을 것이다.

근동에서는 수만 년 동안 사냥과 채집이 생존수단인 유목민 집단이 거주하였다. 그들은 사슴과 가젤을 사냥하고 야생 씨앗과 콩, 딸기를 채집하였다. 초원이 넓어지고 야생 밀과 보리에서 영양분을 섭취하면서 이 집단의 생활 방식에 변화가 생겼다. 불과 1만 2천 년 전의 일이다. 서기전 9000년에 단순한 야생 곡물 채집 단계에서 벗어나 파종하고 수확하는 단계로 들어서면서 농경 생활이 시작되었다.

근동지역의 농경 발달을 설명할 때에는 대부분 환경 변화 또는 인구와 자원 간의 불균형이 거론된다. 그중 한 가지 관점은, 수렵-채집 공동체는 커진 반면 신(新)드리아스기(Younger Dryas, 10,800~9600 B.C.)에 점점 추워지고 건조해지면서 공동체가 필요로 하는 야생 곡물 서식지가 축소되었다는 사실에 근거하고 있다. 정확히 이 시기에 외알밀의 경작이 시작되었는데, 이는 환경 악화에 대처한 증거라는 것이다. 다른 관점은 유명한 프랑스 고고학자 자크 코뱅(Jacques Cauvin)이 상징과 인식의 발달에 역점을 두고 주장하는 내용이다. 서기전 1만 년경 남부 레반트(Levant)에서 황소그림과 여성조각상이 발견되었는데, 이것이 수렵-채집인 공동체의 외적 형태와 사회문화적 조직에 근본적인 변화가 일어났다는 것을 시사하는 대표적 사례라는 것이다. 우리는 최근 터키 남동부의 괴베클리 테페(Gobekli Tepe)에서 이루어진 발견을 통하여 농경 활동에 선행하는 문화적, 인지적 변화에 대한 보다 많은 내용을 알 수 있다. 이 언덕 위에 세워진 가옥은 일부 지반을 파고 들어간 반지하 구조인데,

괴베클리 테페의 조각 돌기둥. 터키 남동부, 서기전 1만년기. 이 유적지에서 이루어진 야생 곡식의 집약적 채집 활동은 농경의 도입으로 이어졌다.

그 중심에 높이 2.4미터, 무게 7톤의 대리석 기둥 한 쌍이 서 있고 멧돼지, 가젤, 여우, 뱀 그리고 야생 소와 같은 동물이 조각되어 있다. 이 '신전'은 수렵-채집인 공동체가 서기전 9000년대 초에 건설한 시설임에도 건축이 정교하고 상징적 표현을 제대로 갖추고 있었다. 그러므로 농경은 공동체가 종교적, 문화적 변화를 이미 상당히 겪은 뒤에야 시작되었다고 할 수 있다. 괴베클리 테페와 같은 중심지에서 농경 도입의 첫 단계가 시작된 것은 상당한 규모의 군중이 집중되었다는 것과 함께 제례적 의식에 필요한 수요를 충족시키기 위한 것으로 보인다. 그 지역 야생 곡식을 집중적으로 채집하여 식량을 확보하던 활동이 점차 변형되어 수세기가 지난 후에는 밀을 변종시켜 재배했는데, 이는 건축가, 조각가, 사제에게 식량을 공급하기 위한 것으로 보인다.

원인이 무엇이든 간에 농경생활의 결과는 엄청났다. 가장 중요한 것 중의 하나는 거주구역이 더 넓어졌다는 것이다. 엄격하게 말해서 첫 번째 촌락은 수렵-채집인이 만들었다. 아마도 현대 이스라엘의 아인 말라하(Ain Mallaha)가 좋은 예일 것이다. 이곳에는 상시적인 오두막 집단이 있었는데 일 년 단위로 지속적으로 거주하였다. 보다 최근에 남부 터키의 할란 세미(Hallan Cemi)와 북부 이라크의 넴릭(Nemrik)에서도 비슷한 촌락이 발굴되었다. 농경생활이 정착되면서 정주성 취락이 면적과 인구수 측면에서 몇 배로 증가하고 근동지역에 나타난 첫 번째 도시의 기초가 되었다.

초기 농업 거주지는 비옥한 초승달 지대(제2장)로 알려진 띠 모양의 지역에서 발달하였다. 근동은 메소포타미아의 중앙과 저지대 대부분을 포함하는 넓은 지역으로 강우량이 부족하여 황량하고 건조하다. 따라서 관개사업 없이는 농사를 지을 수 없었다. 특정 시기에 국한된 계절성 강우를 저류할 수 있는 언덕 측면 경사지가 예외적으로 농사가 가능한 곳이었다. 이런 언덕 경사지는 남부 레반트의 유대 언덕에서 시작하여 유프라테스와 티그리스 강의 상류를 거쳐 페르시아 만을 향하는 자그로스 산맥을 따라 남동으로 다시 내려오는 거대한 활 모양으로 분포되어 있다. 이것이 바로 '비옥한 초승달 지대'라고 불리는 지역이다. 이 지역은 서쪽으로 남부 터키의 산악 고지대로 연장된다. 이 지역에 초기 농경취락이 분포하는데, 초기 농민이 안정적으로 확보할 수 있었던 곡식인 야생 밀과 보리의 자연적 분포와 대략적으로 일치한다. 그러나 놀랍게도 서기전 4000년경에 발생한 것으로 추정되는 도시혁명은 강수량에 의존하는 농업지역이 아니라 관개사업이 요구되는 남부 메소포타미아의 건조지대에 집중되어 있다. 여하튼 초기 농경취락이 발생한 곳은 레반트, 북부 메소포타미아 그리고 남부 아나톨리아의 천수답 지역이었다.

이 초기 농경 단계의 주요 취락 세 곳은 예리코(Jericho), 텔 아부 후레이라(Tell Abu Hureyra)와 차탈회위크(Çatalhöyük)이다. 그러나 예리코나 텔 아부 후레이라 모두 순수한 농경사회는 아니었다. 그렇다고 해도 이들 공동체는 인구가 증가하고 성장, 번영하면서 단순한 취락 이상으로 발달한 모습을 보여준다.

예리코

예리코는 요르단 계곡에 위치한 촌락으로 지구상에서 가장 오래되었다고 알려졌다.

이곳에는 1년 내내 마르지 않는 '모세의 샘(Ain Musa)'이 있다. 그 옆에 이곳에서 가장 오래된 구조물이 있는데 일부에서는 이를 제단으로 해석하고 있다. 이 첫 번째 건축물을 세운 사람들은 수렵-채집 유목집단인데, 그로부터 1천 년이 지나지 않아 이곳에 그 후손들이 건설한 항구적 마을이 들어선다. 이 초기 항구적 마을은 소위 선토기 신석기 A시대 (pre-pottery Neolithic A, PPNA, 8500~7300 B.C.)에 속하며 2.4헥타르의 면적에 불과한 비교적 작은 곳이다. 이곳은 샘을 끼고 있어 농지에 물을 넉넉하게 공급할 수 있었으며, 농지 옆에는 수수하게 지어진 원형 가옥 군락이 있었다. 비록 일부에 국한된 것이기는 하지만, 경작지에 샘물을 공급하기 위한 수로가 설치되기도 하였다. 고고학자가 발견한 곡식 유물을 보면 수확량은 풍부하였던 것으로 추정된다. 수백 년이 지난 뒤 초기 예리코는 성벽을 쌓은 공동체로 변화한다.

『구약성서』의 유명한 일화에 따르면 예리코의 성벽은 이스라엘의 지도자 여호수아가 나팔을 불라고 명령하자 무너졌다고 한다. (만약 역사적 사실이라면) 이 사건은 서기전 1000년경에 일어났으며 이스라엘 후손들이 본 예리코 성벽은 오랫동안 무너지지 않고 남았던 마지막 구조물이었을 것이다. 왜냐하면 이 성벽은 서기전 8000년으로 거슬러 올라가는 예리코의 초기 농경민이 세운 것이기 때문이다. 이 성벽은 대부분 몰타르를 쓰지 않고 석재를 쌓아 완성한 구조물로, 적어도 1만 톤 이상의 건축자재가 동원되었다. 한 곳에는 9미터가 넘는 원형 탑을 세워 성벽 기능을 강화하였으며 지붕으로 올라가는 내부계단을 제외하고는 견고하게 건축되었다. 성벽 앞에는 8미터 폭으로 암반을 깎아 개울을 조성하였다.

영국 고고학자 캐슬린 케년(Kathleen Kenyon)은 1950년대에 이 성벽을 처음 보자마자 바로 방어용이라는 해석을 내렸다. 반론은 있지만, 예리코의 농경민은 자신들의 재산을 곡식창고 구조물에 보관하고 있었던 것으로 추정되는데, 이는 주변 유목민 세력으로부터 재산을 보호하기 위해서였다. 그래서 주변에 탑을 갖춘 튼튼한 성벽과 개울을 설치하였다는 것이다. 이것은 논리 정연한 가설이다. 그런데 이스라엘 고고학자 오퍼 바요세프(Ofer Bar-Yosef)는 그 증거를 재검토한 뒤 또 다른 설명을 제시하였다. 그는 성벽이 오아시스의 입구인 주거지의 서쪽에서만 발견되는 것으로 보아 적이 아닌 불시의 홍수로부터 예리코를 방어하기 위하여 건설된 것이라고 주장하였다. 더욱이 그는 그 유명한 탑은 방어 구조가 아니라 (예리코의 인간 유해를 통해서 확인된 관습으로 보아) 시체를 공개된 곳에 안치하는 의례적인 행사에 사용되었을 수 있다고 주장하였다. 방어시설과 의례시설이라는 두 가지 설명 중 어떤 것이 맞든 간에, 예리코 성벽은 공동체 촌락의 노동으로 만들어진 것으로서 현존 유적 중 가장 큰 규모이며 가장 오래된 것 중 하나라는 명성에는 변함이 없다.

예리코에서의 또 다른 중요 발견물인 석고 처리된 인간 유골에 대해서도 언급하고자 한다. 이 유물은 PPNB 단계(7300~6500 B.C.)에 속한다. 두개골을 육탈시킨 다음 석고칠을 하였고, 살아 있을 당시의 모습을 재현하기 위하여 개오지 조개껍질을 눈에 삽입하였다. 케년의 발굴 과정에서 석고 처리된 두개골이 더 발견되었다. 이는 인간 머리에 대한 숭배, 더 정확히 말하면 보존하고 치장한 두개골을 숭배하였음을 입증한다. 이스라엘의 나할 헤마르(Nahal Hemar)에서는 역청이 칠해진 두개골이 발견되기도 하였다. 이 사례를 포함하여 레반트 지역 다른 곳에서도 당시 석고 처리된 두개골이 발견되었는데, 이런 관습이 상당히 일반화되었음을 알 수 있다. 좀더 북쪽으로는 남부 터키 타우루스 산맥 기슭의 다른 선토기시대 촌락인 카요누(Cayonu)의 사례가 있다. 이곳에서는 서기전 8000년기에 만들어진 작은 건물이 발견되었는데, 작은 지하실에는 인간 두개골이 높게 쌓여 있었다. 이 또한 당시 특별한 매장 의례가 있었음을 시사한다.

아부 후레이라

예리코의 활력은 사계절 마르지 않는 샘에서 나왔지만, 다른 초기 취락 유적은 자연적인 비옥함과 큰 강의 풍부한 수량 공급이라는 이점을 갖고 있었다. 그런 유적 중 하나가 유프라테스 강의 텔 아부 후레이라이다. 이곳에서 이루어지는 발굴의 주된 주제는 초기 농경에서 수렵-채집으로 전환하는 과정을 밝히기 위한 것이었다. 이 유적은 예리코와 같이, 여러 번에 걸쳐 점유되어 중첩된 문화층을 갖는 취락유적이다. 서기전 1만 년경 이 지역의 초기 정착주민은 농경인이라기보다는 채집인이었는데, 이들은 가젤을 사냥하고 야생초본과 곡식을 채집하였다. 그러므로 아부 후레이라는 일년 내내는 아니더라도 아인 말라하와 같이 연중 상당 기간 사람들이 거주하는 수렵-채집인 취락이라고 할 수 있다. 비밀은 이 지역의 자원에 있다. 이 유적은 가젤이 계절마다 이동하는 길목에 있었으며 또한 야생 곡식과 아울러 다른 스텝지대와 계곡 저지대에서 식물을 채집할 수 있는 곳이었다. 서기전 8700년경 곡물을 재배하기 시작한 이후에도 그들은 가젤 사냥에 계속 의존하였다. 사육된 양과 염소가 가젤을 대체한 것은 그 이후인 서기전 8000년경이었다. 이 지역은 다른 측면에서도 흥미 있는 곳이다. 예리코보다 덜 화려하기는 하지만 의례적 증거도 발견되었는데, 텔 아부 후레이라의 인간 두개골들에는 마치 의례적 전시에 대비한 것처럼 붉게 채색된 흔적이 있다.

차탈회위크

남부 터키의 코니아(Konya) 근처에는 근동지역 선조의 것보다 더 넓은 12헥타르에 달하는 취락이 있었다. 그것은 대형 촌락이나 읍락 수준으로 학계의 호기심을 불러일으켰는데, 도로를 방해하지 않으면서 서로 등을 맞댄 채 지은 가옥들이 모여 있는 구조물로도 유명하다. 건물로 들어가기 위해서 평평한 지붕 꼭대기를 가로질러 집으로 연결된 사다리를 이용한 것으로 보인다. 영국 고고학자 제임스 멜라트(James Mellaart)가 1961년과 1965년 사이에 이 지역을 발굴하면서 발견된 것은 더욱 놀라웠는데, 집들의 3분의 1 정도가 정교한 벽화, 석고 처리된 부조 조각 그리고 황소의 뿔로 장식된 벤치를 갖추고 있었다. 그는 이러한 건물을 '신전'이라고 불렀으나, 정말 특정 종교 건축물이었는지 또는 단순히 화려하게 장식된 건축 유적인지는 불명확하다. 비록 최근에 이루어진 조사로 이 지역의 취락 형성 시기가 최고 서기전 7200년까지 거슬러 올라가기는 하지만, 당시 멜라트가 발굴한 유물의 방사성탄소연대에 따르면 차탈회위크가 거주구역으로 사용된 것은 서기전 6500~5400년까지였음이 밝혀졌다. 어떤 것이든 간에 우리가 지금까지 논의한 다른 취락보다 시기가 다소 늦다.

예리코, 차탈회위크, 카요누 그리고 다소 미약하기는 하나 텔 아부 후레이라와 같은 공동체는 근동지역에서 가장 이른 시기 촌락 공동체의 상징적, 의례적 복합성을 어느 정도 보여준다는 점에서 중요하다고 할 수 있다. 이들은 서기전 9000년기 남부 요르단의 바야(ba'ja)와 서기전 8000년기 시리아의 제르프-엘-아마르(Jerf-el-Ahmar), 할루라(Halula) 그리고 무레이비트(Mureybit)의 벽화, 요르단의 아인 가잘(Ain Ghazal)의 석회를 입힌 인간 조각상 등과 같이 근동의 초기 농업공동체 사이의 문화적 정교함을 보여주는 증거로 여겨지기 때문이다. 하지만 이들 취락 중 어느 것도 규모상으로는 3000년 또는 4000년 후에 형성된 남부 메소포타미아의 초기도시를 따라갈 수 없다. 이 도시들의 발달은 제3장의 주제로 다루고자 한다.

MESOPOTAMIA: THE FIRST CITIES

제3장 메소포타미아 : 최초 도시들(3500~2000 B.C.)

수메르의 서기 아비크힐(Abikhil) 조각상. 마리 신전 건설의 총감독이다. 서기전 2600년

서기는 가축 무리가 다가오자 미소를 띠었다. 왼손에는 무른 점토판을, 오른손에는 갈대 첨필을 들고 자세를 취하면서, 소떼가 지날 때 숫자를 기록할 준비를 하였다. 신전 벽을 통과해 우리를 향해 움직이면서 소떼들은 음매 하고 낮은 소리를 냈다. 유프라테스 강 너머 목초지에서 풀을 먹고 자란 황소 떼가 첫 번째로 들어왔다. 그 다음으로 서쪽 이웃 촌락에서 보리로 사육된 여섯 마리가 들어왔다. 마지막으로 엔릴(Enlil) 신전에 대한 장기 부채를 변제하기 위해 바쳐진 세 마리가 들어왔다. 각 짐승 무리에는 남자 두 명이 따라붙었는데, 자기들이 맡은 짐승들이 계속 움직이도록 오리나무로 만든 긴 나뭇가지를 휘둘렀다. 그들은 서기에게 인사하며 차례차례 몰고 온 소떼의 숫자를 말했다. 이 소떼는 하늘의 신 아누(Anu)에게 봉헌된 우루크(Uruk)의 거대 신전에 바쳐질 공물이거나 또는 부채 변제를 위한 것이다. 그들은 들에서부터 목마른 채로 종일 걸어온 뒤라 맥주가 담긴 항아리에서 눈을 떼지 못하였다. 서기는 점토판에 소떼의 수를 조심스레 표시하였다. 목부들에게 점토판이 낯익은 것이긴 하지만, 정작 난해한 쐐기모양의 부호에 대해서는 아무런 지식이 없었다. 초기 메소포타미아의 혁명적 발명인 쐐기문자는 머리를 짧게 깎은 지배층만의 지식이었다. 그때까지도 쐐기문자는 주름 잡힌 양털치마를 입은 수메르 서기의 전유물이었으며, 세계 최초의 도시를 관리하는 수단으로 사용되었다.

도시 우루크와 문자의 발명은 초기 메소포타미아 문명의 핵심이다. 사람들은 촌락에서 수천 년간 살면서 주변 농지를 경작하고 토기와 식량을 생산하면서 계절 축제와 향연이 있을 때에는 수시로 모였을 것이다. 이전에는 수천 명이나 되는 인구가 그렇게 오랜 시기 밀착하여 살아본 적이 없었다. 이 공동체는 단순히 규모만

표 3.1 초기 메소포타미아 문명의 연표

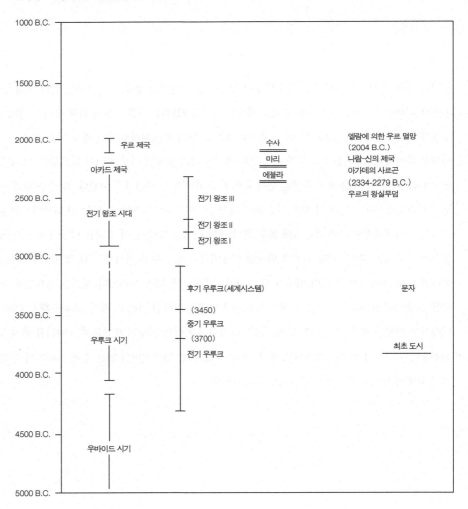

커진 것은 아니었다. 장인, 농민, 신관으로 구분된 전혀 다른 삶의 방식들이 섞여 있었다. 이들 중 서기는 쐐기모양의 부호를 이해할 수 있도록 훈련된 유일한 전문가로, 신전과 도시 사이의 다양한 상업적 거래를 기록하였다. 모든 장엄한 건축물을 가능하게 한 토대로 메소포타미아 평원의 자연적 비옥함이 있었다. 이는 건조하고 먼지 많은 저지대에서 문명이 출현할 수 있는 필수 전제조건이었다.

이 장에서는 이 지역의 초기 농경사회부터 서기전 3000년기 후반에 첫 번째 제국이 출현한 단계까지 메소포타미아 문명의 발전을 검토하고자 한다(표 3.1). 핵심 주제는 도시의 발전, 관개농업의 수용 그리고 문자의 발명이다. 아울러 도시 생활의 다른 측면, 즉 기념비적 신전, 지배층의 무덤 그리고 대규모 전쟁에 대해서도 살펴본다. 그리고 이 주요 시기에 이루어진 초기 역사적 기록이 메소포타미아 사회 연구에 공헌한 내용을 평가하고자 한다. 또 다른 주요 주제는 교역이다. 메소포타미아는 자급자족적 국가가 아니라, 재화의 적극적인 생산자이면서 주변 고지대의 금속과 다른 광물자원의 열광적인 소비자이기도 하였다.

환경

'강 사이의 땅'이라는 의미의 메소포타미아는 동쪽의 이란 고원과 산맥, 서쪽의 아라비아와 시리아의 건조한 사막(그림 3.1) 사이에 긴 띠 모양의 영역이다. 물을 공급하는 티그리스와 유프라테스 강이 아니면 대부분의 지역은 사막 그 자체였을 것이다. 두 강은 동부 터키의 산악지대에서 발원하며 겨울에 내린 비와 봄에 녹은 빙하로 채워진다.

메소포타미아는 고지대와 저지대의 평원으로 나뉜다. 북쪽에 위치한 고지대는 여름에는 건조하고 매우 덥다. 그러나 가을에는 기온이 내려가고 강수량이 적당해 북부 메소포타미아를 푸릇푸릇한 초원으로 탈바꿈시킨다. 그러나 하류는 기온이 낮은 달에도 여전히 건조하다. 이곳의 강수량은 미미하고 불충분하여 연간 평균 200밀리

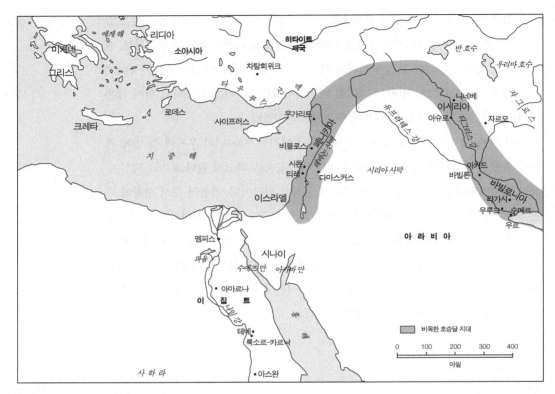

그림 3.1 고대 근동지역의 지도

미터도 안 되기 때문에 작물을 수확하기에는 부족하다. 이러한 열악한 환경에서 살아 남는 방법은 무엇이었을까? 강물과 관개시설이 그 답이다. 관개시설로 저지대 평원 의 충적토를 경작할 수 있었고, 숨겨져 있던 비옥한 자연을 살릴 수 있었다. 상대적으 로 부족한 면적임에도 높은 밀도의 인구를 먹일 수 있는 충분한 수확, 즉 높은 생산성 을 결과적으로 확보할 수 있었다.

1950년대 칼 비트포겔과 줄리언 스튜어드 등의 고고학자들은 메소포타미아와 같은 강 유역의 문화 발전의 배경에 관개와 수자원 통제가 연관되었다는 이론을 제 시하였다. 그들의 주장에 따르면 수로공사는 협동 노동과 일정 수준의 중앙 통제를 필요로 한다. 또한 수로 조성 후에도 농민은 생존의 상당 부분을 관개시설을 통한 물

공급에 의존할 수밖에 없다. 이로 인해 공동체 지도자는 자신의 권한을 인정하지 않는 자는 누구라도 관개시스템에서 배제함으로써 권력을 확대할 수 있는 엄청난 기회를 갖게 된다. 우리는 오늘날 그 상황이 그렇게 간단하지 않았다는 것을 안다. 어떤 경우에는 관개의 초기 단계에서 강 수로의 자연적 지류를 조정하는 데에 그치기도 하였다. 북부 시리아와 북부 이라크(북부 메소포타미아)의 평원은 면적당 수확량이 낮았음에도 불구하고 경작 가능한 면적이 엄청났기 때문에 낮은 생산성을 보완할 수 있었다. 이 지역에서 주요 관개시스템이 시작된 것은 서기전 1000년경 신아시리아 시대가 시작되고 난 후부터였다. 그러나 남부 메소포타미아에서는 국가적 차원에서 뿐만 아니라, 그보다 작은 지역단위에서도 농지에 물을 공급하는 운하수로와 수문을 건설하는 것이 문명 초기부터 결정적으로 중요한 기반시설 공사였다.

관개와 충적대지 :
하수나, 사마라, 할라프 그리고 우바이드(6500~4200 B.C.)

서기전 7000년기까지 농경촌락은 비옥한 초승달 지대 전체에 퍼져 있었다. 이 지역은 남부 레반트에서 시작하여 북부 메소포타미아 평원과 그 아래 페르시아 만에 걸친 경작 가능 지역으로 건조한 지역을 에워싼 형태이다. 이 지역의 촌락은 밀, 보리, 콩을 재배하고 양, 염소, 소, 돼지를 목축하는 사람들이 사는 진흙벽돌 가옥으로 이루어져 있다. 또한 그들은 토기를 만들었으며, 아나톨리아와 이란의 고지대에서 얻어진 자연자원을 활용하여 구리 야금술에 대한 실험을 시작하였다. 그들은 고립된 공동체가 아니었다. 북쪽 끝 아나톨리아에서부터 요르단과 남부 이란까지를 연결하는 교역망을 통하여 이어져 있었다. 이러한 사실은 날이 날카로운 도구의 재료로 사용되는 유리질 흑요석의 분포로 알 수 있다. 흑요석이 교역망을 통하여 유통되었기 때문이다. 각 화산암 원산지는 저마다 특별한 화학적 특징이 있기 때문에 고고학자들은 흑요석 공급 경로를 추적할 수 있다. 화학적 분석 방법을 사용하면 아무리 작은 조각이라도 그것이 시프틀릭(Çiftlik), 아시골(AÇigöl) 또는 아나톨리아 어느 곳에서 생산되었는지 식별할 수 있다. 토기의 양식으로도 공동체 간 연계 상황을 입증할 수 있다. 즉 지역 간 공유되는 토기양식을 근거로 각 유적을 특정한 시기 또는 단계에 귀속시킬 수 있는 것이다. 메소포타미아 문명에서 이러한 단계 중 가장 중요한 것은 하수나(Hassuna), 사마라(Samarra), 할라프(Halaf) 그리고 우바이드(Ubaid)이다.

이들 단계 또는 양식은 공간과 시간의 측면에서 다소 중복되기도 하지만 연속적인 것으로 간주할 수 있다. 원시 하수나 양식은 가장 초기의 것으로서 움 다바기야(Umm Dabaghiyah), 텔 소토(Tell Sotto) 그리고 카시카소크(Kashkashok, 서기전 7000년기 초)의 유적에서 나타난다. 하수나(6500~6000 B.C.)가 북쪽에서, 그리고 같은 시대에 사마라(6500~5900 B.C.)가 남쪽에서 등장하였다. 하수나는 할라프(6000~5400 B.C.)로 대체되었는데, 할라프의 특징은 우아한 그림 그리고 후기 단계에 니네베 근처의 아파치야(Arpachiyah)에서 발굴된 '벌집'이라 불리는 가옥이다. 남쪽으로 더 내려가면 우바이드(5900~4200 B.C.) 양식이 발생한다. 처음에는 남부평원에 국한되었지만, 우바이드는 북쪽으로 가면서 사마라 양식을 대체하였고, 그 뒤 서기전 5400년경에는 할라프 양식으로 대체되면서 확대되었다.

하수나 지역의 촌락은 서기전 6500년경부터 강수량이 많은 비옥한 북부 메소포타미아 평원에서 군집을 이루었다. 그러나 사마라 문화의 농민은 천수답 지역을 벗어나 남쪽과 서쪽으로 퍼져 메소포타미아의 중심으로 이동하기 시작하였다. 그곳에서는 생존하기 위해 강물을 경작지로 끌어올 수 있는 관개수로를 설치할 필요가 있었다. 메소포타미아 평원의 경계에 있던 서기전 6000년경 사마라의 초가 마미(Choga Mami) 유적에서 이에 대한 증거가 발견되었다. 이 유적지를 발굴한 고고학자는 관개시설이 있어야만 재배할 수 있는 밀과 보리 유체와 폐기된 수로시스템 유구를 발견하였다. 또 다른 사마라 거주구역인 텔 에스-사완(Tell es-Sawwan)은 여러 개의 방을 가진 진흙벽돌 가옥으로 구성되어 있으며, 그 중기쯤에 지지대가 있는 방어 성벽으로 둘러싸인 건물집단이 그 안쪽에 들어서게 된다. 영지 내 건물은 T자 형태를 이루었는데, 곡식창고도 존재했다. 이는 높은 수준의 공동체 조직이 있었음을 의미한다. 이 유적의 무덤에 부장된 유물은 화려하여, 특별히 부유한 공동체 사람들이 묻혔음을 시사한다. 무덤 부장품에는 원거리 무역 또는 교환을 통하여 얻은 구리, 흑요석, 홍옥수 그리고 터키석을 재료로 한 유물이 포함되어 있다. 텔 에스-사완은 후기 우바이드와 우루크 시기에 나타나는 양식의 초기 모습을 뚜렷하게 보여준다.

사마라 촌락은 메소포타미아 평원의 중앙 지역에서만 나타났다. 우바이드 시기(6000~4200 B.C.)의 유물이 확인되는 것으로 보아 동시간이 일부 겹치는 다른 촌락이 남부평원에 처음으로 정착하였음을 알 수 있다. 가장 초기의 우바이드 마을은 우에일리(Oueili)에서 확인되었는데, 서기전 6000년경까지 거슬러 올라가는 작은 농경 촌락이다. 우에일리는 초기 우바이드 0단계에 해당한다. 이 지역의 후대사람들과 마찬가지로 그들도 관개농업에 의존하였음에 틀림없다. 새로운 경제가 성공적이었음은 우바이드 시기가 진행되면서 점점 더 분명해진다. 남부 이라크의 에리두(Eridu)에서도 정착 생활이 시작되었는데, 이는 다음 단계, 즉 우바이드 1기에 해당한다. 이곳에서 길게 늘어선 진흙벽돌 건물이 발견되었다. 벽감시설, 버팀벽 그리고 진흙벽돌 제단으로 이루어진 정교한 구조가 우바이드 중기의 특징인데, 초기 역사시대에 발견할 수 있는 신전 양식과 배치의 원초적 모습을 확인할 수 있다.

에리두 신전은 인류 최초 도시의 형성에 종교가 중요한 역할을 하였음을 보여준다. 수호신에게 봉헌된 신전들은 공동체의 관심과 정체성의 초점이 되며, 넓은 지역의 토지를 소유하는 강력한 경제적 기구의 역할을 한다. 결국에는 신전체제가 초기 메소포타미아 도시들의 주요 중앙집권제도 중 하나인 국가종교로 발전하게 된다.

우바이드 사람들은 충적대지가 제공할 수 없었던 돌과 금속 그리고 기타 이국적이거나 사치스러운 원자재를 필요로 하였다. 그들은 곧 메소포타미아의 북쪽과 동쪽의 고지대와 남쪽의 페르시아 만의 해안을 따라 교역망을 구축하였다. 북부 메소포타미아에서 우바이드 토기가 서기전 6000년기 중반 현지 양식의 토기를 대체하였으며, 그와 함께 이 지역의 취락 규모도 성장하였다. 동부 아나톨리아의 데기르멘테페(Degirmentepe)도 우바이드의 '식민지'일 가능성이 있다. 우바이드 토기는 바닷가에서 태어난 어민 또는 상인에 의해 호르무즈 해협까지 페르시아 만 해안을 따라 남쪽으로 운반되었다. 이렇게 북쪽과 남쪽으로 확대되었다는 것은 우바이드 지역이 이른 바 '상호작용권역(inteaction sphere)'의 성격을 갖추었음을 시사한다. 우바이드 공동체는 남부평원에 거주하면서 북부 메소포타미아와 페르시아 만(최소한 일시적으로라도)을 단일 교역로 안에 포함시킨 것이다.

미국 고고학자 노먼 요피는 우바이드 문화를 메소포타미아의 문화적 정체성의 토대라고 설명하였다. 아나톨리아와 페르시아 만으로의 진출은 논외로 하더라도 우바이드 유물의 분포는 대략 후기 메소포타미아의 문화적 영역과 일치한다. 그러나 이러한 지적은 우바이드 시기 내에도 메소포타미아의 지역 내에 상당한 다양성이 존재하는 것으로 보아 사례를 지나치게 과장한 오류일 수도 있다. 그리고 이 문화적 일체성조차 북쪽과 남쪽 메소포타미아가 초기 우루크 시기에 각각 독자적 방향으로 나아가던 서기전 4000년기에 무너지게 된다.

메소포타미아 남부평원에서 초기 단계의 수렵-채집생활에서 탈피하면서 우바이드 시기의 마을은 농경촌락으로 바뀌었다. 일단 관개농업의 전략과 기술이 발달하자 인구의 규모나 사회문화의 복합성 모두 크게 확장될 수 있었다. 농업 기술이 발달하면서 메소포타미아 충적평원은 엄청난 수확을 거둘 수 있었고, 그 풍부한 곡식 수확 덕분에 첫 번째 도시의 경제적 토대가 마련되었다.

우루크 혁명

도시, 국가 그리고 문자는 도시화와 복합사회의 세 가지 주요 특징이다. 근동지역에서는 이 세 가지가 서기전 3500년경 우루크 시기의 중반쯤에 함께 등장하였다. 이는 메소포타미아 문명이 시작되었음을 의미한다. 이 시기에 장인의 전문화, 종교와 속세의 중앙집권적 통제(신전과 왕궁)의 성장, 남부 메소포타미아 평원과 자원이 풍부한 인접지역과의 교역 확장 등과 같은 다수의 중요한 발전이 함께 나타난다.

우루크 시기는 천 년 동안(4200~3100 B.C.) 지속되었다. 이 시기에 복합사회의 출현과 첫 번째 도시의 기반 조성 같은 메소포타미아의 가장 중요한 전환이 이루어졌다. 뿐만 아니라 다른 중요한 변화들도 이어졌는데 그중 특별히 강조되어야 할 것은 문자시스템의 발명이다. 이 시스템은 도시인구의 복잡한 활동을 기록하고 통제할 수 있는 수단으로 이용되었다(발견 3.1). 더욱이 도시사회는 단순히 촌락이 병합하여 규모가 커진 것이라기보다는 정치적, 종교적 그리고 경제적으로 새로운 제도를 갖춘 거주공간이었다. 메소포타미아 도시는 사실상 도시국가이자 주변 영토를 통제하는 정치적 중심지이기도 하였다.

도시와 국가

도시의 개념은 서기전 4000년기 메소포타미아뿐만 아니라 인구가 특정 지역에 집중되기 시작한 세계의 다른 지역에서도 볼 수 있는 중요한 혁신의 산물이다. 기본적으로 도시는 인구의 집중을 의미하는데, 종종 인구가 과도하게 증가하여 인접 영역에서 생산되는 식량만으로는 부족한 경우가 있다. 따라서 자체 인구가 소비할 식량을 확보하기 위해서는 도시와 인근 지역의 촌락이 연계될 필요가 있다. 그렇게 되면 도시는 주변 영역의 정치적, 종교적 그리고 의례적 중심지 기능을 수행하게 된다. 도시는 자신이 의존하는 촌락에 식량에 대한 대가로 다른 재화와 서비스를 공급한다. 이 관계는 종종 불평등하였다. 도시는 자신들의 결정을 소수 인구의 소규모 촌락에 강요할 수 있었다. 그러나 도시 자체는 더 작은 농촌공동체를 병합하면서 성장한다.

그래서 도시는 면적과 인구 두 측면에서 작은 농촌공동체에 비할 바가 못 된다. 도시의 거주자 수는 수십 또는 수백을 훨씬 넘어 수천에 달한다. 도시는 시장, 공방, 관료조직을 갖추고 있어 작은 마을보다 복잡한 모습을 띠게 되었다. 메소포타미아와 메소아메리카의 초기도시는 대부분 혈연과 직업을 기준으로 지역이 분할된다. 도로와 건물을 규칙적으로 배치하는 중앙계획적인 방법이 적용되는 경우도 있지만, (초기 메소포타미아를 포함한) 대부분의 도시는 보다 비계획적인 형태로 발달하였다. 도시는 정체성에 대한 특별한 관념을 가지고 있는데, 이는 혈연이 아닌 도시 내 인구의 연합에 근거한 것으로, 도시성벽을 건설하여 도시구역과 바깥쪽 농촌 사이의 경계를 분명

쐐기문자의 탄생

메소포타미아인은 문자 점토판에 상징을 새겨 넣는 문자시스템을 고안한 세계 최초의 사람들이다. 그 기원은 이전부터 (서기전 3000년기 초) 가축이나 재화를 표시하기 위해 사용된 입체 표식물에서 찾을 수 있다. 여러 개의 표식들이 불라 (bulla, 복수형은 bullae)라고 불리는 점토 원통에 날인되어 봉해졌다. 이전 전문가들의 주장을 따르는 데니스 슈만트-베세라트(Denise Schmandt-Besserat)는 그것이 상업적 거래에 대한 기록으로, 안에 들어 있는 내용물을 불라의 겉면에 기록한 표시가 초기 메소포타미아 문자시스템의 발달을 가져왔다고 주장한다. 왜 그러한 표식물이 필요하고 굳이 진흙에 상징을 새겨 넣는 방법을 사용하였을까?

문자를 발전시키고자 하는 동기는 도시 공동체가 성장하면서 회계절차 수행을 위한 정보의 기록과 보관 때문에 유발되었다. 재화를 받고 할당량을 분배하는 신전의 경제가 이러한 수단을 발명하게 된 자극제 중 하나이다. 신전 서기는 수령한 양, 그들에게 부과된 양 그리고 보관물품의 내용, 임금

이나 배급으로 지출해야 할 규모에 대해 파악할 필요가 있었다. 첫 번째 문자는 일련의 상징과 숫자들로 형식상 매우 초보적인 것이었다. 이것들은 우루크 후기(서기전 3000년대 후반)에 남쪽으로는 우루크에서부터 북쪽으로는 텔 브라크에 이르기까지 메소포타미아의 여러 지역에 나타났다. 초기 부호는 어떤 특정 언어로 기록될 필요가 없었다. 그들은 소를 나타내기 위해서 황소머리를 표시하였고, 특정 곡물을 나타낼 때에는 보리 이삭을 표시하는 것과 같이 분명하게 인식할 수 있는 부호(상형 문자)를 사용하였다. 문자를 발명한 진정한 이유 중 하나는 다른 언어를 말하는 사람들도 이해할 수 있는 공통된 기록체계가 필요했기 때문이었을 것이다. 우리는 메소포타미아의 초기도시에 다수의 상이한 종족 집단이 이웃하여 살았음을 알고 있으며, 가장 초기의 문자는 언어 차이를 극복하기 위하여 설계되었을 것이다.

초기의 상징은 서기전 2800년에 수메르인(그리고 이후에는 아카드(Akkad)인)(그림 3.2)의 기록에 사용되는 규칙

히 표시한다. 도시성벽은 거주민 방어를 위한 공동체 시설이다. 성벽은 비록 중앙집권자의 입장에서 통제되기는 하지만, 도시 거주자들이 자신을 방어하기 위하여 건설하고 유지하기도 한다. 다른 많은 도시 공동체에 있는 신전의 경우도 마찬가지이다. 신전은 특별한 수호신의 보호 아래 있다는 주민들의 자부심과 정체성에 초점이 맞추어진 것이다.

국가의 개념도 도시와 유사하다. 도시 생활이 복잡해질수록 중앙권력기구의 성장도 가속화된다. 재화와 서비스의 원활한 흐름을 보장하고, 보다 많은 도시 거주자에게 평화와 안전을 부여하기 위하여 조직과 통제에 대한 필요성이 커졌을 것이다. 이를 위하여 메소포타미아에서 나타난 한 가지 현상은 행정수단으로서의 문자의 발

적인 쐐기문자 시스템으로 발전하였다. 명칭은 라틴어 큐네우스(cuneus, 쐐기)에서 유래하였으며, 부드러운 진흙에 나무 또는 뼈 첨필로 새긴 쐐기모양의 표시를 의미한다. 이 쐐기 형태의 부호는 초기 상형문자에서 파생되었으나, 일정 시기 이후에는 추상화되어 실제 사물로 인식되지 않았다. 각 부호는 소리, 즉 음절을 의미하였다.

쐐기문자에 대한 지식은 전문적으로 훈련된 소규모 집단(서기)에 제한되었고, 그들 일부는 신전 또는 왕궁에 고용되었다. 문자는 상인들도 사용하였다. 회계는 문자의 중요한 기능으로 서기들은 곧 자신들의 새로운 수단이 거대한 잠재력을 갖고 있음을 알게 되었다. 수세기에 걸쳐 문자는 법령, 종교문서, 수학 그리고 점성학에 사용되었다. 쐐기문자는 서기전 5세기 중에 덜 까다로운 알파벳 문자로 대폭 대체되었으나 서기 1세기까지 명맥을 유지하였다.

그림 3.2 쐐기문자가 새겨진 회계 점토판. 서기전 2400년경(테라코타)

명이다. 문자는 현세적이거나 종교적인 권력자뿐 아니라 개인도 기존의 방법으로 처리하기에는 너무 복잡해진 상업적 거래를 기록하려고 개발한 것이다. 그러나 국가 형성의 중요한 특징은 혈연과는 무관한 중앙통치제도의 발생이다. 요피는 국가의 출현은 실재적이거나 가상적인 혈연에서 탈피한 사회경제적 측면에서 정부가 담당한 역할에 의해 결정된다고 주장하였다. 메소포타미아 국가의 형성에 대한 첫 번째 증거—왕궁과 신전 관리자의 존재—는 후기 우루크의 문자기록 발명과 함께 나타났다. 서기전 4000년기의 후반 250년 동안 다수의 도시국가가 남부 메소포타미아에서 발달한 것이 분명하며, 그 이후 수세기에 걸쳐 증가하였다.

이미 우바이드 시기에 남부 메소포타미아 평원에서는 농경마을이 등장하였다.

최초 도시들과 국가가 형성되는 과정은 전기와 중기 우루크 시기(4200~3450 B.C.)에 뚜렷이 확인된다. 이 시기에 남부평원의 마을은 규모나 숫자상으로 증가한다. 이는 관개시설을 이용하여 더 넓은 면적의 토지가 경작 가능해지면서 인구수도 급격히 증가하였음을 보여준다. 점점 더 많은 토지가 관개 방식으로 경작되고, 그러한 토지에서 경작하는 촌락민들은 이미 종교적 충성심 또는 혈연적 연대를 갖추었을 수도 있다. 그것을 통하여 서로 결속하면서 원(原)국가라고 할 수 있는 더 큰 정치적 단위로 발전하게 된다. 이러한 발전은 서기전 4000년기 중반에 절정을 이루었다. 이 시기에 각각의 원국가는 규모나 중요성에서 다른 일반촌락에 훨씬 앞선 것으로 추정된다. 실제로 이것은 작은 도시 중심지였다.

이러한 초기도시 중심지에서 가장 중요한 곳은 우루크[지금의 와르카(Warka)]이다. 오랫동안 주거구역으로 사용된 이 대형 유적지를 지배한 것은 두 개의 신전 구역이다. 하나는 하늘의 신인 아누(Anu)에게 바쳐진 쿨라바(Kullaba) 신전 구역이고, 다른 하나는 [후에 이슈타르(Ishtar)로 알려진] 사랑과 전쟁의 여신 이난나(Inanna) 신전을 포함하는 초기 에안나(Eanna) 신전 구역(그림 3.3)이다. 초기에 도시가 중요한 것은 종교적 의례 때문인 것으로 추정된다. 초기 문자기록에 따르면 수메르의 다른 도시들에는 우루크의 이난나 신전에 의례용 공물을 보내는 관습이 있었다. 사실 이 지역이 도시로 성장하기 시작한 것은 의례 중심지를 각각 갖고 있던 두 개의 독립된 촌락이 등장한 때부터였다. 에안나 신전 구역의 발굴을 통하여 일련의 신전과 기타 공공건축물이 세워진 시기가 서기전 4000년경까지 거슬러 올라간다는 것을 알게 되었다. IVb층에서 발견된 공공건축물 중 하나는 채색된 '원뿔형 모자이크'로 장식된 주목할 만한 열주 홀을 갖추고 있었다. 이렇게 크고 위엄 있는 건물은 안정된 지위를 확보한 지배층이 자신의 지배하에 있는 사람들에게 경외와 존경을 받기 위해 지은 것이다.

우루크의 에안나 구역은 남부 메소포타미아의 초기 점토 문자판 발견으로 아주 유명하다. 문자기록은 처음에는 소수의 훈련된 기록관이 담당하던 지배층의 활동영역이었다. 그러나 원통형 도장의 광범위한 사용과 함께 메소포타미아 도시사회가 복합성을 띠게 되자 문자에 대한 필요성도 추가로 발생하였음을 이 문자판의 존재로

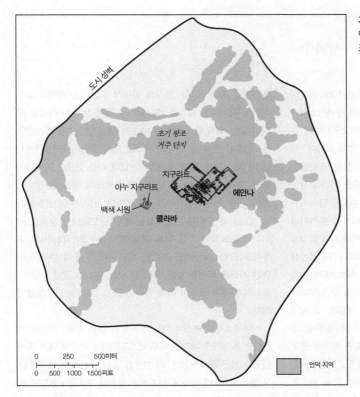

그림 3.3 쿨라바와 에안나 신전구역을 표시한 우루크의 평면도

도시 성벽

초기 왕조
거주 단지

지구라트

아누 지구라트

에안나

백색 사원

쿨라바

0 250 500미터

0 500 1000 1500피트

언덕 지역

알 수 있다(유적 3.2, 그림 3.5).

우루크 도시의 형성과 빠른 성장은 주변지역의 인구 유입을 통하여 이루어졌음이 틀림없으며, 그 과정과 극적인 영향 때문에 우루크의 '도시 내부팽창(urban implosion)'이라는 이름이 붙었다. 남부평원의 다른 거주지에서도 보다 작은 규모이지만 동일한 현상이 발생하였는데, 그곳도 세계 최초의 도시 중 하나인 경쟁적인 중심지로 발전하였다.

자연경관과 도시경관

애덤스는 남부 메소포타미아에서 도시의 형성이 농촌 취락에 미친 영향을 세밀하게

취락의 상세 분석 I – 지역수준

시카고 동양연구소의 로버트 맥코믹 애덤스는 1956년부터 1971년까지 고대 취락과 메소포타미아 평원의 관개시스템에 대하여 조사하였다. 이 연구를 통하여 초기 메소포타미아 유적의 규모와 위치의 변화에 대해 많은 것을 알게 되었다. 애덤스는 세 가지 접근방법을 함께 적용하였다. 첫째, 조사단은 텔(tell) 또는 토기 분포지처럼 눈에 보이는 곳은 아무리 작은 유적지라도 세밀하게 기록하면서 끈기 있게 현장을 답사하였다. 둘째로 지표에 흩어져 있는 토기를 통하여 각 유적지의 연대와 규모를 측정하였다. 셋째로 그 당시 비로소 사용가능해진 랜드샛 위성 사진과 항공사진을 활용하였다. 이 항공사진으로 애덤스와 조사단은 도시, 특히 남부 메소포타미아의 도시에 필수적이었던 강과 수로의 경로를 추적할 수 있었다.

애덤스의 조사로 고대 메소포타미아의 경관과 그 지역의 첫 번째 도시 출현에서 이슬람 세계 형성까지의 모습을 고고학적으로 그릴 수 있었다. 덕분에 지금은 농촌 취락이 인구의 도시 집중 과정에서 어떤 영향을 받았는지 도표화할 수 있었다. 그들은 주요 강들, 특히 유프라테스 강의 경로 변화를 밝혀냈다. 이 강은 고대에는 다수의 운하가 흘러들어가는 본류였던 것으로 나타났다. 이 운하는 당시 평행선을 유지하며 범람원을 통과하였다. 운하의 상대적 중요성은 변화하였다. 아마도 자연적인 결과로 추정되는 이러한 변화는 제방을 따라 발달한 취락에, 심각하게 때로는 재앙적인 수준으로 영향을 미쳤다. 만약 한 운하가 마르면 도시 주변의 관련 경작지는 더 이상 관개용수를 이용할 수 없어 다른 곳으로 이동해야 했다. 일시적이었는지는 모르지만 우루크의 대형 도시는 아카드 시기 초기에 심각하게 쇠퇴하였다. 이러한 현상은 아다브(Adab)와 움마를 가로지르는 동부 유프라테스 운하(그림 3.4)의 중요성이 커진 것과 대비된다. 니푸르(Nippur)와 슈루파크(Shuruppak)를 흐르는 서부 지류가 수량 부족에 직면한 사실을 확인한 것은, 서기전 3000년기가 끝날 무렵 우루크의 정치적 운명이 다해 몰락한 것을 설명하는 데 도움이 된다.

남쪽에서 애덤스의 연구가 진행된 것과 달리, 강우에 의존하는 농사가 행해지던 북부 메소포타미아 평원에 대한 조사연구가 최근 증가하였다. 이 연구를 통해 우바이드 시기에 남부 충적대지보다 강수에 의존하는 평원의 주거인구밀도가 더 높았다는 것을 알 수 있으며, 남부 메소포타미아의 도시화 과정이 급속도로 진행되었다는 것을 다시 한 번 확인할 수 있었다.

조사하였다.(유적 3.2, 그림 3.4) 조사 결과 우루크 시기 이후 경관이 상당히 바뀌었음이 밝혀졌다. 위성사진에 따르면 티그리스와 유프라테스 강의 경로는 전혀 별개가 아니라 남부 메소포타미아 평원을 통과하는 구간에서 오늘날보다 더 근접하였다. 합쳐져 흐르다가 갈라지고 다시 합류하면서 땋은 머리카락과 같은 형태의 강이었던 것으로 나타났다. 또한 해안의 모습도 바뀌었는데 서기전 4000년기의 페르시아 만 입구는 현재 위치보다 200킬로미터 북쪽에 있었다. 이러한 사실은 에리두, 우르 그리고 우루크와 같은 초기도시가 지금보다 더 바다에 가까워 해양과 늪지 그리고 강어귀의 자

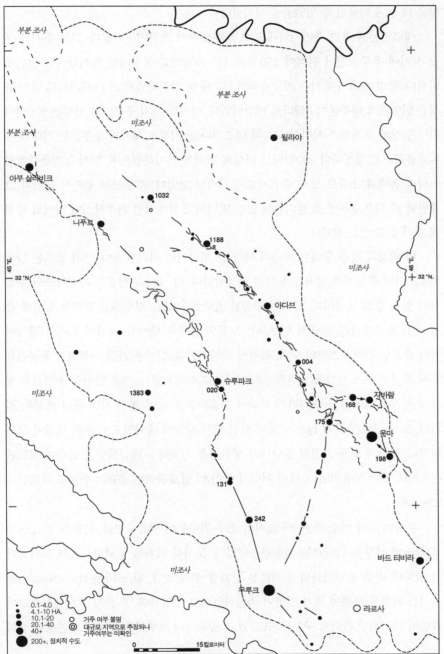

그림 3.4 애덤스 연구단이 조사한 남부 메소포타미아의 아카드 시기의 거주 유형

부분 조사

부분 조사

미조사

부분 조사

월라야

아부 살라비크

1032

니푸르

1188

미조사

아다브

004

미조사

1383

슈루파크

020

자바람

168

175

옴마

198

131

242

바드 티비라

우루크

라르사

0.1-4.0
4.1-10 HA.
10.1-20
20.1-40
40+
200+, 정치적 수도

거주 여부 불명
대규모 지역으로 추정되나
거주여부는 미확인

0   15킬로미터

원을 더 쉽게 이용할 수 있었음을 의미한다.

애덤스는 우루크 주변지역에도 초점을 맞추어 조사연구하였다. 그는 후기 우루크 시기에 우루크만이 면적이 250헥타르인 유일하고 실질적인 도시였다는 결론을 내렸다. 동일한 시기에 작은 거주유적이 107개 더 발견되었지만, 15헥타르를 넘는 유적은 없었으며 대부분이 6헥타르 미만이었다. 이러한 후기 우루크의 양상은 500년이 지나 등장한 초기왕조 시기의 모습과 대조된다. 초기왕조 시기의 우루크는 거대한 메트로폴리스로 성장하여 400헥타르 이상의 면적을 차지하였으며, 단지 농경촌락뿐만 아니라 읍락과 소규모 도시 중심지로 둘러싸여 있었다. 우루크는 종속된 읍락과 그 주변의 더 작은 촌락으로 둘러싸여 있는 발달되고 위계적인 거주시스템 지역의 중심에 자리 잡고 있는 것이다.

이 위계적 정주 형태는 국가의 특징 중 하나이며 서기전 3000년기 초에는 남부 메소포타미아 전체에 걸쳐 공통적인 현상이었다. 각 국가의 핵심은 지배왕조와 수호신이 있는 중요 도시이다. 국가는 종속된 집단에 조세를 징수하고 전쟁시 징집에 응할 것을 요구하였다. 조세의 일부분은 노동의 형태로 받아서, 국가의 토지를 경작하거나 중요한 관개시스템의 수리, 확장에 투입되었다. 신전은 가장 주목받는 공공건물로서 후기 우루크 시기에는 원뿔형 모자이크로 장식되었다. 그중 일반적인 형식은 상징의 시각적 효과를 극대화하기 위하여 진흙벽돌로 높이 쌓은 기단 위에 조성된 것이다. 도시 영역의 적지 않은 구역이 신전 또는 왕궁에 속하였고 다수의 사람이 고용되었다. 신전과 왕궁 재정의 분담액과 생산량을 기록하고 배급할당을 위하여 점토판이 광범위하게 사용되었다. 얼마 지나지 않아 이 점토판에는 종교적 신화도 기록된다 (그림 3.5).

문자는 초기 메소포타미아 도시의 소수 인구만이 사용하였다. 이들은 주로 신전과 왕궁의 업무를 담당하는 기록관들이었다. 문자와 기록을 통제함으로써 도시국가의 활동에 대한 중앙기관의 통제력을 강화할 수 있었다. 한스 니센(Hans Nissen)은 이러한 과정을 통하여 국가 발전이 촉진되었다고 주장한다. 즉 문자를 사용함으로써 과업이 세부적인 단위로 구분될 수 있었고, 공동체의 개별부문 간 상호의존성이 심화

그림 3.5 원통형 도장과 도장을 굴려서 찍은 각인. 원통형 도장은 후기 우루크 시기에 나타난다. 작은 원통형 석재에 소유자나 관리자 이름과 특정 장면들을 음각으로 모사한 소형 조각으로, 메소포타미아의 독특한 공예품이다. 도장을 굴려서 부드러운 진흙의 표면에 선명한 '서명'을 남길 수 있도록 디자인되었다. 이것은 문자와 더불어 메소포타미아의 초기도시들이 관리와 통제에 관심을 갖고 있음을 잘 보여준다. 원통형 도장은 점토 문자판, 봉인된 항아리, 궤 또는 현관 등에 (신뢰성의 증거로) 날인하는 데 사용되었다. 작게 표현된 장면들은 복잡하고 정교하게 조각되었는데, 이를 통하여 신과 영웅들에 대한 헌신, 신화와 전설의 일화 그리고 가축과 건물 등과 같은 일상적인 정보를 알 수 있다. 원통형 도장은 서기전 4000~1000년기 동안 근동의 광범위한 지역에서 사용되었다. 또한 이집트나 인더스와 같이 메소포타미아 상인들이 방문하는 외국 영토에서도 나타난다.

되었으며 결국 중앙집권적 관리조직이 필요하게 되었다는 것이다. 우루크의 중앙집권화에 대한 또 다른 흔적은 토기에서 찾아볼 수 있다. 형태 때문에 빗각 테두리 대접 (beveled-rim bowl)이라고 이름 붙은 독특한 종류의 이 토기는 고고학적 자료의 관점에서 볼 때 매우 특별한 것이다. 이 토기는 상당량 발견되어, 어떤 유적에서는 토기갖춤새의 50퍼센트 이상을 차지하기도 한다. 이 그릇들은 신전 또는 왕궁의 노동자에게 식량을 배급할 때 사용한 것으로 해석된다. 만약 이 해석이 옳다면 이 그릇들은 후기 우루크 시기의 중앙집권화된 노동조직의 규모를 가시적으로 보여준다고 할 수 있다.

신전과 왕궁은 초기 메소포타미아 도시들의 중앙집권제도를 이루는 두 축이었다. 어떤 관점에서 보면 이 두 축은 상호의존적 성격을 갖고 있다고 할 수 있다. 예를 들어, 대부분의 지배자는 합법성을 공고히 하기 위하여 의식을 수행할 성스러운 장소가 필요하였던 반면, 신전의 신관들은 정치적 통제에 정면으로 도전하는 경쟁자일 수도 있었다. 신전의 신관이 왕권에 대한 반란을 성공시킨 사례로 최소한 하나 이상의 역사적 사건을 들 수 있다.

그러나 초기 메소포타미아에서 신전과 왕궁만이 유일한 세력은 아니었다. 그곳에는 광범위하게 걸쳐 있는 사적 재산을 관장하는 주도적인 가문도 있었다. 실제로 초기에는 왕과 신전의 소유가 아닌 재산은 씨족의 공동체에 소속되어 그 연장자가 통제하였다. 도시는 틀림없이 이러한 주도적 씨족 출신의 왕이나 지배자를 추대하였을 것이다. 그러나 그 무렵 정보의 기록이 가능해지자 새로운 변화가 감지되었다. 유력 가문이 토지를 마치 개인소유물인 것처럼 취득하고 처분하기 시작한 것이다. 그 이후로 메소포타미아에서 토지를 취득하고 매각하는 것은 정상적인 활동으로 인정되었다. 아부 살라비크(Abu Salabikh)와 다른 도시에서 발굴된 대형 가옥에서 알 수 있듯이, 사람들은 여전히 대가족 단위로 계속 생활하였다.

초기 기록을 살펴보면 메소포타미아 도시에서는 공동체의 권한이 강조되었다. 이는 『길가메시 서사시』와 같은 기록에 나타나는 원로회의 예에서 볼 수 있다. 현존하는 길가메시 관련 기록은 비록 한참 후에 작성된 것이지만, 길가메시는 우루크의 역사적 왕으로 알려져 있고 그 기록은 서기전 4000년기와 3000년기 초의 우루크와 다른 도시들의 상황을 잘 반영한 것이다. 원로회의 존재는 이 도시들이 어떤 측면에서 과도기에 있었다는 것을 보여준다. 전반적인 통치권은 개인 지배자의 손에 있지만 전통적 법규의 제정과 논쟁의 합법적 해결은 보통 공동체 원로들에 의해 이루어졌다.

오늘날 남부 메소포타미아의 대부분 도시들은 텔(tell) 형태로 존재한다. 텔은 붕괴된 가옥의 진흙벽돌이 겹겹이 쌓인 언덕 형태의 취락 유적을 말한다. 집이 낡으면 사람들은 쉽게 건축 재료를 얻을 목적으로 기존 건축물을 해체하였다(유적 3.3). 도시 유적의 주요 특징 중 하나로 신전 기단을 설명할 때 이런 내용을 언급한 바 있다. 같은 유적지에서 몇 세대를 거치는 동안 신전은 확장, 재건축되었고 그중 많은 것이 우르의 지구라트(ziggurat, 신전 기단)(그림 3.11)에서 처음 나타난 것과 같은 계단 형태의 탑 모양으로 변화했다. 우르와 키시(Kish)를 비롯한 여러 유적에서 왕궁도 발굴되었다. 그러나 현재 시점에서 볼 때 이 공공시설들은 서기전 3000년기 초에 이웃세력으로부터 자신들을 지키기 위하여 건설된 도시의 성벽보다 덜 인상적이다. 『길가메시 서사시』의 저자는 우루크의 성벽을 칭송하였는데, 성벽 중심이 (진흙이 아닌) 가마에 초기 메소포타미아 시기의 거주지로서 도시가 존속된 기간은 수천 년에 달한다. 이는 후대에 형성된 건물의 폐허 아래에 서기전 3000년기의 층위가 묻혀 있다는 것을 의미한다. 그러므로 초기 왕조 도시의 배치 구도를 파악하는 것은 매우 어렵다. 더욱이 고고학자들은 보통 주요 공공건축에 관심을 집중하기 때문에, 일반 가옥들과 주거구역에 대한 실제 모습에 대해서는 알아낸 것이 별로 없다. 아부 살라비크 유적은 예외라 할 수 있는데, 영국 고고학자 니콜라스 포스트게이트(Nicholas Postgate)가 1975년부터 1990년까지 발굴조사를 하였다. 이 유적을 덮었던 후대 퇴적층은 침식작용에 의해 제거하기가 수월하였다. 단지 삽으로 언덕의 표면을 긁는 것만으로도 서기전 3000년 진흙벽돌 건물의 벽을 볼 수 있을 정도여서 너른 도시 지역의 평면 배치를 쉽게 밝힐 수 있었다. 그는

도로, 지붕을 얹은 공간(방) 그리고 (주거지의 '불확실한' 범위까지 포함한) 노천 정원들을 식별하기 위하여 바닥에 쌓인 퇴적물을 분석하였다(그림 3.6).

교통수단으로 자동차가 출현하기 전 근동의 도시들이 그러하였듯이, 고대의 아부 살라비크도 제대로 된 통행도로는 몇 안 되고 집들은 아주 복잡하게 얽혀 있었다. 많은 집들의 실제 규모는 작지 않은데, 6개 또는 그 이상의 큰 규모의 방들이 정원을 에워싼 형태로 군집을 이루었으며, 20명 정도의 많은 사람을 수용할 수 있었다. 비록 그들 중 일부는 하인이고 가신이었겠지만, 기록에 따르면 초기 메소포타미아의 세대가 대부분 대가족이나 혈연집단의 형태를 이루고 있었다고 한다. 이것이 사실이라면 아부 살라비크의 가옥단지가 대규모인 이유가 설명될 것이다.

서 구운 벽돌로 지어진 것에 대하여 경탄하였다. 환상형의 이 튼튼한 방어시설은 실존 인물인 길가메시가 건설한 것일 수도 있는데, 길이가 9.5킬로미터 이상인 것으로 측량되었다(기록 3.4).

지금은 이 고대도시의 유적 근처에 흘렀던 강과 운하가 없어져 주변에 건조한 사막만이 남아 있다. 오늘날 지구라트 유적 주변의 평원 대부분은 먼지 때문에 뿌옇게 보일 뿐이다. 수세기 동안 시행된 집약농업은 관개용수가 증발하면서 지표에 염분가루를 남겨 더 이상 지속될 수 없었다.

우루크 세계시스템(3450~3100 B.C.)

최초의 도시는 메소포타미아 남쪽에 건설되었는데, 그 지역에서 가장 큰 영향력을 과시하였다. 그러나 인구 규모가 미치는 파장은 그곳에만 국한된 것은 아니었다. 아나

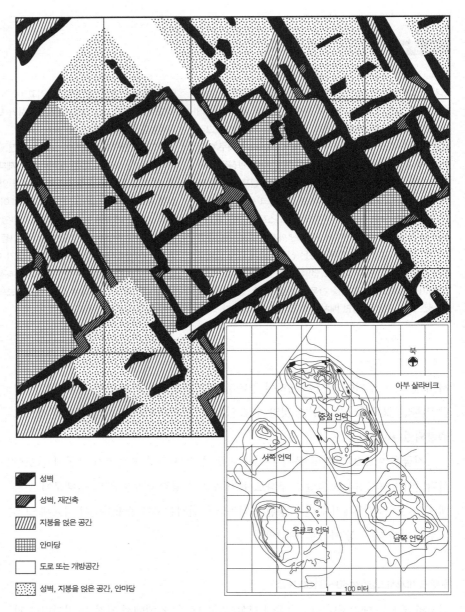

성벽

성벽, 재건축

지붕을 얹은 공간

안마당

도로 또는 개방공간

성벽, 지붕을 얹은 공간, 안마당

그림 3.6 남부 이라크 아부 살라비크 텔 유적에서 발굴된 50평방미터의 평면도. 도로와 정원 그리고 지붕이 있는 공간의 구획을 보여준다.

우루크의 왕 길가메시

그는 먼 길을 왔고 지쳤으나, 이제 평화를 찾고 석판 작업에 전력을 다하였다.

그는 거룩한 에안나를 모신 신성한 수장고 '우루크의 양우리(Uruk-the-Sheepfold)'의 성벽을 축성하였다.

양털 가닥 같은 성벽을 보아라! 아무도 흉내낼 수 없는 난간을 보아라!

오래된 계단을 올라 에안나와 후세의 어떤 왕도 흉내낼 수 없는 이슈타르 여신의 권좌 가까이 가보아라.

우루크 성벽 여기저기를 거닐어 보아라! 그 토대를 둘러보고 벽돌을 살펴보라!

그 벽돌들은 가마에서 구워진 것이 아닌가? 7명의 현인이 그 토대를 놓지 않았던가?

1평방마일은 도시이고, 1평방마일은 산책 숲이며, 1평방마일은 진흙 채취장이고, 반 평방마일은 이슈타르 신전이며, 3평방마일은 우루크의 광장이다.

앤드루 조지(Andrew George) 편,
『길가메시 서사시』(2000, p.1~27)

길가메시는 서기전 2600년경 불멸의 비밀을 찾고자 했던 우루크의 전설적인 왕이었다. 유명한 『길가메시 서사시』에는 우루크의 이름 있는 기념물 대부분을 건설한 것으로 묘사되어 있다. 그중 하나가 오늘날에도 남아 있는 도시성벽이다. 앞서 소개한 내용은 도시의 배치에 대한 설명을 포함하고 있어, 특별한 관심을 불러일으킨다. 우루크 성벽의 길이는 최소한 9.6킬로미터 이상이다. 그러나 성벽으로 둘러싸인 구역의 일부만 건설되고, 나머지는 산책 숲과 벽돌을 생산하는 장소였다.

톨리아 남동부와 북부 메소포타미아 저지대의 동쪽 경계에 분포한 유적에서 찾아낸 놀라운 증거는 이와 관련된 이야기를 말해준다. 이들 주요 지역은 우루크의 특징을 보여주는 권역으로, 비록 그 중심지에서 일정거리가 떨어져 있었지만 기본적으로 우루크의 영향권 내에 있다고 할 수 있다. 가장 유명한 유적지는 하부바 카비라(Habuba Kabira)로 시리아의 유프라테스 강둑에 있다(그림 3.7a, 3.7b). 이곳은 강둑을 따라 거의 1마일에 걸쳐 조성된 주요 거주구역으로, 방어를 위하여 견고한 벽돌 성벽으로 둘러싸여 있다. 신전도 남부 메소포타미아에서 익숙한 평면 배치를 따라 건설되었으며, 사소한 공예품조차 전형적인 남부 메소포타미아 양식과 일치하였다.

　이 거주구역에 대한 설명으로 세 가지 이론을 제시할 수 있다. 첫 번째는 그곳이 우루크의 무역상인이나 정착주민에 의해 형성된 식민지라는 것이다. 그러므로 하부바 카비라는 그 거점지에서 멀리 떨어진 근동의 저개발 변두리지역으로, 남부 메소포

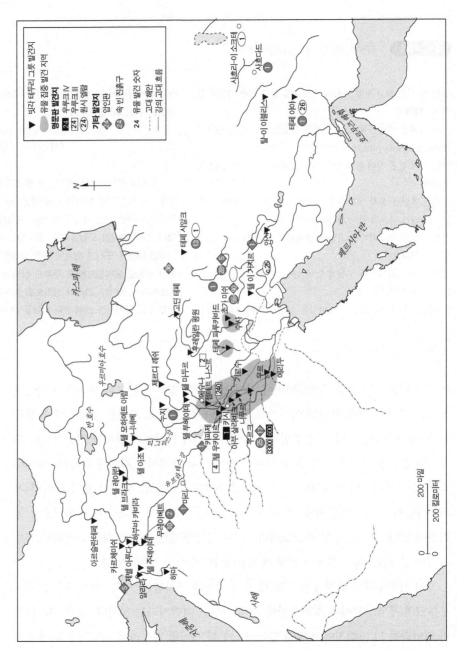

그림 3.7a 근동에서 우루크의 영향력을 나타내는 지도

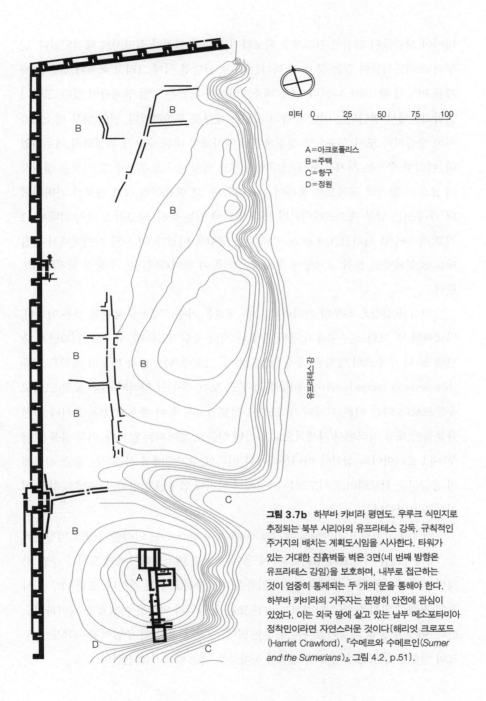

유프라테스 강

그림 3.7b 하부바 카비라 평면도. 우루크 식민지로 추정되는 북부 시리아의 유프라테스 강둑. 규칙적인 주거지의 배치는 계획도시임을 시사한다. 타워가 있는 거대한 진흙벽돌 벽은 3면(네 번째 방향은 유프라테스 강임)을 보호하며, 내부로 접근하는 것이 엄중히 통제되는 두 개의 문을 통해야 한다. 하부바 카비라의 거주자는 분명히 안전에 관심이 있었다. 이는 외국 땅에 살고 있는 남부 메소포타미아 정착민이라면 자연스러운 것이다[해리엇 크로포드 (Harriet Crawford), 『수메르와 수메르인(*Sumer and the Sumerians*)』, 그림 4.2, p.51].

타미아 상인들이 진귀한 원자재를 확보하기 위하여 설치한 식민지로 해석되었다. 남부의 초기도시들이 갖는 문제 중 하나는 금속, 단단한 석재 그리고 목재와 같은 원자재를 어떻게 확보하느냐였다. 남부 메소포타미아 평원은 농업 잠재력이 컸다. 그러나 산악지역에서 생산되는 이런 종류의 자원은 대부분 부족하였다. 일단 남부 메소포타미아 중심지가 도시 수준으로 성장하면서 원자재에 대한 수요가 확실하게 대두되었다. 이러한 수요는 서기전 3000년대에 우루크 영향권의 요충지에 그 거점을 설치하여 조성한 장거리 교역로를 통하여 충족되었다. 그 대표적인 예가 하부바 카비라였다. 우루크는 남부 메소포타미아의 동부 평원에 있는 수사, 티그리스 강의 니네베 그리고 북쪽의 텔 브라크(Tell Brak)에도 강한 영향을 미쳤다. 각 지역 식민지에서 나름대로 조성되었던 토착 교역망에 우루크 상인들이 참여하였다는 주장이 제기되기도 한다.

이러한 양상은 하부바 카비라와 같은 새로운 거주구역에만 국한된 것은 아니다. 니네베와 텔 브라크는 수세기 동안 중요한 지역 중심지였는데, 서기전 4000년기 중반에 둘 다 우루크의 영향권 내에 편입되었다. 그곳에서는 '빗각 테두리 배식용 그릇(beveled-rim ration bowl)'을 비롯한 우루크 토기, 우루크 양식의 진흙 도장 그리고 우루크보다 약간 이른 시기의 텔 브라크 점토기록판 등이 출토되었다. 그러나 이런 유물들이 해당 지역에서 자생적으로 나타난 산물로 보이지는 않는다. 이들 유물은 남부 메소포타미아의 상인이 아나톨리아와 이란의 고지대에서 산출되는 중요 원자재의 공급원을 확보하려고 시도하는 과정에서 현지에 엄청난 상업적, 문화적 영향을 미쳤음을 보여준다.

미국의 고고학자 기예르모 알가제(Guillermo Algaze)는 이러한 우루크 영향권역을 '세계시스템'이라고 명명하였다. 이 용어는 남부 메소포타미아의 도시와 주변 저개발 지역이 단일경제 단위로 통합되었음을 지적하려고 만든 것이다. 또한 남부 도시들이 지배적 역할을 하고 나머지는 지원 또는 공급원의 역할을 하였음을 의미하기도 한다. 이것이 통일 제국이었다는 주장은 없다. 그러나 결국 이 주변지역 자체도 우루크의 영향을 받으면서 정치적, 경제적 독자성을 갖출 때까지 발전한다.

이 우루크 영향권에 대하여 다소 다른 관점이 주장되기도 한다. 이 주장에 따르면, 교역된 것으로 추정되는 원자재들이 이 지역의 교역 중심지에서 거의 발견되지 않았다는 점에 근거하여 세계시스템의 가설을 거부한다. 만약 원자재 물량이 이곳을 거쳐 남부 메소포타미아의 도시들로 운송되었다면, 그 교역 중심지에서 그것들이 취급되었다는 흔적이 남아 있어야 한다는 것이다.

우루크의 특징이 광범위하게 확산되어 있으면서 한편으로 일정지역에 집중되어 있음을 설명한 알가제 모델과는 다른 관점의 대안적 이론 두 가지가 제안되었다. 첫 번째는 이러한 주변의 '식민지'는 실제로는 지역 토착 중심지로서 이들이 이웃세력과의 세력 경쟁에서 유리한 위치를 확보하기 위하여 우루크 양식과 공예품을 선택하였다는 것이다. 이는 세계시스템 모형의 역학을 뒤집은 해석으로, 메소포타미아 주변에서 재화를 교역한 주체는 우루크 사람이 아니라 남부 메소포타미아 중앙 핵심지에서 생산된 우루크 공예품을 찾는 주변의 중심지라는 것이다.

두 번째 이론은 주변 중심지의 우루크 식민지 정착민의 존재를 인정하지만 그들은 후기 우루크가 붕괴한 시기에 우루크 중앙 핵심지에서 도망쳐 나온 피난민들이라는 것이다. 현재로서는 이러한 세 가지 가설 중에서 어느 것이 옳다고 판단할 수 있는 확실한 방법은 없다. 그러나 세계시스템 모형은 많은 지역 전문가들이 지지하고 있다. 이 이론은 메소포타미아의 역사가 확장과 위축의 주기를 반복한다는 장기적인 순환변동 패턴에 잘 들어맞는다. 그러한 관점에서 보면 우바이드는 초기 우루크의 위축 단계, 그 다음 후기 우루크의 세계시스템 확장 단계, 그리고 다시 초기 왕조시기의 위축 단계와 서기전 3000년기 후반 아카드 제국의 더 큰 확장단계로 이어진다. 이러한 변동 형태는 식별하기는 쉽지만 설명하기는 어렵다.

동부 터키의 하시네비(Hacinebi)에서 이루어진 최근의 발굴 성과는 북부 메소포타미아에서 우루크가 미친 영향이 어떠한 성격이고, 그 편년은 어떠한지에 대하여 새로운 관점을 제시하였다. 이곳은 하부바 카비라와 같은 우루크 식민지가 아니라 기존의 거주구역에 형성된 우루크 거점이었다. 이곳의 취락은 하부바 카비라보다 먼저 등장하였는데, 우루크 중기에서 후기에 해당되는 토기가 출토된다. 그러므로 우루크가 북쪽으로 확장되는 것은 처음부터 식민지적 토대를 갖추고 시작된 것이 아니라, 그 이전에 있던 지역 거주지 내에 소규모 성곽구역을 조성하면서 시작되었을 가능성이 있다. 특히 하시네비에서 중요시해야 할 것은 아나톨리아 현지 양식의 봉인과 함께 발견된 우루크 양식의 관리도구인 압인문의 점토 불리(bullae)로, 이를 통해 이곳이 남부 메소포타미아와 북부 메소포타미아, 아나톨리아 문화전통이 상호작용하는 교류의 중심지였음을 알 수 있다.

우루크의 영향이 어찌되었든 서기전 4000년기 중반에 북쪽에서 도시가 등장했다는 것은 점차 분명해지고 있으며, 이는 자생적인 발달이었을 것이다. 그러므로 우루크의 소규모 성곽구역은 때때로 기존의 도시들 안에 설치된 것으로 보인다. 북부 시리아의 텔 하무카르(Tell Hamoukar)와 텔 브라크는 일정 수준의 규모를 갖춘 도시로, 모두 후기 우루크 초에 해당한다. 이는 텔 하무카르의 초기 층위에서 발견된 관리자용 봉인에 근거하여 추정한 것이다. 따라서 서기전 4000년기에 북부와 남부 메소포타미아 그리고 남서부 이란의 수시아나(Susiana) 평원의 저지대에서 동시에 도시, 국가, 문자가 출현하였다고 추정할 수 있다.

서기전 3100년경 우루크 시기가 끝남에 따라 곧 역사시대가 시작되었다. 이 시기의 문자기록이 남아 있기는 하지만 경제나 행정과 관련된 내용뿐으로, 당시의 정치적 발전에 대하여 알려주는 것은 별로 없다. 후기 우루크는 젬데트 나스르(Jemdet Nasr) 시기(3100~2900 B.C.)로 이어지는데, 이 명칭은 남부 메소포타미아의 다른 유적의 이름에서 따온 것이다. 그 무렵 메소포타미아 저지대의 주요 초기도시는 성장하고 번영하였으며 메소포타미아 문명의 체계가 확립되었다. 그러나 역사적 상황은 수메르 도시국가의 전성기인 전기 왕조 시대(2900~2350 B.C.)에 진입해서야 비로소 분명해진다.

전기 왕조 시대(2900~2350 B.C.)

전기 왕조 시대에 고대 메소포타미아의 역사적 기록이 시작되었다. 서기전 2900년경 초기 기록은 쐐기문자로 표준화되었는데, 이 문자는 이후 3000년간 근동지역에서 사용되었다. 초기 왕조 시대는 수메르인이 메소포타미아 문화와 정치의 지배적 세력이던 때로, 남부 도시국가의 첫 번째 중요 시기에 해당한다. 이 시기는 아가데의 사르곤 왕(2334~2279 B.C.)의 정복과 아카드 제국의 수립이 있기 전까지이다.[1]

수메르인

역사시대의 여명기에 메소포타미아에서 한 가지 중요한 특징을 찾을 수 있다. 그것은 공통의 문화—단일 문자시스템과 단일 신전—를 갖고 있다는 점이다. 그러나 인구집단은 다인종과 다언어의 성격을 갖고 있다. 더욱이 고대 이집트처럼 통일국가라고는 할 수 없었다(제4장). 그 대신 개념상 이웃으로부터 독립된 도시국가로 쪼개져 있었다. 최소한 24개의 도시들이 남부 메소포타미아의 충적 평원에 있었으며, 각각은 자신들의 주요 신 또는 수호신을 모시는 주요 신전을 갖고 있었고, 이웃세력들을 방어하기 위한 견고한 벽돌 성벽에 둘러싸여 있었다.

남부 메소포타미아는 남쪽의 수메르, 북쪽의 아카드로 구분된다. 수메르는 남쪽 페르시아 만 입구로부터 시작되며, 아카드는 수메르 북쪽에서 시작하여 지금의 바그다드에 이웃한 티그리스와 유프라테스 강을 포괄하는 '좁은 지역'까지이다. 수메르와 아카드가 연결되는 도시 경관의 중심에 도시 니푸르(Nippur)가 건설되었는데, 이곳은 이 지역에서 가장 중요한 종교적 중심지였다. 니푸르에 대한 통제는 메소포타미아 정치에서 가장 중요한 과업이었다. 만약 이웃세력보다 우월한 지위를 갖고자 하는 도시의 지도자라면 먼저 이 신성한 도시를 확보해야 했다. 이에 성공하면 주신 엔릴

---

1 전기 왕조(ED) 시대는 다음과 같이 세분할 수 있다. 전기 왕조 I은 서기전 2900~2700년경으로 '대홍수 이전'이며, 전기 왕조 II는 서기전 2700~2600년, 전기 왕조 III은 서기전 2600~2350년이다.

(Enlil)에게 헌신한다는 증표로 그 신을 모시는 중심 사원에 새로운 신전을 건축하였는데, 이를 통하여 자신들의 권한을 주장하였다. 땅에 있는 왕의 위계는 하늘에 있는 신들의 위계를 반영한다는 메소포타미아의 관념구조로 보면, 남부 메소포타미아의 지배적인 통치자가 그 당시 메소포타미아 신들의 수장이었던 엔릴 신과 자신을 공개적으로 연계시키는 것은 당연하였다.

니푸르는 수메르의 도시이고 수메르의 신은 엔릴이었다. 그러나 '수메르인'이라고 부를 때는 그들이 메소포타미아 평원의 남부 주요 지역인 수메르에서 온 것 이상의 의미가 있다. 수메르인은 초기 메소포타미아의 주요 종족집단 중 하나로서 자신들만의 언어와 문화적 정체성을 가지고 있었다. 수메르인은 우르와 우루크 도시들의 지배세력으로서 역사상 첫 번째 지배 왕조를 세웠고, 그들의 영향력은 북쪽의 마리(Mari)와 동쪽의 이란 고원까지 널리 확대되었다.

수메르인이 정확히 누구인지에 대해서는 상당한 논란이 있다. 과거의 많은 저술가들은 그들이 원래 메소포타미아 외부에서 이주해온 사람들이며 비옥한 평원으로 이주하여 첫 번째 도시를 건설했다고 주장하였다. 하지만 그보다는 그들이 그 지역의 토착 거주자였으며, 아마도 메소포타미아의 남부 경계지역의 광범위한 갈대밭과 개펄에서 살았던 지금의 마시 아랍(Marsh Arab)의 조상으로 보는 것이 더 맞을 것이다. 수메르 봉인석에 (아마도 인가 또는 외양간으로 보이는) 갈대 꾸러미로 지어진 정교한 건물이 보이는데, 최근의 마시 아랍의 그것과 매우 유사하다.

고고학자들은 몇 세대 동안 수메르인이 메소포타미아 문명을 단독으로 세웠다고 가정하였다. 하지만 북부 메소포타미아에서 새로운 발견이 이루어지면서 이러한 가정이 바뀌었다. 이 발견을 통해 우루크 문화의 확산과 이른바 우루크 세계시스템의 구축 이전에도 그곳에서 도시들이 발달하였다는 것을 알 수 있다. 수메르인들의 역할이 재평가되었는데, 사실 그들은 메소포타미아 초기도시들의 건설과 관련된 여러 종족들 중 하나일 뿐이다. 그럼에도 그들은 영향력이 엄청났으며, 문자를 비롯하여 전반적인 메소포타미아 문화의 많은 특징을 만들어낸 장본인들이다.

대홍수와 왕의 목록

초기 메소포타미아 문자는 회계와 재고관리에만 사용되었으며, 서기전 3000년기가 되어서야 첫 번째 역사적 기록이 나타난다. 단일문서 형태를 갖춘 간략한 왕의 목록이 그것인데, 최종 수정본은 서기전 1800년경 메소포타미아 서기가 작성한 것이다. 각각의 간결한 문장이 길게 연결되었으며, 각 문장은 도시 이름에서 시작하여 새로운 왕조를 기재하고 ('A가 x년 동안 통치하였다.'라는 문장 형식으로) 그 왕조의 여러 지배자의 이름을 적었다. 각 왕조의 끝은 '도시는 전쟁으로 고통받았고, 왕권은 계승자에게 인계되었다.'라는 문장으로 구성되어 있다.

이 기록은 서기전 3000년기 동안 메소포타미아의 세부적인 역사를 구성하기에 충분한 자료는 아니다. 그러나 지배자의 기본적인 틀을 제공하여 왕의 이름이 적힌 명문과 봉인이 발견되었을 때 참고할 수 있으며, 개인별로 출신 도시를 연결할 수도 있다.

사실상 왕의 목록은 '대홍수 이전'을 통치한 전설적 왕들의 계보를 포함하고 있어, 위의 시기보다 상당히 오래전부터 시작된다. 문제가 되는 메소포타미아의 대홍수는 성경에 나오는 노아의 홍수에 해당하는 것이며, 두 전설이 모두 서기전 3000년기부터 2000년기 동안 근동에 널리 퍼져 있는 자료들의 내용과 관련이 있는 것은 분명하다. 『길가메시 서사시』의 점토판 XI에 수메르의 노아격인 유일한 생존자 우트나피시팀(Utnapishtim)이 길가메시에게 대홍수에 대하여 이야기를 하는 장면이 나온다.

새벽이 오자마자 수평선에서 검은 구름이 나타났다.
아다드(Adad) 신이 그 안에서 으르렁거렸으며, 그에 앞서 슐라트(Shullat)와 하니시(Hanish) 신이 산과 땅을 넘어갔다.
에라갈(Erragal)은 배를 정박한 지주를 뽑았고, 니누르타(Ninurta)는 먼저 가서 제방에 물이 넘치게 하였다.
아눈나키(Anunnaki)가 횃불을 들자 땅이 화염에 휩싸였다.
아다드의 행위로 인한 충격이 하늘을 집어삼켰고 빛나던 모든 것이 검게 변하였다.

땅은 그릇조각처럼 산산조각 났다.

사람들을 집어삼킬 듯이 하루 종일 남풍이 불었다.

세찬 바람이 몰아쳐 산이 물 속에 잠겼다.

아무도 동료를 보지 못하였고, 급류 속에서 서로 알아볼 수도 없었다.

신들은 대홍수에 겁을 먹고 물러났으며 아누(Anu)의 하늘로 올라갔다.[2]

-코박(Kovak), 1989, 점토판 XI, 96~114행

메소포타미아 전설에서 (성경에 있는 것과 같은) 대홍수는 수세기 이전에 일어났던 사건이었다. 실제로 있었던 환경적 재앙인지 여부에 대해서는 오랫동안 논쟁이 있었다. 이 주제에 대해서는 영국의 고고학자 레너드 울리(Leonard Woolley) 경이 특별히 관심을 가진 바 있다. 우르를 발굴하던 1929년에 울리는 물로 운반된 (혹은 바람으로 옮겨진) 3.4미터 두께의 깨끗한 침니를 깊은 수심에서 발견하였다. 그가 바로 떠올린 생각은 이것이 성경에 기록된 대홍수 때문에 옮겨진 침전물이라는 것이었다. 그러나 그의 주장은 곧 부정되었다. 그 침니는 대홍수가 아니라 남부 이라크의 저지대 평원에 영향을 주면서 정기적으로 발생하였던 많은 홍수 중의 하나에서 기인한 것으로 증명되었다. 대홍수 전설로 주장될 만한 규모로 광범위한 지역에 걸쳐 발생한 재앙과 관련해서는 어떤 증거도 고고학적으로 제시되지 않았다. 흑해에서 일어났다는 최근의 주장도 이전의 이론들보다 더 설득력을 갖고 있지 못하다. 오늘날 대부분의 학자는 단순한 전설이라고 간주하고 있는데, 그러나 실체가 무엇이든 메소포타미아의 서기는 왕의 목록을 두 부분으로 구분하는 중요한 사건으로 대홍수를 이용하였다. 실존 여부가 분명치 않은 대홍수 이전의 통치자와 그 뒤에 나타난 역사적 인물을 구분한 것이다.

---

2   아다드는 폭풍의 신이다. 슐라트와 하나시는 날씨를 담당하는 작은 신이다. 아눈나키는 아누의 자식들로 50명의 신으로 이루어진 집단이며 영원의 신이다. 에라갈 신은 저승을 다스리는 신이며, 니누르타는 전쟁의 신이다. 이들은 매우 위협적이고 가공할 만한 신들이다.

초기 수메르 역사

물이 빠지고 난 뒤에 신들은 왕권을 다시 지상으로 돌려주었고, 키시에서 왕권이 자리를 잡았다. 첫 번째 키시 왕조는 22대 왕 엔메바라게시(Enmebaragesi)에 이르기까지 이름이 알려지지 않은 왕들이 믿기 어려운 오랜 기간을 통치하였다. 엔메바라게시 자신도 900년이라는 불가능한 기간 동안 재위한 것으로 왕의 목록에 기록되어 있다. 그의 이름은 왕의 목록에서뿐만 아니라 비문에서도 발견되었다. 비문은 왕의 생전에 만들어진 것으로, 투투브[Tutub, 지금의 카파예(Khafaje)]라는 도시에서 발견되었다. 이 비문으로 인해 모호하였던 왕들의 존재가 드러나기 시작하였다. 이 비문은 왕의 목록과 고고학을 잇는 결정적 역할을 하였으며, 메소포타미아 역사의 출발점이 되었다.

엔메바라게시가 통치한 시기는 서기전 2600년경으로 추정된다. 비록 이후의 사실에 대한 근거가 되긴 하지만, 왕의 목록에 사건들이 너무 간략하게 기록되어 있고 세부적인 내용은 이따금 보이는 수준에 머무르고 있다. 왕의 목록은 초기 메소포타미아의 정치구조에 대한 안목을 넓혀 준다는 면에서 아주 중요하다. 고고학을 통하여 우리는 메소포타미아 평원에 산재한 도시 유적의 형태를 설명할 수 있으며 그 규모를 판단할 수 있다. 그러나 고고학 자체만으로는 조사 대상이 왕조와 주요 수도를 갖춘 단일 국가인지 혹은 개별적으로 지배자와 영역을 갖추고 완전한 자치권을 행사하는 도시가 복수로 이루어진 국가인지를 알 수 없다. 왕의 목록을 통하여 우리는 결정적 사실 두 가지를 알 수 있다. 하나는 도시가 정치적으로 독립적인 중심(도시국가)으로 성장하였다는 사실이고, 다른 하나는 통합된 왕권의 개념이 확립되어 하나의 도시와 하나의 왕조가 다른 도시들을 다스렸다는 사실이다.

대홍수 이후 군림한 첫 번째 군주는 우리가 앞에서 본 바와 같이 키시를 다스리는 왕이었다. 그러나 모든 도시들이 이를 전적으로 기꺼이 받아들인 것은 아니었다. 서기전 2600년대 직후 엔메바라게시의 아들인 아가(Agga) 왕은 아주 강력한 신하 중 한 명인 우루크의 왕 길가메시의 반역에 직면한다. 길가메시는 아가를 군주로 인정하지 않았다. 키시 왕이 우루크로 진격하여 포위하였을 때, 길가메시가 승리하였으며 아가는 그의 가신이 되었다. 왕권이 키시에게서 우루크로 넘어간 것이다.

그림 3.8 서기전 2450년 라가시의 지배자 에안나툼(Eannatum)이 설치를 명령한 독수리 석비. 창과 방패 그리고 투구를 착용한 중무장 보병이 적의 시체를 밟으며 방진 형태로 전진하고 있다. 이 석비는 초기 왕국의 권력과 군사주의를 증명한다(파리 루브르 박물관).

남부 메소포타미아의 주요 도시 간 패권 투쟁은 서기전 3000년기 중반 수세기 동안 계속되었다(그림 3.8). 키시, 우루크, 우르 그리고 기타 도시들이 지배권을 차지하였다가 넘겨주었다. 당시 역사는 주도권과 동맹의 변화로 인해 만화경과 같은 형국이었던 것이다.

우르의 왕묘(2600~2350 B.C.)

울리 경이 1922년 남부 메소포타미아의 우르 유적지에 도착하였을 때만 해도, 획기적인 발견을 할 수 있을 것이라고는 거의 기대하지 않았다. 우르는 아브라함의 고향으로 추정되며 성경에 나오는 유명한 도시로, 지구라트 신전 유적으로 주목을 받았다. 울리는 지구라트를 중심으로 신성구역의 경계를 확인하기 위하여, 몇 개의 탐색 트렌치를 신중하게 파면서 조사를 시작하였다. 얼마 지나지 않아 이 트렌치 중 하나에서 금제 구슬이 발굴되었다. 울리는 자신이 중대한 발견을 할 것임을 알아챘다. 그는 현지 인부들의 경험이 충분치 않다고 판단하고, 상당한 인내심을 갖고 5년을 기다린 후에 '금 트렌치'로 복귀하여 발굴을 재개하였다. 얼마 지나지 않아 그는 어마어마한 규모의 무덤을 발굴하였는데, 그 일부에는 화려한 장식품이 부장되어 있었다. 그 부장유물은 오늘날까지도 초기 메소포타미아의 장인 정신을 보여주는 걸작으로 남아 있다.

우르의 왕실무덤은 웅장한 지구라트의 남쪽, '신성한 구역(Sacred Precinct)'의 바로 바깥에 있는데, 서기전 3000년기 중후반(2600~2100 B.C.)에 형성된 커다란 묘역 중 일부이다. 울리는 무덤들을 두 개의 집단으로 구분하였다. 하나는 우르의 (최소한 2000명이고, 대체로 8000명 정도인) '평민'에 속하는 무덤으로, 부장된 유물이 별로 없다. 다른 하나는 우르 왕조의 지배층에 속하는 16기의 화려한 왕실무덤이다. 평민의 무덤들에는 시신이 단순한 구덩이에 돗자리로 말려 있거나 나무나 진흙으로 만든 관에 안치되어 있다. 이와 달리 왕실무덤은 벽돌과 석재로 만든 궁들인 묘실을 갖추고 있다.

왕실 무덤에는 풍부한 부장품뿐만 아니라 섬뜩하게도 인간 희생물도 묻혀 있다. 한 무덤에는 74명이나 되는 시종의 유골이 있었는데, 그들은 매장 직전에 독살되었을 것이다(유적 3.5).

왕묘에서 발견된 유물들은 서기전 3000년기의 메소포타미아 왕실 생활에 대한 결정적인 정보를 제공한다. 상감장식 판에는 연회하는 장면과 적을 향해 무력시위하는 사륜 전투마차가 묘사되어 있다. 연회 장면을 보면 조정 대신 앞에서 황소 머리가 정교하게 장식된 현악기 수금을 연주하는 모습이 있다. 수금 유물 여러 점이 왕실무덤에서 발견되었다(그림 3.9a). 수금의 재료인 나무는 오랜 시간이 지나 썩어 있었는데, 울리는 이것을 복원하기 위하여 이 무덤에 특별한 기법을 적용하였다. 그는 부장품 목재 부분이 썩어 소실되는 과정에서 원래 꽉 찼던 공간에 작은 빈 공간이 남겨졌음을 알았다. 뜨거운 왁스를 조심스럽게 빈 공간에 부어서 나무 물건의 형태를 재구성하여 귀중한 상감판과 원래 금속장식을 복원할 수 있었다.

왕실무덤의 가장 충격적인 특징 중 하나는 이러한 값진 물건들을 생산하는 데 사용된 많은 재료들이 이국산이라는 것이다. 왕실무덤에 매장된 사람은 아나톨리아산 은, 이집트 또는 페르시아산 금, 아프가니스탄산 청금석을 요구할 수 있는 지위에 있던 사람이었다.

울리 경이 발견한 16기의 우르 왕실무덤 중 가장 화려한 것은 왕실의 일원이었거나 궁정 고위 관료임에 틀림없는 여성인 푸 아비(Pu-abi)의 것이다〔울리는 쐐기문자를 잘못 읽어서 그녀를 슈브 아드(Shub-ad)라고 불렀다〕. 푸 아비의 석실은 깊은 토광 바닥에 있었으며 돌로 천장을 덮었다. 푸 아비의 시신은 청금석, 홍옥수 구슬로 치장된 걸옷을 입은 채로 나무관대 위에 뉘여 있었다. 그녀는 금띠로 정성들여 장식된 가발을 쓰고 있었으며, 세 명의 여성 시종이 같이 묻혔다. 석실 근처에 '죽음의 구덩이'가 있었는데, 그곳에서 상당히 풍부한 부장유물이 발견되었다. 엄청나게 큰 옷상자와 붉은색과 흰색, 푸른색 모자이크로 장식된 한 쌍의 (두개골로 표현된) 황소가 끄는 썰매수레가 발견되었다. 상감장식 게임판과 화려하게 장식된 수금 두 점(그림 3.9a) 등 작은 보물들도 다수 있었다. 죽음의 구덩이로 들어가는 경사로 문턱에는 무덤 경

비병으로 보이는 남성의 시신이 가슴에 구리 단도를 찬 채로 놓여 있었다. 입구 바로 안쪽에는 전차와 옷상자가 세워져 있었으며, 시종의 시신 네 구가 있었다. 이 시종들은 황소를 대기시키는 책임을 맡았던 것으로 보인다(그림 3.9b). 가장 많은 시신은 석실 왼쪽의 부속칸에 있었다. 그곳에는 여성 시녀 13명이 두 줄로 조심스럽게 눕혀 있었다. 이 들은 저승에 가서도 여주인을 수행하기 위하여 묻혔다. 두개골에는 폭력의 흔적이 없어, 자발적으로 또는 목이 졸려 죽었거나 독약을 마시고 죽은 것으로 오랫동안 추정되었다. 공개 행사에서 잔인한 의례를 연출하거나 인간을 희생시키는 행위는 몇몇 초기국가(그리고 그 이후에도)에서 볼 수 있는 특징이다. 그러한 초기국가에서는 리더십이 취약할 때, 성스러운 지위를 확고히 하기 위하여 백성을 위협하거나 살해하는 행위를 한다.

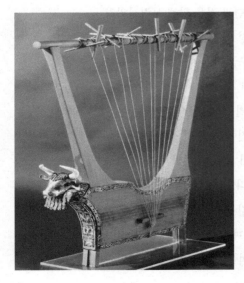

그림 3.9a 순금제 청금석 황소 머리장식 수금. 푸 아비의 무덤에서 출토되었다.

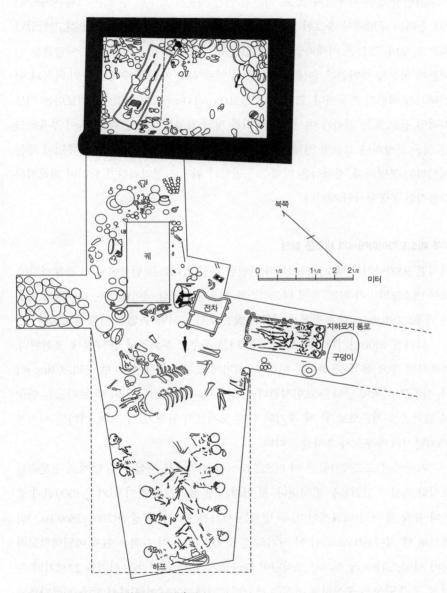

북쪽

0 ½ 1 1½ 2 2½
미터

귀

전차

지하묘지 통로

구덩이

하프

그림 3.9b 푸 아비의 무덤과 '죽음의 구덩이' 평면도

그만한 부를 사용할 수 있고, 가신을 인간 제물로 요구할 수 있는 그들은 누구인가? 울리는 무덤에서 출토된 공예품 중 일부는 왕 또는 왕비의 칭호를 갖고 있었던 것으로 보아, 그들은 지배자임에 틀림없다고 주장하였다. 그러나 일부 사람들은 이 이론에 의문을 제기한다. (이름이 알려진) 무덤에 묻힌 자들을 수메르 왕의 목록과 연결하기가 어렵기 때문이다. 그러므로 '왕묘(Royal Grave)'는 왕실이라기보다는 지도자적인 관료 또는 신관과 여사제들을 위한 것일 가능성이 더 크다. 그들이 부유하였던 것은 분명하나 그들의 정체는 아직 미스터리이다. 무엇이 진실이든 무덤이 주는 메시지는 분명하다. 장례식은 지배층의 권력과 위세를 합리화하기 위하여 치러지는 감동적인 공공행사인 것이다.

북부 메소포타미아에서의 새로운 발전

서기전 3000년기의 메소포타미아와 관련한 역사적 기록은 남쪽에서 더 풍부하지만, 북부 메소포타미아 평원, 특히 티그리스와 유프라테스 강 사이에 있는 니네베의 이웃과 카부르(Khabur) 강 유역에서 이룩된 발전 또한 무시할 수 없을 만큼 중요하다.

서기전 4000년기에 카부르 지역은 너른 우루크 문화권의 한 부분에 포함된다. 카부르의 주요 유적 중 하나는 이미 그 시기에 도시 수준에 이른 텔 브라크(Brac)이다. 실제로 외곽의 언덕을 포함시킨다면, 서기전 4000년기 중반의 텔 브라크는 단순히 면적만을 기준으로 할 때 후기의 어떤 도시보다 규모가 더 크며, 아마도 서기전 4000년기의 우루크와 유사할 것이다.

지금까지 고고학자들은 이 메소포타미아 지역에서 사실상 두 단계로 구분되는 도시화 과정이 있었음을 밝혀냈다. 첫 번째는 텔 브라크와 같이 서기전 4000년기 중반의 유적 몇 개가 대표적이며, 두 번째는 서기전 3000년기 중반(2600~2300 B.C.)의 것으로 텔 레이란(Leilan)이 이 시기의 중요 유적이다. 이 유적은 현재 예일대학교의 하비 와이스(Harvey Weiss) 조사단이 발굴중이다. 텔 레이란은 서기전 27세기의 유적 중 중간 규모의 중심지로 면적은 15헥타르인데, 200년이 지나지 않아 90헥타르의 면적을 방어하는 구조물로 둘러싸인 중심도시로 발전하였다.

서기전 3000년기의 주변 도시

초기 왕조와 그 직후의 메소포타미아 도시들은 표준 요소를 많이 갖추고 있지만, 전반적인 계획과 구도에서 엄격한 기준에 따라 건설되었다고는 할 수 없다. 앞서 방어성벽과 신전들 그리고 왕궁에 대해서 설명한 바 있다. 신전과 왕궁은 경제와 행정 활동을 연결시켜주는 중심축이다. 모든 중요 도시들과 많은 소규모 촌락이 이전 시기의 건물 폐허 위에 단계적으로 층위를 이루면서 건설되었다. 이렇게 형성된 인공 언덕 (Tell)은 이전 단계의 건물에 쓰인 진흙벽돌의 파편으로 이루어져 있다. 도시 영역 내에서는 종종 중심 언덕과 다수의 작은 언덕이 만들어지는데, 후자는 거주구역의 변두리에 대응되는 것이다.

고고학자는 도시들이 몇 개의 구역으로 나뉜 흔적을 찾았는데, 일부는 특정한 기능 또는 직업과 관련되어 있다. 니푸르의 한 구역은 서기가 거주하였고, 아부 살라비크(Abu Salabkh)의 어떤 구역에는 금융업자들이 거주한 것으로 보인다. 우르와 마이(Maii)에는 유프라테스 강에 마주한 공공시설이 있으며, 다른 많은 도시들의 강변에도 포구가 있다. 그러나 평민들의 구역에 초점을 둔 발굴 사례가 상대적으로 적기 때문에, 우리가 알 수 있는 거주구역전반에 대한 지식은 제한적이다.

우르는 예외적인 중요 유적지이다. 이곳은 울리가 발굴한 주거지역으로, 비록 몇몇 건물은 보다 이른 시기로 추정되기는 하지만, 주로 서기전 2000년기 초까지 그 연대가 거슬러 올라간다. 서기전 3000년기의 메소포타미아 도시 가옥과 크게 다르지 않으며, 안마당을 갖춘 진흙벽돌 가옥이 거리와 골목을 따라 배치되어 있고, 주거지역 사이로 상점과 신전이 혼재되어 있다. 울리는 가옥이 계단이 있는 복층으로 구성되어 있다고 생각하였다. 북부 이라크의 테페 가우라(Tepe Gawra)에는 서기전 3000년기 가옥들이 있는데, 돌로 만든 발판과 작은 1층 방이 있다. 이 위로 여러 층의 진흙벽돌 주거지가 세워졌다. 도시 공간은 한정되어 있고, 만약 도시가 폐기물로 이루어진 언덕 위에 세워져야 했다면 복층구조가 그에 전적으로 부합하는 것이라 할 수 있다.

신전과 일반가옥 이외에 이러한 초기도시들에는 농산물, 가공품 그리고 원자재들이 매매될 수 있는 시장이 있었음에 틀림없다. 어쩌면 최근 근동 도시같이 도시를 드나드는 시설 가까이에 있었을 수도 있지만, 그 위치는 아직 확인되지 않았다. 북부 이라크의 두 곳, 텔 타야(Tell Taya)와 텔 브라크는 서기전 3000년기의 건물들로, 대상들의 쉼터로 추정된다. 이곳에서 상인은 하숙을 찾고 짐을 보관하며 짐승에 짐을 실었을 것이다. 시리아 북서부의 에블라(Ebla)에서 발견된 점토기록에 의하면 텔 브라크는 그 당시 비싼 변종노새를 구입할 수 있는 장소로 유명하였다.

도시 중심지와 주변 촌락의 복합체

도시를 고고학적 관점에서 접근하면, 촌락 배후지는 단순히 도시를 지원하는 시스템으로만 인식된다. 즉 농촌은 배후지로서 별 이득을 보지 못하면서, 도시 인구의 생존에 필요한 식량을 공급한 사실이 당연시될 수도 있다. 미국 고고학자 글렌 슈워츠(Glenn Schwartz)와 스티브 팔코너(Steve Falconer)가 관찰한 대로, 어떤 지역에 당대 고대기록이 전하는 경우 이러한 선입견은 더욱 강조되는 경향이 있다. 그것은 그 기록들이 대부분 도시에 관한 내용으로, 도시 엘리트와 그들이 고용한 기록담당 서기의 세계관이 반영되어 있기 때문이다. 우리는 앞에서 애덤스 조사단이 메소포타미아 평원의 작은 마을들로 이루어진 넓은 지역을 심층적으로 조사하여, 소촌, 대촌, 읍락의 3단계 분포 양상을 어떻게 확인하였는지 살펴본 바 있다. 최근 촌락 유적지에 대한 세부적인 문제를 해결할 목적으로 표본 발굴조사를 실시하였는데, 조사팀이 확인한 바에 따르면 예상한 것과는 달리 단순하고 획일적인 농촌이 아니었다. 이 조사 작업을 통하여 일반적으로 초기 문명, 개별적으로는 메소포타미아에서 도시 복잡성과 마찬가지로, 도시외곽 촌락의 복잡성을 전반적인 연구주제로 다루어야 할 필요성이 제기되었다.

특별히 관심을 끄는 유적은 유프라테스 강의 지류인 북동 시리아의 카부르 강 중류에 위치한 텔 알-라카이(Tell al-Raqa'i)이다. (인근 도시 유적이 50 내지 100헥타르인데 비해) 3분의 1헥타르에 불과한 작은 마을유적인 텔 알-라카이는 서기전 3000년기 초에 조성되었는데, 가장 잘 보존된 최하층은 서기전 2800년경 또는 그 이전으로 편년된다. 이 층위에서는 거대한 원형건물 주위에 장방형의 진흙벽돌 건물들이 모여 있는 작은 마을이 확인되었다. 이 마을은 튼튼한 진흙벽돌로 지어진 불규칙한 타원형의 성곽으로 둘러싸여 있었다. 원형 건물 안에는 일련의 기단과 벽체가 확인되었는데, 그중 가장 유명한 것은 위에서 들어가도록 되어 있는 다수의 사일로(silo) 형태의 방이다. 슈워츠는 이 건물을 곡물의 저장과 가공을 위한 특수시설로 해석하였다. 진흙벽돌로 된 기단은 장기보존 시설로서 곡물을 비롯하여 오븐과 요리용 그릇의 건조, 저장을 위한 사일로로 사용되었다. 텔 알-라카이와 같은 형태는 가까운 주변에서도 발견되었는데, 이 유적지는 곡물 저장시설로 계획된 것으로 보이는 중부 카부르(Khabur)의 제방 위에 있는 일련의 당대 유적 중 하나이다. 텔 알-라카이에서 하류쪽으로 2킬로미터 떨어진 아티즈(Atij)에서도 곡물 저장시설 유적이 캐나다 발굴단에 의해 발견되었다. 이외에도 발굴단은 이 지역 유적에서 수상운송에 필수적인 강변포구로 추정되는 시설도 찾아냈다.

슈워츠에 의하면 텔 알-라카이에 있는 저장시설은 75,000킬로그램의 곡물을 보관할 수 있었으며, 이는 500명을 1년간 부양하는 데 충분한 양이다. 그러나 이 유적에서 거주한 인구는 단지 30~60명에 불과한 것으로 보인다. 슈워츠는 잉여분이 인근의 도시 중심지에 있는 사람들에게 공급되었으며, 텔 알-라카이와 카부르 강 중류의 다른 강변 유적도 그런 목적으로 설치된 것이라는 결론을 내렸다. 따라서 이 유적들은 시골 농민들이 꾸려나가는 자급자족 촌락이 아니며 중앙집중 체제의 일부라고 할 수 있다. 원형 건물과 그와 비슷한 다른 유적의 방어 구조물은 도난이나 적대적 공격에서 곡물 저장시설을 방어할 의도로 지어진 것이며, 그 구조물의 엄청난 규모로 보아 중앙에서 통제되었음을 짐작할 수 있다.

그러므로 도시는 서기전 4000년기와 3000년기 초의 메소포타미아 지역에서 새로 나타나는 양상일 뿐만 아니라, 최소한 몇 개의 지역에서는 그 주변의 촌락 형태를 급격히 바꾸는 현상도 수반된다.

아카드 제국(2334~2230 B.C.)

전 세계에 걸쳐 존재하는 많은 복합사회의 특징 중 두드러지는 것은 지배층을 합법화하고 그들의 업적을 찬미하는 선전 도구를 만들어내는 것이다. 공공기념물과 비문을 세우는 방식으로 선전이 이루어지는데, 그렇게 함으로써 대부분의 인구가 읽지 못하는 상황에서도 권력과 통제의 효과를 볼 수 있었다. 또한 통치자는 종종 거창한 명칭을 사용하여 자신이 스스로 신성한 존재임을 주장하기도 한다. 메소포타미아에서는 이러한 경향이 더욱 진전되어, 아카드 시대에는 새로운 개념의 왕권과 제국의 힘이 만들어진다.

우리는 이 시기에 남부 메소포타미아의 충적평원이 어떻게 남쪽 수메르인의 땅인 수메르와 북쪽의 아카드인의 땅인 아카드(Akkad), 두 개의 지역으로 분리되었는지 앞서 살펴본 바 있다. 두 민족은 언어로도 구분된다. 수메르어는 현존하는 파생 언어를 찾을 수 없으나, 아카드어는 오늘날 아랍어와 히브리어로 대표되는 셈족 언어의 광범위한 언어군에 속한다.

우리는 앞에서 수메르와 아카드가 자신의 영역과 (다른 읍락을 포함한) 속주로 둘러싸인 약 24개의 주요 도시국가를 어떻게 통치하였는지 알아보았다. 한 도시 또는 왕조가 나머지를 지배하면서 성스러운 중심지 니푸르(Nippur)를 거의 모든 기간 장악한 것으로 보이지만, 각 도시는 자체적인 지배자가 존재하면서 독립적인 정치단위를 유지하였다.

그러나 서기전 2334년에 이 모든 것이 바뀌었다. 키시에서 아카드인 관리였던 새로운 통치자가 자신의 출신 도시에서 권력을 잡고 우루크로 진격하여, 당시 최고의 왕이었던 루갈자기시(Lugalzaggisi)를 끌어내렸다. 새로운 통치자의 이름은 '합법적 통치자(Sharru-ken)'를 의미하는 사르곤(Sargon)이었는데, 그 이름과는 정반대로 찬탈자라는 것을 보여주는 역사적 증거가 있다(그림 3.10). 이름은 단지 선전일 뿐이다. 루갈자기시에게 승리하면서 사르곤은 수메르와 아카드의 주군 자리로 올랐다. 이전에도 키시의 셈족 지배자가 있었으나, 사르곤은 그의 선왕과 달리 야망을 품고 새로

그림 3.10 아가데의 사르곤으로 추정되는 아카드 통치자의 두상, 청동, 서기전 3000년기. 제국 이념과 카리스마적 지도력은 악카드 제국의 특징 중 가장 두드러지는 것이었으며, 후기 메소포타미아 왕조에 심대한 영향을 미쳤다. 사르곤 이후 야망을 가진 메소포타미아 통치자는 스스로를 영웅적이고 신과 같은 인물로 공공기념물에 표현하였으며 신하로부터 존경을 이끌어냈다. 두상은 안전을 위해서 바그다드의 중앙은행에 보관했기 때문에 2003년 이라크 박물관 약탈시에도 분실되지 않았다(바그다드 이라크 박물관).

운 이념을 제시하였다. 그는 단지 메소포타미아의 주군으로 머무는 것에 만족하지 않았다. 그는 북쪽, 동쪽 그리고 서쪽으로 권력을 넓혀 행사함으로써, 인류 최초의 초국가적인 아카드 제국을 일으켰다.

사르곤은 새로운 수도를 바그다드에서 멀지 않은 아가데(Agade)라는 곳에 세웠는데, 그 유적이 어디인지는 파악되지 않았다. 그러나 분명히 화려했을 그 항구는 멜루하(Meluhha, 인더스 계곡), 마간(Magan, 오만) 그리고 딜문(Dilmun, 바레인, 이 시기의 초기에 이미 중요한 무역 중계항이었음) 같은 먼 국가에서 온 배로 붐볐다. 아카드라는 땅과 아카드어는 아가데(Agade)(때때로 아카드라고 기록됨)에서 따 왔다. 사르곤은 아가데의 사르곤으로 알려져 있는데, 그가 건설한 제국은 아카디언(Akkadian)이라고 불렸다. 아카드의 언어가 거의 2000년간 근동 전역에서 공통언어가 된 것은 그의 위세와 영향력 때문이다.

우리가 알고 있는 사르곤의 많은 공적은 역사가 전설로 윤색된 후에 얻은 것이다. 그는 신화적인 인물로 묘사되었으며 어떤 적도 견딜 수 없는 공격을 한 위대한 전사로 서술되었다. 따라서 사르곤의 업적을 제대로 평가하기는 어렵다. 그러나 분명한 것은 반세기(2334~2279 B.C.)로 추정되는 긴 통치기간 동안 일련의 지속적인 군사행동을 수행하여 이웃세력인 남부 메소포타미아의 도시를 지배하였다는 것이다.

사르곤의 두 개의 주요 확장 축은 메소포타미아 경계의 엘람(Elam) 사람들이 있는 동쪽과 유프라테스 상류와 지중해를 향한 북서쪽이었다. 우리가 그의 군사행동에 대하여 알 수 있는 근거는 사라곤 자신이 주장한 내용이 새겨진 명문이나 사르곤과 그의 후계자를 먼 과거의 영웅으로 여기는 후대의 아시리아 기록이다. 어떤 근거도 전적으로 신뢰할 수 없으며 과장과 전설이 상당한 혼합되어 있다. 그럼에도 그 가치를 무시할 수 없는 것은, 사르곤이 동부지역에서 치열한 전쟁을 치르고 현지 지배자를 봉신으로 삼았다는 내용이 전해지기 때문이다. 사르곤은 북서부 지역의 서아시리아 지배자들도 곧 자신을 주군으로 받아들였다고 주장하였다. 만약 그것이 사실이라면, 그들은 아카드의 조직적인 무력 정복에 겁을 먹고 굴복하였을 것이다.

사르곤이 한 군사행동의 결과, 남부 메소포타미아에서 필요한 은, 구리, 목재와 같은 많은 원자재 자원들에 대한 접근이 가능해졌다. 명문에 의하면 그는 삼나무 숲과 은광 산지에 도착하였다고 주장하였는데, 각각 시리아의 아마누스(Amanus) 산맥과 남부 터키의 타우루스(Taurus) 산맥을 지칭한 것으로 보인다. 그러나 단순한 영토 확장이 목적이었는지에 대해서는 논란의 여지가 있다. 또한 제국 지배의 실상에 대해서도 논란이 있다. 이웃 왕들은 정치적 또는 군사적인 측면에서의 편의 때문에 복종하였을 수도 있다. 하지만 사르곤이 말기에 다른 지역에 몰두하고 있거나, 자신을 괴롭힌 빈번한 반란을 진압해야 할 때에는 상황이 달라졌다.

사르곤의 아들이자 후계자인 리무쉬(Rimush, 2278~2270 B.C.)도 본거지인 수메르와 아카드 그리고 속주에서 발생하는 반란을 제압해야 했다. 그 다음 또 다른 사르곤의 아들 마니쉬투수(Manishtushu, 2269~2255 B.C.)가 그의 자리를 계승하였다. 그는 '얕은 바다(페르시아 만)'를 건너 유명한 군사행동에 착수하여 오만의 일부분을 침략하였을 수도 있다. 그러나 가장 위대한 사르곤의 후계자는 그의 손자 나람-신(Naram-Sin)이다. 그는 서기전 2254년에 마니쉬투수의 뒤를 이어 아카드 제국을 37년간 통치하였다.

영토 확장을 통하여 아카드를 진정한 제국으로 발전시킨 사람은 나람-신이었다. 그는 주요 도시들을 지배하고 자신에게 저항하는 자들을 파멸시키기 위하여 아카드인 총독들을 임명하였다. 그의 권력 규모는 텔 브라크에 있는 여러 기념비적 건물들에 묘사되어 있다. 그중 하나는 10미터 두께의 벽돌 벽으로 보호되어 있는데, 요새 또는 요새화된 행정 중심지일 가능성이 있다. 나람-신은 권력을 과시하기 위하여 이집트의 통치자가 오래전에 취하였던 단계를 똑같이 밟았다. 즉 그는 자신의 선조와 같이 자신을 신의 대리인이 아니라 (비록 매우 작은 신이기는 하나) 신 그 자체라고 공포하고, '4개 영토의 왕, 우주의 왕'이라는 과대한 호칭을 채택하였다.

제국을 운영하는 데 중요한 사항 중 하나는 국가 선전의 활용이다. 사르곤과 나람-신에게 선전활동은 협정으로 이루어진 제국을 유지하기 위한 정책의 일부였다. 후기 메소포타미아의 구전에 따르면 카리스마적인 왕과 제국의 개념은 모두 아카드의 통치자에게 해당된다. 아카드의 위대함을 눈으로 직접 확인하기를 원하는 사람이라면, 남부 메소포타미아 도시의 주변을 둘러보는 것만으로도 충분하다. 수메르와 아카드의 영토에는 실제로 카리스마적인 아카드 왕의 업적과 권력을 칭송하는 것으로 그렇게 인상적이라고 할 수 없는 공공기념물로 넘쳐났다.

아카드의 통치가 실제로 확대되었는지는 말하기 어렵다. 텔 브라크와 북부 메소포타미아 카부르 지역의 다른 곳, 그리고 아마 (확실하지는 않지만) 니네베와 아슈르(Assur)까지 아카드가 통치하였다는 것은 재론의 여지가 없다. 나아가 이탈리아 고고학자가 시리아의 에블라에서 발견한 폐허 층위는 사르곤 또는 나람-신의 군대가 행한 결과였을 수도 있다. 그러나 이 지역이 아카드 제국에 정상적으로 복속되었다는 증거는 없다. 더욱 멀리 가면, 남부 터키의 디야르바키르(Diyarbakir) 근처 피르 후세인(Pir Hussein)에 있는 나람-신의 바위 명문은 아카드 군대의 먼 원정을 증명하기는 하지만, 정치적으로도 지배하였다는 것을 의미하지는 않는다.

카부르 지역에서 미국 고고학자 하비 와이스 조사단이 수행한 조사는 아카드의 정복사업이 중요한 경제적 변화를 초래하였음을 보여준다. 농업은 새로운 통치자에 의해 집약농경 방식으로 발전하였으며, 수로 운하는 깊어졌고 직선화되었다. 서기전 2200년경 아카드의 통치는 종말을 고한다. 일부 고고학자는 이 당시 카부르 지역의 인구가 엄청나게 감소하였으며, 주요 지역의 중심지가 황폐화되었다고 주장한다. 그들은 수세기 동안 지속된 건조한 기후가 환경 변화를 초래한 원인 중 하나라고 지적하였다. 코링(Corings)은 오만의 만 해저의 조사연구를 통해, 서기전 2100년경 초기에 시작되어 3세기에 걸친 가뭄에 대한 증거를 제시하였다. 이것이 실제로 아카드 제국의 붕괴 요인 중 하나일 수도 있다. 그러나 명문과 기타 고고학적 증거에 따르면, 카부르 지역의 텔 브라크와 텔 모잔(Tell Mozan) 같은 곳은 아카드 이후에 독자적인 왕국의 중심지로서 계속 번영하였다.

나람-신의 제국은 그 자체로는 위대하였지만 그의 사후에는 오래 지속되지 못하였다. 그의 아들 샤-칼리-샤리(Shar-kali-sharri)는 외부의 공격과 내부의 반란에 25년간 대처해야 했으나, 그가 서기전 2230년경 사망하였을 때 아카드 왕국은 무정부 상태에 빠졌다. 도시국가와 그 속주 사람들은 사르곤의 출현 이전처럼 다시 독립적인 상태로 돌아갔다. 아카드 제국은 단지 1세기 동안만 유지되었으며, 이는 닥쳐올 일들에 대한 전조이기도 했다.

우르 제국(2112~2004 B.C.)

제국의 속성은 한번 형성되면 사라지기 어렵다. 한 통치자가 달성한 것을 다른 자가 달성하려고 하기 때문이다. 그러나 그들 모두가 목적을 달성하기 위하여, 군사 정복을 수단으로 채택하였거나 필요로 하였던 것은 아니다. 제국으로 이행하는 외교적 경로를 알 수 있는 주목할 만한 예가 서기전 2112년에 우르-남무(Ur-Nammu, 2112~2094 B.C.)가 세운 우르의 세 번째 왕조이다.

우르는 남부 메소포타미아를 주도하는 도시 중 하나로 꾸준히 지속되었으며, 페르시아 만의 입구를 통하여 오만의 구리와 인도의 금을 들여오는 역할을 하는 인도양의 주요 항구(아마도 거점항구)였다. 페르시아 만의 수메르와 아카드에서 우르의 이전 두 왕조는 큰 영토를 지배하였으며, 도시의 부는 유명한 왕실무덤에서의 발견사례로 충분히 증명되었다. 더 나아가 제3왕조는 우르를 새로운 명예와 영향력의 정점에 올려놓았다.

사르곤이나 나람-신과는 달리 우르-남무는 잔인한 군인은 아니었던 것으로 보인다. 오히려 이웃 도시들에 영향력을 확대하기 위하여 전쟁뿐만 아니라 외교 수단도 이용할 줄 알았다. 세력을 확장하는 데에 종교적 요소도 활용하였다. 우르-남무는 우르의 주요 신이자 달의 신인 난나(Nanna)를 숭배하는 위대한 지구라트를 수도에 재건축 확장하는 야망에 찬 건설 프로그램을 수행하였다(그림 3.11). 이것은 규모면에서 전례 없는 건축물로서, 이를 통하여 왕조의 위세를 크게 높이고자 하였던 것이다. 우르-남무는 다른 도시에도 지구라트를 건축하였다. 그는 현존하는 가장 오래된 것 중 하나로 인정받는 법전을 만들었는데, 우르 왕조의 중요 행정 중심지인 니푸르에서 발견된 점토판에 단편적인 형태로 남아 있어 확인할 수 있다.

우르-남무는 수메르와 아카드의 거의 전부를 통치하였다. 그러나 거의 50년에 달하는 기간 동안 통치하면서 우르를 거대한 제국의 수도로 만든 왕은 그의 아들이자 후계자인 슐지(Shulgi, 2094~2047 B.C.)이다. 그는 자신을 대리해서 수메르와 아카드의 도시들을 통치할 총독을 지명하였다. 이들 중 많은 자가 도시의 지배층 가문 출신이었다. 그리고 매달 세금을 납부해야 하는 과세 제도를 이 핵심적인 영토에 적용하였다. 이를 '바라(bala)'라고 하는데, '순환'이라는 뜻이다. 또한 슐지는 수메르와 아카드의 북쪽과 동쪽 저지대를 점령하고, 자그로스 산맥의 작은 언덕까지 영토를 확장하였다. 군 사령관으로 하여금 이 지역을 통치하게 하였고, 군 마다(Gun mada)라

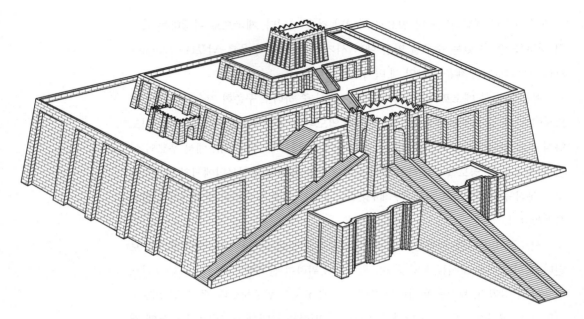

그림 3.11 우르 지구라트의 복원도. 오늘날 우르에서 가장 인상적인 유적으로, 달의 신 난나에게 바쳐졌다.
이 지구라트는 계단 형태의 거대한 피라미드 형식이며, 우르의 강력한 제3왕조를 세운 우르-남무에 의해 건설되었다. 우르-남무의 지구라트는
신바빌로니아 시대(612~539 B.C.)까지 오랫동안 지속된 전통의 시작점이었다. 처음에는 주변의 도시 건물들 위로 신전을 보이게 하기 위해 벽돌
기단을 만들었다. 이러한 기단은 우바이드 초기의 에리두에서 볼 수 있다. 그러나 시간이 흐름에 따라 거대해지면서, 보다 인상적인 모습을 갖추었다.
지구라트는 하나의 완성된 모습을 보여주는 기단 여러 개를 중복하여 쌓아 올려 계단식 기단을 조성하고, 그 정상에 신전을 모심으로써 매우 논리적인
구조를 보여준다. 이는 신이 살고 있다고 생각되는 하늘에 가까워지도록 신전을 올리기 위한 것이다. 이것은 성경의 바벨탑 이야기로 알려진 유명한
바빌론의 지구라트를 참조한 것임에 틀림없다. 이 구조물에서 이루어지는 의례 장면은 군중 위에서 행해지므로 일반인들은 먼 거리에서만 바라보며
경탄하지 않을 수 없다.

고 하는 공물을 바치게 하였다. 군 마다는 1년 단위로 니푸르에 가까운 푸즈리쉬-다
간(Puzrish-Dagan) 같은 특별한 행정 중심지에 가축으로 납부되었는데, 연간 35만 마
리의 양이 들어왔다. 양털을 이용한 섬유 생산은 서기전 3000년기 남부 메소포타미
아의 주요 경제적 활동 중 하나였다. 어떤 고고학자는 이 활동을 서기전 3000년기 초
양털을 얻기 위하여 이루어진 전문화된 목축업이라고 하여 '섬유 혁명'이라고 명명
하기도 하는데, 섬유가 선도적 수출품목 중 하나라는 것은 분명하다. 이 시기의 한 문
서에 의하면, 메소포타미아의 섬유 생산 중심지에서는 4,000명 이상의 성인과 1,800

명 이상의 어린이가 직공으로 일하였다. 여성 직공이 압도적으로 많았으며, 이들은 임금을 적게 받고 사회적 지위가 낮았다. 주요 토지 소유자나 국가에 의해 대규모 생산 중심지가 운영됨으로써, 섬유 노동자들은 농업생산 활동과 혈연집단에서 멀어졌으며, 이로 인해 우르 제3왕조 시기 동안 정치적 경제에서 주요한 변혁이 발생했다.

우르 제3왕조의 또 하나의 특징도 언급할 필요가 있다. 왕실 가족은 셈족과 수메르 이름을 혼합해서 사용하지만, 전반적으로 왕조는 전통적 수메르 문화를 더 강조하였다. 많은 학자들은 우르-남무와 슐지의 종교적 건축물은 수메르 문화 부흥을 의식한 전략이라고 주장한다. 어떻든 간에 신전의 건축과 정의의 실현은 모든 메소포타미아 정통 지배자의 의무이다(그림 3.11).

권역의 확장(2500-2000 B.C.)

초기 왕조에 대한 역사적 기록은 수메르와 아카드의 땅인 남부 메소포타미아에 초점이 맞추어져, 아가데와 우르 제국 시기만을 기술하고 있다. 그러나 이 지역의 역사적 증거가 풍부하다고 해서 인접한 근동지역 특히 서쪽의 시리아와 아나톨리아 그리고 동쪽 (이란 고원의 기슭에 있는 평원)에 위치한 수시아나(Susiana)에서 같은 시기에 이루어진 중요한 발달을 적당히 다루고 넘어가서는 안 된다.

마리와 에블라
서부지역에서 가장 중요한 유적 두 곳은 마리와 에블라로, 수메르와 아카드의 초기도시보다 약간 늦은 서기전 3000년기에 세워진 도시들이다. 두 도시는 모두 메소포타미아에서 서쪽으로 가는 주요 교역 루트 위에 세워졌다. 마리는 유프라테스 강 유역에 자리잡고, 에블라는 유프라테스 강 유역에서 지중해 연안으로 넘어가는 루트에 있다. 둘 다 거점 도시로 발달하여, 서기전 3000년기 후반에 크고 화려하게 건설된 왕궁의 통치를 받았다. 모두 메소포타미아의 전통을 따랐다. 마리에서 사람들의 이름은 셈족식이었지만 신전과 신은 수메르의 것이었고, (조각에 묘사된) 통치자는 수메르의 독특한 양털 치마를 입었다. 더욱이 마리는 남부 메소포타미아의 도시가 그러하였듯이 식량 생산을 관개농업에 의존하였다. 수세기 동안 지속적으로 관개농업이 이루어졌는데, 관개시설을 통하여 끌어온 물이 근동의 강렬한 태양 아래 증발하면서 지표에 소금 층을 누적시켰고, 결국 비옥하던 범람원을 비참하게 손상시켰다. 오늘날에도 마리 근처 유프라테스 강 유역에 소금 바닥이 넓게 펼쳐져 있다.

반면 에블라는 서쪽의 높은 지대에 위치하였으며 강우에 의존하는 농업이 관례화되어 있었다. 마리처럼 에블라도 공식어로 (아카드어와 유사한) 셈족어와 함께 수메르 문자를 사용하였다. 수메르 신들은 자체 종교의 관점에서 형성되었지만, 에블라의 종교는 서쪽에 기원을 둔 종교의 영향도 받았기 때문에 순수하게 메소포타미아적이라고 할 수는 없다. 그리고 에블라는 메소포타미아와 그 서부 지역 사이에 위치하면서 독립된 두 세계를 연결하는 도시였다. 또한 아카드 왕들의 관심에서 벗어나기에 충분할 만큼 멀리 있지도 않았다. 이탈리아 고고학자는 1974년 왕궁(왕궁 G)을 발굴하였을 때 황폐화된 현장에 맞닥뜨렸다. 왕궁의 두 인접한 방에는 점토판 공식문서 자료가 보관되어 있었다. 이것들은 조심스럽게 벽에 고정된 선반에 쌓여 있었던 것으로, 발견 당시에는 바닥에 흩어져 있었고 심하게 불탄 흔적이 있었다. 왕궁 전체가 거대한 화재에 의해 소실된 것이 분명하였다. 발굴자는 즉시 이 파괴의 원인이 서기전 23세기의 언젠가 나람-신이 한 행위라고 추정하였다. 나람-신은 에블라 도시를 '칼과 화염'으로 함락시킨 것을 자랑하였다. 이러한 설명이 옳든 그르든, 화재는 있었고 우연하게도 왕궁의 점토판이 구워져 보존될 수 있었다.

에블라의 공문서는 서기전 3000년기 후반 근동 도시 생활을 알려 주는 생생한 시각을 제공한다. 점토판에는 교역, 징세 그리고 군사 등 다양한 내용이 적혀 있었다. 1년에 7톤이 넘는 은이 수령되었다는 기록도 있고, 어떤 것에는 에블라 왕이 8만 마리의 양을 소유한다고 적혀 있기도 하였다. 많은 점토판이 직물에 대하여 기록하고 있는데, 그 직물 중 일부는 주변 영토에서 조공으로 받은 것들이다. '다라숨(Dara-sum, 경쟁도시)을 취한 해'와 '다라숨 도시의 시체 3,600구'라는 기록이 있어 폭력적인 상황이 있었음을 알 수 있다. 이는 지역 내에 전쟁이 있었다는 증거이다. 메소포타미아의 자체 문서에서 1만 명이 넘는 군대를 언급하고 있으며, 라가시의 독수리 석비(the Stele of the Vultures)에는 투구와 방패로 무장하고 공격적인 자세로 창을 든 채 전장을 향해 위협적으로 행진하는 군인들의 밀집 대형이 묘사되어 있다(그림 3.8).

남부 레반트

에블라의 남서부에는 남부 레반트의 해안에 길게 형성된 땅이 있으며, 배후에는 중앙의 언덕을 지나 요르단 계곡이 있다. 여기에서 시리아나 메소포타미아에서 본 것과는 아주 다른 형태의 도시 과정이 확인된다.

서기전 3100년대에 시작된 전기 청동기시대 2기에 남부 레반트에서 도시가 나타났다. 이 도시들은 오직 해안 평원에서만 발견되었고, 제일 큰 것이 25헥타르에 불과하였다. 이는 초기 우루크 왕조의 400헥타르에 비하면 작은 규모이다. 반면 교외 농촌취락은 전기 청동기시대 2기와 3기(3100~2300 B.C.)에 점차적으로 쇠퇴하기 시작해, 레반트 도시들이 폐기되는 전기 청동기시대 4기(2300~2100 B.C.)에는 사라졌다. 이 이상한 진행과정은 메소포타미아와는 달리 남부 레반트의 초기도시들이 농촌 배후지의 작은 공동체를 단일 촌락 시스템으로 통합하는 데 실패하였다는 것을 암시한다. 도시들은 여러 세기에 걸쳐 번성하였고 해안 도시는 이집트 구왕조와 상대하여 무역을 발달시켰으나, 농촌 지역은 생활 환경이 악화되었고 결국 버림받은 것이다.

남부 레반트에 도시가 다시 나타난 것은 서기전 2000년경 중기 청동기시대 2기이었다. 그리고 북부 시리아의 카부르 지역과 같이, 이 지역에서도 2단계로 구분되는 도시화 현상이 나타났다(이들 중기 청동기시대 도시들은 제7장에서 논의될 것이다).

수사와 엘람

메소포타미아 동부의 산록에 도시국가가 있었는데, 이곳 사람들은 자주 전쟁을 치렀다. 몇몇은 나람-신에 정복된 룰루비(Lullubi)와 같은 자그로스 산록의 부족 연맹 사람이거나 그의 후계자를 공격한 구티(Guti) 사람들이다. 자그로스 산맥 중앙지대에

그림 3.12 엘람의 저지대 수사에서 출토된 연석제 음각문 용기. 용기는 서로 연결된 두 개의 칸으로 구성되는데, 바깥 표면에 문과 창문이 갖추어진 갈대 가옥이 표현되어 있다. 이러한 가옥은 남부 이라크와 남서부 이란의 아랍 소택지 사이에서 최근까지 계승된 전통 양식을 보여주는 것으로, 저지대 평원과 이란 고원에 걸친 엘람 국가의 이중적 특성을 잘 보여준다(서기전 2000년대 중반, 파리 루브르 박물관).

도 거주민들이 있었으나, 중앙집권국가는 서기전 4000년기 후반에 남쪽의 구릉 지역과 아래의 비옥한 평원에 걸쳐 나타났다. 이것이 엘람(Elam) 왕국인데, 산악지대인 안샨(Anshan)에 자리잡고 평원의 수사를 흡수하면서 세를 늘려갔다(그림 3.12).

엘람 왕국은 메소포타미아 중심지와 접촉하면서 발달하였다. 앞서 본 바와 같이 수사는 서기전 4000년기 후반에 우루크 문화권에 편입되면서, 소위 우루크 세계시스템의 주요부분을 차지하게 된다. 긴밀한 접촉이 유지되는 동안에는 배식용의 빗각 테두리 그릇과 점토 문자판의 조형이라고 할 수 있는 속이 빈 진흙 공, 즉 불리(bullae) 등과 같은 우루크적 요소를 보여주는 문화를 많이 공유하였다. 이러한 특징들은 우루크의 동쪽 멀리 이란 고원의 테페 시알크(Tepe Sialk)와 테페 야햐(Tepe Yahya) 같은 중요 중심지에서도 발견되었다. 이러한 유물의 분포를 통하여 동부 고지대의 원자재 공급지와 메소포타미아 평원을 연결하는 고대 교역로가 있었음을 알 수 있다.

서기전 3000년 직전에 메소포타미아의 우루크 시대가 끝날 무렵 중요한 변화가 나타난다. 이 기간은 수사 주변의 이란 고원과 평원에서 원시 엘람 시기(3200~2900 B.C.)로 알려진 때이다. 후기 우루크의 메소포타미아 것과 같이 상형문자가 표기된 점토판을 사용하였는데, 언어는 메소포타미아와 완전히 다른 원시 엘람어를 사용한 것이 특징이다. 이 언어는 후대까지 이어지지는 않았으나, 오늘날 남부 인도에서 사용되는 드라비다어와 관련되어 있을 것으로 추정된다.

원시 엘람 문자는 기본 개념에서 수메르 문자와 관련이 있지만, 전문가들은 상당 부분 독자적으로 발달했다고 주장한다. 이것이 사실이라면 수사 지역과 이란 고원 모두 후기 우루크의 메소포타미아 문화로부터 강한 영향을 받으면서도 각각 상이한 언어를 사용하였다는 것인데, 상당한 호기심을 불러일으킬 만하다. 그러나 문자의 출현만이 원시 엘람 시대의 초기에 나타난 변화는 아니다. 같은 시기 남서부 이란에서는 기록에 원시 엘람이라고 전하는 중앙집권적 국가의 출현에 대한 증거가 있다. 이 국가의 핵심 지역은 아마도 오늘날 이란 파르스(Fars) 지역의 안산이었을 것이다. 안산 국가는 서쪽 저지대의 수사 도시를 수메르에게서 빼앗아 흡수하였다. 이란 고원의 테페 야하와 테페 시알크같이 멀리 떨어진 유적에서도 유사한 진행 과정이 나타났다. 그들도 역시 다수의 원시 엘람 점토판을 만든 것이 확인된다. 그러나 그들은 다른 방식으로 원시 엘람에 흡수된 식민지로 해석된다.

이 원시 엘람 국가의 출현은 상대적으로 짧은 시기에 나타난 현상으로, 서기전 2800년경 '식민지들'에 대한 통제를 상실하고 붕괴하였다. 그 후 이란 고원은 본질적으로 중앙집권화 수준이 낮아졌으며, 문자기록도 필요하지 않을 만큼 다수의 작은 정치적 단위로 분할되었다. 그럼에도 그들은 독자적으로 세력을 키워 교역과 통신의 중요 축을 장악하였으며, 금속과 양질의 원석 같은 원자재의 흐름을 통제하면서 메소포타미아 저지대 도시들과 통하는 길을 개척하였다. 테페 야하는 정교한 녹니석 그릇 생산의 중요한 중심지가 되었으며, 샤흐리 소크타(Shahri Sokhta) 사람들은 오늘날

아프가니스탄의 바다크샨(Badakhshan)에서 생산되는 값비싼 청금석 유통에 종사하였다.

　　반면에 남서쪽에 위치한 수사 도시는 상당히 축소되었지만 엘람 왕국의 수도로 계속 남아 있었다. 역사적 기록에는 수메르 중심지역의 도시들과 정기적으로 갈등을 겪었다고 기술되어 있다. 수사는 아카드 시대에 사르곤에게 정복당하였고 짧은 기간 동안 독립한 적도 있었으나, 곧 우르 제3왕조 슐지의 지배하에 들어갔다. 이 정복으로 이 지역 전체가 메소포타미아권에 편입되었다. 그러나 수사 주변과 그 너머 고지대에 위치한 엘람의 왕자는 굴복하지 않았고, 우르 제국이 약해진 틈을 타 한때 강한 이웃세력들을 정복하였다. 서기전 2004년 엘람의 왕 킨다투(Kindattu)는 메소포타미아를 침공하였고, 우르 제국의 수도를 함락시켰다. 수사는 다시 이란 고원까지 확장된 강력한 엘람 왕국의 수도가 되었다.

　　그 당시 우르의 붕괴는 남부 메소포타미아의 출렁거리는 한 변화에 불과한 것처럼 보였다. 그러나 지정학적 판도가 바뀌었으며, 새로운 국가가 메소포타미아 경계에서 출현하여 점차 강력해져 중요성을 갖기 시작하였다. 서기전 2000년기에 근동에서 진행되는 과정은 다음 제7장의 주제로 다루어질 것이다.

요약

제3장은 도시, 문자기록 그리고 국가 수준의 정치적 조직과 같은 메소포타미아 문명의 주요 특징의 출현에 대해서 서술하였다. 우리는 농경촌락의 성장을 비롯하여 건조한 메소포타미아 평원에서 이루어진 취락의 발달을 살펴보았다. 서기전 4000년기에 나타난 도시는 성공적인 관개농업의 발달로 경제적 기반을 갖출 수 있었다. 관료제와 문자기록은 새로운 도시 중심지에서 통치의 핵심적인 수단이었다. 도시국가 간 경쟁은 결국 아카드와 우르 제국의 형성을 유도하였다. 도시 지역은 당시 메소포타미아 평원 위에 가장 놀라운 고고학적 유적인 텔을 형성하였다. 그러나 모든 현상을 가능

하게 만든 것은 소작 농민이 경관을 성공적으로 이용하였기 때문이라는 것에 주의할 필요가 있다. 또한 도시에 필수적인 원자재를 공급하고 메소포타미아 경계 너머로 영향력을 넓힌 원거리 경제망의 중요성도 무시할 수 없다.

EGYPTIAN CIVILIZATION

제4장 이집트 문명

카프레(Khafre), 기자(Giza) 두 번째 피라미드의 파라오

새벽부터 군중이 모여들었다. 신하와 고위관리는 멋진 아마포 예복을 차려입었다. 사막 모래 가운데 있는 T자형 호숫가에는 화려하게 염색된 천막이 둘러져 있었다. 남녀 군중은 낮은 언덕 위에 서서 그 천막을 바라보았다. 아멘호테프(Amenhotep)의 갱신 의례인 세드(Sed) 축제에 참석하려는 사람들을 근처 테베(Thebes)에서 수송하느라 범선들은 아직도 나일 강에서 북적이고 있었다. 서기전 1360년은 아멘호테프 왕이 통치한 지 13년째 되는 해이다. 오늘 축제일에 이르러 분위기가 흠뻑 달아올랐다. 나팔이 울리고 환희의 집의 큰 문 두 개가 열렸다. 아멘호텝이 화려한 예복을 입고 홀연히 나타났다. 가족과 왕실 시종이 그의 주변을 둘러싸고 있었다. 왕은 지상의 태양신이었다. 왕이 천천히 일어서자 군중은 조용해졌다. 고관과 고위 신관들을 선두로 하여 신하와 관료들이 대열을 이루며 앞으로 나왔다. 파라오는 그들의 충성에 대한 보상으로 녹색 아마포와 금 장식을 하사하였다. 포상을 받은 사람은 왕의 식탁에서 같이 식사할 수 있는 특전도 받았다. 그들은 호수로 걸어갔고, 고귀한 태양신 상을 실은 바지선(아침과 저녁을 상징하는)을 끌어당기는 두 개의 밧줄을 각각 잡았다. 그리고 국가의 안정과 왕의 장수를 기원하며 바지선을 왕실 옥좌의 바로 아래까지 끌어당겼다. 이 축제는 태양신의 하루 여행을 상징적으로 재현하는 것이었다.

앞에서 서술한 바와 같이 세드 축제는 가장 오래된 이집트 왕권의 제도 중 하나로, 25세기 이상 지속되었다. 제4장에서는 6000년 전 소규모 농업 공동체 사이에서 시작된 이집트 문명의 기원과 발달에 대하여 서술한다(표 4.1).

크멧(Kemet; Kmt) : '검은 대륙'

밀레투스(Miletus)의 그리스 지리학자 헤카테우스(Hecataeus)는 "이집트는 강의 선물"이라고 하였다. 서기전 500년경 나일 강을 바라보면서, 그는 이집트 문명의 출현은 아프리카에서 가장 큰 강의 연례적 홍수에 기인한 것임을 알게 되었다(그림 4.1). 나일 강은 북동 아프리카 끝의 건조한 경관을 관통하는 녹색의 화살과 같다. 나일 강의 거침없는 흐름은 4,800킬로미터에 달하였으며, 에티오피아 고지대와 우간다의 빅토리아 호수에서부터 시작하여 북쪽으로 지중해까지 이르렀다. 지구상 가장 건조한 지형의 일부 지역이 나일 강에 깎여, 1,127킬로미터에 달하는 구간에 골짜기가 만들어졌다. 그리고 이곳에 매년 얇은 침전물이 층층이 쌓여 깊고 비옥한 침니 지대가 형성되었다. 나일 강물이 매년 이 수로를 따라 범람하면서 바짝 마른 땅에 물을 공급하였다. 이 때문에 범람원에는 생명이 유지되었고 토양은 비옥해졌다. 50만 명이 크멧, 즉 '검은 대륙'에 살았던 것으로 추정된다. 서기전 3100년경, 이집트 국가가 건설된 곳은 상당 부분이 미개척 지역이었다. 홍수가 적당한 수준에 그쳤던 해에는 수풀이 우거져 습지가 형성되고 어류와 가금류도 번성하였다. 만약 범람이 지나치거나 유속이 너무 빨라 모든 것을 휩쓸어가지만 않는다면, 연례적인 홍수가 땅을 비옥하게 했고 식량도 충분히 공급할 수 있었다.

표 4.1 이집트와 누비아 문명

이집트 연대기는 거의 이집트 학자의 수만큼이나 많다. 여기에 이용한 연대기는 가장 널리 인정받고 있는
존 베인스(John Baines)와 자로미르 말렉(Jaromir Malek)의 『고대 이집트의 아틀라스*Atlas of Ancient
Egypt*』(1980)에서 인용한 것이다. 마네토(Manetho)가 작성한 왕의 목록은 아직 논란의 대상이다. 신관의 연대 산정과
왕의 통치 순서에 대한 가설 모두 비판이 제기되고 있다. 파라오의 이름은 이집트어로 적었다.

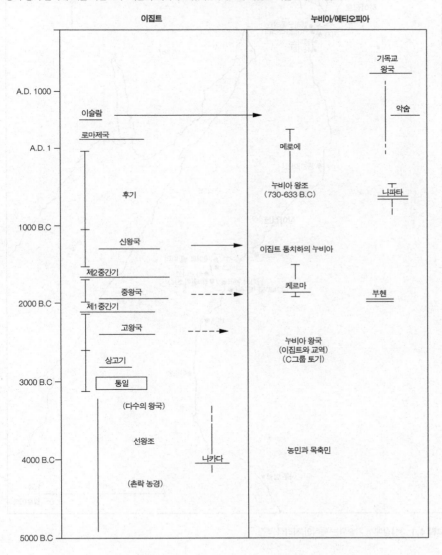

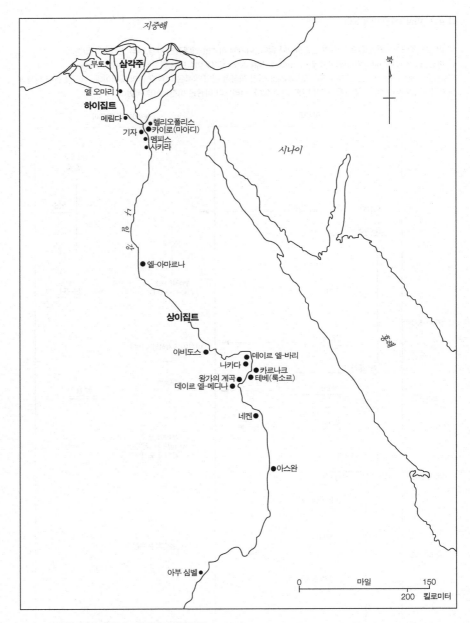

그림 4.1 제4장에서 기술되는 유적의 지리적 특징

나일 강의 지류인 앗바라(Atbara)와 청나일(Blue Nile)은 모두 산악지대인 에티오피아 고원에서 시작된다. 매년 여름이면 열대 지역인 이곳에 집중적으로 비가 내려 지류를 따라 나일 강으로 흘러들어갔다. 지금처럼 수력발전 시설이 있는 것이 아니어서, 강물은 그대로 제방을 넘어 시골을 수심이 얕은 거대한 호수처럼 만들었다. 읍락과 촌락은 물 위로 간신히 모습만 드러내 나지막한 섬 위의 언덕에 얹혀 있는 것처럼 보였다. 이때가 이집트 달력상 아켓(akhet)으로, 홍수가 발생하는 우기이다. 유속이 느려지면 휩쓸려 내려오던 침니가 홍수로 잠긴 땅 위에 가라앉는다. 농부가 진흙으로 덮인 땅에 파종할 때쯤이면 홍수의 수위는 낮아진다. 그리고 곡식이 성장할 시기인 페레트(peret)가 되면, 밀과 보리 등 곡식은 더 이상 수량 공급을 필요로 하지 않으며 늦여름과 가을 햇볕에 천천히 익어간다. 추수기인 3월 또는 4월 이후면 초여름 태양에 대지는 말라서 단단하여지고 갈라진다. 이로 인해 흙 속으로 공기가 들어가서 토질을 악화시키는 염분이 지표에 쌓이는 것이 억제된다. 새로운 범람이 시작되면 가뭄의 계절 세무(Shemu)는 끝난다.

메소포타미아의 티그리스 강이나 파키스탄의 인더스 강에서는 홍수가 갑자기 발생하여 그 수위가 불안정한 반면에, 나일 강은 상대적으로 예측이 가능하였다. 정도의 차이는 있지만 몇 미터의 오차 범위 내에서 최고 수위점을 예측할 수 있었고, 관리들은 그것을 근거로 징세 할당액을 계산하였다. 예상치 못한 큰 홍수가 일어나면 이전에 있던 모든 것이 휩쓸려 나가고, 가뭄이 닥쳐 범람원이 먼지 구덩이가 되는 것을 이집트인은 두려워하였다. 이집트는 이 큰 강의 영향에 취약한 환경에 처한 왕국이었다. 줄곧 안정을 유지한 것은 아니지만 왕들이 3000년 동안 통치하였는데, 그것은 그들의 행정력의 효율성에 힘입은 바가 크다.

이집트인은 나일 강의 범람과 수위 변화를 자세히 알고 있었으며, 그 주기에 맞추어 생활하였다. 이 강은 하피(Hapi) 신으로 상징되며 생명의 원천으로 여겨졌다. 반복적인 범람은 그런 맥락에서 해석되었다. 하피는 여성의 풍만한 가슴을 가진 남성으로 묘사되는데, 강의 풍요로운 다산성을 상징한다. 신들의 세계에는 눈(Nun)이라 불리는 어둠의 바다가 있는데, 하피는 이 눈에서 흐르는 물에 떠다녔다. 눈에서 최초의 흙 언덕이 솟아올라 레(Re), 즉 태양을 탄생시켰다. 이집트인에게 나일 강은 신성하며 우주 질서의 한 부분이다.

오늘날 이집트는 서기전 3000년의 강변과는 상당히 다른 경관을 갖추고 있다. 범람원은 현재 좁은 띠 모양이지만, 원래 모습에 대해서 우리가 아는 것은 거의 없다. 다만 매년 홍수가 발생하는 미국의 미시시피 강이나 아프리카의 잠베지 강 같은 다른 지역의 큰 강을 통하여 유추할 수 있을 뿐이다. 나일 강은 틀림없이 잘 정리된 수로를 따라 자연 제방 사이로 굽이쳐 흘렀을 것이다. 낮은 분지와 얕은 늪은 홍수가 빠져나갈 때 물들을 가두어 두는 유수지 역할을 하였으며, 동시에 침니를 가라앉혀 토지를 비옥하게 하였다. 작은 농경촌락이 전략적으로 자리잡은 곳은 양질의 토양이 풍부한 고지대이거나 하천 제방이었다. 홍수가 물러가면 새로 쌓인 침니 층에 농민은 씨를 뿌리고, 인근의 초원과 관목지에 소를 방목하였다. 하천 수위가 상승하는 시기가 다시 오기 전에 추수를 끝냈다. 마을 주민들은 홍수에 잠기는 구역 경계에 가축을 방목하였다. 5000년 전의 이집트 농민은 정교한 관개 기술을 확보해야 할 필요성을 느끼지 못하였으며, 다만 식용식물, 어류 그리고 사냥 동물이 풍부한 범람원이나 다양한 환경을 이용할 수 있는 능력만을 갖추고 있을 뿐이었다.

범람원 양쪽에는 황무지 사막이 발달하였는데, 대상 조직이 아니면 이곳을 횡단하기 어려웠다. 사하라와 시나이 사막으로 이집트는 열대 아프리카 및 근동과 각각 격리되었다. 고립된 지형으로 인해 이 지역의 문명은 독자적인 모습으로 발달하였다. 일찍부터 동쪽 사막에서는 금, 먼 상류로부터는 상아와 준보석 그리고 레반트로부터는 목재를 획득하였다. 이집트는 폐쇄적인 지형을 이루고 있어 지리적인 이점이 없는 땅이지만, 강을 따라 이동하면서 통교하기가 용이하므로, 하나의 권역으로 통합될 수 있었다. 대부분의 사람들이 강 유역을 따라 정착하고 교역을 했는데, 그 이유는 나일 강을 통하면 지중해에서 아스완의 제1폭포 지역까지 항해할 수 있기 때문이었다. 서기전 3500년 이전에 돛을 단 범선이 등장하여, 상류로 갈 때는 항풍인 북풍을 이용하고 출발지로 돌아올 때는 강 흐름을 이용하였다. 이집트는 오랜 시기에 걸쳐 단일 계보로 유지된 상당한 규모의 왕국으로, 강력한 신학적 신념과 중앙집권 정부와 함께 의사소통과 지리적 환경 등의 현실적 여건이 뒷받침되었다.

이집트의 기원(5000~2920 B.C.)

이집트 국가는 어떻게 출현하였을까? 자생적으로 발달한 문명인가, 아니면 근동 또는 열대 아프리카 상류 다른 곳에 그 기원이 있었던 것인가? 이집트인이 자신들의 역사에 대하여 갖는 관점은 간단하다. 과거란 시간과 우주가 만나는 먼 과거 시점에서부터 방해를 받지 않고 평화적으로 왕위가 계승되는 질서의 모범이었다. 문명이 세워지기 위해서는 무엇보다도 근간이 될 성스러운 왕실의 조상이 존재해야 하고, 이에 대하여 신중하고 지속적으로 기록이 유지되어야 한다. 이집트의 서기는 왕의 목록을 세심하게 기록하였다. 학문의 입장에서는 다행스럽게도, 헬리오폴리스(Heliopolis)의 고위 신관 마네토(Maneto)가 서기전 3세기경 이집트의 역사에 대하여 저술하였다. 마네토가 쓴 기록 중 남아 있는 것은 비록 일부분이지만, 위대한 파라오 메네스(Menes)부터 서기전 332년 알렉산더 대왕이 나일 강을 정복하기까지의 왕의 목록을 전하고 있다. 이를 31개 왕조로 구분한 것이 지금까지도 인용되고 있다. 현대 이집트 학자들은 이집트 역사(표 4.2)를 작성할 때 마네토보다 더 긴 기간으로 왕조를 구분한다. 이는 특정 사건을 연결시켜 정리한 결과이다. 개별 왕의 통치 시기와 왕조의 실제 연대는 아직도 논쟁의 대상이 되고 있다.

　　모든 이집트의 왕은 상이집트(계곡)와 하이집트(삼각주)의 지배자를 자처하는데, 두 지역의 경계는 지금의 카이로 인근으로 추정된다. 그들이 의례적으로 사용하는 명칭은 상이집트의 신 호루스(Horus)와 하이집트의 신 세트(Seth) 사이 권력 갈등의 조화를 의미하는 것으로, 이집트의 통일을 상징한다. 호루스와 세트가 조화 혹은 통합되었다는 것은 상징적으로 이집트 문명의 시작을 의미하는 바, 이집트 사회의 정치적 질서와 안정의 원천으로 받아들여진다. 이집트인은 호루스와 세트로 이루어진 복잡한 이념과 상징으로 국가의 기원을 표현하였다. 그러나 자신들의 국가가 나일 강을

표 4.2 주요 문화 역사적 전개를 기준으로 한 이집트 역사의 시기구분

연도 B.C.	시기	특징
30 B.C.	로마 정복	이집트가 로마제국의 속국이 됨
322~30 B.C.	프톨레마이오스 시기	서기전 322년에 알렉산더 대왕이 이집트를 정복함으로써 프톨레마이오스 왕가에 의해 그리스의 영향을 받기 시작함
1070~332 B.C.	후기	페르시아의 지배로 파라오의 권한이 가장 약화됨 (525~404, 343~332 B.C.)
1550~1070 B.C.	신왕국	이교도 통치자 아크나톤, 람세스 2세, 세티 1세, 투탕카멘 등 왕가의 계곡에 묻힌 파라오가 통치하던, 이집트 역사의 위대한 제국 시기
1640~1550 B.C.	제2중간기	힉소스 통치자가 삼각주를 지배하던 시기
2040~1640 B.C.	중왕국	테베가 아문 신의 성직과 함께 우월한 지위를 차지함
2134~2040 B.C.	제1중간기	정치적 혼란과 해체
2580~2134 B.C.	고왕국	전제적 파라오가 피라미드를 비롯하여 상당히 탁월한 제의 관련 기념 건축물을 건설, 이집트의 제도적, 경제적 그리고 예술적 전통의 정착
2920~2580 B.C.	상고기	국가의 기반 확립
3100 B.C.	호루스 아하의 이집트 통일	

따라 탄생하고 성장한 사회라는 것은 추호도 의심하지 않았다.

이와는 달리 몇몇 현대 아프리카 중심주의 학자들은 이집트 문명을 아프리카 흑인이 탄생시킨 것이라고 믿는다. 1950년대 세네갈 학자 치에크 안타 디오프(Chiekh Anta Diop)는 고대 이집트인은 모두 흑인이라는 논문을 발표하였다. "미라의 피부를 과학적으로 세척하면, 아프리카 흑인과 색이 동일한 피부조직이 드러난다."라고 주장했다. 무덤 그림에 그려진 이집트인의 피부색은 검붉은데, 디오프는 그것이 "흑인의 자연색"이라고 하였다. 디오프는 아프리카 흑인이 '수학, 점성학, 달력, 과학 그리고 예술, 종교, 농업, 사회조직, 의학, 문자기록, 기술, 건축'을 창조한 첫 번째 사람이라는 신념을 증명하기 위하여, 고전시대 학자들의 저술을 정리하였다. 또한 아프리카 전체에 나타나는 언어의 특성을 추출하였으며, 흙으로 만든 언덕("피라미드") 같은 특징을 서아프리카의 니제르(Niger) 삼각주에서 찾았다. 디오프는 이집트가 남쪽에서 이주한 에티오피아 아프리카인에 의해 건설된 순수한 아프리카 문명이라고 본다.

디오프가 1955년에 처음 출간한 『흑인 국가와 문화(*Nations Negres et Culture*)』

는 이집트 학자들에 의해 대부분 무시되었다. 아프리카가 이집트의 예술, 공예품 그리고 건축에 미친 영향에 대한 흔적이 별로 없다는 것이 그 이유였다. 그 후 마틴 버널(Martin Bernal)이 1980년대 후반에 '흑인 아테나(Black Athena)' 가설을 내세웠다. 이 가설은 지금은 널리 알려져 있다. 그는 광범위하게 흩어져 있는 고고학, 역사학 그리고 언어학의 단서를 짜 맞추어서 이 가설의 증거로 제시하였다. 그는 이집트 문명이 "근본적으로 아프리카인의 것"이었으며, 많은 상이집트의 강력한 왕조가 "흑인이라고 보는 것이 타당한 파라오"들이었다고 주장하였다. 또한 버널은 이집트가 초기 그리스 문명에 상당한 기여를 하였다고도 했다.

버널의 주장은 고전학자와 고고학자의 엄청난 공격을 받았다. 그렇지만 아프리카 중심주의자로부터는 열정적이며 무비판적인 추종을 받았다. 그 연관논리는 단순하다. 이집트가 아프리카에 있으므로 그 시민은 자동적으로 흑인이라고 주장하는 것이다. 골격 해부학의 연구에 따르면, 고대 이집트인은 아프리카 나일 강 주민의 신체 형태를 갖추었으며, 상대적으로 손발과 몸통이 길었다는 사실이 밝혀졌다. 치아 형태학적 분석을 통하여, 고대 이집트인이 광범위하게 분포한 북부아프리카 인구 집단에 속한다는 것이 밝혀졌다. 그러나 뼈나 치아가 이집트인이 흑인이라는 것을 지적하는 데 충분한 조건이 아니며, 무덤 초상화에서 볼 수 있듯이 이집트인은 흑인 누비아인과 차이가 분명하다. 이집트의 문명은 이집트적이며, 다만 이집트가 지리학적으로 아프리카의 한 부분이라는 정도의 의미로 아프리카적이라 할 뿐이다.

고고학 조사를 통하여 이집트 문명이 열대 아프리카 상류로부터 어떠한 영향도 직접적으로 받지 않고, 전적으로 자생적으로 발전한 것이라는 강력한 증거가 제시되었다(제12장). 비록 고고학과 구전으로 전하는 신화가 설화적 통찰력을 제공하기는 하지만, 어떻게 이 복잡한 자생적인 발달 과정이 일어났는지는 단지 추측에 의존할 수밖에 없다.

선왕조 족장(군장)사회

고고학적 증거에 따르면, 서기전 5000년경 나일 강을 따라 남쪽으로 지금의 수단에 해당하는 지역에 이르기까지 채집과 재배가 혼합된 생업방식이 소 사육과 곡물재배를 기초로 한 단순 농경 방식으로 대체되었다. 이를 통하여 선왕조 시대가 도래한 것으로 판단된다. 2000년 후에는 소규모 왕국과 촌락들이 통합되어 하나의 공통된 이념을 갖춘 통일국가로 변모한다.

국가의 기원을 설명하는 학설은 대부분 인구 성장과 토지 및 자연자원 확보를 위한 경쟁에 초점이 맞추어져 있다. 그러나 이집트의 경우 인구밀도가 비교적 낮은 편이었고 유휴 토지가 충분한 상태여서, 이러한 요인들이 국가 형성에 중요한 역할을 하였다고 보기는 어렵다. 이집트 학자 베리 캠프(Barry Kemp)는 서기전 4000년경의 촌락 농민이 조상의 땅에 대하여 고도의 상징성을 부여하면서 강한 연대감을 갖고 있었다고 한다. 처음에는 수십 개의 작은 공동체가 각자 경작지를 보유하고 이웃세력과 경쟁하면서 교역활동을 수행하였다는 것이다. 캠프는 그들의 행동과 그에 따른 장기적인 효과를 이른바 독점 게임에 비교하여 설명하였다. 독점게임에서 각 참가자는 주사위를 던져 획득한 기회를 최대한 활용한다. 이집트에서도 개인은 물론 전체 촌락 모두 자신이 보유한 장점을 극대화해 활용하였다. 그 장점에는 입지의 우월성, 토기 태토를 비롯한 가치 있는 자원에 대한 접근성, 변화를 도모할 수 있는 기회 등이 포함된다. 독점게임 참가자들이 그러하듯이 각 공동체는 처음에는 동등하게 출발하였다. 그러나 그중 어떤 공동체는 교역 전문기술이나 곡식 수확량 등에서 자연스럽게 다른 사람이나 촌락보다 우월하게 된다. 기존의 균형이 깨지면서 이웃보다 더 큰 부와 권력을 가진 공동체가 나타나는 상황을 피할 수 없다. 이러한 상황은 오늘날 유명한 관광 쇼핑 단지에 단독으로 호텔을 지어 유리한 지위를 확보하는 것과 같다고 할 수 있다. 그들이 지역 교역, 식량 잉여, 기타 등등에 대한 독점적 지위를 갖게 되면, 다른 정치경제적 경쟁자들을 압도할 수 있고 승리는 당연해진다.

선왕조 시대에 아마도 이러한 '게임'이 수백 번 진행되었을 것이다. 시간이 흐름에 따라 참가자 수는 적어졌을 것이나, 더 커진 족장(군장)사회들이 경제적 권력과 정치적 지배를 놓고 서로 다투었기 때문에 상금은 더 커졌을 것이다. 독점 게임과 마찬가지로 시간이 흐르면서 참가자도 바뀌었다. 큰 권력을 잡았던 세력도 카리스마를 가진 지도자가 죽거나 교역 환경이 바뀌면 탈락하였다. 캠프는 이집트는 땅이 비옥하고 자원이 충분했기 때문에, 그러한 변화 혹은 게임이 여러 세대에 걸쳐 지속될 수 있었다고 주장한다. 곡물 또는 도구 석재 등의 잉여 자원은 권력의 기초였다. 캠프는 그 외에도 이집트인은 정교한 상징과 의례를 통하여 이념을 만드는 데 천재적이었다고 믿었다. 이 독특한 이념에서 리더십과 권력이 나왔으며, 통합을 촉진하는 강력한 요인이 되었다는 것이다.

국가 형성의 정교한 과정을 살펴볼 단서가 될 만한 고고학적 증거는 별로 없다. 이집트에서 개인 간에 긴밀하게 상호작용을 수행할 수 있는 잠재력을 갖춘 소규모 읍락의 형성이 시작되면서, 그들 지도자의 무덤에는 권력 이념의 출현을 표현한 상징물을 비롯하여 정교한 부장품이 함께 묻혀 있다.

테베에서 남쪽으로 25킬로미터 떨어진 상이집트의 나카다(Naqada)에는 서기전 4000년경 1킬로미터 간격을 두고 작은 마을이 들어선 거주구역이 있었는데, 이곳에서 중요한 변화가 확인된다. 이 작은 마을은 범람원 경계 구역에 자리잡았으며, 인구통계 고고학자 페크리 하산(Fekri Hassan)이 계산한 바에 따르면, 1제곱킬로미터당 76명에서 114명을 부양할 수 있는 곡식을 경작 생산하였다. 얼마 지나지 않아 이 마을 농민들은 수풀과 관목을 치우고 무성한 풀들을 제거하여 상시 범람 지역을 정비했으며, 제방과 배수로를 건설해서 경작지를 넓혔다. 4배 또는 8배로 확대된 경작지에서 1제곱킬로미터당 760~1,520명분의 곡식을 생산할 수 있었다. 이 곡식을 공급받는 자는 대부분 오랜기간 존속된 읍락에 거주하는 관리, 교역자 그리고 장인과 같은 비농민이었다. 서기전 3600년경 나카다의 중심부에 별도의 묘지구역을 갖추고 담으로 둘러싸인 읍락이 나타났다. 이 읍락에서는 이후 이집트 촌락의 전형적인 장방형 평면 형태의 진흙벽돌 가옥이 새로이 등장했다. 어떤 읍락에서는 궁전과 같이 크고 화려한 가옥이 나타났는데, 이는 나일 강 상하류에 위치한 다른 공동체와 접촉할 수 있는 세력이 지배층의 집이었다. 나카다는 중심 족장(군장)사회의 수도였을 것이다.

'송골매의 도시'라 불리는 상이집트의 네켄(Nekhen, Hierakonpolis)에서 나일 강 하류 방면으로 또 다른 중요한 족장(군장)사회가 번창하였다. 서기전 3800년경 네켄은 수백 명이 사는 작은 공동체였다. 그로부터 3세기 동안 10,500명의 주민이 밀집된 진흙벽돌 가옥에서 생활하는 지역으로 발달하였다. 이 고대도시는 초기에는 나무가 우거진 강 제방을 따라 불규칙하게 산개된 촌락들에서 수백 명이 사는 작은 공동체에 불과하였다. 촌락 주민들이 생산한 붉은 자주색의 독특한 토기는 유명한데, 상류와 하류에서 장례용 용기의 수요가 많았다. 한 토기 장인이 단단한 목재 기둥에 진흙을 바른 작은 갈대 집에서 살았다. 그의 가마는 화재에 취약한 가옥에서 단지 약 5미터밖에 떨어지지 않았다. 어느 날 가마에 불을 지필 때, 갑자기 바람이 불어 토기 장인의 집은 순식간에 화염에 휩싸였다. 그는 집을 다시 지으면서 석재를 사용하는 재치를 보였다.

네켄은 번성하였고 인구는 안정적으로 증가하였으며 토기의 수요도 늘어났다. 토기는 부장용뿐만 아니라, 영양이 풍부하고 부드러운 알콜 음료인 밀 맥주를 양조하는 데 다양한 크기의 표준화된 항아리로도 사용되었다(그림 4.2). 도시의 바로 북쪽에는 하루에 200명 이상의 사람들에게 충분히 공급할 수 있는 300갤런의 맥주를 생산하는 양조장이 있었다. 맥주를 발효시키는 냄새가 도시의 여러 곳에 퍼졌을 것이다. 당시 이집트는 홍수가 빠질 때 물을 가두기 위하여 수로와 저수지를 건설하는 등 농업부문에 많은 투자를 하였다. 그 덕택에 상이집트 도시의 토기와 맥주는 양대 주요 산업으로서 경제적, 정신적 권력의 토대가 되었다.

이 권력의 대부분은 도시의 통치자가 현지 신앙의 대상인 송골매신과 밀접한 관계를 맺으면서 조성되었다. 송골매신은 아마도 호루스의 초기형태인 것으로 보인다. 네켄의 중심지에 이집트 최초의 신전이 등장했는데, 사당 정면의 타원형 마당 한가운데 있는 기둥의 꼭대기에는 신의 형상이 올려져 있었다. 소, 악어, 갓 태어난 염소 그리고 때로는 175킬로그램에 달하는 민물고기가 가설 기단 위에 제물로 놓여졌다. 세 개의 방으로 이루어진 사당의 파사드(facade, 건축의 정면)와 화려하게 염색된 매트가 6미터가 넘는 높이의 거대한 나무 기둥 네 개로 지탱되었다. 이 기둥들은 멀리 레바논의 침엽수림에서만 생산되는 것으로, 많은 노동력을 투입하여 강물 위에 띄워 가져온 것이다. 무질서하게 들어선 읍락 건물들 위로 우뚝 솟아 있는 화려하게 채색된 신

그림 4.2 서기전 4000년기 국가 이전 이집트의 토기. 깃발을 달고 선체 중앙에 차폐시설이 있는 갈대 배는 자주 나타나는 주제이며, 교역과 통신의 동맥으로서 나일 강의 중요성을 보여준다.

전은 카리스마가 있는 통치자를 보호하는 수호신의 강력한 상징이었다. 호루스는 이후 3000년 동안 이집트 왕권의 상징이 되었다.

아부 수피안(Abu Suffian)이라는 이름의 읍락 밖에는 마른 도랑 옆 제방을 따라 네켄 통치 가문의 무덤들이 곡선을 그리며 모래에 묻혀 있다. 후기 왕가 무덤의 기준에서 보면 이 무덤은 변변찮지만 그 당시에는 인상적이었다. 도굴꾼들이 훼손하였기 때문에 이 고대 무덤은 난장판이 되어 있었다. 이곳에 남아 있는 유물은 잘 만들어진 검은 아가리 항아리, 흑요석제 화살촉 그리고 목가구 조각 등에 불과하였다. 후대 학자들은 남아 있는 이들 유물로 조각그림 맞추기 게임과 같은 고고학적 작업을 치러야 했다. 이집트 학자 바바라 애덤스(Barbara Adams)와 마이클 호프먼(Michael Hoffman)은 솔, 흙손(Trowel) 그리고 정교한 실측장비를 이용한 복잡한 구제 발굴에 착수하였다. 그들은 무덤구역 자체가 상이집트와 하이집트를 상징적으로 표현한 지도이며, 마른 도랑이 두 지역을 구분하는 경계선 역할을 하고 있음을 밝혀냈다. 아울러 그들은 가장 초기의 이집트 왕실무덤도 발견하였다.

노동자 계급의 매장구역에서는 150기 이상의 무덤이 발굴되었는데, 여기에서 송진을 먹인 아마포로 손과 팔을 감싼 여자 시신이 발견되었다. 이 미라는 이집트에서 지금까지 발견된 것 중 가장 오래된 것이다. 담요로 덮인 한 여성 시신은 왕겨 덩어리 6개와 함께 매장되었다. 다른 두 명은 머리카락이 긴 상태로 발견되었는데, 그중 한 명은 공들여 멋을 부리고 헤나(henna), 관목 앞에서 채취한 염료로 머리카락을 염색하였다. 그들의 머리는 천으로 싸이고 덧대어 있었는데, 후대에 일반화될 시신의 미라 처리과정을 상기시킨다.

'100호 무덤'은 벽화가 그려져 있는 진흙벽돌 무덤이다. 우주를 상징하는 일련의 선박들이 그려져 있는데, 이는 시간을 가로지르며 영원히 이동하는 상황을 표현한 것이다. 한 무덤에서는 익명의 통치자가 여자의 호위를 받으며 소박한 차일 아래 서 있는 상태로 묻혀 있는 것이 확인되었다. 악마의 힘, 즉 야생 짐승과 인간의 적들이 사방에서 둘러싸고 있지만, 배에 탄 통치자가 그들을 제압하고 있는 모습이 벽화에 표현되어 있다. 그 아래에는 대치한 사자들을 떼어놓으며, 한편으로는 튀어오르는 적을 철퇴로 내리치는 모습이 그려져 있다. 이러한 양식은 후기 이집트 예술에 비해 단순하기는 하나, 시간을 따라 항해하면서 겪게 되는 질서와 혼돈 사이에서 일어나는 투쟁을 묘사하였다는 것에는 의심의 여지가 없다. 동일한 시나리오가 후대에 보다 정교한 형태로 다듬어져 왕가의 계곡에 있는 신왕조의 왕실무덤에 나타난다. 통일 전부터 이집트 통치자는 질서, 정의 그리고 신앙의 수호자이며 혼란을 정복한 사람들이었다. 네켄은 송골매 머리의 신인 호루스를 숭배하는 중요한 의례 중심지였다.

네켄은 이집트 왕권의 요람이었으나 초기 왕들의 이름을 역사에서 찾을 수는 없다. 우리는 단지 장식용 공예품에서 간간이 그 단편만을 볼 수 있을 뿐이다. 윤기 나는 녹색과 흰색 반암으로 만들어진 화려한 권표는 나일 강 계곡에 알려진 리더십에 대한 가장 초기의 상징 중 하나이다. 그것의 소유자는 '네켄의 성스러운 영혼(Divine Souls of Nekhen)' 중 한 명이었으며, 전설적인 이집트의 초기 통치자였다. 또 다른 권표의 꼭대기에는 예복을 정식으로 갖추어 입은 통치자가 표현되어 있다. 그 통치자는 왕의 권력을 상징하는 의례용 황소 꼬리를 허리띠의 뒤에 달았다. 그는 상이집트에서 사용하던 흰색 왕관을 쓰고, 관개수로의 벽을 깨뜨려서 홍수 물길을 열어 주려는 듯 매톡(곡괭이의 일종; mattok)을 휘둘렀다. 얼굴 앞에는 전갈이 매달려 있었는데, 아마도 그의 이름을 암시하는 것으로 보인다. 관리가 바구니로 첫 번째 모종을 받을 준비를 하고 한쪽에는 부채와 왕의 깃발을 든 사람이 의례에 참여하고 있다. 그 장면 아래에는 통치자를 모시고 가기 위해 어용 바지선이 기다리고 있다. 이 배는 얼마 전까지도 물에 잠겼던 강 유역으로 갈 예정이었다. 그가 상이집트의 왕관만을 썼던 것으로 보아 아마도 통일이라는 극적인 사건 이전에 통치하였던 왕으로 추측할 수 있다.

이집트의 통일

서기전 5000년기까지도 삼각주의 대부분은 거의 사막이었다. 그러나 지중해의 수면이 오늘날의 수준으로 상승하자, 나일 강의 유속이 느려졌으며 강물이 제방을 넘기도 하였다. 서기전 3500년경 평원을 가로지르는 수로를 이용하여 식량을 확보하면서 촌락이 성장한다. 이 삼각주 촌락에는 각 지역마다 개별적인 신과 통치자가 있었다. 촌락은 후대에 두터운 층의 침니에 덮여 우리가 알고 싶은 것들도 같이 묻혔다. 전설적인 선왕조 시대의 왕 '페의 영혼(Souls of Pe)'에 대한 전설이 전해 내려오고 있다. 왕은 같은 이름이 붙은 지역을 통치하였다. 그 지역은 지금은 부토(Buto)라고 불리는데, 모래언덕 아래 묻혀 있다. 부토에 주민이 처음 정착한 것은 서기전 4000년기이며 그 이후 500년 이상 이곳은 중요한 중심지 역할을 하였다.

고고학적 발견 중 별다른 관심을 끌지 못하는 것 중 하나가 질그릇 파편이다. 그러나 부토의 경우에는 이것에서 주목할 만한 내용을 읽을 수 있다. 첫 번째 거주자들은 흰색 띠로 장식된 독특하고도 화려한 질그릇을 사용하였는데, 동쪽 멀리 네게브 사막(Negev Desert)에서 만들어진 용기와 아주 비슷하다. 그 독특한 그릇들이 투박한 현지 질그릇으로 대체된 것으로 보아, 그들이 갑자기 그릇 제작을 멈추었거나 그곳을 떠난 것이 분명하다. 나중에 북쪽과의 접촉이 활발해지고 통일에 대한 분위기가 고조되면서, 서기전 3200년경 상이집트의 토기가 등장한다. 현지 질그릇과 상이집트의 토기는 서로 연관성이 없다.

상이집트와 하이집트는 다양한 문화를 가진 별개의 지역이었으며, 전자는 사막의 영향을 받았고 후자는 아시아와 일상적인 접촉을 하였다. 통일 전이기는 하나 이미 삼각주는 코스모폴리탄 세계의 거점이었다. 매년 동쪽으로부터 나귀를 탄 소규모 대상들이 이국적인 바다조개껍질이나 준보석 그리고 시나이 사막의 팔레스타인 광산에서 캐낸 구리 광석을 안장 자루에 담아 싣고, 삼각주 촌락에 도착하곤 하였다.

마아디(Maadi) 문화는 알려진 것이 별로 없기는 하지만, 삼각주의 여러 지역에 번성하였으며, 작은 읍락과 농경촌락으로 형성되었다. 마아디 유적은 카이로의 외곽에 있는데, 레반트 또는 메소포타미아와 연결된 육상 교역의 거점이었다. 레반트에서부터 이런저런 날씨를 견디고 헤쳐 온 선박들이 부토의 부두에 정박하였다. 선창에는 올리브 기름과 포도주가 채워진 토기가 있었고, 갑판 위에는 긴 삼나무 원목이 줄맞추어 쌓여 있었다. 선원들이 값진 목재를 강으로 굴려 떨어뜨리면, 대기하던 배들이 그 통나무를 상류에 위치한 네켄의 읍락까지 힘들여 끌고 거슬러 올라갔다. 그러나 이 모든 코스모폴리탄적 방식에도 하이집트는 결국 강 상류의 보다 강력한 왕국에 흡수되었다.

서기전 3200년경 이집트에서는 족장(군장)끼리 경쟁하였다. 그들은 모두 기회주의적 입장을 취하고 있어, 한편으로는 싸우면서 한편으로는 교역하였다. 그들은 토기용 점토 또는 건축용 석재의 공급을 통제하기도 하고, 금과 같은 애호 물품을 확보하려 했다. 어떤 족장(군장)이나 공동체가 재화 교역이나 곡물수확 또는 전쟁에서 얻은 승리를 통하여 이전에는 누리지 못하였던 이익을 한동안 차지하다가, 오래지 않아 이름도 남기지 못하고 사라지곤 했다. 승리한 지배자는 식량을 비롯한 자원을 활용하여, 혈족관계망을 확장하고 먼 거리에 있는 새로운 세력과 동맹을 맺기도 했다. 결국 한 공동체가 다른 공동체보다 많은 부와 권력을 획득하는 것이다. 승리자는 지역의 교역권은 물론 잉여 식량 등의 재화에 대한 배타적 권리를 확보함으로써, 잠재적 반대자들의 위협을 쉽게 극복할 수 있었다. 네켄(Neken), 아비도스(Abydos)를 비롯한 여러 지역에서 출토된 장식 점토판의 파편에는 전쟁터에 나선 족장(군장)이 죽은 사람을 공격하는 독수리나 까마귀로 묘사되어 있다. 황소로 묘사된 왕은 수염이 덥수룩한 적을 들이받는 것으로 표현되었다. 또 다른 점토판에는 정복자가 요구하는 당나귀, 소, 숫양 그리고 향목 등의 공물이 묘사되어 있다. 최근에 삼각주의 민샤트 엘-에자트(Minshat el-Ezzat)에서 발굴된 점토판에는, 길고 굽은 목을 가진 동물이 쌍을 이루어 만든 원형 웅덩이 한가운데로 사냥개가 가젤을 모는 사냥 장면이 묘사되어 있다. 이는 아마도 통일 1~2세기 이전에 권력을 다투며 등장한 소규모 국가의 정치적 선전을 표현한 것으로 보여진다.

살아남은 왕국은 더욱 규모가 커져 네켄은 나카다를 정복하고, 나일 강 하류 쪽에 있는 아비도스에 가까운 디스(This)의 족장(군장)사회는 정복이나 왕실 결혼을 통하여 네켄을 지배하였다(그림 4.3). 디스의 통치자는 왕이 되었으며 전쟁을 통하여 강력해지면서, 왕인 동시에 전문적인 교역자로서 지상의 살아있는 호루스나 다름없었다. 수익성 있는 하이집트와의 교역로를 통제하였고, 포도주와 다른 사치품을 확보하기 위하여 직접 동부 지중해 연안을 따라 교역경로를 개발하였다. 그와 계승자들은 교역로를 통제하기 위하여 삼각주의 여러 도시에서 전쟁을 일으켰다. 결국 그들 중 한 사람이 두 개의 땅, 상하 이집트를 정복하고 통일 이집트의 첫 번째 파라오가 되었다.

누가 이 첫 번째 파라오인가? 그는 메네스(Menes)인가 아니면 아직 알려지지 않은 그 이전의 왕인가? 그 대답은 이집트 문명이 시작되었을 때부터 성스러운 장소였던 아비도스에서 구할 수 있다. 5000년 전 그곳은 '서쪽 사람 중 최정상에 있는(Foremost amongst the Westerners)' 자칼신 켄티-아멘티우(Khenti-amentiu)의 영역이었으며, 지하세계의 입구를 상징하는 인상적인 계곡 근처에 위치하는 것으로 전한다. 파라오의 처음 두 왕조는 자신들이 묻힐 장소로서 제1폭포와 삼각주 사이의 중간 지점을 선택하였다. 이 지점은 그들의 조상이 묻혀 있는 디스에서 가까운 곳이다.

왕가의 무덤은 19세기 고고학자의 마음을 끌어들이는 자석 같은 것이었다. 그들은 이미 고대에 도굴된 무덤을 별다른 제약 없이 발굴하였다. 독일의 고고학자인 군터 드라이어(Gunter Dreyer)는 달리 생각하였다. 그는 폐기된 발굴 유구를 대상으로

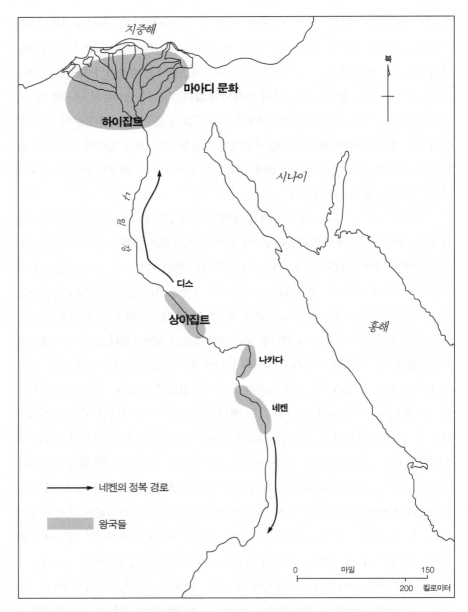

그림 4.3 서기전 3300년경 선왕조 이집트의 알려진 족장(군장)사회의 대략적 위치. 매우 복잡하고 계속 변화하는 정치적 상황을 단순화하였다.

최신 개발의 발굴 방법을 적용하면 기대 이상의 수확을 얻을 수도 있다고 생각하였다. 1988년 그는 관심을 끌지 못하였던 왕실 묘지의 동쪽을 발굴하였다. 그곳에서 창과 문까지 달린 12개의 방을 갖춘 벽돌로 쌓은 왕실무덤을 찾아내는 놀라운 성과를 올렸다. 이 무덤은 서기전 3250년경 통치하였던 왕을 위하여 설계된 저승의 집이었다.

이름이 확인되지 않은 이 군주는 사치스러운 소유물과 충분한 식량을 공급받으며 영원으로 들어갔다. 그의 묘실에는 성체용기와 상아홀이 있었다. 세 개의 저장실에는 빈틈없이 쌓인 1,200갤런에 달하는 포도주 항아리 700개가 있었다. 펜실베이니아 대학의 패트릭 맥거번(Patrick McGovern)은 적외선 분광법을 이용하여, 병모양의 항아리 안에 남긴 찌꺼기에서 방부제로 쓰이는 테레빈 나무 진의 흔적과 함께 포도주와 관련된 높은 수준의 타르타르 산을 발견하였다. 나일 강 삼각주에서 포도가 재배된 것은 몇 세기 후이기 때문에 당시 포도주는 수입된 것이었다. 또 다른 최첨단 방법인 중성자 방사화 분석방법을 이용하여 진흙에 있던 물질의 성분을 식별하였는데, 그것들이 남부 레반트의 초기 포도재배지역의 것임을 밝혀냈다. 흥미로운 것은 포도주는 아비도스 지역에서 검사를 거친 후 다시 마개를 달았다는 사실이다. 마개에 쓰인 진흙은 나일 강의 것이었다. 포도주 저장실의 발견은 5000년 전 이집트와 아시아 간 교역에 눈을 뜨게 한 획기적인 사건이었다. 이를 통하여 야망을 가진 통치자라면, 왜 그러한 사치스러운 상업을 장악하려고 했는지 그 이유를 이해할 수 있게 되었다.

다른 방에는 150개의 작은 뼈와 상아로 만든 표식이 있었다. 상아제 표식은 여러 필의 아마포에 붙어 있던 것으로, 그것에는 수량 또는 크기까지 나타내는 수치가 적혀 있었다. 그 밖에도 해독 가능한 상형문자 부호가 많이 발견되었는데, 어느 지역에서 온 재화인지를 나타내는 표음문자가 적혀 있었다. 부토와 같이 삼각주 내에 있는 읍락을 표기한 표식에서 보는 것처럼, 멀리 하이집트에서 바쳐진 공물도 있었다. 방사성탄소연대측정법으로 측정한 결과 이 표식 중 일부는 서기전 3200년경의 것으로 나타났다. 이는 이집트 문서 기록 중 가장 오래된 사례이다. 이름이 확인되지 않은 이 통치자의 서기는 상당히 발달한 문자시스템을 이용하여 수확량 목록을 작성하였는데, 이는 지금까지 기대한 것보다 150년이나 이른 것이다. 아비도스 무덤에서 발견된 몇 개의 봉인 인장은 서기전 3400년까지 거슬러 올라간다.

삼각주로부터 공물을 받고 레반트와 교역한 확인되지 왕은 누구일까? 드라이어는 많은 점토 용기에 "전갈"이라는 이름이 적혀 있음을 발견하고, 이것이 왕의 이름이라고 믿었다. 개, 사자, 코끼리 그리고 바다조개와 같은 동물 부호로 된 또 다른 이름도 있었는데, 이는 아마 왕조의 이전 통치자였을 것으로 추측된다. 그렇지만 아직 확인된 것은 없다.

1898년 네켄에서 발견된 나르메르(Narmer) 석판(그림 4.4)에는 삼각주의 적을

(a)   (b)

그림 4.4 나르메르 석판에는 나르메르 왕을 축하하기 위한 장면이 양면에 조각되어 있다. (a) 나르메르가 상이집트의 백색 왕관을 쓰고 있다. 그는 오른손에 배 과일 모양의 권표를 쥐고 있으며 포로를 내리치려고 하고 있다. 매(남부 호루스)가 희생자 위에서 인간의 머리를 들고 파피루스 갈대 위로 솟아오르고 있다. 신발을 들고 있는 사람이 왕을 따르고 있는데, 왕은 적 두 명의 시체를 밟고 있다(파라오 제1왕조, 3100~2890 B.C., 네켄, 높이 63센티미터, 폭 42센티미터, 카이로 이집트 박물관). (b) 나르메르는 하이집트의 붉은 왕관(위쪽)을 쓰고 있으며, 두 명의 고위관리를 동반하고 머리가 잘린 채로 줄지어 있는 적의 시체를 살펴보고 있다. 서로 목을 감고 있는 동물을 묘사한 중간 디자인은 조화를 상징하며, 위아래 정복 장면의 균형을 맞추어 준다. 아래 장면에서는 황소가 도시 성벽을 파괴하고, 적을 짓밟고 있다(카이로 이집트 박물관).

내려치는 왕이 새겨져 있는데, 그 뒷면에는 전설상의 짐승이 서로 균형을 맞추어 목을 휘감고 있는 장면이 있다. 이 석판은 이집트 통일이라는 역사적 사건을 축하하여 제작된 것이다. 이러한 사실은 군터 드라이어가 오래전에 도굴당한 나르메르의 아비도스 무덤 가까운 곳에서 작은 상아 표식을 발견하고 난 뒤에 알려졌다. 이 조각에는 삼각주에서 온 적을 내리치는 왕이 스케치되어 있으며, 파피루스 싹이 자라나는 사람의 머리가 묘사되었다. 표식에는 기름선적 날짜가 한 차례 표시되었는데, 같은 해에 나르메르의 삼각주에서의 승전 같은 주요 사건이 발생하였다. 이는 유명한 나르메르 석판에 묘사된 것과 마찬가지로 실제 역사적 대립이 있었음을 분명히 증명한다.

그러면 누가 이집트를 통일하였는가? 지금까지 알려지지 않은 능력 있는 상이집트의 통치자라는 것은 거의 확실하다. 당시의 왕조에 대해서는 알려진 것이 별로 없는데, 아마도 이집트 전설에 등장하는 네켄의 영혼(the Spirits of Nekhen)일지도 모른다. 스콜피온(Scorpion)과 나르메르는 그 왕조의 일원이었으며, 나르메르의 유명한 승리로 정복활동은 완성되었다. 그러나 서기전 3100년경 통일 이집트의 진정한 첫 번째 통치자는 그를 계승한 호루스 아하(Horus Aha)였다.

서기전 3100년경 상하 이집트를 묶는 정치적 통일을 형상화한 기념물이 나르메르의 석판이다. 후대의 이집트 예술 작품에서는 상하 이집트가 각각 호루스와 세트로 상징된다. 이 통일 사건을 통해 호루스와 세트로 표현된 어느 한쪽으로 치우치지 않는 양쪽이 조화를 이루면서, 실질적이고 상징적인 지리적 공간을 무대로 하여 새로운 국가가 탄생하였다. 수천 년 동안 이집트인은 잠재적인 혼돈과 질서 사이에 놓여 있는 분열된 세상에 관심을 두어 왔다. 그들은 왕의 통치와 태양의 힘이 무질서, 불균형을 포용한다고 믿었다. 따라서 이집트인의 관점에서는 우주의 본질과 정치적 힘의 구조가 일치한다.

상고기(2920~2680 B.C.) :
왕권, 문자기록 그리고 관료체제

이집트 문명의 처음 250년은 강력한 지역 족장(군장)사회를 통일된 정치체로 복속시켜 그 기반을 강화한 시기였다.

호루스 아하와 그의 계승자는 상이집트 출신이다. 상이집트는 지배자가 강한 황소와 목동의 역할을 해야 한다는 사막의 전통이 깊은 지역이다. 그들은 부족의 제사장 또는 의술을 갖춘 지도자들의 오랜 후손으로서, 사람들에게 식량을 공급해 주는 나일 강과 생명을 주는 물들을 지배하는 초자연적 권력을 갖고 있었다. 네켄 조상들은 질서와 혼돈의 힘을 중재하였고, 새로운 왕들도 같은 전통을 따랐다. 신들이 악의 힘을 물리치는 것처럼, 누비아족(Nubian)과 아시아인들 그리고 가축과 곡식을 먹어 치우는 맹수와 질병들을 막아냈다. 훌륭한 통치자는 사자와 야생 소들을 사냥하였고 악의 신 세트의 화신인 악어를 늪지에서 몰아냈다. 인간은 이집트 세계의 불안을 야기하는 주요 원인이었다. 이상적인 질서가 이루어진 상태를 마아트(ma'at)라 하는데, 이는 사회적 정의와 도덕적 정직, 곧 '질서'나 '정의'를 의미한다. 마아트는 항상 무질서의 힘인 이스페트(Isfet)와 대립하여 갈등 관계를 유지하며 존재한다. 이집트 세계는 절대로 정태적이지 못하였으며, 혼돈에 대항하여 질서를 유지하고 강화하기 위한 끊임없는 투쟁 그 자체였다. 혼돈은 하늘에서는 악마의 뱀신인 아포피스(Apophis)로, 지상에서는 이집트를 침입하는 적으로 인식되었다.

매일 태양이 떠오르는 것은 어두운 밤의 혼돈을 이겨내고 질서를 세우는 것을 뜻한다. 왕에게 마아트라는 것은 질서를 유지하고 적을 가두어두는 것을 의미하였다. 마아트를 좇아 산다는 것은 신은 물론 다른 사람과 조화를 이루며 산다는 것을 의미하였다. 창조자는 세상을 인간에 이롭게 만들었으며, 태초부터 마아트가 존재하게 하였다. 고대 격언집에는 후대의 통치자에게 조언한 내용이 있는데, "인간은 잘 길들여진 신의 소이다. 신은 그들을 위하여 하늘과 땅을 만들었다."라고 적혀 있다. 고대의 리더십은 네켄에서 디스로, 스콜피온에서 나르메르로 그리고 아하와 그의 왕조 후계자에게 계승되었으며, 이 과정에서 모든 이집트 파라오의 행위는 마아트에 따라 통제되었다. 왕들은 창조자의 화신이며, 죽을 때 그에게 되돌아간다.

왕실무덤은 황량한 산맥으로 연결된 메마른 계곡 가까운 아비도스에 있다. 지하에 무덤군이 흙벽돌로 조성되었는데, 왕들은 이곳에 공식적인 복장을 갖추고 부장품과 함께 묻혀 있다. 무덤에는 낮은 봉분과 간단한 석비 이외에는 두드러지게 보이는 것은 없다. 신성한 왕은 영원불사의 존재이며, 부인들과 가신들은 그와 함께 죽어 주군 근처의 작은 토광에 누워 있다. 인간 희생의 관습은 서기전 2700년경 두 번째 왕조 때에서야 없어졌다. 지상에 따로 떨어져 진흙벽돌로 조성된 의례 구역은 아랍어로 수네트(shunet)라고 하는 벽감이 있는 파사드를 갖추고 있다. 장식된 벽감이 있는 파사드는 영원한 저택을 꾸민 것으로, 왕궁과 같은 모양으로 만들어졌다. 그 구역은 죽은 왕을 위한 제사 신전의 형식을 갖추었으며, 내부에는 여러 구조물과 함께 창세기의 언덕을 상징하는 흙무덤이 있다. 평균 23미터 길이의 목재 나일 강 배 14척이 사막 무덤 가까이에 하얗게 칠해진 진흙벽돌 구조물 안에 안치되어 있다. 왕이 태양이 있는 우주공간을 건널 때 탈 수 있도록 설계된 것인지에 대해서는 알려진 바가 없다.

미라를 만드는 관습은 이집트 역사에서 뿌리 깊은 것으로, 그 시기는 왕조 이전으로 거슬러 올라간다. 건조한 나일 강 자연 기후만으로도 시체를 보존할 수 있었다. 하지만 후대에 이르면 시신을 영원히 보존할 수 있는 정교함을 상당한 수준으로 갖추게 된다. 이집트인에게 무덤은 변신의 장소이며, 그곳에서 죽은 사람의 영혼이 육체에서 일어나 누트(Nut) 여신과 함께 하늘을 날아 별들 사이로 솟아오른다고 믿었다. 동시에 육체는 죽은 사람 영혼의 정수, 즉 '카(ka)'가 찾아올 수 있도록 보존되어야 한다고 믿었다. 부유한 사람의 미라는 몸을 씻고 정화시키는 의례로 시작한다. 그리고 승려가 심장을 제외한 뇌와 내부 장기를 제거하고, 경우에 따라 그것을 다른 용기에 담아 두기도 한다. 그 다음에 그들은 시체를 고체 소다염에 40일 동안 담근 뒤에 건조시킨다. 건조된 몸은 속을 채운 뒤 우유와 향 수지로 칠하고 녹인 수지를 입힌다. 화장 처리가 끝난 뒤 2주 동안 복잡한 의례를 치르고, 많은 부적과 준보석을 넣고 368 제곱미터에 달하는 아마포로 시체를 감는다. 경우에 따라서는 정교한 가면을 완성된 미라에 얹기도 한다. 전 과정은 70~90일 정도 걸리는데, 그 후에 시체는 관속에 안치되고 장송 의례가 시작된다. 이와는 대조적으로 가난한 이집트인의 시신은 대부분 성대한 의례 없이 건조한 동굴에 쌓아 둔다.

초기의 파라오들은 975킬로미터의 강변을 따라 산재한 촌락과 읍락을 중앙집권화된 국가에 통합시키느라 400년간 씨름하였다. 이러한 과업은 정교한 의사전달 시스템을 갖고 있는 현대 정부로서도 하기 어렵다. 그들은 이 과업을 달성하기 위하여, 왕국건설 사업을 개인적 충성심과 혈연적 유대감을 토대로 한 가문의 명예사업으로 전환했다. 그들은 송골매신 호루스를 내세웠는데, 신은 먼 곳에 있으며 보이는 경우도 드물었다. 파라오도 그러하였다. 그는 권력으로 둘러싸인 웅장한 궁에 거주하였으며 모든 행동은 엄격한 의례에 국한되었다. 파라오가 공개적으로 모습을 드러내는 것은 중요한 축제 때에나 있는 드문 일이었다. 파라오의 등장은 새벽에 태양이 떠오르는 것을 상징하며 신을 칭송하고, 승리에 감사하며 고관들에게 답례하는 대단히 중요한 사건이었다. 파라오의 공식 여행은 '호루스의 신하들', 즉 공식적인 관리들이 수행하였다. 수행원들은 왕궁과 지상을 순행하는 왕실 행렬을 호위하였다. 그들은 왕궁 알현실 밖의 세상에 파라오의 명령을 전달하였다['파라오'라는 단어는 실제로는 '신왕국' 시기 중에 비로소 사용되었다. 이 단어는 왕궁을 뜻하는 '위대한 집'이라는 의미로 사용되던 '페르 아(per aa)'에서 나온 것이다].

통일되던 무렵에는 수백만 명 이상의 사람들이 이집트에 살았으며, 대부분 삼각주를 중심으로 거주하였다. 대부분의 촌락과 읍락은 강을 따라 자리잡고, 거주구역 사이에는 경작지와 목초지가 있었다. 늪지와 초지는 개발하지 않았다. 촌락의 우두머리는 농민을 동원하여 자연범람 유역을 정비하고 제방과 운하를 건설하였다. 그 과정에서 농민은 노메스(nomes)를 다스리는 족장(군장)에게 충성을 하게 된다. 노메스는 대부분 계곡의 자연 지형을 따라 형성되었는데, 그들 사이의 경쟁이 통일에 결정적 역할을 하였다. 현재 관점에서 볼 때 노메스는 600마일에 걸친 국가의 행정단위라고 할 수도 있지만, 한편으로 족장(군장)과 유력가문의 고대 네트워크도 여전히 유지되었다. 파라오는 이러한 오랜 기초를 토대로 통치시스템을 세웠다. 가족과 신뢰할 만한 친척 구성원을 높은 권한의 위치에 배치하고 노메스의 지배자로 임명함으로써, 왕실에 대한 족장(군장)의 충성을 보상하였다. 소수의 지배층들이 왕을 대신하여 이집트를 통치하였으며, 이들은 높은 서열을 표시하는 호칭과 상징 그리고 토지로 보상받았다.

'호루스의 추종자'는 왕의 가계를 경영하였고 왕이 왕국을 다스리는 것을 도왔다. 두 명의 고위관료가 하이집트와 상이집트의 창고인 적색과 백색의 수장고를 관리하였다. 그들이 고대의 재무장관인 셈이다. 두 명의 곡물창고 책임자가 관료, 서기 그리고 노동자 등 국가를 위하여 일한 모든 자에게 지급될 옥수수, 기름, 포도주 그리고 다른 배급물품을 징수하고 분배했다. '왕 하사품 관리인'은 특권층 가신과 관리들에게 은전을 지급하였다. 관리들은 멤피스(Memphis)에 있으면서도, 총독, 읍장 그리고 촌장 등을 통하여 읍락과 촌락에서 일어나는 일들에 대하여 정보를 수집하면서, 계산하고, 보관하고, 과세하며 다음과 같은 의사를 결정하였다. 홍수 수위는 어느 정도일까? 제방을 높이고 또는 운하를 준설할 적절한 시기는 언제일까? 언제 파종하고 수확해야 할까? 새로운 신전에서 일하는 사람에게 적합한 배급량은 얼마일까? 이집트는 처음부터 강력한 왕과 능력 있는 관리뿐만 아니라, 학식 있는 서기들에 의존하였다.

오늘날 문자기록이 보편화된 세계에서는 하급 수준의 정부 관료를 무시하는 경향이 있다. 이집트 사회에 그런 관점을 적용하는 것은 사치스러운 일이다. 서기는 소수였으며 권력-정보에 대한 열쇠를 쥐고 있었다. 서기는 존경받는 직업이었으며, 문자기록은 머리가 이비스(ibis, 새) 모양인 서기의 신 토트(Thoth)가 만들어낸 발명품이다. 그러므로 단어는 마법적인 권력을 가진 것으로 여겨졌으며, 서기는 왕국에서 특별한 역할을 하였다. 문자 해독력은 아버지에서 아들에게 세습되었다. 서투르게 그린 듯 보이는 상형문자는 토기와 작은 돌에 새겨졌으며, 나중에는 고대 이집트의 종이인 파피루스 갈대에 기록되었다(오늘날 쓰이는 단어 'paper'는 이집트 파피루스를 인용한 그리스어와 라틴어인 '파피루스'에서 나왔다). 후대의 학교용 교재에는 게으른 학생을 다음처럼 구슬리는 장면이 있다. "서기가 되면 너는 멋지게 치장할 수 있고, 너의 손은 부드러울 것이다… 서기가 되는 것에 관심을 두어라. 너에게 맞는 좋은 직업이다.

	상형문자			
필기체 (신관문체)				
속기체				
뜻	아몬	인류	파라오	날(day)

그림 4.5 이집트 문자는 상형문자로 알려져 있는데, 공식적인 비문과 무덤 벽에서 볼 수 있어 우리에게 익숙하다. 실제로 이집트 서기가 일상적 용도로 발달시킨 것은 흘림체의 필기체였다. 위 그림에서 공식적인 상형문자(첫째 줄)와 그 다음 줄의 필기체 문자, 그리고 마지막으로 빠르게 기록하기 위한 서기의 속기문자 모두를 볼 수 있다.

네가 한 사람에게 명령하면 수천 명이 대답할 것이다." 끝없이 늘어선 사람들이 사리에 밝은 서기에게 예를 갖추었다. "검수하기 위하여 걷는 걸음은 당당할 것이다…. 너는 왕으로부터 사무실을 하사받을 것이고, 그것으로부터 권력이 생긴다. 남자와 여자 노예가 주변에 머물면서 시중을 들 것이다. 들판에 있는 사람들은 너의 손을 잡으려 할 것이다." 도처에 존재하는 서기들은 점차 복잡해지는 관료체제를 갖춘 고대 이집트라는 기계가 기름 친 바퀴를 달고 달릴 수 있게 하는 추진 장치라고 할 수 있다. 펜과 점토판과 파피루스 두루마리를 들고, 수확량을 헤아리고 감독하거나 줄지어 앉아서, 궤에 적재되는 곡식 바구니를 세고 창고에 보관하는 장면을 무덤 벽화 여기저기에서 볼 수 있다.

기록은 권력으로서 수천 명은 아닐지라도 적어도 수백 명의 노동력을 통제하는 열쇠였다. 메소포타미아 문자가 점토판에 기록하는 데 적합하였다면, 이집트 문자는 파피루스 갈대 종이에 잉크를 사용하는 데 더 적합하도록 발달하였다. 상형문자(Hieroglyphs, 그리스어로 '성스러운 부호')들은 일반적으로 그림문자의 형태라고 생각되었다. 사실 그것들은 그림문자와 음성문자의 결합이며, 종이에 적히고 건물에 조각되며 점토나 나무에 그려졌다(그림 4.5). 상형문자가 기념비나 장례용으로 이용된 것과 달리, 이집트 서기가 일상적인 기록 용도로 사용한 것은 '신관문체(hieratic)'였다. 이는 상형문자와 관련된 필기체 형식의 흘림체 문자이다. 비록 모음이 *ths smpl xmpl shws* 같이 발음되지만, 자음은 이집트 문자로 쓰였다. 복잡한 문자는 이집트 사고의 상징적 특성을 잘 나타낸다.

국가가 성숙함에 따라 기록과 수학 기술도 발달하였다. 아하 시대의 까다로운 상형문자는 비공식적인 흘림체 문자로 발전하였다. 파피루스에 펜으로 적는 데 적합한 형태로 발달한 것이었다. 이제 서기는 멀리 보낼 명령을 신속하게 작성할 수 있고 회신을 받을 수 있게 되었다. 나일 강 범람의 높이를 기록하여 멤피스까지 보낼 수 있었고, 멀리 있는 촌락의 세대와 소의 수를 알 수 있었다. 또한 신전의 층수, 옥수수 밭의 규모, 선원에게 제공된 빵 덩어리의 수, 그리고 왕의 묘실에 필요한 벽돌 수량을 계산하는 데도 사용되었다. 서기들은 사람의 신체를 기준삼아 정한 간단한 길이 측정 수단과 입체 측량 표준 단위를 적용하여, 부피와 수량을 측정하고 비율을 계산하였으며 토지를 조사하였다.

파라오는 4세기에 걸쳐 경쟁적인 여러 종교적 의제와 씨름하였다. 국가 전체가 받드는 왕의 성스러운 조각상이 세워져 있기는 했지만, 노메스라 불리는 각 공동체는 자신들만의 신을 숭배하였다. 각각의 파라오는 충성심을 확보하려 노력하였고, 전략적 가치가 있는 노메스에 신경을 집중하였으며, 잠재적 경쟁자와 유대관계를 유지하기 위하여 정략결혼을 했다. 그들은 또한 새로운 종교적 이념을 만들어냈는데, 이 종교는 향후 3000년간 지속하여, 이집트 예술의 표준화된 규범이 각 지역에 내려오던 전통을 대체하였다.

초기 단계인 첫 번째, 두 번째 왕조의 파라오는 '가장 높은 존재'로 신성시되던 호루스와 자신을 동일시하였다. 서기는 통치자의 이름을 세레크(serekh) 안에 새겨 넣었는데, 세레크는 머리가 매 모양인 신의 모습을 상단에 붙인 왕궁 앞 벽면의 구획된 공간을 말한다. 이는 호루스와 같은 왕이 현재 궁정에서 살고 있음을 의미한다. 호루스 아하는 또한 네브티(Nebti)라고 하는데, 이는 '두 숙녀의 남자'라는 뜻으로 하이집트의 코브라, 상이집트의 독수리를 의미한다. 서기전 2500년까지 왕의 이름은 우주를 돌고 있는 태양을 의미하는 타원형 도형 안에 새겨졌다. 원형을 뜻하는 상형문자 셴(shen)에서 파생된 기호 또한 영원을 상징하며, 왕의 이름과 왕을 영원히 보호한다. 두 번째 타원형 도형에는 파라오 '레의 아들'이라는 이름이 적혀 있는데, 이는 태양신 레와 상당히 밀접한 관계를 가졌음을 표현한 것이다.

최고 통치자들은 구호 선전을 바탕으로 권세를 유지하였다. 그래서 초기단계의 파라오는 가장 신성한 태양의 힘으로 질서를 유지하겠다고 선포하였다. 파라오의 의상과 왕보는 창조의 잠재력을 가진 신성한 망토로 알려져 있다. 사람들의 목자이며 보호자인 파라오는 목자 우두머리의 왕보를 입었으며, 허리에는 다리 덮개인 셈세트(shemset)를 두르고, 허리띠 뒤에 황소의 꼬리를 매달았다. 그는 목자가 갖고 다니는 굽은 지팡이와 향기 나는 고무를 채취할 때 쓰는 도리깨를 들고 턱에는 염소털로 만든 수염을 달았다. 덴(Den) 왕 시절에(약 2900 B.C.) 파라오는 하이집트의 붉은 머리 장식과 상이집트의 하얀 머리 장식을 결합한 이중의 왕관을 썼다.

정교하게 기획된 공개 의식행사에서는 왕권의 신성함을 널리 알리는 찬송가와 낭송이 울려퍼졌다. 신전과 왕궁의 벽면에 그림을 그리고, 예술품과 건축물에는 상형문자를 새겼다. 예술, 조각 그리고 왕의 의식용 복장에는 왕이 전사와 건축가임을 표현하였다. 그는 인간의 선함을 하늘에 전달하고 창조자와 지상을 다스리는 신으로부터 축복을 받았다. 왕은 신에게 공물을 바치고 땅에서 거둔 생산물을 제공하는 모습과 함께, 때로는 호루스 신과 마주보고 서 있는 모습으로 표현된다. 신은 보호의 표시로 왕의 어깨를 오른팔로 감고 있으며, 왼손으로는 왕의 가슴을 끌어안고 있다.

이집트의 신전을 여행하면 성스러운 왕권에 대한 찬양을 끊임없이 볼 수 있다. 이런 찬양은 오시리스(Osiris) 신과 같이 있는 왕, 태양신 아문-레(Amun-Re)에게 공물을 바치는 왕, 아문, 레, 프타(Ptah)에게 마아트, 즉 '정의'의 여신 조각상을 바치는 왕 등으로 묘사된다. 기도문은 곧 단순화 되었지만, 그 반복에 압도당하게 되며, 내용은 파라오가 항상 이기는 것으로 되어 있다.

모든 구호 선전에서 북쪽과 남쪽의 경쟁이 은밀하게 지속되었다. 오랜 세월에 걸친 호루스와 세트 간의 갈등은 북쪽과 남쪽 간의 격렬한 싸움이 이루어지는 과정에서 다시 발생하였다. 두 번째 왕조의 마지막 파라오 카세크엠(Khasekhem)은 끝까지 항거하는 하이집트의 군대를 격렬한 싸움 끝에 진압하였다. 이러한 사실은 네켄에서 발견된 쌓인 시체가 묘사된 기단이 있는 파라오 좌식 흉상 두 개로 알 수 있다. 카세크엠은 '두 권력의 출현'이라는 뜻을 가진 카세크엠위(Khasekhemwy)로 이름을 바꾸었다. 그는 관계를 개선하고 싶다는 뜻으로 북쪽 공주 네마타프(Nemathap)와 결혼하였다. 그녀를 '왕을 잉태한 어머니'라는 이름으로 기록한 봉인된 토기 항아리가 남아 있으며, 그녀는 이집트 국가가 성숙한 단계로 접어든 제3왕조의 선조에 해당하는 인물이었다.

고왕국(2680~2134 B.C.) : 지상을 다스리는 성스러운 왕권

서기전 2680년경 이집트 문명을 처음으로 꽃피운 제3왕조는 고왕국의 4세기 반을 이끌었다. 이때까지 이집트 사회는 민중들의 삶이 전적으로 통치자에 달려 있고, 그 또한 민중의 노동력에 의존하는 국가의 모습이었다. 이집트 국가의 전성기가 지난 서기전 5세기경 이집트를 여행한 그리스 작가 헤로도투스에 따르면, 악명 높은 쿠푸(Khufu)와 카프레(Khafe)와 같은 고왕국의 몇몇 파라오는 정도를 넘은 악덕 통치자라고 지적하였다. 그들은 신과 사람들 모두의 기대를 무시한 거친 폭군이었으며, 그들의 거대한 피라미드 무덤은 국가를 궁지로 내몰았다는 것이다. 멘카우레(Menkaure)는 같은 지점에 세 번째 피라미드를 세웠는데, 그 규모가 비교적 작아서 당시 상황을 고려하여 축소 조정한 것으로 보인다. 그러한 이유로 헤로도투스는 그를 관대한 통치자로 기록하였다. 많은 학자들은 헤로도투스의 설명을 지나쳐 버리지만, 역사적 사실을 반영한 것이라고 판단된다.

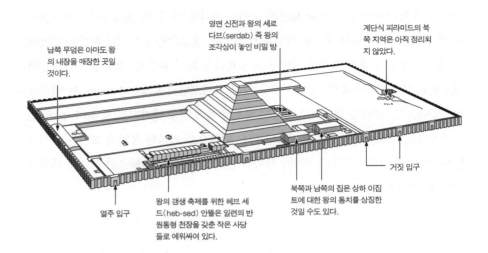

남쪽 무덤은 아마도 왕의 내장을 매장한 곳일 것이다.

영면 신전과 왕의 세르 다브(serdab) 즉 왕의 조각상이 놓인 비밀 방

계단식 피라미드의 북쪽 지역은 아직 정리되지 않았다.

거짓 입구

열주 입구

왕의 갱생 축제를 위한 헤브 세드(heb-sed) 안뜰은 일련의 반원통형 천장을 갖춘 작은 사당들로 에워싸여 있다.

북쪽과 남쪽의 집은 상하 이집트에 대한 왕의 통치를 상징한 것일 수도 있다.

그림 4.6 사카라에 있는 조세르 왕의 계단식 피라미드 단지. 피라미드는 왕이 최고 통치자 역할을 과시하는 공개적인 의례 행사가 있을 때, 정교한 무대 역할을 하는 중심이다. 구역을 둘러싼 담벽은 왕궁의 파사드를 모방하여 세워졌다(피터 클레이턴(Peter A. Clayton), 『파라오의 연대기(*Chronicle of the Pharaohs*)』).

사카라(Saqqara) : 최고 지상 통치자로서의 왕

선왕들처럼 고왕국 파라오도 공개적인 행사에서 모습을 드러낼 때는 효과를 극대화할 수 있는 무대를 이용하였다. 시야가 넓은 공간, 어렴풋하게 왕을 보일 의도로 차양으로 그늘을 만든 높은 단상, 왕이 공식 의상을 입고 휴식을 취하는 작은 궁전 등이 죽음의 영원성을 기리는 행사나 30년 왕권 통치를 기념하는 주요 행사인 세드 축제를 화려하게 꾸미기 위한 구성요소였다. 제3왕조 파라오 조세르(Djoser)는 자신을 지상의 최고 권력자로 생각하고 지위를 강조하기 위하여, 멤피스의 수도 반대편에 위치한 사카라(Saqqara)에서 계단식 피라미드의 독특한 구조물을 갖춘 구역을 조성하여 기념행사를 거행하였다.

임호테프(Imhotep, 2680 B.C.)는 조세르의 신하이면서 태양신을 모시는 고위신관으로, 계단식 피라미드 건축물(그림 4.6)을 설계하였다. 이때까지 각 지역의 토착신앙 행위는 태양신 레 혹은 레-하라크티(Re-Harakhty)가 이끄는 이집트 신들을 모신

일반 신전에서 치렀다. 레-하라크티는 매일 범선을 타고 하늘의 강을 건너 이 세상이 창조 이전의 어두운 상태로 되돌아가지 않도록 빛과 생명을 세상에 가져다준다. 일몰 때 레는 범선을 바꿔 타고 양의 머리를 한 창조주로 모습을 바꾸어 지친 모습으로 지하세계의 강을 건넌다. 그곳에서 그는 뱀신 아포피스가 이끄는 이스페트라는 악마의 세력과 싸워 승리하고, 창조의 또 다른 순환이 시작되는 새날에 태양 범선을 타고 솟아오른다.

새로운 교리 아래 조세르는 호루스 이상의 존재이면서 레의 아들, 나아가서는 태양신 그 자체로서 땅을 다스렸다. 그와 임호테프는 혁신적인 신앙체계를 토대로 무덤 상부구조를 대담하게 변경하였다. 당초의 언덕모양을 계단식으로 바꾸어, 태양이 떠올라 꼭대기를 비출 때 죽은 파라오가 태양 범선을 타고 레를 만나러 하늘로 오르는 계단의 역할을 하게 하였다. 동시에 왕은 자신의 피라미드를 아비도스에 있는 선조 무덤에서 멀리 떨어진 멤피스의 사막 서쪽 하류 유역인 사카라에 지을 것을 명령하였다.

이 위대한 건축가는 직사각형 구조의 아비도스 이전 왕가의 무덤 등에서 영감을 얻었다. 아비도스의 무덤은 죽은 군주의 영원한 저택으로서, 그 고총 고분은 이집트의 창조전설에 등장하는 태초의 언덕을 연상시킨다. 임호테프는 왕국 내 모든 촌락에서 동원한 노동자 집단의 힘으로 언덕 형식이 아닌 계단식 피라미드를 세웠다. 국가는 짧은 시기에 수백 개의 촌락 공동체를 해체하고 인근의 사람들과 섞이게 하여 융화시켰다. 이와 같은 방식은 중세 성당을 건축하는 경우와 유사한데, 성스런 우주에 대한 경건한 행위로 받아들여지게 되고, 그 사회적 영향은 엄청났다. 사카라 피라미드는 사막 위에 세워졌으며, 외벽은 동서남북 각 방향을 가리키고, 상층으로 올라갈수록 좁아지는 6층의 계단 형식으로 60미터 높이로 세워졌다. 마치 천상으로 오르는 거대한 계단 같은 인상이다. 담벽은 길이가 1.6킬로미터 이상으로 왕궁의 파사드와 같은 모습으로 묘역 전체를 에워싸고 있다. 피라미드 정면의 광장은 왕실 사람들이 등장하는 무대이며, 의례적 영토 표지물, 즉위식장 그리고 상징적인 궁정시설로 구성되어 있다. 이 구역 전체가 지상 왕권이 영원함과 장엄함을 보여주기 위한 무대였다.

피라미드: 레의 산

조세르와 그의 계승자는 지상의 군주이자 최고의 통치자로, 혼돈을 제압하여 얻은 질서의 승리 그 자체였다. 서기전 2649년 그가 죽은 뒤 왕권의 이미지가 바뀌기 시작했다. 통치자는 태양의 신비로운 상징과 결합되었다. 신관은 권력을 강화하면서 태양 경배 행위를 파라오 의례에 융합했다. 태양신은 하늘의 군주가 되었으며, 파라오는 영토 정복자에 그치지 않고 지상에서 신을 대리하는 자로 변신하였다. 왕이 죽으면 죽음의 신 오시리스(Osiris)와 동일시된다. 이집트의 신앙에 따르면, 별은 신성한 존재로서 통치자는 그 사이에 자리잡는다. "왕은 또 다른 몸으로 옮겨 가고… 그가 올라갈 수 있도록 사다리가 놓였다."라는 주문이 왕가의 피라미드 문서에 적혀 있다. 고왕국의 파라오가 막대한 자원을 투자하여 만든 하늘로 올라가는 계단의 상징물로서, 처음에는 흙으로 만든 언덕, 나중에는 피라미드 모양으로 무덤을 축조한 것이다.

피라미드는 구름을 뚫고 쏟아져 내리는 태양빛 형상을 표현한 영원한 돌계단으로, 장제 신전은 태양이 떠오르는 동쪽에 세워졌다(발견 4.1).

고왕국 파라오의 왕가 묘지와 피라미드 단지는 궁정수도 멤피스의 거의 북쪽에 위치하는데, 사막경계 서쪽에 35킬로미터 길이에 걸쳐 조성되었다. 스노푸르(Snofru)는 제4왕조의 첫 번째 파라오이다. 그는 최소한 3개의 피라미드를 건설하였는데, 계단형에서 완전한 피라미드로 넘어가는 과도기적 디자인을 채용하였다. 서기전 2528년에 스노푸르의 아들이자 후계자인 쿠푸는 고대 아프리카의 웅장한 경이로움이자 고대 7대 불가사의 중 하나인 기자의 대 피라미드를 건설하였다. 면적 5.3헥타르, 높이 146미터의 피라미드를 건축하는 데 2백만 개 이상의 대리석 암괴가 사용되었다. 이중 어떤 암괴는 하나에 15톤이 넘는 것도 있었다. 기자 단지의 각 피라미드는 긴 회랑으로 장제 신전과 연결되어 있는데, 왕의 조상을 안치한 간결한 모습의 건물이다. 그 좋은 예가 기자의 두 번째 피라미드를 건축한 카프레 왕의 피라미드 단지이다. 카프레의 신전은 대리석과 화강암으로 정교하게 축조되었는데, 천정 높이의 미늘창은 빛을 퍼뜨려서 안에 있는 상을 밝게 보이도록 했다. 카프레 자신은 왕좌에 앉아 호루스 신의 보호를 받고 있었는데, 호루스 신은 파라오의 목덜미 둘레를 날개로 감싸고 있다. 인접한 왕의 무덤들은 신전에 막강한 권위를 부여하였는바, 그것은 신전에서 거행되는 조상숭배의식을 통하여 선대 왕과 신에게 현 통치자를 연결시킬 수 있었기 때문이다.

갓 출범한 국가에 당면한 문제가 있음에도 파라오가 갑자기 피라미드 건설이라는 호화스런 축제를 시작한 이유에 대하여 우리는 아는 바가 없다. 이집트의 다른 주요 공공사업과 마찬가지로 그들이 피라미드를 건설하였다는 것은 식량과 건축자재를 수송하고 석재를 채굴하고 현장으로 운반하는 숙련된 기술자와 노동자를 운용하는 행정조직이 제대로 움직였다는 것을 의미한다. 국가에 대한 연간 노동 공역을 이행하고자 단기간에 몰려온 수천 명의 주민을 컴퓨터 없이 배치하고 지원하는 총괄관리는 경이롭기까지 하다.

원자재의 검수와 수량 확인 이외에 배급량에 해당하는 운반, 수송, 토목의 적정 개인 일일작업량을 감독해야 하므로, 건설감독 담당자는 서기 활동에 많은 시간을 투자해야 한다. 예를 들어 10입방큐빗(1큐빗은 52센티미터)은 남성 한 명이 원자재를 운송할 표준작업량이었다. 서기가 쓰는 펜은 왕실 기술자의 천재성이나 노동집단을 지휘할 감독자만큼이나 중요한 건설 활동 뒤에 숨은 추진력이었다.

피라미드 단지의 건축과 별개로 신관과 소규모 노동자 집단은 파라오의 사후에 필요한 사업에 동원되는데, 이들을 위한 새로운 촌락시설이 기자 근처에 건설되었다. 왕실 의례의 수요 물품과 그들의 노예에게 필요한 식량을 공급하기 위한 것으로, 대규모 노동자 주거구역이 피라미드의 남쪽과 남서쪽에 설치되었다. 10미터 높이의 거대한 돌벽과 7미터 넓이의 관문이 외부의 세속적 활동으로부터 피라미드 단지의 신성한 영역을 분리했다. 마크 레너(Mark Lehner)는 생활구역 안에서 거대한 제빵소 유적을 발굴하였는데, 피라미드 노동자에게 배급할 표준 규격의 빵 수천 개와 가공 생선을 공급하기 위한 시설로 밝혀졌다.

피라미드가 완성된 뒤에는 피라미드 의식행사를 지원한 사람들은 촌락 묘지에 묻혔다. 잘 지어진 석재무덤에 안치된 사람은 도면 작업자나 석공 감독 같은 부유한 관리자들이었다. 이집트 고고학자 자히 하와스는 네페르 티스(Nefer-thieth)라는 사

기자의 피라미드

기자의 피라미드는 고대 세계 불가사의 중 하나이다(그림 4.7). 단순한 기술밖에 없는 이집트인이 거대한 구조물을 어떻게 짧은 시간에 세울 수 있었을까? 피라미드 축조는 21세기의 정교한 중장비와 무제한적인 예산을 가진 건설업자라도 감당하기 힘든 사업일 것이다. 이집트인의 건설 방법은 단순하나 효과가 높은 것이었다. 그들의 도구는 돌과 구리망치, 나무망치, 분쇄기, 톱 정도였다. 이집트의 전문가들은 석재의 채굴, 운반, 가공 작업에 많은 숙련공과 미숙련 노동자를 동원했을 뿐만 아니라, 식량 공급과 인력배치 작업을 효율적으로 수행하는 방법에 대해서 잘 알고 있었다. 피라미드에 사용될 석재의 대부분은 가까운 지역에서 조달되었다. 기자 고원의 인근에서 채굴한 대충 깎은 돌과 잘 다듬어진 석재가 바위지형을 깎아 만든 항구를 통하여, 유적의 중심구역으로 운반되었다. 휴경 기간인 매 홍수기마다 수천 명의 촌락민을 건설팀으로 조직해서 돌을 떼어냈다. 대충 깎은 돌과 완성된 석재는 피라미드 주변에 흙을 쌓아 만든 경사로로 운반되었다. 먼저 대지를 평평하게 한 후, 석공이 바위에 물이 들어갈 틈을 모눈 형식으로 쪼아낸 다음, 그곳에 물을 채워 바닥을 수평으로 맞추었다. 그 다음에 건축가가 진흙벽돌로 윗면이 평평한 원형담장시설을 만들었다. 그리고 눈금이 새겨진 막대기로 큰 별들을 측량하여 세워질 위치를 표시하고, 그 위에 경계석을 쌓았다. 이렇게 함으로써 남북을 연결하는 선을 그려 피라미드의 기초를 잡을 수 있었다. 한편으로는 수로와 둑길을 조성하여 보급품을 운반하였다.

피라미드가 한 층 한 층 대지 위로 올라가고 통로와 묘실이 건설되고, 경사면을 따라 암괴가 덮였다. 이미 오래전에 건축설계가가 경사진 피라미드를 감아 올라가는 거대한 진흙벽돌 경사로의 정확한 수치를 계산하였던 것이다. 수백 명이 긴 경사로 위쪽에서 암괴를 끌어당겼다. 수십 명의 노동자가

암괴 앞을 달리면서 지면이 미끄럽도록 바구니에 물을 담아 뿌렸다(프랑스 과학자는 실험을 통하여 나일 강의 물이 무거운 것들을 썰매로 운반하는 데 놀랍게도 윤활유 역할을 훌륭히 해낸다는 것을 증명하였다). 몇 년 동안 이렇게 운반 작업을 한 뒤에 왕의 신관들은 피라미드 꼭대기에 금박을 입힌 덮개돌을 얹어 놓았다. 그러고 나서 석공들이 경사면을 매끄럽게 깎았고 외장석을 갈아냈으며, 경사로는 차례로 제거되어 나일 강으로 씻겨 내려갔다. 쿠푸가 피라미드에 묻혔을 때, 장례용 바지선이 사후 세계의 여행에 사용되기 위하여, 그의 무덤 가까운 특별한 방에 안치되었다. 오늘날에도 카이로의 근교에 둘러싸여 있는 기자의 대 피라미드는 그것을 세운 무자비한 천재성과 정확성에 감탄하게 하며 경외감마저 느끼게 한다. 그들은 모진 공사감독들이었다. 피라미드 근처의 묘지에 묻힌 노동자의 유골은 영양실조와 질병의 흔적을 많이 보여주고 있다. 무거운 짐을 운반하느라 척추는 굽었고, 뼈에 염증이 생겨 심하게 불편했을 것이다. 이집트 고고학자 아자 사리 엘-딘(Azza Sarry el-Din)은 고왕국시대의 이 묘지에서 발견된 빈부 차이를 보이는 유골 162기를 연구하였다. 평민은 과로에 시달렸고 수명은 18~45세였다. 특권층은 보다 좋은 음식을 섭취하였고, 질병에 잘 걸리지 않았으며 기대수명이 50~75세였다.

카프레 왕이 서기전 2494년에 다소 축소된 피라미드와 신전의 단지를 남서쪽에 조성하면서, 기자 고원은 정교한 무덤단지의 모습을 갖춘다. 카프레는 가까운 돌출부에 73미터 길이의 스핑크스를 조각할 것을 명령하였다(그림 4.8). 이 거대한 상은 전성기에는 회반죽이 입혀졌고 화려하게 채색되었는데, 카프레의 머리를 한 엎드린 자세의 사자는 경계를 늦추지 않고 신성한 구역의 수호자 역할을 하였다. 카프레는 왕실 사람의 특징인 턱 장식과 머리 장식을 하이집트의 코브라 상

징과 함께 착용하였다.

카프레의 후계자인 멘카우레는 서기전 2472년에 세 번째로 작은 피라미드를 다시 남서쪽에 세웠다. 아마도 왕이 예상치 못하게 죽는 바람에 급하게 마무리되었는데, 이 당시 피라미드 건설은 느리게 진행되었다. 기자의 마지막 피라미드는 선대의 약 3분의 1의 규모이다. 네 번째 왕조의 마지막 시기(2465 B.C.)에 왕실의 허례 규모가 줄어들었는데, 이는 원하는 규모의 무덤을 건설하는 데 너무 많은 경비가 든다는 단순한 이유 때문이었을 것이다. 특히 홍수로 굶주리는 해에는 그렇게 많은 사람들을 조직하고 식량을 조달하는 데 재원이 부족할 수밖에 없다.

(a)

(b)

그림 4.7 (a) 기자의 피라미드
(b) 측면을 덮은 원래의 평활한 마감 석재의 잔편

그림 4.8 기자의 스핑크스

람의 무덤을 발굴하였는데, 이 무덤 주인은 부인 두 명과 자녀 18명을 거느렸다. 그의 첫 번째 부인 네페르 헤테페스(Nefer-hetepes)는 직조공이었다. 네페르 티스의 직업은 잘 알 수 없으나, 무덤에 빵과 맥주 생산을 묘사한 그림이 많은 것으로 보아 제빵 감독자였을 것이다. 14종의 맥주와 케이크가 부인의 장례 부장품 목록에 들어 있었다! 하와스는 600기 이상의 피라미드 노동자의 무덤을 발굴하였는데, 대부분은 몇 평방피트밖에 안 되는 것들이었다. 미라화는 아직 지배층에 국한된 특권이었으며, 노동자가 미라로 만들어진 경우는 없었다. 유골을 통하여 그들이 고생스럽고 거친 삶을 살았음을 알 수 있다. 척추를 손상시키는 노동으로 인한 관절염과 퇴행성 척추 질환은 당시 널리 퍼져 있었다.

파라오는 거대한 노동 집약적 공공사업을 국가의 성장 원동력으로 삼아 시행하였다. 국가가 거대한 공급자였던 것이다. 쿠르트 멘델스존(Kurt Mendelssohn)이 주장한 대로, 피라미드는 인간을 그들의 수호자인 왕과 태양신에 연결하는 수단으로 건설되었을 가능성이 많다. 태양신은 인간의 생명과 풍요로운 수확의 원천이었다. 왕과 신하의 관계는 호혜적이며 정신적인 것이었다. 파라오는 신성한 왕이며 실체적인 신성함 그 자체로, 측근들은 매년 노동력을 제공받았다. 간단히 말하자면 피라미드의 건축은 공공사업이었고, 통치자의 권한을 공고히 하고 신하들을 왕에게 의존하게 만드는 기능을 하였다.

'이 땅의 목자'

고왕국 이집트의 수도는 왕실 궁전이 있는 멤피스였다. 파라오와 고관들은 이곳에서 살았다. 왕은 오직 선왕들의 관례에 따라 문서화된 법이 아닌 구두 명령으로 통치하였다. 파라오의 정치종교적 권력은 세월에 따라 다소 변하기는 하였지만, 핵심적인 내용은 여러 왕조를 거쳐 유지되었다. 왕의 업무는 신성한 것이며, 왕은 하늘과 매의 신인 호루스의 특별한 화신으로 '선한 신'이었다. 호루스는 나중에 레에 대한 태양 의례와 밀접한 관계를 갖게 된다. 왕은 정교한 관습과 의례적인 규칙을 준수하는 고도의 정치적 존재였다. 후대의 한 그리스 작가에 따르면 "알현식에 참석하거나 판결을 내리는 것 이외에 산책하거나 목욕하고 부인과 잠자리에 드는 것에도 시간표가 있었다."고 한다.

왕실의 일상이나 중심 읍락의 삶에 대해서 알려진 것은 별로 없지만, 많은 고위 관리들이 자신들의 출신 시골지역에 강한 연고를 가지고 있었다는 것은 알려져 있다. 그러나 신왕국 시기에 이르기까지 읍락에서 태어난 사람이 시골의 토지를 소유한 경우가 확인된다. 따라서 시골의 토지는 부자와 세력가의 사치를 보여주는 이미지일 수 있었다. 바위를 깎아 만든 귀족 무덤의 벽에는 사후의 삶이 그러하기를 기대하는 목가적 꿈을 표현한 생생한 그림과 부조가 있다. 무덤벽화에서 자신들의 소유지에서 편안히 살면서 자애로움을 베푸는 자산가와 부인의 모습을 볼 수 있다. 그들은 씨를 뿌리고 곡식을 추수하며, 나락을 까부르고 포도를 밟아 으깨는 하인들의 작업을 감독한다. 소를 길러서 도축하고 덫을 놓아 새를 잡았으며 가금을 사육하였다. 숙련공들은 가구를 만들고 장례용 배를 건조하며, 무덤에 묻힐 부장품을 준비하느라 열심이다. 소유계층의 사람들은 한가롭게 작살로 물고기를 잡고 물새를 사냥하며, 하마를 쫓아

그림 4.9 가축을 살펴보는 귀족 메케트르(Meketre), 서부 테베 메케트르의 무덤에서 출토, 채색 목재, 높이 55센티미터. 제11왕조 멘투호테프 1세(Mentuhotep I) 집정시기(카이로 이집트 박물관)

내고 가축의 상태를 살펴본다(그림 4.9). 가내 노예들은 고된 일을 감수하는데, 세금징수원과 다투거나 고집 센 당나귀와 씨름하는 등, 그들의 고난과 시련이 무덤 벽화에 세밀하게 표현되어 있다. 이 장면이 있는 무덤은 살아 있는 세계와 사후의 영원한 세계가 연속성을 가지는 매우 중요한 곳이다. 이런 무덤 유적을 통하여, 우리는 생생하고 화려한 사회에 대한 인상을 받게 된다. 그러나 주민의 대부분을 차지하는 평민은 일상적인 생활에서 고된 작업을 하는 것이 현실이었다.

고왕국 이집트는 강력하고 자신 있는 통치자, 왕실 친척과 고위관리의 특권 계급이 주도하는 웅건한 국가였다. 그들의 재능이 창조한 문명은 극소수 사람에게 혜택이 집중되었다. 이집트 상인이 레바논의 유명한 삼나무를 거래하고, 시나이에서 터키석과 구리를 캐내며, 누비아에서 상아와 준보석을 찾고, 이집트 군대 용병을 고용하는 일은 모두 신성한 왕이 이끄는 특권 계급을 위한 것이었다.

제1중간기(2134~2040 B.C.)

번영은 오래가지 않았다. 고왕국의 마지막 위대한 파라오는 페피 2세(Pepi II, 2246~

2152 B.C.)로서, 6세에 왕위에 올라 94년간 통치하였다. 후계자들은 그의 권력에 필적하지 못하였다. 국가의 중앙권력이 쇠약해지면서, 지역 통치자(지방관)는 자신의 행정구역 내에서 어느 정도 독립적인 존재가 되었다. 이러한 군주정치의 쇠퇴는 서기전 2250년 이후 북부 아프리카 전역에 만연된 장기적인 가뭄 주기와 일치하였다. 초기 왕조 시기의 가뭄으로 인해 파라오들은 이미 농경활동을 중앙에서 관리하는 것이 중요하다는 사실을 알게 되었다. 그들은 관개시설과 수로를 확장하고, 삼각주에서의 농업 발전을 도모하면서, 경제적 현실의 변화에 대처하였다. 이집트의 인구는 단기간에 증가하여 서기전 2250년에 백만 명 이상으로 급성장하였다. 그러나 농업 집약화로 인한 인구 증가는, 언젠가 다가올 또 다른 침체 순환 국면에 부양해야 할 사람이 더 많아지는 것이라는 측면에서 보면, 이집트인을 보다 취약하게 만들었다고 할 수 있다. 기근은 300년 이상 반복되었다. 당시 기록에는 광범위한 약탈과 무정부 상태 그리고 식수부족과 들판에서 썩는 시체에 관한 내용이 있다. "나일 강이 말라서 사람들은 걸어서 건넜다"라고도 기술했다. 이 기록의 일부는 과장되었을지 모르나, 통치자가 짧은 기간에 등장과 퇴장을 반복하면서, 이집트인들 사이에 불만족과 불안이 만연하였던 것은 분명하다.

재난에서 이익을 얻은 통치자는 파라오가 아니라 지방관이었다. 그들은 여전히 유지되고 있는 질서 아래에서 관개작업을 지속하여 기본식량을 공급할 수 있었다. 그러나 레반트와의 장거리 교역이 쇠퇴하고 시나이 사막 광산의 채굴이 끝나자, 이집트는 혼란의 땅이 되었으며 왕국들의 경쟁적인 영토 침탈 장소가 되었다. 강력한 통치자가 되기 위해서는 백성을 먹여살리고 사막에서 오는 약탈자로부터 보호할 수 있어야 했다. 이집트 학자 허버트 윈록(Herbert Winlock)은 테베 근처 데이르 엘-바리(Deir el-Bahri)에서 제11대 왕조의 무덤을 발굴하였을 때, 당시의 잔혹한 전쟁에 대한 시각적 증거를 발견하였다. 무덤에는 젊은 테베 군사 60명의 미라가 있었다. 그들은 요새 공격에서 죽은 전쟁 희생자로, 위에서 쏟아지는 화살(흑단제)과 투석기에 맞아 쓰러졌다. 그들이 성벽 밑을 파려고 하자 결사적으로 퍼붓는 적의 화살이 노출된 어깨를 뚫었다. 공격은 실패하였다. 수비군은 부상당한 적을 찾아 머리를 잡고 때리거나 찔러 죽였다. 시체들 중 일부에는 독수리나 까마귀에 의해 찢어진 것이 분명한 상처가 있었다. 몇 명이 그 시체를 모아 화장한 것으로 보아 그 후의 공격은 성공적이 었음이 틀림없다.

중왕국(2040~1640 B.C.) : 오아시스의 조직화

원록이 묘사한 병사들은 아마도 멘투호테프 2세(Mentuhotep II)라는 테베 왕자가 서 기전 2040년경 삼각주에서 경쟁자를 물리치고, 이집트를 자신의 통치하에 재통합할 당시 죽었을 것이다. 멘투호테프는 수도를 테베로 정한 남부 출신이었다. 그는 서기 전 2010년까지 통치하였으며, 평화롭고 번영하는 왕국을 아들에게 남겼다. 그러나 통합은 겉으로만 이루어진 것으로, 야망을 가진 관료들이 다시 최고 권력을 다투었 다. 아메넴헤트 1세(Amenemhet I)가 서기전 1991년에 왕권을 장악하고 수도를 상이 집트와 하이집트의 중간 경계인 리시트(Lisht)로 옮긴 후에야, 이집트에 정치적 안정 이 다시 찾아왔다.

　　그때까지 파라오들은 대내적 안정은 물론 국경을 확장하고 견고히하는 것 모두 에 관심을 두었다. 아메넴헤트와 그의 계승자는 누비아 정복사업을 계속하였으며, 제 3폭포(제12장) 위의 케르마(Kerma) 남쪽까지 요새화된 거점 읍락을 설치하였다. 그들 은 북동 경계 지역도 '왕자의 성벽'으로 통합하여, 시나이 사막에서 이집트로 가는 주 요 교통로를 보호할 수 있는 전략적 요지에 요새화된 거점을 설치하였다. 그와 동시 에 레반트와의 교역 관계는 급격히 확대되었다. 파라오는 시나이에서 구리, 금 그리 고 터키석을 채굴하였으며, 레바논으로부터 삼목을 수입하였다. 그들이 사용하는 조 각장식이 멀리 북부 시리아 해안의 비블로스(Byblos)와 우가리트(Ugarit) 항구에서 도 발견되었다. 에게 해 섬과 크레타의 미노아 읍락 물품이 나일 강에 들어온 것은 이 런 중심지에서 공급되었기 때문이다(제9장).

　　또한 이집트 정부는 농업생산량을 늘리려 하였다. 중왕국의 전성기에 파라오 세누스레트 2세(Senusret II)는 멤피스 남서쪽 80킬로미터에 위치한 파이윰(Fayyum) 오아시스의 개발을 시도하였다. 그와 후계자는 이전에 없었던 농업 프로젝트에 착수하였는데, 이는 가뭄 때에도 국가가 소비할 많은 곡물을 생산하기 위한 것이었다. 이 프로젝트는 늪지 오아시스를 대규모 제방으로 막아 관개수로 네트워크를 갖춘 거대한 농경지로 조성한 사업이다. 이러한 종류의 조직적인 관개사업은 초기 이집트 농업의 특징으로, 촌락 단위별로 이루어진 비공식적인 수로사업과는 전혀 다르다. 파이윰 프로젝트는 지역에 토착사회를 긴밀하게 조직하여 중앙집권화된 국가로 전환하기 위한 정책 중 하나였다. 이 정책에 따라 인구가 희소한 지역에도 계획적으로 중심 읍락이 조성되었다. 파라오들은 조직화된 오아시스를 통해 더 많은 관리들이 운영하는 국가를 추구하였다.

거대한 공공사업과 일련의 새로운 왕실 피라미드는 소규모 노동자 집단을 필요로 하였으며, 경우에 따라 궁전에서 어느 정도 떨어진 곳에 그들 공동체를 위한 특별한 거주구역을 마련하기도 하였다. 중왕국 시대의 읍락은 세누스레트 2세의 피라미드 근처 파이윰의 입구 가까이에 있는 카훈[Kahun, 이집트인에게는 헤테프-세누스레트(Hetep-Senusret)로 '세누스레트 왕은 평안하다'라는 뜻으로 알려져 있다]에 조성되었다. 여기에는 다른 건설 작업과 농업에 관련된 사람들은 물론 왕의 제사 의례를 책임진 신관과 노동자들도 함께 살았다. 카훈에는 진흙벽돌 담장 안에 둘러싸인 작은 가옥들과 거리들이 엄격한 격자 형태로 들어섰다. 이집트 학자 플린더스 페트리(Flinders Petrie)는 복잡하게 설계된 큰 규모의 가옥들을 발굴하였는데, 이곳에는 대규모의 곡물창고도 있었으며 가사 활동이 내부 저택과 담벽 안의 정원을 중심으로 이루어진 것이 확인되었다. 보다 작은 주택들로 빽빽하게 채워진 공동체 안에는 약 3000명으로 추정되는 사람들이 살았는데, 큰 주택의 거주자들보다 약 20대 1의 비율로 그 수가 많았다. 읍락 조성 계획은 직업뿐만 아니라, 주택 설계에도 표출되는 사회 계층화 현상을 반영하고 있다.

페트리의 발굴 과정에서 발견된 파피루스에는 읍락 안에 시장, 법률사무소 그리고 감옥이 존재하였음이 기록되어 있다. 여기에는 인구통계자료도 포함되어 있었다.

그 통계자료에 따르면, 어떤 제사 신관은 아들 한 명과 딸 한 명을 두고 다수의 '노예'를 소유했는데, 그들 중 몇몇은 공적인 사무소에서 일했지만 다른 사람들은 가내노예로서 '농사노예', 요리사, 가정교사, '재단사', 정원사 등이었다. 이러한 노동자 집단은 부유한 집의 곡물 배급에 의존하여 살았는데, 이집트 사회 경제조직의 대부분이 이런 식이었다. 카훈의 인구는 서기와 병사를 포함하여 아이들과 친척 또는 미망인을 피부양자로 하는 6명 이상의 작은 가구로 대부분 구성되어 있었다.

사회 현실에 대한 개념이 별로 없는 귀족 관료가 조성한 읍락인 카훈은 이집트 관료제의 정수를 보여준다. 반면에 엘-아마르나(el-Amarna)에 자리잡은 신왕국의 파라오 아크나톤(Akhnaton)의 수도처럼, 그 뒤에 계획된 거주단지는 훨씬 더 느슨하게 조직되었다. 중왕국의 파라오는 지도층 관료와 그 외 사람들, 두 개의 부류로 나누어 카훈을 구성하였다. 실제로 파피루스의 기록을 보면 빚과 아이 양육, 갑작스런 상속 그리고 노인 부양 문제와 씨름하며 힘겹게 살아가는 개인과 가족의 보다 복잡한 현실을 알 수 있다.

불행하게도 우리는 중왕국의 종교적 건물 대부분이 신왕국 시기에 재건축되었기 때문에 아는 바가 별로 없다. 그러나 테베의 나일 강 서쪽 제방에 있는 멘투호테프 2세(Mentuhotep II)의 무덤과 장제 신전은 웅장한 모습을 과시한다. 당당하게 건설된 멘투호테프의 안식처는 피라미드 혹은 마스타바(mastaba) 석실 무덤을 받쳐 주는 이층 열주의 신전 단지로 벼랑으로 둘러싸여 있다. 이런 형식의 피라미드는 이집트 전설에 나오는 원시 언덕을 상징하는 것으로 추정된다. 오시리스의 조각상이 줄지어 서 있는 950미터의 회랑은 강 가까이 있는 신전으로 이어져 있다.

중왕국 시대는 이집트 문명의 고전기로 알려져 있는데, 당시 파라오는 스스로 신의 역할을 맡았던 고왕국의 선대보다 인간적이고 친근하였다. 이 수백 년간 이집트의 통치자는 관료제라는 유토피아를 통하여 모든 경제 문제를 논리적이고 수학적으로 해결할 수 있다는 신념으로 왕국을 건설하려고 노력하였다. 이러한 실험은 잠시 성공적이었으나, 이집트의 인간자원과 자연자원이 과업에 적합하지 않다는 것이 증명되면서 주춤해졌다.

중왕국의 위대한 마지막 파라오는 아메넴헤트 3세(Amenemhet III, 1844~1797 B.C.)로, 47년간 통치하였다. 그는 거대한 신전의 건설과 웅장한 조각상의 조성에 재산을 사용하였다. 아메넴헤트는 서기전 1797년에 죽었는데, 나일 강의 불규칙한 범람이 멈추고 새로운 순환이 시작되는 때였다. 그 뒤를 승계한 허약한 파라오들은 궁핍한 시기를 넘기기 위하여, 식량 공급을 지역 관리자에게 부담시키면서 정치적 권력도 빠른 속도로 하나씩 이양하였다. 이집트는 다시 한 번 지역 왕국으로 쪼개졌다. 테베의 귀족들은 하류의 강력한 경쟁자, 삼각주의 새로운 통치자와 경쟁하게 되었다.

제2중간기(1640~1550 B.C.)

13대 왕조(1783~1640 B.C.) 때는 아시아인이 많이 살았다. 그들은 요리사, 양조사, 침모 그리고 상인들이었다. 많은 수의 이집트 고급 포도주 양조업자가 시리아에서 들어왔으며, 일부 외국인은 귀족 가문의 영향력과 신임을 받는 위치까지 올랐다. 다른 사람들은 유목 목자로서 가뭄으로부터 피난처를 찾거나 옥수수를 사러 삼각주로 이동했다. 그들의 우두머리는 히카우 카수트(Hikau khasut)로, '사막 고지대 왕자'라고 불렸다. 성실한 역사학자 메네토가 이를 힉소스(Hyksos)라고 번역하였는데, 우두머리뿐만 아니라 그에게 속한 사람들도 의미한다.

서기전 17세기경, 삼각주는 힉소스 왕가의 정치적 통제하에 들어갔다. 힉소스 왕은 13대 왕조 파라오의 약점을 이용하여 아바리스(Avaris) 읍락에서 하이집트를 지배하였다. 그들은 정략결혼을 통하여 왕가와 인연을 맺으면서 파라오의 직함, 전통 그리고 종교적 신념을 이어받았으며, 이로 인해 테베의 왕자에게서 공물을 받는 특권을 얻을 수 있었다.

제2중간기는 이집트 역사의 전환점이다. 힉소스는 근동세계의 주된 흐름에서 벗어나는 속도가 완만했던 침체된 보수적 문명에 새로운 개념을 불어넣었다. 그들은 보다 정교한 청동기술을 소개하였고, 아시아 광산에서 채굴한 은을 교역하였다. 삼각주의 아바리스에 있는 궁전 벽면에 크레타의 상인과 장인들이 그들의 수도에서 살았던 분위기를 연출하기 위하여 미노스 양식으로 그림을 그렸다. 테베인과의 전투에서 힉소스인들은 강한 활, 새로운 형태의 검과 창 그리고 말이 모는 전차 등과 같은 새로운 군사장비를 나일 강에 전해 주었다. 이러한 혁신으로 인해 당시의 이집트가 유지될 수 있었고, 이후 영토가 확장되었을 때 파라오들이 동쪽 지중해 세계에서 주도적 역할을 할 수 있었다.

신왕국(1550~1070 B.C.) : 제국의 왕들

힉소스와 테베 국가의 관계는 절대로 우호적이지 않았으며, 적대적인 외교, 때로는 전쟁 문제에도 개입되는 관계였다. 서기전 1550년경 카모세(Kamose)라고 불리는 테베의 왕자가 배를 타고 강을 따라 내려가 힉소스의 요새를 공격하였다. 그의 아들 아모세(Ahmose, 1550~1525 B.C.)는 쉬지 않고 공격하였으며, 오랜 시기에 걸친 유혈 공격 끝에 마침내 아바리스를 장악하였다. 아모세는 아시아 전선을 확고히 하기로 결정하고, 힉소스를 남서 팔레스타인 지역의 샤루헨(Sharuhen) 읍락과 시리아 깊숙이 몰아냈다. 이때부터 이집트는 동부 지중해와 권력의 불안정한 균형을 유지하면서, 주요 정치세력인 제국의 권력자로 나서게 되었다(발견 4.2).

동시에 아모세는 이집트에 대항하는 어떤 경쟁자도 용인하지 않았다. 이집트를 효율적인 군사강국으로 변모시키고 그에 대한 보상으로 병사와 용병에게 토지를 하사하면서도, 여전히 경제적 권력과 부를 손에 쥐게 된다. 중왕국의 멘투호테프와 같이 아모세도 안정을 꾀하고 이집트 역사상 가장 위대한 시대를 열었다. 파라오는 북쪽의 아시아 지역과 남쪽의 검은 누비아 왕국 사이에서 왕좌에 오른 국가적 영웅이며 군사적 지도자였다. 그는 제국의 통치자이며 숙련된 장군으로서 막강한 권력을 가졌다. 이집트는 지중해 동부 사막지역의 정치집단 중에서 유프라테스 강 동쪽의 미탄니(Mitanni)와 아나톨리아의 히타이트 왕국인 하티(Hatti) 두 국가와 경쟁하는 중요한 세력이 되었다. 각국은 동지중해 지역의 금, 구리, 토기, 포도주, 기름, 송진과 같은 수익성 있는 교역을 장악하고 싶어했다.

파라오들은 제국에 누비아의 황금을 공급하면서, 나일 강 제1폭포 상류 지역을 수익성 있는 식민지로 바꾸었다. 동시에 이집트인은 신비에 싸인 '펀트(Punt)의 땅'까지 홍해 교역로를 확장하였다. 이 지역은 아마도 에티오피아 고원의 북쪽과 북서쪽 지역으로서, 현재의 동부 수단이 있는 홍해와 나일 강 사이로 추정된다. 펀트로 탐험하려면 처음에는 나일 강의 코프토스(Koptos)에서 홍해 해안까지는 육상으로, 그 다음에는 바람 많고 위험한 바다로 나아가 배를 타고 남쪽으로 내려가는 등 상당한 모험을 감수해야 했다. 여왕 하트셉수트(Hatshepsut)는 서기전 1472년에 왕실 교역단을 펀트로 보낸 바 있다. 그녀의 장제 신전에는 그 성공적인 항해를 연대순으로 묘사한 웅장한 부조가 있다. 각 장면은 항해중인 배와 펀트에 도착하는 장면을 묘사하였다. "펀트 땅은 신의 땅에서 나온 양질의 약초와 몰약 더미 등 엄청난 경이로움으로 가득 차 있었다." 이 이야기는 아문 신의 신성한 도시 테베에 의기양양하게 귀환하는 것으로 끝난다.

'아문(Amun)의 영토'

아문의 고향 테베는 이집트인에게는 '위대한 도시' 또는 '아문의 영토'로 알려져 있다. 카르나크(Karnak)의 아문 신전은 신성한 수도의 중심이며 아문의 고향으로, 대부분 제18왕조 시기(1550~1307 B.C.)에 기존의 오래된 읍락의 지반을 낮추어 기초를 만들고 건설했다(그림 4.10). 이 신전은 구도시의 언덕에 위치하면서 신왕국 도시의 건물들에 둘러싸여 있었다. 카르나크는 공공건축의 중요한 변화상을 보여준다. 초기 왕들은 가장 웅장한 기념물을 서쪽 사막의 경계 변두리에 세웠으며, 지역의 토착 신전들은 일반적으로 공동체의 중심에 진흙벽돌로 적당히 축조되는 등 크게 중시되지 못하였다. 이와는 대조적으로 카르나크와 그 주변 시설들은 배 모양의 아문 사당이 조심스레 준비된 경로를 따라 행진이 이루어지는 행사 때가 그러하듯이, 중요한 공공 의례와 행렬을 위한 무대 역할을 했다. 종교는 이제 공개적으로 이루어지는 화려한 행

아모세는 전략적으로 취약한 삼각주에서는 어떤 사업도 하기 어려웠다. 그는 아바리스의 힉소스 읍락을 엄중하게 방어된 요새로 재건설하였다. 새로운 읍락은 힉소스 성채의 폐허 위에 세워졌다. 강변 입구의 거대한 진흙벽돌 기단은 그 당시에는 바다로 흐르는 깊은 수심의 운하였던 나일 강의 펠루시악 지류를 굽어볼 수 있는 훌륭한 시설이었다. 아바리스의 막사, 여러 개의 신전, 창고 그리고 파라오의 왕궁은 한때 성채의 벽 뒤쪽에 있었다. 불행하게도 고대 건축가들이 수세기 전 폐허가 된 구조물들을 치워 버려, 후대 사람들은 거대한 조각 맞추기식으로 고고학 조사를 하지 않을 수 없었다. 오스트리아의 이집트 학자 만프레드 비타크(Manfred Bietak)가 이끄는 조사단은 수년에 걸쳐 진흙벽돌과 벽토의 거대한 더미를 제거한 뒤에 놀라운 결과를 얻었다.

비타크는 크레타 출신 미노스 화가의 그림으로 장식된 석회 회벽칠 조각 수백 점을 발굴하였다. 이집트에서는 볼 수 없었던 것으로 수염을 기른 신관, 공연 중인 곡예사, 크레타와 같은 강 풍경과 바위가 많은 산줄기 등이 그려져 있는데, 크레타 벽화의 특징과 양식을 잘 보여주고 있었다. 이러한 벽화 유적이 아바리스에서만 있었던 것은 아니다. 크레타 왕들이 중요한 교역 상대자에 대한 호의의 표현으로 예술가를 보냈기 때문에, 크레타 벽화는 레반트의 다른 청동기시대의 도시들에서도 종종 발견되곤 했다. 그러나 아바리스 왕궁의 벽화에만 황소가 뛰는 장면의 그림이 그려져 있다. 한 벽화에는 크레타 궁전 예술의 특징인 황소, 황소몰이꾼 그리고 미로를 배경으로 하여 날뛰는 다른 동물들이 그려져 있다. 황소가 머리를 화가 쪽으로 돌려 공격하고 있으며, 황소몰이꾼은 다리를 허공에 날리며 그 짐승의 목을 움켜쥐고 있다. 다른 황소가 옆에서 돌진하였지만 곡예사가 그 짐승을 넘어뜨리는 장면도 묘사되어 있다.

크레타 예술가가 왜 이집트 궁전의 벽에 장식그림을 그렸을까? 그 대답은 이집트가 아닌 크레타에 있다. 지금으로부터 1세기 전 위대한 고고학자 아서 에번스는 북부 크레타의 크노소스에 있는 미노스 궁전을 발굴하여, 그때까지 알려지지 않았던 미노스 문명을 드러내 학계를 놀라게 하였다. 왕궁은 미로 정원과 사람, 황소를 그린 화려한 벽화로 장식된 많은 작은 방들로 구성되어 있었다. 상상력이 개입되었다는 비평이 있긴 하지만, 에번스는 벽화의 일부를 재구성하는 데 성공하였다. 여신과 여사제, 행렬, 황소, 전설 속의 동물, 사자, 흔들리는 풀과 꽃까지 생생하고 아주 독특한 크노소스 예술을 보여주었다. 곡예사가 자신을 공격하는 사나운 황소 위로 비틀고 돌면서 오르는 장면이 가장 유명하다. 아바리스에서 벽화를 발굴하기 전까지 크레타 이외의 어느 곳에서도 황소몰이꾼의 모습은 발견되지 않았다. 이 장면은 당시까지 가장 위대한 미노스 궁전시설인 크노소스의 서쪽 궁정에서만 볼 수 있는 고유한 것이었다.

비타크는 아바리스 벽화가 서쪽으로 멀리 떨어져 있는

사로 바뀌어 대중 여론에 미묘한 영향을 미치는 심리적인 수단으로 활용되었는데, 이는 이전의 행정적인 통제보다 더 효과적이었을 것이다.

카르나크와 그 부속시설은 작은 탑이 있는 흉벽 형태의 백색 칠을 한 진흙벽돌 성벽에 둘러싸여 있어, 지역주민 대부분이 접근하지 못했다. 입구를 표시하는 커다란

이 궁정을 모방하였다고 믿는다. 아바리스와 크노소스는 서로 다른 왕실 예술과 상징으로 자연계의 정상에 있는 신화 속 동물 그리핀(griffin)과 고양이를 같이 보여주고 있다. 크노소스에서 그리핀은 여신과 여왕을 보호한다. 그것은 아마 아바리스에서도 같은 역할을 했을 것이다. 비타크는 이집트와 크노소스 왕실 간 정략적 결혼이 이루어지지 않았는가 하는 의문을 갖고 있다. 아모세는 여동생 두 명과 결혼한 것으로 알려져 있으나, 크레타 출신 부인도 역시 있지 않았을까 하는 의구심이 있다. 힉소스를 내쫓은 아모세는 아마도 육지와 바다에서의 예상치 못한 공격을 두려워하였을 것이다. 미노아인은 그 당시 가장 우수한 항해자였다. 그래서 파라오는 이집트의 항구와 풍부한 황금에 대한 접근을 허용하는 대신, 바닷길을 보호해 준다는 조건으로 크노소스 군주와의 협정을 맺었을지도 모른다. 미노아인 상인 집단들은 얼마 되지 않아 이집트 궁정에 익숙해졌고, 심지어는 테베의 귀족 무덤에 안치된 사실을 확인할 수 있다.

아바리스는 파라오가 남쪽 팔레스타인에 승리하기 위해 전쟁 기지로 조성한 요새이며 왕궁이었다. 장교들이 이집트의 북동 전선을 면밀히 살펴보는 동안, 병사들이 휴식을 취할 수 있는 장소이기도 했다. 또한 아모세는 레반트의 전략적 항구로 가는 지름길 해안 경로를 확보하기 위하여, 여기에서 군대를 출병시킬 수 있었다. 수세기 동안 아바리스는 이집트와 동부 지중해 세계의 교류 거점이었다. 다국어를 구사하는 기능공, 선원 그리고 무역업자들이 외부로부터 이곳 항구거리로 떼를 지어 몰려들었다. 선박장에는 페루-네페르(Peru-nefer, '행복한 여행'이라는 뜻)라는 이름이 붙여졌으며, 상류쪽 멤피스에 있었던 하이집트의 거점 항구가 이곳으로 옮겨온 것으로 생각된다. 3세기가 지나지 않아 이 도시는 파이-람세스(Pi-Ramses) 근처에 위치한 람세스 2세(Ramesses II)의 왕실 거주구역 관문으로서 외부 세계와의 연결 거점으로 번성하였다.

아모세는 이 요새의 경제적, 전략적 중요성을 잘 알고 있었다. 또한 확고한 국경과 잠재적 경쟁자와의 밀접한 정치적 관계, 누비아 교역의 장악에 자신의 권력의 원천이 있음을 잘 이해하고 있었다. 파라오의 관리들이 좋아하든 싫어하든, 이집트는 오늘날 우리가 '지구촌 경제'라고 하는 것에 속하게 되었다. 거대한 경제적, 정치적 상호 네트워크는 나일 강 지역을 레반트, 구리가 풍부한 사이프러스, 터키, 메소포타미아, 에게 해 섬의 여러 지역과 연결했다. 고대 세계는 이전 어느 때보다도 훨씬 더 긴밀하게 정치경제적으로 연결되었으며, 그중 이집트가 중요한 역할을 했다. 생산물과 원자재, 아이디어, 지식, 종교적 신앙은 선박, 당나귀와 사람 그리고 군대의 손으로 멀리 그리고 넓게 확산되었다. 신왕국의 이집트는 이전에는 꿈조차 꿀 수 없었던 부와 교양 그리고 권력을 갖게 되었다.

탑문에는 신 앞에서 적을 정복하는 왕의 모습을 화려하게 채색한 그림이 있다. 카르나크는 제국의 힘을 노골적으로 표현한 곳이면서, 신들의 휴식처이자 신들에게 음식을 공양하는 장소였다. 간단히 말하자면, 배리 켐프(Barry Kemp)가 지적한 대로, 신들은 지상에 거대한 신전의 영토를 가진 소유주로서 토지를 경작하는 소규모 자산소유자

(a)

(b)

그림 4.10 카르나크의 아문 신전. (a) 단일 석재로 만든 대형 오벨리스크. 피라미드 형태의 꼭대기가 있다. 후대의 통치자가 정원에 신전과 탑문을 추가하면서 점차적으로 깎여 나갔다. (b) 람세스 2세 때 완성된 다주식 홀의 기둥. 기둥 꼭대기에는 고대 이집트 종교에서 부활의 상징인 연꽃 모양이 조각되어 있다.

들이 납부하는 임차료에 의존한 셈이다. 아문의 신전들은 소떼를 부리고 광산권을 갖고 거대한 곡물창고를 관리하였다. 테베 근처의 람세스 2세의 제사 신전은 (이론적으로) 2만 명을 먹여 살릴 수 있는 거대한 곡물창고를 가지고 있었다. 거대한 신전의 재산과 그들 신의 권한은 신왕국 경제의 주요 요소일 뿐만 아니라, 국가 업무의 중요한 대리인이었다.

아문-레는 인간의 형태로 표현된 태양신으로 '신들의 왕'이었으며, 다산의 원천일 뿐만 아니라, 이승과 저승의 왕을 품고 보호하는 신성한 아버지의 모습이었다. 연례적인 오페트(Opet) 축제 시기 동안 카르나크와 룩소르 사이를 이동하는 테베의 가장 큰 행렬은 왕이 아문의 가장 깊숙한 사당에서 신성한 카(ka), 즉 영혼의 정수를 부활시켰음을 대중에게 과시하는 것이다. 전설과 의례 그리고 대형 신전 모두 적절한 규칙의 영속성이라는 이집트인의 절대적인 사고 중심 개념을 보장했다. 또한 궁극적인 권한은 왕 자신과 신중하게 훈련된 서기와 군사엘리트로 이루어진 추종집단에 있었으며, 신관들은 정치적 권력을 별로 갖지 못하였다.

'아문의 영토'는 나일 강을 건너 제방의 서쪽까지 확장되었는데, 여기에 파라오는 정교한 죽음의 도시를 세웠다. 서기전 1505년경 제18왕조가 개창하자마자 파라오 아멘호테프와 후계자들은 자신들이 묻힐 곳을 은밀하게 선택하였다. 그곳이 테베의 반대편인 강 서쪽 제방의 건조한 지역에 바위를 깎아 무덤을 만든 왕가의 계곡이다. 지하 무덤은 여러 세기를 거쳐 발전하면서 지하세계 동굴의 모델이 되었는데, 이곳에 밤의 태양이 거쳐 가면서 매일 새벽이면 묘실에서 모습을 바꾸는 것으로 여겨졌다. 왕실 장제 신전이 근처 평원에 조성되었으며, 여왕과 왕자 그리고 궁정 관료들의 무덤이 주위를 에워쌌다.

석공, 화가 그리고 숙련된 기능공들로 구성된 공동묘지 노동자들은 여러 세대에 걸쳐 데이르 엘-메디나(Deir el-Medina) 근처의 비좁은 공동체 구역에서 살았다. 그들 중 가장 뛰어난 전문가는 공동묘지를 축조한 '진리의 장소를 받드는 하인(Servitors of the Place of Truth)'으로 알려져 있다. 그들은 왕실 주인들의 매장 습관을 모방하였는데, 때로는 작은 벽돌 피라미드와 우수한 벽화를 갖춘 자신의 정교한 무덤을 만들기도 하였다. 그러나 대부분의 노동자는 척박한 조건 아래 살았다. 당시 기록을 보면 파업과 장기 결근, 미미한 식량 배급 그리고 간헐적인 폭력에 대해 적혀 있다. 보고된 많은 문제들을 살펴보면, 어떤 시기에는 이집트 국가 전체가 경제적 압력과 스트레스를 받았음을 확인할 수 있다.

아크나톤(Akenaten)과 아마르나(Amarna)

아문의 권력은 원시적인 태양신인 레 하라크티에 대한 아주 오랜 예배를 통하여 형성된 것이다. 그의 '위대한 원반' 아톤(Aton) 신은 산 자와 죽은 자의 세계를 밝혀 주었다. 아문은 아크나톤이 서기전 1353년에 권좌에 오를 때까지 막강하였다. 새로운 통치자는 아톤 그 자체에 더 큰 비중을 두어, 종전의 종교적 정통성을 버리고 신전의 모든 기존 신들과 레 하라크티와 관계를 단절했다. 이 과정은 투트모세 4세(Thutmose IV)와 아멘호테프 3세의 통치기였던 수십 년 전부터 시작되었다. 아크나톤은 더 나아가 아톤을 지상에 실제로 살아 있는 왕과 동일시하였으며, 파라오는 천상의 아톤과 동등한 신성한 존재가 되었다. 우리는 아크나톤이 신성한 경전을 바꾼 이유는 모르지만, 당시 벽화를 보면 그와 그의 가족이 사람과 태양신 사이를 중개하는 유일한 존재임을 암시하고 있음을 알 수 있다. 아크나톤은 신과 같이 숭배받기를 기대하였다(그림 4.11).

아크나톤은 통치 5년째에 이교도 파라오로서, 기존의 신들과는 어떤 관련도 없는 땅인 테베의 하류 아마르나(Amarna)에 새로운 수도를 세웠다. 아마르나는 4분의 1세기가 채 안 되어 폐기되었는데, 고고학자들이 조사한 바에 따르면 당시에 도시거주 인구는 2만 명 이상이었다. 아마르나의 의례시설은 북부 왕실 도심과 중앙 도심 사이 행렬이 지나는 도로에 집중되어 있다. 북쪽 끝에 있는 요새화된 왕궁은 다른 아마르나 구역과 격리되어 있었다. 이곳에서 아크나톤과 신하들이 방어가 잘 되고 자체 수장고를 갖춘 자급자족의 공동체를 이루며 생활하였다. 파라오는 축제일에 신하들의 경배를 받으며, 경호 무사를 대동하고 도로를 따라 내려갔다. 도로는 위대한 궁전에서 끝나는데, 강변에 위치한 거대한 건축물인 위대한 궁전에는 중앙에 마당이 있었다. 이곳에서 왕은 사신을 맞이하는 등 많은 의례를 주관하거나 때로는 고위 관료

그림 4.11 부인 네페르티티(Nefertiti)와 세 딸과 함께 있는 파라오 아크나톤. 그의 통치는 화목한 가족생활에 강조를 둔 사실적이고 전혀 새로운 독특한 예술 양식을 배태하였다. 이 시기 왕실의 예술 양식은 아크나톤이 아문의 테베 신관의 권력을 축소시키고, 자신의 현세와 영적 권력을 강화하려는 적극적인 시도와 관련되어 있다는 것을 분명하게 보여주는 증거이다. 이집트 부조, 서기전 1345년. 베를린 국립미술관.

들에게 하사품을 주었다. 국가의 관리 기능은 궁전에 딸린 사무공간에서 수행되었다. 파라오의 연락 행정기관으로 지금은 아마르나 외교기록 점토판(제7장)으로 유명한 문헌보관소가 있던 곳이 여기이다. 위대한 아톤 신전도 이 근처에 있다.

그러나 아마르나의 중요성은 신왕국 이집트 사회의 독특한 면모를 보여주는 고고학적 증거에 있다. 아마르나 거주자 대부분은 강과 평행한 거리를 따라 난립해 있는 도심 중앙의 작은 가옥과 작은 골목으로 분할된 북쪽과 남쪽 두 개의 커다란 주택 구역에서 생활하였다. 지붕이 평평한 가옥은 담으로 둘러싸인 소규모 단지 내에 조성되었는데, 미로와 같은 골목으로 연결되면서 쓰레기 더미에 덮여 있었다. 가옥마다 손님을 맞이하기 위한 낮은 벽돌기단이 딸린 중앙거실과, 중앙공간을 둘러가

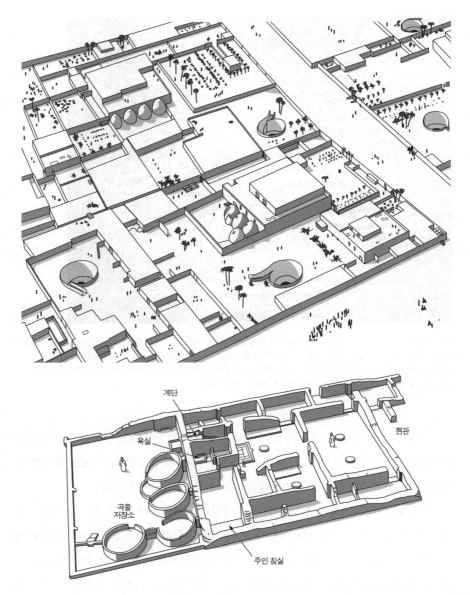

계단

욕실

곡물
저장소

현관

주인 침실

그림 4.12 단기간에 존속한 아마르나 '신도시'의 관료 주택. 이 복원도에서 담으로 둘러싸인 단지 내에 평평한 지붕의 2층 가옥, 벌집 모양의 곡물창고와 나선형 경사로가 있는 원형 우물을 볼 수 있다(www.amarnatrust.com, www.amarnaproject.com).

며 응접실과 침실 그리고 수장고가 있었다. 부유한 사람들은 표준 설계에 맞추어 지어진 더 큰 집에서 살았다. 드물게도 몇 명의 집주인 이름이 확인되는데, 그들 중 레-네페르(Re-nefer)는 전차를 모는 장교로 중간 규모의 주택에서 살았으며, 투트모스(Tuthmos)는 조각가로 할당된 주택에 거주하면서 근처의 작은 마당에서 작업을 수행하였다(그림 4.12). 파피루스를 통하여, 도시의 많은 사람들 중 탁월한 능력을 가진 한 관료가 작은 시골 땅과 왕이 하사한 재산을 이용해 풍요로운 삶을 누리기 위하여 어떻게 노력하였는지를 살펴볼 수 있다. 소수의 관료, 가사 노예, 상인, 어부, 선원 그리고 농부들은 빽빽하게 들어선 소규모 가옥에 수용되었다. 모든 사람들은 어느 정도 거리가 있는 고향 촌락과 밀접하게 연대하였다. 진정한 의미의 도시 거주인은 소수의 이집트인에 국한되었다. 이집트 도시들은 촌락의 커다란 통합체보다 별로 큰 것도 아니었다. 파라오가 정기적으로 일반 사람들에게 모습을 드러내는 것 외에는 친척과 경호원에 둘러싸여 신하들로부터 찬사를 받으며 세속과 거리를 두고 화려한 생활을 하는 것과는 달리, 대부분의 주민들은 전혀 다른 세상에서 생활하였다.

제국의 권력

아크나톤에 대한 역사적 판단은 거의 호의적이지 않은 것으로 보인다. 종교에 대하여 환상적이며, 게으르고 미친 사람이고, 자비심 많은 평화주의자 또는 이교도로 규정된다. 그는 17년간 통치한 후 부패하고 혼란스런 왕국을 뒤로 하고 죽었다. 후계자 아멘호테프 3세의 아들 스멘크카레(Smenkhkare)는 단지 3년간 통치하였을 뿐이다. 그 다음 후계자는 18세의 투탕카멘(1333~1323 B.C.)으로, 그는 사후에 비로소 다른 모든 파라오를 능가하는 업적을 쌓았다. 하워드 카터와 카나본 경이 그가 묻힌 도굴되지 않은 무덤을 왕가의 계곡에서 발견한 사실이 바로 그것이다(그림 4.13).

투탕카멘은 이방인의 신에 의해 혼란에 빠진 나라를 통치하였다. 강력하고 경험 많은, 어린 왕의 조언자들은 종교적으로 독실한 입장을 취하고 정책을 펼쳤다. 그들

(b)　　　　　　　　　　　　　　　　　　　　　　(a)

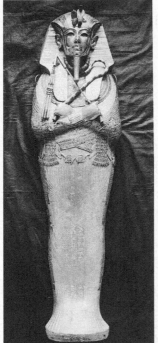

그림 4.13 **투탕카멘의 무덤.** ⒜ 가구들이 어지럽게 쌓여 있는 전실, ⒝ 왕의 황금관. 투탕카멘의 무덤 가구는 우리가 이해하고 평가하기에는 수세대가 필요할 만큼 풍부하다. 죽은 파라오는 태양신의 범선을 타고 하늘을 가로질러 여행한다. 많은 황금잎과 상감으로 꾸민 도안과 부적은 그가 영원히 여행하는 동안 풍요로운 삶을 보장하기 위한 것이었다. 동시에 그의 무덤에는 의복, 향수, 화장품, 개인 보석 그리고 그것들을 보관할 궤 등과 같은 생활필수품이 부장되었다. 의자, 권좌, 침대, 머리받침, 무기 그리고 사냥장비가 있었으며, 바구니와 화병에는 식량과 포도주가 담겨 있었다. 파라오의 전차는 부서진 채 무덤 안에서 발견되었다. 무덤은 이집트 궁정의 전설적인 재부의 모습을 보여준다. 메트로폴리탄 박물관.

그림 4.14 누비아 저지대의 나일 강 제방 위에 람세스 2세가 정치적 권력을 과시하기 위해 지은 아부 심벨(Abu Simbel) 신전. 1960년대 아스완 댐 건설 당시에 유네스코에 의해 더 높은 지점으로 이전 복원되었다.

은 오래된 영혼의 질서를 재구축하고 신전을 다시 지었으며, 초기의 파라오 왕조 전통으로 되돌아가 신들을 달랬다. 아문의 제사는 테베에서 거행되고, 아마르나는 포기되었다. 투탕카멘이 서기전 1323년에 누비아를 공격하는 군대를 스스로 이끌 동안, 호렘하브(Horemhab)라는 능력 있는 장군은 시리아에서 전쟁을 벌였다. 예상치 못한 투탕카멘의 죽음은 궁정을 경악하게 하였지만, 서기전 1319년에 호렘하브가 왕좌에 오른 뒤 구질서는 완전하게 회복되었다.

19대 왕조(1307~1196 B.C.)의 람세스 이름을 가진 파라오들은 제국 권력의 영광을 되살리기 위하여 열심히 노력하였다. 누비아 황금과 장거리 무역을 통하여 부를 축적하였는데, 이는 누비아가 이집트의 속국이었기 때문에 가능하였다(제12장, 그림 4.14). 람세스 2세(Ramesses II, 1290~1224 B.C.)는 시리아로 출정하여 히타이트와 카데시(Kadesh)에서 전투를 벌였으나 정체상태에서 벗어나지 못하였다. 그 후 이집트는 근동에서 점차 정치적 영향력을 잃었으며, 다시 스스로를 폐쇄하기 시작하였다.

그림 4.15 테베의 데이르 엘-메디나 무덤 벽화. 멘나(Menna)의 경작지에서 일하는 토지 노동자들과 제18왕조의 파라오 투트모세 3세(Thutmose III)하의 경작지 서기와 토지 검사관.

이집트의 쇠퇴(1100 B.C. 이후)

이집트 국가는 왕과 신들의 영광에 대한 강력한 이념을 바탕으로 세워졌다. 파라오들은 농업경제에 적극 개입함으로써, 식량의 잉여분을 확보하고 곡물가격을 안정적으로 유지하는 정부체계를 발전시켰다(그림 4.15). 국가는 모든 종류의 공공사업에 인력을 배치하여, 업무 달성 정도와 서열에 따라 노동자에게 곡물 식량을 신중하게 배분하여 공급하였다. 2000년 이상 이집트는 투박하나마 성공적으로 공급자로서의 국가기능을 수행하였는데, 이를 통해 사람과 문명의 상호관계를 파악할 수 있다. 대략적으로 유사한 방식이 다른 지역에서도 발달하였는데, 인더스 강 주변과 메소아메리카가 그 예이다.

고왕국과 중왕국 시기의 통치자는 관료체제를 동원하여 국민의 모든 일상생활을 통제하였는바, 이를 기반으로 이집트는 많은 것을 달성하였다. 그러나 아마르나 도시에서의 발굴 성과를 통하여 알 수 있듯이, 신왕국 시기의 이집트인은 파라오의 이익과 일반 개인의 요구 그리고 주도권이 불편하게 공존하는 보다 느슨하게 구조화된 국가에서 살았다. 위대한 왕들은 신하에 둘러싸인 채 예술과 축제로 기념되면서, 이집트의 문명을 수세기 동안 유지할 수 있었다. 그러나 람세스 2세 사후에 연속해서 허약한 왕들이 불안한 사회를 통치하면서 왕가의 권위와 통제력이 느슨해졌다.

서기전 1200년경 지중해 동부에서의 불안한 권력의 균형은 히타이트(Hittite) 제국이 해체되면서 깨졌다(제7장). 서기전 1163년에 람세스 3세가 죽자, 이집트는 천천히 쇠퇴기에 들어섰다. 아시아에서의 패배와 누비아에서의 철수 때문에, 이집트인의 시야는 다시 한 번 풍요로운 고향의 내부세계로 돌리게 된다. 왕위의 특권은 축소되었다. 주기적으로 관료의 부패 현상이 발생하여 이집트 국가를 효과적으로 경영하는 데 필수적인 물자 공급과 자원 관리 시스템이 붕괴되기 시작하였다. 여러 무리의 굶주린 군사들이 주기적으로 사람들을 공격하기도 하였다. 조직된 도굴꾼 무리는 지하에 묻혀 있다는 전설적인 황금에 대한 탐욕으로 왕가의 계곡의 왕실무덤을 약탈하였다(기록 4.3). 한때 지상의 신이었던 파라오는 노골적인 약탈의 목표가 되었다.

이전에 왕실의 권한이 쇠퇴하던 때에도 그러하였듯이, 이집트는 여러 부분으로 해체되었다. 결국 군사 지도자가 테베와 아문의 신관들을 장악하고, 상인들은 삼각주의 통제권을 취하였다. 나일 강이 보다 넓은 근동 세계의 한 부분에 귀속됨에 따라, 고대 이집트 국가의 성격을 규정하였던 사회, 정치 그리고 경제적 구조의 질서가 역사 속으로 사라졌다(제9장, 제12장).

요약

서기전 4000년 이후 교역로와 정치권력에 대한 통제권을 다투면서 나일 강을 따라 파라오 국가의 제도가 발달하였기 때문에, 이집트 문명의 뿌리는 나일 강 유역 자체에 있다. 서기전 2920년경 파라오 호루스 아하가 이집트를 통합한 이후 상고기

테베의 도굴 사건

우리는 신중한 사전 계획을 세우고 황량한 계곡에서 은밀한 모임을 갖고, 칠흑 같은 이집트의 밤을 헤치며 조용히 움직이는 사람들을 상상할 수 있다. 도굴꾼들은 어둠 속에서 손에 촛불을 들고 필사적으로 땅을 파헤쳐 최대한 가질 수 있는 만큼의 보물을 들고, 태양이 뜨기 전에 미끄러지듯 빠져나갔다. 이러한 도굴을 피할 수는 없다. 모든 이집트인은 부자와 권력자들이 보물을 영원히 소유하려고 하는 것을 알고 있다. 파라오의 무덤 장신구 하나라도 가난한 촌락민에게는 수년간 일용할 식량에 해당하는 것이었다. 도굴은 왕가 무덤의 충성스런 경비인과 죽은 자를 약탈하는 사람들 사이의 소리 없는 전쟁이었다. 비록 서기전 2550년에 대 피라미드를 건설한 파라오 쿠푸의 무덤이라 할지라도 안전하지 않았다. 대담한 약탈자는 경비원에게 약을 먹이거나 뇌물을 주고, 가장 접근하기 어려운 묘실에 터널을 뚫었다.

1881년 엄청난 발견이 이루어지면서 무법천지의 난투극이 벌어진다. 테베의 당국자에게 아주 좋은 골동품이 시장에 나온다는 소문이 들렸다. 왕실무덤 말고는 나올 곳이 없는 것들이었다. 잘 알려진 도굴꾼 라소울(Rasoul) 형제에게 의심이 쏟아졌다. 그들은 심문을 받기 위하여 연행되었으나 소용이 없었다. 형제 간에 싸움이 일어났고 그들 중 한 명이 경찰서로 갔다. 그는 고고학자 에밀 브르크슈(Emil Brugsch)를 테베 맞은편인 서쪽 강둑 황량한 절벽의 알아보기 힘든 바위틈으로 안내하였다. 브르크슈는 값을 매길 수 없는 유물과 람세스 2세와 세티 1세를 포함한 이집트의 가장 강력한 파라오들의 미라로 꽉 찬 작은 방으로 밧줄을 타고 내려갔다.

탐욕스러운 도굴꾼들의 약탈로부터 유물을 보존하기 위하여, 왕실 신관이 애써 쌓아둔 무덤용 가구와 미라로 채워진 은닉처는 난장판이 되었다. 테베 근처 왕가의 계곡에 있는 왕실무덤들은 이집트가 번영하고 대규모 호위병력들이 왕실무덤을 지키는 제18, 19왕조의 위대한 파라오의 통치기간 동안에는 어느 정도 침범을 막을 수 있었다. 서기전 1200년경 왕의 권력이 크게 약화되면서, 왕실무덤의 보호자들은 기강이 해이해지고 부패하기까지 하였다. 도굴의 풍조가 테베를 온통 뒤덮었다. 우리는 서기전 12세기에 있었던 도굴 등과 관련된 대규모 법적 소송 기록을 통해서 이 사실을 어느 정도 알고 있다.

이번 소송에는 동부 테베의 시장이었던 파세르(Paser)가 연관되었는데, 그는 정직하지만 다소 남의 일에 참견하기 좋아하는 지역 관료였다. 그는 나일 강 서쪽 둑의 무덤들에서 흘러나오는 도굴에 대한 지속적인 소문을 듣고 놀라워했

(2920~2680 B.C.)가 시작되었다. 이때 왕권과 관료제의 기본 틀이 수립되었고 문자기록이 등장하였다. 고왕국(2680~2134 B.C.)에서 왕은 최고의 영토 통치자였고, 이집트 국가의 중앙집권적 성격, 행정시스템의 권력과 승계, 이집트 건축가와 엔지니어들의 기술력을 과시하는 피라미드가 세워졌다. 짧은 시기 동안의 정치적 불안 이후, 중왕국(2040~2016 B.C.) 파라오는 중앙집권화된 관료체제를 강력하게 다시 세웠고, 시와 문학의 발전에 정점을 찍었다. 근동에서 출현한 힉소스의 왕이 이집트를 통치하던 또

다. 아마도 그는 고위 당국자의 환심을 사려고 안달이 났거나, 그가 증오하는 경쟁자인 '죽은 자의 테베(Thebes of the Dead)' 시장 파웨로(Pawero)를 의심하였을 것이다. 동기가 무엇이든 파세르는 기술적으로 소관업무가 아닌 도굴에 대한 공식적인 조사를 시작하였다. 그는 곧 도굴에 대한 실제 증인으로부터 모든 형태의 불순한 증언을 청취하였다. 파세르는 지역 고관에게 소송을 제기하고, 무덤을 조사하러 공식적인 대리인을 파견하였다. 그러나 은폐 작업이 신속하게 이루어져 별다른 범법사항을 찾아내지 못하였다. 파세르에게는 당황스럽게도, 증인들은 이전에 한 증언을 부인하였다. 그는 경쟁자의 약탈 관련 능력을 과소평가하였던 것이다.

파세르는 고집이 센 남자였다. 그는 장관에게 도굴에 대한 증거를 쏟아냈다. 1년 후 최고위직 관료도 무엇인가가 잘못되었다는 것을 알아차렸다. 장관은 새로운 조사를 시작하였다. 45명의 도굴범이 법정에 섰고 자백을 끌어내기 위하여 발바닥을 구타하는 고문이 가해졌다. 아이러니하게도 도굴되어 19세기 여행자에게 판매된 파피루스에 그들의 증언과 비슷한 내용이 기록되어 전한다. 한 증인은 "그곳에서 우리는 당당한 왕의 미라를 발견했다. 목에는 많은 부적과 황금 장식

이 있었고, 얼굴에는 황금 가면이 얹혀 있었다."라고 증언하였다. 그는 도둑들이 통치자의 시신에서 장신구를 벗겨내는 것을 목격하였다. 태양신 아문의 신전에서 향불을 지피는 사람은 도둑들이 그에게 접근하던 당시 상황을 재차 설명하였다. 그들은 "나와라, 먹을 빵을 마련하기 위하여 도둑질을 할 것이다."라고 말하였다. 신관은 도둑들이 왕실무덤에 어떻게 침입하고, 바구니에 담긴 장물을 나누었는지를 설명하였다. "네크로폴리스(Necropolis)의 서기는 '그만, 말하겠습니다.'라고 말할 때까지 몽둥이로 맞으며 조사받았다." 그는 한 무덤에서 은꽃병을 훔쳤다고 자백하였다. 기억이 흐려질 때쯤이면 그는 다시 '회초리와 주리 트는 고문'으로 조사당했지만 소용이 없었다. 이 소송은 아마도 범법자를 찔러 죽이는 야만적인 처벌로 끝났을 것이다. 고소된 몇몇은 구타를 견뎌내지 못하고 거짓 증언을 한 것이 명백하여 석방되었다. 이후 재판에서 또 다른 사건에 대한 기술이 있는 것으로 보아, 이러한 소송이 홍수처럼 쏟아지는 도굴을 막지는 못한 것으로 보인다. 부가 소수에 집중되고, 더 많은 부는 현세보다는 내세를 위하여 지하에 묻히는 매우 가난한 나라에서는 도굴이 급속도로 퍼질 수밖에 없었다.

다른 과도기적 불안 이후, 히타이트와 레반트의 다른 이웃과 경쟁하며 신왕국(1550~1070 B.C.)이 탄생하여, 근동지역에서 제국의 권력을 행사하기 시작하였다. 지금까지 내려오는 문서가 늘어나면서 이집트 사회와 신앙에 대한 더 많은 시각을 갖게 되었고, 기념비적 신전과 정교한 무덤에서 수세기에 걸친 이집트의 번영과 업적에 대한 증거를 찾을 수 있었다. 중앙집권화된 이집트 국가는 서기전 1070년 후 점차 쇠퇴하여 결국 서기전 30년에 로마제국의 행정구역 중 하나가 되었다.

SOUTH ASIA : HARAPPAN AND LATER CIVILIZATIONS

제5장 남아시아 : 하라파와 후기 문명

디다르간지(Didarganj)에서 출토된 인도 여신 야크시(yakshi)
입상조각, 마우리아 시기, 사암, 서기전 3세기(인도 파트나 박물관)

황색을 띤 발루치스탄(Baluchistan) 해안선이 늦은 저녁 짙은 안개 속에서 가물거리며 멀리 사라졌다. 바람을 거슬러 올라가던 배는 육지에서 불어온 돌풍에 가볍게 흔들렸다. 메마른 계곡 해안 깊숙한 곳에서 불어오는 바람에는 먼지와 마른 덤불 관목의 냄새가 실려 있었다. 불과 100야드 거리에서 큰 파도가 해안에서 부서졌다. 선장은 여러 번 운항한 경험으로, 사막 해안으로부터 불어오는 변덕스러운 바람을 타면서 수백 마일을 항해했다. 점차 강해지는 돌풍에 일렁이는 파도를 쳐다보면서, 그의 눈은 잔잔한 푸른 수면을 찾고 있었다. 튼튼하게 짜 기운 면포 돛에 한 줄기 바람이 불 때마다 돛대는 삐걱거렸다. 선창에서 새어나오는 꽃박하, 마른 면화, 향기 나는 목재들의 냄새가 선장의 코를 자극하였다. 그의 배는 뒤편 멀리 있는 멜루하(Meluhha) 땅으로부터 한 배 가득 짐을 싣고 동쪽으로 항해하고 있었다.

남아시아는 거대한 지형적 장애물에 둘러싸여 있다(그림 5.1). 북쪽에 있는 히말라야는 서쪽의 힌두쿠시(Hind Kush)로부터 동쪽의 아삼(Assam)에 이르기까지 길이 2,000킬로미터가 넘는 거대한 산맥이다. 산간 도로가 산맥 사이로 아프가니스탄, 중앙아시아 그리고 티베트를 가로질러 가기는 하나, 접근이 가장 쉬운 길은 서부 아프가니스탄, 이란 그리고 발루치스탄으로 통하는 북서 협로이다. 아라비아 해, 인도양 그리고 벵골 만이 인도 대륙을 둘러싸고 있으며, 열대우림은 동부지역에 한정된다. 이러한 지리적 경계로 인해, 남아시아가 문화적 침체를 겪을 것이라고 생각할 수 있다. 이 장에서 설명하는 것과 같이, 실제로는 지리적 특성이 수천 년 동안 사람의 활동과 생각에 영향을 미치면서 상당히 다양하면서도 고도로 복잡한 사회를 발전시켰다.

길게 늘어선 산악 지대가 서쪽 인더스 강의 충적토로 들어가는 길만 남겨 두고 남아시아의 북부와 북서부를 둘러싸 막고 있다. 이 길은 동쪽으로 범람원보다 150미터 높은 타르(Thar) 사막으로 연결된다. 그리고 이 사막은 한때 울창한 숲이었던 비옥한 중앙고원, 즉 데칸(Deccan) 고원으로 휘어져 들어간다. 중앙고원의 북쪽과 동쪽에는 갠지스 강 유역이 발달하였는데, 비하르(Bihar), 벵골 그리고 방글라데시까지 뻗어 있다. 이 거대한 충적토 띠에는 강수량이 풍부해서 동남아시아까지 울창한 열대우림이 발달하였으며, 이로 인해 동쪽으로 이동하는 것은 어려웠다. 데칸 반도는 중앙고원의 남쪽에 위치하는데, 서쪽이 더 높아서 동쪽으로 강이 흐르기 때문에, 해안 평원은 벵골 만 쪽이 더 넓게 발달하였다.

다른 지역과 마찬가지로 남아시아도 빙하기가 끝날 무렵, 히말라야 빙하가 물러나고 해수면이 상승하면서 환경이 크게 변하였다. 서기전 8000년경 인도 대륙 전체의 기후 조건은 오늘날과 비슷하였지만, 인간이 자신들의 필요에 의해 숲을 벌채하고 경관을 바꾸기 이전이어서 지역 환경은 매우 달랐다. 예를 들어 우타르 프라데시(Uttar Pradesh)의 갠지스 유역은 한때 늪지와 울창한 숲으로 이루어져 있어, 초기 서사시에 등장하는 전설상의 마하바나(Mahavana, '위대한 숲')로 불렸다. 이곳은 금석병용시대부터 인간의 거주지로 사용되었지만, 서기전 1000년기 이후 철기시대 농민

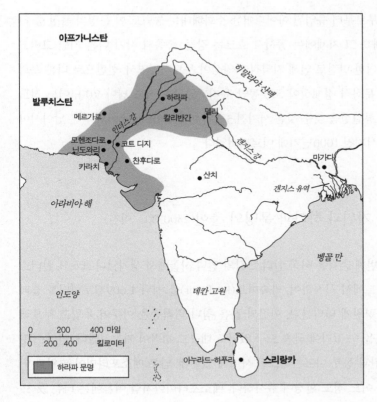

그림 5.1 제5장에 기술된 고고학적 유적의 지도

들이 이 지역의 숲을 벌채하고 늪지의 물을 빼기 시작한 뒤에는 경관이 완전히 바뀌었다.

마지막 빙하기 말에 확연히 바뀐 인도 기후의 큰 특징은 몬순이다. 5월부터 9월까지 몬순 바람은 인도양을 넘어 먼저 스리랑카, 그 다음에 인도 반도와 북쪽에 많은 비를 쏟아붓는다. 남아시아의 연간 기후 변화는 몬순 주기의 강한 계절성에 의해 큰 영향을 받는다. 몬순 계절풍의 영향으로 비가 오면 동식물이 번성하고, 그렇지 못할 경우 간혹 가뭄과 기근이 나타났다. 이런 환경에서 서기전 3000년기에 인도 대륙 북서쪽에서 농업이 시작되고 초기국가가 형성되었다.

산맥, 대양 그리고 열대 우림에 의해 에워싸여 남아시아에서는 독특한 문명이 발전하였다. 외부로부터 유입된 아이디어를 소화해내는 능력도 이 문명의 특징 중 하나였다. 인도 대륙 그 자체에는 동서로 흐르는 강들, 종족의 각기 다른 기원 그리고 언어의 차이에 의한 단절로 인해 지역적 다양성이 두드러지면서, 한편으로 다른 문화권과 구분되는 문화적 정체성이 오랫동안 유지되었고 아직도 남아 있다. 어느 정도 정치적, 문화적 통일성을 갖춘 것은 서기전 3세기 마우리아(Mauria)와 같은 남아시아 제국이 성립한 서기전 1000년기에 이르러서였다.

촌락 생활의 기원과 하라파 문명의 출현(2500 B.C. 이전)

남아시아의 첫 번째 촌락은 서쪽 인더스 강의 언덕 시골에서 생겨났다(표 5.1). 인더스 강은 남부 티베트에서 시작하여, 카슈미르(Kashimir)를 지나 1,609킬로미터를 흘러 반건조 인더스 평원에 다다른다. 이곳의 흙은 침니 퇴적층을 이루어 두텁고 부드러워, 쉽게 갈아엎을 수 있기에 금속 도구 없이도 대규모 경작이 가능하였다. 인더스 평원은 발루치스탄과 동부 아프가니스탄 사이에 있는데, 남부 메소포타미아 평원과 이웃 이란 고원과 어느 정도 환경이 유사하다. 메소포타미아처럼 여름에는 타는 듯 뜨겁고 겨울에는 아주 추운 극단적인 기후를 보여준다. 이웃과의 경계를 이루는 고지대와 인더스 평원 모두 몬순지대와 떨어져 있다. 이 거친 지역에 사는 농민은 산맥에서 흘러내리는 계절성 하천에서 필요한 물을 공급받았다.

1만 2천 년 이전에 경계 고지대와 평원에서는 수천 년간 번성할 석기시대의 수렵-채집 집단이 최초로 등장하였다. 서기전 7000년기에 그 일부는 삶의 방식을 변화시켜 정착된 농경 촌락 공동체를 발전시켰다.

메르가르

인더스 강 서쪽 200킬로미터에 있는 메르가르(Mehrgarh) 유적지는 서기전 6000년 이전에 농민들이 거주한 촌락이었다. 재배용으로 완전히 개량되기 전이지만, 사람들

표 5.1 하라파 문명과 남아시아, 동남아시아의 후기 국가 연대표

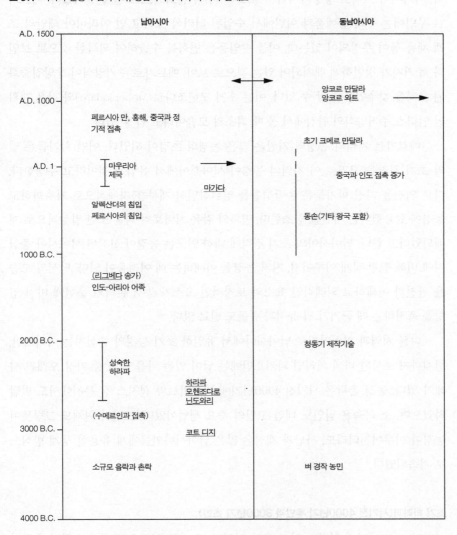

남아시아 / 동남아시아

A.D. 1500

A.D. 1000

앙코르 만달라
앙코르 와트

페르시아 만, 홍해, 중국과 정
기적 접촉

초기 크메르 만달라

A.D. 1

마우리아
제국

중국과 인도 접촉 증가

마가다

알렉산더의 침입
페르시아의 침입

동손(기타 왕국 포함)

1000 B.C.

(리그베다 송가)
인도-아리아 어족

2000 B.C.

청동기 제작기술

성숙한
하라파

하라파
모헨조다로
난도와리

(수메르인과 접촉)

3000 B.C.

코트 디지

소규모 읍락과 촌락

벼 경작 농민

4000 B.C.

은 밀과 보리를 재배하기 시작하였고, 검은 소 제부(zebu cattle)를 사육하였다. 천 년 뒤 이 지역 사람들은 더 크고 오래 버틸 수 있는 점토벽돌집에서 살았다. 메르가르는 수세기에 걸쳐 인더스 계곡에서 이란 고원으로 이어지는 오래된 교역로에 위치해

서, 서아시아 그리고 중앙아시아(투르크메니아)와 문화적으로 잘 연결되었다. 메르가르 무덤에는 구리 공예품과 이란에서 수입된 터키석 그리고 먼 아라비아 해안의 조개 제품 등이 부장되어 있는데, 이들 수입품은 면화를 수출하여 획득한 것으로 보인다. 주거지가 정연하게 배치되어 있는 것으로 보아, 메르가르 주거양식이 중앙집중화된 조직을 갖추었음을 알 수 있다. 이는 후기 모헨조다로(Mohenjodaro)와 같은 계획된 인더스 주거양식의 관점에서 볼 때 최초의 모습이라고 할 수 있다.

메르가르 지역의 농경의 기원은 많은 논쟁의 초점이 되었다. 어떤 학자들은 밀의 초기 경작을 근거로 이 지역의 농경이 서아시아에서 유입된 것이라고 주장한다. 다른 의견을 가진 학자들은 촌락생활을 영위하면서 제부를 자체적으로 가축화하고 농경에 활용했다는 사실을 강조한다. 면화와 같은 지역토착 식물 또한 일상적으로 재배되었다고 한다. 남아시아의 초기 경작에 대한 연구는 농경이 시작된 서아시아 중심지에 비해 훨씬 적게 이루어져, 지역 농경을 이해하는 데 어려움이 있다. 당시의 모습을 완전히 이해하고 외래적인 요소와 토착적인 요소가 농경 촌락의 출현에 미친 영향을 측정하는 데 근거가 될 유적과 유물도 별로 없다.

다른 지역과 마찬가지로 남아시아에서 유일한 초기 농경의 중심지는 아니지만, 현재까지 조사된 바에 의하면 파키스탄에는 남아 있는 마을 유적 중 가장 오래된 사례가 있다. 농경 촌락은 서기전 4000년기에 카슈미르와 갠지스 강 분지에서도 발달하였으며, 소 목축은 남인도 데칸 고원의 주요 생업이었다. 그러나 현재도 그렇듯이 농경이 이루어지더라도, 사냥과 채집은 많은 남아시아인들에게 유용한 생계 방식으로 지속되었다.

초기 하라파(서기전 4000년기 후반과 3000년기 초반)

서기전 4000년기에 인더스 강의 충적 평원과 그 지류에는 수십 개의 읍락과 촌락이 밀집하여 정착하였는데, 이들은 종종 집단적으로 초기 하라파(Harappa)라는 이름으로 불린다. 인더스 강은 매년 6월과 9월 사이에 범람하였다. 농민들은 홍수가 물러났을 때 홍수가 가져다 준 침니를 자연 비료로 이용하여, 밀과 보리를 심었고 다음 봄에 수확하였다. 수세기가 지난 뒤 인더스 계곡은 홍수 수면보다 높은 곳에 세워진 인간의 거주구역과 함께, 깜짝 놀랄 만한 관개수로를 갖춘 인공적인 환경으로 바뀌었다. 마을의 규모는 커졌으며 방어의 필요성이 대두되었다. 서기전 3000년기 초반에 조성된 코트 디지(Kot Diji) 마을 유적을 살펴보면, 주민들을 동원해 돌을 쌓아 방어벽을 건설하고, 요새 안에 석재와 점토벽돌로 지은 주거 가옥을 배치하였다. 상상할 수 있는 것 중 가장 극적일 수도 있는 사실로서, 야망에 찬 지역 지배자가 농업용지와 용수 그리고 다른 자원을 확보하기 위하여 다른 경쟁자와 벌인 파벌적 갈등을 비롯하여, 사고나 실수로 코트 디지는 최소한 두 번 불탔다.

나일, 티그리스, 유프라테스 강과 같이 인더스 강은 기본적으로 사막을 가로질러 흐르는 강이다. 이 강이 물과 침니를 운반하지 않았다면, 이 지역의 마을은 극단적으로 축소되었을 것이다. 그러나 인더스 강이 나일 강과 크게 다른 점은 인더스 강이 더 많은 수의 지류와 수로로 이루어진 시스템이라는 것이다. 즉 하라파 도시들은 단일 수로가 아닌 여러 개의 지천과 지류 흐름을 따라 형성되었다. 한때 그 다음으로 큰 강이 평원의 동부 경계를 가로질러 흘렀는데, '잃어버린 사라스바티(Sarasvati)'라고 불리는 이 강은 서기전 2000년대로 넘어가는 어느 시기에 소멸하였다. 인더스 도시는 연례적으로 홍수가 발생하는 두 개의 주요한 하천 체계에 의존한 것이다. 아마도 3만 5천 명 정도의 인구가 살았을 것으로 추정되는 하라파와 모헨조다로 등의 유적지에는 홍수 침전물의 깊이로 주요 홍수의 영향을 시각적으로 확인할 수 있다. 이곳은 물론 다른 곳에서도 높게 쌓인 '성채'의 토대와 저지대 도시의 주변 둘레에서 발견되는 튼튼한 원형 성벽은, 적대적인 이웃에 대비한 것일 뿐만 아니라, 홍수에 대비하기 위한 것이기도 하다. 이는 하라파 도시들이 갖는 새로운 사회와 문화 질서의 상징이기도 하다.

주식으로 사용되는 곡물은 밀과 보리였다. 가을에 홍수가 끝났을 때, 충적평원에 이 곡식의 씨앗을 뿌렸다. 이외에도 고지대 다른 지역의 건조한 토지에서 여름에 몬순 강우를 이용하여 곡식을 재배해 부족한 부분을 충당하였다. 재배한 곡물로는 면화, 겨자, 대추야자 그리고 완두콩이 있다. 서기전 2600년에는 하라파 문화 지역의 남부 경계인 구자라트(Gujarat)에서 생산되는 벼와 수수가 추가된다. 모헨조다로 같은 주요 하라파 중심지의 주민부양은 이런 보완 지역에서 생산된 곡물을 들여오면서 가능했을 것으로 생각된다. 인더스 도시문명의 후기에 이르면 이러한 상황은 변화를 겪는다. 이 시기에는 자체적으로 재배되는 곡물의 종류가 다양해지면서, 전문화와 교역의 초기 시스템, 즉 지역별로 특정한 곡물을 집중적으로 생산한 뒤 전체 거주 지역에 분배하는 시스템이 붕괴되었다. 지역 전체의 유통 시스템이 취약해지거나 붕괴되면서 자체적으로 조달되는 생산물에 대한 의존도가 높아지고 결국에는 초기 시스템이 폐기되었다. 가끔 용수 공급이 충분하지 않아 기근이 일어난 지역에서는, 그 영향을 덜 받은 지역에서 곡물을 반입함으로써 흉작을 보충하였다. 이런 사실은 하라파 전역에 걸친 표준화된 벽돌 크기, 표준화된 무게와 길이 측정수단의 채택 그리고 원재료와 가공품의 교환을 통하여 알 수 있다. 서기전 2000년경 이러한 지역적 통합 체계가 일단 무너지면서 주요 하라파 도시들은 폐기된다. 하라파 도시들의 소멸에 대한 다른 이론들은 이 장의 후반부에서 논의될 것이다.

수세기 동안 누적된 인더스 강의 충적토는 하라파 문명의 형성 과정을 이해하는 데 장애가 된다. 비옥한 침니로 인해 도시 형성이 가능하였지만, 도시의 원형을 덮어버려 고고학적 의문에 대한 답을 구하기 어렵게 만들었다. 많은 초기도시들이 묻히고 폐기되었다. 어떤 지역에서는 초기 단계의 유구가 수면 아래 깊숙이 묻혔다. 얼핏 보면 하라파 문명은 완전한 모습으로 지구상에 갑자기 나타난 것처럼 보이지만, 국가의 원초기 형성의 긴 과정이 미지 상태로 남아 있어 그렇게 보일 뿐이다. 한 이론에 따르면, 형성기는 평원을 둘러싼 낮은 언덕에서 시작한다. 이곳은 이전 수천 년에 걸쳐 촌락 공동체가 발달하여 번성했다. 이들 공동체는 인더스 강의 저지대가 제공하는 거대한 잠재력을 깨달아, 앞에서 기술한 바와 같은 농경 전략을 사용하면서 주거구역을 확장하였을 것이다. 그 결과 엄청난 농업생산성을 확보하고 급속하게 도시를 형성하게 된다. 코트 디지 같은 서기전 4000년기의 작은 중심지가 3만 명 내지 4만 명의 거주구역을 갖춘 모헨조다로와 하라파로 나아가는 첫 단계라고 할 수 있다.

하라파 사회와 정부의 성격이 비록 상당히 모호하기는 하지만, 이런 새로운 공동체적 노력을 이끌어낸 지도자는 인간과 신의 중재자 역할을 하는 족장(군장), 신관 그리고 혈연 지도자였을 것이다. 서기전 2700년경 비교적 큰 거주구역을 다스리는 강력한 통치자들이 도시, 읍락 그리고 촌락의 위계적 체제를 지배하였다. 이러한 가설적인 시나리오는 인더스 강 평원에서 발견된 몇 건의 고고학적 사실과 부합된다. 뒤에서 하라파의 정치적 조직에 대해 논의할 것이다.

무역과 교환

인더스 사람들의 선조는 하라파 문명이 출현하기 오래전 북쪽과 서쪽의 이웃세력과 지속적으로 교류하였다. 수세기에 걸쳐 식량과 기타 물품의 정기적 교류가 있었던 것은 물론, 발루치스탄에 있는 산간 목초지에서 여름을 보낸 소떼를 모진 겨울에 저지대로 이동시켜 사육하였다. 이와 같은 인구의 계절적 이동 등에 의해서도 저지대와 고지대 간 관계는 긴밀해졌다. 양 지역에서의 경제적, 사회적 발달은 다소 어긋나기도 하지만 대체로 평형을 이루며 진행되었으며, 각 지역은 각각 이웃세력에 의존하였다.

발루치스탄 지역의 닌도와리(Nindowari)는 서기전 2600~2200년에 거주지로 이용되었으며, 크고 작은 중심지로 위계화된 쿨리 복합체(Kulli complex) 중 가장 큰 중심지였다. 이는 저지대에서 발전한 하라파 문명과 동시대에 속한다. 닌도와리에서 하라파 공예품이 출토된 것 이외에도 쿨리 공동체가 서쪽으로는 이란, 동쪽으로는 저지대 인더스와 교역하였다는 흔적이 많이 남아 있다. 고지대와 계곡 간의 지속적인 교역관계는 양 지역에서 복합사회가 출현하는 데 주요 동인이 되었을 것이다. 주요 물품 중 하나는 면 의류였다. 남아시아의 재배작물인 면화는 처음에는 소의 사료로 사용되었을 것이다. 그 후 사람들이 그 하얗고 솜털이 많은 꽃으로 천을 짜서 뜨거운 기후에 맞는 옷으로 만들고, 그것을 자체 소비하거나 수출하였다. 이 천이 처음으로 나타난 곳은 서기전 3세기 모헨조다로라는 하라파 도시였다.

이란 고원 서쪽에 있는 샤-리 소크타(Shar-i Sokhta)는 서기전 4000년기의 교역과 수공업의 중심지로서, 서기전 3000년기 초에 성장하여 30에이커 이상의 면적을 차지했다. 그러므로 하라파 도시들의 출현은 이 기간에 인도-이란 지역에 걸쳐 동시대에 이룩된 일련의 발전 중 하나로 보아야 할 것이다.

도시 생활이 인더스 강 유역에 나타난 것은 서기전 2700년으로, 고고학자 그레고리 포셸(Gregory Possehl)은 이 변화를 일컬어 "변화의 진정한 격동"이라고 했다. 수세기에 걸쳐 경제적, 정치적 그리고 사회적으로 복합성이 발달한 이집트, 메소포타미아와는 달리, 인더스 강 주변의 폭발적 성장은 단 1~2세기 동안에 이루어졌다. 포셸은 이러한 성장이 교역 방식의 주요 변화와 일치하는 것이라고 믿었다. 앞서 제3장에서 본 것과 같이, 수메르인은 서기전 2600년 전에 이란 고원으로부터 이국적 물품과 기본 원자재를 확보하였다. 그들이 인더스 강 지역과 접촉하였다면, 내륙을 가로지르는 간접적인 경로를 경유하였을 것이다. 문헌기록에 의해 판단컨대, 이들은 육상을 통한 교역망에서 심각한 좌절을 경험하였다. 서기전 2600년 이후 수메르인은 사치재와 원자재의 교역로를 재구축하였다. 그들은 상아, 기름, 가구, 황금 그리고 홍옥수 등을 포함한 여러 제품들의 상당량을 페르시아 만의 바레인 섬에 위치한 딜문(Dilmun), 이란과 파키스탄의 오만과 마크란(Makran)으로 둘러싸인 페르시아 만 해안에 위치한 마간(Magan) 그리고 좀 더 멀리 떨어진 멜루하(Meluhha) 등 세 외국 국가를 거점으로 하여 바다를 통하여 획득하였다. 메소포타미아인은 양모, 천, 가죽, 기름 그리고 다른 이국적 재화를 자신들의 재화와 교환하였다. 전문가들 대부분은 멜루하가 인더스강 유역에 있었을 것으로 믿고 있다.

페르시아 만에서 남아시아까지의 해안에서 이루어지는 선박을 이용한 해상 교역은 급속하게 성장하였고, 오늘날까지도 지속되고 있다. 서기전 2350년경 남부 메소포타미아 아가데의 사르곤 왕은 자신의 수도에 여러 지역에서 온 선박들이 정박하고 있음을 자랑하였다. 일상용품뿐만 아니라 특화된 상품까지 해상을 통해 운송함으로써 수메르인의 수출과 수입이 크게 증가했는데, 이를 기록한 점토 인장이 발견되기도 하였다. 5,900킬로그램의 구리가 한 번에 선적되었다는 기록도 있다. 다른 교역로는 샤-리 소크타 등 이란 중계항을 연결하는 육상 수송로인데, 서쪽으로 메소포타미아까지 연결된다. 흥미롭게도 이 교역이 시작된 시기는 메소포타미아와 인더스 강 유역 모두에서 대형 도시 중심지가 발달한 시기와 일치한다.

해상교역이 급격히 증가한 덕분에 수세기에 걸쳐 북동쪽의 저지대와 고지대간 상호 공생적인 거래가 확대되었고, 이는 하라파 문명이 발달하는 배경이 되었다. 페르시아 만과 남아시아 반도 사이의 해안 교역로가 발달함에 따라, 남아시아는 유라시아의 일부인 지중해 동부, 서아시아와 유동적이나마 경제적 연대를 유지할 수 있었다. 바로 고고학자들이 말하는 초기 세계시스템의 일부가 된 것이다. 그러나 자주 논의되는 만큼 해외 교역의 비중이 큰 것은 아니라고 주장하는 학자들도 많다는 사실을 무시할 수는 없다.

성숙한 하라파 문명 (2500~2050 B.C.)

성숙기의 하라파 문명은 현대의 파키스탄보다 훨씬 더 큰 1,295,000제곱미터에 달하는 광활한 지역에 걸쳐 발달하였다. 인더스 강과 사라스바티 강 유역은 하라파 문명의 문화적 중심이었다. 그러나 그것은 편잡(Punjab)과 신드(Sind) 저지대 너머 발루치스탄 고지대로부터 라자스탄(Rajastan) 사막까지, 히말라야 산록으로부터 봄베이 근처까지 상호영향을 미치고 연대를 맺기도 하는 문명의 일부분이다. 고지대 발루치스탄과 인더스 평원 간에 관계가 오랜 기간 유지되면서, 페르시아 만 사이의 해양로가 그렇듯이 하라파 문명은 더욱 큰 문화 시스템에 속하게 되었다. 비슷한 관계가 인더스 강 유역과 남쪽의 구제라트(Gujerat) 사이에서도 발달하였던 것 같다. 그러나 포셀은 하라파 문명을 "실패한 사회문화 조직의 실험"이라고 불렀다. 그는 "거대한 시스템이기는 하나 충분히 성숙하지는 않았다."라고 주장하였다.

하라파 문명은 메소포타미아나 이집트의 문명과는 달랐다. 메소포타미아는 20여 개의 도시국가로 구성된 집합체이며 큰 강 하류에 배치되어 있는 반면에, 이집트는 단일 통일체제이다. 하라파의 정치조직은 몇몇의 대규모 취락으로 지배되는 소규모 또는 중규모의 많은 취락들로 이루어졌다는 차이를 보인다. 대형유적지로는 편잡의 신드와 하라파의 모헨조다로, 사라스바티의 간웨리왈라(Ganweriwala), 구제라트와 사우라슈트라(Saurashtra)의 돌라비라(Dholavira)(또는 비슷한 유적지)가 있다. 비록 배경이 되는 정치 구조가 알려져 있지는 않지만, 이들은 하라파 문명에 속하는 지역의 주요 하부 단위였다.

도시와 장인

모헨조다로는 당시 하라파인이 세운 것 중 가장 큰 도시로 면적이 120헥타르였다. 이는 70헥타르인 하라파의 거의 두 배 크기이다. 오늘날의 유사한 면적과 주거지 밀도에 근거해, 일반적으로 인정되는 인구 추정 방법으로 계산한 모헨조다로의 인구는 약 3만 5천 명에서 4만 명이다. 간웨리와라와 돌라비라도 주요 중심지였다. 다음 등급의 취락으로 칼리반간(Kalibangan), 찬후다로(Chanhudaro) 그리고 로탈(Lothal)의 항구 공동체를 들 수 있다.

각각의 대도시는 여러 세대에 거쳐 점진적으로 발달한 불규칙적인 도시망 설계에 따라 조성되었다. 모헨조다로의 발굴자인 모티머 휠러(Mortimer Wheeler)는 모헨조다로와 하라파가 "열성적인 감독 아래 중류층의 번영"을 반영하여 조성된 것이라는 인상을 준다고 하였다. 모헨조다로의 서쪽 끝에는 거대한 요새로 방어되는 높은 성채가 있었다(그림 5.2). 이 성채는 평지에 12미터 높이로 세워졌으며, 거대한 홍수 제방과 탑이 있는 경계 벽으로 보호되었다. 정상에는 약 27미터의 기둥으로 둘러싸인 사각형 평면 현관 공간이 있는데, 아마도 통치자가 대중 앞에 모습을 드러내 연설을 하는 구역이었을 것이다. 웅장한 신전이나 화려하게 치장된 사당은 없었다. 종교적 삶에서 중요한 부분을 차지하는 것 중 하나가 대형 정화목욕장으로, 벽돌로 짓고 역청으로 마감했으며, 우물에서 물을 공급하였다(그림 5.3). 위풍당당한 기둥들이 목욕장을 줄지어 에워싸고 있으며, 그 양 끝에는 물에 들어가기 위한 계단이 설치되어 있다. 이 목욕장의 정확한 용도나 이곳에서 이루어진 의례에 대해서 알려지지 않았지만, 정화 의례는 후대의 인도 종교에서 중요한 부분임은 분명하다.

각 도시의 통치자는 도로의 복잡한 네트워크를 내려다볼 수 있었다. 이 도로는 부분적으로라도 계획에 따라 건설되었다. 모헨조다로에 있는 가장 넓은 주요 도로

그림 5.2 하라파 성채의 육중한 벽들

그림 5.3 모헨조다로 성채에 있는 웅장한 목욕장

는 폭이 9미터였다. 이 도로를 가로지르는 도로는 폭의 절반이 포장되지 않았다(그림 5.4). 수백 채의 건물이 최소한 다섯 개의 기본 설계를 토대로 표준화되어 있었다. 각 건물은 벽돌로 지어졌으며 창문이 없었다. 건물들이 줄지어서 배치되었고, 거리와 골목이 만들어졌다. 귀족이나 상인들 것으로 추정되는 가옥의 좀 더 넓은 방은 중앙 마당 주위에 배치되어 있는데, 중앙 마당에서 손님을 맞이하고 음식을 대접하며 노예를 부린 것으로 보인다. 계단과 두터운 바닥 벽으로 보아, 몇 채의 집은 1층도 있지만 3층도 갖추었을 것으로 추정된다. 더 큰 거주 공간에는 우물뿐만 아니라 욕실과 변기도 갖추고 있는데, 정교한 공공배수 시스템과 연결되었을 것이다. 또한 하라파와 모헨조다로 두 곳 모두 단칸방과 공방이 있는데, 이곳에는 노동자로 짐작되는 최빈층이 거주한 것으로 추정된다.

최근에 하라파에서 이루어진 발굴조사의 성과를 보면, 모헨조다로와 칼리반간에서 알려진 것과는 성격이 다소 다른 도시 형태가 드러난다. 이 도시는 단순하게 높은 지대의 성채와 낮은 지대의 도심으로 구성된 것이 아니라, 느슨하게 짜여진 구역

그림 5.4 모헨조다로의 거리

내에 여러 곳의 벽으로 둘러싸인 언덕 군으로 구성되어 있었다. 모헨조다로에서 발견된, 격자 모양의 계획적 도로와 건물로 구성된 단일한 저지대 도심과 대비된다. 이는 하라파의 외곽에서는 하라파의 특징이라 할 수 있는 통일성이 낮게 나타날 수 있다는 것을 시사한다.

기술과 교역

하라파 도시의 내부에는 상점과 공방이 있으며, 이곳에서 구슬 제조업자, 구리 대장장이, 면직공 그리고 다른 전문가들이 자신의 일에 종사하였다. 토기 공방에는 동물 모양으로 장식된 채색토기가 가득차 있었다. 하라파의 모든 가옥에서는 간단한 회전판을 사용하여 그릇을 매일 만들어, 물항아리와 요리 그릇 그리고 저장 용기와 물그릇들을 갖추게 된다. 금속장인은 간단한 도끼들을 거푸집으로 주조하였으며, 끌, 칼, 면도칼 그리고 다른 실용적인 제품들도 제작하였다. 전문적인 장인 몇몇만이 작은 조각상 같은 정교한 물건들을 만들었다. 그들은 작은 형상을 만들기 위하여, 밀랍 모형을 만들고 점토로 덧칠한 다음 불에 넣어 녹였다. 그 뒤에 구리나 청동을 주형 안에 녹여 부었다. 이 실납법은 오늘날에도 남아시아의 금속장인들이 이용하고 있다.

하라파 도시에서 발달한 기술은 수세기 전 작은 촌락에서 발전한 것으로, 도시의 무대 속에 그대로 이어졌다. 가장 발전한 생산품 중 하나가 도장인데, 동석 또는 다른 형태의 연한 석재로 제작된다(그림 5.5). 도장 작업장에서는 가마에서 구워낸 견본 완성품들과 음각 도장의 재료가 되는 동석 덩어리 모두를 생산하였다. 도장 작업자들은 몇 시간 동안 작은 공간에 쭈그리고 앉아, 동물들의 윤곽을 능숙하게 깎아내어 표현하였다. 모헨조다로 남부 찬후다로의 고고학자는 구슬 장인의 공방을 온전한 상태로 발견하였는데, 이를 통하여 작은 장신구를 만드는 데 필요한 노동에 대한 몇 가지 개념을 알 수 있었다. 구슬 장인은 마노와 약 7.6센티미터의 홍옥수 막대기를 갈고 닦아, 짧고 구멍 난 원통형으로 만들어 목걸이를 만들었다. 구슬 공정을 체험하기 위하여, 고고학자들이 동일한 작업장에서 구한 하라파식의 돌 끝이 달린 송곳과 연마제 분말을 이용하여 구슬 소재 중 하나에 구멍 뚫기를 시도하였다. 구슬 한 쪽 끝에

그림 5.5 영양이 새겨진 하라파 동석 도장, 2.3×2.3센티미터. 동물의 등 위에는 해독되지 않은 인더스 문자의 상징이 있고, 동물 앞에는 제사 공물 받침대가 표현되어 있다.

작은 홈을 파는 데에만 약 20분이 걸렸다. 이런 진행 속도라면 하나의 구슬에 구멍을 뚫는 데 24시간이 걸린다!

일부 하라파 장인은 하라파 문화권 내에서 얻을 수 있는 원재료를 사용하였다. 금속이나 준보석 같은 보다 이국적인 재료는 중앙의 통제가 어느 정도 필요한 장거리 교역을 통해 얻어진다. 그러나 인더스 강 유역의 공예품 디자인과 장식 형태에서 보이는 강한 통일성은 강제된 문화적 통일성에 의한 것이 아니었다. 그것은 크든 작든 저지대의 광범위한 지역에서 높은 수준의 공동체 취락 간 교역이 있었음을 나타내는 증거이다. 교역은 매우 중요시되었으며, 하라파 권력자는 교역에 대한 독점력을 강화하기 위하여 계량 시스템을 표준화하였다. 그들의 표준 계량 단위는 오늘날 0.5온스와 유사하다. 모헨조다로에서 발견되는 석제 분동의 대부분은 육면체로 만들어지고, 다수의 질량 단위로 구성되어 있다. 가장 작은 것은 보석상의 상점에서 발견되었는데, 아마도 값진 재료 측량에 사용되었을 것이다. 1단위에서 2단위가 되면 무게는 두 배가 되며 더 나아가 64단위, 160단위 그리고 160단위의 배수가 된다. 남아시아의 후기 사회는 동일한 목적으로 카르사(karsa)라고 알려진 단위를 사용하였다. 이 것은 군자 양담쟁이(Gunja creeper)의 씨앗인 래티스(rattis) 32개에 해당하는 측정 단위로, 해마다 약간씩 변동되었다. 4카르사는 기본 단위인 하라파 0.5온스와 거의 정확하게 같았다. 유사한 측량도구가 남아시아 시장에서 오늘날에도 사용된다.

하라파 문명이 전성기에 이르면 경제적 영향권은 더 넓어진다. 정기적으로 이루어지는 카라반 교역이 고지대와 저지대를 연결하였다. 하라파인은 전략적인 원재료 생산지역 근처에 작은 식민지를 설치하기도 하였다. 그곳을 통하여 중앙 및 남부 인도 등 광범위한 지역에서 금, 구리, 홍옥석을 거래하였다. 그러나 그보다 더 중요한 교역로는 급격히 성장하는 인도양 해상 교역로였다. 선박이 연안 루트를 따라서 운항되면서, 인도는 아라비아와 아프리카 제품이 조달되는 페르시아 만과 연결되었다. 이 뱃길을 꾸준히 운항하는 배들은 절대로 해안에서 멀리 나가지 않았지만, 다른 지역의 개별 문명이나 사회와 번영과 쇠락을 같이하는 경제적인 유대를 구축하였다. 해상 고속도로에 해당하는 이 해로는 수세기 후 그 당시 발견한 먼 바다의 몬순풍을 통하여 중국, 동남아시아, 서남아시아 그리고 지중해 세계에 연결되면서, 하나의 거대하고 끊임없이 변화하는 상호 연결망을 형성하게 된다.

정치와 사회의 조직

하라파의 정치조직은 미스터리로 남아 있다. 우리는 인더스 강 유역이 여러 도시국가에 의해 지배되었는지, 아니면 강력한 통치자가 등장하여 수천 제곱마일에 달하는 영역국가에 의해 지배되었는지 잘 모른다. 하라파 문서는 아직 해독되지 않았기 때문에 역사적 사건 또는 정치적 권력의 도시 간 이동을 재구성하지 못한다.

또한 하라파의 사회조직과 종교적 신앙들에 대해서도 잘 알지 못한다. 하라파와 모헨조다로를 지배한 자들은 익명으로 남아 있다. 이는 그들이 자신의 행위를 기념하는 그림이나 초상화 등의 흔적을 웅장한 궁의 벽에 거의 남기지 않았기 때문이다. 예외적인 유물이 모헨조다로에서 출토된 작은 석회암 조각 작품으로, 입술이 두껍고 수염이 난 남자를 표현했다. 찢어진 눈으로 세상을 응시하고 있는 것으로 보이는 이 남

그림 5.6 신관이나 통치자로 추정되는 수염
난 남성 조각상, 모헨조다로, 높이 19센티미터.
조각상이 희귀하다는 것과 그 크기가 작다는 것은
정치적 이념을 표현하지 않는 하라파의 특징을
잘 보여준다.

자는 아마도 세상일에서 떨어져서 사색에 잠긴 것으로 추정된다(그림 5.6). 남자는 금
속으로 장식된 예복을 입었다. 그의 지위에 대한 유일한 단서는 한 쪽 어깨가 드러나
있다는 것인데, 이는 1,500년 이상 지난 뒤인 부처 생존 시기에 경의를 표하는 상징
이다. 지금까지 고고학자들이 상인, 의례 전문가, 또는 중요 광물 자원을 통제하거나
방대한 넓이의 토지를 소유한 사람들로 추정되는 지배자의 리더십을 살펴본 바에 따
르면, 이들은 신관들이 보여주는 허세나 대중 앞에서의 사치스러운 과시를 전혀 드러
내지 않는 검소한 일생을 보냈다.

　　하라파의 지도자에 대하여 우리가 잘 알지 못하는 이유 중 하나는 그들의 문자
가 아직 해독되지 않았기 때문이다. 도장과 여러 짧은 명문에서 거의 400개의 상이한
그림문자 기호들이 발견되었지만, 언어학자들은 하라파인의 궁극적인 정체성은커녕
금석문 언어에 대해서조차 의견의 일치를 보지 못하고 있다. 컴퓨터 해독 기술을 이

용하여 가차자(假借字)로 구성된 소소한 성과를 내기는 했다. 이 가차자는 이집트 상형문자와 같이 소리와 의미를 혼합한 문자로, 아마도 드라비다(Dravida) 언어의 초기 형태인 것으로 추정된다. 많은 양의 인더스 명문들은 그 시기가 하라파 발전기인 서기전 2500~2050년까지 거슬러 올라간다. 그러나 하라파 지역의 초기 층위에서 발견된 토기 파편에 새겨진 문자의 사례로 볼 때, 그 연대는 서기전 2800~2600년으로 더 거슬러 올라간다. 서기전 3000년기 중반 이전에는 메소포타미아와의 접촉이 있었다는 증거가 별로 없기 때문에, 문자의 채용이 메소포타미아와 접촉해서 영향을 받은 것이라고 볼 수는 없다. 더 나아가 인더스 문자가 서기전 3500년까지 거슬러 올라간다는 주장마저 있다.

　　몇몇 권위 있는 전문가들은 도장이 종교적 상징이거나 멀리 떨어진 수메르에 보내는 상품의 꼬리표 역할을 하였다고 믿는다. 도장의 간단한 명문으로 개인과 그들의 신분을 표시하는 방법을 보여주는 사례가 상당히 많다. 일상적인 글은 대부분 올라(Ola)잎과 같이 쉽게 표시할 수 있는 재료에 기록되었는데, 이는 최근까지도 남아시아에서 전통으로 내려오고 있다. 적시고 두드리고 유연하게 하여 부드러워진 표면에 기호를 긁어 새겼으며, 그 뒤 다시 염료에 적신 천으로 표면을 비벼서 가독성을 높였다. 현존하는 인더스 명문이 그리 많지 않아 문자로 기록한 내용의 범위가 어떠하였는지를 확인하기는 매우 어렵다. 예를 들어 중요한 행정적, 경제적 기능과 관련하여 메소포타미아의 설형문자와 비교 가능한지 또는 오직 의례 또는 소유권과 같은 보다 한정된 범위의 목적으로만 사용되었는지 파악하기 어렵다. 이 질문은 다음 장에서 초기 중국 문자를 검토할 때 다시 언급할 것이다.

　　농경과 교역에 초점을 두고 보면 모든 것이 중앙집권화된 정부의 존재를 시사한다. 도시 근교에서는 관개시설로 보리와 밀의 대규모 잉여 식량을 생산해낸 반면, 강 유역에서 떨어진 많은 촌락에서는 여전히 건식 농사가 시행되었다. 국가가 넓은 토지를 통제하고 모든 농민이 가계 수확물의 많은 부분을 정부에 바쳐야 하는 곳에서 면과 대추야자는 중요한 수확물이었다. 전반적인 농경 사업은 인더스 강 유역에의 이주를 가능케 한 최초 공동체 수준의 촌락 농경을 대규모화한 것에 불과하지만, 그와는 달리 위계적이고 계급화된 사회를 잘 받쳐 준다.

그러나 이런 추정에 대해 마이클 젠슨(Michael Jansen)이나 포셀 같은 학자는 반박한다. 그들은 하라파 도시들이 도시국가가 아니었으며, 대규모화된 영역국가 내 중심 거점을 갖춘 것도 아니라고 주장한다. 그들은 성숙한 하라파 체제(Mature Harappan system)가 형성된 시기는 서기전 2600년경으로, 비교적 과정이 빨랐다고 주장한다. 그 뒤에 코트 디지 같은 초기 하라파 취락이 급격하게 붕괴되고 화재로 소실되었는데, 전쟁이 원인이었을 수도 있다. 그러나 그 이후에 나타난 도시는 이전에 독립적인 도시들이 무력으로 통합된 것이 아니라 상호 자발적으로 이룩된 사회의 모습이었다. 처음에는 신전과 왕궁으로 확연하게 식별될 만한 건축물이 없었다. 하라파와 모헨조다로 도시의 좁은 길을 따라 들어선 표준화된 벽돌 건물은 중간 계급의 상인과 관리들이 거주한, 편리하고 수수한 건물이었다. 지배층 주거지가 없다는 것은 기념 조각물과 지배층 무덤이 없다는 것과 상관이 있다. 앞의 장에서 메소포타미아와 이집트의 초기 통치자들이 자신들의 지위를 일반 주민과 구분하기 위하여 주요 건물과 조각상을 어떻게 이용하여 왕실 선전의 중요성을 부각시켰는지 살펴본 바 있다. 메소포타미아의 우르에 있는 왕실과 이집트의 부유한 지배층 무덤은 사회적 체계와 신분의 차이에 대하여 많은 것을 시사한다. 그런데 하라파 문명에는 비교할 만한 그러한 증거가 없으며, 따라서 학자들은 정말 말 그대로 국가였는지 의문을 품는다.

어떤 사람들은 하라파의 '도시들'은 실제로 도시가 아니었으며, 단지 주변지역의 사람들이 특정 의례를 위하여 모이는 종교적 중심지였을 뿐이라고 주장한다. 그러나 이런 관점은 이 유적지에서 발견된 도로와 건물에서 볼 수 있는 증거를 설명하는데 미흡하다. 즉 실질적인 도시가 아니었다고 반박할 만한 근거는 아직 충분치 않다. 더군다나 국가의 존재를 적시하고 있는 문자기록이 있는 것은 아니지만, 측량의 표준화, 벽돌의 표준화 그리고 하라파 영역 전체에 걸친 중요한 문화의 유사성은 모두 이 취락들을 하나로 만드는 강한 공통적인 유대감이 있음을 주장한다. 이는 또한 하라파 사회가 정치적으로 분권화되어 있고, 다른 초기도시 사회에서 볼 수 있었던 유형의 왕과 통치자가 없었음을 증명하는 것일 수도 있다. 단일 또는 복수의 하라파 정치체가 기념비적 건축물이나 화려하게 장식된 무덤 대신에 자신들의 권한을 강화시킬 수 있는 다른 수단이 있었을 가능성도 크다. 이러한 논쟁은 문자가 해독되지 않아 문서화된 증거가 부족하거나, 후대에 전하는 역사적 구전이 없는 경우 국가를 이해한다는 것이 얼마나 어려운지를 잘 보여준다. 또한 초기국가들이 모두 동일하지는 않으며, 모든 경우에 정확히 들어맞는 청사진이 있는 것도 아니라는 것을 상기시켜준다.

종교적 신앙

수메르인과 같이 하라파인도 홍수가 연례적으로 발생하는 환경에 적응하며 살았는데, 그들에게 홍수는 생명이 새로 시작되고 다음 해에 식량을 산출한다는 의미였다. 남아시아 종교의 원시적 뿌리는 다산 숭배에 있다고 추정되는데, 이는 수메르인이 숭배하는 여신 이난나를 비롯하여 다른 많은 초기 문명이 모신을 숭배하는 맥락과 같다. 이러한 숭배는 인생이 영속적이라는 것, 또한 파종과 수확의 무한한 순환이 계속 반복될 것이라는 신념을 제공하였다. 하라파 종교의 기원에 대하여 우리가 가진 유일한 단서는 하라파의 읍락과 도시에서 발견된 작은 도장이 찍힌 흔적과 가슴과 성기가 과장된 여신의 작은 점토 조각상이다. 우리는 이 여신의 이름을 모른다. 그러나 그녀는 아마도 인더스 사람들에게 땅과 생명을 주는 존재였을 것이다.

모헨조다로의 어떤 도장에는 세 개의 머리를 가진 자가 머리장식을 쓰고 요가 자세로 앉아 있는 형상이 새겨져 있다. 그는 호랑이, 코끼리, 코뿔소, 물소 그리고 사슴들에 둘러싸여 있는데, 어떤 하라파 전문가들은 이 도장이 짐승의 신으로 자신의 역할을 하고 있는 위대한 힌두신 시바(Shiva)의 전신이라고 생각한다. 많은 하라파 도장은 소떼를 묘사하였는데, 그것은 여러 형태로 숭배되는 시바의 상징일 수도 있다. 후대의 신앙으로 판단해 보면, 시바는 야생짐승을 길들이거나 멸종시키는 역할과 다산신이라는 역할을 겸하였을 것이다. 시바는 씨를 뿌려 생명을 주지만, 손가락을 튕기는 동작만으로도 인간을 포함한 창조물을 파괴할 수 있었다. 그는 읍락이나 도시를 위협하는 예측 불가능한 홍수와 기근의 위험을 부분적으로 상징할 수도 있다. 하라파와 모헨조다로에서는 남근의 상징과 함께 시바의 배우자인 데비(Devi)의 자궁을 의미하는 둥근 구멍의 석조 유물이 수십 점 발굴되었다. 이것들은 오늘날 시바와 데비의 신전에서 발견된 힌두의 링감(lingam)과 요니(yoni) 상징의 원형일 수도 있다. 만약 작은 조각상과 도장의 증거가 신뢰할 수 있는 것이라면, 초기 힌두교의 상징들은 현대 힌두교와 상당한 유사성을 가진다. 보다 현대적인 남아시아 종교의 다른 많은 요소들, 이를테면 집안에서 불제단을 모시는 것, 과실과 꽃으로 경배하는 것, 명상하는 것 그리고 상당히 발달한 천문학 지식 등이 하라파 사회에서 번성하였을 수도 있다. 모헨조다로의 대목욕장에서 그 사례를 본 것과 같이, 물과 목욕의 상징을 중요하게 여기는 것 또한 후대의 힌두교 관행에 적용되는 특징이다. 이런 유사성으로 인해 초기 하라파 문명은 물론 그 이전으로 거슬러 올라가는 남아시아 사회로부터 내려오는 깊은 연속성이 두드러진다.

멸망(서기전 2000년경)

하라파 문명은 서기전 2300년에 절정에 이르렀다. 3세기 후에 하라파와 모헨조다로는 쇠락하기 시작하였고 곧 소멸하였다. 금속제품을 제외한 장거리 교역량이 급격하게 감소함에 따라, 도시인구는 더 작은 취락단위(그림 5.7)로 쪼개져 넓은 지역에 분산되었다. 이론들은 많지만 이런 변화의 이유는 아직 잘 알려져 있지 않다.

이러한 붕괴에 대한 가장 오래된 설명 중 하나는 아리아인(Aryan)의 침략이다. 힌두 성서인 『리그베다(Rigveda)』는 외래인과 토착 하라파인 간의 싸움을 기억하기 위한 것이라고 일부 학자가 주장하고 있다. 영국 고고학자 휠러는 모헨조다로의 상부 층위에서 몇 기의 유골을 발견하고, 이를 통하여 하라파 도시들이 외부의 인도-아리아 언어를 사용하는 침략자에 의해 전복되었다고 추정하였다. 그러나 이 증거를 통한 설명은 명백히 부적절하다. 아리아인이 침략(만약 그러한 사실이 일어났더라도)한 연대는 아직 분명하지 않으며, 『리그베다』는 모헨조다로가 포기된 이후 1000년이 지난 서기전 1000년경에 비로소 성문화되었다.

근동과의 모든 중요한 교역이 붕괴되었다는 것이 하라파 도시들의 소멸을 설명할 수 있는 그럴듯한 요인 중 하나이다. 메소포타미아와 인더스 사이의 접촉은 서기

그림 5.7 도시 폐기 직후의 하라파 읍락. 파키스탄 로즈디(Rojdi) (a) 주거지 내 우물의 발굴, (b) 동일 주거지를 화가가 재구성했다.

전 2000년기 초에 빈도가 급격히 줄어들었다.

　　다른 이론들은 환경적 변화를 인용한다. 로버트 라이크스(Robert Raikes)와 조지 데일스(George Dales)는 인더스 도시들의 소멸을 지형구조의 변동으로 설명한다. 이들은 지형이 변하여 세환(Sehwan)지역에 인더스 강을 원천으로 하는 자연 댐이 만들어졌다고 주장한다. 인더스 수량은 더 이상 바다로 흐를 수 없었고, 이 자연 댐에 갇힌 수량이 증가하여 거대한 호수가 형성되면서, 모헨조다로 주변과 다른 주요 도시들에 범람하여 폐기되었다는 것이다. 또 다른 이론은 인더스 문명시기의 취락 형성에 중요한 요인이었던 사라스바티와 드리사드바티(Drishadvati) 강의 고갈에서 소멸의 원인을 찾는바, 이 가설은 그 원인으로 다시 한 번 지형구조학적 변화를 인용한다. 이 변화로 물이 히말라야에서 시작하여 동쪽으로 흘러 지류와 강과 합쳐진 뒤 갠지스 범람원으로 흘러들어간다는 것이다. 또한 세 번째 환경 이론에 따르면, 더 건조해진 기후를 원인으로 지목한다. 이런 가설 중 어떤 것은 타당해 보이기도 한다. 인더스 강에 댐이 만들어졌다는 것이나 강우량이 감소하였다는 것이 모두 증거를 갖고 있지는 않으나, 사라스바티가 고갈되었다는 것은 현재 일반적으로 인정되고 있다. 그러나 하라파 문명 전부가 소멸한 것에 대하여 전적으로 영향을 미친 최종적인 붕괴 원인은 아직 의문에 싸여 있다. 비록 하라파 시대에 비해 적기는 하지만, 하라파 이후 단계에 인더스 지역의 경계에서 취락의 숫자가 크게 증가한 것은 짚고 넘어가야 할 만큼 중요하다. 이는 반 도시화의 현상으로 볼 수도 있지만, 농경 취락의 지속적인 발달을 시사하는 것일 수도 있다. 또한 유적지 숫자가 급격히 감소한 지역인 신드(Sindh), 콜리스탄(Cholistan) 그리고 발루치스탄의 경우와 대비된다. 후자는 하라파 문명의 중심지였기 때문에, 그곳의 몰락은 다른 지역에 도시화를 약화시키고 하라파 문자를 포기한 일종의 '도미노 효과'를 발생시켜 변화를 초래하였을 수도 있다. 그러한 자연 환경의 변화는 큰 충격을 주었을 것이다. 그럼에도 하라파 문명의 전 지역에 더 큰 영향을 미친 것은 사회문화적 요인이다.

식물학자들이 인더스강 충적층에서 발견된 꽃가루를 이용하여 주요 생태학적 변화의 연대기를 작성하였다. 그들은 범람원을 덮었던 자연 상태의 나무와 풀들이 서기전 2400~1000년에 증가하였음을 발견하였다. 나무숲이 두터워진 것과 농민들이 풍부한 강우를 이용하여 농경생산을 확대하는 현상이 이루어졌음이 확인된다. 꽃가루 숫자를 통해 나무의 증가와 함께, 야생초목류를 대신하여 경작된 곡물과 초본류의 비율이 급격히 증가하였음을 알 수 있다. 촌락 인구가 급격히 팽창하여 곡물 수확량이 증가하면서, 이것이 복잡한 승수효과로 이어져 환경에 급격한 영향을 미친 것으로 보인다. 촌락의 인구가 증가하면서 토지에 대한 압박도 심해졌다. 농민들은 보다 더 많은 강변 숲을 벌목하고 태웠으며, 물이 흐르는 초원에 이전보다 많은 소떼를 방목하였다. 목축 집단은 계절별로 농경공동체 사이의 빈 토지에 소떼를 풀어 놓았다. 소는 짐을 나르는 데 이용되었기 때문에, 내부 교역망에서 중요한 역할을 하였다. 또한 촌락이 커지고 읍락이 확장되면서, 집을 지을 벽돌을 굽기 위하여 수에이커의 숲을 태웠다. 평원에서 계속 자연 식생이 제거되면서, 침식 통제와 범람원 환경에 급격한 결과가 초래되었다. 결국 자연 통제가 이루어지지 않아서 여름 홍수 수위가 높아졌고, 범람한 강물이 평원을 휩쓸고 지나가면서 모든 것을 앗아갔다. 신의 분노에 직면하면서도 사람들은 그에 방어할 수단이 거의 없었던 것이다.

도시의 쇠퇴 중간기(2000~600 B.C.)

인더스 지역의 동쪽 남아시아에서는 하라파 문명이 붕괴된 지 오랜 시간이 흘러서야 도시들이 발달하기 시작하였다. 고도로 발달하였던 인더스의 사회경제적 시스템이 붕괴하자 도시 생활이 사라졌으며, 수세기가 지나서야 비로소 멀리 갠지스 계곡의 동쪽에서부터 다시 출현하였다. 아직까지 별로 알려지지는 않았지만, 이 시기에 농경 문화가 인더스 지역 내외 여러 곳에서 발달하였다. 서기전 2000년기는 남아시아의 역사에서 아주 중요한 시기였다. 서기전 1500년경 갠지스 유역에서 벼농사가 시행되면서, 밀과 보리의 경작이 부적합한 곳에서도 새로운 농업 환경이 열렸다. 또한 구제라트 일부 지역에서는 아프리카가 원산지인 기장이 중요시되었고, 습도가 높은 남부 인도에서 상당히 번성하였다. 이렇게 새로운 곡식이 도입되자 농업을 시행하는 지역이 확대되고, 그로 인해 하라파 문명의 토대를 이루었던 환경적 제약이 줄어들었다.

서기전 2000년기에 서쪽으로는 인더스 평원과 산기슭에서, 동쪽으로는 갠지스 지역에 이르기까지 남아시아 북부 전역에 걸쳐 취락이 번성하였다. 전설에 따르면 이 시기에 역사적으로 인도-아리아 언어를 사용하는 사람들이 인도 대륙으로 이동을 하였다. 이 종족 이동은 『리그베다』 찬가(베다, Vedas)를 모아 놓은 '삼히타(Samhita)'에 서술되어 있다. 많은 찬가들이 그 수세기 전에 작곡되었으며, 그 후 세대에서 세대로 구전 전승되었다.

인도-이란 언어는 거대한 인도-유럽 언어 계보의 한 지류로서, 유라시아 스텝에서 기원하였다. 인도-유럽 언어의 발달과 확산은 언어학적으로나 고고학적으로 상당한 논쟁을 불러일으키는 주제 중 하나이다. 고고학자는 상이한 선사 문화를 인도-유럽 언어의 도래와 연결시키려 노력하였으나, 아쉽게도 아직 아무런 의견 일치를 보지 못하고 있다. 많은 주장이 유럽에 중심을 두고 있지만, 이란과 남아시아 또한 그러한 논의 대상에 포함되고 있다. 많은 학자들이 주장하는 바에 따르면, 인도-유럽 언어를 구사하는 사람들이 서기전 2000년기에 이란 고원을 건너 토착민과 결혼하면서 남아시아에 퍼졌다는 것이다. 오늘날 남아시아 전역에서 사용하는 인도-아리아 언어가 그래서 발생했다고 한다. 그러나 다른 생각을 가진 학파는 외부에서의 진입은 없었으며, 인도-아리아 언어는 남아시아 현지에서 발달한 것이고 훨씬 더 이전부터 존재하였다고 믿는다. 그들은 하라파 문명의 특징이 후대에 나타나는 인도의 특징을 앞서 보여준다고 주장하는데, 그러한 예로 힌두신 시바의 자세와 유사한 요가 자세의 인도 도장 조각을 든다.

『리그베다』 뒤에 있는 역사적 사실이 무엇이든 간에, 서기전 1000년기 초에 갠지스 평원에서 농경촌락의 숫자가 증가하였다는 것을 고고학자들은 분명히 밝혔다. 이곳에서 마을이 처음 나타난 시기는 서기전 4천년기였는데, 철기를 사용함으로써 갠지스 평원에서는 벼농사가 더욱 촉진되었다. 서기전 600년까지 다수의 작은 부족 영토가 연합 또는 통합되어, 갠지스 평원의 여러 도시 중심지의 주변에 주요 왕국 또는 공화국 16개가 자리잡았다. 서기전 550년경에는 최소한 5개의 도시에 거대한 암괴와 점토벽돌로 만든 요새가 구축된 것으로 알려져 있다. 우잠(Ujjam)의 진흙벽돌 요새는 기단이 폭 75미터, 높이가 14미터이며, 5킬로미터 길이로 연결되었다. 3세기경 몇 개의 도시는 그 규모가 상당히 커져서, 아치카트라(Ahicchatra)처럼 면적이 거의 180헥타르인 사례도 있다. 마가다(Magadha)의 수도인 파타리푸트라(Pataliputra)는 그보다 더 컸던 것으로 보이는데, 나중에 마우리아(Maurya) 제국의 수도가 되었다.

초기 역사 도시(600~150 B.C.)

남아시아 문명의 고전기는 갠지스 강 유역의 도시 생활로 시작된다. 새로운 도시들은 경제적 힘의 공급원, 지적이고 종교적인 열정의 위대한 중심지 기능을 한다. 브라만교는 서기 1000년기 초반에 의례와 희생을 강조하는 힌두교의 형태로 발달하면서 지배적인 종교가 되었다. 브라만 계급(Brahman class)은 성스러운 전통의 승계와 희생적 의례의 수행에 대한 책임을 부여받고, 생활의 모든 측면에서 종교적 권한을 행사하였다. 그러나 서기전 6세기경 붓다(Buddha)와 마칼리 고살라(Makhali Gosala) 같은 혁명적 철학가가 브라만교의 희생에 반하는 행동을 요구하는 계율로 도전하였다. 불교는 개인적 영혼의 발전에 대한 가르침을 통하여 급속도로 전파되었으며, 5세기가 지나지 않아 북부지역의 지배적인 종교가 되었다.

한편으로 외부 권력들은 인도 대륙의 전설과 같은 풍요로움에 주목하였다. 페르시아의 다리우스(Darius) 왕은 서기전 516년에 북서쪽을 침공하여 인더스 강 유역을 페르시아 제국에 통합하였다. 2세기 후에 알렉산더 대왕은 인더스 강 유역을 공격하여, 그리스 문화를 그 지역에 퍼뜨렸다. 북동쪽에서는 갠지스 왕국의 지도자가 서기전 6세기가 될 때까지 계속적으로 전쟁을 벌였으며, 마가다 왕국은 주변국을 희생시키며 성장하기 시작하였다. 마가다의 위대한 지도자 찬드라굽타 마우리아(Chandragupta Maurya)는 알렉산더 대왕의 정복 이후 형성된 권력의 공백을 이용하여 거대한 제국(마우리아 제국)을 개척하여, 네팔과 북서쪽 데칸까지 깊숙이 영토를 넓혔다(그림 5.8). 그의 손자 아소카(Asoka)는 절정기인 서기전 269년에서 232년까지 제국을 지배하였다. 그는 불교 계율에 근거하여 정교하게 정리한 도덕과 윤리 법령을 제국 전체에 명문으로 공표하면서, 다양한 종족을 통합하려 했다. 마가다의 파타리푸트라(Pataliputra)에 위치한 수도는 갠지스 강을 따라 거의 14킬로미터에 뻗쳐 있었다. 사마스(Samath)와 산치(Sanchi)에 있는 스투파(stupas) 같은 불교 기념조형물이 이 시기에 세워졌다.

아소카 제국의 마가다와 다른 북쪽 도시들은 북서쪽으로 차르사다(Charsada), 태실라(Taxila) 그리고 다른 국경 도시들로 통하는 육상교역로를 적극 활용하여 상당히 발전했다. 갠지스 강의 어귀에 있는 타무르크(Tamluk) 항구를 통하여, 동쪽 멀리 동남아시아로 가는 새롭고 확장된 해양 교역로에 연결되었다. 그리고 마우리아 제국

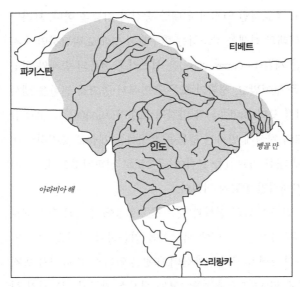

그림 5.8 마우리아 제국의 경계 지도

이 서기전 185년에 멸망하고, 인도양에서 새롭게 발견된 몬순풍을 이용하여 로마세계와 접촉할 수 있게 되자, 남아시아 해안은 엄청난 양의 상아, 향신료 그리고 고급직물을 로마세계에 공급할 기회를 갖게 되었다. 로마의 동전이 데칸의 동쪽 해안 교역기지인 아리카메두(Arikamedu)와 같은 남쪽 고대 항구와 도시에서 출토되었다. 스리랑카의 도시 아누라드-하푸라(Anurad-hapura)는 서기전 마지막 몇 세기 동안 정치적 중심지이자 불교 순례자의 순례지였으며, 서로마 교역의 중요한 연계 거점이었다.

로마시대에 이르러 남아시아는 지중해 세계와 인도양 연안 전역, 간접적으로 동쪽 멀리 원자재의 새로운 생산지까지 연결되는 거대한 교역망의 일부분이 되었다. 남아시아의 새로운 연결망은 동남아시아 토착 문명(제13장)의 발전에 중대한 요인이었다.

요약

서기전 7000년기에 북서 지역에서는 적어도 현지 식물과 동물들을 대상으로 한 식량 생산과 동물의 가축화가 이루어졌다. 이 지역의 많은 공동체가 고지대 발루치스탄의 촌락과 교역하고 유목하는 밀접한 관계를 구축하였는데, 확장된 공동체 체제는 서기전 4000년기에 인더스 강 유역에서 발달하여, 서기전 2700년에서 2000년에 걸쳐 정점에 이르고 성숙한 하라파 문명을 이루었다. 하라파 문명은 대규모 잉여농산물을 산출하는 하라파와 모헨조다로를 포함한 많은 수의 큰 도시를 토대로 형성되었다. 메소포타미아의 해상 교역과 연계하면서, 밀, 보리 그리고 면화의 집약적 농법을 통하여 더욱 번영하였다. 하라파의 사회조직 또는 종교적 신앙이 어느 정도 후대의 힌두교 교리에 반영되어 있는 것으로 짐작되나, 알려진 것은 별로 없다. 하라파 문명은 서기전 2000년 직후에 붕괴하였는데, 하라파와 모헨조다로는 폐기되었으며, 거주민들은 촌락 공동체로 흩어졌다. 이후 수세기 동안 무게 중심은 벼농사의 발달과 함께 동쪽 갠지스 강 유역으로 이동하였는데, 서기전 6세기경 16개 왕국이 갠지스 평원에서 번성하였으나, 서기전 4세기경 결국 마우리아 제국에 통합되었다. 불교는 마우리아 제국의 지배적인 종교가 되어, 의례와 희생으로 이루어진 초기 브라만 교리를 대신한다. 이러한 발전으로 인도양의 몬순풍이 발견되었을 때, 남아시아는 팽창한 거대 교역망의 한 부분이 되는 것이다.

THE FIRST CHINESE CIVILIZATIONS

제6장 최초의 중국 문명

산싱두이(三星堆)의 의례 무덤에서 출토된 청동 두상.
중국, 서기전 1200~1000년.

청동 주물 장인은 눈썹에 흐르는 땀을 앞치마로 닦았다. 끓는 청동 주물로 가득 찬 무거운 도가니를 긴 부젓가락으로 용광로에서 꺼냈다. 도가니를 한 방향으로 기울여서 청동주물을 깔때기 모양의 점토 거푸집으로 옮기는 데 신경을 집중하였다. 이 거푸집은 부분용범을 복잡하게 조합한 것으로, 안쪽 표면에는 제사 용기의 형태와 장식문양이 갖추어져 있다. 도가니를 차분하게 두드리면서 작업자는 용융된 청동 주물이 끊어지지 않도록 주의하며 천천히 탕구에 부어넣었다. 뜨거운 공기가 토제용범 양쪽의 작은 구멍으로 빠져나오면서 높은 음의 소리를 냈으나, 청동이 자리를 잡고 식기 시작하자 소리는 줄어들었다. 몇 시간이 지난 뒤 거푸집을 떼어냈다. 정교한 동물 가면 장식을 끌로 다듬고 표면을 마연해 완성하였다. 그리고 거푸집이 이어진 부분에 생긴 불필요한 금속을 떼어내는 작업도 약간 추가하였다. 그는 이 작업이 아주 즐거웠다. 용기를 주문한 상나라 귀족으로부터 틀림없이 멋진 보상을 받을 것이다. 귀족은 연회에서 조상에게 기원할 때 그 용기를 사용하고 후손에게 물려줄 것이며, 결국 어느 날 그들 중 누군가와 함께 무덤에 부장되어 현세에서 쓰인 대로 내세에서 사용될 것이다.

청동 제사용기는 중국 최초 문명의 가장 유명한 산물 중 하나이다. 상(商)이라는 이름은 서기전 2000년기의 황허 유역을 지배한 상 왕조의 이름을 따서 지어졌다. 제기는 상과 이웃 국가들을 지배한 엘리트 집단의 표시이자 특권이었다. 그들은 점복을 통하여 자신들을 인도하고 보호하는 조상에게 의지하였으며, 사치스러운 청동제기로 제사를 지내 조상을 위로하였다.

초기 중국 문명에 대한 이해는 최근 몇 년 동안 크게 수정되었다. 이 시기에 청동 작업이 이루어진 국가 형성의 중심지가 황허 유역의 상 문화만이 아니라는 사실을 알게 되면서 나타난 현상이다. 몽골, 양쯔(揚子) 강 유역, 중국 남서부[쓰촨성, (四川省)]에서 중요한 발견이 이루어지면서, 상 문화와 동시대에 상의 특징을 융합하여 자신들만의 독특한 지배층 문화를 만들어낸 또 다른 전통이 존재하였음을 알 수 있게 되었다. 그러므로 초기 중국 문명은 단일 중심지에 국한된 현상이 아니라, 다양한 규모와 중요성을 가진 복수의 거점이 상호 연계되어 이루어진 패턴이라고 할 수 있다. 상의 지배층 문화는 단지 역사적으로 가장 잘 기록되어 그들 중 가장 두드러진 모습을 반영한 것일 뿐이다.

이 장에서는 중국 청동 문화의 고고학적 증거와 문헌기록을 통하여 알 수 있는 내용들을 검토할 것이다. 문헌기록을 검토할 때 상나라 통치자가 남긴 안양(安陽)의 갑골만 국한하지 않고, 신석기 문명의 농경 공동체에서 시작된 첫 번째 중국 문명의 기원과 발전에 대한 논의에서 시작한다. 역사시대의 중국 사회는 전통을 강하게 존중하며 질서와 조화를 추구하는 특징을 가졌다. 놀라운 것은 중국 문명이 벼나 기장과 같은 기본적인 재배작물에서부터 도기, 칠기, 옥, 궁궐, 문자 그리고 엄격한 위계사회에 이르기까지, 전통성을 수세기 동안 점진적으로 누적시켰다는 점이다(표 6.1).

표 6.1 신석기시대부터 한 왕조까지 표시한 중국 문명 연대표

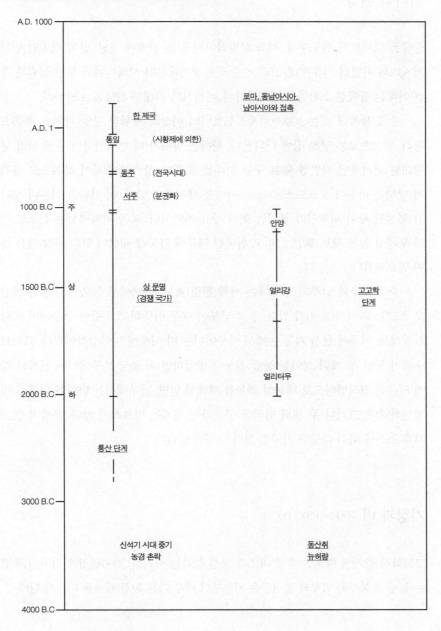

지리적 배경

중국은 티베트의 힌두쿠시, 서쪽 히말라야의 높은 산맥과 고원, 남쪽 태평안 연안의 저지대와 아열대 기후지대, 그리고 중국 농경지대부터 시베리아의 북방 삼림과 경계를 이루는 광활한 초원인 스텝지대까지, 아시아의 거대한 지역을 포괄한다.

중국 북쪽에 있는 300,000제곱킬로미터 이상의 광활한 중앙 평원은 북쪽으로 황허, 남쪽으로는 양쯔 강에 다다른다. 황허는 빙하기 때 먼지가 찬바람에 날려 쌓인 광대한 퇴적층인 완만한 황토 구릉 지대를 흐른다. 상류에서 강이 북쪽으로 급격하게 방향을 바꾸어 오르도스(Ordos) 사막을 에워싸고 있다. 이 사막은 이른바 상나라가 형성된 황허 회랑이라 불리는 곳의 상류 지역이다. 북쪽 지역에서는 건조한 기후와 투과성 높은 황토 토양, 그리고 찬바람 때문에 가뭄에 내성이 있는 기장 같은 곡식이 필요하였다.

중국 북부와 남부의 경계에는 서쪽 친링(秦嶺) 산맥에서 동쪽의 태평양 연안으로 흐르는 화이허(淮河)가 있다. 중국 남부는 매우 따뜻하고 수량이 풍부하며 바람도 일정해서, 여름에 물을 가둔 논에서 이루어지는 벼 재배에는 이상적이었다. 그러므로 수세기 동안 두 개의 상이한 농업 전통이 발달하였다. 중국 북부에서는 건식의 강우에 의존한 경작방식으로 내한성 곡물을 재배한 반면, 남부에서는 다양한 형태의 벼를 생산하였다. 그러나 두 개의 영역을 구분하는 경계는 명료하지 않다. 문화적 선호와 기후 조건에 따라 다양한 지역별 경작 양식이 있었다.

기장과 벼(7000~4500 B.C.)

고고학적 증거에 따르면 중국 최초의 농경 문화는 서기전 7000년경에 갑자기 등장했는데, 중국 북부와 남부의 농민들은 처음부터 매우 다른 농경 체제를 따르게 된다.

중국 북부 : 양사오와 츠산

중국의 신석기 문화를 발견한 것으로 인정받는 사람은 스웨덴 지리학자 J. G. 안데르손(Andersson)이다. 1921년에 그는 유럽의 신석기시대 유물과 비슷한 마제 돌도끼, 갈색과 흑색으로 무늬가 정교하게 그려진 채색된 붉은 토기를 전달받았다. 이 유물은 황허 유역의 넓은 황토 평원의 양사오춘(仰韶村)에서 출토된 것이었다. 중국 신석기시대의 것으로 처음 발견된 이 유물은 양사오 문화에 속하는 것으로 알려졌다. 그러나 방사성탄소연대측정법의 출현으로 양사오 문화는 중국 북부의 초기 신석기 문화로 보기 어렵게 되었다. 황허의 저지대를 내려다보는 산록에 있는 츠산(磁山)은 이보다 이른 시기의 유적이다. 츠산 유적은 단지 저장 구덩이와 움푹 파인 주거지에 불과하지만, 이곳에서 토기와 농경 활동의 증거인 숫돌, 괭이 그리고 수확용 칼, 사육된 개의 뼈, 강아지풀 기장 등의 탄화된 유물들이 다량 발견되었다. 이는 의심의 여지 없이 츠산이 북쪽 평원의 경계에서 기장을 재배하고 돼지, 닭을 사육한 초기 중국의 농경마을임을 보여준다. 츠산 같은 유적지에 대한 방사성탄소연대측정을 통해 그 시기가 서기전 7000년기 말 6000년기 초이고, 이 지역의 기장 농사가 서기전 7000년까지 거슬러 올라감을 알 수 있다. 이러한 농경생활의 모습이 수천 년 동안 지속되었다.

츠산의 토기는 양사오 채색토기보다는 장식이 덜 정교하다. 그러나 평탄한 지면이 아니더라도 그릇을 똑바로 세워 놓을 수 있는 뾰족한 세발이 상당히 특징적이다. 이것이 중국 최초의 토기는 아니다. 북서쪽 난주앙토우(南莊頭)의 거친 그릇 파편들의 연대가 서기전 1만 년경으로 측정되었으며, 남쪽 셴런둥(仙人洞) 동굴 같은 곳의 끈 모양이 새겨진 토기 파편도 같은 시기로 거슬러 올라간다. 셴런둥 토기는 밑이 뾰족하며 같은 유적에서 비록 재배된 벼가 발견되기는 했지만, 이 유물이 농경촌락의 존재를 의미하는 것은 아니다. 그러나 츠산의 세발 그릇은 오랜 기간에 걸쳐 계속 생산된 초기의 사례이다. 세발그릇은 4000년이 지난 상나라 시기에도 여전히 청동기로 제작되었다.

중국 남부 : 허무두와 펑터우산

타이완에서 생육되기도 하지만, 기장은 중국 북부에서 처음 그리고 지금도 재배되는 곡식이다. 더 남쪽에서 생산되는 벼는 기장의 변종으로서, 출토된 주요 유적지는 양쯔 강 삼각주 너머, 현재 상하이 남쪽의 이전 호수 지역과의 경계인 허무두(河姆渡)이다. 이 유적지는 1970년대 발굴 당시 대단한 반향을 불러일으켰는데, 그 이유는 중국 남부의 농업 공동체가 중국 북부의 것과 상이하고 독립적인 것인지 여부에 대한 결정적인 증거를 제시했기 때문이다. 방사성탄소연대측정 결과 허무두는 서기전 5000년경에 존재한 것으로 밝혀져, 중국 북부의 초기 농경촌락보다 시기상으로 다소 늦다. 북쪽으로부터 영향을 받았다는 것에 대해서는 의심이 없지만, 허무두만의 독특하고 독창적인 부분이 많다. 예를 들어 가옥들은 움집 형태의 주거지가 아니라, 늪지 위에 기둥을 세우고 그 위로 1미터 정도 높이에 나무로 지은 구조물이 있었음이 고인 물 덕택에 확인할 수 있었다. 새끼줄무늬 장식, 때로는 동식물이 음각되거나 채색된 토기 유물들도 있었는데, 바닥이 둥글거나 평평했다. 북쪽의 토기와 같이 세발이 달리지 않았으며, 더 이른 인근 지역 셴런둥에서 출토된 것과 같이 바닥이 뾰족하지도 않았다. 앞서 본 것처럼 셴런둥에도 초기 재배 벼가 출토된 바 있다.

펑터우산(彭頭山)에서 최근 발견된 내용에 따르면, 허무두보다 상류인 양쯔 강 중류 유역의 벼농사가 앞섰을 수도 있다는 가능성이 제기되었다. 굵은 알갱이를 가진 변종벼 껍질이 서기전 7000년에서 5500년 사이의 유적 층위에서 발견되었다. 목재로 틀을 짠 사각형 평면의 가옥 유구에서 출토하였는데, 펑터우산의 연대가 확정이 되면, 양쯔 강 유역의 벼농사가 최소한 황허 유역의 기장 농사만큼 오래전에 시작되었다는 것을 알 수 있다. 그러나 당분간 허무두가 초기 벼농사 마을 중 가장 잘 알려진 곳으로 남을 것이다.

허무두에서 발견된 것들은 대규모 농사와 동물 사육을 모두 증명하고 있다. 동물 어깨뼈로 만든 괭이, 나무 막대기와 메, 그리고 사육한 개, 돼지, 물소의 뼈, 아울러 중요한 재배 벼의 두 품종인 오리자 사티바 인디카(Oryza sativa indica)와 오리자 사티바 시니카(Oryza sativa sinica) 등이다. 이들은 모두 두께 0.5미터에 달하는 쓰레기

층에서 출토되었는데, 집 아래의 물에 잠긴 땅에 퇴적되어 있었다.

허무두의 습지 지역은 수전 경작에 이상적이다. 오늘날 대부분의 지역은 토탄으로 덮여 있지만, 선사시대에는 연못과 강 그리고 그 사이의 마른 땅에 숲이 있었다. 야생 벼가 이 지역에서 생장하였는지는 아직도 논쟁의 대상이다. 오늘날 야생 원종은 중국의 최남단에서 인도 북동부까지 걸친 띠 모양의 지역에서 생육한다. 신석기시대도 마찬가지라면 허무두와 그와 비슷한 유적지의 주민은 더 남쪽에서 곡식을 들여온 것으로 추정된다. 다른 한편으로는 허무두에서의 벼농사는 북쪽으로 점차 생육 범위를 확장하기 위한 지속적인 시도의 결과였을 것이다. 또 다른 경우로 서기전 5000년경에 야생 벼가 자연적인 조건하에서 북쪽으로 양쯔 강 삼각주까지 생장하였을 수도 있다. 이 경우 허무두 사람들에 의한 재배는 전적으로 지역 자체의 역량으로 이루어진 성과라 할 수 있다. 츠산과 허무두는 중국의 초기 촌락생활을 보여주는 양대 축으로, 기장과 돼지, 닭을 키우는 북쪽과 벼와 물소를 키우는 남쪽을 대표한다. 츠산은 삼족기를 통하여 역사 여명기의 중국사회의 중요한 특징인 독특하고 전통적인 토기의 초기 형식을 보여주는 바, 그것은 청동제기의 초기 형태이기도 하다. 허무두에서는 중국문명의 또 다른 특징적 요소라 할 수 있는 칠기의 최초 사례로서 붉은 옻칠의 목기 유물이 출토하였다.

신석기시대 중기의 상징(4500~2700 B.C.)

서기전 4500년경 농경촌락은 중국의 여러 지역으로 확산되었으며 다양한 문화 전통을 보여준다. 신석기시대 중기(4500~3000 B.C.)에 중국 사회는 점차 복잡해지면서, 사회적 위계의 증거가 나타나기 시작하였다. 중국 동북부 만주지역, 스텝 인접지역, 양쯔 강 유역의 저지대, 산둥 반도 그리고 최초의 중국 전통 문명의 기원지인 황허 유역 등에서 각각 별개의 중심지가 발달하였다.

량주의 옥기

량주(良渚)에서 발달한 것 중 가장 오래되고 중요한 사례는 매우 상징적인 한 세트의 공예품으로, 양쯔 강 삼각주 지역에서 권력을 가졌던 개인과 관련된다. 시둔(寺墩)에서 발견된 무덤을 보면, 그곳에 묻힌 개인은 봉분을 20미터 높이로 조성하고 100점 이상의 옥기를 함께 묻어 줄 것을 명령하기에 충분한 지위에 있었던 것으로 보인다. 이곳에서 출토된 환옥과 관옥 그리고 다른 장신구들은 모두 전문 장인의 솜씨를 거친 것이다. 시둔은 이른 시기의 옥기 제작으로 유명한 량주 문화(3300~2200 B.C.)에 속한다. 옥은 순도가 높고 투명한 돌을 칭하는 용어인데, 연옥, 투각섬석, 귀감람석 등이 있다. 신석기시대 중기에 이것들은 분명히 희귀한 소재였으며, 최근까지도 중국에서는 금보다도 더 귀한 것으로 여겨진다. 량주 옥기공예 전통이 발전할 수 있었던 큰 이유는 인근 저지대인 양쯔 평원의 타이후(太湖) 근처에 옥 원산지가 있었기 때문이다. 그러나 단순히 옥을 사용하였다는 사실만이 아니라, 다양한 형태로 지속적으로 생산되었다는 사실이 중요하다. 납작하고 연마된 둥근 고리 모양의 벽(璧)과, 모서리를 사각면 처리하고, 중심에 세로로 구멍을 뚫은 사각 기둥 모양의 종(琮)이 그중 가장 유명하다. 신석기시대 중기에 벽이 가졌던 의미는 모르지만, 역사시대에 들어와 중국에서 벽은 하늘, 종은 땅의 상징이었다. 시둔의 무덤에서 이 두 개를 함께 발견한 것은 이른 시기에 이미 특정 권력이 출현하였음을 상징한다.

시둔보다는 덜 극적이지만 량주사회의 성격을 아주 잘 드러내는 것으로, 야오산(瑤山)과 판산(反山)에서 발굴된 지배층 무덤이 안치된 2기의 작은 묘역을 들 수 있다. 이곳에서도 조각된 옥기가 상당량 발굴되었는데, 가장 정교한 옥기 몇 점은 의례용 머리 관에 딸린 장신구의 부속들이다. 이러한 무덤에 묻힌 개인들은 높은 지위, 아마도 지배적인 정치적 권력을 갖고 있었을 것이다. 옥기의 성격과 후대의 비교 사례로 미루어 그들은 산 자의 세상을 자연과 조상의 세상에 매개하는 무당 역할을 했을 것으로 추정할 수 있다.

량주 문화의 지리적 위치는 이러한 초기 옥기에 더 큰 중요성을 부여한다. 량주 지역은 후대에 상 문화가 출현한 황허 유역에서 떨어져 있지만, 많은 옥기에서 이후

상의 청동기에 표현되는 도철문과 아주 유사한 짐승 모양의 모티브를 발견할 수 있는 곳이다. 더욱이 량주의 벽과 종은 이 지역에 국한된 것이 아니라 다른 중국 지역에서도 발견된다. 이것은 량주의 영향력 확산을 의미한다. 대체로 서기전 4000년기 말 3000년기 초의 량주는 위대한 문화적 영향력과 혁신의 중심지였으며, 강력한 족장(군장)사회 또는 국가의 원형 수준에 이르렀을 것이다. 서기전 2000년기에 상에 주도적 지위를 빼앗겼다고 하더라도 초기 중국 문명에 끼친 영향은 무시할 수 없다. 중국에서 최초로 나타난 문자를 포함하여 량주 문화가 가진 명예에 대해서는 뒤에 더 검토할 것이다.

신석기시대의 만주 : 뉴허량 신전

만리장성 너머 중국 동북지역에서는 다소 상이한 문화가 그 지역을 대표한다. 이곳의 주요 유적은 동산취(東山嘴)와 뉴허량(牛河梁)으로, 홍산(紅山) 문화(4000~3000 B.C.)에 속한다. 이 문화의 특징은 의례공간과 정교한 묘역을 갖춘 작고 분산된 촌락 형태이다. 최근 중국 고고학자가 동산취에서 두 개의 정교한 구조물을 발견하였는데, 지름 2.5미터의 작은 원형의 적석시설과 갓돌로 둘러싸인 길이 11.8미터, 폭 9.5미터의 장방형 구역이다. 이 시설에서 작은 점토인 인체조형품 파편이 발견되어, 의례 기념 구조물로 해석하는 근거가 된다. 실제 크기에 비슷한 모양의 인체조형품들이 뉴허량에서도 발굴되었다. 그중에는 코와 귀가 실물의 세 배 정도 크게 조각된 것들도 있다. 또한 청록색의 옥이 눈에 박힌 실제 크기와 같은 진흙 두상도 있는데, 여러 개의 움집 가옥이 있는 25미터 길이의 십자 구조 유구에서 발견되었다. 여성으로 보이는 얼굴 모양의 점토 작품으로, 고고학자들은 이 구조물을 여신의 신전이라고 명명하였다. 동산취와 뉴허량 유적은 그 시기가 서기전 3500년경으로 추정된다.

이들 만주의 유적이 발견되면서 남동부의 량주와 동시대인 서기전 4000년기와 3000년기에 중국 북동부 지역 자체에서 발전한 전통이 존재하였다는 것이 밝혀졌다. 이는 성숙한 족장(군장)사회 또는 국가 직전 사회의 모습일 수도 있다. 대부분의 측면에서 만주와 량주의 전통은 매우 다르지만, 의례용 옥기를 사용하였다는 특징을 공유한다(량주에 대해서는 앞에서 논의하였다). 만주의 옥기 제작은 더 오래된 것으로, 서기 전 6000년기에 시작되었다. 그것은 푸신(阜新) 근처 차하이(査海)의 중요한 초기 농경 마을 유적에서 옥기 조각 8점이 발견된 것으로 증명된다. 차하이 옥기 네 점은 갈라 진 원판 형태의 결(玦)로, 상과 주 시대의 전통으로 이어지는 독특한 형태이다. 그러 므로 만주에서도 역시 량주 지역과 마찬가지로 이른 시기부터 의례용 옥기를 사용하 였고, 후대의 상 지역에도 채용된 것으로 보인다. 결론적으로, 황허 유역의 상 지배층 문화는 문화적 융합 과정을 통하여 형성된 것이다. 황허 자체뿐만 아니라 중국 외곽 지역에서 이룩된 성과에서 상당한 덕을 본 것이 분명하다.

룽산 단계의 지배층 전통(2700~2000 B.C.)

지금까지 우리는 신석기시대 초기와 중기의 중국 여러 지역에 걸쳐 일반적으로 전개 된 내용을 검토하였다. 그러나 중국 청동기시대의 상 문명의 가장 중요한 기원을 찾 는다면 황허 중류 지역의 상 핵심 지역에서 선행하는 문화를 들지 않을 수 없다.

　이 지역의 후기 신석기 문화는 룽산(龍山)이라고 알려져 있다. 이는 동시기(2700~ 2000 B.C.)에 속하는 6개의 지역적 유형으로 분류되며, 상호작용의 권역(interaction sphere)에 분포하는 것으로 전한다. 상호작용 권역이라는 용어는 지역집단들이 서로 접촉하며 상대 지역의 문화적 특징을 적극적으로 차용하였다는 것을 뜻한다. 그 결과 상의 청동기시대에서 정점을 이루는 문화적 통합의 과정이 나타났고 룽산은 소멸하 였다. 이러한 과정은 새로이 권력과 지위를 획득함으로써, 상대세력을 견제하고 제압 하기 위하여 온갖 노력을 다하는 지배층 집단이 출현하면서 촉진되었다. 그 결과 점 차 동질성이 심화되는 문화적 영역이 형성된 것이다. 그러나 대부분의 중국인이 이 과정에 참여한 것은 아니며, 다른 지역에서는 별도의 독립적인 전통이 발달하였다는 것을 염두에 두어야 한다. 이것에 대해서는 나중에 논의하도록 하고 먼저 상에 대해 살펴본다.

토기와 의례

룽산 토기의 장인은 광택이 있는 상당히 독특한 형태의 흑색 토기를 만들었는데, 그 형태와 소성 온도 모두 새로운 능력을 보여주는 것이다. 회전판에 얹어 형태를 만든 룽산의 고전적인 토기는 장식이 단순하고 평범하지만, 높은 온도로 가열되어 단단하면서도 두께가 얇았다. 이 그릇을 만드는 데 필요한 온도는 구리를 녹여 주조할 수 있는 1,200도 정도로, 이 정도의 온도가 가능해진 것은 가마 설계의 혁신에 따른 것이다. 중국에서 만들어진 최초의 구리제품이 룽산의 산리허(三里河) 유적에서 출토된 한 쌍의 송곳이라는 것은 우연이 아니다. 토기 그릇 중 일부는 금속 용기를 모방한 것으로 보이며, 왕청강(王城崗)에서는 구리 합금 그릇의 파편이 출토되었다. 상 시기에 일련의 청동제기를 소유하는 것은 지배층 지위를 과시하는 데 필수조건이었다. 왕청강은 지배층의 중심지로서 누구라도 그러한 그릇이 발견될 것이라고 예측할 수 있는 종류의 장소였다. 룽산 토기 중 가장 좋은 것들, 즉 흑색의 빛나는 궤, 항아리, 잔 등은 자기의 선행적인 형태이며, 왕청강의 토기 파편은 지배층 제기들이 토기에서 금속기로 넘어가는 과도기 모습을 잘 보여준다.

또 다른 룽산 집단의 혁신은 복골 점복, 즉 달구어진 도구를 동물 어깨뼈나 거북 껍질에 대어 점을 치는 관습의 수용이다. 상 시대에 전문적 점술가는 당면한 사안과 관련하여 질문한 특정 내용에 대하여 이전 조상신들이 대답한 것이라 보고, 균열로 나타난 모양을 해석하였다. 질문과 답을 상세히 새긴 이른바 갑골이라 불리는 많은 사례를 통하여, 이러한 점복행위가 상 시대의 관습이라는 것을 알 수 있다. 명문을 가진 갑골은 없지만, 룽산의 사례는 그 이전에도 같은 관습이 있었다는 잠재적인 증거라 할 수 있다.

최초의 중국 문자

갑골문이 없음에도 불구하고 룽산 문화에서 문자를 일찍 사용하였다는 증거는 있다. 이 증거는 1992, 1993년에 발견된 두 점의 그릇 파편으로, 여기에는 짧은 '문장'이 새겨져 있다. 그러나 중국 문자와 유사한 증거를 가진 문자가 더 이상 발견되지 않는 것을 보면 결국 지역의 전통에서 사라진 것으로 보인다.

룽산 사례와 거의 동일한 연대에 중국 남부의 량주 문화 후기에 속하는 명문 토기 두 점이 있다. 이것 또한 문장처럼 보이는 부호군으로, 량주와 룽산의 명문이 최소한 서기전 5000년기 신석기시대부터 중국의 다른 지역 토기에서 보이는 표식과 구분된다는 것을 알 수 있다. 토기의 표식은 보통 여러 개가 집단적으로 나타나는 것이 아니라 하나씩 따로 나타난다.

량주와 룽산의 명문은 두 개의 서로 다른 전통에 따른 것으로, 그러한 전통이 존재한다는 것은 서기전 3000년기에 다수의 문화적 전통이 중국의 상이한 지역에서 각각 독립적으로 발달하였을 수 있다는 것을 재차 강조하는 것으로 볼 수 있다. 비록 현재 남아 있는 모습이 그렇게 극적이지는 않지만, 상은 이러한 여러 전통 중 하나이다.

성곽과 전쟁

모든 룽산 문화의 혁신 중 가장 중요한 것은 아마도 장방형 방어성곽의 출현일 것이다. 이것은 청쯔야(城子崖)의 17헥타르부터 왕청강의 0.75헥타르까지 그 크기가 다양하다. 성곽은 항투(夯土), 즉 '판축'이라고 알려진 중국 고유의 토목기술과 관련되어 있으며, 이러한 기법의 초기 사례로 보인다. 이 방법에 따르면 무른 흙을 약 10 내지 15센티미터 두께가 되도록 나란히 세운 목재 칸막이 사이에 부어넣는데, 이는 오늘날 콘크리트를 타설하는 것과 같은 방법이다. 그리고 직경 3~4센티미터의 긴 나무막대기로 토층을 다지는데, 일단 한 층이 완성되면 그 위에 또 다른 층이 부어지고 원하는 높이가 될 때까지 같은 과정을 반복한다. 이러한 방식으로 만들어진 룽산의 성곽은 그 두께가 10미터이며 때로는 수미터의 높이로도 쌓았다. 목재 칸막이에 의해 남겨진 수평 표시가 양쪽에 분명하게 남아 있다.

핑량타이(平粮台) 유적에서 확인되는 문 구조물이 방어용 시설임이 분명한 것은 입구 양쪽에 햇볕에 말린 큰 벽돌로 거칠게 만든 장방형의 위병소로 확인된다. 또한 이때가 폭력이 빈번한 시기라는 것을 보여주는 또 다른 증거도 있다. 룽산 단계의 지앙고우(潤溝) 취락의 마른 우물 두 개에서는 다수의 인골이 발견되었는데, 포로이거나 전투의 흔적을 보여주는 사람들이었다. 지앙고우의 사람들도 잔인한 운명을 겪었겠지만, 그들도 다른 사람에게 유사한 고통을 주었다는 증거가 있다. 부상당하거나 가죽이 벗겨진 흔적이 있는 6구의 유골이 한 건물의 기초 아래 묻혀 있다.

분명하지 않은 것은 판축 담으로 된 주거지가 일반 주민을 위한 것인지 아니면 특별한 지배층을 위한 것인지 여부이다. 성곽 내부에는 다수의 건물과 공방시설이 있어 권력의 중앙집중 현상을 보여준다. 룽산 시대 후기에 판축기법을 이용한 건물 기단이 등장하는데, 이러한 장방형 구조물은 (후대의 근거로 유추하면) 작은 성이거나 지배층 주거구역으로 해석된다. 인간 희생양을 기초 아래에 묻었기 때문에 특히 그러한 해석이 가능하다.

룽산 문화에 대한 고고학적 조사는 지위를 유지하거나 이웃세력에 대한 더 큰 주도권을 획득하기 위하여 전쟁을 벌였던 지배층의 존재 양태를 밝혀 준다. 룽산은 이러한 여러 측면에서 상 청동기시대의 완전한 문명을 직접적으로 사전 예시하는 셈이다.

세 왕조 :
하, 상 그리고 주(2000 B.C. 이전~1027 B.C.)

중국의 초기 역사를 당대에 기록한 자료는 서기전 2세기에 시작된 한의 시대 이전까지는 발견되지 않았다. 대부분 비단, 대나무 또는 나무와 같이 부패하기 쉬운 재료에 기록되었던 것이 그 이유 중 하나이다. 또 다른 하나는 중국의 첫 번째 황제 진시황제(秦始皇帝)가 재상 리시(李斯)의 조언에 따라, 자신의 출신 지역인 진(秦)과 관련된 것을 제외한 모든 역사적 문서를 파괴하라는 명령을 내렸기 때문이다. 그럼에도 한의 시대(206 B.C.~A.D. 220)를 연구하는 중국인 학자가 중국 역사의 주요 사건을 청동기시대까지 거슬러 추적할 수 있는 충분한 양의 자료가 전해진다. 그들이 연구하는 틀은 서기전 256년에 진시황제가 왕위에 오르기 전인 하(夏), 상 그리고 주(周) 세 개의 연속된 주요 왕조를 토대로 한다.

"이(伊, 하 왕조의 건국공신)가 투산(塗山)에서 영주들을 책봉할 때, 옥과 비단을 가져온 국가가 1만 개였다. (상 왕조의) 청탕(成湯)이 통치권을 물려받았을 때, 3천 개 이상의 국가가 남아 있었다. (주 왕조의) 우왕(武王)이 군대를 살펴볼 때, 1,800개의 국가가 있었다(창꽝쯔(張光直), 1986, p.307)." 이를 통하여 역사학자 구쭈위(顧祖禹)는 17세기에 쓴 저술에서, 한 왕조가 다른 왕조를 대체하면서 왕실 권력이 강화되는 것으로, 초기 중국의 역사 과정을 요약하였다. 그의 주장에 따르면 중국이 단계적으로 단일한 지배가문 아래 통일되었다는 것이다. 이 장과 제14장에서 우리는 구쭈위가 제시한 최초의 중국 왕국이 발달한 모습이 고고학적 증거와 얼마나 일치하는지를 살펴 볼 것이다.

하와 상

전통적인 중국의 역사 이야기는 어렴풋한 신화상의 지배자—공통의 조상 푸시(伏羲), 곡식의 최초 재배자 선눙(神農), 불의 발명자 주룽(祝融)—에서 시작한다. 신화상에서 동등한 다섯 명의 황제는 세 왕조 중 첫 번째인 하에서 진정한 의미의 중국 역사가 시작되기 전에 등장한다. 세 왕조의 순서에서 하가 상에 앞서는 것으로 추정된다. 그러나 언제 어디서 하 왕조가 통치하였는지는 아직 의문으로 남아 있다. 후대에 기록된 천문 관측 자료를 보면, 하 왕조의 네 번째 왕인 중캉(中康)의 재위기간에 발생하였다는 일식을 통하여 그 위치를 추정할 수 있다. 미국 역사학자 처우훙샹(周鴻翔)과 천문학자 케빈 팡(Kevin Pang)은 만약 이 관측이 정확하다면 문제가 되는 일식은 서기전 1876년에 일어났다고 계산하였다. 역사기록상의 하와 관련된 장소의 명칭에 대한 연구에 따르면, 그 위치는 황허의 중류에 있는 지금의 허난(河南) 지역이라고 한다.

허난은 룽산 문화 지역의 중심에 있으며, 따라서 첫 번째 국가가 나타나기에 논리적으로 완벽한 장소이다. 같은 시기에 이루어진 문화적 발전과 관련하여, 1957년 얼리터우(二里頭) 유적이 발견되면서 이 지역의 중요성이 세상에 널리 알려지게 되었다. 얼리터우 지역은 중국 청동기시대의 상당히 이른 시기에 속하는 주요 중심지이다.

여기에서 이해에 도움을 주기 위하여 편년과 용어에 대하여 설명하겠다. 얼리터우 시기의 유적에 대한 방사성탄소연대측정 결과는 서기전 2000년 직전에서 서기전

1750년경까지이다. 이는 서기전 1000년기 상나라 말기에 이르는 중국 청동기시대의 첫 단계에 해당한다. 고고학적인 용어로 말하면, 얼리터우 시기는 얼리강(二里岡) 시기를 거쳐 안양 시기로 이어진다. 어떤 저술가는 상을 머리글자로 하여 세 시기를 합쳐, 얼리터우는 상 전기, 얼리강은 상 중기 그리고 안양은 상 후기로 표현한다. 이것이 편리한 고고학적 분류이기는 하나, 얼리터우는 어렴풋한 하 왕조의 수도일 가능성이 있어 역사적으로 맞지 않는다. 다음 시기는 서기전 18세기경 하를 멸망시킨 보다 유명한 상 왕조이다. 그러나 청동제기의 장식 같은 문화 양식의 관점에서는 하와 상은 구분되지 않는다. 그러므로 상이라는 이름은 역사적 왕조와 고고학적 문화 모두에 사용될 수 있는데, 얼리터우 시기의 청동기는 이미 양식적인 측면에서 상의 것으로 설명할 수 있다. 하와 상 왕조는 단일한 상 문화의 두 부분일 뿐이며, 서기전 2000년에 시작하여 서기전 1027년 주 왕조에 의해 상이 멸망하면서 끝난다. 그러므로 하와 상 왕조 간의 역사적 구별은 미루어 두고, 서기전 2000~1027년 기간을 고고학적 단일 시기, 즉 상으로 본다(그림 6.1).

　　중국 최초의 국가에 대한 기원은 이미 본 바와 같이 중앙 북부 평원의 룽산 문화에서 찾을 수 있다. 최근의 연구를 통하여 고고학자 류리(劉莉)는 룽산 유적군을 족장(군장)사회로 해석하고, 이로부터 상 국가의 발달에 대한 구체적인 추적을 시도하였다. 고도로 복합화가 진행된 족장(군장)사회들 속에서 국가가 처음 등장하였다고 기대할 수도 있다. 그러나 그가 증명한 것은 그것이 아니었다. 룽산의 고도로 복합화된 족장(군장)사회들은 황허가 급하게 꺾이는 타오쓰(陶寺) 지역에 위치하였으며, 그 시기에는 가장 큰 규모인 약 300헥타르에 걸친 타오쓰 유적에 중심이 있다. 남부 메소포타미아 또는 인더스 강 유역의 초기도시들 보다 규모가 큰데, 기능과 복합도의 관점에서는 국가라기보다는 크고 복잡한 족장(군장)사회의 중심지로 분류된다. 더 서쪽에서는 이미 앞에서 서술한 청쯔야, 왕청강 그리고 핑량타이의 유적을 포함하여 더 작게 분할된 룽산의 성채 중심지가 발견되었다. 초기 상 국가는 이러한 작고 경쟁하는 성채 중심지들로부터 발달하였다. 인구의 성장, 아마도 잦은 황허 범람으로 인한 불안정과 함께 빈번하게 발생하는 전쟁이 국가 형성의 원동력이었을 것이다.

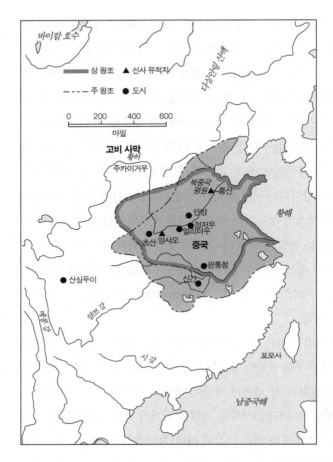

그림 6.1 상 시대의 주요
유적지. 안양, 판룽청, 얼리터우,
정저우, 츠산, 산싱두이,
신간(新干).

상의 도시들

상 문명 연구의 주요 유적은 얼리터우(상 초기인 얼리터우 단계, 2000~1750 B.C.), 판룽
청(盤龍城), 정저우(鄭州, 상 중기인 얼리강 단계, 1750~1300 B.C.) 그리고 안양(상 후기인
안양 단계, 1300~1027 B.C.)의 고대도시들이다. 최근에 환베이(洹北)에서 발견된 도시
는 정저우와 안양 사이의 연대기 공백을 메워 준다. 이러한 도시들은 여러 가지 주요
한 측면에서 룽산 시대의 성곽이 있는 영지와 다르다.

- 면적이 더 넓다. 청쯔야 같은 대규모 룽산 영지의 면적이 17헥타르인데 비해, 정저우의 상 도시는 거의 20배 더 큰 약 325헥타르이다.
- 성곽으로 둘러싸인 상 영지는 주로 지배층 중심지의 역할을 한 것으로 보인다. 영지는 낮은 지위의 촌락군과 공방으로 둘러싸여 있다. 룽산의 촌락은 분명히 공방 구역을 포함한 보다 자급자족적인 성곽 안에 있었을 것이다.
- 상 중심지의 지배층 유물은 국가 수준의 사회 출현에 걸맞게 룽산 유적보다 풍부하고 다양하다.
- 마지막으로, 성곽이 있는 상의 영지는 양쯔 강 중류 지역을 포함하여 중국의 아주 넓은 지역에 걸쳐 발견된다. 이것은 상 지배층의 전통이 이웃 지역에 확산되었고, 보다 광범위한 정치적 동맹이 형성되었음을 의미한다.

주요 상 중심지에 대한 아래의 간단한 설명이 이러한 점들을 밝히는 데 도움이 될 것이다.

얼리터우   1957년 중국 고고학자에 의해 발견된 이 유적은 초기 상 시대에 속한다. 이 유적은 앞에서 본 바와 같이 하 왕조의 수도 중 하나일 것이다. 유적은 1.5×2.5킬로미터 이상의 면적에 걸쳐 있다. 가장 두드러지는 특징은 두 단계의 기단시설이 한 쌍을 이루고 있다는 것이다. 아래의 넓은 기단은 1헥타르에 달하며, 그 위에 작은 기단이 조성되었는데, 보통 아래 기단의 한쪽 끝에 위치한다. 판축기법으로 조성되었으며, 지배층의 가옥이나 왕궁의 기초였던 것으로 보인다. 두 경우 모두 낮은 기단이 다져진 흙담으로 둘러싸여 있어서, 평민 거주구역으로부터 지배층 구역을 구분하였음이 분명하다. 지배층의 건물들 자체는 나무틀에 초벽과 덧발림으로 지어졌으며, 아마도 박공구조로서 짚으로 엮은 지붕을 얹었을 것으로 보인다. 지배층이라 하더라도 그 당시에 비싸거나 내구적인 건축자재를 사용하지는 못하였다.

특별히 언급해야 할 이 지역의 한 가지 특징은 지배층 건물 기단의 일반적인 공간 배치인데, 장방형(또는 대략 그러한)을 이루면서 남향이고, 남쪽 중간에 현관이 있으며, 영지의 북쪽 구역에 주요 지배층 건물이 자리잡은 2차 기단시설이 갖추어졌다. 이러한 양상은 이 시기 이후 중국 건축에서 (보편적인 것은 아니나) 공통된 패턴이다.

중심 건물 뒤에 더 작지만 보다 잘 보존된 얼리터우의 기단에는 5×4미터가 넘는 큰 토광무덤이 있었다. 부장유물은 도굴당하였지만 옻칠과 진사의 흔적을 보면 그것이 화려하게 장식되었다는 것을 알 수 있다. 유적의 다른 곳에서는 무덤도 발견된다. 부장유물이 없는 예도 있었지만, 몇 기의 무덤에서는 분명히 지배층 무덤임을 보여주는 옻칠을 한 목관에 청동 무기와 제기가 발견되었다. 얼리터우에서의 발견을 통하여 룽산 유적보다 규모가 더 크고 전체적으로 질서를 갖춘 사회계층의 모습을 볼수 있다. 그러한 모습은 정확히 국가 수준의 사회(명백히 그렇게 보일 때)에서 기대할 수 있는 것이다.

정저우 정저우는 황허 하류에서 가깝다. 이곳은 산맥에서 흘러나온 강이 넓은 범람원을 통하여 바다로 흐르는 중간에 위치한 곳이다. 서쪽 고지대로부터 강을 따라 운반된 비옥한 황토 토양으로 풍요로운 농경지가 조성되어 있다. 정저우는 이 전략적 위치에서 강 남쪽에 위치한다. 상대에 시설된 유구는 둘로 구분할 수 있는데, 상호 연관된 요소로 구성되어 있다. 첫 번째 요소는 아직도 여러 곳에서 볼 수 있는 것과 같이 높이 9미터, 길이 7킬로미터에 달하는, 다져진 흙으로 만들어진 성곽에 둘러싸인 거대한 영지이다. 두 번째 요소는 주된 영지의 외곽지대에 있는 청동기 공방, 토기 가마, 묘역 그리고 일반 주거지 유구들이다.

정저우의 시설물 배치 상태는 도시 클러스터라고 할 수 있는데, 서기전 1000년기 이후의 꽉 짜인 중국 도시들과 구분된다. 동일한 패턴이 안양에서 발견되는데, 이러한 도시 클러스터는 전형적인 상의 중심지로 보인다. 이는 상 사회의 위계적 성격과 각 부분의 독립성을 공간적으로 잘 보여준다. 정저우의 영지 안에는 지배층과 의례 전문가들이 살았다. 여기에서도 흙을 다진 왕궁 기단과, 개와 사람이 희생물로 바쳐진 제사갱, 명문이 있는 갑골(그림 6.2)이 발견되었다. 건물 중 하나는 지배자 가문의 조상신을 섬기는 사당이었을 것이다. 성곽 외부에는 분산된 일련의 소규모 공동체들

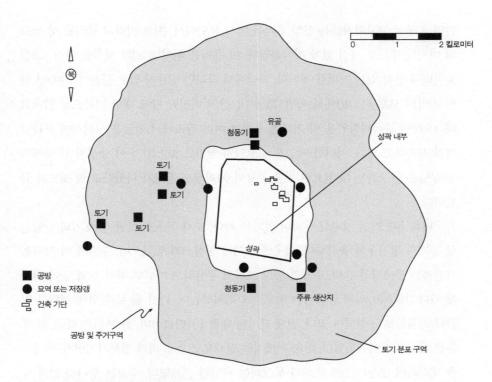

북

0 1 2 킬로미터

유골

청동기

청동기

성곽 내부

토기

토기

토기

토기

성곽

■ 공방
● 묘역 또는 저장갱
끕 건축 기단

공방 및 주거구역

청동기

주류 생산지

토기 분포 구역

그림 6.2 정저우 도시 클러스터의 평면도

이 있는데, 그곳에는 지배층이 필요로 하는 사람들, 즉 의례용기를 제작하는 청동 장
인, 뼈와 토기로 만든 실생활 도구를 공급하는 기능공, 그리고 특권층에게 식량을 공
급하는 농민들이 거주하였다.

　정저우는 상나라 중기까지 얼리터우의 왕궁 기단에서 이미 본 바와 같이, 지배
층과 피지배층 사이의 구분을 엄격히 유지하며 발달하였다. 정저우는 또한 상의 중심
지들이 초기 메소포타미아 또는 이집트의 도시들과 어떻게 다른지 보여준다. 인구가
상당한 규모였을 수도 있지만, 기본적으로 다양한 지원 서비스 시설과 많은 농촌으로
둘러싸인 의례 또는 행사의 중심지였다. 상 문화의 중심지 중에서 가장 유명한 안양
에서도 같은 내용이 확인된다.

안양　　중국 고고학자들은 안양 유적을 역사 문헌에서 은(殷)이라고 불리던 상 왕조의 마지막 수도로 자신 있게 해석하였다. 이 유적은 환허(洹河)의 제방을 따라 5.8킬로미터나 뻗쳐 있는 거대한 것이다. 약방에서 팔리던 명문이 있는 갑골이 1899년 안양 지역의 샤오툰(小屯)에서 확인되었는데, 상의 마지막 왕에 대한 기록으로 밝혀졌다. 1928년 중국과학원은 이 거대한 유적의 여러 장소에서 발굴을 시작하여 오늘날까지 계속하고 있다. 이러한 작업은 고고학자 창광츠(張光直)가 이 중심지 한 곳에서 상 문명을 연구하는 데 필요한 기본 자료의 90퍼센트 정도가 나왔다고 할 정도의 규모이다.

비록 두드러진 영지의 성곽이 없기는 하나, 도시 구조로 보면 상 후기의 안양은 상 중기의 정저우와 유사하다. 이곳에는 의례 중심지가 있었으며, 주변에 이 지역을 지원하는 공예장인 촌락, 수공업 공방 그리고 부유하고 가난한 자의 묘역 등이 산재해 있다(그림 6.3). 의례 중심지는 샤오툰에 위치하는데, 다진 흙 토대 위에 세워진 일련의 건물들로 구성되어 있다. 전체 단지는 대략 1헥타르이며, 한 부분은 왕궁, 한 부분은 신전으로 이용되었다. 상의 지배자는 실제로 스스로 의례 전문가이면서, 백성들을 대신하여 조상(이승의 신들)과 통교하는 유일한 존재였다. 종교는 상나라 왕의 통치를 합법화하는 기능을 하였다. 그러므로 의례가 왕궁 경내에서 이루어진 것은 놀랄 일이 아니다. 대부분의 갑골들은 샤오툰에서 발굴되었는데, 이는 점복행위가 신전 겸 왕궁의 의례에서 정례적이었다는 것을 보여준다. 또 다른 상나라 의례의 특징은 건축과 관련되어 있다. 많은 수의 인간 희생물이 다진 흙 기단에서 발견되었다. 이 건물은 수세기 전 얼리터우의 것과 같은 목조건축물로, 엮은 나뭇가지에 진흙 반죽을 발라 만든 벽과 초가지붕으로 되어 있으며, 유일하게 용인된 사치품은 목재 기둥 몇 개를 받치는 청동 원판이나 초석뿐이었다.

안양의 왕실무덤　　안양은 샤오툰에서 북동쪽으로 약 2킬로미터 떨어진 환하 건너편 시베이강(西北岡) 묘역에서 발견된 왕실무덤으로 유명하다. 묘역에는 모두 1,200기의 무덤이 있는데, 대부분은 아주 소규모이다. 그중 13기의 무덤이 규모나 (경사진 통로가

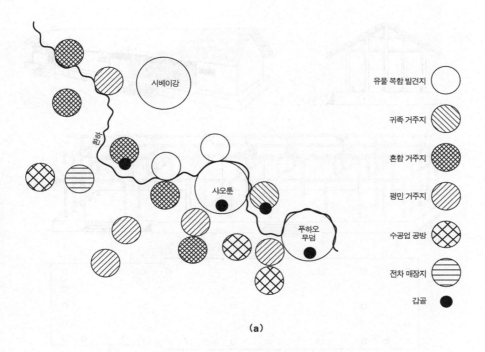

(a)

유물 복합 발견지

귀족 거주지

혼합 거주지

평민 거주지

수공업 공방

전차 매장지

갑골

시베이강

샤오툰

푸하오 무덤

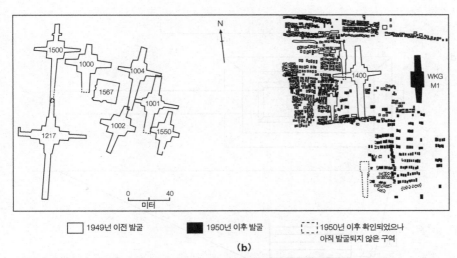

1949년 이전 발굴   1950년 이후 발굴   1950년 이후 확인되었으나 아직 발굴되지 않은 구역

(b)

그림 6.3 안양. (a) 도시 클러스터의 다이어그램, (b) 시베이강 묘역의 평면도, (c) 샤오툰 건물의 재구성, (d) 경사로가 하나인 수혈갱 형식의 무덤 단면도

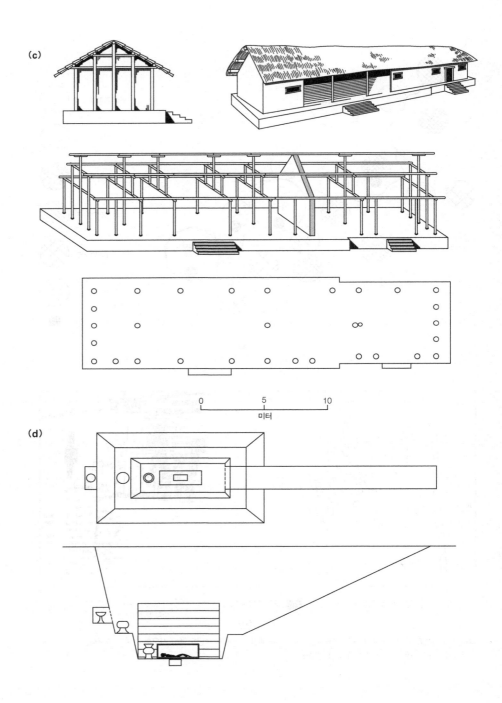

두드러진) 형태, 일부 도굴되지 않은 부장유물 때문에 시선을 끈다. 8기의 무덤에는 십자 모양의 평면에 네 방향 각각에서 매장구덩이로 난 경사진 통로가 있으며, 나머지 것들은 한 개 혹은 두 개의 통로만이 있다. 가장 큰 무덤들에는 10~11미터 깊이와 40미터 길이의 경사로가 있는데, 다른 것보다 더 길었다. 무덤구덩이 중심에 조성된 묘실은 나무 구조물이었다. 그 모양은 장방형 또는 그 자체가 무덤 모양을 본 뜬 평면 십자형이었다. 나무 구조물은 남아 있지 않았지만, 한 무덤에서는 정교한 새김의 흔적이 있는 나무가 진흙 표면에서 발견되었고, 다른 무덤에서는 붉고 검은 옻칠을 한 나무 조각이 발견되었다. 이러한 작은 단서들이 무덤의 묘실에 화려하게 장식되었고 밝게 칠해져 있음을 시사한다.

무덤 내 유물로는 도굴꾼들이 남기고 간 것만 있었는데, 석제품, 옥기 그리고 청동제 무기와 용기가 있었다. 한 무덤에서는 경사로 하단에 500점 이상의 청동 투구, 꺾창 그리고 창끝이 매납되었다. 또 다른 무덤에는 머리 없는 시신 59구가 모두 11줄로 경사로에 놓여 있었다. 인간 희생물은 무덤의 내부로 들어가는 양쪽 계단과 바닥에 있는 나무 묘실의 위쪽에서 발견되었다. 상의 지배층은 샤오툰의 1기 건물에서도 생시와 마찬가지로 죽어서도 조상에게 바쳐진 600명이나 되는 인간 희생물의 시신으로 둘러싸여 있었으며, 시베이강 무덤 하나에는 164구의 시신이 묻혀 있었다.

시베이강의 대형 무덤들에 묻힌 자들은 누구일까? 오랫동안 11기의 무덤만 확인된바, 이 숫자는 안양을 기반으로 하여 통치한 것으로 기록된 11명의 왕들의 숫자와 정확히 일치하였다[마지막 12번째 왕인 디신(帝辛)의 시신은 서기전 1027년 주나라 정복자에 의해 불에 태워졌기 때문에 합계에서 빠진다]. 여전히 11명의 왕들이 그곳에 묻혀 있다고 추정하는 것이 설득력 있기는 하지만, 시베이강에서 더 큰 무덤이 발견되자 다른 것들은 왕비의 무덤일 수도 있다는 의문이 제기되어 논란에 휩싸였다. 왕비의 무덤으로 밝혀진 유일한 무덤(실제로 유일하게 의견이 일치하는 왕실의 무덤)은 시베이강이 아니라 동쪽의 샤오툰에 위치하고 있다. 비록 시베이강의 무덤보다 작지만 도굴당한 적은 없다. 1976년 중국 고고학자가 발굴하였을 때, 골기와 석기뿐만 아니라 7,000점의 자패제품, 590개의 옥기, 440점의 청동기가 부장되어 있는 것으로 확인되었다. 이것은 시베이강 무덤에서 얼마나 많은 유물이 없어졌는지를 상기시킨다. 무덤에서 나온 60점의 유물에서 서기전 13세기에 통치하였던 우딩(武丁) 왕의 왕비 64명 중 한 명인 푸하오(婦好)의 이름이 발견되었다.

문자와 사회

상 시기에 대한 대부분의 정보는 비록 고고학적 성과물을 근거로 하지만, 상 후기(안 양이 수도이던 서기전 1300~1027년)에 갑골문 형태로 된 기록 자료를 통하여 (다른 것들 중에서) 상 국가의 성격과 범위에 대한 연구를 진행할 수 있다.

갑골   점복은 당초부터 상 의례의 기본 특징이지만, 지배자가 신과 소통 가능한 조 상에게 질문하는 방법으로 절대 새로운 것이 아니다. 갑골은 일찍이 서기전 3700년 에 몽골에서 사용되었고, 룽산 유적에서도 발견되었다. 그러나 선조와는 달리 상의 갑골에는 명문이 새겨져 있다.

중국 학자들은 약 10만 점의 명문 갑골이 (물론 많은 수의 위조품이 있기는 하지만) 중국 내에 있거나, 일본 또는 서양의 수집품 중에 있다고 추정한다. 전부는 아니더라 도 대부분이 안양에서 출토된 것으로, 상에서는 소의 어깨뼈로 만들어진 갑골 이외에 민물거북껍질에도 점을 쳤다. 두 경우 모두 뒷면에 약 1센티미터의 타원형 홈을 한 줄로 낸 다음, 달구어진 금속 막대기를 홈에 집어넣어 가열하였다. 앞면에 균열의 패 턴이 생기면 점술가는 그것을 해석하였다.

이 과정은 기록된 명문을 통하여 확인된다. 항상 날짜와 함께 조상에게 물어보 는 질문이 기록되어 있었으며, 때때로 균열에 대한 해석과 아울러 (보다 드물게) 점을 친 내용이 실제 사건, 즉 현실로 나타났는지 여부를 기록하기도 했다. 다음은 우딩 왕 의 재위기간에 있었던 사례이다.

계사일(癸巳日)에 점을 쳤다.
커(Ke)가 물었다. "쉰(旬, 10일을 단위로 한 일주일) 동안 나쁜 운이 있습니까?"

왕은 점을 치고 답하였다. "나쁜 운이 있다. 고통스러운 문제가 세 번 닥쳐올 것이다." 5일 후 정유일(丁酉日)에 정말 문젯거리가 서쪽에서 생겼다. 즈무(Zhi Mu)는 투팡(土方)이 동쪽 경계에 침입하여 두 읍락에 부상자가 발생하였다고 보고하였다. 공팡(工方)도 서쪽 경계의 들판에 와서 방목하였다(창광츠, 1980, p.256).

물론 갑골이 상이 만들어낸 유일한 문자는 아니다. 단어가 50개 이상인 경우는 드물지만, 청동용기에 주조된 명문 또한 존재한다. 상의 문자는 대부분 대나무 조각 또는 비단 두루마리처럼 보존성이 약한 재료 위에 기록되었다. 이러한 사실은 문자 그 자체에서 확인할 수 있다. '책'을 뜻하는 상의 문자 '冊'은 끈으로 묶은 나무 또는 대나무 조각들을 표현한 상형문자이다. 우리는 이미 서기전 3000년기 말에 량주와 룽산 문화가 있던 중국 동부와 남동부에서 몇 종류의 문자가 발달하는 과정을 보았다. 그러나 이 중 어느 것도 상 후기 문자와 유사하지 않아, 상호 간에 어떻게 연결되는지 논의할 여지가 있다.

최초의 중국 문자가 만들어진 목적이 무엇인지는 논쟁거리로 남아 있다. 어떤 학자들의 주장에 따르면, 의사가 제대로 전달되지 않으므로 갑골과 거북껍질을 비롯하여 주변에서 구할 수 있는 내구성이 강한 재료에 기록을 하게 되었다는 것이다. 그러면서 의례에 뚜렷하게 초점을 맞추었던 상황이 후대로 가면서 상당히 완화되면서 일상적인 내용까지 포함하게 되었다고 한다. 그러나 다른 학자들은 중국 문자의 본질적 성격이 조상과 소통하고자 한 특별한 의례 목적을 위하여 창안된 것이라고 주장한다. 점술 문자의 특징은 음성을 기록하는 표음문자이지, 생각이나 개념을 전달하는 표의문자는 아니라는 것이다. 그러므로 중국 문자는 사람들이 소리 내어 말한 내용을 적은 것이며, 특정한 의례 사건을 기념하고 기록하기 위한 것이라고 주장한다. 상 전문가 데이비드 케이틀리(David Keightley)가 주장한 바와 같이 "살아 있는 사람이 갑골이 갈라지는 소리에서 조상의 소리를 듣는 것처럼, 중국 문자는 원래 단어의 소리를 들음으로써 단어 그 자체를 되살리는 수단이었다." 케이틀리는 지배층의 문자 부호는 옥기 또는 청동 주조 용기에 새겨진 복잡하게 암호화된 상징과 연결되어 있다고 보고, 오랫동안 지속된 예술적 표현과 관련된 중국의 전통 중 하나라고 주장한다. 중국 문자의 기원에 대한 논쟁은 세계 각지의 초기국가 사회가 유사성을 갖고 있다는 일반론적 관점과, 사회를 각각의 자체적인 사회적, 이념적 환경의 고유한 산물로 간주하는 특수주의적 관점 사이의 서로 다른 견해를 보여주는 좋은 사례이다.

어떤 경우이든 상 대대로 내려온 문자시스템은 하 왕조 이래로 상 후기인 서기전 2000년기 초부터 분명히 황허 유역에 자리잡았을 것이다. 새로운 문자는 틀림없이 사건을 기록하고 회계를 관리하며, 명령을 내리는 데 사용되었으며, 통치의 핵심적 수단이 되었을 것이다. 하와 상에 의해 창안된 문자시스템은 실제로 아주 효과적이어서 상당한 수정을 거치면서 중국 문자의 토대가 되었다.

국가와 사회

많은 정보들이 그 자체가 국가의 성격을 간접적으로 설명하는 내용이지만, 갑골은 군사 작전, 정치적 동맹 그리고 상 국가의 구조에 대한 단서를 제공한다. 가장 중요한 질문은 상이 통제한 영토의 범위에 대한 것이다. 대답하기 어려운 질문이지만, 갑골에 지금도 이름을 식별할 수 있는 지역이 언급되어 있기 때문에 도움을 받을 수 있다. 그에 따르면 상은 내부 '수도'와 외부 '영역' 두 개의 지역으로 나뉜다. '수도'는 안양에서 남쪽으로 160킬로미터 확장되는 주변 일대로 생각된다. '영역'은 그 이상으로 상의 거점뿐만 아니라, 연맹 국가까지 포함하였을 것이다.

상의 영토는 상의 문화 권역보다는 상당히 작았을 것이다. 후자는 특징적인 상 양식의 청동제기로 확인할 수 있는데, 그것은 상뿐만 아니라 여러 경쟁자에 의해서도 사용되었다. 영토의 범위에 대한 질문은 양쯔 강 유역의 판룽청에서 상 양식의 성곽 중심지가 발견되면서 더 중요해졌다. 어떤 특정 시기에 상이 이곳 멀리 남쪽까지 통제할 정도로 확장되었을 수도 있다. 그러나 그 이후 다른 시기에는 이전의 동맹관계가 바뀌면서 위협적인 적들로 변하였다.

상 국가 자체는 왕과 왕가에 집중되었으며, 본질적으로 봉건적인 성격을 갖추었다. 지역 영주는 상의 왕에게 충성을 맹세하였지만, 때로는 서로 전쟁을 벌이기도 하였다. 갑골에 기술된 외부 영역의 대부분은 반자치적인 영주들의 통제하에 있었다.

갑골에는 또한 상 시대 후기의 전쟁과 관련된 내용도 기록되어 있다. 각 차량마다 마부, 창병 그리고 사수를 태웠다는 전차 분대에 대한 기록도 있다. 전차는 (문자나 청동 야금술과 달리) 상의 독자적인 발명품이 아니라, 중앙아시아 스텝 지역을 거쳐 근동에서 중국으로 전파된 것이다. 서기전 1300년경 처음 나타난 전차는 안양의 무덤에서 그 모형이 출토되었다. 전차들은 지배층을 위한 것이고, 마케도니아인의 그리스 또는 청동기시대의 레반트(제10장)에서와는 달리, 실제 전쟁에서 유용하게 쓰였던 것은 아니다. 100명 단위로 이루어진 일반 병사들은 활과 화살 또는 긴 자루가 달린 꺽창을 사용하거나 발을 이용한 격궁으로 싸웠다.

의례용 청동기 : 상 사회의 기술과 의미

상 문명의 가장 독특한 특징 중 하나는 청동을 주조하여 만든 정교한 장식의 의례용 제기들이다(그림 6.4). 룽산 시대의 토기 모양을 본따 발전시킨 것으로, 고품질의 룽산 토기를 개발하였던 고온의 가마를 이용하였다. 금속기 제작 또한 룽산 시대에 기원을 둔다. 그러나 상의 청동기 장인들이 이용한 기술은 이전의 어떤 것보다 우월하며, 후대의 정교한 중국 청동 야금술 전통의 기초가 되었다(그림 6.5).

상의 장인들은 서로 빈틈없이 맞도록 세밀하게 설계된 토제부분용범을 조합하여 만든 대형 거푸집으로 청동제기를 만들었다. 제기들의 놀라운 특징 중 하나는 표면에 장식된 풍부한 문양으로, 복잡하고 얕은 홈이나 낮은 부조로 되어 있다. 상의 부분용범 주조기술을 보면, 대부분의 장식은 토제용범의 표면에 새겨지며, 제기는 녹인 청동을 용범에 부어넣어 제작된다. 용기가 식으면 간단한 마감처리만 하면 되었다. 이 전반적인 과정은 청동기시대의 서아시아와 유럽의 금속용기 제조방법과 극명하게 대비된다. 그곳에서는 단검 및 도끼와 같은 소형 제품에만 주조기법이 사용되었고, 큰 단지와 같은 대형 기종은 청동판을 망치질로 다듬고 못으로 접합시켜 만들었다.

제작 기술과는 별개로 상의 청동제기는 두 가지 다른 측면에서 특별히 언급할 필요가 있다. 첫 번째는 장식으로, 가장 일반적인 것은 도철(饕餮)이라는 모티브이다.

음식 그릇

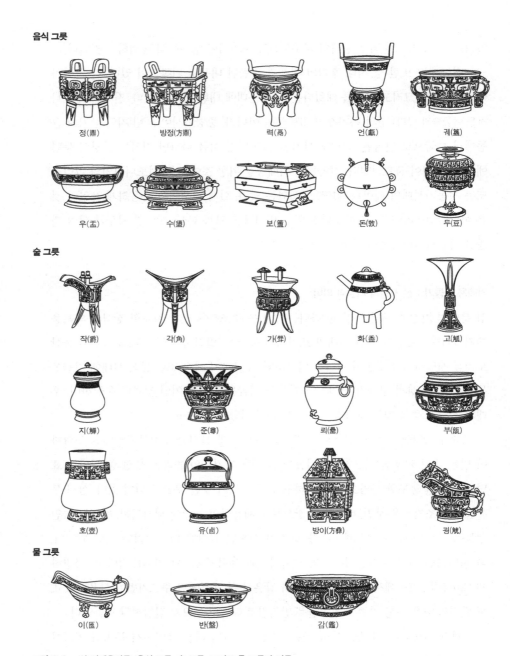

정(鼎) 방정(方鼎) 력(鬲) 언(甗) 궤(簋)

우(盂) 수(盨) 보(簠) 돈(敦) 두(豆)

술 그릇

작(爵) 각(角) 가(斝) 화(盉) 고(觚)

지(觶) 준(尊) 뢰(罍) 부(瓿)

호(壺) 유(卣) 방이(方彝) 굉(觥)

물 그릇

이(匜) 반(盤) 감(鑑)

그림 6.4a 상 의례용기들. 음식 그릇, 술 그릇, 그리고 물 그릇과 이름

그림 6.4b 상 의례용기들. 도철의 상세도

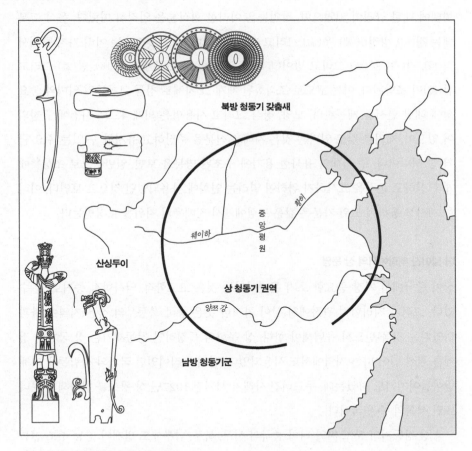

그림 6.5 상 시대의 청동기 전통 분포 지도

이는 환상적인 동물의 가면 혹은 얼굴인데, 주물 접합선을 기준으로 제기의 측면을 균형있게 분할하여 배치 표현하였다. 눈, 눈썹 그리고 때때로 엄니가 분명하게 묘사되었는데, 이러한 얼굴 모티브는 상에서 창안된 것이 아니라 신석기시대 량주 문화의 옥기에 처음 등장하였다. 상이 붕괴되었어도, 도철문은 이후 서주(西周) 시대(1027~771 B.C.)에 중국 청동기의 표준적인 특징으로 계속 이어진다.

상 제기의 잘 알려진 두 번째 특징은 형태의 엄정함이다. 상의 장인들은 마음에 떠오르는 대로 그릇 모양을 결정하지 않았다. 당시 제기는 기종별로 이름이 있었고 형태에 대한 규칙이 있었으며, 장인들은 이러한 형식론을 엄격히 따랐다. 음식 그릇에는 정(鼎), 방정(方鼎), 우(盂) 그리고 궤(簋)가 있다. 술 그릇으로는 여러 가지 중에서 작(爵), 각(角), 부(瓿) 그리고 방이(方彝)가 있으며, 물 그릇에는 이(匜), 반(盤) 그리고 감(鑑)이 포함된다. 이는 고도로 조직화된 체계 그 자체로 청동 그릇들의 의미와 중요성에 대한 단서를 제공한다. 모양, 장식 그리고 사용법은 의례적으로 사전에 규정되어 있으며, 제기를 갖고 있다는 것은 지배층 신분을 주장하고 유지할 수 있는 주요 근거 중 하나이다. 주 시대의 유사한 용기에 주조된 명문을 보면, 일반적으로 조상들에게 헌신하고 존경을 표시하기 위하여 열리는 연회에 사용되었던 것으로 보인다. 이러한 제사를 통하여 고위 가문은 같은 조상에게서 지배층의 지위를 보장받는다.

더 넓어진 맥락에서의 상 문명

상이 중국에서 가장 중요한 초기 문명이라는 것은 고고학적, 역사학적 증거로 알 수 있다. 그러나 지리학적 관점에서 상이 차지한 곳은 중국 북동부의 작은 지역에 불과하였다는 것을 반드시 유념해야 한다. 상 문화의 특징적인 청동제기는 상 국가의 경계를 훨씬 넘어 다른 지역에서도 사용되었다. 실제로 적이었던 국가와 사람들에 의해 받아들여지기도 하였는데, 두드러진 사례가 서기전 1027년 상 왕조를 침략해서 무너뜨린 서쪽의 주 왕국이다.

상 청동기의 분포 지역 너머 중국의 서부, 북부, 남부에도 별개의 청동 주조 전통이 있었다. 이는 상이 단지 청동기시대 중국의 여러 청동기문화 지역 중 하나일 뿐이라는 사실을 보여준다. 최근의 발견에 의하면 그중 일부는 단순히 지역적인 야금술 전통에 그치는 것이 아니라, 독립적인 국가의 중심지에 속한다는 것이다. 이러한 내용은 청동기시대의 중국에 대하여 기존에 알려진 것과는 많이 다르다. 현재까지 알려진 사실을 보면, 상 지역의 주위를 파생적이고 종속적인 문화들이 둘러싼 것이 아니고, 동등하거나 거의 대등한 지위의 여러 문화가 융합된 다중심적인 패턴이라는 것을 알 수 있다.

황허 유역 내에 있는 내몽골 주카이거우(朱開溝) 유적에서 서기전 3000년기 후반부터 2000년기 중반까지의 일련의 문화층을 발굴하여 확인하였는데, 이 시기는 남쪽 지역의 룽산 말기에서 상의 시기에 해당한다. 이와 같이 연속된 문화는 주변지역과 상 지배층 문화 사이의 관계에 대하여 시사하는 점이 있어 특히 흥미롭다. 서기전 3000년기(1단계)에 주카이거우 유적지는 중국 북부의 룽산과 관련된 여러 집단 중 하나였는데, 금속기제작은 서기전 2000년기(2, 3단계) 초에 시작되고, 서기전 2000년기 중엽에 상 문화의 특징이 나타난다. 상 지배층의 관습인 개 제물, (비록 홈은 내지 않은 갑골이 간헐적으로 이미 사용되었지만) 홈을 내고 마연한 갑골의 사용이 바로 그것으로, 주카이거우 4단계에서부터 나타난다. 5단계(1500 B.C.)에 큰 변화가 일어나는데, 청동제기와 상의 고전적인 양식의 무기가 주카이거우에서 나타난다는 것이다. 이와 함께 북쪽 스텝 지역 계통의 다른 종류의 청동기도 나타난다. 이를 통하여 지배층이 등장한 것으로 짐작할 수 있는데, 그들은 새로 구축한 지위를 유지하기 위하여 인근 지역의 기존 지배층이 사용하던 (금속제품이 두드러진) 재물을 이용한 것으로 보인다. 중국 고고학자가 청동기를 보다 면밀히 검토한 결과, 그 제품은 그 지역에서 만들어졌으며, 주석, 구리, 납의 비율이 상 중심지역 당시의 청동기와는 다르다는 것을 발견하였다. 그러므로 주카이거우는 상의 세력이 확장한 것이 아니라, 주변지역에서 부상하는 지배층이 상의 위신재를 받아들인 것임을 알 수 있다.

주카이거우의 북부 초원 지역 외곽에는 북방청동유물군이 분포한다. 원형 거울, 굽은 칼 그리고 꽂는 구멍이 있는 도끼 등이 이 지역의 전형적인 유물이다. 이것은 상과는 관련이 없는 독립적인 청동기 전통으로, 많은 부분이 유라시아 스텝 지역의 문화나 기술과 관련되어 있다. 앞서 살펴본 바와 같이 주카이거우에서 북방청동유물군과 상의 청동기가 함께 출토되는 것으로 보아, 유적의 위치가 상 전통과 스텝 전통의 교차점에 있음을 보여준다.

중국 고고학자가 중국 남서부에 있는 산싱두이(三星堆)에서 최근에 발굴한 내용은 보다 흥미롭다. 그들이 이곳에서 발견한 것은 초기도시 유적지이다. 이곳에서 흙을 다지는 판축 토목기술로 쌓은 1제곱킬로미터의 방어성곽과 그 내부의 건물유적이 확인되었다. 이곳은 상의 중심부에서 먼 거리에 있으며 역사시대에 촉(蜀)으로 알려진 지역이다. 읍락의 성곽 내부에서 고고학자들은 30미터 간격을 둔 두 개의 장방형 제물 구덩이를 발견하였는데, 청동, 상아 그리고 옥 제품으로 채워져 있었다. 2호 구덩이의 매납 유물은 숯으로 그을린 60개 이상의 상아로 덮여 있었다. 이곳에서 발견된 유물은 두 그룹으로 분류되는데, A그룹은 상나라 양식의 청동제기와 기타 유물들로, B그룹은 당시까지 알려진 바 없는 인간의 모습을 강조한 형식의 유물로 구성되어 있다. 전문가들은 A그룹의 제품들이 상 문화지역에서 수입된 것이며, B그룹은 분명히 그 지역에서 만들어진 것으로 상 문화 전통 이외의 또 다른 문화가 있었음을 증명한다고 주장한다. 미국 고고학자 캐서린 린더프(Katheryn Linduff)는 "산싱두이를 간단히 훑어본다 하더라도, 이전에는 중원에만 존재한 것으로 생각되었던 종류의 기술적 정교함, 사회 종교적으로 복잡화된 문화를 확인할 수 있다."고 주장한다(Linduff & Yan Ge, 1990, p.513). 문화적으로나 정치적으로 상과는 별개인 독립적인 지역 국가의 바로 전단계 모습처럼 보이는 것이다.

이 발견은 우리가 상 문명을 보다 넓은 중국의 맥락에서 조망하게 한다는 점에서 중요하다. 상 문화, 특히 제기는 분명 상 이외의 이웃 지배층 사이에서 위세품으로서 대단한 관심을 받았다. 그러나 그것은 단지 상과의 교류가 힘들어서가 아니라, 자신들의 문화적 전통을 유지하면서 지역별 집단화를 강력하게 추진하는데 유용하기 때문이다. 그중 일부는 상과 직접적인 경쟁관계에 있는 국가적 수준의 사회들이었다. 이러한 전통은 서기전 1000년기까지 지속되었으며, 역사적인 주 왕국 시대의 풍부하고 다양한 문화적 생활에 기여한 바 크다.

산싱두이의 발견으로 상이 유일한 문화 전통이 아니라는 재인식과 함께 중국 청동기에 대한 방사성탄소연대의 재측정이 이루어졌다. 이제 중국 국가 형성에 대해서는 다중심지적 모델이 상정되고 있으며, 상은 다수의 주요 경쟁자들 중 하나일 뿐이다.

이러한 관점은 최근 양쯔 강 남부 장시(江西) 신간(新幹)에서 화려한 장식의 무덤이 발견되면서 중국 내부에서 더욱 힘을 받게 되었다. 신간 무덤의 연대는 서기전 13세기로 추정되는데, 중국에서 발견된 무덤 중 안양 푸하오 무덤 다음으로 청동기가 풍부한 무덤이다. 부장품으로는 356점의 토기그릇, 50점의 청동그릇, 4점의 청동종, 400점 이상의 청동 무기와 기타 도구 그리고 150점의 옥기들이 있다. 청동기 중 일부는 도철 가면과 장식을 갖추고 있어 상 형식과 비슷하다. 다른 청동기들과 몇 개의 옥기들은 지역 나름대로의 형식을 갖추어, 상 중심지의 사례와는 다른 특징을 보인다. 이는 수천 년 전부터 같은 지역의 량주 문화 장인들이 도철 모티브를 의례용 옥기에 조각하였다는 것을 상기시킨다. 여기에서 상 문명이 갖고 있었다고 인정된 주도권에 대하여 다시 의문을 갖게 되며, 상은 초기 중국의 가장 중요한 지배층 문화였지만 분명 유일한 것은 아니었다.

신간에서 20킬로미터 떨어진 곳에 우청(吳城) 주거구역이 있는데, 이곳에 청동기 제작과 문자에 대한 증거가 있다. 북쪽에 상이 있던 당시에 우청이 지역 국가의 중심지였던 것으로 보이며, 지배자들은 인접 지역의 화려하게 꾸며진 무덤에 묻혔다.

서주 시대(1027~771 B.C.)

서기전 1027년 상의 마지막 왕은 서쪽의 경쟁 국가 중 하나였던 주에 의해 전복되었다. 비록 역사적 관점에서는 급격하고 역동적인 분기점이지만, 고고학적 관점에서는 상과 주 문화가 많은 측면에서 연속성을 갖고 있다고 볼 수 있다. 주는 이미 정복 전에 상의 중요한 문화적 영향을 받는 지역 범위 안에 있었다. 주의 청동제기는 상의 양식을 따랐으며, 아마도 신앙과 관습도 유사하였을 것이다. 많은 청동기에 명문을 갖추기 시작하여 특별한 사건이나 의례를 기록하였다. 왕이 토지를 하사하거나 관리를 임명하는 것을 기념하여 제작한 청동기도 있다. 유명한 사례가 네 개의 손잡이가 달린 수반인 싱허우(邢候)의 궤(簋)이다. 싱의 제후가 왕이 세 사람에 대한 통제권을 선물로 준 것을 기념하기 위하여 주조하였다. 명문은 왕에 대한 감사와 충성을 재확인하는 내용이다.

싱허우의 궤와 역사적 기록은 모두 주 국가의 초기 구조가 상의 그것과 유사하여, 왕이 토지와 직위를 영주와 보유자에게 허락하고 그들의 충성과 봉사를 대가로 요구하였다는 것을 보여준다. 그러나 주 영토가 상의 것보다 규모도 크고 상당히 적은 수의 국가(상 왕조에 의해 통제된 것으로 알려져 있는 수백 개에 비교해 단지 50개 정도에 불과)로 구성되어 있는 것으로 보아, 어느 정도 더 강한 중앙집권적인 수단을 갖추었던 것으로 추정된다.

초기 주의 도시화와 건축 또한 상의 전통을 반영하고 있다. 주의 수도에 해당하는 치산(岐山)과 같은 '도시' 중심지에는 중앙에 궁궐이 있고, 주변에 건축복합군 유적이 존재하였다. 상과 마찬가지로 서주의 통치자는 갑골을 사용하였으며, 다진 흙 기단 위에 목재 틀로 세운 궁정에서 살았다. 그러나 거대하게 짓는 풍조가 서주의 건축에 스며들기 시작하였다. 목재 기둥이 5.5미터 간격을 두고 줄을 맞추어 세워졌는데, 이는 지붕의 규모가 거대하다는 것을 의미한다. 초가지붕의 건물시설에는 구운 벽돌이 사용되었다.

주의 수도는 치산에 위치하였다가, 북쪽 유목민의 습격으로 서기전 771년에 방어하기 좋은 동쪽 뤄양(洛陽)으로 옮겼다. 이러한 이동은 주의 시대를 수도가 치산에 있던 서주(1027~771 B.C.)와 주왕이 뤄양에서 통치하던 동주(771~256 B.C.)로 구분하는 전통적인 기준이 된다. 앞서 본 바와 같이 고고학적 관점에서 서주는 상당 정도 상의 연속선상에 있다. 그러나 동주 시기 동안 철기 제작, 집약적 도시, 주화 생산, 시장과 같은 중요한 새로운 발전이 이루어지기 시작한다. 이것은 중국에서 새로운 발전 단계로 진입하였음을 보여주는 것으로, 제14장에서 보게 될 최초의 중국 제국 형성의 단초가 된다.

요약

청동기시대의 중국은 여러 문명의 최초 발생지였다. 가장 중요한 것은 상인데 서기전 2000년기 중국 북부의 황허 중류 지역을 통치한 왕조의 이름을 딴 것이다. 국가 수준 사회로서의 상 형성에는 비록 서기전 7000년기와 6000년기의 초기 촌락 형성 단계로 거슬러 올라가는 요소들이 있지만, 신석기시대 후기의 룽산 단계(2700~2000 B.C.)의 지배층 전통을 계승한 것이라고도 볼 수 있다. (서기전 2000년부터) 상 문명은 도시 클러스터로 알려진 분산된 도시 유적과 상당한 투자가 투입된 제기의 생산을 특징으로 한다. 최초의 해독 가능한 중국 문자는 상 후기에 나타나는데, 청동 그릇에 명문을 주조하거나 왕실의 점술 목적으로 갑골에 새겨지는 형태로 나타난다.

상 시기의 중국 다른 지역에서도 독자적인 청동기 제작 전통이 발달하였다. 지금까지는 그들 중 일부가 국가 수준의 사회에 이르렀음이 별 관심을 받지 못하였지만, 최근 발견된 성과를 통하여 다시 관심을 받기 시작하였다. 그로 인해 중국 국가 형성의 다중심지적 모델이 상 지배의 전통적인 관점보다 더 정확할 수 있다는 주장도 등장한다.

상 왕조 자체는 서기전 1027년에 경쟁 권력이었던 주에 의해 붕괴되었다. 그러나 서기전 771년 서주가 끝날 때까지 문화적, 정치적, 경제적으로 별다른 변화는 없었다.

III

근동의 위대한 권력들

GREAT POWERS IN THE NEAR EAST

폐허가 되어 버린 이 언덕은 과거에 궁전이었다. 저 굽이치는 긴 언덕과
거리, 동양의 자랑스런 후손으로 가득 차 있었던 자리에 지금은 끝없는
고요만이 남아 있다. 그들이 살았던 생활의 흔적은 찾아볼 수 없고 적막
에 휩싸여 있다.

-네부카드네자르(Nebuchadnzzar) 왕이 다스렸던 바빌론 폐허에서.
로버트 커 포터 경(Rober Ker Porter), 1818*

* 『그루지야, 페르시아, 아르메니아, 고대 바빌로니아 등으로의 여행 제2권(*Travels in Georgia, Persia, Armenia, Ancient Bablylonia, etc. 2vols*)』(1822). 포터는 1818년에 바빌로니아를 방문하였다.

NEAR EASTERN KINGDOMS

제7장 근동 왕국들(2000~1200 B.C.)

도끼와 활로 무장한 전사, 히타이트(Hittite)의 수도
보가즈쾨이에 있는 왕의 문에서

태양이 떠오르자 대상은 서쪽으로 가는 여행의 다음 일정을 위하여 당나귀에 다시 짐을 실었다. 고향 도시 아슈르(Assur)에서 가져온 염색 직물과 값비싼 아프가니스탄산 주석 광주리를 묶어서 제자리에 올렸다. 상인들은 주석을 비싼 가격으로 구입하였다. 그렇지만 당나귀의 옆구리에 안장 받침을 조심스레 올리면서, 목적지에 도착해 얻을 이익을 생각하며 만족스러워했다. 여행을 시작한 지 이미 여러 날이 지났다. 이제는 밋밋하고 먼지 많은 북부 메소포타미아 평원을 건너고, 아나톨리아 평원의 타우루스 산맥을 넘어야 했다. 그러나 전에도 많은 여행을 하였으므로, 매일 밤 머물러야 할 중간 기착지와 여관도 잘 알고 있었다. 목적지인 아나톨리아의 위대한 도시 카네시(Kanesh)에 도착하면 따뜻한 환영을 받을 것이라고 기대하였다. 시장에 내놓을 상당한 가치의 상품 때문만은 아니었다. 그것 이외에도 아시리아 상인 거류지에 전달할 소식과 편지를 가지고 있기 때문이다. 카네쉬 왕이 성벽 바로 아래에 허락한 외국인 거류구역은 번성했다.

서 기전 3000년기의 근동 이야기는 우르와 우루크의 땅이며 문자와 제국의 탄생
지인 남부 메소포타미아에 대한 내용이 대부분이었다(제3장). 이 장에서는 서
기전 2000년기로 넘어와 여러 국가와 종족이 자리잡은 아나톨리아같이 새로이 부상
하는 지역까지 지리적 범위를 넓혀 살펴본다(표 7.1).

아나톨리아의 청동기시대 도시들(2000~1700 B.C.)

물론 아나톨리아가 서기전 2000년 이전에 인구가 적었거나 미개발 상태였다고 주장
하는 것은 아니다. 우리는 이미 수천 년 전 남부 아나톨리아에 세워진 초기 읍락 차탈
회위크에 대하여 살펴보았다. 정교한 토기와 금속기가 곧이어 발견되지만, 도시가 등
장한 시기는 서기전 3000년기였다.

알라카 회위크

서기전 3000년과 2000년기 초에 존재한 두 개의 도시에 대해서 기술하지 않고 넘어
갈 수 없다. 첫 번째는 알라카 회위크(Alaça Höyük, 2500 B.C.)로 북부 아나톨리아에
서 주목받는 도시 언덕이다(터키어로 회위크는 아랍어의 텔이나 페르시아어의 테페와 같이
모두 '도시 언덕'을 뜻한다). 서기전 2000년기 후에 이곳은 히타이트의 중심 도시가 된
다. 오늘날 이 유적에는 당시의 거대한 요새와 기념문들이 우뚝 솟아 있다. 그러나 이
곳에서 관심을 끄는 것은 후기 도시가 아니라 그 밑에 있는 13기의 화려하게 꾸며진
'왕실무덤'이다. 이 무덤들은 바닥에 길이 6미터, 폭 3미터의 묘실이 있는 거대한 장
방형 구덩이 형태를 보여준다. 묘실은 돌로 에워싸여 있고 목재 지붕을 갖추었다. 전
부 동시에 매장된 것이라고 볼 수는 없지만, 알라카 회위크의 초기 지배자로 식별되
는 남녀 인물들의 시신이 남아 있다. 무덤의 '왕실' 성격은 대부분 당시 진기하고 가
치 있는 구리, 금, 은 그리고 철로 만든 화려한 장식물에서 분명하게 나타난다.
　　알라카 회위크의 왕실무덤은 서기전 2500년경 아나톨리아 평원에서 이미 도시

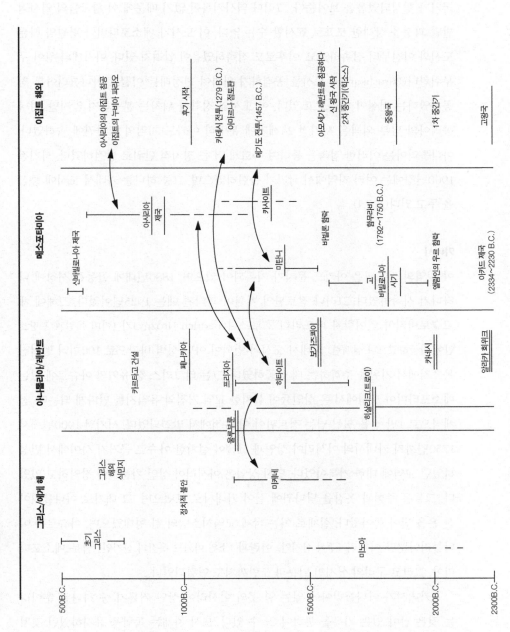

표 7.1 후기 근동 왕국들

국가가 형성되었음을 보여준다. 그러나 역사기록이 없기 때문에 이 왕국들의 역사적 발달 과정을 상세한 도표로 표시할 수는 없다. 이 도시가 메소포타미아 평원의 다른 도시와 이전부터 접촉하였고, 이후로도 접촉하였음이 알려져 있다. 아가데의 왕이 푸루쉬칸다(Purushkanda) 도시를 공격하기 위하여 원정대를 이끌고 아나톨리아를 침공하였다는 전설이 내려오고 있다. 이 도시의 정확한 위치는 분명하지 않지만, 아나톨리아의 남부 외곽은 서기전 24세기에 분명히 아카드 지역의 영향권에 속하였다. 아나톨리아는 이러한 접촉을 통하여 빠르게 더 큰 정치적 단위로 발전하였다. 서기전 1900년경에는 여러 지역에서 국가가 출현하였으며, 그중 하나는 카네시 도시에 중심을 두고 있다(표 7.1).

카네시

이 지역의 점토판은 아카드 문자가 기록되어 있으며, 1880년대에 골동품 시장에 나타나기 시작하였다. 그러나 점토판의 기원이 파악된 때는 1925년이었다. 그해에 체코슬로바키아 언어학자 베드리히 흐로즈니(Bedrich Hrozny)가 (이미 독일과 프랑스인이 발굴하였으나 실패한) 카네시 도시의 언덕이 아닌 성벽 바깥으로 100미터 떨어진 목초지에서 기원을 추적하는 데 성공하였다. 그는 티그리스 강 유역의 아슈르에 있는 메소포타미아 도시에서 온 상인들이 설치한 교역 거점의 유적지를 만나게 되는데, 전체적으로 1만 점을 훨씬 넘는 점토판이 이 유적에서 발견되었다. 서기전 1900년에서 1750년까지 카네시의 아시리아 상인과 그들이 설치한 아슈르 근거지 사이에서 번성하였던 교역에 대한 기록이었다. 당시 상업은 아시리아 상인 가문들이 장악하고 있었다. 그들은 주석과 옷감을 당나귀에 실어 카네시로 보냈으며, 그 대가로 아나톨리아산 은을 받아 돌아왔다. 실제로 이는 국제 교역시스템의 한 형태였으며, 아슈르는 아나톨리아뿐만 아니라 (주석 산지인) 이란과 (소위 아카드 옷감의 산지인) 남부 메소포타미아, 그리고 구리의 산지인 딜문과 오만까지도 연결되었다.

　　카네시가 아나톨리아에 있는 열 곳의 아시리아 상인 거류지 중 하나일 뿐이라는 것은 남아 있는 기록을 통하여 알 수 있다. 도시 자체는 독립을 유지하였던 것처럼 보이며 각각의 주변지역을 통제하였는데, 항상 우호적인 것만은 아니었다. 서기전 1820년경 역사적으로 중요한 사건이 발생하는데, 이웃세력의 통치자인 피트카나(Pitkhana)의 아들 아니타(Anitta)가 카네시와 아시리아 식민지를 정복한 것이다. 군사 출정을 통하여 중앙 아나톨리아 영토를 복속시키는 데 성공한 아니타는 거점을 '네사(Nesa, 카네시)'로 옮겼다. 이곳에서 그의 이름이 새겨진 단검이 발견되기도 하였다. 히타이트인은 자신들의 고유 언어를 네시리(Nesili), 즉 네사의 언어라고 불렀는데, 이로 미루어 아니타는 이후 히타이트 통치자의 조상인 것처럼 보인다.

메소포타미아를 얻기 위한 투쟁(2000~1800 B.C.)

제3장에서 메소포타미아에 대해 서술할 때, 서기전 2004년 엘람 사람들(Elamite)의 우르 정복까지만 다루었다. 그 무렵 우르 제3제국은 에쉬눈나(Eshnunna)와 먼 북쪽 지역의 이탈을 시작으로, 수사와 그 동쪽 지역 그리고 고대 메소포타미아 중심지인 니푸르가 떨어져 나가면서 이미 붕괴되었다. 그리고 이신(Isin) 도시에 근거한 새로운 왕조에게 세력이 넘어갔다. 이신의 통치자는 남부와 중앙 메소포타미아의 대부분을 자신들의 영향권 안에 넣었다. 그러나 이신의 패권은 오래가지 못하고, 그 후 바로 남부지역이 경쟁도시인 라르사(Larsa)의 지배권에 들어갔다. 그리고 북쪽에서는 키시(Kish), 서쪽에서는 카잘루(Kazallu) 등 다른 세력들이 모습을 나타내기 시작하였다. 서기전 1800년경 바빌로니아의 도시는 가장 가까운 경쟁세력을 정복하고 이신과 라르사로 진군할 준비를 했다.

이신과 라르사의 경쟁적인 모습에 대한 고고학적 조사는 미국의 주도하에 지금의 티그리스 강에서 멀지 않은 바빌론의 정동쪽 마쉬칸 샤피르(Mashkan-Shapir)의 고대도시 텔 아부 두와리(Tell Abu Duwari)에서 이루어졌다. 마쉬칸 샤피르는 라르사의 전진기지였으며, 그 위치로 보아 특별한 전략적 목적을 갖고 설치된 것으로 보인다. 이신은 라르사와의 싸움에서 상대적으로 강한 장점이 하나 있었다. 두 도시 모두 유프라테스 강 유역에 있었지만, 이신이 더 상류 쪽에 있어, 강 길을 통하여 라르사로 가는 물자들의 교역 공급을 막을 수 있었다. 마쉬칸 샤피르는 라르사를 대신하여 이신의 북쪽에 만들어진 새로운 도시로, 유프라테스 강이 아닌 티그리스 강과 연결되었다. 마쉬칸 샤피르의 건설을 통하여, 라르사는 경쟁세력을 피해 북쪽으로부터 유입되는 필수 원자재의 대체 공급로를 확보하려고 한 것이다.

고고학자 엘리자베스 스톤(Elizabeth Stone)과 폴 지만스키(Paul Zimansky)가 조사한 바에 따르면, 마쉬칸 샤피르에는 뚜렷한 이점이 있었다. 약 200년간 존속하고 단명하였기 때문에 텔이 만들어질 만한 시간이 거의 없어, 도시의 많은 특징들이 지표에 드러나 육안으로 확인 가능할 정도였다. 현장답사와 항공사진(연에 탑재한 카메라로 찍은 1,600장의 사진)을 조합하여 지표상의 특징을 지도로 표시하는 작업이 시도되었다. 그 결과를 토대로 스톤과 지만스키는 유적의 지표상에 산포된 질그릇 파편이 3천만 점 이상이라고 추정하였다. 그들은 도시 구역을 가로지르는 수로망을 지도에 표시할 수 있었고, 이 수로망을 중심으로 도시를 다섯 개의 구역과 내항으로 보이는 두 개의 보다 넓은 구역으로 구분할 수 있었다. 주요 건물 중 많은 것이 도로보다는 수로로 향해 있어 수상 운송의 중요성을 잘 보여주고 있다. 또한 남동쪽에는 구리 공방, 토기 가마들과 종교 구역이 있었으며, 전체 지역은 진흙벽돌로 된 도시성벽으로 둘러싸여 있었다. 이러한 구조물이 남아 있는 덕분에 서기전 2000년기 초 메소포타미아 남부 도시의 독특한 배치에 대하여 이해할 수 있게 되었다.

정치 군사적으로 불안정하였음에도 이 시기에는 페르시아 만을 통한 교역이 번성하였다. 이미 서기전 3000년기에 남부 메소포타미아의 상인들이 오만에서 구리를 들여 왔다. 또한 서기전 24세기에 아가데의 사르곤 왕이 오만, 바레인 그리고 인더스 강 유역에서 온 선박들이 항구에 얼마나 많이 정박해 있는지를 자랑한 기록이 남아 있다(유적 7.1). 그러나 페르시아 만 교역은 서기전 2000년기 초에 라르사의 왕이 남부 메소포타미아를 장악했을 때 정점에 다다른 것으로 보인다. 당시 번성중인 아시리아의 아나톨리아는 남부 지역과 교역하고 있었는데, 교역은 국가나 신전이 아닌 부유한 상인 가문에 의해 이루어졌다. 그들의 목표는 항상 인구가 많은 메소포타미아 도시에

사르와 딜문의 교역

고대에 딜문(Dilmun)이라고 불렸던 바레인 섬은 남부 메소포타미아와 인더스 강 유역을 연결하는 중요한 상업망이었다. 이곳의 전성기는 이른바 초기 딜문 시대(2300-1700 B.C.)인 것으로 보인다. 딜문의 상인들은 오만과 인더스 강 유역에서 유입되는 구리를 독점적으로 거래하면서 번성하였다. 고고학자가 1980년대에 사르(Saar)를 포함한 섬의 북부에서 몇 개의 새로운 도시를 발굴하였는데, 이 도시들은 이 시기의 번영에 기초한 것이었다. 사르는 기원전 2000년경 건설되었으며 석조 건물들이 정연하게 연결된 도로를 따라 세워져 있었다. 성벽은 지금도 3미터 높이로 남아 있다. 북쪽 구역에는 신전이 있었는데, 그 중앙에 지붕과 두 개의 제단을 지탱하는 열주가 있었다. 제단 중 하나는 기둥에, 다른 하나는 측면 벽에 설치되었다. 측면 벽의 제단은 여러 차례에 걸쳐 회칠이 되어 있었는데, 회칠이 떨어져나간 곳에서 불에 탄 물고기 비늘이 발견되었다. 이는 물고기가 이곳에 바쳐진 공물 중 하나였음을 말해 준다. 그 당시 사르는 해안 어귀의 가장자리에 있었다. 압인용 원통형 봉인석에 근거하여 추정해 보면, 많은 거주민이 교역에 참가하였으며 이것이 섬의 활력이 되었을 것으로 판단된다. 유사한 봉인석들이 아나톨리아의 카네쉬와 인더스 강 유역과 같은 먼 곳에서도 발견되었다. 실제로 일부 초기 딜문 도장에 새겨진 것은 아직 해독되지 않은 하라파 문자의 특징을 갖고 있고, 하라파의 중량 측량법이 이 섬에서도 사용된 사실이 밝혀졌다. 이를 통하여 기원전 2000년기 초 바레인 사회의 국제적인 성격을 확인할 수 있다.

이름 있는 금속, 강도 높은 석재 그리고 목재 등 원자재를 공급하는 것이었다.

페르시아 만 교역의 주된 수익자는 바레인 섬(고대의 딜문)이었다. 자체 생산되는 원자재는 별로 없었지만, 메소포타미아와 보다 더 먼 곳에서 온 상인들을 대상으로 한 중개와 물자집산지(시장)의 역할을 했다. 이 시기에 바레인이 국제 교역 연계망을 갖추고 있었음은 이 지역에서 발견된 인더스 강 유역 형식의 저울 분동, 인더스 로탈(Lothal) 항구에서 발굴된 페르시아 만 형식의 도장으로 확인된다. 바레인의 고대 사르(Saar) 유적에서는 그 외의 단서가 추가적으로 발굴되었다.

마리(Mari) 문자의 세계(1810~1750 B.C.)

남부 메소포타미아의 도시국가가 서로 싸우는 동안, 북부에서는 새로운 발전이 이루어졌다. 하나는 이미 본 바와 같이 아슈르가 출현하여 상인들이 아나톨리아에서 활동하였다는 사실이다. 아슈르는 강력한 정치적 세력이었는데, 위대한 통치자였던 샴시-아다드(Shamshi-Adad, 1813~1781 B.C.) 재위 기간에 더욱 그러하였다. 당시 영토는 동쪽으로 자그로스 산맥, 서쪽으로 유프라테스 강까지 확장되었는데, 그가 죽자 경쟁 세력에게 영토를 빼앗기며 붕괴되었다.

경쟁자 중 한 명은 유프라테스 강 마리의 지배자 짐리-림(Zimri-Lim)이었다. 그의 아버지는 샴시-아다드에게 추방당했는데, 그가 죽자 짐리-림은 왕권을 주장하며 복귀하여 마리를 20여 년간 통치하였다. 서기전 1759년 바빌론의 함무라비 왕에 의해 마리는 함락되어 파괴되었다. 이 사건에 수반된 파괴 행위가 20세기 고고학자에게는 엄청난 혜택이었다. 이 파괴로 인해 붕괴된 진흙벽돌 더미 밑에 짐리-림의 웅장한 궁정터가 2만 점 이상의 점토문자판과 함께 남아 있었다. 이 점토판에는 서기전 1810년부터 1759년까지 마리 궁정의 모든 생활상이 세세히 기록되어 있다(그림 7.1). 샴시-아다드[그의 게으른 아들 야스마-아두(Yasmah-Addu)는 지방 통치자로 임명되었다]의 통치에서 시작하여 이후 발생한 정치적 사건의 개략적 내용을 알 수 있다. 지방의 지배자에게 보낸 모종의 상형문자 편지에는 짐리-림의 통치기 중에 조성된 메소포타미아의 정치적 상황이 다음과 같이 요약되어 있다. "월등하게 강력한 왕은 없다. 10~15명의 왕이 바빌론의 함무라비(Hammurabi)를 추종하는데, 그와 비슷한 숫자의 왕이 라르사의 림-신(Rim-sin), 에쉬눈나(Eshnunna)의 이발-피-엘(Ibal-pi-el) 그리고 카트나(Qatna)의 아무트-피-엘(Amut-pi-el)을 추종하였다. 다른 한편으로 알레포(Aleppo)의 야림-림(Yarim-Lim)을 추종하는 왕은 20명이 있었다."

이는 연합과 동맹으로 이루어지는 권력 축 이동 게임으로, 결국에 짐리-림이 패배하였다. 성곽에 대한 공격과 대규모 군대가 동원된 전쟁에 대한 기록도 많은데, 어떤 경우에는 샴시-아다드가 6만 명의 군사를 동원할 계획을 세우기도 했다. 다른 점

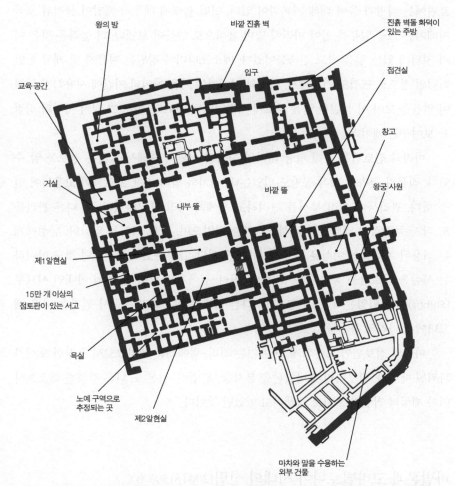

왕의 방

바깥 진흙 벽

진흙 벽돌 화덕이
있는 주방

입구

접견실

교육 공간

창고

거실

바깥 뜰

왕궁 사원

내부 뜰

제1알현실

15만 개 이상의
점토판이 있는 서고

욕실

노예 구역으로
추정되는 곳

제2알현실

마차와 말을 수용하는
외부 건물

그림 7.1 마리에 있는 짐리-림의 왕궁. 서기전 3000년기의 메소포타미아 도시들은 신전들이 주축을 이룬다. 왕도
고위 제사장이 되면서 많은 권력을 확보하였다. 고대 바빌로니아 시대에 이러한 패턴에 변화가 생기면서, 왕권은 보다
현세적으로 변하였으며 종교적 승인에 그다지 구속받지 않았다. 이러한 변화는 서기전 2000년기의 도시에서 왕궁의
규모가 확대되고 중요성이 높아졌다는 사실로 반영된다. 그중 유명한 것은 마리에 있는 2.5킬로미터에 달하는 거대한
진흙벽돌 건축군으로, 현재의 모습은 짐리-림 시기에 시작되었다. 궁정과 거실은 채색된 프레스코로 장식되었으며,
창고, 공방 그리고 사적 주거공간들을 갖추고 있었다. 서재로 사용된 방 하나에는 15,000점의 점토판이 소장되어 있어
궁정 생활의 세세한 내용을 전하고 있다. 아울러 마리가 왕국의 중심이며 강력한 이웃들에 대한 전쟁과 외교를 수행하던
곳임도 알 수 있다.

토판에는 식량과 물에 대해 기록되어 있다. 어떤 읍락에 메뚜기 재앙이 몰려와 토착 지배자는 그중 일부를 잡아 마리에 별미 음식으로 만들어 보냈다. 더 놀라운 것은 여러 지역에 있는 얼음 창고 건축물이었다. 메소포타미아 평원은 여름에 몇 개월 동안 허덕일 정도로 뜨겁고 건조해서, 마리의 지배자는 겨울 이외의 기간에 사용하기 위하여 얼음을 모아 이 특별한 얼음 창고에 저장하였던 것이다. 이는 그 당시 사치의 정점을 보여주는 예이다.

마리의 점토판을 통해 왕궁 내외의 사회적 상황에 대해서도 많은 정보를 알 수 있다. 직물과 금속기 제작 공방도 있었는데, 여자와 남자 전쟁 포로들이 고용되어 일을 했다. 관리들이 여러 부서를 관리하고 왕에게 직접 보고하였다. 또 다른 관리들도 각자 독립적인 영역을 관리하도록 배치되었으며, 징세 책임을 맡았다. 남성에게는 허용된 기회들을 여성은 향유하지 못하였지만, 그렇다고 격리되었던 것도 아니라는 사실을 점토판을 통하여 알 수 있다. 짐리-림에게는 오직 한 명의 아내인 시브투(Shibtu)만이 있었는데, 그가 영토 내 다른 읍락을 방문하거나 군사 원정을 나갈 때 그녀에게 마리의 통치를 맡겼다.

마리의 점토판이 보존되게 한 계기는 짐리-림에게는 재앙으로서 웅장한 도시가 파괴될 때이다. 함무라비가 바빌론을 통치할 때, 짐리-림은 또 다른 강력한 메소포타미아 제국의 건설자로 서로 경쟁하고 있었던 것이다.

바빌론과 고바빌로니아 시대의 성립(2004~1595 B.C.)

도시 바빌론은 서부 메소포타미아의 유프라테스 강의 오래된 지류 근처에 위치하였으며, 서기전 3000년기에는 평범한 작은 읍락이었다. 그러나 서기전 2000년기 초에 메소포타미아에서 발군의 지위를 확보한다. 우르(2004 B.C.)의 몰락부터 히타이트의 침략(1595 B.C.)에 이르는 기간은 편의상 고바빌로니아 시기라고 알려져 있다. 바빌론은 카사이트(Kassite) 시대와 서기전 1000년기에 다시 한 번 세력을 얻는데, 특히 신바빌로니아 왕조(625~539 B.C.)가 잘 알려져 있다(제8장). 그러나 지금 관심을 두는 것은 고바빌로니아 시기이다.

바빌론의 출현은 함무라비 한 사람의 작품이라고 해도 과언이 아니다. 40년이 넘는 통치기(1792~1750 B.C.) 동안 그는 남쪽으로 이신과 라르사, 북쪽으로는 마리와 에쉬눈나까지 정복하여, 결국 남부와 중앙 메소포타미아를 통합된 단일국가로 지배했다. 이는 질풍 같은 출정에 의해서가 아니라, 지속적이고 굳건한 외교와 전쟁을 번갈아 수행하면서 이루어진 것이다. 예를 들어 라르사는 서기전 1763년, 에쉬눈나는 서기전 1755년에서야 그의 군대에 굴복하였다. 이 출정으로 도시 마쉬칸 샤피르는 전략적 중요성을 잃게 되었다.

함무라비는 자신의 통제하에 영토를 재조직하고 중앙집권화했다. 이전 소유자의 권리를 제압하고 광활한 정복지를 왕권에 직접 복속시켰다. 이러한 무자비한 정책이 엄청난 몰수 행위임에도, 왕은 자신이 정당한 지배자라고 주장하는 유명한 함무라비 법전을 공표하여 이를 합리화하였다(기록 7.2). 법령의 각 조항이 실제로 적용되었는지는 의문의 여지가 있지만, 제국을 선전하는 데 그것은 상당히 효과적이었다.

함무라비의 왕국은 그의 죽음 직후 어려움을 겪는다. 자치적인 정치 관행은 여전히 메소포타미아에 뿌리를 내리고 있었다. 도시국가들은 대군주를 인정하도록 압력을 받았지만 여전히 독립에 대한 포부를 포기하지 않았고, 반란을 일으킬 수 있는 기회가 오면 놓치지 않았다. 함무라비의 계승자인 삼수-이루나(Samsu-iluna, 1749~1712 B.C.)는 라르사, 우루크와 5년간 전쟁을 치렀다. 처음에는 그가 승리한 것으로 보였으나, 남부 메소포타미아에 대한 장악력은 약화되었다. 통치 말기에는 지방의 왕조가 권력을 장악하면서, 지속적인 싸움이 이전 수세기 동안 번영하여 온 많은 도시들을 황폐화시켰다. 마리와 마찬가지로 우르도 파괴되면서 많은 설형문자 점토판과 진흙벽돌 건물이 묻혀 보존되어 고고학적인 발굴 대상이 되었다. 점토판을 통하여 그 유적의 점유자가 딜문 교역에 적극적이었던 상인이나 교사 등이었음을 알 수 있다. 학생들이 글쓰기를 연습한 점토판도 폐허 여기저기에 흩어져 출토되었다.

미국의 고고학자 노먼 요피(Norman Yoffee)는 고바빌로니아 왕국의 몰락 원인

함무라비 법전

바빌로니아의 통치자 함무라비에 대한 가장 유명한 기념물은 282개 조항의 법령이 새겨진 기둥 모양의 섬록암이다. 1901년 이란 남서부의 수사(Susa)에서 발견되었는데, 엘람인이 전리품으로 옮겨 놓았다. 돌의 꼭대기에는 함무라비가 태양신이자 정의의 신인 샤마시(Shamash)에게서 법을 받는 모습이 새겨져 있다. 법령 그 자체는 포괄적인 것이 아니지만, 전쟁 포로의 몸값에서 부채에 대한 토지 담보 그리고 간통 처벌까지 상당히 폭넓은 주제들을 다루고 있다. 규정을 살펴보면, 바빌로니아 사회는 귀족과 평민 그리고 노예로 구분되었음을 알 수 있다. 여성은 재산을 소유했고, 선한 여자는 남편의 학대를 이유로 이혼할 수 있었다. 그렇다 하더라도 여성은 여전히 종속적인 위치에 있었다. 다음 사례는 그 내용의 일부이다.

만약 어떤 사람의 집에 불이 나서 불을 끄러 간 사람이 그 집 소유자의 재물을 탐내서 훔치면, 그 사람은 불에 던져져야 한다(§25).

만약 법법자들이 여자가 운영하는 술집에 모였을 때, 그 술집 주인이 범법자들을 붙잡아서 왕궁으로 데리고 가지 않으면 그녀를 사형에 처한다(§109).

만약 의사가 청동제 수술 칼로 큰 수술을 하고 사람을 죽게 하거나 눈구멍을 절개하여 그 사람의 눈을 손상시킨다면, 그의 손목을 잘라야 한다(§219)[프리처드(Pritchard), 1958, p.142, 149~150, 162(부분 수정)].

그림 7.2 함무라비 법전. 설형문자로 쓰인 282개 법 조항이 새겨진 섬록암 돌기둥. 서기전 1792~1750년. 돌기둥 모양의 꼭대기에 있는 그림은 바빌로니아의 신이자 정의의 신인 태양신 샤마시 앞에서 기도하는 함무라비를 표현한 것이다(루브르 박물관).

에 대하여 연구하였다. 그 결과 함무라비가 만든 정부의 구조에 몰락 원인이 내재되어 있다는 관점이 제시되었다. 중앙집권화 정책은 적어도 제국이 거의 완벽하였던 초기에는 부를 가져다주었다. 그러나 중앙행정부서의 수요가 과도하게 커지면서 피정복 지역의 엄청난 분노를 불러일으켰다. 많은 도시들이 제국에서 이탈하면서 정부는 재정적 어려움을 겪었고, 손실을 보전하기 위해 남아 있는 속지를 보다 더 철저하게 착취하였다. 함무라비의 후계자들은 더 많은 공식 관료를 지명하였지만, 이는 단지 중앙행정부서의 규모를 확대시킬 뿐이었다. 결국 관료들은 지방 귀족이 되었고, 왕의 세력이 쇠약해진 틈을 타 많은 부분을 자신들의 몫으로 빼돌렸다. 고바빌로니아 제국의 붕괴는 외부의 공격이 아니라 내부의 부패 때문이었으며, 중앙정부는 관료와 지방 지배자들의 충성을 잃을 수밖에 없었다.

초기의 문화층이 후기 층위에 덮이고 지하수면 아래 깊게 묻혀 있어, 이 시기의 수도 바빌론에 대해서는 알아낸 바가 거의 없다. 사치스러운 왕궁과 지구라트가 남아 있는 곳에 바빌론의 주요 신 마르두크(Marduk)를 모신 대신전을 갖추고 있었을 것이라고 짐작될 뿐이다. 점토판 유물을 통해 고바빌로니아 시기에 문학과 과학이 발달하였음을 알 수 있다. 그러나 영토가 이웃세력에 침식당하면서 국가의 권력이 점차 쇠약해졌다. 마지막 타격은 보다 먼 곳인 아나톨리아의 히타이트에서 왔다. 서기전 1595년에 히타이트 왕 무르실리스 1세(Mursilis I)가 메소포타미아를 습격하여 별다른 저항을 받지 않고 바빌론을 약탈하였다. 이 사건으로 근동의 세력 중심이 남부 메소포타미아에서 북부와 서부로 이동하게 된다.

히타이트의 등장(1650~1400 B.C.)

금세기 독일 고고학자 휴고 빙클러(Hugo Winckler)가 보가즈쾨이(Boghazköy)의 히타이트 왕실 도서관에서 1만여 점 정도의 점토판을 발굴하기 전에 히타이트는 가장 신비한 민족 중 하나로 남아 있었다. 서기전 1650년경 실제로 히타이트의 수도였던

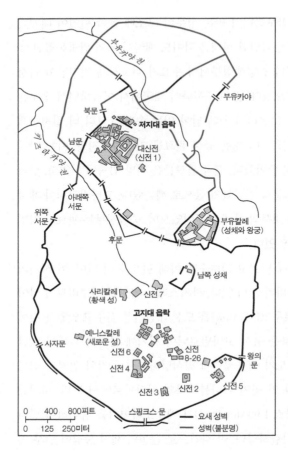

그림 7.3 서기전 1650년부터 1200년까지 히타이트 제국의 수도였던 고대 하투사스, 보가즈쾨이 평면도. 히타이트는 요새를 구축하는 데 능숙하였고, 바위 지형을 이용해 방어력을 높이는 데 탁월하였다. 동쪽에 부유칼레(Buyukkale), 즉 위대한 성채가 있는데, 이곳에는 히타이트 제국의 도서관 유적이 있어 주목받고 있다. 보가즈쾨이의 주요 특징은 원형방어시설 내부에 많은 신전들이 있다는 것이다.

보가즈쾨이는 하투사스(Hattusas)라는 이름으로 알려져 있었다. 이 도시는 앞에서 설명한 서기전 3000년기 왕실무덤 유적지인 알라카 회위크에서 멀지 않은 아나톨리아 평원의 북부에 위치하고 있다. 서기전 1650년경 이후 4세기가 지나 히타이트 지배자는 산악 지대까지 세력을 뻗쳐, 보가즈쾨이(Boghazcöy)를 요새와 정교한 신전을 갖춘 거대한 성채 도시로 변화시켰다(그림 7.3). 아나톨리아 대부분을 차지했을 뿐만 아니라, 남쪽으로 시리아와 레반트까지 포함하는 영역의 강력한 중심지가 되었다.

히타이트인은 당시 아나톨리아 평원에 거주하는 여러 종족 중 하나였다. 보가즈쾨이에서 발견된 점토판에는 8개 이상의 상이한 언어가 기록되어 있다. 이 모든 언어가 히타이트 중심부에서 모두 동일한 비중으로 사용되지는 않았다는 것은 분명하다. 그러나 이는 히타이트가 제국을 확장하는 동안에 여러 언어권과 접촉하였음을 반영한다. 히타이트는 서기전 17세기에 역사에 등장하였다. 후대의 전설에 따르면, 라바르나스(Labarnas) 왕은 중앙 아나톨리아에서 지중해 해안까지 세력 범위를 확장하였다. 수도를 보가즈쾨이로 옮긴 왕은 그의 아들 하투실리스(Hattusilis)이다. 히타이트 군대는 이즈음 여러 해에 걸쳐 출정사업을 왕성하게 추진하였고, 아나톨리아 서부에서는 강한 저항을 받기도 했다. 비록 서쪽의 먼 곳과 북쪽의 산악 지대는 정복하지 못하였지만, 히타이트인은 넓은 지역을 정복하였고 오래지 않아 더 먼 곳을 침공할 준비를 갖추었다. 하투실리스는 직접 타우루스 산맥을 건넜으며 야마드(Yamhad, 알레포)의 주요 왕국을 봉토 수준으로 격하시켰다. 서기전 1595년 하투실리스의 양자이자 후계자인 무르실리스 1세(Mursilis I)가 갑자기 남쪽으로 진격하여 바빌론을 공격하면서, 대부분의 근동 국가에 재앙이 초래하였다. 앞에서 살펴본 바와 같이 이 사건으로 인해 함무라비가 세운 바빌로니아 왕조가 종말을 맞이했다.

무르실리스가 그 이후 바로 살해되고 왕실 권위가 붕괴하면서, 히타이트는 바빌론 공격을 위한 후속 조치를 취하지 못하였다. 거의 1세기 반 동안 히타이트의 왕자들은 서로 권력을 다투었고, 그동안 선대가 정복한 지역들이 이탈해 나갔다. 히타이트는 서기전 15세기 말에야 국력이 회복되어, 왕이 다시 한 번 시리아 북부를 공격하였다. 그러나 타우루스 산맥 남부에서 히타이트 세력이 확장된 시기는 유명한 수필룰리우마스 1세(Suppiluliumas I, 1350~1315 B.C.)의 재위기간이다. 수필룰리우마스의 통치로 열린 히타이트 제국 시대에 일어났던 사건을 연대순으로 보기 위하여, 레반트 지역을 무대로 삼은 이집트와 미탄니의 다른 지도자들에 대해 살펴고자 한다(그림 7.4).

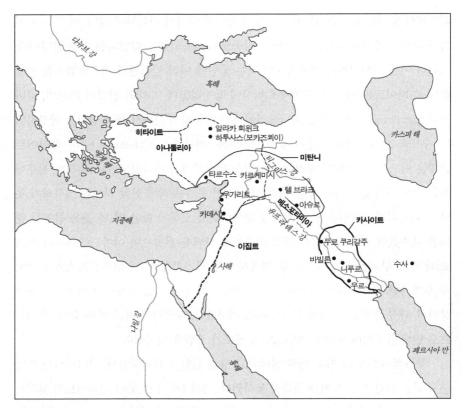

그림 7.4 서기전 2000년기 중반 근동 지도

이집트와 미탄니(Mitanni) : 레반트(1550-1400 B.C.)에서의 전쟁

레반트(Levant)는 서기전 2000년기 이전에 오랫동안 도시가 번성한 땅이었다. 남부 레반트의 많은 초기도시들이 서기전 3000년기 후반에 쇠퇴하거나 폐기되어, 청동기 시대 중기 제2기(2000 B.C.)에 비로소 도시가 부흥하였다. 서기전 2000년기 초에 레 반트는 전체적으로 하조르(Hazor)나 카트나(Qatna)와 같은 주요 도시들에 의해 다

수의 왕국으로 분할 통치를 받았다. 하조르는 왕궁을 갖춘 요새화된 성채와 저지대의 대규모 읍락을 둘 다 갖춘 도시의 좋은 사례이다. 이스라엘 고고학자 이가엘 야딘(Yigael Yadin)은 저지대 읍락이 서기전 2000년기 초에 세워졌고, 진흙벽돌 중심부가 거대한 토성으로 둘러싸였음을 밝혀냈다. 성벽의 정면은 경사가 가파르고 작은 돌로 표면이 보호되어, 기어오르는 것은 물론 공성퇴(攻城槌)로 공격하기도 어려웠다. 성곽 꼭대기에는 진흙벽돌로 된 흉장(胸墻)이 있었다. 석재 기초 위에 진흙벽돌로 이루어진 사각형 탑을 세워 도시 관문의 측면을 보강하였으며, 요새화된 위쪽 도시에도 유사한 방어물을 둘러쳤다.

이러한 요새화된 성채의 규모는 서기전 2000년기 초에 레반트에서 대규모 전쟁이 실제로 발생하였음을 암시한다. 만약 그렇다면 그것은 내부적인 분열에 기인하였을 터인데, 왜냐하면 이웃 공동체들이 이 지역의 문제에 개입한 것이 서기전 16세기 이후였기 때문이다. 이 무렵 세 개의 '거대권력'들이 레반트의 경계지대에 등장하여, 지역마다 왕의 지배력을 구축하려 했다.

이 지역에 진출한 세 권력 중 하나는 이집트이다. 파라오 아모세(Ahmose, 1550~1525 B.C.)는 남부 레반트를 공격했는데, 이는 힉소스의 이집트 지배에 대한 복수 때문이었다. 힉소스는 이집트 삼각주를 정복하였던 레반트 민족이었다(제4장). 복수심은 곧 제국주의로 변모하면서, 이집트 지배자들은 북쪽 멀리까지 원정사업에 착수하였다. 투트모세 1세(Tuthmose I, 1504~1492 B.C.)는 유프라테스 강까지 진출하였으며, 이 지역 지배자들은 그 뒤에 거대한 자원을 갖고 있는 대단히 강력한 이집트 군주에게 충성을 맹세하기에 급급하였다. 이집트 측의 문제는 원정이 일단 끝나면 본국으로 돌아가야 한다는 것이었다. 따라서 레반트의 지배자들은 이집트를 지원하는 일에 점차 소극적으로 변하였다. 투트모세 3세(1479~1425 B.C.)는 그 지역에서 이집트 세력을 공고히 하기 위하여, 20년에 걸쳐 일련의 군사 원정을 벌였다. 서기전 1457년 그는 메기도(Megiddo)에서 큰 승리를 거두어, 남부 레반트의 대부분을 이집트의 속지로 만들었다. 그러나 북쪽으로는 북부 메소포타미아와 경쟁하고 있는 거대 세력인 미탄니 왕국이 이집트의 야망을 견제하였다.

미탄니는 서기전 1550년경 그 지역 지배자로서 경쟁자를 물리치고 강력한 통합 국가를 수립하면서 흥기하였다. 그 중심은 유프라테스 강 동쪽 카부르(Khabur) 평원에 있었으나, 미탄니 왕은 곧 서쪽과 동쪽으로 시선을 돌렸다. 서쪽에서 이전 히타이트가 정복한 영역을 포함하여 시리아에서 타우루스 산맥에 이르는 지역, 동쪽으로 아슈르와 티그리스 강 상류 지역 그리고 자그로스 산맥 기슭까지 장악하였다.

레반트의 히타이트(1400~1200 B.C.)

수십 년 동안 이집트와 미탄니는 레반트에서 서로 직접 공격하기보다는 상대방의 동맹이나 속국과 대리전 형식으로 경쟁하였다. 그러다가 수필룰리우마스의 정복으로 전성기를 이룬 히타이트가 새로운 움직임을 취했는데, 투트모세 4세(1401~1391 B.C.)는 자신의 통치기에 갑자기 정책을 바꾸어 동맹을 결성하였다. 이 히타이트의 군주는 미탄니를 굴복시키고 파괴하였으며, 레반트 북부의 미탄니 영토를 점령하였다. 그가 승리함으로써 히타이트는 이집트인과 맞서게 되었다.

서기전 14세기 중엽의 레반트 도시국가에 대한 역사는 아마르나(Amarna) 문자로 생생하게 기록되어 있다. 이집트 농민여성이 1887년에 '이교도적인' 파라오 아크나톤(제4장) 시기에 이집트의 수도였던 아마르나 유적에서 점토판 더미를 발견하였다. 지역주민은 곧 그것들을 여러 중개인에게 팔았으며, 382점의 점토판이 결국 서양 박물관으로 흘러 들어갔다. 그것들은 아크나톤과 그의 아버지 아멘호테프 3세의 외교문서로 밝혀졌다. 그중 많은 것들이 레반트와 관련된 내용을 기록한 것이다(그림 7.5).

아마르나 점토판의 대부분은 그 당시의 외교언어인 아카드 문자로 적혀 있다. 대부분은 외국 왕자들이 파라오에게 보내는 것이며, 그중 일부는 파라오가 보낸 편지의 사본이다. 점토판 대부분은 레반트 통치자가 이집트에 대한 충성을 서약하거나, 이웃세력의 배신을 고발하거나, 지원을 요구하는 내용이었다. 그 당시 수필룰리우마

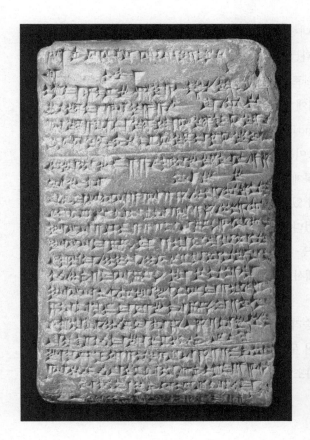

그림 7.5 아마르나 편지, 설형문자가 새겨진 점토판. 카사이트의 왕 부르나부리아시 (Burnaburiash)가 이집트 파라오에게 보낸 것으로, 카사이트의 선대 왕에게는 바쳤던 선물을 자신에게는 보내지 않은 것에 대한 불만이 적혀 있다.

스가 미탄니를 굴복시키고 레반트 속지의 계승자가 되었기 때문에, 이러한 지배자 중 많은 수가 실제로 히타이트 세력의 출현에 위협을 느꼈을 수도 있었다. 그러나 각 지역의 왕자들은 자신들의 목적을 달성하기 위해서, 히타이트에 배반하는 은밀한 외교에 가담하기도 했다.

이집트와 히타이트 간 적대관계는 서기전 13세기에도 지속되었는데, 서기전 1279년 카데시(Kadesh) 대전투에서 정점에 달하였다. 이 시기의 주인공은 자부심이 강한 파라오 람세스(Rames II) 2세와 히타이트 통치자 무와탈리스(Muwatallis)였다. 우리는 다행스럽게도 람세스가 아비도스와 아부심벨을 포함한 이집트 신전에 새긴 명문과 그림에서 이 전투에 대한 자세한 설명을 확인할 수 있다. 물론 이집트의 관점에서 본 것이지만 사건의 경과를 재구성하는 데 큰 어려움은 없다.

전투의 주요 특징은 전차로서, 가볍고 바퀴가 두 개였으며 한 쌍의 잘 훈련된 말이 끌었다. 서기전 3000년기에 수메르인은 무거운 사륜 수레를 전투에 사용하였다. 우르의 유명한 스텐다드(Standard) 한쪽에는 사륜전차로 적을 추격하여 깔아 버리는 모습이 표현되어 있다. 반면 이륜전차는 아주 다른 발명품으로, 구조상 가볍고 빠르게 이동할 수 있다. 마부가 통제하므로 전차는 신속하게 전장을 가로질러 궁수를 이동시킬 수 있었다. 이 기동성 있는 사격장치인 이륜전차는 느리게 이동하는 보병 대열을 괴롭히는 데 효과적이었다. 언제나 평지 지형이 필요하다는 제한을 받았음에도 전차는, 서기전 2000년기 근동 지역의 군대에 필수적인 요소가 되었다. 이는 히타이트가 람세스 2세와 벌인 카데시 전투에서 전차가 상당히 성공적인 역할을 했음을 의미한다.

양측 모두 카데시에서 승리하였다고 주장했지만, 16년 뒤 이집트와 히타이트는 공식적으로 더 이상의 갈등이 무익함을 인식하고 협상하여, 레반트를 이집트와 히타이트 지역으로 분할하는 평화조약을 체결하였다.

아나톨리아의 히타이트(1400~1200 B.C.)

레반트 북부에 대한 히타이트의 관심에도 불구하고, 제국의 중심지는 중앙 아나톨리아에 남아 있었다. 따라서 그들의 가장 위대한 기념물이 발견될 것이라고 기대할 수 있는 곳도 그곳이다. 실제로 히타이트에 대한 고고학적 성과는 이 민족에 대한 역사적 중요성을 감안하면 기대하는 것보다 훨씬 적다. 주요 유적은 수도인 보가즈쾨이로, 수필룰리우마스와 후계자의 통치 기간에 요새가 재건설되고 강화되었다. 그곳에는 성곽 안에 20여 개의 신전이 있었으며, (도시성벽과 같이) 거대한 돌로 건축된 기초 위에 건설되었다. 히타이트의 종교에 대한 가장 분명한 증거를 찾기 위해서는 보가즈쾨이로부터 야질리카야(Yazilikaya)까지 2킬로미터에 달하는 구역을 살펴보아야 한다(그림 7.6a, 7.6b). 마지막 히타이트 왕 중 한 명인 투드할리야스 4세(Tudhaliyas IV, 1250~1220 B.C.)가 서기전 13세기 히타이트 신전에 모신 남신과 여신을 좁은 골짜기의 암벽에 새기게 한 곳도 여기였다.

히타이트의 지배자가 부딪친 주된 곤경은 자신들의 지위가 아나톨리아에서는 불안하다는 사실이었다. 그들은 레반트 원정을 통하여 비로소 풍부한 노획물을 획득하고, 카르케미시(Carchemish)와 알레포(Aleppo) 같은 부유하고 강력한 시리아 도시들을 직접 지배할 수 있었다. 그러나 이러한 원정은 종종 아나톨리아 지역 사람들에게는 독립을 다시 한 번 주장할 기회였으며, 때로는 히타이트인을 공격할 수 있는 기회이기도 했다. 히타이트인이 직접 지배한 것은 단지 중앙 아나톨리아뿐이었다(유적 7.3). 북쪽에는 골치 아픈 카스카(Kaska)인이 있었는데, 흑해를 마주한 산악지대에 거주하는 고원 민족인 이들은 히타이트에 계속 패배하였지만, 끝까지 복속되지는 않

그림 7.6a '병사의 신들' 부조. 야질리카야의 히타이트 성역에서 발견되었다.

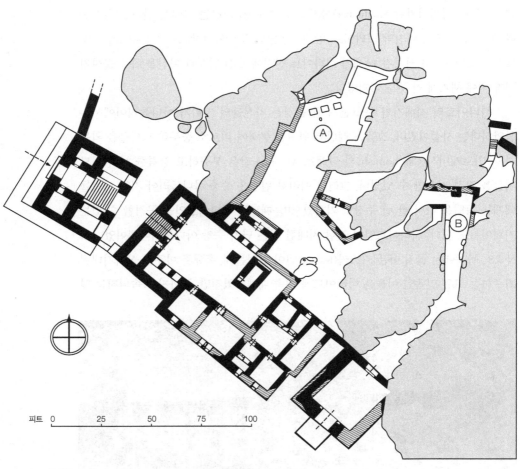

피트 0 25 50 75 100

A = 큰 화랑
B = 작은 화랑

그림 7.6b 신전 평면도. 야질리카야의 노천 신전은 히타이트의 수도 보가즈쾨이에서 북동쪽으로 1마일도 떨어지지 않은 곳에 있으며, 히타이트 신전의 인물 부조가 있는 두 개의 바위절벽 틈에 조성되어 있다. 인물상들은 2미터 높이로 마치 행진하는 것처럼 부조되어 있다. 이른바 '위대한 화랑'으로 불리는 더 큰 규모의 바위 공간에는 63명의 신들이 있는데, 왼쪽에는 남신, 오른쪽에는 여신이 자리잡고 있다. 두 행렬은 화랑의 끝에서 마주치는데, 그곳에서 '하늘의 기후 신'인 주신 테슈브(Teshub)가 그의 배우자 헤파트(Hepat)와 만난다. 각 신의 이름은 상형문자로 표기되어 있다. 이 조각 장면에서 나오는 유일한 인간 조각상은 투달리야스 4세(Tudhaliyas IV)인데, 그는 큰 화랑과 그 옆의 작은 화랑의 조각을 새기게 한 장본인이다. 작은 화랑에서 투달리야스는 샤루마(Sharruma) 신의 품에 안겨 있는 반면, 큰 화랑에서는 신 자체로 표현된 것처럼 보인다. 작은 화랑에는 벽에 세 개의 직사각형 벽감이 있는데 아마도 투달리야스와 그의 부모 하투실리스 2세, 푸두헤파(Puduhepa) 등 히타이트 지배자의 독무덤을 보관한 장소로 추정된다.

킬리세 테페

서기전 2000년기에 히타이트 세력은 아나톨리아 평원으로부터 서쪽으로는 에게 해에 접한 해안지대까지, 남쪽으로는 지중해까지 확대되었다. 곡시(Goksii) 강의 좁은 계곡은 중앙 고원을 남부해안에 연결하는 중요한 길이었다. 킬리세 테페(Kilise Tepe)의 작은 텔 유적지는 강이 얕은 전략적 위치에 있었다. 서기전 3000년기에 주민들의 거주가 시작되어 2000년기 이전에 독립적인 소국가로 발전하였으나, 결국 히타이트 제국에 흡수되었다. 이러한 전개과정은 제3층에서 발견된 히타이트 표준의 무채색 토기를 통해 알 수 있는데, 이는 북쪽으로 멀리 떨어진 히타이트 수도 보가즈쾨이에서도 확인된다. 그러나 킬리세 테페는 남쪽으로 지중해 세계와도 연결되어 있었음이 제2층에서 발견된 미케네 채색 토기 파편을 통해서 확인할 수 있다. 제3층은 히타이트 제국이 가장 강력하였던 시기에 속하며, 제2층에서 발견된 미케네 토기로 추정되는 서기전 12세기 무렵에 히타이트의 중앙집권화된 권력이 쇠퇴하기 시작하였다. 그러나 아나톨리아 남부 지역에서 이러한 히타이트의 지배는 히타이트 중심지보다 수십 년 더 지속된 것으로 보인다. 유적은 화재로 파괴되기는 하였지만, 제2층에서는 히타이트 상형문자(그림 7.7)로 적힌 관료 이름이 있는 돌 도장이 발견되었다. 그러나 킬리세 테페도 서기전 2000년기 후반의 상황에서 손상되지 않을 수는 없었다. 이 시기에 바다 사람들(Sea Peoples)의 공격으로 연이어 화재가 발생하고 유적이 파괴되었다. 상당한 전략적 위치에 있었기 때문에 이 유적지는 오래 방치되지는 않았다. 킬리세 테페는 작은 남부 아나톨리아 왕국의 한 부분으로 서기전 1000년기 초에 지중해와 강한 연대를 맺었다. 결국에는 '교회 언덕'이라는 이름이 의미하듯이 서기 5~7세기 비잔틴 교회 복합군의 유적이 되었다.

그림 7.7 히타이트 관료 타르훈타이우야(Tarhuntaiuya)의 도장. 킬리세 테페에서 최근의 발굴을 통하여 발견되었다. 그는 활을 들고 있으며 그가 신은 신발(위로 솟은 발끝에 유의)은 전형적인 아나톨리아 형식이다. 이를 통해 터키의 남부 해안지대와 히타이트 제국의 중심지인 아나톨리아 평원 간의 강한 문화적 유대를 알 수 있다.

있다. 남동쪽과 남서쪽 각각에는 키주와트나(Kizzuwatna)와 아르자와(Arzawa) 왕국이 있었는데, 때로는 동맹했다가 때로는 적이 되기도 했다. 서쪽으로 더 가면 에게 해 연안에 아히야와(Ahhiyawa)라고 알려진 땅이 있었다. 학자들은 이곳이 호메로스의 전설에 나오는 그리스 미케네의 아카이아(Achaea)와 관련되어 있다는 주장을 내놓곤 한다. 서기전 13세기에 아히야와의 '위대한 왕'이 밀레투스(Miletus) 주변의 영토를 장악한 것으로 보인다. 같은 에게 해 연안을 따라 북쪽으로 가면 다르다넬스(Dardanelles) 해협의 입구에 트로이(Troy) 유적지가 있다. 만약 트로이 전쟁의 전설에 역사적 근거가 있다면, 서기전 13세기 중반경에 이 해안을 따라 생겨난 그리스 미케네의 이야기일 것이다.

터키의 에게 해 연안은 히타이트의 영향력이 미치는 한계지역에 위치한다. 히타이트 왕들이 서쪽 바다로 그렇게까지 멀리 출정하는 것은 아주 드문 일이었다.

히타이트 제국의 말기는 신비에 싸여 있다. 고고학자는 아나톨리아의 모든 중요한 히타이트 유적지가 서기전 1200년경 파괴되고 폐기되었음을 밝혀냈다. 가장 적대적인 가해자는 북쪽 언덕에 거주하는 새로운 적인 프리지아(Phrygia)인이었다. 서기전 1000년기에 문자기록이 이루어진 것으로 추정되는 때에 아나톨리아 평원을 장악한 것은 분명히 프리지아인이었다. 반면 히타이트 생존자들은 한때 위대하였던 히타이트 제국의 유일한 잔재가 된 남쪽 시리아와 레반트의 도시로 달아났다. 신히타이트 시대라고 알려진 마지막 시기까지 이 도시들은 강력한 정치적 세력이었으나, 서기전 19세기 아시리아 제국에 흡수되었다.

메소포타미아와 이란(1400~1200 B.C.)

히타이트인과 이집트인 간 레반트에서의 싸움은 서기전 2000년기 후반에 근동에서 일어난 사실의 일부에만 해당된다. 이 시기 메소포타미아는 북쪽의 아시리아와 남쪽의 카사이트 두 개의 정치적 세력에 지배되었다. 우리는 이미 아나톨리아의 카네시에

그림 7.8 초가 잔빌(Choga Zanbil)의 지구라트 재건축물 입구. 초가 잔빌은 엘람의 지배자 운타시-나피리샤(Untash-Napirisha)에 의해 기획된 수도이다. 천 년 전에 지어진 우르의 지구라트처럼, 가장 높은 지위에 있는 신(이 경우 엘람 주신인 인슈시나크(Inshushinak)의 성전이 정상에 있는 계단형 기념물이었다. 이러한 구조는 침식을 방지하기 위하여 햇빛에 의해 건조되거나 구운 벽돌을 2미터 두께로 쌓아 핵심시설의 표면을 덮었다. 열 번째 줄마다 운타시-나피리샤가 이 거대한 건축물을 세웠다는 내용의 설형문자 기록이 새겨진 벽돌이 삽입되었다.

거류한 상인들의 고향인 아슈르에 대하여 살펴보았다. 서기전 15세기 아슈르는 미탄니 왕의 지배하에 들어갔지만, 150년 후 히타이트가 미탄니를 패배시켰을 때 아시리아는 자치권을 얻었고 곧 영토를 넓혔다. 그 결과 중기 아시리아 제국이 등장하면서, 서기전 13세기 유프라테스 강을 따라 서쪽으로 히타이트 영토의 경계선까지 영역을 확장하였다.

같은 시기에 미탄니의 왕들은 스스로 북쪽에 카사이트라고 알려진 새로운 왕조를 세워 바빌로니아를 장악하였다. 이 외부인들은 바빌론을 통치하였고 그들의 신들을 버리지는 않았지만, 곧 바빌론 문화와 종교의 장식치레를 받아들였다. 아마르나의 편지를 보면 카사이트의 왕들은 히타이트와 이집트 지배자와 동등하게 인정받았다. 고고학적 관점에서 가장 놀라운 카사이트의 유산은 카사이트 왕 쿠리갈주 2세(Kurigalzu II, 1332~1308 B.C.) 때의 새로운 수도인 두르-쿠리갈주 [Dur-Kurigalzu, 지금의 아카르 쿠프 (Aqar Quf)]에서 발견된 것들이다. 왕궁의 면적은 9헥타르로, 위대한 지구라트(Ziggurat)의 진흙벽돌로 된 건물 중심지는 지금 남아 있는 높이가 57미터나 된다.

쿠리갈주 2세는 건축가이자 전사로 유명하며, 동쪽 엘람 왕국을 공격하기도 했다. 초기(제3장)에 엘람 영토는 이란 고원의 경계를 따라 길게 뻗어 있었으며, 한 부분은 고원에, 다른 부분은 수시아나(Susiana)의 저지대 평원에 있었다. 카사이트의 이웃세력과 마찬가지로 엘람 왕 중 한 명이 높이 60미터의 거대한 지구라트(그림 7.8)를 갖춘 종교구역의 중심에 새로운 수도 초가 잔빌(Choga Zanbil)을 건설하였다. 히타이트인, 이집트인, 아시리아인, 카사이트인 그리고 엘람인은 서기전 13세기에 근동에서 복잡하게 얽힌 정치적 지도를 만들어냈다. 서기전 1000년기에 이 지역의 발전과 위대한 아시리아, 바빌론 그리고 페르시아의 범국가적인 제국에 대해서는 제8장에서 설명할 것이다.

요약

고고학자들이 발견한 알라카 회위크의 왕실무덤과 서기전 1900년부터 존재한 아시리아인의 교역 식민지 카네시를 통해, 아나톨리아 평원에서 서기전 3000년기 후반에 왕국과 국가가 출현하였음을 알 수 있다. 우르 제3제국의 붕괴 이후 메소포타미아가 정치적으로 혼란할 때, 바빌론이 페르시아 만, 특히 유명한 딜문 섬과의 교역에서 우월한 위치를 확보하면서 번성할 기회를 갖게 되었다. 북쪽으로는 티그리스 강의 아슈르와 유프라테스 강의 마리가 세력을 공고히 하였는데, 후자는 짐리-림의 왕궁에 있는 점토판 도서관으로 잘 알려져 있다. 바빌론의 함무라비 왕은 마리를 붕괴시키고, 서기전 18세기에 메소포타미아 북부와 남부를 아우르는 강력한 제국을 만들었다. 북서쪽으로 히타이트는 아나톨리아 평원에서 두각을 나타냈는데, 서기전 1595년 바빌론을 공격하였다. 히타이트 세력의 전성기는 수필룰리우마스 1세의 재위기간으로, 그의 군대는 레반트의 지배를 둘러싸고 이집트, 미탄니와 경쟁하였다. 이들 세력의 싸움은 서기전 1279년 히타이트와 이집트 간의 카데시 전투에서 최고조에 이르는데, 이집트를 지휘한 사람은 가공할 만한 람세스 2세였다. 히타이트 제국은 서기전 1200년경 붕괴되어 타우루스 산맥 남쪽으로 내려가 새롭고 강력한 여러 도시국가로 분열되었다가, 서기전 9세기에 아시리아 제국에 흡수되었다.

THE NEAR EAST IN THE FIRST MILLENIUM B.C.

제8장 서기전 1000년기의 근동 지역

접견 중인 페르시아 왕, 이란 페르세폴리스(Persepolis) 왕궁의 부조,
서기전 5세기.

대회견실의 문이 열리면서 수행원이 외국 대사들을 앞으로 안내하였다. 방의 양쪽 벽은 화려하게 채색된 부조로 장식되어 있었다. 그 부조에는 아시리아가 공격해 무너뜨린 도시들의 모습과 함께 왕이 반란자들의 고문과 처형을 주관하는 장면이 묘사되어 있다. 이를 통한 메시지는 외국 사신들이 왕을 친견하는 곳으로 안내되어 갈 때 분명하게 각인되었다. 방 끝에는 금박을 입힌 상아로 화려하게 문장을 그린 왕좌에 아슈르나시르팔(Assurnasirpal, 그림 8.5)이 앉아 있었다. 왕은 밝게 염색된 천과 보석으로 치장한 화려한 의복을 입고, 머리와 수염은 우아하게 다듬었으며 향수를 사용하였다. 그의 주변에는 신하와 수행원이 서 있었다. 수행원이 장대로 바닥을 두드리자 침묵이 흘렀다. 왕이 말하였다. "내가 적에게 했던 것을 너희들은 정녕 모르는가? 내가 그들을 어떻게 하였는가? 어떤 자는 살가죽을 벗기고, 어떤 자는 산 채로 불태우고, 어떤 자는 왕궁 벽 속에 감금하였다. 나는 그들이 애당초 이 세상 사람이 아닌 것처럼 대하였다. 내가 어떻게 포로들을 다루었는지 모르겠는가? 나는 그들의 코와 귀, 손가락을 잘랐으며 눈알을 뺐다. 그러니 너무 늦기 전에 항복하라!"(가상의 글임)

앞에서 서술한 협박 장면은 서기전 9세기 아시리아 제국의 지배자 아슈르나시르팔(Assurnasirpal)의 접견실에서는 일상적이었을 것이다. 신하들에 둘러싸여 왕좌에 앉은 왕의 모습을 오늘날에도 왕궁에서 발굴한 부조에서 볼 수 있다. 왕궁 자체는 궁정과 통로가 뒤얽힌 진흙벽돌의 폐허로 변해서 이전의 영광을 별로 찾아볼 수 없다. 따라서 고고학뿐만 아니라, 상상력을 이용하여 마음의 눈으로 보는 것이 본래 모습을 재구성하는 데 필요하다. 그러나 왕의 발언은 아슈르나시르팔 왕실의 명문에서 찾아볼 수 있는데, 그 명문에서는 왕이 적에게 공포심을 불어넣기 위해 보인 잔인함을 세밀하게 묘사하고 있다. 공포라는 무기는 아시리아가 위대한 제국을 세우고 굳건히 다지는 데 아주 효과적이었다.

이 장은 서기전 1000년기의 근동의 발전 과정을 설명한다. 이 시기의 특징 중 하나는 레반트에서 이스라엘인이 세운 유명한 신왕조의 출현이다. 그들의 북쪽에는 오늘날 알파벳의 전신에 해당하는 문자를 사용한 기업적 상인집단으로 잘 알려진 페니키아(Phoenicia)인이 있었다. 그러나 무엇보다 주목되는 것은 일련의 제국들이 당시 수세기를 통치하였다는 사실로, 그 첫 번째는 아시리아 제국, 그 다음은 신바빌로니아이며, 마지막으로 페르시아 또는 아케메네스(Achaemenes) 왕조가 뒤를 잇는다. 이들은 에게 해 해안까지 이르는 근동 지역을 자신의 통치하에 두었다(표 7.1).

재편된 세계(1200~1000 B.C.)

서기전 1200년경 '강력한 세력들'이 해체되거나 쇠퇴한 이후에 고고학적 자료를 보면 새로운 사람들이 나타난다. 그 이후 2세기는 때때로 '암흑시대'라 불리기도 하는데, 이는 역사적인 기록이 별로 없기 때문이다. 그렇다고 이 시기에 번성한 근동의 공동체가 없었다는 것은 아니지만, 구질서가 무너지면서 상당한 규모의 분열과 혼란이 있었다. 히타이트 제국이 서기전 13세기말경 사라졌다. 아시리아는 서기전 1207년에 투쿨티-니누르타 1세(Tukulti-Ninurta I)가 살해당한 뒤 쇠퇴하기 시작했다. 그리고 이집트는 경제적 곤란과 내부 불안, 그리고 이른바 바다 사람들의 습격 등 복합적 요인으로 인해 국경 안쪽으로 후퇴하였다. 바다 사람들 중 하나인 필리스틴(Philistine) 사람들이 해안 평원의 통제권을 가져간 것은 이즈음이다.

앞서 서기전 13세기경 이집트 역사기록에 나타난 바다 사람들에 대해 언급하였다. 그들은 동부 지중해의 해안 주변에서 활동하던 여러 종족으로 이루어진 집단으로, 침략과 약탈의 습성을 갖고 있었다. (아마도 바다 사람들에 의해) 파괴된 흔적이 남아 있는 여러 유적의 층위에서 토기가 발견된 사실로 보아, 그들은 미케네의 성향을 갖고 있었음을 알 수 있다. 바다 사람들 중 하나는 이집트 기록에서 펠레셋(Peleset)으로 묘사되고 있다. 이들은 필리스틴 사람(Philistines)으로, 성서에서는 이스라엘 민족의 적으로 유명하다. 다윗(David)에 의해 죽은 골리앗이 필리스틴 사람이며, 이스라엘의 영웅 삼손을 잡아 눈멀게 한 사람도 마찬가지이다. 필리스틴인은 성서 시기에 이집트 공격에 참여한 뒤 남부 레반트의 해안에 정착하였다. 고고학 차원의 조사를 통하여 그들이 사용한 붉은색과 검은색의 기하학 무늬로 디자인된 토기를 찾아냈는데, 미케네에서 그 원형을 찾아볼 수 있다. 그들의 신전은 청동기시대 후기의 가나안(Canaan) 지역의 건축양식과는 별로 관계가 없으며, 그 대신 미케네 또는 키클라데스(Cyclades) 사례에서 보다 많은 공통점이 확인된다.

한 가지 중요한 혁신은 철의 사용이다. 구리와 주석의 합금인 청동은 유용한 금속이지만, 주석은 이란 고원 광산에서부터 먼 거리를 수송해야 했기 때문에 비쌌다. 청동 헬멧과 무기로 군대 전원을 무장시키는 것은 가장 부유한 국가에서만 가능하였다. 반면 철은 높은 온도로 제련할 필요가 있었지만, 주석보다 흔했고 다른 방법으로도 가공되었다. 청동이 사전에 모양이 결정되는 용범에 부어 주조하는 방식이었던 반면, 철은 보통 붉게 달군 뒤 망치질을 하여 모양을 만드는 단조 방식으로 처리한다. 이와는 대조적으로 중국에서는 초기부터 철을 주조 방식으로 다루었으며(제14장), 이 기술적 차이로 철의 확산 속도는 중국보다 느렸다. 철기는 서기전 3000년기에 알라카 회위크의 왕실무덤에서 발견되었으며, 이집트 파라오 투탕카멘의 무덤에는 서기전 14세기의 철제 칼이 부장되었다. 그러나 철 등의 금속은 당시 여전히 귀하여 금보다 값진 것으로 받아들여졌다. 아마도 강력한 세력들이 붕괴하면서 전통적 교역로가 단절되었기 때문에, 철은 서기전 11세기가 되어서야 에게 해와 근동 전역 여러 곳에서 사용될 수 있었다. 그 당시 구리와 주석을 얻기 어려워, 많은 공동체가 구식 금속에서 새로운 제철 기술을 개발하는 데 눈을 돌렸다. 일단 새로운 기술이 습득되자, 철은 청동보다 많은 이점을 가진 것으로 밝혀졌다. 청동보다 더 단단하게 날을 가공할 수 있어서, 농경 도구나 무기와 같은 일상적인 도구로 쓰기에 적합하였다.

철은 필리스틴 사람들이 레반트에 도입한 혁신 중 하나로, 그곳에서 이스라엘을 포함한 다른 공동체로 확산되었다. 철 기술은 시리아와 아나톨리아 도시국가, 유프라테스 강 동쪽의 아시리아 등 근동의 다른 곳에서도 발달하였다. 이러한 전개 과정은 전통적인 고고학적 관점에서 서기전 2000년기 후반의 청동기시대 후기와 서기전 1000년기의 철기시대 사이를 구분하는 기준이 되었다. 그러나 청동에서 철로의 전환은 점진적이었으며, 금속이 사회적 구조에 미친 영향이나 군사적 이점을 강조한 구식 이론은 지금은 일반적으로 이전처럼 중시되지 않는다. 청동기시대 후기의 가장 중요한 변화는 새로운 금속의 출현이 아니라, 청동기시대의 제국과 교역망의 붕괴이다.

지중해 해안지역(1000~700 B.C.)

고고학과 역사학에서 보면 서기전 1000년기 초반을 주도한 레반트 세력은 필리스틴 사람이 아닌 동쪽과 북쪽의 이웃세력인 이스라엘과 페니키아 사람들이었다. 이집트의 남부 레반트에 대한 장악력은 서기전 1200년경 흔들렸으며, 아나톨리아의 히타이트 왕국이 무너지자 많은 소규모 레반트 도시들 또한 쇠퇴하기 시작하였다. 그러므로 청동기시대 중기의 중요 도시인 예리코(Jericho)는 성곽이 없는 작은 취락으로 변하였으며, 이스라엘의 정복으로 추정되는 때에 파괴되었다.

이스라엘인이 처음으로 역사에서 주목받은 것은 서기전 1000년경이었다. 『구약성서』의 기록에 따르면, 이즈음에 사울(Saul)과 다윗(David)이 필리스틴인을 포함하여 동쪽과 서쪽의 이웃세력들을 굴복시키며, 이스라엘 왕국을 세워 그 기반을 다지고 지배의 수단을 확보하였다. 이스라엘인의 초기 역사는 많은 논쟁을 불러일으키는 주제이다. 『구약성서』를 보면 이집트 파라오의 압제 후에 이스라엘인이 이집트를 떠난 사건, 즉 일부 학자들이 서기전 13세기로 추정하는 이집트 탈출기(Exodus)에 대하여 자세히 알 수 있다. 모세를 따라 시나이 사막에서 40년을 방황한 끝에, 그들은 홍해와 요르단 강을 건너 서쪽의 가나안 땅으로 들어갔다. 이 사실을 고고학적으로 연계하여 어떻게 설명할 수 있을까?

이러한 의문에 대하여 당연하게 이스라엘 고고학자들이 큰 관심을 가졌고, 아담 제르탈(Adam Zertal)과 이스라엘 핑켈스타인(Israel Finkelstein) 같은 연구자들이 그 사건에 대한 대안적 설명을 뒷받침하는 증거들을 수집하였다. 제르탈이 확인한 바에 따르면, 이스라엘인은 초기철기시대에 단순한 농경취락을 이루었고, 가장 초기에는 동부 이스라엘의 사막 경계에 자리잡았다고 한다. 초기철기시대가 진행되면서 이 취락은 점차 구릉이 있는 들판과 계곡 서쪽으로 확산되었다. 요르단의 서쪽에 있는 구릉 들판에서는 이즈음에 놀라울 정도로 인구가 증가하여 이전의 몇 배가 되었다. 핑켈스타인은 이러한 확산이 성서에 나타나는 이스라엘인의 가나안에 대한 군사 정복의 결과가 아니라고 주장한다. 서기전 13세기 후기에 가나안 도시가 경제적으로 붕괴되면서, 보다 효율적인 기술을 이용하여 저수지를 조성하고 삼림을 개간하여 고지대에서 계단식 밭농사가 본격화된 결과라는 것이다. 이러한 기술적 변화를 통하여 저지대 평원에서 주변의 고지대로 마을이 분산되면서, 정착 농업이 가능해진 것이 그 배경이 되었다는 것이다. 이러한 마을의 중요한 이동은 남부 레반트에서뿐만 아니라 근동 여러 지역에서도 확인된다. 그리고 이는 히타이트인이 전쟁에서 패배하고, 바다 사람들이 처음으로 이집트를 공격한 후 필리스틴 사람이 되어, 레반트 해안에 취락을 조성하여 정착한 것과 같은 시기에 일어났다. 이스라엘인의 기원에 대한 새로운 이론에 따르면, 이스라엘인은 오래전부터 가나안의 인구 밀도가 높은 지역의 외곽 경계에서 생활한 목축업자와 농민이었다. 그들의 토지 인수는 상당히 평화적인 방법으로 이루어졌고, 도시를 이루지 않았던 이스라엘인이 도시가 쇠퇴하면서 지배적인 세력이 되었으며, 결국 도시까지 장악하게 되었다는 것이다. 물론 모든 역사학자들이 이러한 사건의 전개과정을 인정하는 것은 아니다. 어찌 되었든 이는 먼 과거의 고고학적 증거와 문자 또는 역사기록이 불일치하는 흥미로운 사례이다.

초기 이스라엘 왕국에 대한 고고학은 논쟁의 대상이다. 전통적 관점은 다윗의 아들이자 후계자인 솔로몬(Solomon, 965~931 B.C.)이 위대한 건국자라는 입장을 유지한다. 몇 개의 주요 도시들[게제르(Gezer), 하조르(Hazor), 메기도(Meggido)]은 이 시기에 새롭게 나타난 강력한 방어 성채의 증거라고 주장한다. 『구약성서』에 따르면 솔로몬의 위대한 노력은 예루살렘에 국한되는데, 그는 다윗의 수도를 확장하고 성전의 산(Temple Mount)까지 흡수하여 예루살렘을 웅장한 왕실 수도로 변모시켰다고 전한다. 예루살렘은 솔로몬이 페니키아의 장인과 건축가의 도움을 받아 건설한 왕궁과 유명한 성전을 갖춘 고지대의 도시 유적지라는 것이다.

고고학적 증거에 따라 이 사건을 재구성하면 이와는 달리 해석된다. 즉 메기도의 웅장한 건물과 다른 '솔로몬 양식'의 건물은 서기전 10세기가 아닌 서기전 9세기, 이스라엘이 중요거점 세력을 갖게 된 북부 왕국 시기에 건설되었다. 예루살렘에서 솔로몬 양식을 갖춘 주요 건물에 대한 서기전 10세기의 고고학적 증거는 아직 많지 않다. 그러므로 수정론적 고고학자들에 따르면, 청동기시대 후기의 가나안에 뿌리를 둔 이스라엘 북부 왕국이 서기전 9세기에 발달하였다가, 서기전 8세기에 비로소 국가의 틀을 갖춘 유다(Judah)의 남부 왕국에 의해 승계되었다는 것이 서기전 10~9세기 예루살렘의 실제 이야기라는 것이다. 이러한 관점에 따르면, 서기전 10세기에 예루살렘은 단지 유다 왕실의 기반을 구축한 것으로 널리 알려진 다윗과 솔로몬이 다스린 작은 구릉의 성채일 뿐이라는 것이다. 물론 이 해석은 솔로몬 사후에 이스라엘과 유다를 계승한 왕국으로 분할되기 전인 서기전 10세기에 이미 다윗과 솔로몬은 주요 세력으로서 통합된 군주였다고 주장하는 『구약성서』의 기록과 대립된다. 고고학자들은 이 증거를 다소 달리 해석하는데, 예루살렘은 서기전 9세기와 8세기에 비로소 이 지역의 권력 다툼에서 중재자적 역할자로 부상하는 중앙집권적 왕국이라는 것이다. 첫 번째로 분명하게 확인되는 역사기록에 근거한 관점에 따르면, 서기전 853년경에 있

그림 8.1 건너편으로 고대도시 유적지가 보이는 지금의 레바논 비블로스(Bybos) 항구. 서기전 3세기와 2세기에 이미 교역과 상업의 중요한 중심지였다. 페니키아 도시 비블로스는 경쟁 도시인 티레와 시돈에 의하여 서기전 1000년기에 쇠퇴하기 시작하였다. 현존하는 알파벳 명문 중 가장 오래된 것이 서기전 11세기 아히람(Ahiram) 왕의 석관에 남아 있다(발견 8.1).

었던 카르카르(Qarqar) 전쟁에서 이스라엘 왕이 아시리아인과 싸운 지역 지배자 동맹 중 하나로 등장한다고 한다.

이 시기에 가장 큰 세력을 가진 레반트 교역상인들은 오늘날의 레바논 해안을 거점으로 한 페니키아인(Phoenician)이다(그림 8.1). 이곳에서 청동기시대 후기의 도시는 이스라엘 가나안 도시의 침략을 피할 수 있었다. 페니키아인은 정치적 세력을 갖추지 못하였지만, 새로운 이주자가 아니라 이 지역의 청동기시대 주민의 직접적인

문자의 발명

고대 근동의 가장 중요한 발명 중 하나인 알파벳은 그때까지 사용된 번거로운 음절문자를 대체하였다. 음절문자는 각 음절을 하나의 기호로 표현하였다. 어떤 언어든 음절이 많다는 것은 일반적으로 표기의 단위가 수백 개가 된다는 것을 의미한다(아카드의 경우에는 거의 600개 정도). 알파벳 문자는 모음과 자음으로 분해되므로, 언어에서 사용되는 모든 음성을 표현하는 데 단지 20개 내지 30개 정도만 필요하다. 페니키아 알파벳에는 22개의 부호가 있는데, 그에 비하여 고전 그리스어에는 24개, 에트루리아어와 현대 영어에는 26개가 있다(그림 8.2a, 8.2b).

알파벳의 구성 개념은 시나이(Sinai)에서 발견된 명문에서 처음 등장하는데, 서기전 1700년으로 추정되는 원 시나이어로 이해되고 있다. 이집트 상형문자를 기본으로 하되 전체 상형문자 중 일부분만 이용하여 알파벳 글자를 만들었다. 명문에 새겨진 언어는 이집트 언어가 아니라 가나안 언어였는데, 후대에 레반트에서 알파벳으로 발달한다. 이 초기 알파벳은 서기전 11세기에 형태가 완전히 갖추어 페니키아인에 의해 사용되었다. 이스라엘인과 아람(Aram)인은 페니키아 알파벳을 서기전 9세기에 수용하였고, 그리스인은 서기전 8세기에 페니키아인으로부터 받아들였다. 그리고 더 서쪽으로 나아가 에트루리아와 로마로 확산되었다. 알파벳 문자는 배우고 사용하기 쉬워 서기전 1000년기에 설형문자를 점차 밀어냈는데, 마지막으로 알려진 설형 점토판은 서기 75년에 메소포타미아에서 사용되었다. 그러나 음절문자는 오늘날에도 중국과 극동에서 사용되고 있다.

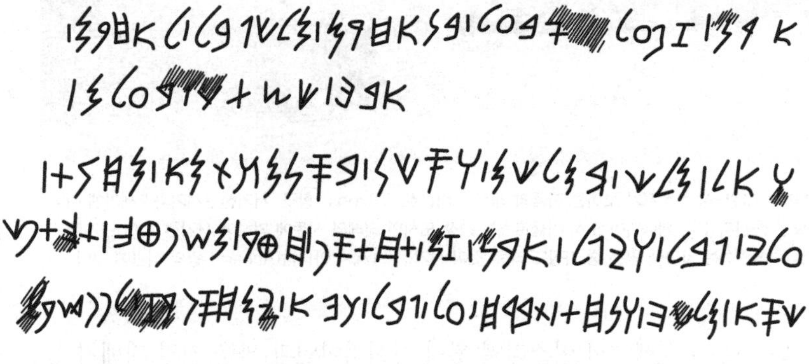

그림 8.2a 비블로스의 아히람 석관에 있는 페니키아의 명문, 서기전 11세기

후손이다. 중요 도시들은 거점 항구로서 지중해 연안을 따라 산재해 있는데, 그중 티레(Tyre)와 시돈(Sidon)이 유명하다. 서기전 12세기에 이집트의 지배에서 풀려나면서 각 도시는 농업 배후지의 지원을 받는 독립적인 도시국가로 발전하였다. 그러나

페니키아	헤브라이	고전 그리스	현대 알파벳
𐤀	א	A	a
𐤁	ב	B	b
𐤂	ג	Γ	g
𐤃	ד	Δ	d
𐤄	ה	E	h
𐤅	ו	Y	w
𐤆	ז	Z	z
𐤇	ח	H	h
𐤈	ט	Θ	t
𐤉	י	I	y
𐤊	כ	K	k
𐤋	ל	Λ	l
𐤌	מ	M	m
𐤍	נ	N	n
𐤎	ס	Ξ	s
𐤏	ע	O	o
𐤐	פ	Π	p
𐤑	צ		s
𐤒	ק		q
𐤓	ר	Ρ	r
𐤔	ש	Σ	s
𐤕	ת	T	t

그림 8.2b 헤브라이어, 그리스어 그리고 현대 영어를 비교한 페니키아 알파벳 표

페니키아가 농민으로서 가진 명성의 어떤 것도 장인과 교역자로서의 업적에는 미치지 못한다. 그들은 특히 여러 가지 색을 띤 유리제품과 가구에 상감으로 박아 넣는 상아 조각품으로 유명하다. 그들의 가장 중요한 유산은 알파벳이다(발견 8.1).

비록 (티레나 시돈 같은) 많은 도시가 그 뒤 세워진 건축물로 덮이기는 했어도 몇 개의 페니키아 도시 유적이 남아 있다. 페니키아인은 기업가적인 해양 교역자였기 때문에 바다에 접근할 수 있다는 것은 그들에게 절대적으로 중요한 것이었고, 서기전 18세기에 지중해 전역에 걸쳐 활동하였다. 시돈은 돌출된 바위 곶에 위치하였고, 티레는 해안 끝의 섬 아라두스(Aradus)에 있었다. 자연적인 방어와 엄폐된 부두시설을 갖춘 입지의 장점을 살리고 암초와 섬을 연결하여, 해안 장성과 항구 시설을 구축, 발전시켰다. 이러한 항구 건축물 중 일부는 청동기시대까지 거슬러 올라가지만, 서기전 1000년기 페니키아의 교역이 왕성한 시기에 재건축되었다고 확신할 수 있다(그림 8.3).

페니키아 해상 세력의 가장 두드러진 증거는 해외 식민지 건설이지만, 그 과정이 언제 시작되었는지는 불확실하다. 그러나 서기전 8세기에 교역을 중시하여 새로운 페니키아 도시가 스페인, 북아프리카, 시칠리아 해안에 건설된 것은 확실하다. 특히 스페인 남부는 금속의 원산지로서 중요하지만, 가장 큰 페니키아 해외 기지는 의심할 여지없이 지금의 튀니지의 카르타고(Carthage)였다(제10장). 본토에서 페니키아 도시들은 처음에는 독립적인 국가 그리고 서기전 8세기부터는 아시리아와 페르시아 제국의 속국으로서 번영을 지속하였다. 이런 사실은 페니키아 장인들의 많은 세련된 제품이 레반트가 아닌 메소포타미아 북부의 아시리아 중심지에서 발견되는 것으로 알 수 있다. 영국 고고학자 맥스 말로완(Max Mallowan) 경이 1950년대에 아시리아 수도 님루드(Nimrud)를 발굴하였다. 그는 이른바 님루드 상아라고 하는 페니키아 상아 조각판이 은닉된 공간을 왕실 수장고에서 찾아 발굴하였다. 이 유물은 아시리아인이 약탈 또는 공납을 통하여 획득한 것으로, 님루드가 서기전 612년 메디아인 (Medes)에 의해 파괴되면서부터 방치되었다(그림 8.4).

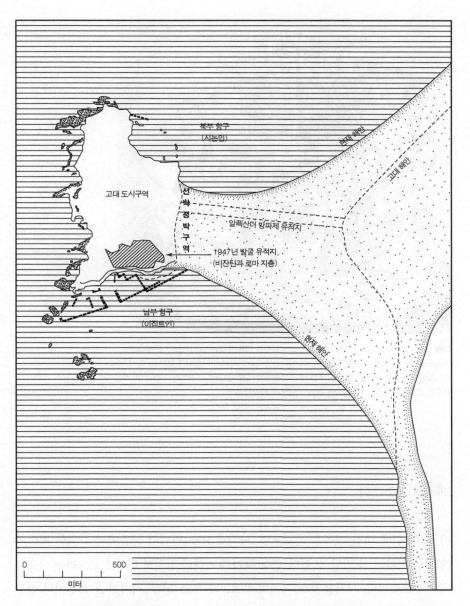

북부 항구
(시논입)

현대 해안

고대 해안

고대 도시구역

선박정박구역

알렉산더 방파제 유적지

1947년 발굴 유적지.
(비잔틴과 로마 지층)

남부 항구
(이집트인)

현재 해안

0   500
미터

그림 8.3 항구 시설을 함께 표시한 페니키아 도시 티레의 평면도. 티레는 페니키아의 주요 항구였으며, 북쪽과 남쪽에 차폐된 정박지가 있는 해상 섬이었다. 서기전 4세기에 알렉산더 대왕이 도시를 함락하기 위하여 둑길을 건설하여 내륙과 연결했다.

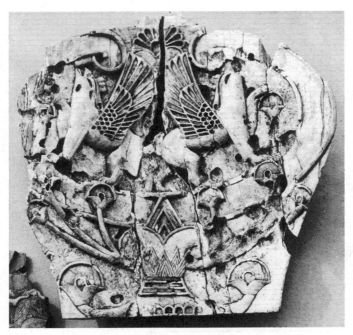

그림 8.4 님루드 상아. 아시리아 창고와 고대 님루드 경계의 군사 병기고였던 살마네세르 (Shalmaneser) 보루에서 발견되었다. 이 상아들은 페니키아에서 만들어진 것으로, 아시리아가 전리품이나 공물로 가져간 것으로 추정된다. 날개 달린 그리핀(griffin, 신화상의 짐승)과 식물이 장식된 조각들은 비싼 가구 제작용 상감 기법으로 제작되었다.

제국의 고고학

아시리아인에 대한 기록을 살펴보면, 서기전 1000년기의 근동에서 위대한 제국의 '엄청난 이야기'를 만날 수 있다. 근동 국가를 거대한 정치적 단위로 묶으려는 시도는 이전에도 있었다. 서기전 3000년기의 사르곤과 우르-남무, 서기전 2000년기의 함무라비는 어느 정도 성공을 거두었다. 그러나 규모로나 존속 연도로나, 그들의 제국은 아시리아인, 신바빌로니아인 그리고 페르시아인의 위대한 국제적 국가에 견줄 바가 못 된다.

　제국의 고고학은 종속적 속주와 제국적 중심의 구조와 함께, 양자를 아우르는 제국적 지배의 영향에 초점을 맞추고 있다. 중심지에 공물을 제공하고 충성을 다짐하는 여러 국가들이 융합하여 이룩한 것이 제국이며, 개별 국가는 문화적 정체성, 나아가 정치적 자치권의 수단을 보유하는 것이 허락되었다. 대부분의 제국은 군사적 정복을 통하여 속지를 확보하였는데, 속지는 중앙권력에 저항하려는 경향이 있게 마련이다. 정복된 영토는 한 속주로 편입되며, 수익을 위하여 생산하는 모든 것이 착취의 대상이다. 제국의 정부는 보통 복속된 사람들을 감시하기 위하여, 군사 주둔군의 지원을 받는 대리인을 그 속주의 총독으로 직접 파견하였다.

　그렇기 때문에 제국들은 개별 국가보다 규모가 크고 내부적으로 다양하다. 그들은 각기 다른 언어, 종교, 경제 그리고 문화적 전통을 갖는 다수의 지역을 결합하였다. 그래서 다언어, 다민족적인 개별국가를 서로 연대시키기 위하여, 강력하고 정교한 정부 구조를 갖추었다. 고고학적 관점에서 보면, 제국의 중심지는 인구가 집중되고 경제가 번영하였다는 증거를 보여줄 것이라고 기대된다. 속주의 수익은 지배층을 부유하게 하고, 제국의 권력을 과시하는 거대한 기념물을 주요 도시에 세우는 데 사용되었다. 속주에서는 총독의 궁정과 제국 주둔군의 군사적 요새가 건설되는 등 다양한 결과가 발생했다. 이들은 제국 전체에 적용되는 표준 설계를 따르며, 예술적으로나 건축적으로 제국 중심지의 전통과 연결되는 특징을 갖추었다. 그 밖의 속주 중심지와 농촌 지역은 제국 권력의 착취로 쇠퇴의 고통을 겪었다. 그러나 속주 체계는 종속된 영토를 다스리는 유일한 방법이 아니다. 정복된 지역을 직접 통치하는 것은 비용이 많이 드는 사업이며, 해당 지역에 불만을 촉발시킨다. 또 다른 전략은 힘의 위세를 통하여 무릎을 꿇게 함으로써 제국 권력의 대행자 역할을 할 지역 통치자를 구하거나, 일단 굴복시킨 후 치밀한 규정 아래에 지역 지배자 혹은 그들의 친척을 권좌에 유지시키는 방법이 있다. 이러한 방법은 초기에 무력 시위를 통하여 최소의 노력으로 지속적으로 공물을 받을 수 있으므로 제국 정부에 보다 유리하다.

　역사상 잘 알려진 대부분의 제국들은 속주를 직접 지배하거나 종속된 왕을 통하여 간접 지배하는 방식을 함께 사용했다. 종종 중심과 주변을 구별하는 패턴을 취하는데, 중심지에 가까운 영토는 속주로 만들고, 멀리 떨어진 외곽 지역은 각 지역 왕조가 다스리게 하는 것이다. 제국은 웅장한 기념물과 행사를 통하여 권력과 성공을 자랑하는 경향이 있다. 그러나 역설적으로 그들의 실제적 성공은 그들이 복속한 영토로부터 얼마나 지원을 받는가에 달려 있다. 어떤 제국의 권력도 모든 국경에서 동시에 전쟁을 수행할 수 없다. 오랫동안 지속된 제국은 안정적인 지배 형태를 개발하거나 환경 변화에 유연하게 적응할 수 있었던 국가이다.

이 장과 다음의 장에서 여러 제국, 즉 로마제국(제11장), 중국 한나라(제14장), 아즈텍(제16장) 그리고 잉카(제18장) 등 유명한 제국들이 제국의 효율적인 통치를 위하여 저마다 다양한 방법을 개발하였음을 소개할 것이다.

아시리아의 부흥(911~680 B.C.)

아시리아인(Assyrians)은 근동의 무대에서 오랫동안 주연을 맡았다. 그들의 역사는 전통적으로 전기, 중기, 후기 세 단계로 구분된다. 우리는 이미 전기 아시리아 시기(19~18세기 B.C.)에 아시리아 중심지의 아슈르 상인들이 아나톨리아 평원의 도시들과 교역한 사실에 대하여 살펴보았다. 아시리아인은 서기전 14세기에 미탄니의 멍에를 벗어던지고, 중기 아시리아 왕국을 건설하면서 권력과 번영의 두 번째 단계에 들어갔다. 이 국가는 서기전 1076년경 강력한 티글라트-필레세르 1세(Tiglath-pileser I) 왕이 죽기 전 서쪽으로 유프라테스 강까지 확장하며 존속하였다. 이후 1세기 반 동안 아시리아는 쇠락하다가 서기전 911년 새로운 강력한 통치자 아다드-니라리 2세(Adad-Nirari II, 911~891 B.C.)의 즉위로 흥기한다. 그는 아시리아 중심지에 대한 장악을 공고히 하고 주변 영토를 정복하기 시작하였다. 그의 통치가 곧 후기 아시리아의 시작으로, 이 시기는 아시리아의 수도인 니네베가 서기전 612년 붕괴될 때까지 계속된다.

위대한 후기 아시리아의 첫 번째 통치자는 아슈르나시르팔 2세(883~859 B.C.)였다. 그는 아시리아 군대를 지중해 해안까지 진군시켜, 마주치는 작은 왕국들로부터 조공을 받으면서 중기 아시리아 선조들의 업적을 재현하였다. 부유한 자들의 일부는 본국의 사업에 역투자하였는데, 새로운 아시리아의 수도 님루드의 건설이 유명한 예이다. 그렇다고 해도 이전의 수도 아슈르가 포기된 것은 아니었다. 다만 행정적인 수도가 아니라 의례적이고 종교적인 중심지로 변모하였으며, 아시리아 왕들은 님루드에서 통치하였지만 묻힌 곳은 아슈르이다.

님루드의 건설은 장인과 노동자 집단의 공조체제가 15년 동안 필요했던 거대한 사업이었다. 약 350헥타르 면적의 도시는 70만 개의 건조벽돌로 만들어진 도시성벽에 의해 둘러싸였다. 궁정에 대한 자부심은 도시 경계의 한 지점에 높이 치솟은 왕궁(북서 궁정)을 통하여 엿볼 수 있다. 이는 아시리아 왕이 수도에 건설한 정교한 많은 왕궁 중 첫 번째 것이다. 이는 아슈르나시르팔이 얕은 부조로 조각한 프리즈로 주실을 장식하는 관행을 최초로 도입한 사례로, 고대 근동 예술의 가장 훌륭한 작품 중 하나로 평가된다. 그러나 이러한 미학적 평가는 오늘날에 와서 재검토되고 있는데, 높은 성벽의 회벽칠 위로 생동감 넘치는 색으로 화려하게 채색된 더욱 이른 시기의 부조 그림이 남아 있었기 때문이다. 아슈르나시르팔은 정복 이전 시기에 만들어진 화려한 채색의 아시리아 벽장식 전통과 북부 시리아의 신히타이트 도시들의 조각된 부조를 보았을 것이다. 이러한 점을 고려하면 이 부조의 기원은 초기 아시리아의 전통에서 찾을 수 있다(제7장). 유약을 바른 벽돌로 된 벽체의 몇몇 조각들이 아시리아 중기의 아슈르 유적에 남아 있었다. 벽화 흔적은 또 다른 유적에서 찾아볼 수 있는데, 아슈르나시르팔의 혁신은 다만 점토를 돌로 바꾼 것이라 할 수 있다.

그렇다고 미술사와 정치적 구호 양 측면에서 아시리아 석공의 기술 또는 부조 그 자체의 흥미로움을 부정하는 것은 아니다. 석판 그 자체는 높이 약 2미터, 폭은 그 두 배 정도인데, (아시리아 군대의 힘을 선언하는) 전쟁, 신과 악마, 왕의 사냥, 죽음을 묘사하고 있다(그림 8.5). 의도적으로 궁정 벽 이곳저곳에 배치하였는데, 궁정의 입구와 영접실에는 모든 것을 휩쓸어버릴 듯한 날개를 단, 머리가 사람 모양인 둥글고 거대

그림 8.5 아슈르나시르팔 왕(우산 아래)이 전쟁 포로들의 항복을 받고 있다.

한 황소 조각상이 있다. 이것은 악마의 세력으로부터 의례적 보호를 받기 위한 라마수(lamassu) 상으로, 내방하는 사람으로 하여금 가공할 만한 권력을 가진 아시리아 왕을 연상케 한다. 아슈르나시르팔 궁정 완성 시에 7만 명의 하객이 초대되는 엄청난 규모의 연회가 열흘간 벌어진 것으로 유명하다. 이를 통하여 왕실의 위엄에 감동하지 않는 사람은 별로 없었으며, 실질적인 의미로도 아슈르나시르팔의 통치는 아시리아 제국의 시작을 의미한다. 그의 권력은 극도로 잔인하게 수행되는 연례적인 군사 출정을 통하여 얻어지는데, 이것만으로도 이웃 통치자의 복종을 보장받을 수 있었던 것이다.

살마네세르 3세(Shalmaneser III, 858~824 B.C.)의 통치하에서도 그러한 형태는 계속되었는데, 그는 시리아와 지중해 해안지대도 아시리아의 지배하에 두었다. 그는 베이루트 근처 나흐르 엘-켈브(Nahr el-Kelb)의 바위에 부조를 새겨 페니키아에 승리를 거둔 것을 기념하였다. 님루드에서 멀지 않은 바라와트(Balawat)에서 발견된 다른 청동제 문에는 티레와 시돈의 통치자가 공물을 가져온 장면이 묘사되어 있었다. 살마네세르는 북쪽의 초기 우라르투(Urartu) 왕국도 정벌하였는데, 유프라테스 강의 서쪽

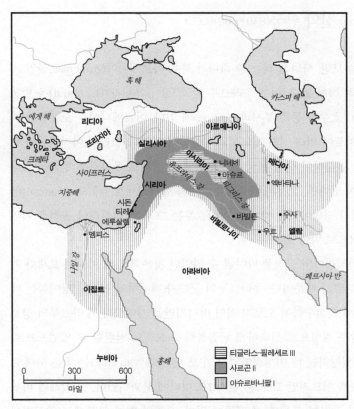

지중해

시리아

아시리아

우르파데스강

바빌로니아

이집트

나일강

누비아

홍해

흑해

카스피 해

에게 해

리디아

프리지아

실리시아

아르메니아

니네베

아슈르

티그리스강

메디아

엔바타나

수사

크레타

사이프러스

시돈

티레

에루살렘

멤피스

바빌론

우르

엘람

페르시아 만

아라비아

0   300   600

마일

티글라스-필레세르 III

사르곤 II

아슈르바니팔 I

그림 8.6 아시리아 제국의 확장을 보여주는 지도. 티글라트-필레세르 3세, 사르곤 2세,
아슈르바니팔 지배하의 제국의 경계.

대부분 지역은 살마네세르의 권세가 약화되고 아시리아가 내란의 고통을 겪으면서
비로소 해방되었다. 제국의 힘은 티글라트-필레세르 3세(744~727 B.C.)에 의해 회복
되었는데, 그는 서부왕국의 지위를 정복된 속주로 격하시켰다(그림 8.6). 제국의 확장
은 사르곤 2세(721~705 B.C.)와 센나케리브(704~680 B.C.) 시대에 급격히 이루어졌
는데, 사르곤이 정복한 지역 중 하나가 이스라엘 왕국이다. 센나케리브는 이전 수세
기 동안 독립국가로서 아시리아에 의탁을 하고 있던 골치 아픈 바빌론 도시를 정복
하고 파괴하였다.

우라르투(Urartu) 산악 왕국(830~600 B.C.)

아시리아의 기록을 보면, 사나운 적들 중 하나가 북쪽 아르메니아(Armenia) 산악 지대에 있다고 분명히 적혀 있다. 이는 우라르투 왕국(『성서』의 아라라트, Ararat)을 말하며, 수도는 반(Van) 호수의 동쪽 투시파(Tushpa)에 있다. 아르메니아는 오랫동안 다수의 소규모 지배자들에 의해 여러 지역으로 분할되어 있었다. 그러나 아시리아의 위협이 커지자, 서로 연대하여 단일 왕국을 형성하였다. 실제로 우라르투 왕국을 하나로 통합시킨 사건이 있다면, 그것은 아시리아 통치자 살마네세르 3세(Shalmanesr III)에 의한 다섯 차례의 정벌이었을 것이다. 우라르투는 그 후의 아시리아 공격을 거의 200년 동안 성공적으로 막아냈다.

우라르투가 아시리아의 공격을 막아낼 수 있었던 것은 지리적 이점과 요새화 기술이 적절히 결합되었기 때문이다. 우라르투의 군대가 패배하고 전선을 방어하는 데 실패하면, 일단 요새로 철수하여 오로지 적이 떠나기만을 기다렸다. 우라르투의 영토는 산악 지역이 많은 지형으로 신속하게 난공불락의 요새로 전환할 수 있었으므로, 이와 같은 전략을 실행하는 데 이상적이었다. 수도 반 칼레(Van kale)는 좋은 사례로, 길이가 거의 1마일에 이르지만 그 폭은 단지 182미터에 불과하였다. 반 칼레의 바위 꼭대기에는 일련의 강력한 요새와 큰 계곡이 있어, 요새의 다른 부분에서 중심지에 접근할 수 없게 되어 있다(그림 8.7). 후대 사람들은 앞서 지은 구조물 위에 더 큰 요새를 재건축하였다. 그러나 우라르투 건축물의 전형적인 특징인 대형의 사각형 석재벽돌은 지금도 많은 성벽들의 하부기단에서 볼 수 있다. 이는 상당한 성취로, 우라르투 왕들이 쐐기문자로 기록하여 자랑하기도 했다.

반 칼레는 서기전 830년 우라르투의 첫 번째로 강력한 왕인 사르두리 1세(Sarduri I) 때 건설되었다. 후계자들이 그의 사업을 계승하여 확장하였을 뿐만 아니라, 수도 주변의 들판에서 주요 관개사업에도 새로 착수하였다. 그들이 건설한 운하와 댐 중 일부는 지금도 볼 수 있다. 우라르투인은 또한 숙련된 청동기 장인이기도 했다. 그러나 이 중대한 국가의 역사에 대해서는 단지 개략적으로 알 수 있을 뿐이다. 우라르

그림 8.7 우라르투 왕국의 수도인 고대 투시파(Tushpa), 반 칼레의 전경. 유적지에서 볼 수 있는 대부분의 건축물들은 비교적 최근의 것이지만, 최초의 우라르투 요새의 대형 암석기초 위에 세워져 있다.

투 왕실의 명문에 따르면, 서기전 18~17세기에 왕국이 지배한 곳은 반 칼레 지역뿐만 아니라, 서쪽으로는 유프라테스 강 상류, 동쪽으로는 우르미아(Urmia) 호수와 세반(Sevan) 호수 너머까지 확대되었다. 카르미르 블루르(Karmir-Blur)는 잘 발굴된 유적지 중 하나인데, 전 소비에트 연방의 영토 안에 있다. 우라르투가 붕괴한 원인은 그들의 전통적인 적인 아시리아 때문이 아니라, 이 장 뒷부분에서 설명할 동쪽의 이란고원에서 나타난 새로운 세력 메디아인(Medes)과 페르시아인 때문이었다.

아시리아 절정기(680~612 B.C.)

아시리아 통치기의 마지막 수십 년간은 에사르하돈(Esarhaddon, 680~669 B.C.)과 아슈르바니팔의 활발한 정복사업을 통하여 전성기를 누렸다는 사실로 특징지어진다. 서기전 671년에 에사르하돈이 이집트를 정복하고, 서기전 647년에 아슈르바니팔은 드디어 아시리아의 동쪽 인접 세력인 엘람인을 패배시키고 수도 수사를 함락시켰다. 그러나 이집트는 곧 그들의 손아귀에서 빠져나갔고 그의 통치는 내란에 의해 곤경을 겪었으며, 엘람을 파괴하려고 치른 희생은 컸다. 이 마지막 단계에서 아시리아를 통치한 도시는 님루드가 아닌 북쪽으로 25킬로미터 정도 떨어진 오래된 도시 니네베 (Nineveh)였다. 사르곤 2세는 실제로 코르사바드(Khorsabad)에 왕궁과 부조장식 성벽을 갖춘 새로운 수도를 완성하였는데, 서기전 705년에 갑작스레 전사하여 이 도시는 폐기되었다. 수도를 니네베로 천도한 것은 새로운 통치자 센나케리브(Sennacherib)였다. 니네베는 '경쟁자가 없는 왕궁'이라 불렸으며 고대도시의 성채에 웅장한 왕실 거주구역을 조성하였다. 센나케리브 또한 님루드보다 더 큰 도시를 저지대에 건설하였으며, 니네베 주변에 정원과 과수원을 만들었다. 니네베의 북동쪽 산록에 있는 용천수에서 물을 공급하기 위하여 정교한 운하가 건설되었다. 그것들 중 하나가 돌로 만든 제르완(Jerwan) 수로로, 중앙 평원을 가로지른다.

센나케리브의 궁정에는 거대한 수호신 조각상과 인상적인 조각 부조(71개의 방에 2,000개가 넘는 조각 석판)가 있다. 이 부조는 아시리아의 주요 거주구역에서 일반적으로 확인되는 구성요소이지만, 정원은 예외적인 것이다. 영국의 아시리아학자 스테파니 달리(Stephanie Dalley)는 최근 연구를 통하여 이것이 유명한 고대 세계의 7대 불가사의 중 하나인 공중정원이라고 주장하였다. 나중에 학자들은 공중정원은 바빌론에 있었다고 주장을 바꾸는데, 집중적으로 조사연구를 했음에도 그곳에서 공중정원의 흔적은 발견되지 않았다. 센나케리브가 니네베에 만든 궁정 정원에서 자랑스러워한 것은 몇 가지 아주 세부적인 면에서 들어맞는다. 스크류 펌프[고대 그리스의 과학자 아르키메데스(Archimedes)가 태어나기도 훨씬 전에 메소포타미아에서 발명된 스크류]를 사용한 것이 대표적이다. 이 펌프는 정원 꼭대기로 물을 끌어올리는 데 사용되었으며, 그곳에서 수로를 거쳐 인공 폭포로 흘러내려 갔다.

니네베에서 발견된 유적은 더 있다. 1849년에 오스틴 레이어드(Austen Henry Layard)는 왕궁 도서관 유적을 발굴하여 한 무더기의 진흙 점토판을 발견하였다. 또 다른 점토판 보관 장소가 성채 언덕의 북쪽에 인접한 아슈르바니팔 궁정 가까운 곳에서 발견되었다(아슈르바니팔은 센나케리브의 화려한 거주구역에 만족하지 않고, 완전히 새로운 궁정을 약 50년 뒤에 건설하였다). 두 곳에서 발굴된 점토판은 총 25,000점 이상으로, 이는 가장 큰 규모와 중요도를 가진 점토판의 발견이다. 점토판에는 외교적 연락문서뿐만 아니라 『길가메시 서사시』와 같은 그 이전의 메소포타미아 고전들도 포함되어 있었다. 또한 과학, 종교, 의학, 수학에 관련한 기록도 있었다. 더욱이 아슈르바니팔의 관리가 실제로 고대 점토판을 찾기 위하여, 남부 메소포타미아 도시를 샅샅이 찾아헤맨 것도 그곳에서 발견된 편지글을 통하여 알 수 있다. 왕궁의 부조에는 정복자이면서 사자 사냥꾼인 아시리아 왕의 모습이 묘사되어 있다. 점토판에 의하면 왕궁은 또한 학문과 교육의 중심지이기도 했다.

아시리아 제국에 대한 고고학적 단서는 그 지역의 거주양식에서 찾아볼 수 있다. 아시리아 수도들은 다른 청동기시대 도시들보다 규모상으로 월등히 크게 성장하였다. 님루드는 360헥타르로 측량되었고, (사르곤 2세가 의도적으로 건설한 수도인) 코르사바드는 약 300 헥타르였다. 그러나 이 도시들은 서기전 7세기에 건설된 최소한 750헥타르의 니네베보다는 크지 않았다. 니네베는 광대한 제국의 행정 중심지였다. 지금도 북부 메소포타미아의 이 지역을 찍은 현대 위성사진에서 '텅 빈 도로들'의 흔적을 발견할 수 있는데, 이 도로들은 중심지 내부 상호간은 물론 외부의 속주를 연결하였다. 제국 중심의 도시에 식량을 공급하기 위하여, 후대 아시리아 통치자들은 스텝 주변지역의 농업생산성을 증가시킬 목적으로 대규모 관개 작업과 댐 건설 그리고 운하 사업에 관여하였다. 왕이 강물과 샘물을 통제하고 끌어오는 능력과 관련하여 왕의 권력을 찬양한 부조와 명문이 남아 있다. 이전에는 강우에만 의존하였던 경작 지역에 관개시설을 통하여 필요한 물을 공급하면서 생산성이 현저히 높아졌다. 이후 강수량이 부족하여 지속적인 천수답 농경이 곤란한 지역도 대규모 관개시스템을 구축하여 처음으로 농경에 활용할 수 있게 된다. 또한 새로이 식민지화된 지역의 농업생산량을 증가시키기 위하여 전체 인구를 대상으로 한 대규모 이주가 이루어졌다. 티그리스와 유프라테스 강 사이의 아슈르 지역 전체에 작은 농경촌락이 산재해 있다는 것은 이 지역에서 집약농경이 이루어졌다는 것을 증명하는 것이다(유적 8.2). 이주의 목적은 명확한데, 경제적이고 생산적이면서 정치적으로도 집중된 농장, 촌락 그리고 밭을 조성하여 중앙 아시리아 세력의 이익을 취하기 위함이다. 그러므로 아시리아 제국의 왕실은 기존의 농경지대에 대하여 일시적인 정치적 통제로는 이루기 어려운 정

경관 고고학과 제국의 흔적

쐐기문자 기록은 신아시리아 제국의 행정과 역사에 대하여 풍부한 정보를 제공하고, 고고학적 발굴은 궁정과 관련한 내용에 대하여 도해적인 관점을 제공한다. 그러나 이것들만이 정보를 제공하는 원천은 아니다. 보다 최근에 고고학적 경관 조사로 문자와 발굴을 통하여 얻어진 내용을 보완하였다. 경관조사를 통하여 평범한 시골지역 공동체의 생활이 제국의 행정 관습에 어떻게 영향을 받았는가를 알아냈으며, 정착과 경제의 변화 형태에 대한 의미 있는 통찰력을 갖게 되었다.

외곽의 속주로부터 공물을 통하여 강압적인 방법으로 부를 축적하는 것 이외에, 사르곤 2세 등 아시리아 왕들은 이전에 경작되지 않았던 메마른 스텝 지역까지 농업을 확대 적용하면서 제국 중심지에 대한 식량 공급을 늘렸다. 다른 아시리아 지배자는 운하와 관개망을 건설하여 제국 수도 근처의 토지 수확량을 증가시켰다.

건조한 스텝을 경작하기 위하여 종종 제국의 다른 지역으로부터 새로운 인구를 강제로 이주시켜 인구가 부족한 지역에 정착시킬 필요가 있었다. 북부 이라크에 대한 데이비드 오츠(David Oates)의 선구자적 연구 덕분에 고고학적 증거를 통하여 그러한 공동체의 존재를 식별할 수 있게 되었다. T. J. 윌킨슨(T. J. Wilkinson)이 주도한 고고학적 조사의 결과를 보면, 제국의 영향 때문에 정주 형태가 근본적으로 어떻게 바뀌었는지를 알 수 있다. 청동기시대의 도시국가의 특징을 보여주는 큰 텔과 외곽의 위성 공동체는 기원전 1000년기에 다수의 작은 촌락과 농장으로 대체되었는데, 이는 초기 텔과 오래 존속한 텔 사이의 중간 위치에 있다(그림 8.8). 아시리아 제국은 기존의 미주거 경관지역의 주거화를 전략에 포함시켰던 것이다.

관개체계의 조성을 통하여 경작지의 생산성을 증가시켰을 뿐만 아니라, 제국 수도의 도시 내부와 주변에 있는 공원, 사냥터에도 물을 공급했다.

책을 수행하였다. 즉 대대적인 인구의 재배치와 병행하여 사회간접자본에 대규모 투자를 함으로써 경관을 전체적으로 재조정한 것이다.

신바빌로니아 제국(612~539 B.C.)

아슈르바니팔 지배하의 아시리아는 난공불락으로 보였다. 그러나 그의 죽음 이후 아시리아는 혼란에 빠졌으며, 주요 아시리아 도시들이 메디아와 바빌로니아의 연합군에 의해 함락되고 파괴되었다. 메디아인은 이란 고원의 사람들로, 주변 일대의 주도권을 장악하고 강력한 왕국을 건설하였다. 그러나 일단 아시리아가 무너지자 그들은

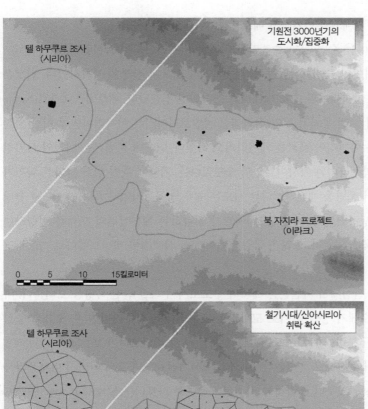

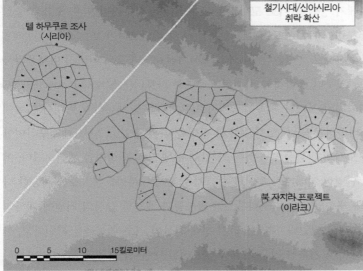

그림 8.8 토니 윌킨슨(Tony Wikinson)과 제이슨 우르(Jason Ur)가 축적한 자료에 근거하여 만든 지도. 시리아 북동부의 텔 하무카르(Tell Hamoukar) 주변과 이라크 북서부 자지라(Jajira) 지역 주변에 대한 고고학적 조사를 통하여, 서기전 3000년기 텔의 형태가 어떻게 서기전 1000년기 아시리아 제국의 통치기에 보다 작고 분산된 촌락으로 발달하였는지 알 수 있다.

바빌로니아에 지배권을 넘겨주고 메소포타미아에서 후퇴하였다.

　바빌로니아는 수년 동안 순종적이지 않은 아시리아의 속국이었다. 서기전 627년 아슈르바니팔이 죽자, 그들은 독립을 선언하고 오랜 전쟁을 시작하였다. 전쟁은 서기전 612년 아시리아의 수도 니네베를 함락하면서 끝났다. 네부카드네자르(Nebu-chadnezzar)의 오랜 통치기 동안 강력해진 바빌로니아인은 아시리아인이 아닌 자신들이 통제하는 아시리아 제국을 재건하려고 하였다. 더욱이 바빌론은 이전의 서기전 1000년기에 함무라비와 카사이트인의 수도였다는, 기억에 새길 만한 남다른 과거가 있었다. 제국의 운명을 재건하겠다는 시도는 매우 성공적이었다. 서기전 586년 유명한 사건이 발생하였는데, 네부카드네자르가 저항하는 예루살렘의 도시를 점령하면서 성전의 보물을 약탈하고, 많은 탁월한 유대인을 사로잡아 바빌로니아로 이송하였던 것이다.

　고고학적 관점에서 바빌론은 제국의 수도로서 주목할 만한 특징을 보여준다. 바빌론 도시는 수세기 동안 적어도 고바빌로니아 시대의 함무라비 이후 중요한 중심지였다. 이와 구분하여 네브카드네자르 왕조는 후기 바빌로니아 또는 (보다 일반적으로) 신바빌로니아 시대로 규정된다. 이 시기는 서기전 625년 그의 아버지 나보폴라사르(Nabopolassar)로부터 시작하여 서기전 539년경 나보니두스(Nabonidus 555~539 B.C.)가 죽을 때까지의 시대다. 네부카드네자르는 바빌론을 재건하여 위대한 제국에 걸맞은 수도로 바꾸려 하였다. 또한 우르의 성벽을 다시 쌓았고, 남부 메소포타미아의 다른 유명한 도시의 건물을 비롯하여 키시(Kish)에 웅장한 성벽을 재건하였다. 이 사업은 세 명의 단명한 지배자가 통치한 중간기 이후에 네부카드네자르를 계승한 나보니두스에 의해 계속되었다. 나보니두스는 골동품과 재건한 신전의 기원에 대하여 상당한 관심을 가지고 있었다. 재건을 하기 전에 건물의 기초 매설물을 확인하고, 신전의 건축가에 대하여 기록한 명문 자료를 찾으려고 땅을 판 경우도 많았다. 나보니두스는 명문 자료를 비롯한 유물을 수집하여, 우르의 신 신(Sin)을 모시는 최고 여성 신관인 그의 딸 벨-샬티-난나르(Bel-shalti-nannar)가 거주하던 건축물에 일종의 박물관을 지어 보관하였다. 이 작업은 학문적인 것이라기보다는 종교적 이유에 의한 것이었다. 가장 유명한 박물관이 바빌론의 북부 성채라고 불리는 곳에 있었다(유적 8.3).

바빌론은 단순히 왕국과 의례 중심지에 그친 것이 아니라 수십만 명이 활동하는 주요 거주구역이었다. 비록 그 기초만 남아 있기는 하지만, 사람들은 2~3층으로 추정되는 건물에서 살았다. 이는 안마당이 있는 전통적인 근동 양식의 가옥들로, 중앙에 넓은 마당이 있고 그 주위에 방들이 배치되어 있는 형태이다. 방들은 안쪽을 향하고 있으며, 바깥쪽으로는 거의 폐쇄되어 있다. 몇 채의 가옥들에는 지하에 가족 묘지가 있는 개별 사당이 있었다. 도시에는 수천 개 이상의 다양한 규모의 신전이 있었는데, 주요 신 마르두크(Marduk) 성전이 중심에 있다. 성전에는 높이 6미터의 황금으로 조각된 신상이 있었다. 이 위대한 도시의 시민들은 틀림없이 부자와 빈자, 주인과 시종, 노예와 자유인으로 구성되었을 것이다. 이 도시는 네부카드네자르가 다스린 신바빌로니아 제국의 면모를 잘 보여주는 전시장이기도 하다.

프리지아인(Phrygians)과 리디아인(Lydian)(800~500 B.C.)

이 장에서는 서기전 539년의 바빌론 멸망에서 페르시아까지를 다룰 것인데, 그에 앞서 근동의 다른 지역에서의 전개과정에 대한 개략적인 설명을 할 필요가 있다. 서기전 13세기에 아나톨리아에서 히타이트 영토가 와해된 이후에 대하여 역사학적, 고고학적 정보가 별로 제시되어 있지 않다. 서기전 8세기에 아나톨리아 평원의 중심 부분이 프리지아인의 지배를 받는데, 그들의 수도는 고르디온(Gordion)이었다. 미국 고고학자들은 유적지 자체뿐만 아니라, 평원에 있는 인상적인 무덤의 언덕과 그 주변에 대해서도 조사하였다. 도시의 면적은 100헥타르에 불과하고 아시리아의 기준으로 보면 소박한 편으로, 목재 틀로 보강된 강력한 석재 벽으로 둘러싼 성채가 있었다. 저지대의 도시는 또한 모난 돌(잘라낸 암괴)로 축조한 거대한 벽으로 둘러싸였고, 성채 내에는 가장 초기의 것으로 알려진 장식이 풍부한 바닥 모자이크가 있었다. 무덤의 언덕은 상당히 경이로운 것으로, 특히 50미터 높이의 '미다스의 무덤(Tomb of Midas)'

8.3 | 유적 | 바빌론 제국

네부카드네자르 통치하의 바빌론은 근동에서 가장 거대한 도시였다. 네부카드네자르의 설명을 통하여 이 사실을 알 수 있으며, 위대한 그리스 역사학자 헤로도투스의 저술과 고고학적 발견에서도 확인된다. 바빌론은 1899~1913년에 독일 고고학자 로베르트 콜데바이(Robert Koldewey)가 주도한 발굴의 집중적인 대상이었다. 그가 처음에 예상하였던 대로 지하수면이 지표와 가까워 깊은 곳을 측정하는 것이 불가능하였지만, 그와 그의 동료들은 신바빌로니아의 층위를 철저히 조사하려고 애썼다.

이들 독일인은 도시의 성벽, 왕궁, 웅장한 마르두크의 성전을 비롯한 신전들 그리고 그 밖의 일반 건물 구역을 발견하였다. 유적 그 자체의 규모는 거대해서, 외곽의 성채들이 15제곱킬로미터가 넘는 지역을 둘러싸고 그 안에 해자와 성벽을 구축하였다. 그 중심에는 내부 도시가 있었는데, 그곳의 넓이가 1.6×2.4킬로미터였다. 내부 도시의 성벽은 고대 세계의 불가사의 중 하나로 여겨지고 있는데, 구운 벽돌로 만든 이중 요새에는 많은 탑과 문들이 조성되었고, 네 마리 말이 끄는 전차 두 대가 그 위로 지나갈 수 있는 공간이 있었다. 가장

그림 8.9a 네부카드네자르가 세운 유명한 이슈타르 문의 빛나는 벽돌 표면의 세부 모습

이 특별하다.

미다스는 전설적인 프리지아의 왕으로, 물건을 만져 금으로 바꿀 수 있는 능력을 가진 것으로 유명하다. 역사상에서 미다스는 서기전 8세기의 지배자로, 아시리아의 사르곤 2세와 처음에는 적이었다가 나중에 동맹을 맺는 것으로 전해진다. 금으로 바꾼다는 전설은 프리지아 왕국이 엄청나게 풍부한 광물을 갖고 있다는 사실을 암시한다. 하지만 미다스의 무덤에는 값진 금속유물이 부장되어 있지 않고 정교한 목

웅장한 문은 마르두크 성전, 이른바 에사길라(Esagila)와 에 테메난키(Etemenanki) 지구라트로 가는 행진용 도로가 시 작되는 지점이자 내부 도시의 북쪽에 있는 왕궁 옆에 있다.

이것이 유명한 이슈타르 문(Ishtar Gate)으로, 사자들과 황 소들이 묘사된 두드러진 부조가 있으며 푸른색으로 빛나는 벽돌로 표면이 장식되어 있다(그림 8.9a, 8.9b).

그림 8.9b 도시 중앙으로 나 있는 이슈타르 문을 재구성하였다.

재 방들이 다수 발견되었을 뿐이다. 풍부한 무덤 재화가 없음에도 (규모 자체만으로 보 아) 이곳이 프리지아의 지배자 중 한 명의 매장 공간이라는 사실은 틀림없다. 역사적 인 인물들을 고고학적 발견과 연결시키고자 하는 유혹은 좀처럼 뿌리치기 어렵다. 많 은 학자들은 언덕의 전통적인 이름이 시사하는 것처럼, 그 묘실이 미다스의 것일 수 도 있다고 생각했다. 묘실 목재의 연대를 측정한 결과 그곳에서 나온 나무는 서기전 757년에 벌채된 것으로, 만약 미다스가 서기전 738년에서 696년까지 통치했다면 묘실은 그 이전의 것인 셈이다. 최근의 연구에 따르면, 성채의 초기 건물에 사용되었던 많은 목재들을 재사용하였다는 사실이 알려졌다. 무덤의 부장 유물이 빈곤하다는 것은 역사적으로 고르디온이 킴메르(Cimmer)인(흑해 지역 사람)에 의해 파괴되었을 때 미다스가 죽었고, 아마도 습격자들에 의해 성채 재산의 많은 것이 약탈되었기 때문인 것으로 설명할 수도 있다. 그러나 '미다스의 무덤'이 실제로는 그의 선조인 고르디아인(Gordias)이나 혹은 프리지아 지배 왕조의 다른 사람의 것일 수도 있다는 사실 또한 그 못지않게 가능한 해석이다.

미다스의 무덤에 있던 토기 파편에 대한 과학적 연구를 통하여 매장 의례 때 애도자들을 위한 장례연이 있었음이 밝혀졌다. 이 연회에는 콩이 곁들여지고 포도주, 맥주 그리고 꿀술을 섞어서 썼고 양념이 많이 들어간 양고기 또는 염소고기가 포함되었다. 접대하는 곳에 있던 대접이 100개 이상이었다는 것으로 의례의 규모를 추측할 수 있다.

최근의 현장조사를 통하여 도시의 원래 경관과 도시가 지역 환경에 끼친 극적 영향에 대하여 명확히 알 수 있다. 도시는 사카르야(Sakarya) 강이 굽어드는 안쪽 늪지대 평원에 솟아오른 자갈밭 야산 위에 건설되었는데, 현재 지표보다 약 3~5미터 아래에 있었다. 지표면이 높은 것은 고르디아인의 활동에 따른 직접적인 결과로, 초기 건축에 커다란 목재 들보를 사용하였거나 주변 언덕 경사면에서 집약적으로 농경을 하였기 때문일 수도 있다. 산림 벌채에 따른 거대한 침식은 도시 저지대가 홍수에 취약한 필연적인 결과를 초래하였다. 고르디아 사람들은 도시가 홍수의 위협을 받지 않도록, 두꺼운 토층을 쌓고 홍수 방어를 위한 석조 시설을 건설하였다. 그러나 강물을 통하여 운반된 충적토양이 대부분의 저지대 지역을 점진적으로 덮어 버렸다. 성채 언덕을 비롯한 규모가 작아진 퀴췩회위크(Küçükhöyük) 시설이 오늘날에 이르러 충적토층 위로 남아 있을 뿐이다. 평원의 충적층 형성이 정확히 서기전 700년경에 이루어진 도시의 발전과 맞물린다는 사실은, 인간이 환경적 변화를 초래하였다는 것을 잘 보여준다.

프리지아의 쇠퇴로 인한 공백은 서쪽에 리디아인이 세운 새로운 아나톨리아

(Anatolia) 왕국을 통하여 채워진다. 이 왕국 또한 풍족한 생활을 했던 것으로 잘 알려져 있는데, 특히 크로에수스(Croesus, 560~546 B.C.) 통치기가 그러했다. 리디아의 수도는 사르디스(Sardis)로, 아나톨리아 평원의 서부 경계 근처 금맥이 있는 언덕을 비롯하여 팍톨로스(Pactolos) 강의 사금 채취 지점과 가까운 비옥한 평원에 걸쳐 위치했다. 금의 일부는 호박금의 형태로 은과 자연적으로 합금이 된 것으로, 리디아 왕은 이 재료를 세계에서 가장 이른 것으로 알려진 주화를 주조하는 데 사용하였다. 그들은 또한 호박금을 금과 은으로 분리하는 공정을 발견하였다. 이 공정이 이루어진 시설이 사르디스 근처에서 발굴되었는데, 크로에수스 시기까지 거슬러 올라간다. 그리스와 페르시아가 리디아의 주화를 모방하였는데, 그리스가 크로에수스 왕을 격파하고 리디아 왕국을 붕괴시켜 거대한 제국의 속주로 흡수하였다.

페르시아인의 출현(614~490 B.C.)

페르시아 제국의 건국을 기술하면서 이 장을 끝내고자 한다. 페르시아인은 페르시아만 주변 고원에서 사는 이란 남서부의 사람들이었다. 메소포타미아와 접한 북쪽은 이란 고원의 또 다른 주요한 정착민 메디아인의 땅이었다. 서부 이란을 정치군사적으로 중요한 세력으로 처음 통합한 사람들은 엑바타나[Ecbatana, 지금의 하마단(Hamadan)]에 수도를 둔 메디아인이었다. 메디아의 왕 키약사레스(Cyaxares)는 서기전 614년에 메소포타미아를 공격하여 아시리아 제국의 붕괴에 결정적인 역할을 했으며, 동부 아나톨리아까지 지배 영역을 확장하였다. 서기전 585년에 리디아와 치른 전쟁은 일식으로 인해 도중에 멈추었다고 알려져 있다. 두 세력은 일식 현상을 불길한 전조로 받아들여 종전에 동의하였으며, 쌍방의 국경을 할리스(Halys) 강으로 확정하였다.

이로 인해 근동을 배경으로 한 연극에는 리디아, 메디아, 바빌로니아 그리고 이집트라는 네 명의 중요한 배우만 남는다. 이 시기 동안 페르시아인은 메디아 왕의 신하였으나, 서기전 550년에 페르시아의 지배자 키루스(Cyrus)가 메디아의 멍에를 '위

쐐기문자의 해독

18세기에 유럽 탐험가가 근동의 고대 기념물에서 본 명문의 사본을 조심스럽게 만들었다. 그러나 문장의 의미를 파악하는 것은 그들의 능력 밖이었다. 이 문자들은 쐐기 모양으로, 갈대 첨필로 점토판에 새기는 방법으로 작성한 문장은 기원전 3000년기 초에 고안되었다. 문장들을 읽고 이해할 수 있게 되기 전까지는 고대 근동에 대한 역사적 지식은 『성서』나 그리스 역사학자 헤로도토스 같은 외부인의 자료에 의존해야만 했다. 그렇기 때문에 쐐기문자에 대한 해석은 근동 연구사에서 획기적인 진전이었다. 복잡한 해독 과정은 두 개의 별도의 수수께끼를 포함하고 있는데, 하나는 명문 그 자체이고 다른 하나는 배경이 되는 언어의 수수께끼이다. 해독에 대한 단서는 페르시아 왕이 거대한 바위에 새긴 명문에 있었다. 18세기 끝 무렵에 이 명문들이 다언어, 다민족 제국 통치자의 주요 기념물에 걸맞게 각각 다른 세 개의 언어를 나란하게 작성한 문장이라는 사실이 이미 알려져 있었다. 그 후에 1802년 독일 대학 강사 게오르그 그로테펜트(Georg Grotefend)가 사본으로 연구하다가, 이것들 중 하나가 구페르시아어의 초기 형태에 해당하는 알파벳이라는 사실을 알아냈다. 이는 획기적인 발전이었다.

그러나 그로테펜트의 발견은 그 당시에 완전히 무시되었다. 쐐기문자의 해독은 1840년대 베히스툰(Behistun)에 대한 헨리 롤린슨(Henry Rawlinson)의 연구를 통하여 비로소 이루어졌다. 페르시아 왕 다리우스에 의해 조각된 베히스툰 명문은 하마단-케르만샤(Hamadan-Kermanshah) 도로에서 상당히 높이 있는 바위 절벽 위에 있었다. 1847년이 되어서야 민첩한 쿠르드 소년의 도움을 받아 롤린슨은 전체 명문의 종이 탁본을 뜰 수 있었다. 당시로부터 10년 전인 1835~1837년에 그는 (후에 구페르시아와 엘람 언어로 밝혀진) 두 언어로 된 문장의 사본을 조심스럽게 직접 만든 바 있다. 그리고 1846년 알파벳과 유사한 구페르시아어 명문의 번역본을 출간하였는데, 다리우스가 저항적인 속국에 대한 승리를 기록한 내용이었다.

엘람어 명문은 다른 것보다 더 해독하기 어렵다. 123개 각각의 기호가 다른 음절을 의미하는 음절문자로 쓰여 있다. 더욱이 엘람어는 죽은 언어로 말하는 법이 전혀 알려져 있지 않았다. 이러한 어려움에도 롤린슨이 해독한 구페르시아어 문장의 도움으로, 1855년 에드윈 노리스(Edwin Norris)가 베히스툰 명문의 엘람어 판을 해독하는 데 성공하였다. 롤린

대하게' 벗어던지고 페르시아를 지배적인 세력으로 만들었다. 메디아 제국은 페르시아인의 것이 되었으며, 키루스는 공격적인 확장 정책을 추진하였다. 그 첫 번째로 서기전 546년에 리디아를 정복하고, 7년 뒤 키루스는 군대를 바빌로니아로 끌고 가서 질풍 같은 군사작전으로 바빌론 전체를 함락했다. 서기전 525년에 키루스의 아들과 그의 계승자 캄비세스(Cambyses)는 이집트를 정복하였다. 다리우스(Darius, 522~486 B.C.) 통치기에 페르시아 제국은 서쪽의 트라케(Thrace)에서부터 동쪽의 인더스 강 유역까지 가장 넓은 영토를 차지한다. 제10장에서 설명할 페르시아 전쟁(490~479

슨은 에드워드 힝크스(Edward Hincks)의 도움으로 바빌로니아(아카드)어의 600개 기호를 연구하였다. 그들은 베히스툰 명문뿐만 아니라 니네베에서의 레이어드의 발굴로 홍수처럼 쏟아진 점토판까지 해독할 수 있었다. 이를 통하여 고대 근동의 역사, 경제, 과학 그리고 문학을 이해하는 전혀 새로운 장이 열리게 된다.

그림 8.10 베히스툰의 부조

B.C.) 이야기로 잘 알려진 페르시아 제국과 그리스와의 충돌은 다리우스 왕 때 이루어진 일이다.

다리우스 왕의 가장 유명한 통치 기념물 중 하나는 서부 이란에 있는 베히스툰(Behistun)의 부조로, 쐐기문자 해독에 중요한 역할을 한다(발견 8.4).

요약

이 장에서 서기전 13세기 이집트 제국과 히타이트의 붕괴에서부터 서기전 9~6세기에 가장 번성하였던 아시리아와 페르시아 제국의 형성까지 근동에서의 사회발전 과정을 살펴보았다. 청동기시대 제국이 붕괴함으로써, 이스라엘인이나 페니키아인과 같이 자신들의 언어, 문화, 종교 그리고 문화적 전통을 가진 작은 왕국과 도시국가가 재출현했다. 서기전 9세기에 이런 작은 국가들은 아시리아의 위력에 전복되었고 직접 통제를 받았다. 아시리아인은 자신들의 재부와 정치적이고 가시적인 우월성을 제국의 수도인 님루드, 코르사바드 그리고 니네베를 통하여 표현하였다. 한편으로 아시리아의 통제를 받지 않는 다른 국가들이 일어나 번성하였는데, 아나톨리아의 프리지아, 리디아 그리고 우라르투와 이란의 메디아가 잘 알려져 있다. 만약에 바빌론과 아시리아(메소포타미아)가 인구밀도상으로 여전히 근동의 중심이었다면, 주변지역은 이를 중심으로 정치적, 군사적으로 엄격하게 조직되었을 것이다. 결론적으로 말하면, 메디아와 페르시아 같은 주변 국가들이 중심(메소포타미아)을 지배하고 에게 해와 이집트까지 세력을 확장하였다. 그럼에도 페르시아 제국은 다민족적인 존재로, 페니키아와 바빌로니아 사람들과 같은 다양한 속국의 사람들이 국경 안에서 문화적 정체성을 상당히 유지하고 있었다.

IV

지중해 세계
THE MEDITERRANEAN WORLD

그러나 지금 오디세우스는

알키노오스(Alkinoös)의 유명한 궁정에 도착하였다.

하지만 청동 문턱으로 가기 전에 멈추어 서서

깊은 생각에 잠겼다.

태양이나 달의 빛이 내려앉은 것처럼

위대한 영혼을 가진 알키노오스 궁정의 높은 지붕은 휘황찬란하였다.

안쪽 거실에서 문까지는 황동 벽이 양쪽으로 뻗어 있었다.

벽 위는 청록색 부조로 된 띠 모양의 문양으로 장식되어 있다.

궁정은 황금으로 된 문으로 단단히 닫혀 있었고

청동 문턱에 세워진 기둥은 은으로 만들어졌다….

안에는 왕좌가 놓여 있었는데, 그 뒤 양 벽의

방에서 문까지 가는 통로 전체는

여자들의 솜씨로 정성들여 짠 고운 천들로 치장되어 있었다.

－라티모어(Lattimore), 『오디세이아』 VI권(1967)

THE FIRST AEGEAN CIVILIZATIONS

제9장 에게 해의 최초 문명

'백합왕자' 프레스코. 크레타 섬 크노소스(Knossos)

황소가 앞발로 땅을 구르다가, 머리를 낮추고 바로 앞쪽에 있는 청년을 공격하였다. 관중은 기대에 찬 눈으로 응시하였다. 이는 청년에게 강요된 자살행위가 아니라, 수개월 동안의 훈련을 통하여 얻은 실력을 발휘하는 경기였다. 황소가 가까이 다가왔을 때, 경기자는 능숙하게 뿔을 잡고 뛰어넘어 등에 올라탔다. 황소는 당황하고 기가 꺾여서 갑자기 멈춰섰고, 경기자는 다시 뛰어올라 깨끗하게 두 발로 착지하여 가슴을 활짝 펴고 극적인 자세를 취하였다. 위험한 묘기가 끝나자 지배 엘리트, 신관, 왕실 관리들 그리고 일반 읍락민 등의 관중은 환호성을 터뜨렸다. 그들 뒤로는 여러 층으로 이루어진 크노소스 궁정이 솟아올라 있었다. 이 궁정은 의식적인 성격을 띤 경기를 연출하는 데 인상적인 배경이 되었다. 황소는 약점을 드러내면서 인간의 지혜와 재주에 다시 한 번 제압당하였다.

앞에 묘사된 황소를 뛰어넘는 의식은 크레타(Crete) 섬의 크노소스에 있는 미노아 궁의 프레스코에 묘사된 것이다. 젊은 남성과 여성이 이 위험한 의식에 같이 참가하였을 것으로 추정된다. 공격하는 황소의 뿔을 잡고 등에 뛰어오르는 것이 가능한지 의심하는 학자들도 있어, 실제로는 경기자가 옆에서 황소에 접근하는 것에 그쳤다고 주장하기도 한다. 어떤 돌그릇 조각에 청년이 황소의 뿔에 묶여 있는 모습이 그려져 있는 것으로 보아, 이 위험한 곡예는 사실 미노아 왕국 의례의 한 부분임을 시사하고 있다. 그러나 묘사된 행사가 실제로 있었는지 아니면 일정 부분 전설로만 전해 내려오는 묘기인지에 대해서는 확실하지 않다. 어떤 고고학자들은 황소를 올라타는 장면의 프레스코는 밤하늘 별자리의 움직임을 나타내는 것이라고 주장한다. 그러나 별자리 자체나 그것을 구분하기 위하여 붙인 이름들은 크노소스의 프레스코가 제작된 뒤 수천 년이 훨씬 지난 최근 수세기 동안에 만들어진 것이다.

의례의 의미가 젊은 남성과 여성의 성인식인지 어떤 신화적 행사의 연례적 재현인지는 아직 모르지만, 황소를 올라타는 장면의 크노소스 프레스코는 서기전 2100년경 크레타에서 발달한 미노아 문명을 특징적으로 보여준다. 미노아 문명의 이름은 미노스(Minos)에서 따왔는데, 그는 강력한 함대를 보유하면서 바다를 지배하고 크노소스의 미로에 있는 황소머리 괴물 미노타우로스(Minotauros)를 지킨 왕이었다. 아테네의 영웅 테세우스(Theseus)가 미노타우로스를 죽이기 전까지 이 괴물에게 매년 청년 일곱 명과 처녀 일곱 명이 바쳐졌다. 이 전설에는 역사적인 실제 사건, 즉 서기전 1450년 그리스 본토의 미케네인이 미노아의 크레타를 장악한 사건에 대한 기억이 스며 있다. 중심지가 여러 곳이었던 초기의 상황은 크노소스가 재건되면서 섬의 중심 세력으로 역할을 하는 상황으로 바뀌었다. 더욱이 크노소스에서의 선형 B 문자가 발견되면서 잿더미에 궁정이 세워졌을 무렵에는 토착 미노아인이 아닌 그리스 본토에서 온 미케네인이 이곳을 지배하였음을 확인할 수 있다.

제9장에서는 미노아인(Minoans)과 미케네인(Mycenaeans) 모두에 대하여 설명할 것이다(표 9.1). 그들은 키클라데스(Cyclades) 제도의 도서사회와 함께 청동기시대의 에게 해 세계의 핵심 세력이었다. 연대기적인 관점에서 보면, 서기전 2000년기에

미노아 문명이 먼저 등장하여 키클라데스 제도 전체에 영향력을 행사하였다. 본토에서는 서기전 16세기 중에 그리스어를 사용하는 미케네인이 궁정을 기반으로 하는 문명을 세워 독자적으로 존재하였다[제1장에서 언급한 유명한 목곽 무덤(Shaft Graves) 시기]. 미케네 문명의 형성기에는 미노아의 크레타로부터 상당한 도움을 받았다. 예를 들어 미케네인은 채색토기를 발전시킬 때 미노아의 양식을 따랐으며, 미케네의 화려한 예술은 미노아 모델에 크게 의존하였다. 미케네 문명이 미노아 문명의 단순한 복제품이라고 말하는 것은 아니지만 미노아의 영향은 분명히 강력하였다. 미케네가 크레타를 제압한 서기전 15세기에는 입장이 역전된다. 그 후 서기전 1200년, 본토의 왕궁이 무너지기 전까지 에게 해는 미케네의 영향권에 들어간다. 그러나 크레타와 다른 지역은 독특한 정체성을 유지하였으며, 광범위한 미케네 세계에 전적으로 편입된 것은 아니었다.

이 장에서는 전기 청동기시대(3200~2100 B.C.)의 크레타, 키클라데스 제도 그리고 남부 그리스 본토의 전개 과정을 먼저 다루고자 한다(그림 9.1).

에게 해의 전기 청동기시대(3200~2100 B.C.)

초기 미노아의 크레타

크레타 섬은 정상이 2,500미터까지 솟아 있는 긴 모양의 산악 도서이다. 거친 고지대에는 성스러운 동굴들이 있는데, 그중 하나인 딕테(Dikte)는 고대 그리스의 신 제우스의 탄생지로 유명하다. 산맥 분수령을 중심으로 북쪽과 남쪽으로 좁고 비옥한 평원이 해안 쪽으로 뻗어 항구 읍락에까지 이른다. 항공 교통이 도입되기 전까지는 이 항구가 외부 세계와 접촉할 수 있는 유일한 통로였다. 상대적으로 볼 때 남부 에게 해 지역에서 크레타는 상당히 고립되어 있었다고 할 수 있다. 남쪽으로는 320킬로미터에 걸친 넓은 바다를 건너야 북아프리카 해안에 도달할 수 있었으며, 북쪽으로는 가장 가까운 곳이라 하더라도 키클라데스 제도까지 80킬로미터 정도를 가야 했다. 그

표 9.1 에게 해 문명의 연대기

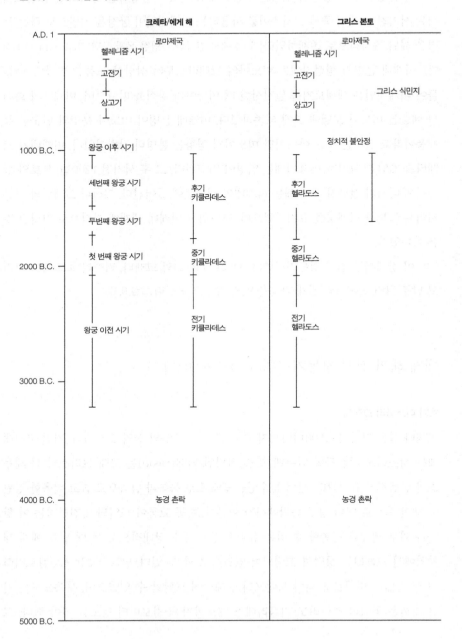

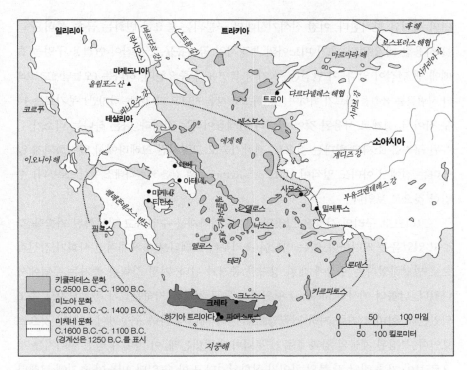

그림 9.1 크레타, 키클라데스 섬들 그리고 터키의 에게 해 연안 유적지를 나타내는 청동기시대 에게 해의 지도

럼에도 크레타인은 대단한 능력을 갖춘 선원들이어서, 서기전 3000년기부터 규칙적으로 이집트와 근동에서 하마의 긴 이빨과 이집트 석제그릇을 수입하였다는 증거가 있다.

크레타의 서기전 3000년기는 초기 미노아 또는 왕궁 이전 시기(Prepalatial period)로 알려져 있다.[1] 이는 훗날 유명해질 첫 번째 왕궁이 크레타에 건설되기 전 수백

---

1 에게 해의 청동기시대 편년이 혼란스러운 것은 두 가지의 서로 다른 용어 체계에서 비롯된다. 첫 번째는 주로 토기 양식을 토대로 단순히 전기(3200~2100 B.C)와 중기(2100~1700 B.C.) 그리고 후기(1700~1050 B.C.)로 구분한 것이다. 이와는 달리 본토에서는 헬라도스(Helladic)라는 이름을 붙여 전기 헬라도스(EH), 중기 헬라도스(MH), 후기 헬라도스(LH)라는 명칭, 키클라데스의 경우에는 키클라데스라는 명칭(EC, MC, LC), 그리고 크레타의 경우 미노아라는 명칭을 붙인다(EM, MM, LM).

년의 시기와 일치한다. 이전 신석기시대와 구분되는 중요한 변화는 금속, 특히 구리를 사용한 데 있었다. 초기 미노아의 특징적인 금속유물로, 손잡이 연결용 구멍을 슴베에 낸 단검이 있다. 이 단검은 두 가지 측면에서 중요한데, 하나는 (오늘날에도 크레타 사람들은 물건을 자르기 위하여 일반적으로 칼을 지니고 다니기는 하지만) 무기로는 너무 작아서, 실제로 사용된 것이 아니라 위세용이라는 것이다. 다른 하나는 비소가 함유된 구리를 소재로 한다는 것으로, 제작기술도 그렇지만 크레타에서 일반화되지 않았다는 점에서 아마도 일찍이 [키트노스(Kythnos)와 같은 키클라데스 광산으로부터] 수입한 것으로 보인다.

그러므로 구리의 사용은 그것만으로도 원자재를 수입하고 전문화된 기술을 갖추고 있었음을 의미한다. 이는 미노아 초기부터 크레타보다 체계적인 사회가 점진적으로 발달하였다는 주장에 대한 강력한 증거가 된다. 가장 강력한 증거는 무덤에서 나왔다. 남쪽의 메사라(Mesara) 평원에서 둥근 천장식 지하분묘가 공동묘지로 축조되었는데, 아마도 가족 지하 납골당으로 여러 세대의 가족 구성원이 매장된 것으로 보인다. 부장된 재물의 양과 종류가 무덤마다 달랐는데, 이 차이가 점점 벌어지는 것으로 보아 가족 집단 간 부의 차이가 심화되었다고 할 수 있다. 미노아 초기에 크레타의 비교적 큰 취락 몇 개의 발달에 대해서도 기술하고자 한다. 그중 가장 중요한 것이 크노소스로, 비옥한 북쪽 평원의 중심지에 위치하며 이전의 신석기시대에도 평균적인 취락보다는 규모가 훨씬 더 컸다. 청동기시대 전기에 면적은 5헥타르에 달하였다.

이러한 편년 체계에 대한 대안은 미노아 왕궁을 기준으로 한 시기 구분인데, 왕궁 이전 시기 (3200~2100 B.C.)에서 시작한다. 그 다음이 첫 번째 왕궁 시기, 즉 원형왕국 시기(2100~1700 B.C.)로 서기전 1700년 지진으로 파괴되기까지 지속한 첫 번째 크레타 문명에 해당한다. 그 다음이 두 번째 왕궁 시기, 즉 신왕국 시기(1700~1450 B.C.)로, 크레타 왕궁이 파괴되고 미케네가 크노소스를 지배하기 시작하는 때이다. 세 번째 왕궁 시기는 서기전 1450년에 시작해서 서기전 1200년 본토 미케네 왕궁이 몰락할 때까지 지속되며, 마지막 단계는 왕궁 이후 시기로 서기전 1200~1050년에 해당된다. 만약 일부 학자들이 주장하는 것처럼 산토리니(Santorini) 화산 폭발이 서기전 1625년에 있었다면, 두번째 왕궁 시기 말은 그 무렵까지 거슬러 올라가고 세 번째 왕궁 시기가 이전에 추정한 것보다 더 길어진다.

유사한 초기 미노아 취락이 말리아(Mallia)와 파이스토스(Phaistos)의 후기 왕궁 밑에 있었다. 이 유적에 대한 개괄적 검토만으로는 이러한 중간 규모의 취락이 실제로 발전중인 작은 왕국의 중심지인지 판단할 수 없을 뿐만 아니라, 규모 자체에 대한 정보만으로 이러한 유적지의 기능이나 내부 구조를 알 수는 없다.

그리스 본토와 키클라데스 섬들

그리스 본토와 키클라데스의 여러 섬에서 사회 복합도가 높아졌음을 입증하는 좋은 증거가 나왔다. 펠로폰네소스(Peloponneses)의 레르나(Lerna)에 돌출된 원형 '탑들'의 성벽으로 둘러싸인 영지가 있는데, 그 내부에 자리잡은 '타일의 집(House of the Tiles)'이라고 알려진 헬라도스 전기(Early Helladic)의 중요한 진흙벽돌 건물이 바로 그것이다. 관문과 계단은 목재로 조성되었으며, 이름이 암시하는 것처럼 지붕은 테라코타 타일과 푸른색의 편암 슬레이트로 건축되어 있다. (유적지의 다른 건물들보다 크기는 하지만) 가로 25미터, 세로 12미터의 적당한 크기로 볼 때, 이 건물은 서기전 3000년기의 2/4분기 중 비옥한 아르고스(Argos) 평원의 한 구역을 지배한 지역 통치자의 가옥이었을 것이다. 다수의 도장이 타일의 집에서 나왔는데, 내용물을 보호할 목적으로 상자와 항아리를 봉한 점토 위에 기하학적 무늬를 찍기 위하여 제작했다. 이는 소유권이나 행정 관리와 관련되어 있으나, 모양이 다양한 것으로 보아(70개의 상이한 도장 형태) 중앙집권적 관료제도를 뒷받침하는 증거라고는 볼 수 없고 단순히 개인적 서명으로 추정된다.

대형 선박과 요새의 형태로 보아 키클라데스 섬들에서 중간 수준의 사회적 복합도 패턴이 있었음을 확인할 수 있다. 이러한 증거가 과대하게 해석되어서는 안 된다는 것을 다시 한 번 밝힌다. 가장 확실한 요새 유적이 시로스(Syros)의 카스트리(Kastri)에서 확인되었는데, 원형 석재 탑과 함께 성벽 내부에 소규모 건물군이 복잡하게 배치되어 있었다. 이러한 핵심취락과 관련된 것이 650기 이상의 무덤이 조성된 칼란

그림 9.2 '팔장을 낀 모습' 형태의 작은 대리석 조각상. 고전적인 형식으로 키클라데스 제도에서 만들어졌다. 국제 골동품 시장에 판매할 목적으로 최근 수십 년간 많은 양이 불분명한 장소에서 도굴되었으며, 지금도 무덤에서 간혹 발견되기도 한다. 이 유물들은 가격이 비싸 불법 매매가 성행했는데, 도굴로 인해 당초의 제작 동기와 그 중요성을 파악할 수 있는 많은 증거들이 훼손되었다. 일부 작은 조각상에 남아 있는 안료의 분석 결과, 당초에는 표면이 화려하게 채색되었다는 것이 밝혀졌다. 서기전 3000년기 중반.

드리아니(Chalandriani)의 공동묘지이다. 키클라데스의 청동기시대 전기의 공동묘지는 무덤 수가 대부분 수백 기가 아니라 수십 기에 불과하며, 이는 일정한 규모 이상의 공동체라기보다 핵가족의 무덤이라는 것을 시사한다. 따라서 칼란드리아니는 분명히 예외적이다. (용도와는 상관없이) 모양으로 인해 '프라이 팬'이라고 이름 붙여진 토기가 알려져 있는데, 노가 많은 대형선박을 포함한 화려한 조각으로 장식되어 있어 특별한 위세를 보여주는 것으로 보인다. 이 토기는 시로스의 번영기에 (해적 행위도 포함하여) 해상 교통이 중요한 역할을 하였음을 암시한다. 프라이팬 13점 중 7점은 최소한 칼란드리아니에서 생산된 것이고, 다른 6점 또한 같은 공동묘지에서 발견된 것이다.

전기 청동기시대의 키클라데스 섬들의 또 다른 놀라운 특징은 화병과 작은 조각상의 재료로 대리석을 사용하였다는 것이다. 작은 조각상은 형식의 다양함이 두드러져, 고고학자는 물론 미술사학자들의 관심을 끌었다(그림 9.2). 퍼트리샤 겟츠-프레지오시(Patricia Getz-Preziosi)를 비롯한 몇몇 학자들은 조각상을 만든 조각가들을 식별할 수 있다고 주장하기도 한다. 그녀는 (이 유물이 전시된 박물관을 기준으로) '베를린 마스터' 또는 '굴란드리스(Goulandris) 마스터' 등 추정 작가의 이름을 붙이기도 했다. 고전시대의 화병 또는 르네상스 시대의 그림과 같은 후대 예술품과 동등한 수준으로 인정받기도 한다. 키클라데스의 작은 조각상들은 비교적 단순한 형태로, 소규모 지역 장인들의 작품으로 보인다. 오늘날 많은 사람들은 이 하얀 대리석 조각상들이 갖는 선의 단순함에 감탄하고 있으며, 국제 미술 시장에서 과대평가되는 바람에 그것들이 묻혔던 섬의 무덤이 대규모로 도굴당하는 결과를 초래하기도 했다. 외형의 순수함은 어떤 경우에는 상당히 과장된 것이기도 하다. 표면을 분석한 결과 이 작은 조각상들은 원래는 아마도 얼굴 특징과 옷을 강조할 목적으로 채색된 화려한 형태를 갖춘 것으로 추정된다.

최초의 왕궁으로의 이행

전기 청동기시대에 크레타 섬에서 조성된 취락은 대부분 가옥 6기로 구성된 작은 규모였다. 가장 유명한 사례는 남쪽 해안의 미르토스(Myrtos)로, 상호 연관된 기능을 갖고 있어 처음에는 왕궁의 원형을 보여주는 '대저택'의 성격을 띤 특별한 유적이라고 추정했다. 그러나 몇몇 학자들의 재해석에 따르면, 이는 왕궁의 원형이 아니라 단지 서로 붙어 있는 평민 가옥 건물의 집합일 뿐이라는 것이다.

그러나 미노아 전기, 특히 동부 크레타에서 사회적 변화가 있었다는 무덤 증거가 있다. 대부분의 무덤은 단순하고 소박한 데 비해, 예를 들어 모크로스(Mochlos)의 보다 잘 꾸며진 몇몇 무덤에는 금 왕관 띠와 기타 귀중품이 부장되어 있었다. 이 무덤에 묻힌 사람들은 사회적으로 지위가 특별한 특정 가족이었을 것으로 추정된다. 이러한 증거가 미노아 중기 수세기 전, 즉 첫 번째 왕궁 시기에 크레타의 일부 지역에서 지배 엘리트가 이미 출현하였음을 보여준다.

미노아 문명 : 왕궁 시기(2100~1450 B.C.)

크레타의 왕궁은 고고학적 자료를 보면 갑자기 등장한 것으로 보인다. 그러나 이미 본 바와 같이 새로운 발전의 토대는 이전 수세기에 걸쳐 형성되었음이 틀림없다. 그러나 북쪽의 크노소스와 말리아 그리고 남쪽의 파이스토스 등과 같이 유명한 왕궁 중심지가 섬 전역의 주요 지점에서 두각을 나타내기 시작한 것은 서기전 2100년경 미노아 중기에 이르러서였다. 두 번째 왕궁 시기에 동쪽의 자크로(Zakro)가 이러한 초기 왕궁 대열에 추가되는데, 다른 왕궁 유적지는 섬의 중심지와 서쪽에 있었던 것으로 추정된다. 각각 작은 국가나 속주의 정치행정 중심지였을 것이다. 그러나 왕궁 자체의 기능, 즉 의례 복합시설이나 왕실 주거와 같은 기능이 있었는지는 분명치 않아 '왕궁'이라는 용어를 사용하는 데 신중해야 할 것이다.

1970년대에 영국의 고고학자 콜린 렌프류(Colin Renfrew)는 미노아 왕국의 출현을 설명하기 위한 일련의 상호 연관된 요건으로, 농업의 집약화, 외국 무역의 성장, 장인 전문화의 확대(제2장)를 강조하였다. 렌프류는 이런 요건들이 '긍정적 피드백'을 거쳐 ('승수효과'라 불리는) 상호작용을 하고 변화가 가속되어 결국 왕궁에 기초한 국가에 이른다고 주장한다. 이 모델의 일부 주장에 대해서는 많은 반박이 있다. 예를 들어 이 이론에 따르면, 미노아 전기 크레타에서 복합사회를 향한 지속적 진화가 있었다고 하나 이를 뒷받침하는 증거가 없다. 렌프류는 또한 포도와 올리브가 중요한 역할을 하였다고 주장한다. 알곡 작물과는 같은 장소에서 재배되지 않았으므로 서로 경쟁적인 작물이 아니었다. 렌프류는 청동기시대 전기에 포도와 올리브를 재배하기 시작하여 경작 가능한 토지의 규모가 크게 증가하였으며, 이러한 사실이 복합사회를 등장시키는 역할을 했다고 주장한다. 일부 고고학자들과 고식물학자는 최근에 이러한 관점에 의문을 제기하였는데, 재배용 포도와 올리브가 청동기시대 후기 이전으로 거슬러 올라가 존재하였다는 증거가 없다는 것이다. 남아 있는 자료가 부족하여 그 도입 시기를 자신 있게 제시하기는 어려우나, 몇몇 농경 변화의 요소가 왕궁 시기에 크레타의 대규모 인구를 부양하는 데 핵심적 역할을 하였음은 분명하다. 더욱이 청동기

시대 전기에 등장한 정교한 술잔을 통하여 크레타인이 그 당시에 이미 포도주를 마셨다는 사실을 알 수 있다. 의례화된 음주와 연회는 왕궁 시기 미노아 사회의 중요한 특징이며, 특별한 그릇은 그러한 관습이 서기전 3000년기에 시작되었다는 것을 시사한다. 공식적으로 모여 먹고 마시는 행위는 보다 정형화되고 체계화된 권력 구조를 발달시켰을 것이다. 그러나 청동기시대 전기에 크레타에서 농경이 광범위하게 확대되었다는 확고한 증거는 없다. 변화된 농경이 크레타 국가 형성의 주요 원동력이라기보다 사회적 이념적 발전과 병행된 여러 연관 요인들 중 하나였을 것이다.

미노아 왕궁

크레타 왕궁—전반적으로 볼 때 미노아 문명—의 존속기간은 100년 이상은 못 되는 것으로 고고학자들은 이해하고 있다. 크노소스는 일반적으로 1900년에 영국 고고학자 아서 에번스(Arthur Evans) 경의 발굴을 통하여 발견된 것으로 알려져 있다. 그러나 실제로는 미노스 칼로카이리노스(Minos Kalokairinos)라는 현지 재야학자가 이미 20여 년 전에 궁정의 일부를 발견하였다. 에번스는 크노소스를 1900년부터 1905년까지 조직적으로, 그 이후에는 25년 이상에 걸쳐 수시로 발굴하여 넓은 지역의 왕궁 복합건물군을 확인하였다. 그는 처음에는 이것이 뒤에 설명할 본토의 미케네와 티린스(Tiryns)에서 슐리만(Schliemann)이 발굴한 것과 유사한 미케네 궁전이라고 생각하였다. 그러나 수년이 채 안 되어 에번스는 자신이 찾은 것이 미케네가 아니라 전혀 다른 새로운 문명이라고 결론짓고, 크레타의 전설적인 왕 미노스(Minos)의 이름을 따서 미노아라고 하였다.

에번스에 의해 밝혀진 왕궁의 구조는 매우 인상적이다(그림 9.3). 왕궁은 이전에 형성된 텔의 외곽 경사 지역에 수헥타르에 걸쳐 자리잡고 있었다. 네모난 광장을 다양한 크기의 방이 둘러싸고 있으며, 서쪽으로 궁정이 또 하나 있다. 전반적으로 배치의 핵심은 왕궁 중앙의 야외 광장으로, 기본적으로 다른 구역은 이곳을 중심으로 바퀴살처럼 퍼져 나가는 형태로 배치되어 모든 지역에 접근할 수 있게 되어 있었다. 미케네 그리스의 메가론(megaron) 왕궁의 사례와 아주 다른 평면계획을 보여준다.

그림 9.3 크레타의 크노소스 왕궁 복원도

미노아 왕궁의 1층 바닥에는 잡석을 깔고 표면은 마름돌로 덮었다. 그리고 목재로 대들보를 만들어 지탱하였는데, 지진에 대비하기 위한 지역적 특징이기도 하다. 실제로 크노소스의 첫 번째 왕궁은 서기전 1700년경 지진에 의해 파괴되었다. 2층도 목재로 지탱되어 있으며, 관문과 건축 세부의 구조물은 돌과 나무로 지어졌다. 진흙벽돌은 말리아 왕궁에서도 사용되었다. 크노소스에서는 두 번째 왕궁시기 동안 (아마도 그 이전부터) 회벽 넓은 부분을 채색하여 완성한 프레스코로 독특한 방 분위기를 연출하였으며, 이로 인해 이 유적이 세상에 널리 알려졌다. 다른 주요 궁전에서도 유사한 장식을 하였다는 증거는 의외로 거의 보이지 않는다. 틸리소스(Tylissos), 암니소스(Amnisos) 그리고 아이아 트리아다(Ayia Triada)와 같은 '빌라(villas, 소규모 왕궁 유적지)' 몇 군데에서만 그런 흔적이 확실히 남아 있다. 멜로스(Melos)의 필라코피(Phylakopi)와 테라(Thera)의 아크로티리(Akrotiri) 같은 섬 유적에도 틀림없이 미노

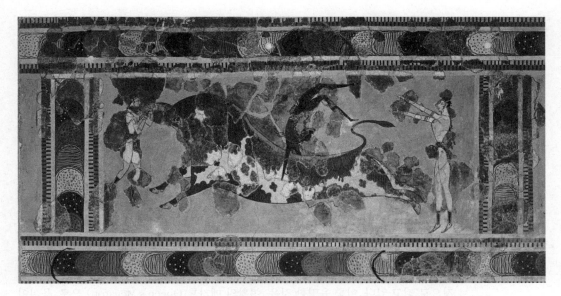

그림 9.4 황소 뛰어넘기(기마 투우사) 프레스코 벽화. 크레타 크노소스에 있는 왕궁. 공격하는 황소의 등 위로 뛰어오르는 남자와 그 뒤에서 팔을 벌린 채로 그 남자를 잡으려고 기다리는 여자의 모습이 그려져 있다. 에번스 경은 하얀 인물은 여성이고 적갈색 인물은 남성으로 추정하였으나, 미노아 미술의 색에 대한 전통이 항상 분명한 것은 아니라는 점에서 반론이 제기되고 있다. 황소의 뿔을 잡고 있는 왼쪽의 인물은 아마도 별개의 프레스코에 속한 것으로 재구성이 잘못된 것일 수도 있다(미노아, 서기전 1450~1400년경, 그리스 헤라클리온 고고학박물관).

아 방식으로부터 영향을 받은 것으로 보이는 정교한 벽화가 존재한다.

크노소스 벽화의 문양은 기하학문과 자연물상으로 구성된다. 의례 공간의 벽면에는 종종 채색된 띠 세 줄이 수평으로 구획되어 있다. 평범한 색 또는 패턴으로 위아래 윤곽을 만들고 그 가운데에 사람의 모습을 묘사했는데, 이는 주로 종교적이거나 의례적인 성격을 띤 것이다. 그중에는 유명한 '황소 뛰어넘기' 프레스코(그림 9.4)와 여성 인물에게 선물을 바치는 장면을 그린 긴 '행렬 프레스코' 등이 있다. 다른 그림들은 자연을 묘사한 것이 특징인데, 유명한 것으로는 왕궁의 남동 모서리에 위치한 이른바 '왕실의 아파트'라고 불리는 곳에 (아마도 바닥 장식으로) 그려진 돌고래 그림이다.

왕실의 방에 대한 질문은 필연적으로 미노아 궁전을 분석할 때 제기되는 각 방의 기능과 같은 핵심적인 문제에 연결된다. 저장 항아리가 여러 줄 보관된 1층의 방은 실용적인 용도로 쓰였음이 분명하다. 그 방에는 곡식, 콩 그리고 올리브유 등이 보관되었는데, 아마도 세금 또는 공물로 거두어들인 것이거나 왕궁 소유의 농장에서 생산한 것으로 보인다. 대규모 저장시설들은 왕궁이 소비자이면서 가공식품의 생산자, 잉여식량의 보관자, 분배의 조절자로서 농업경제에서 핵심적 역할을 하도록 기획되었음을 보여준다.

중앙 광장의 서쪽에는 의식을 치르는 의례적 성격이 강한 방이 여럿 있는데, 그중 하나가 유명한 알현실이다. 이 방에는 조각된 석고 왕좌 시설이 한쪽 벽을 등지고 중앙에 위치해 있고, 그 옆에는 누워 있는 그리핀이 묘사된 프레스코화가 있다. 이곳에 대하여 다음에 기술하는 에번스의 해석이 합리적인 것으로 받아들여질 수 있다. 그렇지만 왕궁의 남동쪽 모퉁이 방의 용도에 대한 그의 가설은 타당한 근거를 찾기 어렵다. 이곳 1층에 에번스가 '대계단(Grand Staircase)'이라고 부른 곳을 지나면 일련의 방들이 있는데, 그는 이 방들이 크노소스를 통치한 왕실 가문들이 사용하였던 것으로 믿고 있다. 이중 유명한 것은 '여왕의 메가론(Queen's Megaron)'으로, 욕실이 딸려 있고 복도를 통하면 화장실로 갈 수 있는데, 화장실에는 목제 좌식 변기와 수세 시설이 갖추어져 있었다. 크노소스의 왕궁이 지배층 가문에 의해 건설되었다는 가설은 억지는 아니다. 그러나 비록 시설이 잘 갖추어져 있기는 하지만, 이들 특정 방들이 여왕의 것이라고 하는 주장은 고고학적 사실을 넘는 상상의 비약이다.

개별 방의 용도에 대해서는 논쟁거리가 남아 있지만, 왕궁의 중요한 의례적 구역에 대해서는 의문의 여지가 없다. 한 연구에 따르면, 크노소스의 알현실은 역년상 각기 다른 계절별로 햇빛의 효과를 살리도록 설계되어 있다고 한다. 알현실에는 관문이 네 개인 대기실이 있다. 겨울 중간의 동지 새벽에 태양이 떠오르면, 가장 남쪽 문을 통하여 방 반대편에 있는 왕좌에 햇빛이 직접 비춘다. 이러한 무대효과를 통하여 겨울에 의식이 치러질 때 왕좌의 모습이 극적으로 보이는 것이다. 반면 한여름 일출 때에는 가장 북쪽 작은 방의 문을 통하여 빛이 들어와 알현실 뒤에 있는 화려한 공간을 비춘다. 이를 통해 연중 어느 특정 시점에 열리는 의식과 기념행사를 상상할 수 있다. 다른 미노아 왕궁에서도 유사한 특징이 발견되는데, 이는 태양 운행에 대한 특별한 관심이 있었음을 의미한다.

미노아 크레타의 정치지리학

크노소스의 행정기구는 미노아 크레타의 정치지리학적 논의 대상이다. 같은 장소에 있었던 미노아 중기의 왕궁을 계승한 크노소스 왕궁은 오늘날 방문객이 볼 수 있는데, 기본적으로 두번째 왕궁 시기(미노아 후기)의 구조를 보여준다. 미노아 중기 또는 후기로 추정되는 유사한 왕궁이 섬의 다른 지역에서도 발견되었는데, 그중 북쪽의 말리아, 동쪽의 자크로인(Zakroin) 그리고 남쪽의 파이스토스가 유명하다. 서쪽의 카니아(Khania)와 갈라타스(Galatas) 섬에서도 다른 중심지가 존재하였을 가능성이 있는데, 당시 왕궁이 다수 존재하였다는 것은 크레타가 중요 왕궁을 중심으로 각각 일련의 자치적인 정치적 단위로 분할되었다는 것을 시사한다.

미노아 크레타의 왕궁들은 '동렬 정치체의 상호작용(peer polity interaction)' 이론의 훌륭한 사례를 제공한다. 이 접근 방법은 상호 접촉하고 있는 국가(정치체)의 지배 엘리트가 이웃을 모방하고 우월해지려는 과정을 통하여, 상호 발전에 영향을 준다고 설명한다. 개별적인 크레타 왕궁들이 놀라울 정도로 유사하다는 것과 그곳에서 발견한 공예품들을 통해(채색토기 양식조차) 상호작용 과정을 설명할 수 있다.

왕궁 이외에도 중요한 읍락이 있다. 크노소스 왕궁 주변에 면적이 75헥타르인 읍락이 있는데, 인구밀도가 어느 정도인지 아직은 모르지만 인구밀집 취락인 것만은 틀림없다. 모든 미노아 읍락이 주요시설인 왕궁을 갖추고 있었던 것은 아니다. 가장 큰 규모의 취락인 동부 크레타의 팔라이카스트로(Palaikastro)에서는 아직 어떤 왕궁도 발견되지 않았다. 북쪽 해안의 구르니아(Gournia)는 가장 잘 보존된 미노아 취락으로, 자갈이 깔린 도로를 따라 규칙적으로 군을 이루는 가옥들이 위치한다. 공공 광장을 내려다보는 곳에는 소박한 왕궁 혹은 지배자의 주거시설로 사용된 건물이 있다. 건물의 외양에 대한 지식은 그것들이 위치한 부지를 발굴해야만 얻을 수 있는 것은 아니다. 크노소스에서 발견된 '읍락의 모자이크'와 같이 미술작품을 통해서도 얻을 수 있는데, 일련의 파이앙스 판벽(faience plaque)에서 목재로 보강된 대들보를 갖추고, 지붕에 창문이 달린 2~3층 건축물을 볼 수 있다.

정치지리학의 관점에서 볼 때, 미노아 크레타에는 읍락과 왕궁 이외에 '빌라'라고 알려진 세 번째 거주구역이 있다. 왕궁보다는 아주 작지만 왕궁의 특징(건축학적 세련, 호화로운 물자 그리고 제사 시설)을 갖추고 있는 지역 행정의 중심지이다. 이것은 두번째 왕궁 시기에만 확인되는데, 아마도 지역 영주이거나 고위관리의 거주지인 것으로 보이며 농산물 저장실도 갖추고 있다. 잘 보존된 빌라 중 하나가 크노소스 남부 베티페트로(Vathypetro)에 있는데, 포도주와 올리브유를 생산하는 설비를 갖추어서 지역 경제에서의 역할이 어떠하였는지 추정할 수 있다. 일부 유적지에서는 농업 이외에 의례적 활동의 유력한 증거가 확인되는데, 예를 들어 니로우 카니(Nirou Khani)에서 종교의 지역 중심지임을 반영하는 청동제 쌍도끼와 제단이 함께 발견되었다.

미노아 문자와 공예품

미노아인은 세 가지 문자를 주로 사용하였는데, 통상적으로 점토판에 글자를 새겼다. 세 종류 중 가장 발달한 문자(선형 B) 한 종류만이 해독되었다. 가장 초기의 문자는 상형문자로, 대략 서기전 2000년경 왕궁 초기에 사용하기 시작하여 첫 번째 왕궁 시기까지 지속되었다. 선형 A라고 알려진 문자는 서기전 18세기 중에 발달하여 두번째 왕궁 시기에 크레타의 표준 문자가 되었다. 이 문자는 멜로스(Melos)와 산토리니(Santorini)를 포함한 키클라데스 섬들의 여러 곳과 터키 서부 해안의 밀레투스(Miletus)에서 발견되었다. 이스라엘의 텔 하조르(Tell Hazor)와 라두시(Ladush)같이 먼 곳에서도 관련된 사례들이 발견된다. 선형 A 문자는 점토판, 점토 물표, 석제 제단 그리고 보석 위에 새겨졌다. 문자가 아직 해독되지 않아 어떤 언어인지조차 모르지만, 점토판의 기호 패턴을 통하여 대부분이 재화의 목록으로서, 어떤 경우는 세금이나 창고의 재고 품목, 어떤 경우는 신에게 바치는 공물에 대한 기록이라고 추정한다. 선형 A 문자 점토판은 비교적 희소하게 발견된다. 그러나 이를 통해 크레타의 왕궁이 필기사나 서기와 같은 학식 있는 관료에 의해 운영되었음을 알 수 있다. 또한 보석과 공물표의 짧은 문장을 보면 선형 A 문자로 의례적 내용을 기록하였음이 확인된다.

세 번째 크레타 문자는 선형 B라고 알려져 있다. 선형 A를 기원으로 하지만, 두 번째 왕궁 시기 말에 크레타를 지배한 미케네인이 사용한 초기 형태의 그리스 고어에 맞추어 변형되었다. 이 문자는 세번째 왕궁 시기에 크노소스에서 사용되었으며, 이후 그리스 본토까지 확산되었다.

이미 미노아 공예 기술에 대한 증거로 크레타 왕궁의 건축과 화려한 프레스코화의 세련됨을 살펴보았다. 가장 정교한 사례 중 일부는 토기, 준보석 그리고 작은 조각상들로, 크기가 작은 물건들이다. 미노아인은 풍부한 상상력을 동원하여 다염성 채색 장식 기법을 활용한 얇은 두께의 고품질 그릇을 생산한 숙련된 토기공이었다. 식물의 묘사와 함께 바다 생활을 양식화한 장면은 그들이 만든 가장 유명한 작품 중 하나이다. 이런 그릇 중 일부는 장식이 상당히 정교해 지배층에 제공될 목적으로 왕궁 공방에서 생산된 것임이 틀림없다. 토기 양식이 (당대에 국한되거나 또는 중복된 것이 아니라) 어느 정도 실질적인 연속성을 갖고 있었는지는 애매하지만, 전통적으로 미노아 문명의 편년의 뼈대를 이루었다. 그러나 이 단일 기준만으로 다양한 국면을 어느 연대나 시기에 속한다고 단정적으로 규정하는 것은 매우 어려운 일이다. 그럼에도 다른 무엇보다도 채색 토기는 크레타 왕국 시기를 전통적인 몇 단계로 구분하는 데 크게 기여한다.[2]

물론 채색 토기가 가장 정교하게 만들어진 그릇일 수도 있지만, 실용 그릇 또한 숙련된 솜씨로 제작되었다. 또 다른 두드러진 특징으로 미노아 장인이 금과 은으로 그릇을 만들고, 사문석과 띠가 있는 대리석과 같은 매력적인 석재에 무늬를 새겼다는 점을 들 수 있다. 그들은 정교하게 조각한 준보석과 상아제품도 생산하였는데, 크노소스에서 발견된 뱀 여신의 작은 조각상에서 파이앙스 가공에 대한 지식을 볼 수 있다(그림 9.5).

---

2   토기 형식과 장식에 따른 전통적 분류 체계는 다음과 같다. 미노아 중기의 IA, IB, IIA, IIB, IIIA, IIIB. 미노아 후기의 IA, IB, II, IIIAl, IIIA2, IIIB, IIIC.

그림 9.5 뱀 여신 파이앙스 조각상. 크노소스

미노아 종교

미노아 종교에 대한 지식은 (작은 조각상을 포함한) 의례용 도구와 프레스코, 봉인석에 묘사된 기타 예술적 표현 그리고 미노아 신전 유적지를 통하여 얻을 수 있다. 고고학자들은 미노아 신전을 두 개의 대조되는 형식으로 구분하였는데, 첫 번째는 벤치와 공물헌상 시설을 갖춘 석실이나 건물이 있는 왕궁과 빌라이다. 크노소스에서 발견된 여신 조각상은 이러한 신전에 전시된 것이었을 수도 있다.

두 번째 형식의 미노아 신전은 언덕 위 또는 (보다 드물게는) 동굴 안 등 자연적 환경 안에 있는 것들이다. 언덕 꼭대기, 즉 '정상'에 위치한 성역으로 약 25개소가 알려져 있는데, 대부분은 첫 번째 왕궁 시기에 속하는 것으로 추정된다. 가장 정교한 2

개소는 주크타스(Jouktas)와 페트소파스(Petsophas)인데, 각각 인근의 크노소스와 팔라이카스트로의 중심지와 연관되어 있으며 어떤 의미에서는 '국가' 신전이었을 것이다. 단순히 정상에 위치한 성역은 훨씬 더 많은데, 최근 영국 고고학자 앨런 피트필드(Alan Peatfield)와 크리스틴 모리스(Christine Morris)가 서부 크레타의 아트시파데스(Atsipadhes)에서 성역 유적을 발굴하였다. 그렇지만 건물에 대한 증거는 찾지 못하였다. 굳이 건축물을 들자면 바닥에 자갈이 깔린 구역으로, 자갈은 아래 계곡 바닥에서 가져온 것이다. 그 중앙에는 선돌, 즉 유사 성물이 하나 똑바로 세워져 있을 뿐인데, 아트시파데스에서는 놀랍게도 약 5,000점이나 되는 작은 조각상 파편이 발견되었다. 주로 소(특히 뿔과 다리)를 묘사한 것이지만, 인간을 묘사한 작은 조각상으로 전신상과 함께 팔다리로 봉헌자세를 취한 형상도 있다. 유적지는 다른 정상의 성역처럼 비교적 접근하기 어렵고 저지대 거주구역으로부터 멀리 떨어져 있다. 사람들은 특별한 축제 때에만 이곳을 찾아왔는데, 신전까지 올라와 특별한 소망을 신에게 각인시키기 위하여 공물을 바치고 작은 조각상을 봉헌하였을 것이다. 그 소망은 사육 동물이나 신체적 건강과 관련된 것이었을 수도 있다.

아트시파데스와 같은 정상 성역은 근본적으로 지역민을 위한 신전으로, 크레타 산간 고지 일대에 흩어져 있다. 대부분의 정상 성역이 두번째 왕궁 시기(1700~1450 B.C.)에는 폐기되는 중요한 변화를 겪는데, 그중 번성한 6~8개소는 모두 왕궁의 중심지와 관련이 있다. 이를 통하여 보다 중앙집권적으로 종교를 통제하기 위하여 지역의 종교행사를 억압했음을 짐작할 수 있다.

경배의 대상인 남신과 여신들이 정확히 누구인지는 파악되지 않았다. 한 봉인석에는 주름장식의 치마를 입고, 개와 고양이의 호위를 받으며 산의 정상에 서 있는 여신의 모습이 표현되어 있다. 크노소스에서 발견된 작은 파이앙스 조각상을 앞서 살펴본 적이 있는데, 이 여성 조각상은 가슴을 드러내놓고 양손으로 뱀을 들고 있었다. 그 뒤 선형 B 문자로 '바람의 여사제'와 같은 신들에게 바쳐진 공물에 대하여 기록되어 있다. 미노아 미술은 (특히 황소와 같은) 동물 제물을 보여준다. 미노아 사회에서는 국가가 종교를 권력의 원천으로 이용함과 동시에 그 자체로도 중요시한 것은 분명하다. 그러나 의례와 신앙에 대한 세부적 사항은 여전히 불명확하며 알려진 바가 많지 않다.

크레타와 이웃세력들

미노아인은 유능한 항해기술자로 주변지역과 긴밀하게 접촉했다. 그들이 사용하는 금속(구리, 납, 은) 대부분은 그리스 본토 라우리오닌 아티카(Laurionin Attica) 창고에서 나왔으며, 상아, 금 그리고 다른 사치재는 근동에서 수입한 것으로 보인다. 어떤 상인의 이름은 이집트까지 알려져 있었는데, 케프티우(Keftiu)라는 섬 출신 사람의 무덤 그림을 통하여 확인할 수 있다. 이집트와의 관계가 놀랄 정도로 긴밀했음은 나일강 삼각주의 동부 경계에 위치한 아바리스 도시 유적에서 최근에 이루어진 발굴을 통하여 확인되었다. 이곳의 보잘것없는 창고에서 전형적인 크레타 황소 뛰어넘기 장면이 묘사된 미노아 양식의 프레스코 조각이 발견되었다. 아바리스는 서기전 17세기 아모세라고도 불리는 파라오 아멘호테프 1세의 수도로(제4장), 크레타와 특히 밀접한 관계를 가진 것으로 보인다.

　　미노아 문화는 에게 해 섬들, 특히 바로 북쪽에 있는 키클라데스 섬들에 엄청난 영향을 미쳤다. 미노아인이 미노아 중기와 후기에 키클라데스 섬들 또는 그 일부를 장악하였는지의 여부에 대해서는 많은 논쟁이 있다. 미노아 양식의 프레스코가 섬들에서 확인되는데, 특히 멜로스의 필라코피(Phylakopi), 케아(Kea)의 아이아 이리니(Ayia Irini) 그리고 산토리니의 아크로티리(Acrotiri)가 유명하다(유적 9.1). 크레타와 키클라데스 제도의 주민들의 언어가 서로 달랐을 것이라고 추정됨에도, 선형 A 문자 점토판 조각이 필라코피와 다른 키클라데스 유적지에서 출토되었다. 후대의 그리스 전설에는 강력한 크레타 해군에 기초한 해상 제국인 미노아의 '제해권(制海權: thalassocracy)'에 대한 이야기가 있는데, 역사적 사실을 반영한 것인지는 불분명하다. 만약 그렇다고 해도 이것이 미노아 시기와 어떤 관계가 있는지, 고고학적 증거를 기준으로 할 때 답변하기 어렵다.

크레타와 외부 세계와의 관계는 청동기시대 후기 초에 그 성격이 상당히 달라진다. 주요 왕궁들이 서기전 1700년의 지진 때문에 이미 심각하게 훼손되어 첫 번째와 두번째 왕궁 시기의 구분점이 되었다. 두번째 왕궁 시기 말에 일어난 2차 파괴로 인해 크노소스를 제외한 모든 왕궁과 빌라들이 소멸되었다. 먼지가 가라앉을 무렵 새로운 행정조직이 크노소스에서 나타났으며, 왕궁 관리들은 새로운 문자, 즉 선형 B를 사용하였다. 오늘날 그리스 본토에서 미케네 지배자가 사용한 초기 형태의 그리스어를 기록한 것은 이 문자라는 사실이 알려져 있다. 이를 통하여 청동기시대 후기 초에 비(非)그리스 언어와 함께 초기 미노아의 지배자를 추방하고, 미케네인이 크레타 섬을 (평화적이든 무력으로든) 장악한 것으로 보인다. 그 후 크레타는 미케네 세계에 속하게 된다.

미케네인의 그리스(1600~1050 B.C.)

미케네인이라는 이름은 슐리만이 1876~1877년에 발굴한 동부 펠레폰네소스의 중요한 요새 미케네에서 유래한다(제1장). 그가 발견한 토갱 무덤(Shaft Grave)에 묻힌 주인공은 청동기시대 후기가 막 시작하는 서기전 16세기에 미케네를 지배한 계층이었다(그림 9.7). 이 무덤은 거주민이 비교적 많지 않았던 헬라도스 중기부터, 요새, 왕궁 그리고 화려한 부장품을 갖춘 인상적인 무덤이 발견되는 헬라도스 후기까지 그 당시 본토에서 겪었던 변화를 입증하는 초기 증거 중 하나이다. 이처럼 새롭게 나타나는 특징이 미케네 시기(1600~1050 B.C.)의 성격을 잘 보여준다.

그리스 본토의 경관은 소규모의 자치 왕국이 발달하기에 안성맞춤이다. 산맥으로 구분된 각각의 비옥한 해안 평원이 자연스럽게 독립된 국가의 중심지 역할을 했다. 이곳에서 왕국이 처음 나타난 시기는 청동기시대 후기가 시작될 때이다. 지배층은 유럽의 배후지와 장거리 교역을 수행하였는데, 그들의 부와 권력은 풍부한 무덤 부장품을 통하여 알 수 있다. 그러나 왕국의 행정에 문자가 채택된 것은 후기 미케네

청동기시대의 재앙에 대한 연대 측정

키클라데스 제도의 산토리니 섬(테라, Thera)에 위치한 아크로티리는 '에게 해의 폼페이'라는 이름이 붙어 있다. 청동기시대 후기 초에 화산 분출로 인해, 이 작은 읍락은 수미터의 화산재와 부석으로 덮였다. 화산 퇴적물이 급속히 쌓인 탓에 지금도 2~3층 높이의 건물 유구가 보존되고 있으며, 의례와 일상생활 장면을 그린 화려한 프레스코가 많은 곳에 온전하게 남아 있다(그림 9.6). 이 재앙이 일어난 정확한 시기에 대해서는 아직도 격렬한 논쟁이 이루어지고 있다. 아크로티리의 취락에서 발굴된 가장 늦은 시기의 토기는 미노아 후기(LM) IA 형식이다. 이집트의 고고학적 맥락에서 추정한 후기 미노아 IA 형식 유물의 연대는 대체로 서기전 1500년경이다. 그러나 과학적 방법을 이용하여 측정한 산토리니 화산의 폭발 시기는 더 오래된 것으로 확인되어 논란이 된다. 대규모 화산 폭발은 거대한 양의 재를 분출하여 수개월 동안 상층 대기에 순환하면서 햇빛을 차단하였다. 이로 인하여 북반구 또는 남반구의 넓은 지역의 겨울이 혹독해지는 결과가 초래되었다. 산토리니의 화산 폭발로 인한 기후 변화의 흔적이 토탄 소택지나 나무 나이테 등에 남아 있을 가능성이 있다. 그래서 과학자들이 캘리포니아와 아일랜드 북부에서 발견한 서기전 1628년 나무 나이테가 현저하게 좁아지기 시작한 흔적을 발견했을 때 대단한 흥분을 불러일으켰다. 이는 여러 해에 걸쳐 대기 중에 먼지가 덮인 효과와 일치하는 저온 기후 시기가 있었음을 의미한다. 다른 학자들은 그린란드의 빙핵에서 황 성분이 높아진 현상을 확인하고, 그 연대를 서기전 17세기 중반으로 추정하였다. 거대한 화산 폭발로 황 성분이 방출된 결과로 생각된다. 이와 또 다른 관련 증거를 이용하여, 많은 고고학자들은 서기전 1628년을 산토리니 화산이 폭발한 해라고 주장하였다. 그들은 이집트와 연관하여 추정한 에게 해의 후기 청동기 시대에 대한 기왕의 편년이 분명히 잘못되었다고 믿고 있다. 그러나 이후 그린란드 빙핵에 포함된 화산재 글래스가 산토리니에서 나온 것과 성분이 다르다는 의문이 제기되었다. 또한 산토리니 화산 쇄설물 속에 살아 있는 채로 매몰되었던 올리브 나무가지가 발견되자, 이전 주장이 다시 새로운 근거를 얻게 되었다. 올리브 나무의 가장 바깥쪽 나이테를 보면 정확히 서기전 1627~1600년의 연대로 추정되므로, 산토리니 화산은 실제로 서기전 17세기 후반에 폭발하였을 수도 있다. 이 사건이 미노아 크레타와 에게 해 섬에 어떤 영향을 주었는지는 아직 확실하지 않다. 이전에 어떤 책에서는 큰 파도가 크레타 해안으로 밀려와 화산재가 섬의 동부 해안을 덮어 부석이 쌓였다고 추정하였는데, 지금은 지지를 받고 있지 못하다. 산토리니의 칼데라가 점진적으로 조각조각 떨어져 붕괴하였음을 보아, 한때 주장되었던 화산 폭발 후 거대한 파도는 발생하였다고 보기 어렵다. 산토리니 화산 폭발이 미노아 경제를 붕괴시킬 만큼 영향이 컸는지, 그로 인해 미케네의 침입에 취약하게 되었는지는 아직 풀리지 않은 문제이다.

에 이르러서였다. 다른 많은 지역의 삶과 마찬가지로 미케네인도 상당한 부분을 미노아 크레타에 빚지고 있다. 미케네 그리스의 선형 B 문자는 실제로 단순히 미노아 선형 문자의 미케네 언어 수정판에 불과하다.

미케네 그리스에서 가장 잘 알려진 유적지는 미케네, 티린스 그리고 필로스(Pylos) 등의 주요 중심지이다. 앞에서 살펴본 바와 같이 미케네는 슐리만에 의해 1876

그림 9.6 산토리니 섬 아크로티리의 청동기시대의 읍락 건물. 화산 폭발 때 재와 부석으로 덮여 보존되었다.

년 처음 발굴되었으며 곧이어 1884년 티린스에서 의미 있는 작업이 다시 이루어졌다. 두 유적 모두 견고하게 요새화된 성채로 바위가 많은 언덕 위에 위치하는데, 미케네의 것이 규모가 더 크다. 그리스 본토의 성곽 또는 요새는 적어도 청동기시대 전기(서기전 3천년기)로 거슬러 올라간다. 미케네, 티린스 그리고 글라(Gla)의 이른바 키클로프스(Cyclops)인의 방어성벽이 가장 인상적인데, 큰 바윗덩어리를 세밀하게 짜 맞

그림 9.7 미케네의 토갱 무덤에서 발견된 아가멤논(Agamemnon)의 황금 가면. 1876년 슐리만이 미케네의 다섯 번째 토갱 무덤을 발굴한 후 그리스 왕에게 "아가멤논의 얼굴을 보았다."라고 전보를 보냈다. 호메로스에 의하면 미케네는 트로이를 공격하기 위하여 출정하였던 그리스 지배자 아가멤논의 영지였다. 키클로프스 성벽(Cyclopean wall) 내부에서 슐리만이 찾은 다섯 기의 바위를 깎아 만든 장방형 구덩이에는 풍부한 순금 공헌물이 부장된 시신 19구가 안치되어 있었다. 여섯 번째 무덤은 다음 해에 그의 조수에 의해 발견되었는데, 몇몇 시신 유골 위에 황금 가면이 얹혀 있었다. 항상 낭만적인 생각에 젖어 있던 슐리만은 그중 가장 정교한 것을 '아가멤논의 가면'이라고 판단하였는데, 오늘날 그것은 편년상 전혀 맞지 않다고 알려져 있다. 트로이 전쟁에 참가한 아가멤논은 서기전 13세기에 통치하였다. 토갱 무덤에 묻힌 지도자들은 미케네의 전성기보다 약 3세기 전 사람으로, 서기전 16세기에 그리스 지배층이 등장하여 개막한 미케네 시대를 가시적으로 보여준다(그리스 아테네 국립고고학박물관).

춘 것이 특징으로 그 이름은 전설상의 거인 종족 키클로프스에서 따 왔다. 그 영역으로 들어가기 위해서는 지금으로서도 상당히 거대한 관문을 통해야 한다. 문은 거대한 문설주와 상인방으로 짜였는데, 그 위에 기둥을 지탱하는 사자가 부조방식으로 묘사된 '문장(紋章)과 같은' 석판이 배치되어 있다(그림 9.8). 이들 성벽이 방어와 안전을 용의주도하게 반영하였음을 알 수 있는데, 특히 능보와 뒷문의 면밀한 배치를 통하여 잘 나타난다. 방어시설들이 모두 석재로만 지어진 것은 아니다. 암반 위에 지어

그림 9.8 미케네에 있는 요새의 주요 입구에 조성된 사자문. 문의 이름은 문 위의 조각에서 따 왔는데, 기둥을 사이에 두고 양 옆으로 한 쌍의 사자가 보인다. 원래 기둥 위에 서 있는 것이 무엇이었는지는 알려져 있지 않다. 전체 구조를 미루어 보면 사자는 단순히 예언을 받드는 지지자를 상징한 것으로 보이며, 거대한 '키클로프스'의 벽돌 축조방식이 양쪽 문과 왼쪽 벽을 다듬는 데 사용되었음에 주목할 필요가 있다.

졌음에도 미케네 테베(Mycenaean Thebe)의 벽은 대부분 진흙벽돌로 건축되었다. 더욱이 일부 중심지들은 이렇다 할 내용의 방어시설이 없기도 한데, 예를 들어 필로스(Pylos)에서는 아무것도 발견되지 않았다. 이를 통해 필로스가 위치한 서부 펠레폰네소스는 다른 미케네 그리스 지역, 즉 아르골리드(Argolid), 아티카(Attica) 또는 보에오티아(Boeotia)보다 평온하였음을 알 수 있다.

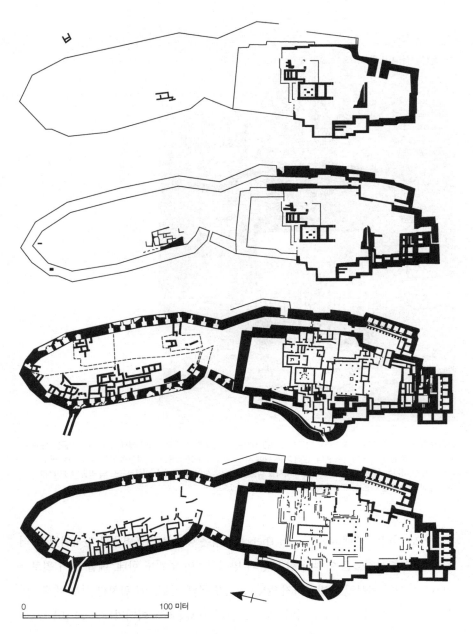

그림 9.9a 서기전 14~13세기 기간의 발달 과정을 보여주는 요새 평면도. 티린스

그림 9.9b 활 쏘는 사대(射臺).
티린스

　미케네와 같은 자연적인 요새는 서기전 16세기경 청동기시대 후기가 시작될 때 만들어졌을 것이다. 그러나 다른 유적을 포함하여 주요 키클로프스 양식(Cyclpean style)이 처음 나타난 시기는 서기전 14세기 이후로, 첫 번째의 미케네 왕궁도 이즈음에 나타난다. 서기전 13세기 초기에 방어의 필요성이 크게 대두되어, 성벽으로 둘러싸인 구역이 미케네와 티린스(Tiryns) 두 곳에서 모두 증가하였다. 요새의 남부 경사지를 에워싸기 위하여 미케네 성벽이 추가로 건설되었다. 그러므로 유명한 토갱 무덤이 설치된 묘역 A(Grave Circle A)가 요새구역 안에 들어온 것은 무덤 자체를 보호해야 했기 때문이 아니라, 전략적 방어선을 확장하는 과정에서 딸려온 것으로 보인다. 그러나 이후에 설치된 지하납골당은 여전히 성벽의 외부에 남아 있다. 티린스에서도 산마루 북쪽 지점에 있는 저지대 요새와 연결하기 위하여 요새가 확장, 보강되었다. 보다 적극적인 방어를 위하여 여러 줄의 활 구멍이 설치된 거대한 능보가 새로 축조된 것이다(그림 9.9a, 9.9b).

미케네의 요새는 영지의 크기에 따라 다종다양한데, 그중 가장 큰 요새는 글라(Gla)이다. 특별한 목적을 가진 군사 시설로서 일반적이라고 할 수는 없지만 성벽 길이가 약 3.2킬로미터에 달한다. 테베에도 유적 전체를 둘러싼 방어 성벽이 있지만, 다른 지역에서는 성채를 요새화하고 읍락은 별도로 그 밑에 두었다. 미케네의 경우도 마찬가지로, 성채 아래의 경사면에 무덤을 사이에 두고 건물군이 산재해 있다. 일부 건물은 채색 프레스코 등 화려한 시설이 갖추어져 있는데, 거주구역은 전반적으로 넓지 않고 도시라기보다는 읍락이라고 설명해야 할 것이다.

왕궁을 갖춘 왕국들

통치자는 왕궁에서 살았으며, 그 중심은 메가론(Megaron)이라고 알려져 있는 건축 복합단지이다. 거실 중앙에 받침을 높이 쌓아 난로를 설치하였고, 그와 연결된 현관에는 장축방향으로 기둥이 배치되어 있다. 하나밖에 없는 문이 달린 전실을 통해야 내부로 들어갈 수 있는 구조이다. 현관, 전실 그리고 거실은 단위 평면구조를 구성하는 세 개 요소이다. 이 구조의 벽 외부를 따라 근처 부속실로 갈 수 있는 복도가 나 있으며, 난로가 있는 거실은 분명히 의례용 방이었다. 가장 잘 보존된 사례를 필로스에서 볼 수 있는데, 그곳에는 난로와 함께 장식이 아직 남아 있는 회벽칠 바닥이 있다. 마루는 채색되었는데, 문질러서 얼룩덜룩한 포장석 효과를 내었다. 벽 또한 채색 프레스코로 장식되었는데, 미케네 프레스코 양식이 여러 측면에서 크레타의 것과 차이가 나기는 하지만, 궁극적으로 미노아 모델에서 파생된 것이다. 그러나 현재 지면 위에 남은 왕궁 구조물은 아무것도 없기 때문에, 최초의 모습은 발굴을 통하여 발견된 초석과 파편을 근거로 재현할 수밖에 없다. 그 결과 필로스 지역에서는 최소한 2층 이상의 진흙벽돌 건물이 있었다는 주장이 제기되었다.

작은 왕국 행정 중심지 역할에 어울리게 미케네 왕궁에는 농산물과 화려한 재화

그림 9.10 크노소스(크레타) 왕궁에서 발견된 선형 B 문자가 새겨진 점토판. 작은 것은 양의 숫자, 큰 것은 여러 신에게 바쳐진 향유 공물을 기록하였다.

의 창고가 있었다. 틀림없이 통치자는 주변 농촌으로부터 공물과 세금을 걷는 방식으로 부를 축적하였을 것이다. 필로스의 선형 B 점토판에는 청동무기와 그릇, 여성 방직 노동자, 향수 제조업 그리고 금속 노동자들에게 배분한 청동기의 수량이 기술되어 있다(그림 9.10). 이러한 단서는 근동의 마리 점토판에서 지적한 것과 같이(제7장) 왕궁이 수공업 생산 중심지이며 통치자가 장인들을 직접 통제하였다는 것을 시사한다. 필로스의 점토판에는 또한 왕궁 가구, 예를 들어 사람, 동식물 모양을 상아 또는 금, 호박금으로 상감 장식한 흑단과 녹색 목재 의자, 그리고 청색 유리로 상감되고 금제 버팀목으로 된 발판에 대한 기술도 있다.

미케네인은 건축설계가일 뿐만 아니라 토목기술자이기도 했다. 이러한 사실은 아르골리드와 보에오티아에서 분명히 확인된다. 미케네 주변에는 완전한 포장 도로망이 갖추어져 있는데, 개울에는 다리와 배수거가 설치되었다. 도로는 말이 끄는 전차가 다닐 수 있도록 건설되었으며, 통행이 끊기는 구역이 없었다. 더욱 중요한 사업은 서기전 13세기 티린스의 상류에 건설된 댐으로, 이 시설은 약 0.5킬로미터 길이의 인공 운하로, 수로를 돌려 성채 남쪽의 새 도로를 따라 원활하게 흘러가게 했다. 이는 바로 이전에 발생하였던 것과 같은 대규모 홍수에 대비하기 위한 것이다. 테베 북서쪽의 코파이스(Copais) 호수에서 물을 끌어내기 위한 댐과 운하의 건설은 미케네인이 수행한 설계 작업 중 가장 규모가 큰 것이었다. 이것은 선형 B 문자의 점토판과 함께 발견된, (다음 장에 소개하는) 인상적인 방 구조의 지하납골당 무덤을 통하여 알 수 있는 오르코메노스(Orchomenos)의 통치자 혹은 왕조의 강력한 중앙집권적 통치력을 입증하는 증거라고 할 수 있다.

미케네 왕국의 정치지리학

왕궁과 함께 축조된 무덤에서 미케네 그리스의 정치지리학에 대한 결정적 증거를 찾을 수 있다. 앞서 엄청난 부를 자랑하는 무덤 부장품으로 유명한 미케네의 토갱 무덤에 대하여 서술하였다. 그 연대는 서기전 16세기까지 거슬러 올라간다. 전부는 아니지만, 미케네 이후 군주의 무덤은 대부분 지하납골당 무덤 형태라고 알려져 있다. 모두 인상적인 석재 묘실을 갖고 있으며, 원형으로 내쌓기를 한 둥근 천장이 있다. 가장 정교한 것은 소위 미케네 아트레우스의 보물(Treasury of Atreus)이라고 불리는 것으로, 표면이 매끄럽게 다듬어지고 나선형 모양의 부조로 장식된 석판으로 조성되었다. 이러한 무덤군은 남부 그리스의 여러 지역에 퍼져 있으며, 이를 통하여 지역 권력의 중심지를 추정할 수 있다. 성채, 왕궁 또는 다른 주요 유적지 가까이에 이 무덤군이 있다는 사실은 그곳이 작은 왕국의 중심지임을 보여주는 것일 수 있다. 만약 그러한 증거를 신뢰할 수 있다면, 미케네 그리스는 10여 개 이상의 독립된 국가들로 분할되어 있었다고 할 수 있다. 이는 근동의 모델을 따르는 도시국가가 아니라, 대규모의 인구 밀집구역이 없이 왕궁에 의해 지배되는 공국이었다는 것을 시사한다. 많은 고지대 지역이 모두 체제에 편입되지 않았을 것이다. 히타이트 기록 중에 아히야와(Ah-hiyawa)의 '왕' 또는 '위대한 왕'이라는 표현이 미케네인을 가리킨다고 하더라도(제7장), 전체 영토가 하나로 통일된 왕국이었다는 것을 제시할 만큼 명백한 증거는 존재하지 않는다.

선형 B 문자 점토판은 미케네 그리스의 정치지리학에 대한 중요한 정보를 제공해 준다. 필로스와 크노소스의 공문서 보관소를 비롯하여 여러 곳에 남아 있는 점토판은 행정적인 것과 전적으로 관련이 있다. 문자는 분명히 미케네 왕국의 정부를 위한 중요한 도구로, 필로스 점토판은 미케네 국가의 내부 조직을 알려주는 귀중한 증거이다. 이 점토판에 따르면 미케네에는 두 개의 속주가 존재하는데, 하나는 필로스 주변의 해안 지역에 위치한 근거리 속주이고, 다른 하나는 내륙에서 뻗어 산맥까지 이르는 원거리 속주이다. 속주는 다시 각각의 지사가 다스리는 16개의 구역으로 구분되며, 행정의 정점에는 군 수뇌와 궁정 관료들을 거느린 왕, 즉 와낙스(wanax)가 있다.

미케네 공예

미노아인에게 토기는 가장 널리 보급된 미케네 제품 중 하나로 내부 편년의 기준이 된다.[3] 미케네 토기는 높은 품질의 제품으로 두께가 얇고 회전판을 사용하며 정교한 모양으로 만든 매력적인 그릇이다. 높은 수준의 채색 장식은 궁극적으로는 미노아 모델을 따르면서, 동시에 현저하게 다른 모습을 보여준다. 식물과 바다를 소재로 한 문양이 일반적이지만, 크레타의 것들과 비교할 때 구성이 더 철저하다. 헬라도스 3기 후반에 나타나는 '그림이 있는' 그릇을 주목할 필요가 있는데, 전차 행렬, 황소와 보병 행렬 같은 모습이 채색되어 있다. 비록 광범위하게 퍼져 있기는 하지만, 채색된 토기는 미케네 유적에서는 항상 소수였다는 것을 기억해야 한다. 품질이 좋다 하더라도 대부분의 일상적 토기에는 장식을 하지 않았다.

---

3   미케네 토기의 분류는 복잡하다. 토기로 보면 미케네 문명은 헬라도스 후기(LH)에 속하며, 크레타의 미노아 후기(LM), 도서지역의 키클라데스 후기(LC)와 구별된다. 헬라도스 후기는 토기의 형태와 장식의 증거에 따라 세 단위군(LH I, II, III)으로 구분되며, 이것은 다시 하위 단위(지역과 유적을 지표로 한 LH IIA, IIB와 LH IIIA1, IIIA2, IIIB1, IIIB2 그리고 IIIC)로 분류된다. 이 주제를 다룬 많은 논문들이 있다. 이러한 토기 양식은 일부 사례(예를 들면 LH IIIB2)와 같이 모든 지역에 있는 것은 아니지만, 일반적으로 50년 정도 단위로 하여 연속적으로 이어지는 시기를 구분할 때 이용한다.

미케네 장인들이 과시한 다양한 기술의 상당 부분은 왕궁 지배층을 위한 것이었다. 앞서 본 바와 같이 왕궁은 이러한 장인의 업적을 전시한 공간이라 할 수 있는데, 조각된 준보석과 상아, 금제 보석 그리고 유명한 '바페이오(Vapheio) 황금잔' 같은 금속용기가 그 사례이다. 일부 제품의 원자재는 수입된 것임에 틀림없다. 예를 들어 청동 야금에 필요한 주석은 근동에서 왔을 것이고, 보석에 사용된 호박은 발트(Balt) 원산지에서 교역망을 통하여 미케네를 비롯한 여러 유적지로 흘러들어 왔을 것이다. 청금석은 또 다른 이국적 수입품으로, 아프가니스탄과 같이 먼 곳에서 수입되었다.

선형 B 문자의 점토판에서 청동을 다루는 장인들과 전차 격납고에 대한 기록을 볼 수 있다. 요새 시설의 증거와 함께, 이를 통하여 미케네 세계가 이웃 지역만큼은 아니지만, 전쟁에 휘말리는 환경에 처해 있었음을 확인할 수 있다. 미케네 세계의 전쟁 장비가 다른 지역보다 우월하다는 사실이 실제 발견된 자료와 예술적 묘사를 통하여 인정된다. 그러나 미노아 크레타가 평화적인 것과는 대조적으로 미케네 그리스가 호전적이라는 관점은 현재 재평가중이다. 비록 예외적일 수 있고 착용하기에 아주 귀찮기는 하지만, 덴드라(Dendra)의 부유한 무덤에서 발견된 청동제 갑옷은 경이로운 사례이다. 다른 유적지에서 종종 그림으로 표현한 사례가 발견되었을 뿐인 멧돼지 엄니를 갖춘 투구도 이 무덤에서 발견되었다. 그러나 가장 공통적인 무기는 방패, 창 그리고 검이었다. 왕궁이 많은 전차 병력을 보유하였지만, 미술작품과 점토판에서 볼 수 있는 전차는 바위가 많은 그리스 지역에서는 별로 소용이 없었을 것이라고 추정된다. 전차는 근동에서처럼 이동 사수대로 사용되었을 터인데, 이는 전차가 전쟁터를 왕복하며 귀족 전사를 수송하였다고 하는 호메로스의 『일리아드(Iliad)』의 내용과는 큰 차이가 난다. 호메로스 시절 수세기 동안 전차는 그리스 전쟁에 사용된 적이 없다. 분명히 수세기 이후에나 볼 수 있는 다른 모습(예를 들어 철검과 화장 풍습)들이 마치 당시의 것처럼 인용되었다는 것을 고려하면, 『일리아드』가 미케네 군사 관행에 대해서는 신뢰할 수 있는 안내서라고 할 수 없다.

해외의 미케네인

에게 해의 세계는 최소한 서기전 3000년기부터 근동과 관계를 맺었다. 청동기시대 후기에는 그 관계의 중요성이 더 커졌다(혹은 보다 구체화되었다). 그 증거는 주로 미케네에서 확인되며, 그보다는 정도가 약하지만 레반트 해안과 키프로스(Cypros)를 따라 이집트에서 대량으로 발견된 미노아 토기를 통해서도 확인된다. 대부분의 토기는 소형으로 향유의 수송에 사용된 것으로 보이는데, 이 경우 중요한 것은 토기보다는 내용물이다. 발열분광분석이라고 알려진 방법으로 토기의 조직을 분석한 결과, 대부분이 교역의 주요 거점인 그리스 아르골리드에서 만들어진 것으로 판명되었다.

지중해 지역의 유적지에 미케네 토기가 많다는 것은 미케네 상인이 시리아와 키프로스 항을 정기적으로 방문하였다는 것을 시사하는 근거이다. 이것이 사실이라면 미케네 토기가 미케네가 아닌 다른 선박에 의해 운반되었음이 분명하다. 이러한 추정의 증거는 조지 바스(George Bass)를 비롯한 여러 학자들이 발굴한 터키 남동해안의 청동기시대의 난파선에서 확보되었다(발견 9.2). 이 난파선은 미케네가 아니라 시리아 또는 가나안의 것으로, 미케네 토기와 기타 다양한 제품을 운송했다. 두 경우 모두 주요 상품은 구리 주괴로, '소가죽' 모양(직사각형으로 양면은 오목하고 모서리는 돌출된 모양)이 대부분이다. 구리는 키프로스에서 채굴했으며 미케네 세계와 교역하기 위해 약간의 주석과 함께 배에 실어 서쪽으로 운반했다. 이 유적들의 발견을 계기로 그동안 고고학 자료로 상당한 평가를 받았던 미케네의 장식 토기에 쏟았던 관심들이, 목적지에서 완제품으로 주조된 구리 주괴와 같은 보다 값진 교역품으로 쏠리게 되었다. 울루부룬(Uluburun)의 선박에는 또한 완성된 금속 제품, 유리구슬, 미가공 상아, 금은 장식품 그리고 시리아나 이집트와 같이 먼 곳에서 산출되는 타조알 등이 선적되어 있었다.

미케네가 관심을 보인 해외지역은 지중해 동부만은 아니었다. 미케네 선원과 선박이 중앙지중해에서도 수송의 주된 역할을 담당하였다. 미케네 토기는 남부 이탈리아 시칠리아(Sicilia) 해안 주변에서도 발견되었다. 몇몇 권위 있는 학자는 타란토(Taranto) 만의 빼어난 항구를 내려다보는 스코글리오 델 토노(Scoglio del Tonno) 유

남부 터키의 바위가 많은 울루부룬 해안에 난파된 청동기시대 선박에 실린 엄청난 화물의 발견은 고고학상 유례를 찾기 힘들다. 난파되어 바다 밑에 가라앉은 배는 봉인된 캡슐로, 고대 교역 연구에 특별한 기회를 제공한다. 조지 바스와 세말 풀락(Cemal Pulak)이 발굴한 울루부룬 선박은 서기전 14세기 동부 지중해의 상업 세계에 대한 정보의 광맥이다. 서기전 1306년경 과중하게 선적한 배가 동부 지중해를 떠나 서쪽으로 항해하는 도중, 날카로운 암초에 걸려 산산이 부서져서 (연대는 난파선에서 발견된 장작나무의 나이테로 추정되었다) 44~52미터의 수면 아래 경사면에 가라앉았다. 바스와 풀락은 바다 밑에서 유물을 인양할 때마다 모든 목재와 배의 부재 품목, 선적 화물의 정확한 위치를 작은 구획으로 나누어 지도에 표시하였다. 그들은 3000년 전의 지중해 동부의 교역에 대한 독특한 모습을 찾아낸 것이다.

울루부룬 난파선에는 각각 27킬로그램이 넘는 350점의 구리 주괴와 작은 군대를 무장시키기에 충분한 10톤이 넘는 갑옷과 무기가 실려 있었다(그림 9.11). 배에 실린 화물로는 남부 터키산의 주석, 팔레스타인 또는 시리아에서 실린 152점의 가나안의 양손잡이 올리브 항아리를 비롯하여, 1톤의 테레빈 나무 수지, 유리구슬 그리고 종교 의례용 향 등이 있었다. 배의 선창에는 지중해 연안 육로를 통하여 운반된 것으로 보이는 발트산 호박과 아프리카산 흑단 목재, 코끼리 상

아와 하마의 엄니 그리고 북아프리카 또는 시리아의 타조알 등이 있었다. 그리고 갑판에는 이집트, 레반트 그리고 미케네의 단검과 장검, 창을 비롯하여 목재 가공 도구들과 동물 모양의 저울 분동 세트가 있었다. 이 밖에 가장 오래된 것으로 알려진 값비싼 유리 주괴, 메소포타미아 원통형 도장, 미케네 봉인석, 황금잔과 귀갑 그리고 당시 현악기인 류트의 부재도 확인되었다. 난파선에는 수십 점의 낚시추 및 낚시바늘과 함께, 바람이 많은 만에 정박할 때 필요한 23점의 돌닻 그리고 화물을 꾸리는 데 쓰이는 가시 있는 오이풀 관목까지도 보존되어 있었다. 특이한 발견물 중 하나는 상아 경첩으로 연결된 두 점의 접이식 목재 기록판으로, 양쪽 내부면에 밀랍이 칠해져 상업 계약 등의 글을 기록할 수 있도록 되어 있다.

바스와 풀락은 육상 유적지의 유물 분포도와 다양한 산지분석기법을 사용하여 배의 마지막 항해를 재현하였다. 그들은 배가 레반트 해안에서 항해를 시작하였고, 북쪽으로 해안을 따라 올라가 키프로스를 경유하여 남부 해안을 따라 항해하였다고 믿었다. 배는 빈번히 사용되는 항로를 따라 서쪽으로 항해하였으며, 도중에 계절풍이 변하기를 기다리기 위하여 크고 작은 항구에 정박하였다. 이러한 경로를 거쳐 크레타, 에게 해의 수개 섬, 더 나아가 그리스 본토까지 갔을 것이다. 선장과 선원은 이 항로를 여러 차례 횡단하였겠지만, 이번에는 그들의 운명이 다하여, 배와 화물, 생명까지 울

적지가 미케네인의 무역 기지였을 것이라고 주장한다. 이는 그곳에서 발굴된 많은 양의 미케네와 이탈리아산 물품에 근거한 것이다. 미케네 토기는 몰타(Malta) 섬들과 남부 스페인 해안까지도 운반되었다. 미케네인이 대가로 받은 것이 무엇인지는 수수께끼이지만, 사르디니아(Sardinia)에서의 주된 상품은 틀림없이 사르디니아산 구리였을 것이다. 전형적인 소가죽 모양의 구리 주괴는 사르디니아에서도 발견되며, 미케

루부룬 암초에서 난파된 것이다. 고고학적 관점에서 울루부룬 선박의 난파는 신이 보내준 것으로, 연구자들은 3300년 이전에 지중해 동부, 이집트, 에게 해, 그리스를 연결하는 정교한 교역망에 대하여 많은 구체적인 사항을 알 수 있게 되었다. 바스와 풀락은 울루부룬 선박이—아마도 군주를 위하여—특별히 값진 화물을 운송하였던 것으로 추측하지만, 소유자에 대해서는 아직 미스터리로 남아 있다.

그림 9.11 청동기시대 울루부룬 난파선의 발굴. 앞쪽에 구리 주괴가 보인다. 남부 터키 카스(Kas)

네인이 실제로 섬의 광산에서 작업하는 데 참여하였을 수도 있다. 사르디니아의 소가죽 모양 구리 주괴는 모두 재활용된 금속일 수도 있지만, 그 성분을 분석한 결과 놀랍게도 (사르디니아의 것이 아니라) 키프로스의 것이었다.

미케네의 해외 참여 규모가 어느 정도이든 에게 해 지역에서 그들의 영향력은 매우 컸다. 앞서 본 바와 같이 서기전 15세기 어느 시점에 미노아 크레타는 미케네의 세력에 흡수되었고, 그리스어를 사용하는 지배자가 크노소스의 새로운 통치자가 되었다. 미케네는 특별히 로데스(Rhodes)를 비롯한 도데카네스(Dodecanese) 군도에 강한 영향을 미쳤는데, 그러한 세력 지배가 평화적이었는지 혹은 무력적 수단에 의해서였는지는 불분명하다. 그러나 필로스에서 출토된 선형 B 문자 점토판에는 (남성의 숫자가 상대적으로 적은) 많은 수의 여성 포로와 아이들이 키오스(Chios), 렘노스(Lemnos) 그리고 크니도스(Knidos) 같은 동부 에게 해의 어느 장소에서 왔다고 적혀 있다. 그들은 물레를 돌리고 요리하여 대가로 배급을 받는 장소에 고용되었다. 두 개의 해석이 가능한데, 하나는 그들이 동부 에게 해의 시장에서 매입된 노예들이라는 것이고, 또 다른 하나는 미케네인이 직접 사로잡은 포로들이라는 것이다.

동부 에게 해의 해안과 섬들의 마을을 약탈한 미케네의 바다 전사들 그림은 호메로스의 트로이 전쟁 이야기의 역사적 배경이 되었을 것이다. 에게 해 연안의 터키에 대하여 적대적 정책을 시행한 아히야와 왕에 대한 히타이트 왕실 기록에 따르면, 그 왕이 터키 본토에서 일어난 '아카이아(Achaea, 미케네)'의 군사 행동과 관련이 있을 가능성이 있다. 해안에서 가까운 밀레투스(Miletus)와 할리카르나수스(Halicarnssus)는 미케네의 영토였을 수도 있는데, 이곳은 서쪽으로 미케네의 영향이 크게 미치는 도데카네스(Dodecanese)를 향하고 있다. 물론 토기와 무덤에서 미케네 양식을 수용한 현지 사람이 아닌 미케네 사람이 이곳에 거주하였다고 단정하기는 어렵다.

왕궁 이후 그리스(1200~1050 B.C.)

서기전 13세기는 그리스 본토에 불안함이 증폭된 시기이다. 새로운 요새가 미케네, 티린스, 아테네 그리고 여러 다른 유적지까지 확대되었다. 육지에서 쳐들어오는 공격으로부터 펠레폰네소스를 방어하기 위하여서 코린트(Corinth) 해협을 가로지르는 성벽 건설사업도 시작되었다. 그리스가 페르시아의 침입으로 위협받던 고전기에도 동일한 사업은 반복되었다. 그 직후 서기전 13세기 말에 왕궁들이 파괴되고, 필로스는 거대한 화재에 휩싸였다. 이로 인하여 왕궁 도서관의 선형 B 문자 점토판이 화재로 단단하게 구워져서 보존되었는데, 이는 고고학자에게는 대단한 행운이 아닐 수 없다.

필로스와 기타 지역에서 벌어진 이 파괴의 원인은 확실하지 않은데, 외곽 지역이 외국 약탈자나 침략자들에게 점령당하였다는 것을 시사하는 증거는 없다. 가뭄, 수확의 실패 그리고 여러 왕국 간의 치명적인 전쟁들이 모두 원인일 수 있다. 원인이 무엇이든, 50년 이상 혹은 그 정도의 시기 동안에 모든 주요 왕궁들이 폐기되고, 이른바 왕궁 이후 시기(1200~1050 B.C.)로 들어간다. 비록 티린스 읍락의 경우 이전보다 더 크게 번영하기는 하였지만 (아마도 주변 농촌에서 온 사람들에게 피난처를 제공하였기 때문인 것으로 추정된다), 전반적으로 쇠퇴의 국면에 접어들었다. 해외와는 계속 접촉하였지만, 그 중심지는 본토가 아니라 크레타와 도데카네스로, 왕궁 이후 시기의 교역을 주도한 것으로 보인다. 그나마 서기전 1000년경 이러한 경제적 활동마저 침체된다. 장인 활동에 대한 수요가 급격하게 감소하고 거주구역도 점차 작아지며 분산되었다. 메세니아(Messenia)와 라코니아(Laconia) 같은 남부 그리스 지역에서 심각할 정도로 인구가 감소하였다는 증거도 발견되었다.

낙관적인 시기는 아니었지만, 그럼에도 그리스의 고전세계가 이후 수세기 동안 발달할 수 있었던 것은 경제와 정치적 연맹 때문이었다. 서기전 8세기에 도시의 생활과 외국과의 교역은 되살아났고, 최초의 그리스 서사시가 새로이 채용된 알파벳 문자로 기록되었다. 호메로스의 『일리아드』와 『오디세이아(Odyssey)』로 유명해진 미케네 왕궁 시대의 자취를 다룬 전설과 서사시도 있다. 이 기록들이 역사적인 요소를 포함하고 있다는 것에 대해서는 별 의심이 없다. 트로이 전쟁은 실제 역사적 사건이었을 것이다. 그러나 한 번의 전쟁과 관련하여 허풍에 찬 영웅을 묘사한 내용은 선형 B 문자의 점토판에 적힌 고통스런 왕궁의 관료제에 대한 기록과는 차이가 상당히 크다(그림 9.12).

그림 9.12 트로이 VI기의 요새. 『일리아드』에서는 미케네의 최고 왕 아가멤논이 이끄는 아카이아(그리스인)들이 터키 북서 끝에 있는 다르다넬레스(Dardanelles) 해협 근처 트로이 도시를 상대로 벌인 전쟁이 묘사된다. 트로이 유적은 1860년에 영국 고고학자이면서 지역주민이기도 한 프랭크 캘버트(Frank Calvert)에 의해 히살리크 언덕에서 발견되었다. 1870년대에 슐리만의 발굴로 일련의 청동기시대 주거지가 발견되었으며, 이로 인해 그 연대도 서기전 3000년기로 거슬러 올라가게 되었다. 그중에는 후기 청동기시대(트로이 VI)의 요새화된 성채도 포함되어 있었는데, 그리스 미케네 성채와 같은 시기에 해당한다. 슐리만은 이를 서기전 3000년기 초의 요새로 잘못 판단하여 트로이 II기와 같은 시기로 추정하였는데, 그의 조수 도펠트(Dorpfeld)가 수년 후 추정 연대를 수정하였다. 트로이 VI기인 서기전 1250년에 심하게 파괴되었는데, 그 원인은 지진과 침략으로 설명된다. 이러한 파괴를 트로이 전쟁의 전설과 연결짓고 싶은 유혹은 당연하다. 미케네인이 서기전 13세기에 이 해안을 자주 침략하여, 트로이와 같은 방어거점이 자연스럽게 갈등의 목표가 될 수도 있었다. 그러나 트로이 전쟁에 대한 그리스 전설은 철기의 사용, 파트로두스(Patrodus)의 화장방식 장례 등 후대에 해당하는 요소들이 많이 차용되어 있다. 미케네 시기의 표준적 의례는 매장이었다. 최근 독일 고고학자 만프레드 코르프만(Manfred Korfmann)이 발굴한 성과에 의하면, 슐리만이 발굴한 트로이는 실제로 청동기시대 후기의 보다 큰 도시의 성채로 확인된다.

요약

미노아와 미케네의 것이었던 최초의 에게 해 문명은 서기전 2000년기에 번성하였다. 미케네인이 미노아인을 대신해서 상호 그리고 또 다른 지중해 세계와 어떻게 관련되어 있었는지 살펴보았다. 이 장 전체에 걸친 주제는 크레타, 그리스 본토 그리고 에게 해 섬들을 비교하여, 각각 개별적인 성격을 갖고 있으면서 문화적 파급과 수용을 함께 하는 공통의 장 위에 있음을 보여주는 것이었다. 또 다른 주제는 후기 그리스 전설과 관련된 것으로, 그것이 청동기시대의 역사적 사건을 말해 주는 것으로 보이지만 매우 미약한 정보밖에 주지 못한다는 사실을 확인하였다. 선형 B 문자가 그리스어 수정판임이 알려지면서 미케네 언어가 고전기의 그리스어의 직접적인 조상임을 알 수 있게 되었다. 이와 관련된 전반적인 이야기는 제10장에서 다룰 것이다.

The Mediterranean World in the First Millennium

제10장 서기전 1000년기의 지중해 세계 (1000~30 B.C.)

아테네인의 죽음을 슬퍼하는 아테나 여신. 서기전 460년경
(아테네 아크로폴리스 박물관)

아테네 달력으로 첫 번째 달인 헤카톰바이온(Hekatombaion) 달 28일째 날의 새벽이 환하게 밝았다. 오늘은 아테나의 탄생일로, 대규모 행렬 등 판아테나이아(Panathenaia) 축제가 열리는 날이라 도시 전체가 일찍부터 부산하게 움직였다. 아침 일찍부터 도시 외곽에서 행렬이 줄지어 도시로 들어왔다. 말을 탄 청년, 전차, 보행자, 물항아리 든 소년, 파이프를 연주하는 사람, 그리고 키타라(cithara)라고 알려진 현악기를 든 사람들 등, 여러 그룹의 사람들이 나름대로 순서를 갖춘 행렬이었다. 행렬 거의 앞쪽에는 기념행사의 핵심적인 참가자가 제물로 쓰일 소와 양을 몰고 갔다. 더욱 중요시되는 사람은 사춘기가 지난 미혼의 어린 소녀 대표들로, 장대로 군중 위로 높이 치켜든 수놓은 페플로스(peplos: 주름잡힌 긴 상의)를 실은 수레를 호위하면서 행진하였다. 이들은 도시 문을 천천히 통과하여, 돌로 포장된 성스러운 길을 따라 아고라 광장을 가로질러 갔다. 그들 앞에는 아크로폴리스의 대리석 건물 아테나 폴리아스(Athena Polias)가 빛에 번쩍이며 서 있었다. 의식은 아테나 폴리아스 신전에서 거행된다. 고대 여신상은 페플로스와 함께 새로운 예복을 받을 것이고, 도시는 아테네의 보호를 받게 될 새로운 한 해를 축하할 것이다.

앞에 서술된 판아테나이아 축제는 고전 그리스 시기의 선진 도시국가였던 고대 아테네의 연례행사 중 하나이다. 이 장에서는 먼저 서기전 8세기 그리스 도시국가의 출현에 대하여 논의할 것이다. 또한 그리스와 페니키아가 에트루리아의 이탈리아와 지중해 해안에 세운 식민지가 도시국가로 발달하는 과정에 대해서도 검토하고, 고전기의 그리스와 헬레니즘 세계에 대한 설명으로 매듭지을 것이다(표 9.1, 표 11.1).

그리스의 재발견(1000~750 B.C.)

역사적 관점에서 그리스 미케네 왕궁의 붕괴 이후 수세기 동안은 암흑 속에 감추어진 때이다. 헤로도투스 같은 후기 그리스 역사학자는 그리스가 이른바 도리아인(Dorians)이라 불리는 북쪽 사람들에 의해 침략당하였다고 믿었다. 이 새로운 외래인은 철제 도구와 무기를 보유한 것으로 생각되며 (호메로스에 의해 설명된 것처럼) 미케네 시대의 영웅적 사회를 대신한 새로운 사회적 질서를 구축하였다. 이 '암흑 시기' 동안에도 아테네, 테베, 스파르타와 같은 미케네의 중심지는 아직 그 지위를 유지했다. 더군다나 미케네인이 말할 때 사용하고 선형 B 문자의 점토판에 기록된 언어는 현재 그리스어의 초기형으로 이해된다(제9장). '암흑 시기'에 대한 오늘날의 이론에 따르면, 이 당시 그리스 인구 전체가 교체된 것이 아니라, 왕궁, 점토판과 함께 귀족이 몰락한 수준에서 미케네 사회가 붕괴된 것으로 본다. 따라서 이 지역에는 교육수준이 낮은 읍락민과 농민이 여전히 남아 있어, 구전 설화만 전하고 촌락 농경 경제가 지속되는 상태를 보여준다.

수세기 동안 그리스는 도시, 문자 그리고 자랑할 만한 건축물 하나 갖지 못한 채 농민 사회의 상태를 철저히 유지하였다. 그러다가 서기전 10세기 초 경제적 부흥의 신호가 보이기 시작하여, 서기전 10세기와 9세기 동안 국내와 국제적 요소를 두루 갖춘 문화와 경제를 회복하였다. 국내에서는 미케네 시대에 급격히 감소한 인구가 다시 증가하고 번영이 시작되었다(그림 10.1). 국제적으로는 동부 지중해 주변의 항구와 새

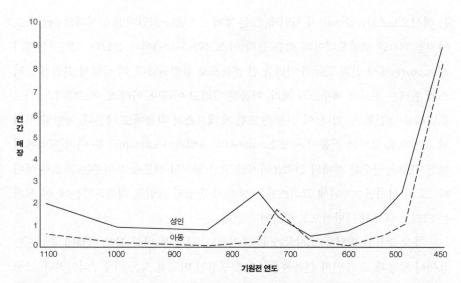

그림 10.1 서기전 1100~450년 시기의 아테네 무덤 그래프. 그리스 폴리스, 즉 도시국가의 출현이 갖는 주요 특징은 부와 계급에 상관없이 모든 시민이 동등한 권리를 향유한다는 시민권을 강조한 사회적 이념이다. 이는 이전 수세기 동안 부유한 가문이 그리스 사회를 지배하고 대부분의 사람들은 종속적인 소작 노동자였던 때의 상황과는 현저히 다르다. 영국 고고학자 이언 모리스(Ian Morris)는 아테네에서 영주-소작농 단계가 시민-폴리스 단계로의 이행이 원만히 이루어진 것은 아니며, 최소한 일시적으로나마 격변의 과정을 거쳤을 것이라고 주장하였다. 이 주장은 아테네와 그 주변 지역에 조성된 무덤 증거를 토대로 내린 결론이다. 그곳에서 그는 폴리스 이전 시기(11~8세기 B.C.)에는 아이들과 가난한 사람을 포함한 일정 집단이 묘역에서 공식적으로 배제되었음을 알아냈다. 어른의 그것과 비교해 보면 서기전 8세기에 아이들의 비율은 정식으로 매장된 성인 수가 늘어남에 따라 증가하였다. 이는 부유하든 가난하든, 모든 시민이 묘역에 매장될 권리를 갖고 있다는 시민 매장의 경향을 의미하는 것이라고 모리스는 주장한다. (전부는 아니지만) 여러 그리스 도시들은 같은 시기에 유사한 경향을 보였다. 코린트와 다른 지역에서도 도시국가가 출현하였다. 아테네에서 이러한 변화의 패턴은 서기전 700년경 역전되는데, 묘역에 묻히는 것은 부유한 자들의 전유물이 되었다. 아테네의 '폴리스(도시국가)'는 봉오리가 피기도 전에 떨어졌다. 서기전 6세기가 되어야 비로소 이러한 경향이 회복된다. 이때 아테네 묘역에는 어른과 아이 모두 매장 숫자가 급격히 증가하였다. 이 시기는 도시국가가 부유한 가문만이 아닌 전체 구성원이 갖는 시민권의 입장에서 통치되어야 한다는 폴리스의 이상이 최종적으로 완성되는 시기이다. 이 과정은 아테네 민주주의가 발달한 서기전 500년 직전에 정점에 이른다.

로이 접촉해, 이집트와 키프로스로부터 들여오는 사치재가 에우보에아(Euboea) 섬에 있는 레프칸디(Lefkandi) 무덤에 부장되기도 했다.

　서기전 8세기는 그리스 문화와 경제의 발전이 분수령을 맞이하는 시기이다. 이때 그리스 호메로스의 서사시가 오늘날 우리가 보는 것과 같은 모습을 갖추고, 그리스는 페니키아로부터 알파벳을 차용한다. 초기 그리스 문학의 또 다른 획기적 사례는 헤시오도스(Hesiodos)의 시인데, 그는 호메로스보다 젊었지만 동시대의 사람으로 서기전 700년 보에오티아의 작은 읍락 아스크라(Askra)에서 살았다. 그는 『신통기 *Theogony*』에서 신과 그들의 기원을 긴 운문으로 설명하였다. 이 글에서 고전기 그리스의 판테온 신으로 제우스와 헤라, 아폴론 그리고 아테나, 아레스, 아르테미스, 아프로디테를 발견할 수 있다. 이 신들은 또한 호메로스의 작품에도 나온다. 동일한 시기의 신전으로 보이는 건물이 사모스(Samos)와 올림피아(Olympia) 등 여러 지역에서 발견되었다. 단순한 형태의 건축물이지만 고전 양식의 전통을 보여주는 최초의 예이다. 그 뒤 서기전 776년에 그리스인은 첫 번째 올림픽 게임을 개최하였는데, 이 시기는 그리스 역사의 시발점으로 평가되고 있다.

가장 중요한 발달은 도시국가 즉 폴리스로, 앞서 본 바와 같이 미케네 중심지는 요새나 왕궁과 그 주변의 건물복합군으로 구성된 비교적 작은 거주구역이었다. 그중 도시라고 단정할 만한 것이 있었는지는 의심스럽다. 고전기 그리스는 도시들로 이루어졌고, 시민권은 그리스 정치와 생활의 기본 특징이었다. 도시국가 개념은 그리스 세계를 구성하는 원칙적 요소이다. 일반적으로 (종종 서로 전쟁을 벌였기 때문에 요새화되어 있는) 도시에는 농장과 촌락으로 구성된 주변의 농촌 배후지가 딸려 있었다. 도시국가 중 많은 곳은 면적과 인구가 소규모였으며, 징집 가능한 연령의 남성이 수백 명에 불과하였다. 한편으로 어떤 곳에는 부유한 자들을 위한 궁전 대신에, 도시 자체의 위엄을 기념할 목적으로 웅장한 신전과 공공건물이 있었다. 서기전 5세기 아테네에 이런 경향이 있었음은 분명한 것으로 보인다. 아테네는 황금과 상아로 조각된 수호신 아테나를 모신 파르테논(Parthenon)을 비롯하여 아크로폴리스(Acropolis)를 재건하는 데 엄청난 자금을 쏟아부었다.

페니키아인과 카르타고인(1000~750 B.C.)

그리스가 경제를 회복해서 해외 접촉을 확대한 것은 당시 큰 흐름의 한 부분이었다. 이 큰 흐름에는 페니키아인도 포함되어 있었다. 이 레반트 교역자는 장거리 상업과 탐험에 적극적으로 관여하기 시작하였는데, 서기전 9세기 중에는 북서 아프리카와 남부 스페인에까지 이르렀던 것으로 보인다(제8장). 교역의 주요 품목은 남부 스페인과 포르투갈(이베리아 반도)에 있었던 타르테소스(Tartessos)라고 알려진 왕국에서 생산되는 금속 자원이었다. 이중 중요한 것은 은이었다. 이베리아에는 주석과 구리 그리고 금 등의 자원도 풍부하였다. 스페인은 페니키아 본토에서는 물론 멀리 지중해 동부의 항구와 시장에서도 상당한 이익을 남기며 금속을 거래하였다. 이 교역으로 페니키아 상인은 부를 축적할 수 있었다. 상업적으로 성공하면서, 그들은 지중해 해안에 장거리 상업용 선박의 중간 정박 지점이자 지역 주민과 교역하는 공간의 역할을 하는 무역 식민지를 건설하였다. 식민지로 선택되기 위해서는 해안에서 이격된 섬, 깊은 수심, 방파제 기능을 하는 만, 닻을 내리거나 정박할 수 있는 모래 해안 등 우수한 천연 항구의 조건을 갖추어야 하였다. 남부 스페인의 가데스[Gades, 카디즈(Cadiz)]가 전형적인 사례로, 해안에서 멀지 않은 곳에 파도를 막아 주는 만이 있고 뒤편에는 강 포구가 있었다. 이러한 위치는 티레나 시돈 같은 페니키아의 주요 도시와 유사하다.

　　페니키아의 식민지 사업은 서기전 9세기에 본격적으로 진행되었다. 당시 새로운 거주구역 중 가장 큰 곳은 북아프리카 해안에 건설된 카르타고(Carthage)였다. 전설로 전해지는 건설 시점은 서기전 814년이며, 독일인 발굴자가 발굴한 층위도 서기전 8세기로 추정된다. 신도시를 의미하는 콰르트 하다슈트(Qart Hadasht)가 페니키아의 지중해 서부의 중심지이자 카르타고 제국의 선두주자로 급속하게 성장하였다. 이 도시는 레반트의 도시를 본떠 아프리카에 조성한 것으로, 페니키아 남신인 발 하몬(Baal Hammon)과 멜카트(Melkart) 그리고 여신 아스타르테(Astarte)와 타니트(Tanit)를 숭배하였다. 페니키아인이 전파한 의례 중 중요한 것은 위기가 닥쳤을 때(예를 들어 서기전 310년에 그리스의 공격에 의해 도시가 포위된 것과 같은 위기) 아이 제물을 바치는 것이다. 이 소름끼치는 의례는 1921년 지역 주민이 고대도시의 남부 경계 근처에서 아이 무덤, 즉 토페트(tophet)에 걸려 넘어져 우연히 알려졌다. 2만 기가 훨썬 넘는 항아리가 이 공동묘지에 묻혀 있었다. 대부분은 한 명 또는 그 이상의 아이를 화장하여 묻은 것으로, 대략 10기 중 하나는 아이 대신 어린 동물의 유해가 묻혀 있었다. 아마도 아이 제물을 대신한 것으로 보인다. 연대기적 관점에서 볼 때 이 의례는 실제로 서기전 750년경부터 로마에 의해 파괴된 서기전 146년까지 도시의 초기 역사 전체에 걸쳐 있다. 카르타고에 이 시기에 대규모로 아이를 제물로 사용한 풍습이 있었던 것은 확실하다. 최근에 미국 고고학자 로렌스 스태거(Lawrence Stager)의 발굴 조사와 제프리 슈워츠(Jeffrey Schwartz)의 화장 풍습에 대한 분석 연구에 따르면, 서기전 7세기 초에 신생아가 매장된 사례가 압도적으로 많았는데 서기전 4세기에는 한 살과 세 살 사이의 아기 뼈가 주로 발견되었다고 한다. 그리스와 로마의 기록은 아이들을 화장하기 전에 목을 베었다는 사실을 암시한다. 카르타고는 사실 10개의 페니키아 도시들 중 하나일 뿐으로, 아이들은 신앙 행위나 종교적 믿음을 구현할 목적으로 치른 섬뜩한 의례의 경배 과정에서 희생된 것으로 추정된다.

카르타고인의 문자가 보존되었더라면 카르타고에 대하여 더 많은 것을 알 수 있었을 것이다. 서기전 146년에 로마인이 도시를 파괴하였을 때 문자도 같이 소멸되었기 때문에, 카르타고인을 존중할 하등의 이유가 없는 적대적 관계의 그리스와 로마 작가가 쓴 어슴푸레한 기술을 통해서만 알 수 있다.

그리스의 식민지(800~600 B.C.)

페니키아는 남부 스페인, 북아프리카, 사르디니아(Sardinia) 그리고 서부 시칠리아를 포함한 서부 지중해 연안의 대부분에 식민지를 건설하였다(그림 10.2). 그러나 그들만이 서기전 1000년기에 존재한 유일한 식민지 개척자는 아니었다. 그리스도 마찬가지로 에게 해, 중앙 지중해 그리고 흑해 해안 주변에 새로운 도시를 건설하였다. 서기전 10세기부터 일찍이 터키 서부 해안에 밀레투스와 에페수스(Ephesus) 같은 도시에서부터 식민지를 건설하기 시작하였는데, 이주민의 정착이 성공적으로 이루어져 수년

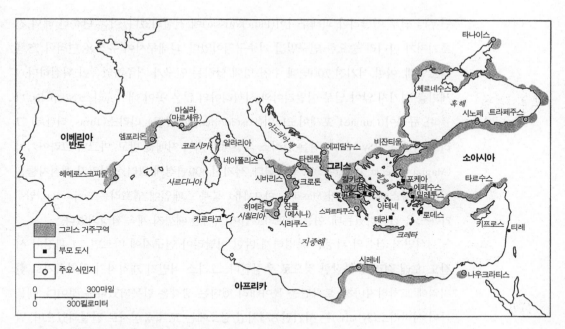

그림 10.2 지중해와 흑해 연안의 그리스 식민지 지도

후에는 이들 도시가 마치 그리스 본토의 일부분과 다름없게 되었다. 실제로 어떤 지역은 미케네 시대부터 계속 그리스에 의해 지배당했다.

그리스는 서기전 8세기부터 본격적으로 식민지를 개척하였는데, 그리스 본토의 여러 공동체 사람들이 동서 양쪽의 식민지로 이주하였다. 이러한 현상은 해상에 대하여 다시 관심을 갖게 되면서부터인데, 그리스로서는 바다에 대한 관심을 절대 포기할 수 없었을 것이다. 아테네의 토기에는 배 문양이 점점 더 자주 등장하였으며, 해외 식민지는 종종 그리스 본토 도시의 딸자식으로 불렸다. 식민화 과정은 실제로는 그리스 도시국가가 완성된 뒤에 시작된 것이 아니라 처음부터 진행된 것으로, 폴리스의 형성과 해외 식민지 개척은 동시에 추진된 사업이었다.

서기전 8세기에 식민지 사업을 가장 활발하게 추진한 도시는 에우보에아의 에레트리아(Eretria)와 칼키스(Chalcis)였다. 19곳 이상의 에우보에아 식민지가 서기전 775

년부터 남부 이탈리아 피테쿠사이(Pithekoussai)에 건설되었다. 이는 단순한 해외 전초기지가 아니라 중요한 인구밀집 거주구역이었다. 피테쿠사이 유적은 면적이 75헥타르인데, 이미 서기전 700년에 수천 명에 달하는 인구가 거주하였음이 확실하다. 1세기를 넘기지 않아 남부 이탈리아와 시칠리아의 많은 곳이 네아폴리스(Neapolis, 나폴리), 큐메이(Cumae), 포세이도니아(Poseidonia, 파에스툼), 타라스(Taras, 타란토) 그리고 시라쿠스(Syracuse) 같은 그리스 식민지가 되어 지배를 받고, 마그나 그라이키아(Magna Graecia, 대 그리스)로 알려졌다. 서기전 600년경에 그리스 식민지 개척자들은 남부 프랑스에 마실리아(Massilia, 마르세유), 북부 스페인에 엠포리온(Emporion, 암푸리아스)을 건설하였는데, 이는 카르타고인이 저지할 때까지 계속 확장되었다.

식민지 건설의 과정을 분명하게 밝힌 이탈리아 연구자에 따르면, 그 과정이 시간도 오래 걸리고 복잡한 것으로 추정된다. 그리스 식민지 개척자가 정착하기로 한 지역에 도착하자마자, 토착민을 몰아내려 했다는 생각은 잘못되었다는 것이다. 예를 들어 시바리스(Sybaris)는 서기전 8세기말 당초에는 교역 중심지로 건설되었으며, 말 그대로 '식민지'로 자리잡은 것은 그 이후라고 주장한다. 내륙의 토착민 마을이면서 의례 중심지인 팀폰 델라 모타(Timpone della Motta)를 발굴 조사한 결과, 그 지역 공동체에 가해진 충격이 점진적이라는 사실이 밝혀졌다. 의례 중심지의 건물은 그리스가 인근 연안에 종교적 건물을 처음으로 건축하였던 서기전 8세기 말에는 에게 해 지역에서 밀려오는 영향을 거부하였는데, 큰 변화는 서기전 7세기 중반에 비로소 이루어진다. 이 시기에 성역 건물이 그리스 양식으로 재건축되고, 그리스산 토기가 공물들 중에서 압도적으로 많은 양을 차지하는 큰 변화를 겪게 되었던 것이다. 서기전 6세기 초 팀폰 델라 모타의 공동묘지는 토착 지배층이 농촌 배후지 전체의 정치행정적 중심지 역할을 하는 그리스의 시바리스 식민지로 이주당하면서 폐기된다. 그러므로 시바리스 지역의 '식민화'는 1세기 이상에 걸친 점진적 과정이었던 것으로 보인다. 유사한 패턴이 메타폰툼(Metapontum)에서도 확인되는데, 이곳에서는 그리스 교역자와 식민지 개척자가 '식민화' 절차에 따라 배후지를 분할하기 전까지 2~3세기가 소요되었다.

지역 토착민 공동체와 관계망을 형성하려는 활동 이외에도, 그리스는 서부 지중해의 제해권을 두고 카르타고인과 다투어야 했다. 흑해에서는 상업적으로 심각한 경쟁자가 없었다. 에게 해 터키의 코린트(Corinth)와 밀레투스 근처의 메가라(Megara) 도시들은 다르다넬레스 해협 주변에서 식민지 건설을 시작하였고, 단계적으로 동쪽으로 확장하였다. 비잔티움(지금의 이스탄불)은 메가라인이 서기전 7세기에 건설한 도시이다. 서기전 5세기에는 흑해를 건너 동쪽으로 파시스(Phasis)까지 식민지를 개척하였다. 러시아 큰 강 하구의 북쪽 저지대는 그리스 식민지 개척자들이 특별히 관심을 갖는 대상이었다. 흑해는 깊이가 100미터에 불과하며, 철갑상어, 연어, 가자미와 같은 어류가 풍부하였다. 강 자체가 내륙으로 접근할 수 있는 통로로서, 유라시아 스텝 지역의 유목민인 스키타이인(Scythrans)을 상대로 곡물을 비롯한 여러 상품을 교역할 수 있는 기회를 제공하였다. 그리스인의 식민지 개척에는 복잡한 이유가 있는데, 토지 소유에 대한 본토민의 갈망이 그중의 하나의 설명이다. 서기전 8~7세기에 그리스 내부의 인구가 많아지면서 해외에서 새로운 삶을 시작하려는 자극이 발생하였다는 것인데, 과연 서기전 8세기에 본토의 토지가 부족할 정도로 인구가 증가하였는지는 의심스럽다.

　　또 다른 설명은 초기도시에서 정치적 긴장과 빈부의 격차가 증가하였음을 이유로 들고 있다. 정치적으로 패배한 파벌들이 도시를 떠나 해외에서 다시 시작하였다는 역사적 기록도 있다. 그러나 또 다른 결정적인 역할을 하는 요인도 있을 터인데, 그중 하나가 상업이다. 그리스인이라도 지역 토착민의 완강한 저항을 무시하면서 해외 식민지를 설치하지는 못하였을 것이다. 지역 주민을 몰아낸 기록이 있기는 하지만, 그리스가 그들에게 자신들의 존재를 인정하거나 적어도 용인하도록 설득하기 위하여 무엇인가를 제공하였음에 틀림없다. 그들이 식량, 노예 그리고 원자재 등과 같은 재화를 용이하게 제공받을 수 있는 것은 분명한 혜택이며, 지역 토착민들 또한 그리스 교역자와 교통함으로써, 상당한 이익을 챙겼을 것이다. 그리스인은 지역 통치자들에게 외교적인 선물을 제공함으로써 이러한 관계를 조심스럽게 유지한 것으로 보인다. 이러한 선물로 프랑스 동부의 켈트족 무덤에서 발견된 유명한 빅스 크레이터(Vix krater) — 현존하는 그릇 중에서도 가장 큰 고대 그리스의 청동그릇—같은 것들이 있다.

교역과 농경이 활성화됨에 따라 그리스 식민지들은 점차 부유해졌고, 곡식과 소금, 육류 등의 잉여 생산량은 그리스 본토와 성장 중인 이오니아(Ionia) 도시에 공급하였다. 그리고 대가로 그리스 재화를 포함해서 해외 수입품과 식민지 자체 생산품을 제공받았다. 식민지 개척자들은 가는 곳마다 그리스 언어와 문화를 전파하였다. 지중해와 흑해 연안의 많은 지역을 그리스 영향권으로 만들었으며, 교역과 상호교류를 통하여 비(非)그리스 원주민 내부에 그리스의 영향력을 파급시켰다.

에트루리아인(Etruscan)의 이탈리아(750~400 B.C.)

그리스의 오랜 교역 상대자인 에트루리아인은 티레니아 해(Tyrrhenian Sea, 지중해 서부 유역)를 마주보는 에트루리아(Etruria)라고 하는 북부 이탈리아에 거주하였다. 비옥한 언덕이 많은 들판으로, 철 매장량이 상당한 엘바(Elba) 섬에 접근할 수 있는 중요한 곳이다. 에트루리아인은 지금의 유럽 언어와는 관계없는 언어를 사용하였다. 서기전 8세기에는 그리스와의 접촉을 통하여 그리스 알파벳을 차용하였는데, 그리스어세 글자를 제외하였으며, 그 밖에 자신들의 문자를 추가하였다. 지금까지 약 1만여 점의 에트루리아 기록이 남아 있지만, 단지 6점만이 50개 단어를 넘을 뿐이고 대부분은 아주 짧다. 에트루리아 언어는 문자 그 자체는 쉽게 읽히지만, 간결한 문장으로 인하여 오히려 정확한 의미의 파악이 어려워 이해된 것은 극히 일부분에 지나지 않는다. 결과적으로 에트루리아에 대한 지식은 고고학 자료의 증언과 (종종 그들의 적이었던) 그리스인과 로마인 등 이웃세력의 기록에 의존한다.

헤로도투스를 비롯한 여러 명의 고전 작가가 증언한 것처럼, 에트루리아인은 수 세기에 걸쳐 동쪽에서 온 도래인으로 청동기시대 말에 이탈리아를 침략하였다고 여겨졌다. 이러한 견해는 전반적으로 신뢰하기 어려운바, 고고학적인 측면에서 보면 에트루리아 문명은 청동기시대에 에트루리아의 토착 사회에서 발생했으며, 그리스와 페니키아 교역자들과의 접촉을 통하여 급격한 변화과정을 겪는다.

페니키아 상인은 서기전 9세기에 에트루리아, 서기전 8세기 중엽에는 그리스와 접촉하였을 것이다. 그들은 타조알, 미가공된 상아 또는 상아 조각품, 파이앙스와 유리, 금과 은 장식 등 이국적인 사치재를 공급하였다. 그리하여 타르퀴니아(Tarquinia), 카이레(Caere, 체르베테리), 불치(Vulci) 같은 선진적인 에트루리아 중심지의 귀족 무덤에서 그리스 채색 토기가 상당히 빈번하게 나타난다. 서기전 8세기경 그리스 상인은 그라비스케(Graviscae) 같은 에트루리아 항구에서 활발하게 활동하였다. 에트루리아인 또한 카르타고인과 상업적, 외교적으로 긴밀하게 접촉하였다. 서기전 6세기에 그들은 서부 지중해에서 그리스의 상업적 확장을 저지하기 위하여 서로 협력하였다. 서기전 540년에 있었던 알라리아(Alalia) 해상 전투에서 그리스는 에트루리아와 카르타고 연합 함대에 대항하여 승리를 거두었다. 그러나 전쟁의 직접적인 원인이었던 코르시카(Corsica) 식민지를 포기해야만 하는 큰 손실을 입었다. 이 시기의 에트루리아와 카르타고의 관계에 대한 생생한 증거는 이탈리아 고고학자가 1964년에 피르기(Pyrgi)에서 발견한 서기전 6세기 순금판 유물 세 점에서 나왔다. 그중 두 점은 에트루리아어, 한 점은 페니키아어(카르타고인이 사용한 서부 페니키아의 방언으로 추정됨)로 기록되었다. 세 점 중 두 점은 대응되는 문장(상호 문장에 대한 직접적인 번역)이 분명한데, 카이레의 에트루리아인 지배자가 페니키아 여신 아스타르테(Astarte)에게 봉헌한 물품이 기록되어 있다. 피르기는 선진 에트루리아 도시 중 하나로 카이레의 항구이다. 이들 중 하나의 신전에서 발견된 기록판을 통하여 페니키아 신이 숭배되었음을 확인할 수 있다.

이탈리아의 에트루리아 시기는 몇 단계로 구분된다.[4] 형성 단계에 빌라노반(Villanovan)이라고 알려진 첫 번째 도시가 출현한다(900~700 B.C.). 지배층에 국한되기는 하지만, 단순한 화장에서 묘실을 이용한 매장으로 전환된 것도 이 단계이다. 그 다

---

4 에트루리아의 편년 체계에 대해서는 다수의 논란이 있다. 여기에서 사용되는 체계는 그리스 채색 토기와 근동 수입 유물에 근거한 것으로, 고전기 그리스에 대하여 널리 사용되는 편년 체계를 개략적으로 반영한다.

음에 채색 토기를 포함한 그리스 사치재가 수입되는 동구화(東歐化, Orientalizing)되는 단계(700~600 B.C.), 그 뒤 상고기 단계(600~500 B.C.)와 에트루리아인의 영향력이 절정에 달하는 고전기 단계(500 B.C. 이후)로 이어진다. 이 시기 내내 유명한 아티카(Attic) 채색 토기를 비롯한 재화가 그리스로부터 계속 수입되었다.

그리스와 마찬가지로 에트루리아도 도시국가이다. 12개의 선진적인 도시가 에트루리아 연맹을 형성하였으며, 각 도시는 자치적으로 유지되었다. 서기전 8세기에 도시들이 처음 출현하는데, 이때는 페니키아, 그리스와 접촉이 증가하는 시기였다. 그러나 교역의 확대가 에트루리아 도시화의 원인이라기보다는 결과였을 것이다. 에트루리아의 도시화는 북부 이탈리아 원주민의 최초 발생지였던 빌라노반의 철기시대 공동체로 거슬러 올라갈 만큼 뿌리가 깊다. 앞서 본 바와 같이 에트루리아인이 서기전 8세기 이 지역에 도래인으로 들어와 도시국가를 이룬 것으로 설명한 초기 이론은 지금은 별로 믿지 않는다. 에트루리아 도시는 지역 자체의 동인, 즉 인구 증가, 사회적 경쟁 그리고 경제적 성장 등에 기인해 발달했다고 보는 것이 보다 설득적이다.

고고학적 관점에서 볼 때 에트루리아 도시에 대하여 알려진 것은 많지 않다. 고전기 그리스의 당대 도시와 견줄 만한 유적은 남아 있지 않다. 그러나 언덕 정상에 도시를 건설하는 것을 선호하였고, 석재 기초에 진흙벽돌로 견고한 방어성벽을 구축한 경우는 많다. 가장 큰 에트루리아 도시는 에게 해와 동부 지중해의 어떤 도시에도 뒤지지 않는 면적을 갖고 있으며, 베이(Veii) 성벽의 길이는 11킬로미터에 달한다. 서기전 7세기부터 평면 장방형의 가옥이 지배적인 형태로 나타나지만, 이전의 초기 가옥은 평면상 타원형 모양이었음이 발굴조사를 통하여 밝혀졌다.

카이레와 에트루리아 묘지

에트루리아의 가옥을 입증하는 가장 좋은 증거는 역설적이지만 무덤에서 나왔다. 카이레의 웅대한 반디타치아(Banditaccia) 묘지(그림 10.3)의 묘실은 가옥의 형태로 조각되었는데, 문, 벤치, 천정 들보 그리고 그것을 지탱하는 기둥을 모두 견고한 바위를 깎아 표현하였다. 등이 높은 의자까지 표현한 몇몇 사례가 있으며, (유명한 '부조의 무

(a)

그림 10.3 카이레 근처 반디타치아의 에트루리아 묘지. (a) 무덤 봉분, (b) 전체 묘지의 평면도, (c) 톰바 델라 코미세(Tomba della Cornice, 서기전 6세기)의 평면도와 입면도. 반디타치아는 카이레의 주요 묘지이다. 카이레는 북부중앙 이탈리아의 선진적인 에트루리아 도시 중 하나이다. 지상 건축공법과 지하 채석공법을 조합하여 무덤을 완성하였는데, 석재를 조심스럽게 다듬어 지상시설을 마련하고 바위를 파내어 지하묘실을 조성하였다. 가장 큰 무덤은 서기전 7~6세기에 속하는 것으로, 직경 40미터가 넘는 풀로 덮인 돔 형태의 봉분을 갖춘 기념비적인 원형시설물이다. 도시의 이른 전성기에 활약한 지배층 가문의 대형 무덤으로, 많으면 네 기까지 독립된 묘실 공간이 있는데 동시에 조성된 것은 아니다. 예를 들어 투물로 대형 무덤 II(Tumulo monumentale II)를 구성하는 4 기의 묘실은 서기전 7세기 초에서 6세기 말에 걸쳐 축조되었다. 각 무덤군에는 옆으로 들어가는 계단 또는 경사로가 갖추어져 있다. 지면에는 묘실 내부 입구로 통하는 짧은 통로로 이어지는 바깥문이 있다. 서기전 6세기의 전형적인 사례는 톰바 델라 코미세이다. 이곳에는 통로 양쪽에 문이 달린 평면 장방형의 측실이 있는데, 각각의 측실에는 문 양쪽 옆으로 벤치가 있어 시신을 둘 수 있다. 이 측실을 지나 통로는 주 묘실로 이어지는데, 이곳에도 역시 벽을 따라 붙박이 벤치가 있다. (같은 묘지의 다른 무덤과 마찬가지로) 이 특별한 주 묘실에서 주목되는 것은 안쪽의 다른 작은 묘실을 마주보도록 깎아 만든 의자인데, 등받이가 곧추세워져 있다. 이 주 묘실의 안쪽에는 통로와 배경시설이 조각된 세 개의 문이 각각 작은 묘실로 연결되고 각각은 앞서 측실에서 보았듯이 한 쌍의 벤치를 갖추고 있다. 이 묘실의 두드러진 특징은 바위를 깎아 만들었다는 것으로, 에트루리아 지역 건축물의 특징이기도 하다. 의자들과 문은 이미 설명한 바와 같으며, 천정에는 목재 대들보, 어떤 경우에는 대들보를 지지하는 기둥이 부가되어 조각된 사례가 있다. 이 무덤은 서기전 7세기부터 카이레를 지배한 에트루리아의 막강한 가문의 것으로 전해진다.

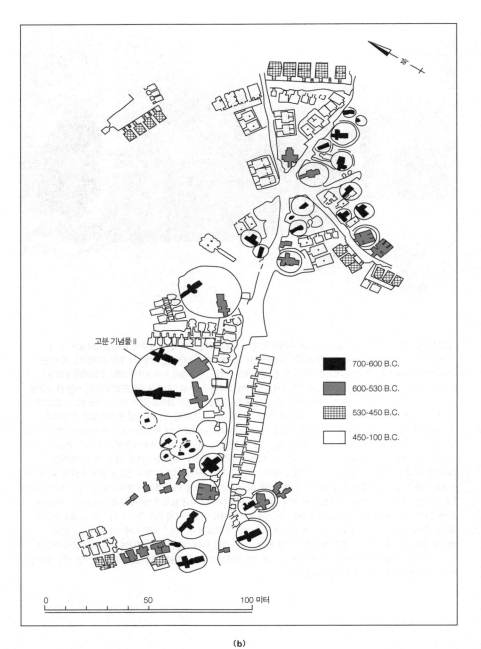

고분 기념물 II

■	700-600 B.C.
▦	600-530 B.C.
▦	530-450 B.C.
□	450-100 B.C.

0　　　　　50　　　　　100 미터

(b)

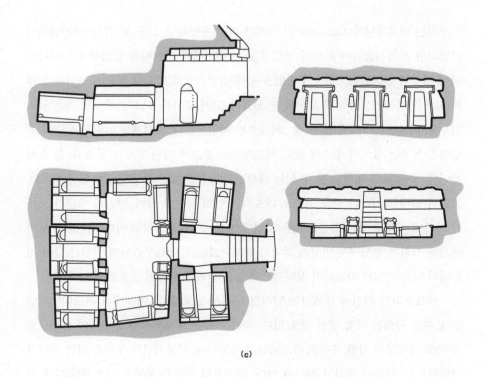

(c)

덤'에서는) 벽에 걸린 원형 방패를 비롯하여 전쟁 무기, 주방 용구를 조각하고 신화의 장면까지 묘사하였다. 이러한 무덤으로 서기전 7~6세기의 대규모 원형 봉토분이 가장 유명한데, 상부가 봉토로 덮여 있다. 후기의 무덤은 평면 직사각형으로, 이는 가옥의 평면 형태를 원형에서 장방형으로 바꾼 도시설계와 맥락을 같이한다. 보통 하나의 봉분 아래 여러 기의 무덤이 조성되어 있는데, 각각 경사로 또는 계단이 있어 주 묘실로 들어가는 입구로 연결된다. 주 묘실은 몇 개의 측실들로 둘러싸여 있으며, 시신은 베개에 머리를 베고 침대나 긴 의자처럼 만든 벤치에 안치되어 있다. 또한 침대나 긴 의자에 누운 것 같은 고인의 모습을 조각한 인물 석상 혹은 석고상이 있는 뚜껑으로 덮인 석관에 안치되어 있는 무덤도 있다.

에트루리아 문명은 채색 무덤으로도 유명하다. 다수의 주요 에트루리아 묘지 중 약 100기 정도가 이런 무덤인 것을 확인할 수 있는데, 서기전 6세기에 조성된 것으로 추정되는 타르퀴니아(Tarquinia)의 사례가 가장 유명하다. 그중 몇 기는 1950년대에 이탈리아 토목기술자가 위에서 구멍을 뚫고 내시경과 카메라를 삽입하여 들여다보면서 세상에 알려졌다. 그는 이 방법을 통해 전면적으로 발굴할 경우 소요되는 노력과 장애를 피하면서 무덤을 조사할 수 있었다. 그가 조사한 무덤 중 채색된 것은 극히 일부로, 타르퀴니아의 무덤 중 총 2퍼센트만 확인되었다. 그럼에도 이러한 무덤이 유명해진 이유는 장식의 수준이 높고, 에트루리아 종교에 대한 정보를 얻을 수 있기 때문이다. 죽은 자의 세계로 갈 수 있는 채색된 입구문은 모든 무덤의 공통된 특징이다. 고인의 명예를 기리는 장송 의례로 대표되는 연회 장면과 함께, 남편과 아내가 모두 긴 의자에 기대고 있는 형상을 많은 무덤에서 볼 수 있다. 당시의 아테네나 초기 로마에서는 사회적 행사에서 여성이 엄격히 배제되었는데, 에트루리아의 여성은 당시 지중해의 다른 지역과 비교하여 상대적으로 높은 지위를 향유한 것으로 보인다.

에트루리아 신전에 대해서는 알려진 사례가 별로 없다. 아테네의 파르테논처럼 잘 보존된 사례는 더욱 말할 것도 없다. 주된 이유는 에트루리아 신전들의 상부구조가 주로 내구성이 약한 목재로 축조되었기 때문이다. 건물기단과 무덤은 평면 형태가 장방형으로, 지붕이 무겁고 경사져 있다. 대부분의 신전은 북돋은 석조기단 위에 건축되어서 계단을 통해야 올라갈 수 있으며, 전면에는 기둥들이 줄 서 있다. 가장 두드러진 특징은 남녀신의 대형 조상을 포함하여 밝게 채색된 테라코타 조각상으로, 지붕의 가장자리와 테두리를 장식하였다. 최근에 베이(Veii)의 포르토나치오(Portonaccio) 신전 유적에서 그러한 모양의 건축구조물을 본따 부분적으로 복원한 적이 있었다. 로마의 카피톨 언덕(Capitol Hill)에 있는 쥬피터의 첫 번째 신전은 로마가 에트루리아로부터 강한 영향을 받고 있던 서기전 6세기 후반에 그와 같은 종류의 건축물 형태로 축조된 것으로 추정된다. 대리석 기둥의 일부만이 남아 있기는 하지만, 그것만으로도 거대한 규모의 구조물에 대한 윤곽을 확인할 수 있다. 다소 늦은 시기(서기전 4세기)이긴 하지만 비교적 잘 보존된 사례로서 타르퀴니아의 아라 델라 레지나(Ara della Regina)라고 알려진 신전의 잔존물이 있다. 신이 탄 전차를 끌었을 것 같은 호화로운 한 쌍의 날개 달린 말이 표현된 테라코타로 꾸며져 있다. 정교한 조형과 놀라운 사실주의적인 표현은 그리스 조각이 서기전 5세기 이래 에트루리아 예술에 영향을 미쳤음을 보여준다.

카이레의 커다란 무덤 봉분 아래 또는 타르퀴니아의 호화롭게 채색된 방에 안치된 사람은 에트루리아 사회의 지도자였다. 정교한 기념비적인 성격의 묘실은 에트루리아 귀족 가문에 의해 건설되고 사용되었다. 서기전 6~5세기에 이러한 가문들이 이전의 왕 부속 기관을 압박하여 그들 스스로가 도시를 지배하는 권력을 갖는 과두체제의 정부로 전환시켰다.

에트루리아의 영토 확장

비록 에트루리아 도시국가가 단일 통합된 영토 권력의 주체는 아니었지만, 그들은 두 가지 방향으로 신중하게 영역을 확장하는 정책을 수행하였다. 첫 번째로는 서기전 7세기에 나폴리 만 주변의 여러 도시들을 에트루리아 세력권에 편입시켰는데, 놀라(Nola), 카푸아(Capua)가 중심이었다. 이 지역에는 이전 세기부터 그리스가 남부 이탈리아 해안에 건설한 식민지가 있어, 둘 사이에 직접 접촉하면서 긴장감이 조성되었다. 에트루리아인은 또한 티베르(Tiber) 강을 건너는 중요한 길목에 있는 라틴 사람들의 작은 읍락이었던 로마를 접수하였다. 에트루리아 왕조인 타르퀸스(Tarquins)가문이 로마를 읍락에서 도시로 전환시켰는데, 서기전 510년에 마지막 타르퀸스가 추방되면서 로마는 에트루리아의 세력권에서 벗어나게 된다.

에트루리아인은 북쪽으로도 영토를 확장하여 포(Po) 평원을 장악하고, 마르자보토(Marzabotto) 같은 일련의 계획도시를 건설하였다. 이곳을 찍은 항공사진을 보면 놀라울 정도로 뚜렷한 격자 모양의 계획도로가 보인다. 에트루리아인은 해안도시 베니스의 전신인 스피나(Spina)에도 진출하였으며, 같은 방식으로 포 삼각주의 남쪽에도 자리를 잡았다. 에트루리아인은 서기전 5세기에 이 지역에서 지위를 군혔으나, 서기전 4세기 중 포 평원의 에트루리아 도시는 알프스 북쪽 켈트인의 압박을 받아 결국 그들의 수중에 들어간다(에트루리아인의 이후 역사는 제11장).

상고기의 그리스(750~480 B.C.)

서기전 750년에서 480년에 이르는 시기는 그리스의 여명기 혹은 상고기라고 할 수 있는데, 이후 나타나는 고전기(480~323 B.C.)의 초기단계이다.[5] 그리스 역사는 주요 도시국가의 발달을 도식화하기에 충분한 자료와 명문을 갖춘 상고기로부터 시작한다. 그리스 조각과 건축이 발달한 때도 이 시기이다.

최소한 조각 부문에서 그리스는 이집트의 영향을 받았다. 서기전 7세기경 이집트 용병에 대한 수요가 늘면서 많은 젊은 그리스인이 부를 찾아 떠났다. 청동 투구와 갑옷으로 무장하여 상당히 위력적인 전투력을 보유한 그리스인 무장 보병대는 호플리트(hoplite)라고 불렸는데, 훈련된 집단 대형을 유지하는 전법으로 전장에 나섰다. 그들은 서기전 664년 이집트 파라오 프삼티크 1세(Psamtik I)부터 시작하여 프삼티크 2세(595~589 B.C.)까지 지속적으로 고용되었다. 후자의 통치기 중 누비아 출정에서 돌아온 그리스 병사가 아부 심벨의 람세스 2세의 거대한 조각상 다리 쪽에 낙서를 새겼는데, 이는 초기 그리스 명문의 좋은 사례이다.

이집트가 그리스 조각에 미친 영향은 특히 쿠로스(kouros)라고 알려진 청년 나신 입상을 통하여 분명히 확인된다. 이 입상은 근본적으로 그리스에 기원을 두고 있으나, 거대한 석재를 활용한 조각 개념은 이집트에서 들어왔음이 거의 확실한 것으로 보인다. 미케네의 전통 중 뒤를 돌아보거나, 주먹을 쥐고 한쪽 다리를 약간 내딛는 것과 같은 세부 자세를 취한 모습의 대형 조각상은 전하지 않는다. 이는 이집트에서 직접 차용한 것으로, 쿠로스의 여성형인 코레(kore)와 더불어 쿠로스는 이 시기에 그리스 문화의 분포를 알 수 있는 명백한 지표 중 하나이다(그림 10.4).

그리스의 건축도 양식을 갖추기 시작하였다. 그리스 건축의 두 계통, 즉 단순한

---

5 우리는 상고기(archaic)라는 용어를 이 시기 전체를 포괄하는 것으로 사용한다. 일부 연구자들은 이것을 둘로 나누어 동구화(東歐化: orientalizing)시기(750~600 B.C.)와 상고기(600~480 B.C.)로 구분하는데, 다른 연구자들은 동구화기, 상고기, 고전기라는 용어가 판단상의 문제일 뿐이므로 폐기해야 한다고 주장한다.

그림 10.4 (a) 그리스의 쿠로스(아테네 국립고고학박물관)
(b) 쿠로스 분포 지도

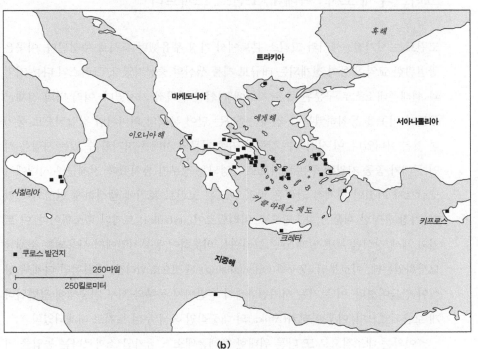

(b)

방원 주두의 도리아식(Doric)과 소용돌이와 잎 장식으로 장식성이 높은 이오니아식(Ionic)은 서기전 7세기 말에서 6세기 초에 시작되었다. 상대적으로 단순한 도리아식은 그리스 자체와 서부 식민지에서 주로 수용된 양식이다. 코린트의 아폴론 신전과 파에스툼(Paestum)의 신전 세 곳에 이 양식이 적용되었다. 모든 그리스 신전 중 가장 유명한 서기전 5세기의 아테네 파르테논 신전은 도리아식의 외부 열주를 갖추고 있다. 서부 터키의 부유한 그리스 도시 에페수스(Ephesus)의 위대한 아르테미스(Artemis) 신전과 사모스(Samos)의 미완성 헤라(Hera) 신전은 가장 정교한 이오니아식을 따른 건축으로, 웅장한 규모의 야심찬 구조를 갖추고 있다. 이는 동부 그리스 도시의 세력과 자신감을 암석에 표현한 유례없는 대규모의 고전기 신전들이다.

그리스의 세 도시 : 아테네, 코린트, 스파르타

코린트는 서기전 6세기의 그리스 본토에서 가장 부유했던 도시로 추정된다. 이곳은 광범위한 교역 활동이 전개되는 대규모 제품 생산의 중심지였고, 그리스의 다른 지역과 펠레폰네소스로 구분된 좁은 지협에 건설된 전략적 기지였다. 여러 명의 전제군주들이 이곳을 통치하였는데, 전제군주라는 단어 본래의 의미처럼 강압적으로 통치한 것은 아니었다. 이 시기에는 강력한 귀족 가문의 지배를 저지할 수 있는 사람을 시민 군대가 종종 지원해 주는 방식으로 운영되는 정부가 통치했다. 전제군주 시대에서 코린트가 가졌던 경제적 권력은 널리 분포된 코린트 토기에 생생하게 반영되어 있다. 가장 유명한 제품은 향수병으로, 아리발로이(aryballoi) 토기의 축소형이다. 이 토기의 채색 장식을 보면 날개 달린 그리핀을 비롯하여 동부지역에서 사용되는 소재를 묘사하였는데, 이로부터 [동구화(Orientalizing) 된 것으로 알려진] 매력적인 다채색 양식이 만들어졌다. 이 토기는 서기전 6세기 후반까지 동부와 서부 지중해에 광범위하게 보급되었으며, 이후 아티카(Attika)의 대중적인 흑색 무늬 토기로 대체되었다.
　　이와는 대조적으로 또 다른 위대한 펠레폰네소스 국가인 스파르타는 농업을 기

호플리트(Hoplite)의 등장

호플리트는 무장한 보병군대로, 고전기 그리스 군대의 중추적 존재였다. 핵심적인 병력은 귀족이나 빈민이 아닌 평민으로 구성되었는데, 서기전 8세기 말부터 그리스 군대의 중무장 보병 장비를 스스로 갖출 수 있는 자들이었다. 장비는 남성 상반신 모양을 반영한 청동 갑옷, 코와 뺨을 가리는 청동 투구, 정강이를 보호하는 청동 각반, 원형 또는 타원형 청동 방패로 구성되었다. 이러한 갖춤새는 파노플리(panoply)라고 알려져 있다. 공격 무기는 철제 창끝이 달린 창과 직선 형태의 철검이다. 전투가 가능한 지형에서는 밀착 대형을 갖추었다. 호플리트 군대는 이동이 느렸으나 고도로 효과적인 군사 대형으로, 기병 공격에도 버틸 수 있을 정도였다. 청동 신체 갑옷은 대부분의 화살과 다른 투척 무기로부터 병사들을 보호했다. 그리스 군대는 더 이상 소수의 말 탄 귀족에 의해 지배되거나, 열악하게 무장한 농민보병에 의해 유지되지 않았다. 그 대신 전반적으로 신체 강건한 남성 시민으로 구성되어 도시의 안전을 맡았다. 호플리트 제도가 도입되자, 그리스 도시국가에서 귀족의 권력은 약화되었고, 지배적인 세력으로서 시민 조직의 출현이 촉진되었다.

반으로 한 경제 구조를 유지하면서 [비록 중요한 이탈리아 식민지 타란토(Taranto)를 건설하기는 하였지만] 해외 상업보다는 본토의 영역 확장에 집중하였다. 서기전 8세기 후반에 메세니아(Messenia)의 주변지역을 먼저 정복한 다음, 서기전 7세기 중반에 강력히 저항하는 메세니아 전체를 통합하였다. 정복당한 메세니아 사람들은 헬로트(helot)라고 알려진 노예 계급으로 전락하였는데, 대부분 농업노동에 투입되어 생산물의 절반을 스파르타 주인에게 바쳐야 했다. 스파르타 통합의 충격은 주거 양식에서도 확인된다. 메세니아인은 거점화된 읍락에 거주했는데, 고전 그리스의 다른 지역에서 발견되는 산재한 형태의 농장과는 다른 형태였다. 이 시기에 스파르타는 군사적인 이상을 추구하는 엄격하게 훈련된 국가였다. 스파르타는 고대 그리스 도시 가운데 거의 유일하게 도시성벽의 개념이 없었으며, 대신 가공할 무력을 갖춘 군대로 방어하였다. 메세니아 전쟁으로 몇 가지 중요한 변화가 나타났다. 3세기 이상에 걸친 그리스 전쟁 시기에 무장한 보병군대인 호플리트가 창설되었다(발견 10.1). 스파르타는 서기전 6세기에 펠레폰네소스 남동부를 정복하여, 그리스 반도 전체에서 주도권을 행사하게 된다.

이 시기에 아테네의 발전은 더뎠다. 경제적으로는 코린트와 스파르타 중간쯤으로 중요한 상업과 제조업 중심지였지만, 아티카의 농업 생산에 의존하는 한계를 가진 지역 세력이었다. 스파르타와 아테네는 다른 그리스 도시국가와는 달리 상당히 넓은 배후 경작지를 갖고 있었다. 아테네에서 초기의 빈부 갈등을 완화시킨 지도자는 서기전 590년 유명한 입법자 솔론(Solon)이었다. 그는 다수의 법규를 개정하여 아테네 시민의 빈곤층 억압과 불법적인 노예제를 축소시키고자 노력하였다. 이러한 개정을 통하여 서기전 6세기 말 민주주의가 도입될 수 있는 기반이 형성되었다. 그러나 솔론 이후 전제군주 페이시스트라토스(Peisistratos)와 그의 아들이 통치하면서 거의 50년 동안 아테네는 불안정한 상태에 놓였다. 전제군주는 도시를 화려하게 치장하고 신전을 신축했으며 당시의 유명 시인을 후원하였다. 그리고 도시의 수호 여신인 아테나의 명예를 기리기 위하여 매년마다(매 4년마다 특별한 의례를 행한다) 거행하는 판아테나이아 행사에 공을 들였다. 파르테논의 후기 부조[소위 엘긴(Elgin) 대리석]에 새겨진 행렬이 이를 묘사한 것으로 추정된다. 서기전 6세기경 아테네는 혁신의 중심지로서 엄청난 양의 새로운 아티카 흑색 인물무늬 토기를 생산하여 스키타이(Scythian)나, 켈트 갈리아(Celtic Gaul)같이 멀리 떨어진 해외 시장에 공급하였다. 아테네 장식의 토기는 서기전 530년경에 새로운 적색 인물무늬 기법으로 대체되었지만, 서기전 5세기까지 널리 보급되었다(발견 10.2).

고전기 그리스(480~323 B.C.)

고대 그리스의 상고기에서 고전기로의 전환은 남부 그리스 도시국가가 서기전 480년에 페르시아의 침략을 성공적으로 방어한 시점에 이루어진 것으로 추정된다.

고대 그리스 사회의 주요 특징 중 하나는 그리스의 민족성을 강조한다는 사실로, 서기전 5세기 역사학자 헤로도투스가 아테네인에게 한 연설에서 이러한 관점이 분명하게 드러난다. 그는 "모든 그리스인에 흐르는 피와 언어로 이어진 유대감, 우리가 공유하는 신전과 희생물 그리고 우리 생활 방식의 유사함"을 표현하였다. 그리스 인은 자신들을 주변의 '바바리안(barbarian)'과 다르다고 생각하였다. 바바리안이라는 말 자체가 그리스인이 만든 단어로, 외국(그리이스 이외의) 언어(바르바르바르…)라는 의미를 표현하기 위한 것이었다. 부정적인 관점에서 그리스인은 자신들은 문명화되었고, 바바리안은 사악하고 잔인하다고 구별하였다. 이런 평가는 속 좁고 거만한 것이며, 근동의 모든 도시사회들을 바바리안에 포함시켰으므로 실제와는 전혀 부합하지 않다. 오늘날 연구자들은 예술과 문학이 찬란했다고 해서 노예제도에 크게 의존하였던 고대 그리스를 전적으로 문명화된 사회로 평가하지 않는다. 어떻든 간에 그리스인이 갖고 있던 민족의 정체성에 대한 인식은 긍정적인 결과를 가져다주었다. 그것은 '그리스적인 것'의 핵심을 이루는 헬레니즘으로 계승되어, 흑해나 그리스 자체를 포함하여 서부 지중해의 식민지를 포함한 광범위한 지역에 퍼진다. 그리스인은 모두가 참여할 수 있는 운동경기를 비롯하여, 그 밖의 다른 시합이 열리는 범 헬레니즘 축제(pan-Hellenic festival)를 통하여 이를 표출하였다. 축제는 올림피아(Olymphia, 올림픽 경기의 유적), 델포이(Delphoi), 네메아(Nemea) 그리고 이스티미아(Isthimia) 등 네 곳의 주요 신전에서 열렸다.

비록 언어와 문화를 공유하였지만, 고대 그리스 사회는 (경기에서 볼 수 있는 바와 같이) 경쟁이 치열한 분위기에 휩싸여 있었다. 그리스 도시국가는 정치적으로 전혀 통합되지 못했음은 물론 정치적 목표도 마찬가지였다. 이런 특징은 고전기(480~323 B.C.)에 특히 명확하게 드러났는데, 이 시기는 페르시아 통치자인 다리우스(Darius)와 크세르크세스(Xerxes)가 그리스를 정복하려는 시도를 강력하게 추진하던 때이기도 하다. 마라톤(Marathon, 490 B.C.), 살라미스(Salamis, 480 B.C.), 플라타에아(Plataea, 479 B.C.)에서 그리스가 승리하여 페르시아의 공격이 실패하였다는 것은, 그리스의 영웅주의와 단결을 내세워 강한 적에게 대항하게 하고자 하는 그리스 작가에 의해 윤색된 것이다. 실제로는 출정 내내 그리스 내부는 여러 분파로 갈렸으며, 마지막 전투에서는 페르시아에 대항해 싸우는 수만큼의 그리스인이 페르시아인의 편에 서서 싸웠다.

채색 토기는 고전기 그리스의 가장 독특한 제품 중 하나로, 가장 유명한 토기는 서기전 7세기 후기와 6~5세기에 아티카(아테네 주변의 지역)에서 생산되었다. 흑색과 적색의 인물 장식을 기준으로 크게 두 계통의 양식으로 구분되는데(그림 10.5), 두 기법은 토기 표면에 적용되는 점토 현탁액에 그 근본적 차이가 있다. 특별한 산화와 환원의 소성 과정을 거쳐 현탁액이 흑색으로 변하고, 그릇의 나머지 부분은 오렌지색으로 변한다. 흑색 인물무늬 토기의 경우 주문양은 흑색이며, 적색인물무늬 토기의 경우 주표면은 흑색이지만, 주문양은 붉은 실루엣으로 표현된다. 흑색 인물무늬 토기의 경우 문양 내부는 흑색 층을 조심스럽게 긁어서 붉은 밑층을 드러내는 방식으로 세부적으로 표현하였는데, 때때로 흰색이나 자줏빛 채색으로 다른 세부묘사가 더해지기도 했다. 서기전 7세기에 아테네인은 코린트 도공에게서 기법을 받아들여 흑색 인물무늬 토기를 실생활에 도입할 때까지 발전시켰다. 적색인물토기는 서기전 530년경 아테네 도공이 창안한지 몇년이 지나지 않아 흑색인물토기를 대체하였다. 적색 인물무늬는 단순하고 대담한 모양으로 표현되었으며, 인물의 세부는 흑색으로 묘사되었다. 서기전 4세기까지 유행하였는데, 많은 사람들은 아테네 화병 채색기법의 정점을 보여주는 것으로 이해한다.

　　일부 아티카 토기에는 개별적으로 도공의 이름이 새겨져 있다. 잘 알려진 사례로는 아마시스(Amasis), 에르고티모스(Ergotimos) 그리고 클레오프라데스(Kleophrades)가 있

다. 그릇을 굽는 작업과 그림을 그리는 작업이 같은 공방에서 이루어졌지만 한 사람이 한 것은 아니었다. 토기 제작은 일반적으로 소규모 가족 경영 사업이었다. 화병 그림을 그리는 화가들이 가끔 그 사이를 오가면서 작업을 했는데, 제품에 사인을 하였다면 화가를 식별하는 일은 간단하다. 그렇지 않다면 상대적으로 확실치 않은 양식 분석의 과정에 의존할 수밖에 없다. 영국의 미술사학자 존 비즐리 경(Sir John Beazley)이 이러한 분석으로 유명한데, 아테네의 흑색, 적색 인물무늬 토기를 포괄적으로 연구하여 가능한 범위 내에서 작가별로 분류하기도 했다. 그는 귀, 발목과 옷주름무늬 같은 것에서 화가가 대부분 자신을 드러낸다는 (이미 르네상스 예술작품의 실제에 적용된) 이론에 기초하여 작업하였다. 다만 몇 명만이 (예를 들어 에크세키아스(Exekias), 브리고스(Brygos) 그리고 유프로니오스(Euphronios)) 친필 '서명'으로 실제 이름이 밝혀졌으며, 수백 명의 화가는 양식분석 방법으로 식별되었다. 그 외의 사람들은 어떤 특징적 주제(예를 들어 나우시카(Nausikaa)), 그가 함께 일한 도공(예를 들어 아마시스(Amasis)), 그가 만든 제품이 발견된 지명(예를 들어 아그리겐토(Agrigento)), 또는 특정 공식에서(예를 들어 팔꿈치(Elbows-Out)) 그 이름을 따왔다.

　　최근 들어 고대 그리스 토기의 가치와 아테네 도공의 지위에 대한 새로운 견해가 제기되었다. 장인은 낮은 신분에 속하였으며 토기 그 자체는 숙련된 기술이 요구됨에도 특별히

　　　　페르시아 전쟁에서의 승리는 아테네인의 이익을 위하여 이용되었다. 아테네 함대는 페르시아의 배가 철수할 때 후속 작전을 전개하면서 살라미스 전투에서 승리를 확고히 하였다. 아테네인은 페르시아의 위협을 이용하여 많은 그리스 도시를 설득하였는데, 특히 취약한 섬이나 해안 지역에 대해서는 방어 동맹[이른바 델로스 동맹,

가격이 높지 않았다는 주장인데, 오늘날 인정받는 추세에 있다. 어떻든 간에 흑색과 적색 인물무늬 토기의 몇몇 특징은 가장 부유한 시민들이 사용하였던 비교적 값진 금은제 그릇을 일부러 모방하여 디자인한 것이다.

(a)

(b)

그림 10.5 (a) 아테네 흑색 인물무늬 토기그릇, (b) 아마존인(흑해 지역의 전설적인 여성 전사)을 묘사한 아테네 적색 인물무늬 토기그릇 스키포스(skyphos). 저부 가까이에 있는 전형적인 '그리스 문양대' 프리즈에 주목하기 바란다(로마 그레고리안 에트루리아 박물관).

(Delian League)]을 맺게 하였다. 델로스 동맹은 곧 아테네 제국으로 전환되었으며, 아테네는 이 질서 체계에서 막강한 지배세력으로 등장한다. 함대는 아테네인이 동맹 내 다른 세력으로부터 공물을 착취하는 수단으로 이용되었는데, 공물 평가와 세금 액수에 대한 기록이 아테네에 세워진 대리석판의 조각에 지금도 남아 있다.

아테네의 주도권은 다른 도시들로부터 도전을 받았는데, 다른 도시들은 스파르타를 앞세워 펠레폰네소스 전쟁(431~404 B.C.)을 일으켜 아테네에 대항하였다. 이 전쟁에서 아테네는 패배하고 함대는 해체되었다. 얼마 동안 스파르타와 테베가 그리스 체제를 주도했는데, 그때까지도 도시국가는 자치권을 유지했다. 그들이 독립성을 잃은 시기는 서기전 356년 카이로네이아(Chaeroneia)에서 마케도니아 왕국의 필립(Philip)에게 패배한 뒤였다. 그 이후 도시국가는 더 넓어진 마케도니아 제국을 구성하는 부분으로 존속했으며, 고전기는 마케도니아 왕국의 알렉산더 대왕의 정복과 서기전 323년 그의 죽음으로 끝난다.

이러한 정치적 전개과정에 대한 개략적인 서술을 통해서 페르시아 전쟁과 펠레폰네소스 전쟁 사이에 그리스 도시국가 중 가장 유명한 아테네의 사회와 문화를 이해하는 데 필요한 배경에 대한 정보를 제공받게 된다.

민주주의와 노예제도

서기전 5세기의 아테네는 작가, 조각가, 건축가 그리고 정치적 제도와 관련하여 유명하다. 가장 중요한 정치적 혁신은 민주주의(democracy), 즉 인민의 지배(그리스어로 'demos'는 '인민'이며 'kratos'는 '권력'을 뜻한다)이다. 이 개념은 도시국가의 정부를 시민과 군인의 협의체가 장악한 초기의 전통에 기원을 둔다. 따라서 여성, 아이, 노예 그리고 비(非)시민은 배제되며, 고대 그리스에서의 실제 권력의 대부분은 부유한 귀족의 손에 있었다. 서기전 508년에 아테네에서 변화가 일어났다. 현실을 깨달은 한 귀족이 재편된 시민의회에 권력을 부여하면서 오스트라시즘(ostracism)이라는 제도를 시행하였다. 이 제도는 의회가 이유를 밝히지 않고도 어떤 시민 한 명을 10년간 추방할 수 있게 한 것이다. 오스트라시즘이라는 단어는 '오스트라콘(ostrakon)', 즉 '그릇 파편'에서 유래되었는데, 그 파편에 사람의 이름을 새겨넣어 투표하였기 때문이다. 남아서 전해지는 여러 점의 파편 중 어떤 것에는 테미스토데스(Themistodes)라는 아테네 정치인의 이름이 표기되어 있다. 오스트라시즘은 국가를 지배할 수 있는 권력을 과도하게 소유한 시민이 출현하는 것을 피하기 위한 목적으로 시행하였다. 오스트라시즘을 합리화하기 위하여, 과오를 증명할 필요는 없었으며 투표만으로 충분하였다.

아테네 민주주의 제도는 서기전 462년의 중요한 개혁이 이루어진 뒤인 서기전 5세기 후반에 크게 발달하였다. 이후로 모든 아테네 관리들은 추첨으로 선출되었다. 모든 시민이 부유한 것은 아니므로, 국가는 그들이 국가 의무를 수행하는 동안 발생한 소득의 손실을 보상하였다. 배심원과 행정장관을 선출하는 데 사용되는 주목할 만한 장비 유물이 아테네 아고라(agora)에서 발견되었다. 11개의 원기둥에 배심원 후보의 이름표를 넣은 뒤, 크랭크 손잡이를 돌려 옆에 장착된 청동관을 통하여 나온 백색 또는 흑색 공에 따라 어떤 원기둥을 선택할지 결정하는 것이다.

아테네인들이 정치적 시스템에서 공정성을 확보하려는 노력에 깊은 인상을 받을 수도 있지만, 아테네가 자유로운 사회와는 거리가 멀었다는 사실을 무시할 수는 없다. 실제로 라우리온(Laurion)에 위치한 은 광산에서는 아테네의 여자 시민의 수만큼이나 많은 노예가 노동하였던 것으로 추정된다. 노예의 노동력은 농사일에도 적극적으로 동원되었다. 고전기 그리스의 시골에는 농장이나 광산에 고용된 노예들을 밤에 감금하는 타워 시설이 광범위하게 분포하고 있다(그림 10.6). 아테네 사회에서 불평등한 대우를 받는 구성원은 단지 노예만이 아니었다. 이미 기술한 바와 같이 여성도 굴종적인 지위에 처해 있어서 어떠한 정치적 역할도 할 수 없었다.

아테네의 위대한 시대

투키디데스(Thucydides)에 의해 기록된(또는 창작된) 유명한 연설에서 아테네 지도자 페리클레스(Pericles)는 아테네인을 '헬라스 학파(school of Hellas)'라고 불렀다. 서기전 5세기에 그리스의 문화적 삶에서 아테네만큼 생기 넘치는 곳이 없었음은 분명한 사실이다. 위대한 극작가 아에스키루스(Aeschylus), 소포클레스(Sophocles), 유리피데스(Euripides) 그리고 아리스토파네스(Aristophanes)와 철학자 소크라테스(Socrates)가 이곳에서 살면서 작업하였다. 그리스의 다른 지역을 비롯하여 어떤 고대사회보다 읽고 쓸 수 있는 아테네인의 비율이 높았다. 고고학적 관점에서 볼 때 아테네인의 지위와 권력에 대하여 가장 생생하게 증언할 수 있는 것은 건축물, 기념비 그리

그림 10.6 낙소스(Naxos) 키클라데스 제도의 케이마루온(Cheimarrouon)에 있는 그리스 타워. 이러한 타워는 노예들의 수용에 완벽을 기하도록 설계되었을 것이다.

고 조각상과 같은 유물이다.

　　아테네의 기념비적 건축물 중 가장 유명한 것은 신전과 그것을 장식한 조각으로, 도시의 수호 여신인 아테나 파르테노스(Athena Parthenos)에게 바쳐진 파르테논 (유적 10.3), 현대에 이르러 터키가 그리스를 점령하였을 때 보루성곽에 사용된 석재를 활용하여 재건축한 작은 보석 같은 아테나 니케(Athena Nike) 신전, 현관 기둥에 소녀 입상이 조각되어 있는 아테네의 가장 성스러운 에레크테이온(Erechtheion) 신전, 아고라 경계 지점에 있는 것으로 아테네인의 신전 중 가장 완벽하게 보존되고 있는 [전설적인 아테네 지배자 테세우스(Theseus)를 묘사한 조각으로 인해 테세이온(Theseion) 이라고 알려진] 헤파이스토스(Hephaistos) 신전들이 있다. 서기전 5세기의 아테네는 다수의 또 다른 돋보이는 건축물을 자랑한다. 아크로폴리스의 남부 경사면에 있는 디오니소스(Dionysos) 극장, 서쪽 페이라에우스(Peiraeus) 항구를 도시와 연결한 약 8킬로미터 길이의 유명한 장성, 그리고 불레우테리온(bouleuterion, 시의회 회의실)을 포함하여 행정업무용의 프리타네이온(prytaneion), 재판정, 다수의 스토아(stoa, 열주 건축물)로 밀집된 아고라 근처의 관공서 건축물군이 그것이다. 스토아 중 하나는 그림이 그려진 스토아(the Stoa Poikile, 스토아 포이킬레)이며, 다른 하나는 소크라테스를 포함한 철학자들이 회합장소로 선호하던 곳(the Stoa of Zeus, 제우스 스토아)이다. 소위 스토아 학파라는 이름은 바로 이 건축물에서 유래했다. 아고라(Agora)는 도시의 상업과 행정의 중심이었으며, 아크로폴리스는 종교 중심 공간이었다(전쟁이 일어났을 경우 본래의 기능이 바뀌어 아테네의 방어 성채로 이용되었다)(유적 10.3).

이러한 모든 건물의 두드러진 특징은 그것이 갖고 있는 풍부한 이미지였다. 고대 그리스의 도시는 오늘날에 와서는 대부분 녹아 없어진 청동상, 단순하게 백색 대리석만 남아 있는 모습과는 전혀 다른 다채롭게 채색된 입상, 신전과 공공건물들의 부조와 벽화로 가득하였다. 대부분 남녀신과 트로이 전쟁과 같은 그리스의 신화와 전설의 한 장면을 묘사한 것들이다. 그 밖에 명예전당에 오를 만큼 도시에 헌신한 시민 영웅들과 정치인, 장군과 같은 지도자적 인물들은 물론 올림픽 경기의 우승자들도 이런 방식으로 기념하고 묘사하였다. 이러한 이미지들은 민주적 체제를 시각적으로 보여주는 것으로, 아테네인에게 시민적 가치관을 북돋고 도시에 대한 자부심을 고취시켰다.

고대 그리스의 도시근교

잘 알려진 고대 그리스의 도시들 주위에는 농촌이 자리잡고 있어, 증가하는 인구에 필요한 식량을 공급하는 역할을 담당하였다. 운송비가 비쌌기 때문에 대부분의 도시는 생존에 필요한 수요를 충족시킬 생산량을 자신들의 역내에서 조달해야 했다. 그러나 아테네는 예외적이었다. 서기전 5세기 말 도시의 규모가 커져 지역의 농업생산량만으로는 부족해지자, 헬레스폰트(Hellespont)와 흑해 지역에서 곡물을 선적, 수입하여 부족한 식량을 보충하였다. 그러나 일반적으로 고전기의 그리스 도시국가는

10.3 유적 파르테논(Parthenon) 신전

서기전 447년에서 432년 사이에 지어진 파르테논 신전은 종종 그리스 건축의 절정기의 성과물로 평가된다(그림 10.7). 당시 그리스의 도시 중에서도 선진적이었던 아테네의 중요 신전이므로 당연하다고 생각할 수밖에 없다. 현재 남아 있는 건축 구조물의 기단은 길이 70미터, 폭 31미터로 비록 고대 그리스의 가장 큰 신전은 아니지만 세부적인 내용과 세련미에서는 가장 우수하다. 이러한 세련미는 긴 직선이 먼 거리에서는 곡선으로 보이는 시각적 착각을 보완하기 위하여, 기둥의 수직선과 기단의 수평선을 미세하게 조정하여 비로소 얻어진 것이다. 즉 기단석 표면의 한가운데를 11센티미터 높이로 살짝 올려 경사지게 하고, 바깥 기둥은 10.4미터 높이에 6.5센티미터 정도 약간 안쪽으로 기울어지도록 건축하였다. 기둥의 윤곽은 엄격한 직선이 아니라 약간 불룩한 모양이다(그리스 건축에서 엔타시스라고 알려진 특징이다). 파르테논 신전에 사용된 대리석은 도시 동쪽 펜테리콘(Pentelikon) 산맥에서 가져온 것으로, 채석 직후 대략 다듬어져서 수레에 실려 아크로폴리스로 운반된 뒤 최종 마감되었다. 건물이 완성된 후 수년이 지난 뒤에 유명한 파르테논 조각가들이 현장에 투입되어 조각 작업이 본격적으로 이루어진다. 당시에 그리스에서 가장 훌륭한 조각가였던 페이디아스(Pheidias)가 설계하였는데, 그는 성역 안에 세울 금과 상아로 만든 11미터 높이의 거대한 아테나 파르테노스(Athena Parthenos) 입상을 조각하기도 했다. 가장 유명한 고대 그리스 신전임에도 역설적이게도 제단에는 어떤 설비도 갖추어져 있지 않은 것으로 보아, 준공 당시에 아테나 파르테노스에 대한 공식적인 제사는 이루어지지 않은 것으로 보인다. 따라서 파르테논은 신전으로서의 기능을 위한 것이 전혀 아니었을 수도 있다. 그럼에도 이 신전은 아테네의 위대함을 보여주는 강력한 상징물인 것이다.

(a)

그림 10.7 (a) 파르테논 신전
(b) 건축을 장식한 조각의 위치를 보여주는 파르테논 동쪽 단면도,
(c) 말을 타고 행렬하는 젊은 귀족의 모습을 새긴 파르테논 부조의 세부.

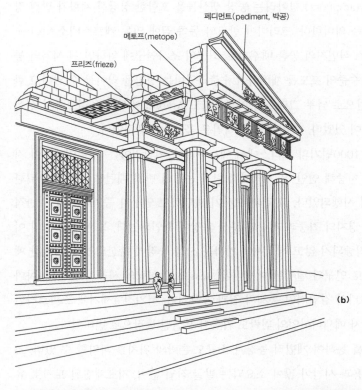

페디먼트(pediment, 박공)

메토프(metope)

프리즈(frieze)

(b)

(c)

자신들의 영토에서 재배한 식량에 의존하였다. 고고학적 조사를 통하여 발견된 다량의 운반용 암포라(amphora) 항아리는 농장 생산물을 포함한 상당한 재화가 발견 장소로 이동되었음을 의미한다. 크리미아 반도의 동쪽 끝에 있는 케르소네소스(Chersonesos)는 그리스 식민지의 농촌 배후지로, 최근의 조사연구에 의하면 이 지역의 농경지에서 상당한 수준의 포도를 재배하여 수출하였다는 정황을 찾아볼 수 있다고 한다(그림 10.8). 한편으로 남부 그리스의 아르골리드(Argolid)에서는 올리브유의 생산과 수출이 특화되어 있었다. 그 밖의 다른 지역은 곡물을 수출하였다.

최근 서기전 1000년기의 그리스에서 에트루리아, 이탈리아를 거쳐 이베리아 지역까지 포함하는 지중해 연안 전 지역의 취락과 농경의 변화 패턴을 추적하기 위한 현지 조사가 많이 시행되었다. 그 결과 도시가 발달하고 인구가 증가하면서, 일반적으로 나타나는 농경지의 집중과 취락의 분산 과정이 확인되었다. 농촌 인구가 더 이상 일정 취락에 집중되지 않고 경작지에 가까운 시골 농장에 분산되었다. 이러한 패턴에서 예외적으로 인구가 밀집된 메세니아(Messenia) 취락의 사례가 있는데, 아마도 그것은 스파르타의 강압적인 통제의 결과로 보인다. 서기전 4세기에 스파르타인의 통제가 없어지자 메세니아인의 취락도 가옥이 분산된 농장으로 변하였다.

이러한 조사를 통하여 개별적 농장과 소규모 촌락의 위치를 파악할 수 있다. 조사연구자들은 비용과 시간이 많이 소요되는 발굴 작업 없이, 지표채집된 토기로 유적의 연대를 추정하여 선사시대부터 현재까지 주거유형의 변화를 확인할 수 있다(유적 10.4). 동시에 그들은 고대 농경 방식을 밝혀줄 수 있는 증거를 발견하였는데, 많은 유적지를 뒤덮고 있었던 '할로(halo)'라는 인공 유물이 그중 하나이다. 몇몇 고대도시의 수평방마일에 달하는 공간에서 할로가 확인되었는데, 그리스의 보에오티아 지역에서 이것은 거름의 집중적 사용의 결과로 해석된다. 사람과 동물의 똥 그리고 (우연히 버려진 토기와 다른 인공 유물이 섞인 것을 포함하여) 다른 유기물 찌꺼기가 취락에서 실려나와 비옥도를 높일 목적으로 농경지에 뿌려졌다. 모든 학자들이 이러한 '거름 가설'을 확신하는 것은 아니지만, 이러한 집약농경 행위가 고전기에 인구밀도가 높았다는 사실을 반영한다 할 수 있다. 이 시기에는 돌로 담을 쌓은 계단 모양의 농경

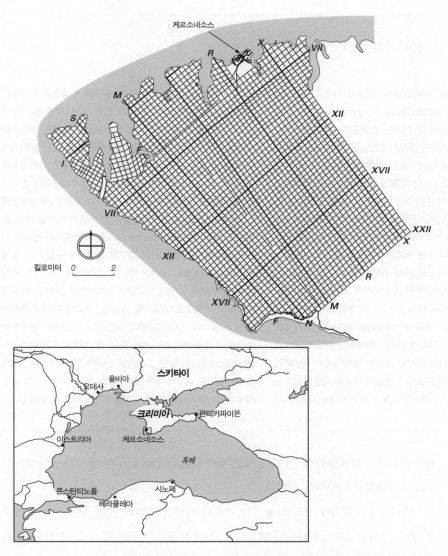

그림 10.8 케르소네소스 도시 주변의 그리스 토지 구획. 토지를 서양 장기판 모양으로 구획한 것은 서기전 4세기 후반까지 그 시기가 거슬러 올라가는데, 수출용 포도를 집약적으로 재배한 것과 관련이 있을 수 있다. 중심 도로 M, R, X로 토지를 세 개의 주요 블록으로 나누고, 그것을 횡단도로 VII, XII와 XVII에 의해 다시 구획한다. 방어탑이 각 도로의 교차점에 세워져 있다. 이러한 상위 구획 토지 내의 개별 소구획 토지는 모두 넓이가 4.4헥타르로, 각각 포도밭, 과실 과수원 그리고 정원으로 나뉜다. 전체 면적의 약 2분의 1 정도가 포도 재배를 위한 계단식 경작지인 것으로 나타났다 (Joe Carter *et al*., The Chora of Chersonesos in Crimea, Ukraine, *American Journal of Archaeology* 104, 2000).

고대 그리스의 경관은 어떠했을까? 마이클 제임슨(Michael Jameson), 커티스 러넬스(Curtis Runnels), 치어드 반 안델(Tjeerd Van Andel)이 이끄는 스탠포드 대학 조사단이 1979년부터 1983년까지 펠레폰네소스 동쪽 끝 남부 아르골리드에서 야외조사를 집중적으로 수행하였다. 이 조사 과정에서 여러 시기의 고고학적 유적을 수백 개소에서 발견하고 4만 5천 점의 토기 파편을 수집하였다. 이 엄청난 자료를 토양과 경관에 대한 연구와 결합하여 분석한 결과, 선사시대부터 오늘날까지 이 지역의 주거 유형 변화에 대한 도표를 작성할 수 있었다. 유적의 수는 서기전 4세기에 정점에 이르렀는데, 이때 할리에이스(Halieis)의 고전기 읍락 주변지역(그림 10.9)이 올리브 생산의 주된 중심지라는 사실을 서로 다른 종류의 증거를 조합하여 밝혀냈다. 이 시기에 돌이 많은 충적층과 낮은 경사지에서 거주구역이 확인되었는데, 이 지역은 곡식 수확은 보잘 것 없지만 올리브 재배에는 이상적이었다. 올리브는 아마도 언덕에 조성된 계단식 경작지에서 재배되었을 것이며, 이는 토지를 보다 노동집약적으로 사용하였다는 것을 의미한다. 더욱이 올리브유를 생산하였다는 사실은 시골 농가와 할리에이스 내부 두 곳 모두에서 발견된 기름틀을 통하여 입증할 수 있다. 아르골리드는 이 시기에 올리브 재배로도 유명했을 뿐만 아니라, 올리브유를 전업적으로 수출하였다. 비옥하면서 수분이 잘 보존되는 토심 깊은 토양에서는 곡식 재배가 계속되었다. 러넬스와 반 안델은 서기전 4세기에 아르골리드에서 올리브 생산이 중요시되었다는 증거로 펠레폰네소스 전쟁(431~404 B.C.) 기간 중 스파르타 군대가 아테네의 올리브 과수원을 파괴한 유명한 사건을 예로 들었다. 그들은 올리브의 생산이 그리스 주변에서의 정치적 사건과 밀접하게 관련을 가진 경우도 있었다고 주장한다. 올리브 나무가 성숙하는 데에는 수년이 걸리는데, 아테네는 수십 년 동안 수입을 통하여 필요량을 확보하였을 것이다. 아르골리드는 지리적으로 아티카와 가깝고, 수요에 따라 공급하는 데 좋은 입지에 위치하고 있다. 또한 이곳은 올리브 과수원이 부족한 지역에 새로 들어서서 확장하는 테베나 메갈로폴리스(Megalopolis)와 같은 도시에도 공급하였을 것이다. 그러므로 아르골리드 남부에 대한 조사연구는 시골의 운명이 더 넓은 세계의 정치와 어떻게 직접 연결될 수 있는지를 잘 보여준다.

지가 언덕에 조성되었는데, 이 또한 새롭게 개간한 경우로 인구의 증가와 농업생산성 제고의 필요성을 반영하는 것이다.

서기전 5~4세기에 그리스 농장은 가운데 마당을 둘러싼 건물, 성곽으로 둘러싸인 영지, 그리고 농가 그 자체와 때로는 가축이 사육되는 우리 등으로 구성되었음이 발굴을 통하여 확인되었다(유적 10.5). 이들 영지의 다른 구역에서는 과실나무를 재배하는 과수원이나 정원이 조성된 것으로 보인다. 농장의 담장이 완전한 상태로 발견된 사례가 있는데, 둘러싸고 있는 구역의 넓이가 9헥타르에 달하였다. 앞서 본 바와 같이 대부분의 고전기 그리스 지역에서는 가옥만 밀집된 취락보다는 농장이 주된 거주 형

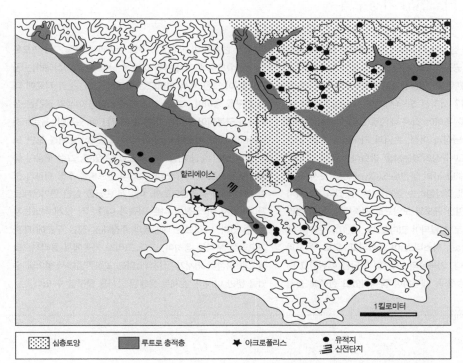

그림 10.9
서기전 300~30년
할리에이스와
그 주변 지도

범례:
심층토양 · 루트로 충적층 · 아크로폴리스 · 유적지 / 신전단지

태인 것으로 보인다. 어떤 경우에는 (예를 들어 유적 10.4의 남부 아르골리드) 농촌 경제의 조사 결과를 넓은 의미에서 정치군사적 사건과 연결할 수도 있다. 많은 현지의 고고학 조사를 통하여 축적된 자료를 보면, 고전기 이후 헬레니즘 시기(323~30 B.C.)에 농촌의 활동이 급격히 쇠퇴하였다는 점을 알 수 있다. 농촌만 보면 그리스의 기운은 로마 후기에 이르기까지 서기전 5~4세기 수준을 회복하지 못했다.

그리스인의 가정주택

고전기 그리스에서 정치가 자리잡기 시작하면서 문학과 역사의 기록을 통하여 공공생활과 시민의 중요성이 확인되는 경우가 종종 있다. 대부분의 일상생활이 이루어지는 가정의 무대는 어떠하였을까? 서기전 5~4세기의 그리스 가옥에 대한 고고학적 연구를 통하여 리사 네베트(Lisa Nevett)는 집안의 전체 공간을 남성과 여성, 손님과 가족별로 수용 공간을 어떻게 구획하고 규정하였는지를 밝혔다. (북부 그리스의) 칼키디키(Chalkidiki)의 올린토스(Olynthos) 도시 유적에서 이를 분명하게 뒷받침하는 증거를 볼 수 있다. 이 지역의 많은 가옥은 동일한 규모와 모양으로 건축되고, 도로 전면을 따라 블록 단위로 정렬되어 있다(그림 10.10). 한가운데는 열린 마당(Pastas, 파스타스)이 조성되고, 도로 쪽 문과 회랑으로 연결되었다. 가옥들의 방은 이 마당을 에워싸고 배열되었으며, 회벽은 종종 채색하여 장식되었고 한쪽에 설치된 주랑 현관도 발견되었다. 주랑 현관과 전실을 지나 안드론(andron)으로 들어가는데, 이곳은 남성 손님을 접대하는 공간으로 이 또한 채색 회벽으로 둘러져 있다. 문학 자료에 대한 연구를 통하여, 그리스 가옥에서 남성과 여성의 공간은 신중하게 구분되어 있다는 이론이 제시된 바 있지만, 올린토스(Olynthos)를 비롯한 여러 유적의 고고학적 증거를 보면 모든 방이 열린 중앙 마당에서 접근할 수 있어, 그런 구분이 불가능한 것으로 알려져 있다. 그러나 안드론을 주랑 현관과 전실 뒤에 배치 격리함으로써, 어떻게 손님을 집안 한가운데로 환대하면서 어느 정도 다른 가족과 마주치지 않게 하였는지 알 수 있다. 그러므로 네베트의 주장대로 집안 구조에 대한 고고학적 분석을 통하여, 고대 그리스 가옥에서 물리적으로 남성과 여성의 거처가 구분되었다는 고정관념에서 벗어날 수 있을 뿐만 아니라, 실제로 운영된 방식을 탐구할 수 있다.

맺음말 : 헬레니즘의 세계

알렉산더 대왕(336~323 B.C.)의 통치 기간은 그리스와 근동 역사의 전환점이다. 그가 마케도니아(Macedonia, 북부 그리스 인근의 왕국)의 통치자였을 때, 그의 통치는 아드리아(Adria) 해에서 헬레스폰트(Hellespot) 그리고 더 남쪽으로 펠로폰네소스까지 확장되었지만 그 이상은 아니었다. 그러나 페르시아 제국의 쇠락으로 유리해진 알렉산더(Alexander)는 원정에 나서서 그리스를 점령하고 인더스 강 유역까지 동진하여 페르시아, 소아시아, 메소포타미아 그리고 이집트를 지배했다. 짧은 기간 동안 이 거대한 제국 전체가 통일되었지만, 알렉산더는 서기전 323년에 때 이른 죽음을 맞이한다.

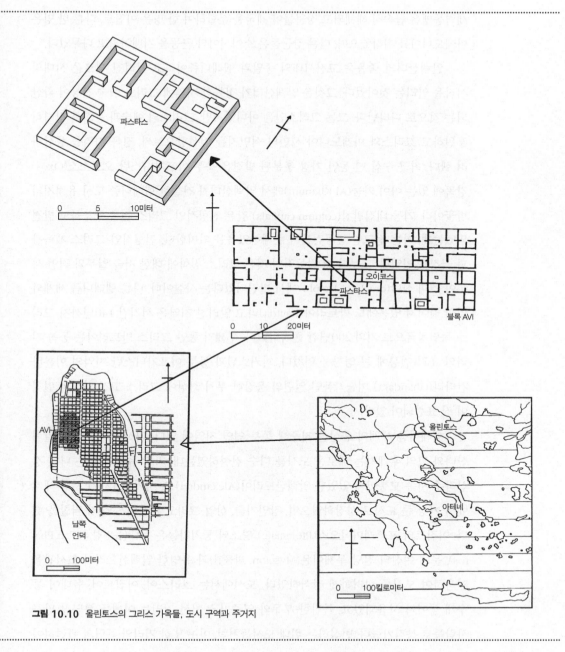

파스타스

0   5   10미터

오이코스

파스타스

블록 AVI

0   10   20미터

AVI

남쪽
언덕

0   100미터

올린토스

아테네

0   100킬로미터

그림 10.10 올린토스의 그리스 가옥들, 도시 구역과 주거지

세력동맹은 급속히 해체되고 장군들이 제국을 분할하여 한 명은 이집트, 다른 한 명은 마케도니아를 취하였으며, 다른 장군들은 소아시아와 근동을 지배하려고 다투었다.

알렉산더의 죽음은 고전시대의 종말과 헬레니즘이라고 알려진 새로운 시대의 시작을 알리는 것이었다. 그것은 알렉산더가 정복한 지역에 그리스 예술 전통이 확산되는 것으로 나타난다. 그는 그리스인은 아니었지만, 그리스의 예술과 문화를 강력히 후원하고 그리스와 마케도니아 시민의 식민지를 건설함으로써, 정복 지역을 통합하려 했다. 최근 수십 년 동안 가장 흥분된 발견은 북부 아프가니스탄 오크소스(Oxos) 강둑에 있는 아이 카눔(Ai Khanum)에서 알렉산더가 건설한 헬레니즘 도시 유적지의 발굴이다. 기둥 대접받침(column capitals) 같은 전형적인 그리스 건축 구조물도 발견되었는데, 이는 정교한 공공건물이 존재하였음을 의미한다. 전형적인 그리스 체육관과 극장도 있었다. 그보다 더 감동적인 것은 그리스 철학에 대한 저술 일부와 격언 사본이 델피 신탁(oracle of Delphi)에서 발견되었다는 사실이다. 다른 헬레니즘 세계와 멀리 떨어져 있음에도 박트리아(Bactria)라고 알려진 지역은 서기전 140년까지 그리스 독립왕국으로 거의 200년간 존속하였다. 수세기 동안 그리스 박트리아는 동쪽 지역의 조각 전통에 큰 영향을 미쳤다. 파키스탄과 동부 아프가니스탄 지역의 이른바 간다라(Ghandara) 미술작품인 일련의 웅장한 부처 좌상에 그리스 고전 양식의 원칙이 잘 표현되어 있다.

헬레니즘 세계의 중심은 지중해 동부 연안 지역에 있다. 다시 지적하지만 알렉산더와 그의 후계자는 새로운 도시를 다수 건설하였는데, 가장 유명한 것은 나일 강 삼각주 서쪽 모퉁이에 있었던 알렉산드리아(Alexandria)로, 서기전 1세기 서양 세계에서 가장 큰 도시로 성장하였으며, 장인기술, 상업 그리고 학문의 중심지 역할을 했다. 이집트의 프톨레마이오스(Ptolemaic) 왕조의 통치자들은 등대(유명한 파로스 Pharos), 문예 여신의 전당 무제이온(Museion, 박물관)과 유명한 알렉산드리아 도서관을 건축하여 도시를 화려하게 장식하였다. 도시에서는 그리스어, 이집트어, 유대어 등 수개 국어가 사용되었고, 복잡한 부두와 열주가 늘어선 거리는 어깨를 부딪칠 만큼 사람들로 북적거렸다. 번성하는 현대 도시들처럼, 이곳 또한 거리의 폭력과 관련하여 불미스런 명성을 얻었다.

그리스어를 사용하는 에게 해와 동부 지중해 연안의 도시에서는 고전기의 예술 양식이 서기전 4세기 말에 (시대를 나타내는 명칭과 동일한) 헬레니즘이라고 알려진 새로운 양식(Hellenistic style)으로 대체된다. 인물 두상 조각에서 나타나는 경향 중 하나는 개인 초상의 사실성을 강조한 것이다. 고전기 조각가들은 자연스러우면서도 이상적인 인간 육체의 모습을 표현하였다. 헬레니즘의 후계자는 통치자, 운동선수 그리고 철학자 등 누구나 알아볼 수 있는 사람을 소재로 하여 인상적으로 제작한 그들의 두상을 보여주는 전시장을 꾸밀 수 있게 하였다.

조각과 인물 두상의 변화는 단지 전체 헬레니즘 예술 혁신에서 한 요소일 뿐이다. 돌 또는 유리(tessera, 테세라)를 깎아 사용한 장식적 모자이크 기법은 서기전 3세기 헬레니즘의 창안이었다. 생동감 있는 벽화로 건물들이 장식되었는데, 역사적 사건이나 신화적 장면, 자연 풍경이나 환상적인 건축물을 묘사하였다. 헬레니즘 예술의 훌륭한 사례로 페르가몬(Pergamon)의 웅장한 제단을 들 수 있다. 이 건축물은 공공 전시를 목적으로 했는데, 신과 거인의 전쟁을 묘사한 2미터 높이의 부조가 있다. 도시는 헬레니즘 왕조의 전시장이었으며, 헬레니즘 통치자는 조각, 극장, 신전과 열주 도로 건설에 상당한 경비를 지출하였다.

헬레니즘 세계와 고전기 그리스의 가장 큰 차이는 규모 면에서 확인되는데, 고전기 그리스 도시들에 남겨진 모든 유산은 아테네를 제외하고 규모가 크지 않다. 알렉산더 대왕의 정복을 통하여 헬레니즘 통치자들은 엄청난 영토와 재산, 노동 자원을 제공받았다. 평민의 입장에서 볼 때, 헬레니즘 통치자는 자신의 토지에서 최대한의 이익을 획득하려는 일개 군주일 뿐이었다. 정복된 많은 지역에서 상업과 농업 활동이 증가하였다는 고고학적 증거가 있는데, 후자는 새로운 영토에 대한 제국 방식의 개발과 관련되어 있을 것이다.

또 다른 차이는 헬레니즘 왕국의 다문화적 성격에 있다. 그리스 언어와 그리스 문화는 강력하였지만, 수천 년간 지속되어온 지역 전통까지 절대로 소멸시키지는 못하였다. 예를 들어 이집트를 지배한 프톨레마이오스 가문(Ptolemies)은 마케도니아인으로, 지역민과는 결혼하지 않았고 관습적으로 그리스어를 사용하였음에도 왕실의 기록에는 이집트 상형문자를 사용하였다. 헬레니즘 세계의 어떤 지역에서는 그리스 요소와 지역 양식을 융합한 이종 문화가 발달하여 관심을 끌고 있다.

헬레니즘 왕국의 정치적 역사는 계속되는 전쟁과 음모로 대부분 채워진다. 서기전 3세기 말경 헬레니즘 세계는 세 개의 주요 왕국으로 분할되는데, 프톨레마이오스 이집트, 셀레우코스(Seleucos) 시리아를 포함한 메소포타미아, 그리고 마케도니아이다. 서쪽 소아시아에서는 상대적으로 작은 규모이지만, 페르가문(Pergamun)이 이러한 주요 세력 사이에서 스스로 왕국의 모습을 갖추었다. 자원과 규모가 작지 않았음에도, 이 왕국 중 어느 것도 서쪽 로마의 공격을 막아내지 못하였다. 마케도니아, 그리스 그리고 페르가문은 서기전 2세기 중엽에 로마의 속지가 되었으며, 시리아와 대부분의 나머지 소아시아 지역은 서기전 1세기 중엽에 그 뒤를 따랐다. 위대한 헬레니즘 왕국의 마지막 이집트는 프톨레마이오스 최후 통치자 클레오파트라(Cleopatra)가 서기전 30년에 죽으면서 로마에 함락되고 만다. 그러나 헬레니즘 예술과 문화는 로마제국 아래에서 계속 번영한다.

로마의 출현과 로마제국의 고고학은 제11장의 주제로 다룰 것이다.

요약

지중해 문명에 대하여 서기전 1000년기 초부터 서기전 1세기 헬레니즘 시대의 말기까지 살펴보았다. 논의된 주제는 그리스인, 페니키아인(또는 카르타고인) 그리고 에트루리아인의 세 민족에 집중된다. 두 개의 주제가 이 장 전체에 걸쳐 논의되었다. 식민지화 과정을 통하여 건설된 신도시의 기반과 후대에 자치적인 정치 단위(도시국가)로 성장하는 도시 정부가 그것이다. 서기전 5세기의 고전 세계는 문헌 자료가 많기 때문에 이전 시기보다 풍부하게 설명할 수 있다. 그러나 문헌을 이해할 수 있다고 해도 실제를 볼 수 있는 눈이 오히려 가려질 수 있음을 주의해야 한다. 예를 들어 서기전 5세기의 아테네 세계는 여성과 오늘날 불법화된 노예에 대한 대우 등이 지금과는 상당히 다르다. 그리스와 에트루리아 도시국가의 붕괴는 마케도니아 제국과 로마제국과 같이 단위도시보다 더 크고 강력한 영역 정치체의 등장과 맞물린다. 알렉산더 대왕의 정복으로 인해, 근동 전체에 광범위하게 그리스 문화가 확산되어 고전세계의 발달이 새로운 국면을 맞이하게 되는데, 이 시기에 뚜렷한 수준의 통합이 이루어지고 시민과 상업적 활동이 부각되었다. 이런 경향은 헬레니즘 왕국이 점진적으로 로마제국에 흡수되면서 여전히 지속된다.

IMPERIAL ROME

제11장 로마 제국

로마 황제 하드리아누스(Hadrianus)의 대리석상. 서기 117~138년

지독한 날씨 때문에 외투를 단단히 여몄지만, 난간을 세운 통로를 지나갈 때 얼굴을 때리는 세찬 비를 막지 못하였다. 그들이 근무하는 곳은 익숙한 세상에서 멀리 떨어져 있어, 며칠만 서쪽으로 이동하면 망망대해가 나타난다. 그들은 하드리아누스 성벽을 따라 망루 순시 근무를 끝내고 복귀하는 중이었다. 발맞추어 걸을 때마다 갑옷에서 쇠 부딪치는 소리가 났다. 이곳의 날씨는 지중해의 맑은 날씨와는 상당히 달랐다. 그들은 이탈리아 로마 군단이 아니라 라인 강 입구 근처 저지대의 퉁그리아인(Tungrians) 예비부대였다. 그들의 임무는 북쪽 켈트 보타디니(Votadini)에서 문젯거리의 징후가 나타나는지를 감시하는 것이었다. 이는 지루한 임무였다. 특히 겨울비가 휘몰아칠 때에는 더욱 그러하였다. 그렇지만 그들은 곧 베르코비시움(Vercovicium) 요새의 식당에서 불로 몸을 녹이며, 좋은 음식을 즐기게 될 것이다. 성벽 너머 부족들이 말썽을 부리지 않는 동안에 전선 임무는 무의미한 것 같았다. 그러나 30만 장정들이 버티는 군대 중 일부가 존재한다는 것만으로, 바바리안이 적대적인 행동을 취할 엄두도 못 내게 하는 효과가 있었다. 그리고 길이 120킬로미터(80마일)의 거대한 석조 방벽은 로마의 강력한 권위를 끊임없이 상기시키는 역할을 했다.*

---

*   로마에서의 80마일은 21세기의 73마일로서 117km에 해당된다.

제 11장에서는 서양 구세계의 위대한 문명, 즉 고대 로마의 마지막에 대하여 설명한다. 고대 로마는 단지 문화뿐만 아니라 정치적인 주체로, 상이한 언어와 피부색 그리고 상이한 종교적 신앙과 문화적 가치를 가진 사람들이 결속한 거대한 제국이다. 어떻게 그 일을 성공적으로 달성하였는지, 그리고 500년 이상을 존속할 수 있었는지를 살펴보는 것이 이 장의 주된 내용이다(표 11.1). 로마는 다른 곳에서도 그러하였듯이, 티베르(Tiber) 강의 자연제방에 마을이 들어서면서 시작되었다. 리비(Livy)와 다른 역사학자의 지지를 받는 전통적 관점에 따르면, 로마는 서기전 753년에 몇 개의 기존 마을이 연합하면서 형성된 것으로 추정된다. 팔라티노(Palatino)와 카피톨리누스(Capitolinus) 언덕, 포룸(Forum, 광장)의 지표 아래를 발굴하여 흥미로운 성과를 얻었음에도, 도시를 건설한 것으로 알려진 전설상의 로물루스(Romulus)는 오랫동안 허구로 생각되었다. 초기 철기시대의 오두막 집자리 유적이 수십 년 전 팔라티노 언덕에서 확인되었는데, 이는 최초의 마을 중 하나로 추정되는 것이었다. 그 근처에서는 시신을 화장하거나 매장한 무덤도 조사되었는데, 더 이른 청동기시대 후기인 서기전 1000년 이전 소급되는 예도 발견되었다. 최근에 베스타(Vesta) 신전 근처 포룸 아래에서는 장방형 평면의 목조 '궁전'이 발굴되었다. 안마당이 갖추어지고 목제 기둥이 서 있는 유적으로, 도시의 건설을 보여주는 직접적인 증거라고 할 수 있다. 서기전 8세기로 추정되는 이 건물은 수세기 동안 로마가 북쪽의 인접국가인 에트루리아와 접촉하여 크게 영향을 받으면서 도시화 과정이 시작되었음을 보여주는 사례이다. 서기전 7세기 중에는 팔라티노와 카피톨리누스 언덕 기슭의 낮은 늪지대 물을 빼내어 공공의 개방된 공간을 조성하였다. 이것이 나중에 로마의 포룸 또는 시장 그리고 도시 행정의 중심지가 된다. 카피톨리누스 언덕 위에 로마 판테온(Pantheon)의 주신(主神)인 주피터 옵티무스 막시무스(Jupiter Optimus Maximus, 최고이며 가장 위대한 주피터) 신전을 비롯하여, 에트루리아의 영향을 받은 첫 번째 대형 건축물이 건설되었다.

표 11.1 고대 로마의 연대표

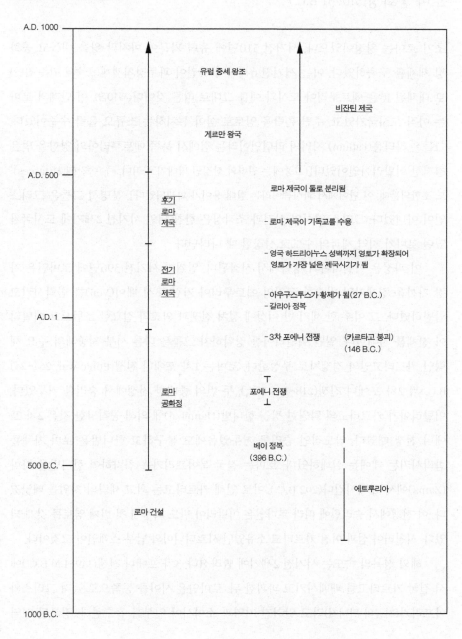

로마 공화정(510~31 B.C.)

초기 로마는 왕정이었으나, 서기전 510년에 유력 가문이 마지막 왕을 내몰고 공화정 체제를 구축하였다. 이는 서기전 6세기에 왕권이 과두정치체제(소수의 귀족 집단)로 대체된 많은 에트루리아 도시의 예를 그대로 따른 것이다(제10장). 이 단계의 로마는 아직 도시국가였고, 주변 촌락을 영토로 삼아 통치하는 소규모 읍락 수준이었다. 그들은 라티움(Latium) 지역의 라틴인이라는 점에서 북쪽 에트루리아의 영향을 받은 철저한 이탈리아인이었다[(그중에는 권력의 상징인 막대기 꾸러미, 즉 '속간(束杆 fasces)'도 포함되는데, 이 단어에서 파시즘이라는 현대 용어가 파생되었다]. 분명히 그들은 그리스인이 아니었다. 그리스 양식의 신전과 조각상은 한참 뒤인 서기전 2세기에 도시국가였던 로마가 지역 제국의 수도로 성장할 때 나타난다.

이 과정은 이탈리아의 정복에서 시작된다. 일찍이 서기전 396년에 로마인은 가장 가까운 경쟁자인 비슷한 크기의 에트루리아 거점 도시 베이(Veii)를 함락시키고 합병하였다. 그 이후 한 세기 반 이상에 걸쳐 전쟁과 외교의 절묘한 조합으로 이탈리아 전체를 지배한다. 일단 이탈리아를 장악하자 그들은 다른 서부 지중해의 주요 세력인 카르타고인의 경쟁자로 부상한다. 로마는 1차 포에니 전쟁(Punic war, 264~241 B.C.)과 2차 포에니 전쟁(218~201 B.C.), 두 번의 중대한 전쟁에서 승리를 거두었다. 이탈리아가 카르타고의 탁월한 장군 한니발(Hannibal)에 의해 공격당한 것은 2차 포에니 전쟁 때였다. 압도적인 승리를 거두었음에도 불구하고 한니발은 로마 자체를 함락시키는 데에는 실패하였다. 로마는 결국 북아프리카를 침략하여 한니발을 자마(Zama)에서 패배시킨다(202 B.C.). 이로 인해 카르타고는 최고 세력의 지위를 빼앗겼다. 이 전쟁에서 승리함에 따라 로마인은 이탈리아 반도 외부에 첫 번째 영토를 갖게 되었다. 시칠리아 섬과 이전 카르타고 소유였던 사르디니아와 남부 스페인이 그것이다.

해외 정복의 속도는 서기전 2세기에 빨라졌다. 3차 포에니 전쟁(149~146 B.C.)에서 결국 카르타고를 패배시키고 파괴한 뒤, 로마인은 시야를 동쪽으로 돌려 그리스와 아프리카(지금의 튀니지)라고 알려진 지역과 소아시아 일부를 흡수한다. 정복된 영역은 로마 제국의 속주가 되어 로마 원로원이 지명한 총독에 의해 통치되었다. 총독은 강력한 권력을 쥐게 되고, 종종 지위를 남용하여 속주민의 희생으로 사리사욕을 채웠다. 속주는 또한 잔인한 이탈리아 기업가에 의해서도 착취되었다. 그들은 광산 면허를 받고 독점적으로 거래하였는데, 항상 공정한 방법만을 사용한 것은 아니었다. 로마인의 이탈리아는 부유해졌을 뿐만 아니라, 문화적으로도 범세계주의를 표방했다. 그들은 에게 해의 그리스 영토와 근동에서 (알렉산더 대왕 정복 이후) 가장 큰 문화적 영향을 받았다. 저명한 로마 작가는 정복된 그리스가 자신을 정복한 사나운 승리자를 포로로 잡았다(*Graecia capta ferum vctoem cept*)고 비꼬았다. 실제로 로마인이 그리스에서 약탈하거나 모방한 그리스 건축 양식과 조각이 당시 크게 유행하면서 로마의 모습은 점차 그리스화되었다. 학자들의 강연에서는 그리스어가 라틴어를 대체하기도 했다.

로마 제국은 서기전 1세기에도 계속 영토를 확장하여 율리우스 카이사르(Julius Caesar)가 켈트족의 갈리아를 정복하면서(58~51 B.C.), 처음으로 지중해 너머까지 영토를 넓혔다(그림 11.1). 이 무렵 고도로 훈련된 군인 조직의 지원을 받은 장군이 등장하면서, 전통적인 통치 기구였던 원로원의 권력이 약화되기 시작했다. 그 결과 내전이 발생했다. 율리우스 카이사르가 서기전 48년에 폼페이우스(Pompeius)와 싸우고 (파르살루스 전투, battle of Pharsalus), 옥타비아누스(Octavianus)가 마르쿠스 안토니우스(Marcus Antonius)를 서기전 31년에 패배시켰다(악티움 해전, battle of Actium). 막강한 권력을 가진 자가 자신을 추종하는 군대를 이용하여 서로 다투면서, 전통적인 체제는 붕괴하였다. 옥타비아누스는 악티움 해전에서 승리해 독보적인 권력을 갖게 되었고 로마 조직을 바꾸었다. 그는 첫 번째 황제가 되어 아우구스투스(Augustus)라는 칭호를 부여받게 된다.

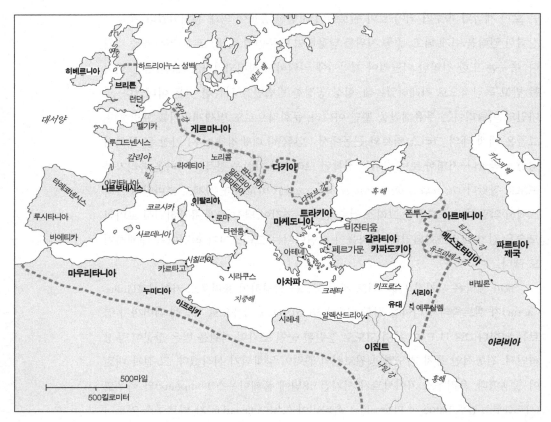

그림 11.1 서기후 2세기의 로마 제국 지도

전기 로마 제국(31 B.C.~A.D. 235)

비록 라인 강 서쪽 너머로의 원정은 과다한 보급물자의 소비로 군사 철수를 초래하기는 하였으나, 아우구스투스(31 B.C.~A.D. 14)는 북부 발칸 반도를 정복하여 국경을 다뉴브 강까지 확장하면서 로마 제국을 강화하였다(그림 11.2). 다수의 더 많은 속주, 즉 마우레타니아(Mauretania), 브리튼(Britain), 다키아(Dacia) 그리고 아라비아가 서

그림 11.2 군사 왕보를 든 아우구스투스 황제, 프리마 포르타(Prima Porta)에서 발견되었다. 서기전 20년경. 군사적 성공은 황제의 위세를 선전하기 위하여 필수적이었다. 많은 로마 제국 황제가 스스로 합법적 통치자이며 원로원과 시민의 지지를 받았다고 주장하였지만, 그들의 권력 기반은 군사적 통제였다(바티칸 박물관).

기 1세기와 2세기에 제국에 포함되었다. 영토 확장은 국경을 안정시키고 강화하려는 전략적인 것에 그 이유가 있지만, 황제의 군사적 영광에 대한 욕망도 강력한 동기였다고 할 수 있다.

제국은 2세기 초에 가장 넓은 영토를 차지한다. 이 무렵 로마의 영역은 동쪽으로는 메소포타미아, 서쪽으로는 대서양 해안까지 그리고 북쪽으로는 하드리아누스 성벽에서 남쪽으로는 사하라 사막까지 뻗쳐 있었다. 여러 언어가 통용되는 다수의 인종과 문화를 포함하였는데, 그리스 동쪽의 도시화된 지역에서 서쪽으로는 켈트 부족이 분포하는 지역까지 다양한 영토를 통합했다. 공식 언어인 라틴어는 겉으로는 통일을 가져다 주었으나 동부 속주에서는 그리스어가 지배적인 언어로 공문서에 사용되기까지 하였다. 저개발 속주에 도시가 건설되었으며 지역의 토착 지배층에는 로마 문화를 따른 예복이 장려되었다. 갈리아, 스페인 그리고 아프리카(지금의 튀니지)와 같은 지역에서는 토착 가문이 제국을 운영하는 데 주된 역할을 맡기도 하였다. 이는 서기 1~2세기에 걸쳐 일어난 중대한 변화 중 하나이다. 당시 제국에 소속되어 이탈리아에 의해 통치를 받으며 착취당하던 일련의 속주들은 점차 속주 전체의 부를 추구하는 속주연맹체로 전환한다. 이러한 변화는 황제 자신의 다양한 출자에도 반영되어 있다. 첫 번째는 부유한 귀족적 배경을 가진 로마인(율리우스 클라우디우스 왕조, Julius-Claudius, 31 B.C.~A.D. 68)이었는데, 다음에는 중부 이탈리아의 중간 계급 로마인(플라비우스 왕조, Flavius, A.D. 69~96)과 스페인에 정착한 로마인 가문(트라야누스와 하드리아누스 왕조, Trajanus and Hadrianus, A.D. 98~138), 마지막으로 가장 늦게 로마 시민이 된 아프리카와 시리아인(세베루스 왕조, Severus, A.D. 193~235)이 황제가 되었다. 이 과정은 3세기에 들어서도 여전히 계속되었는데, 제국이 심각한 군사적 압력을 받을 때에는 낮은 지위의 일리리아(Illyria) 출신의 직업 군인이 제국 고위직에 오르기도 했다.

로마화한다는 것은 제국 확장의 주요 사안 중 하나였다. 오늘날 대부분의 로마 연구 권위자들은 이것이 로마의 의도적인 정책은 아니며, 대부분 로마지배의 간접적인 산물로서, 속주에 부여된 경제, 사회, 정치적 가능성이라고 믿는다. 각기 다른 속주별로 제국이 어느 정도 과거와 차별화되었는지 또한 논쟁거리이다. 앞서 본 바와 같이 동쪽에서는 상업과 도시 생활의 연속성이 유지되었다. 실제로 로마인은 동쪽의 피지배집단인 그리스에서 새로운 기술을 배웠으며 건축과 예술 전통을 이어받았다. 많은 로마 작가들이 그리스 문학을 모델로 삼았으며, 그들 중 일부는 그리스어를 쓰기조차 했다. 그러나 서쪽은 양상이 많이 달랐다. 어떤 학자들은 갈리아의 켈트족이 로마 정복 이전에 이미 중심 읍락과 주조 화폐를 갖춘 국가를 형성하였다고 주장한다. 이들 주장에 따르면 이 지역은 어떤 의미에서 귀족들이 로마 사치품에 이끌려, 정부의 시스템이 외세와의 합병에 순응된 상태에 놓여 있었다는 것이다. 그러나 화폐 주조와 오피다(oppida)라고 알려진 대규모 방어시설에도 불구하고, 이들 사회가 어느 정도 중앙집권적 조직을 갖추었는지는 명확하지 않다. 전부는 아니더라도 그들 상당수는 국가라기보다는 그 이전의 인구집단이라고 설명하는 것이 더 적합하다. 한편으로 로마인의 지배를 강요받으면서, 국가나 도시로 이행하던 기존 추세가 약화되었을 뿐만 아니라 그 발전이 좌절되기도 했다. 다른 한편으로 로마인에 의해 토착 문화가 사라지거나 또는 억압만 당한 것은 아니었다. 토착 언어는 (최소한 당분간) 라틴어와 병행하여 사용되었으며, 비록 (황제의 숭배를 포함하여) 로마의 신이 주요 신전에 안치되더라도 토착 신에 대한 지역 숭배도 계속 유지되었다.

제국의 문화

로마 제국의 중심에 당대에 가장 큰 도시인 로마가 세워졌다. 아우구스투스 통치기의 인구는 아마도 50만 명 정도였을 것이다. 그와 후계자는 (수로나 원형경기장 등과 같은) 실용적인 도시의 기본시설을 개선하는 사업과 함께, 제국의 통치자와 그들의 왕조를 기념하는 건축물을 건설하는 새로운 사업에 돈을 쏟아부었다. 가장 명백한 선전용 건축물은 주요 공공장소에서 세워진 개선문과 전승 기념 석주이다. 트라야누스 기념 석주에 나선형 부조 프리즈로 다키아 정복이 묘사되었다. 티투스(Titus)와 셉티미우스 세베루스(Septimius Severus)의 개선문은 유대와 파르티아(Partia)에 대한 승리를 기념한 것으로, 그 밖에도 많은 기념물이 있다. 첫 번째 황제는 제국 수도의 수요를 충족시키기에는 너무 좁았던 기존 로마 광장(forum)의 시설을 보강하기 위하여 일련의 황제 포럼들(fora)을 건설하였다. 율리우스 카이사르는 기존의 포룸 옆의 토지를 매입, 확보하는 데 노력을 기울였으나, 사업이 마무리되기 전에 살해당하였다. 이 사업은 후대에 지속적으로 추진되었는데, 흰 대리석과 색깔 있는 석재를 사용하여 신전과 열주를 세우고, 황제가 전설적 영웅 아이네아스(Aeneas)의 혈통임을 주장하는 내용의 조각 입상을 조성하였다. 이후 베스파시아누스 황제(Vespasianus, A.D. 69~79)가 '평화 포럼'을 조성하고, 전임자인 도미티아누스(Domitianus, A.D. 81~96)가 거의 완성한 것을 네르바 황제(Nerva, A.D. 96~98)가 마무리한 '네르바 포럼' 그리고 트라야누스(A.D. 98~117) 포룸이 추가되었다. 포로 로마노의 새로운 건물과 함께 그들은 이 구역을 제국의 화려한 전시장으로 바꾸었다.

황제는 팔라티노 언덕의 거주구역에서 살았는데, 우리가 사용하는 'palace'라는 단어는 여기에서 유래한 것이다. 아우구스투스는 아마도 신중하지 못한 선대 율리우스 카이사르가 피살된 것을 유념하며 군주로서 외부에 노출되는 일을 피하였다. 그는 풍요롭지만 화려하지는 않은 팔라티노의 궁정에서 살았다. 후대 황제의 궁정은 보다 더 화려하였다. 네로(Nero, A.D. 54~68)는 공원 안에 일련의 건축물 단지인 '황금의 저택'을 짓기 위하여, 로마의 중심 구역을 대규모로 확보한 것으로 유명하다. 만찬에 참석한 손님들에게 천정에서 향수나 꽃잎을 뿌릴 수 있는 독창적인 시설을 설치하였다. 네로가 죽은 후 황금의 저택은 방치되었다가, 도미티아누스가 그곳에 거의 4헥타르나 되는 거대한 궁전을 지었다. 이 건물은 지금 팔라티노 언덕 위에 남아 있다.

도미티아누스 궁전은 로마의 대다수가 사는 주거지 환경과는 상당한 차이가 있었다. 부유한 시민은 안마당과 정원이 있는 사치스러운 저택을 소유할 수 있었지만, 대부분의 사람은 복잡한 다층 건물에 임차인으로 살았다. 강 하류 쪽 항구 오스티아(Ostia)에 있는 로마 임대건물의 실제 유적에서는 보다 인상적인 모습을 볼 수 있다. 로마의 작가들은 이들 건물들이 튼튼하게 지어지지 않아 자주 붕괴되었던 사실을 기록하여 밝히고 있다. 도로 전면에 있는 건물의 높이를 제한하는 법률이 제정되어, 처음에는 18미터, 나중에는 21미터까지 지을 수 있었다. 넓은 정원이 딸린 부자들의 저택과 밀집된 빈민 주택구역을 비교해 보면, 고대 로마 사회의 엄청난 빈부 차이를 생생하게 확인할 수 있는 것이다.

예술가와 건축가

로마인은 숙련된 건축가이자 엔지니어였다. 그들은 건축의 새로운 방법과 재료를 개발하고, 그리스와 헬레니즘 건축의 풍부한 전통을 받아들였다. 실제로 동부 속주에서 그들의 전통은 로마의 지배하에서도 계속 유지되었다. 남아 있는 대부분의 위대한 로마 건축물은 소아시아와 레반트에서 발견된다. 예를 들어 오늘날 레바논의 발벡(Baalbek) 신전은 페트라(Petra)와 팔미라(Palmyra) 두 곳에 남아 있는데, 건축물과 건축 장식에서 발전된 바로크 양식을 볼 수 있다. 소아시아의 도시에서도 로마 시대에 중요한 재건축사업이 이루어졌으며, 극장, 목욕탕 그리고 도서관이 부유한 시민에 의해 건축되었다. 2세기에는 비교적 작은 도시에도 열주가 있는 도로와 장식된 분수가 세워진다.

북부 아프리카의 속주도 로마 지배하에서 번성하였다. 이곳에서는 다시 풍부한 예술과 건축 유산이 등장한다. 예를 들어 엘 젬(El Djem, 고대 티스드루스 Thysdrus)의 원형극장은 로마 세계에서 가장 크고 잘 보존된 것 중 하나로, 지역 올리브유 산업에서 발생한 이익으로 지어졌다. 다른 곳과 마찬가지로 북부 아프리카에서 가장 큰 건물 중 일부는 황제가 직접 자금을 조달한 제국 차원의 사업이었다. 그 대표적인 사례가 안토니누스 피우스 황제(Antoninus Pius, A.D. 138~161)가 만든 카르타고의 목욕탕과 셉티미우스 세베루스 황제(A.D. 193~211)가 착수하여 그의 아들과 후계자 카라칼라(Caracalla, A.D. 211~217)가 216년 헌정한 레프시스 마그나(Lepcis Magna)의 공회당(바실리카, basilica)이다.

1~2세기에 로마 건축가는 새로운 자재를 사용하는 방법을 고안해서 혁신적이고 대담한 건축물을 축조하였다. 대부분의 주요 건물은 벽돌 또는 콘크리트로 건축하고, 기둥과 전면에만 대리석 또는 다른 고가의 석재를 사용하였다. 116년과 126년 사이에 하드리아누스 황제가 만든 로마의 판테온(Pantheon)이 이러한 발전의 절정을 보여준다. 거대한 콘크리트로 된 직경 43미터의 둥근 천장은 바티칸 성 베드로 성당의 둥근 천장보다도 더 크다. 내부는 치장용 벽토와 대리석 박판으로 장식하여 내부 구조의 재료를 완전히 덮었다. 건축 설계의 측면에서 볼 때 대담하면서 다양한 시설을 갖춘 사례로서, 카라칼라 황제와 디오클레티아누스 황제(Diocletianus, A.D. 284~305)가 로마에 지은 거대한 목욕탕 단지가 있다.

로마 제국이 번성하면서 부유한 개인과 도시 후원자들의 수요가 크게 늘어나, 조각입상 — 이따끔 그리이스 원본을 복제한 — 으로 구석 공간을 채우고 기둥받침돌을 장식하였다. 로마 예술가들은 특히 공공기념물과 석관에 새기는 부조의 전문가였다. 가장 세련된 것으로 인정받는 부조 작품은 아우구스투스의 통치부터 마르쿠스 아우렐리우스(Marcus Aurelius, A.D. 121~180)가 죽기 전 기간에 제작된 것으로 추정된다. 이 작품은 다양한 요소를 능란하게 구사한 구성과 깊이 있는 조각 기법 그리고 대담한 자연주의적인 표현으로 인정받고 있다.

아마도 로마의 조각보다 더 유명한 것이 로마의 모자이크일 것이다. 현존하는 가장 정교한 대부분의 사례는 북아프리카에 있다. 모자이크는 신화 장면, 풍경, 건물, 사람 등을 묘사하는 데 사용되었다. 바닥에 만든 모자이크 이외에, 부유한 로마인은 자신들의 집 벽을 역시 다양한 주제의 그림으로 장식하였다. 한편으로 이 시기의 로마 유리제품은 이후 르네상스 시기를 포함하여 유럽에서 만들어진 어떤 것보다도 우수했다.

우리는 이 모두를 로마의 예술이라고 하지만, 이런 작품을 생산한 예술가, 건축가 그리고 장인들 모두가 로마인은 아니라는 것 또한 인식해야 한다. 특히 속주들의 경우 더욱 그러한데, 속주의 지역 공방은 기존의 관행, 기술과 함께 새로운 유행과 혁신을 받아들였다. 그러나 지역의 다양성뿐만 아니라 제국 전체에 걸쳐 양식적인 측면에서 동질성도 있었다. 인구의 대부분을 차지하는 가난한 사람들은 멀리 떨어진 속주에서 무슨 일이 일어났는지 잘 모르며 관심도 적었다. 그러나 제국적 환경 아래 사는 지배층 사람들은 새로운 모델과 개념을 인식하고, 예술작품을 의뢰하고 유행을 만들었다.

군사시설

로마인은 지역토착 귀족의 도움을 받아 제국을 지배하려고 했다. 부유한 사람은 자신이 로마체제의 일부라고 생각하도록 권장받았다. 그들은 지방행정 책임자로서의 지위로 도서관과 용수 공급시설 그리고 시민의 자부심을 고취시키기 위한 기념물 같은 공공시설을 도시에 건설함으로써 이에 부응하였다. 그러나 로마 지배의 근간은 로마군대로, 이는 동시 일체의 정복 수단이자 국경을 지키는 조직이며, 내부 불안 또는 반란을 억제하는 기제이다. 서른 개 정도의 군단이 핵심을 이루었는데, 각 군단은 고도로 훈련된 5,000명의 무장 보병으로 구성되었다. 그들은 같은 수의 하부 단위로 구성된, 이른바 예비부대의 지원을 받았다. 군단은 로마시민으로 충원되었지만, 예비부대는 제국의 속민 중에서 선발되어[예를 들어 바타비아(Batavia)인 기병대, 시리아 궁수 그리고 티그리스 강 선원과 같은] 특수부대 단위로 편성되었다.

고고학 측면에서 로마 군대의 영향은 요새와 국경에서 가장 생생하게 확인할 수 있다. 로마 요새는 로마의 일반적인 야전 수행과정 중에 설치된 행군 막사가 발달한 것이다. 적지에서 작전할 때, 로마 군대는 기습 공격을 방어하기 위하여 매일 밤 임시 막사를 구축하였다. 이 시설은 보통 둑과 도랑으로 구성되는데, 둥근 모서리의 평면 장방형 구역에(이른바 '놀이 카드' 모양) 둘러쳐진 나무말뚝으로 보호되며, 군인들은 이 내부에 텐트를 쳤다. 이러한 임시 보루는 여러 지역에 흔적이 남아 있는데, 북부 브리튼의 사례가 특히 유명하다. 이곳에서 고고학자는 연대를 추정하여 특정 군사 공격시설의 재구성을 위한 근거로 삼았다.

아우구스투스는 국경을 안정시킨 후 군대의 규모를 28개 군단과 그와 비슷한 예비부대로 감축하였으며, 전투 병력을 총 30만 명 정도로 유지하였다. 이들 대부분은 국경 또는 그 가까이에 위치한 영구적인 보루에 배치되었다. 방어시설은 초기에는 흙과 목재로 만들어졌지만, 2세기경에는 석조 요새가 일반화되었다. 이 표준적인 시설은 카드같이 생겼으며, 구역 내에 병사를 수용하였다. 보급품을 보관하는 건물은 목재 또는 석재로 만들어졌으며, 임시 보루의 평면설계를 따랐다. 장방형 병영 구역은 열 개의 막사(콘투베르니아, contubernia)로 분할되었는데, 각 막사는 8명을 수용하고 한쪽 끝에 장교와 가족을 위하여 다른 곳보다 더 넓은 숙소를 배치하였다. 따라서 각 병영 구역은 80명 정도의 남성을 수용하였는데, 이는 정상적인 규모의 로마 소대(century)에 해당하는 규모이다. 이 소대의 지휘관은 백부장(centurion)이라 불렸다. 예비부대의 보병대(cohort)는 5 내지 10개의 소대, 1개 군단은 60개의 소대로 구성된다. 비록 요새가 발굴되지는 않았지만, 로마의 군사작전은 정형성을 띠고 있어 대개 평면 배치상태를 추정하는 것만으로도 부대 규모를 추론할 수 있다.

간혹 한두 시설이 빠지기도 하지만, 군사 기지를 따라 예상할 수 있는 각종시설이 배치되어 있다. 요새의 중앙에는 표준시설의 가옥(군단의 경우에는 '독수리집 eagles')과 병사들의 급여 물자를 보관하는 (때로는 땅 밑의) 수장실이 있고, 본부(praetorium) 옆에는 지휘관의 숙소(principia)가 있었다. 지휘관은 일반 병사와는 달리 결혼을 하고 가족과 함께 살 수 있었다. 공방, (습기를 막기 위하여 바닥을 올린) 곡식창고, 의료시설 그리고 (기병대 단위의 경우 큰) 마구간이 표준적인 구성 요소인데, 엄격하게 구획된 격자상의 도로에 배치되었다. 반드시 갖추어지는 시설은 아니지만, 뜨거운 물과 찬 물이 공급되는 방과 작은 수영장을 포함한 목욕 시설도 있다. 이것은 종종 요새 구역의 바깥쪽에 설치되었는데, 틀림없이 훈련이나 임무에서 돌아오는 병사들을 맞아들이는 용도로 쓰였을 것이다.

제국의 국경

간헐적인 외국 원정 후에도 군대는 국경을 지키고 순찰하는 데 많은 시간을 투입했다. 국경도 요새처럼 1~2세기경에는 큰 변화가 없었다. 로마 제국의 국경은 세 가지 범주로 나눌 수 있다. 유명한 라인 강, 다뉴브 강, 유프라테스 강으로 이루어진 강의 국경은 항구적인 자연 장애물 또는 장벽을 제공한다. 자연제방을 따라 여울이나 건널목에 요새나 망루를 세우는 것만으로도, 적의 침입을 억제하기에 충분하였다. 사막은 비교적 안전한 국경시설을 제공해 주었는데, 시리아, 아라비아 그리고 북아프리카의 사막이 유명하다. 로마인들은 성채와 도로의 연결망을 구축하고, 때때로 동부 알제리의 우에드 제디(Oued Djedi)를 가로지르는 길이 60킬로미터의 돌 성벽과 도랑과 같은 장애물을 축조하기까지 한다. 그러나 유목민이 계절적으로 이동하는 것은 여전히 허용되었다.

사막이나 강으로 보호되지 않는 국경은 로마의 군사계획 책임자에게 커다란 걱정거리였고, 지속적인 국경 방어의 개념이 최대한으로 표현된 곳도 이런 지역이었다. 북부 브리튼과 현대 독일의 라인 강, 다뉴브 강 상류 지역 사이의 민감한 지역에 핵심적인 시설 두 곳이 있다. 하드리아누스 황제(A.D. 117~138)는 독일까지 연결된 목재 방어벽을 구축하였으며, 후에 석재로 다시 축조하였다. 그러나 국경의 진짜 위력은 망루와 그 뒤 성채로 긴밀하게 연결된 망에 있다. 북부 브리튼의 (하드리아누스 성벽이라고 알려진) 국경은 대부분 처음부터 돌로 만들어졌고, 그렇지 않은 구역도 몇십 년 뒤에 돌로 쌓았다. 이것은 거대한 사업이었다. 밑부분의 폭은 3미터이고 원래 높이는 3.7미터이며, 길이 117킬로미터에 달하는 견고한 성벽이 해안을 따라 축조되었다(그림 11.3). 다시 지적하지만, 요새, 보루 그리고 망루는 군사 시설의 중요한 부분이었다. 순찰을 도는 병사들이 실제 머무는 곳이기 때문이다. 하드리아누스 성벽을 통해 로마 군사 계획의 엄정함을 알 수 있다. 이에 대해서는 이미 요새의 표준화된 배치 상황을 설명할 때 서술한 바 있다. [마일캐슬(milecastles)이라고 알려진] 작은 요새는 하드리아누스 성벽을 따라 1마일 간격으로 설치되었으며 [작은 탑(turrets)이라고 알려진] 망루 한 쌍이 그 사이에 같은 거리를 두고 위치하였다.

고고학자들과 역사학자들은 오랫동안 하드리아누스 성벽이 군사 목적의 장벽으로 효과가 있었는지를 검토했다. 일부 적대적인 공격을 받은 후 수리한 것으로 추정되는 재건축공사에 대한 증거가 확인되었는데, 어떤 학자는 그것을 단지 일상적인 보수 공사로 해석하였다. 군사적 효과가 어찌 되었든 그것은 강력한 로마 군사력의 명백한 상징이었다. 하드리아누스의 전기 작가는 황제가 로마인과 야만인을 분리하기 위하여 성벽을 만들었다고 주장하였다. 중국 황제가 동일한 방식으로 북쪽 초원 지역의 야만인으로부터 중국을 구분하기 위하여 만리장성을 구축하였던 것과 같다. 두 경우 모두 그것을 세운 사람의 눈에는 물리적인 장벽이 단지 군사시설일 뿐만 아니라, 문명인과 비문명인 사이를 개념적으로 분명히 하는 장치로 보였을 것이다. 그것은 제국 이념의 일부였다.

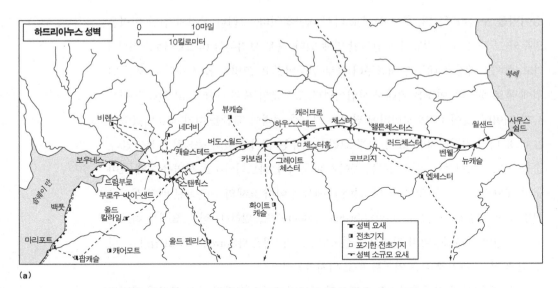

(a)

(b)

그림 11.3 (a) 로마 브리튼의 북부 국경에 있는 하드리아누스 성벽 지도, (b) 성벽 사진. 성벽 자체는 동쪽 타인(Tyne) 강 입구부터 서쪽 컴브리아(Cumbria) 해안까지 117킬로미터에 걸쳐 한 줄로 이어진 석재 구조물이었다. 이 성벽을 따라 매 1마일마다 망루(turret)가 딸린 작은 요새(milecastles)가 있었다. 500명(어떤 경우는 1,000명) 단위의 장정 부대를 몇 개 수용할 수 있는 큰 요새는 성벽 위 자체 또는 그 뒤로 몇 킬로미터 떨어진 곳에 위치하였다. 이 정교한 국경 방어시설은 120년대 하드리아누스 황제의 명령으로 건설되었다.

제국의 간선도로 : 육로와 해로

로마 고속도로

로마 국경을 따라 전략적인 군사 도로가 이어져 있는데, 이는 위협을 받는 지역에 가능한 최단 시간에 군대가 달려가기 위한 것이다. 도로는 또한 국경과 속주를 이탈리아에 위치한 제국 정부의 중심부에 연결하는 시설로, 제국 통치의 수단인 교통망을 구축하는 데 필수적이다.

　　로마의 도로는 로마에서 가장 유명한 업적 중 하나로 전한다. 이 도로는 오늘날의 도로 아래에 묻혀 있는데, 고속도로가 직선으로 수마일 이어진 곳에서 종종 확인된다. 로마인은 정복자였기 때문에 기존 사유지 구획에 신경 쓸 필요가 없었으며, 도로는 언제나 전략적 군사 시설로서 현지 이익보다 우선되었다. 되도록 많은 지역의 도로를 포장하여 주요 간선 도로에 연결시켰다. 얼마 지나지 않아 로마 도로 체계는 간선도로가 서로 연결된 복잡한 네트워크를 이루게 된다. 초기의 로마 도로는 이탈리아에 건설되었으며, 도로의 이름은 그 건설을 책임진 유력한 정치인의 이름을 따서 붙였다. 예를 들어 아피우스 클라우디우스(Appius Claudius, 312 B.C.)의 이름을 딴 아피아 가도(Via Appia), 가이우스 플라미니우스(Gaius Flaminius, 220 B.C.)의 이름을 딴 플라미니아 가도(Via Flaminia)가 그것이다. 이들 도로를 건설한 주요 목적은 로마에서 국경으로 병력을 신속히 이동시키기 위해서였다. 또한 공식 우편 업무에도 이용되었는데, 도로는 일정한 간격으로 배치되어 있는 각 역을 연결하는 기능을 했다. 각 역에는 기운이 넘치는 말들이 항상 대기중이었다. 이 시스템은 아우구스투스 황제가 제국 개혁의 일환으로 시작하였으며, 이 도로를 통하여 사자가 하루에 최장 241킬로미터를 이동할 수 있었다.

　　모든 로마의 도로는 날씨와 상관없이 건조한 상태로 사용할 수 있도록 관리하였다. 건설의 실제 기술은 지역마다 다소 달랐다. 동부 지역에서는 일반적으로 자갈로 시설하였으며, 테두리돌로 자리를 고정시키고 하수도 시설을 조성하였다. 이탈리아와 서부 속주에서는 더 세심하게 돌을 맞추어 마감 포장하였다. 도로와 더불어 교량도 필요해졌다. 폭이 적은 경우에는 돌로 만든 아치, 폭이 넓은 경우에는 석재 기둥으로 지탱되는 목재 상판으로 다리가 건설되었다. 기술자들은 동일한 기술을 수로와 대형 아치형 홀의 건설에 적용하였다. 후자를 건설할 때는 후대에 널리 사용되는 혁신적인 영향을 미친 일종의 콘크리트를 발명하였다. 이 기술로 그리스인 또는 에트루리아인이 시도한 어느 것보다 더 크고 대담한 구조 건설이 가능하였다.

로마 해로

로마 콘크리트의 장점 중 하나는 수중에서도 설치될 수 있어, 인공 항구 건설에 적합하다는 것이었다. 지중해 제국으로서 해상 교통은 로마 세계에서 특히 중요하였다. 무역 물자의 상당 부분이 해상항로를 통하여 조달되었고, 주요 도시의 대부분은 해상 교통이 가능한 바다 근처 또는 강둑에 있었다. 301년 당시의 공식 가격 목록에 의하면, 스페인에서 시리아까지 선박으로 곡물을 운송하는 것이 수레로 120킬로미터 육상으로 운송하는 것보다 저렴하였다. 수도인 로마에 사는 사람들은 해상으로 운송된 곡물에 크게 의존하였는데, 주로 이집트에서 가져와서 매달 로마 시민에게 무료로 분배하였다. 그러나 로마는 상류에 위치하여 대양을 항해하는 선박들이 들어오기에는 부적합하였다. 때문에 티베르 강 입구의 오스티아 항구에 대규모 인공방파제를 건설하여 시설을 개선하였고, 거대한 내륙 선착장을 만들어 운하를 바다와 연결하는 엄청난 노력을 하였다. 지중해 주변의 여러 도시에도 인공 항구를 건설하였는데, 지금의 이스라엘과 북부 아프리카의 렙시스 마그나(Lepcis Magna)에 있는 카에사리아(Caesarea)가 유명하다. 그러나 이러한 기술자들의 시도가 자연의 힘에 무너지기도 하였는데, 오스티아와 렙시스를 포함해서 많은 로마 항구에 침니가 쌓여 막히곤 하였던 것이다.

　여러 로마 항구에 선박을 안내하는 등대가 설치되었다. 상부에 신호등불이 있는 첨탑 아이디어는 꽤 오래된 것이다. 서기전 6세기 그리스 섬인 타소스(Thasos)에서도 그 사례를 볼 수 있다. 그렇지만 로마인이 직접 영감을 받은 것은 고대 세계 7대 불가사의 중 하나로 간주되는 알렉산드리아의 거대한 파로스(Pharos) 등대였다. 등대가 유용하기는 하였으나, 바다 여행의 위험을 줄이는 데 별로 성공적이지 못하였고 폭풍이나 해적을 막지도 못하였다. 선박의 난파는 피할 수 없는 결과였으며, 상인과 항해자에게는 비극이었다. 그러나 그러한 비극은 고고학자에게 중요한 정보를 제공하기도 한다. 선박 잔해를 통해 로마인의 선박 건조 방법을 알 수 있고, 남아 있는 화물을 통하여 당시 운송하였던 품목은 물론 가끔 항해로까지 알 수 있다. 선박의 난파가 이루어진 공간과 시간을 연구함으로써, 해상 교통의 전성기가 서기전후 1세기이며 그 이후로는 지속적으로 감소하였음을 알 수 있다. 이를 종합하여 로마 상업 경제의 시기별 변화(그림 11.4)에 대하여 추정이 가능하다.

도시

도로, 선박과 수로 모두 통하는 도시들이 로마 제국의 중심지가 되었다. 물론 도시는 농촌 배후지를 필요로 하였고, 로마 경제는 본질적으로 농업적 성격이 강하였다. 그러나 도시가 제국의 운영에서 갖는 비중은 컸다. 도시를 통해 기념물, 인공 유물 그리고 건축 형태의 고고학적 증거(그림 11.5)를 생생하게 살필 수 있다.

　　로마인의 도시는 규모가 아주 다양했다. 주요 도시로는 알렉산드리아, 안티오크 (Antioch), 카르타고(아우구스투스가 로마 도시로 재건설) 그리고 무엇보다도 서양에서는 처음으로 50만 명으로 추정되는 인구를 가진 로마 등이 있었다. 이들 선도적인 제국도시에는 수십만 명의 인구가 생활하고 있었다. 반면에 주민수가 몇천 명으로 오늘날의 농촌 마을보다 약간 큰 정도인 소규모 도시도 있었다. 각 도시에는 공공건물이 있었는데, 규모와 웅장함의 정도는 거의 지역 재력가가 지원하는 재정에 달려 있었다. 부유한 시민은 신전을 수리하거나 시장터를 포장하고, 용수공급체계를 개선하거나 극장을 건설하는데 돈을 내놓기도 하였다. 이는 반드시 이타주의에 의한 것만은 아니었으며, 정치적 야망을 달성하는 수단이기도 하였다. 어떤 경우이든 1~2세기 제국 전역의 도시에서 건물의 수가 급격하게 증가하게 된다. 그렇지만 제국이 정치 및

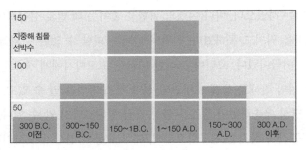

(a)

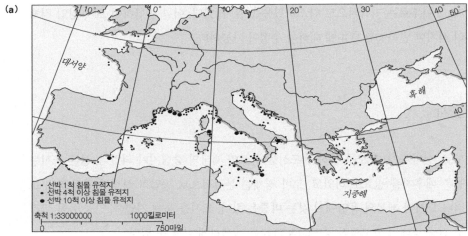

(b)

그림 11.4 (a) 서기전 1세기에서 서기후 3세기까지 지중해에 난파된 로마 선박의 수를 나타낸 그래프와 위치를 표기한 지도. (b) 오스티아 선박과 등대의 모자이크. 도시 인구와 군 부대 식량으로 공급될 곡물처럼 부피가 큰 화물을 장거리 선박으로 수송할 수 있는 해상 교통은 로마 경제의 핵심 요소였다. 그러므로 지중해 난파선 숫자의 증가와 감소는 로마 경제의 건실성에 대한 좋은 지표이다. 티베르 강 어귀의 로마 항구인 오스티아와 같은 주요 항구는 항해를 지원하기 위한 등대를 갖추었다.

(a)

그림 11.5 (a) 파르티아인에 대한 승리를 기념하기 위하여 203년 로마 포룸에 봉헌한 셉티미우스 세베루스의
개선문. (b) 제국시기 로마의 평면도. 1~2세기 전성기, 로마는 50만 명 정도의 인구가 사는 번성한 대도시로 추정된다.
로마인이 세운 많은 다른 도시와 달리, 로마는 엄격한 격자 형식 도로가 구획된 것이 아니라 수세기에 걸쳐 자연적으로
성장한 도시였다. 비록 후에 지어진 건물에 덮인 것도 있지만, 지금도 많은 주요 기념물이 유적으로 남아 있다. 고고학적
발굴, 당시 문서 그리고 200년경 대리석에 새겨진 평면도의 일부분을 통하여 좀더 자세하게 당시를 재구성해 보면,
로마 주민의 대부분이 여러 층 높이의 비좁은 복합가옥에서 살았다는 것을 알 수 있다. 건물이 전부 튼튼하게 지어진
것은 아니어서 가끔 붕괴하기도 하고 화재시 갇혀서 못 나오기도 하였다. 4세기에 로마에는 4만 6천 채의 복합가옥과
2천 채를 넘지 않는 개인 주택이 있었음이 기록으로 전해진다. 후자는 부유층 사람의 소유로, 어떤 경우에는 수목이
무성한 정원과 공원도 있었다. 물론 부유한 시민 중에서도 가장 부유한 자는 황제였다. 그는 팔라티노 언덕 위의 화려한
저택에서 살았다. 그는 남쪽으로는 주요 전차경기장과 체육운동장이 있는 막시무스 광장(Circus Maximus)까지,
북쪽으로는 포룸까지 조망할 수 있었다. 포룸은 로마 시민 생활의 중심이었다. 첫 번째 포룸은 서기전 7세기 공공 광장에
만들어졌는데, 제국의 승리를 기념하기 위하여 건축되었다. 열주가 있는 신전과 공회당 그리고 거대한 개선문은 로마의
권력과 위대함을 과시하기 위한 건축물이었다. 그중 개선문은 몇 개 안 남았지만, 우리에게는 가장 친숙한 고대 로마
유적이기도 하다.

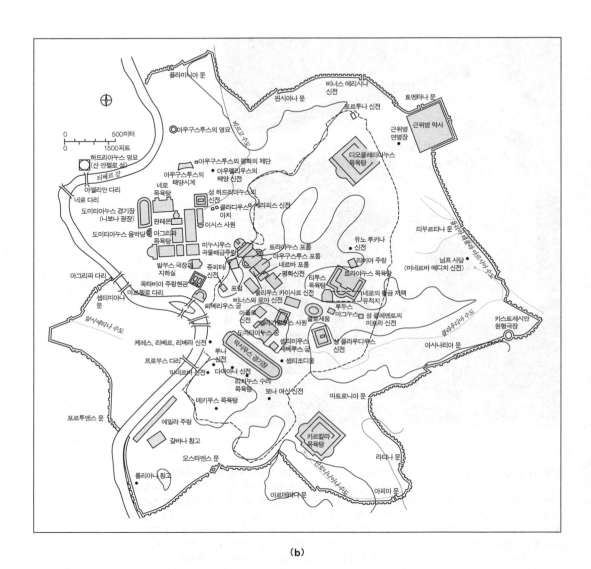

(b)

군사의 어려움을 겪게 되는 3세기에는 감소하기 시작하였다.

　　지금의 나폴리(Naples)에서 멀지 않은 베수비우스(Vesuvius) 화산 기슭의 폼페이(Pompeii)는 가장 잘 보존되고 많이 알려진 로마의 도시이다. 베수비우스 화산은

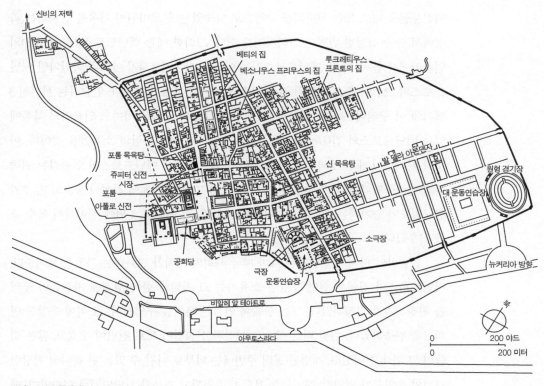

신비의 저택

베티의 집

베소니우스 프리무스의 집

루크레티우스 프론토의 집

포룸 목욕탕

쥬피터 신전
시장

포룸

아폴로 신전

신 목욕탕

발 델라 아본덴자

원형 경기장

대 운동연습장

소극장

공회당

극장
운동연습장

뉴커리아 방향

비알레 알 테아트로

아우토스라다

0   200 야드

0   200 미터

그림 11.6 폼페이 지도

79년에 폭발하여 짙은 화산재와 용암으로 폼페이를 덮어 버렸으며, 이 도시는 18세기에 고고학자가 발굴하기 전까지 깊게 묻힌 상태로 있었다. 지금은 많은 부분이 발굴되었다. 어떤 도시도 단독으로 로마 도시 생활 전부를 보여준다고 할 수 없지만, 폼페이는 가장 그에 가깝다고 할 수 있다(그림 11.6).

다른 로마인의 도시처럼 폼페이도 격자형 도로 구획을 기본으로 건설되었다. 도로들은 거의 직각으로 교차하였다. 완벽한 사각형의 설계는 아니고, 남서 모퉁이는 (이전 주거지의 일부분이었던) 다른 축을 갖고 있지만, 격자형의 전반적인 기획의도를 훼손하는 정도는 아니었다. 도로는 평평한 돌로 포장되었고, 양쪽에 약간 높은 보도를 두었다. 격자모양의 도로는 [로마인에게는 인슐라(insulae)라고 알려진] 도시 복합주택건물들을 네모 또는 사다리꼴 구역으로 나누었는데, 로마인이 가옥을 건축하는 과정에서 종종 상당한 변형이 가해지기도 했다. 그러한 예를 메난드로스(Menander)의 인슐라에서 볼 수 있다. 메난드로스라는 이름은 서기전 3세기 아테네 극작가인 메난드로스의 그림이 주요 건물의 정원 열주에 있어서 붙여진 것이다. 인슐라는 서기전 3세기에 이 구역이 도시에 편입될 때 계획되었다. 이 구역은 아마도 인슐라의 북쪽에 있는 메난드로스의 집(House of the Menander)에 살던 사람의 소유였을 것이다. 이 구역은 다수의 개별 구역으로 다시 분리되었다. 초기에 메난드로스의 인슐라는 귀족들의 거주구역이었다. 그러나 서기전 3세기 말 또는 그 이전에 건설이 종료되고, 주거 인구밀도가 증가하는 서기전 1세기 말에는 많은 건물들이 그 위에 지어져서 복수 층을 이루었다.

인슐라의 마지막 수년간은 로마 제국 사회의 가치가 변화하는 과정을 보여준다. 메난드로스의 집에서 살던 부유한 소유자는 그 지역의 한쪽 경계에 자신들의 구역을 확장하기로 결정하였다. 그는 동쪽에 인접한 토지를 구입하여, 그 위에 웅장한 연회장을 건축하였다. 한편 다른 쪽으로 상점과 선술집이 도로 전면에 생겼고, 많은 집들이 그 뒤에 지어졌다. 개방된 공터 주변에는 외부로 나갈 수 있는 단 하나의 적당한 크기의 출입구가 있었다. 부자들은 보안이 유지되고 외부와 차단되기를 원하였다. 메난드로스의 집 입구가 1층 사창가로 가는 계단과 연결된 문 옆에 있다는 것은 아직도 의문으로 남아 있다. 사생활과 상업적 활동이 다소 어울리지 않지만, 메난드로스의 인슐라는 귀족들의 거주지였던 초기부터 계속 번성하였다(그림 11.7).

폼페이에는 상점과 생활가옥 이외에 번성한 로마인 도시에서 보이는 것과 같은 포럼과 같은 편의시설이 있었다. 포럼은 원래 도시의 시장 기능을 하였으나 이후 공공건물이 들어서는 공간이 되었다. 쥬피터 신전이 한쪽에 있고, 서쪽에는 아폴로 신전, 동쪽에는 아우구스투스에게 헌정된 신전과 열주가 있었다. 이들 건축물을 따라 지붕을 설치하여 노점상을 수용한 시장이 세워졌다. 포럼의 남서쪽 끝에는 소송에 대한 진술이 이루어지고, 공공업무가 진행되는 공회당이 있었다. 남쪽의 건물 중 하나는 도시 감옥인 것으로 보이며, 또 다른 사례는 도시 금고로 추정되기도 한다. 극장

그림 11.7 폼페이의 신비의 저택(Villa of the Mysteries) 벽화.
시선을 붙잡는 호사스러운 벽화는 로마인의 상상 세계 중 일부를 보여준다. 벽화에는 이상적인 풍경, 신화의 장면 그리고 간단한 장식의 패턴이 보인다. 서기후 79년 폼페이를 파괴시킨 베수비우스 폭발 전 3세기 동안 로마인의 취향이 어떻게 변화하였는지 파악하기 위하여, 전문가들이 벽화를 연속된 네 개의 양식으로 분류하였다. 첫 번째 양식(200~80 B.C.)은 극단적인 직선 형태로, 세로 홈이 있는 기둥과 채색된 돌을 표면에 붙인 건축 모양을 단순히 모방한 것이다. 두 번째와 세 번째 양식(80 B.C.~A.D. 50)은 착시 현상을 일으켜 가옥 내부에 있는 것처럼, 전원 풍경을 향해 열린 창문처럼 보이도록 벽화에 틀로 짠 판을 붙인 것이다. 네 번째이자 마지막 양식(A.D. 50~79)의 그림은 미묘하고도 가끔 기발하기까지 한 데, 장식성과 환상주의를 결합한 정교한 바로크풍이다. 어떤 경우에는 소유자의 특이한 취향이 드러난다. 예를 들어 어떤 집의 벽화에는 그리스 연극 장면의 전체 시리즈가 그려져 있다. 도시 경계에 있는 신비의 저택이라고 불리는 집에는, 성년식을 치르기 위하여 디오니소스 신의 제단에 들어가는 로마 여성이 그려진 방이 있다. 사후 영생을 약속하는 이 제사는 기독교를 포함하여 로마 제국에 널리 퍼진 의식 중 하나로, 전통적인 국가 종교보다 '개인적인' 신앙의 성격을 띠었다.

은 시민의 오락을 위하여 제공된 건물로, 서기전 2세기에 건설되었는데, 아우구스투스의 통치기에 부유한 후원자 두 명에 의해 재건축되었다. 다른 후원자는 서기전 1세기에 두 번째 소극장과 검투경기를 할 수 있는 대형 원형경기장을 지었다. 후자는 로마의 유명한 콜로세움보다는 작지만 더 오래된 것으로, 피에 굶주린 악명 높은 로마인을 위한 경기를 치르는 데 사용되었다. 이러한 경기에는 검투사의 경기[근처 카푸아

(Capua)에는 당시 선도적인 검투사 학교가 있었다.]와 야생 짐승을 잡아 죽이는 모의 결투나 사냥 그리고 선고받은 죄인의 처형도 있었는데, 때로는 관중의 오락거리로 죽을 때까지 싸우도록 강요하기도 하였다. 어떤 경우에는 경기장뿐만 아니라 길거리에서도 피가 흘렀다. 59년에 검투사들의 경기에 이웃 읍락인 누케리아(Nuceria)에서 온 관중들이 있었다. 누케리아인과 폼페이우스인은 서로 욕설을 퍼붓다가 돌을 던지고 칼을 꺼냈다. 폭동으로 번져 많은 사람이 죽자 네로 황제는 폼페이에서 검투사 경기를 10년간 금지시켰다(유적 11.1).

낮에 경기를 즐기고 나면, 폼페이 남자들은 목욕탕, 선술집 또는 덜 점잖은 유흥장소에서 휴식을 취하였다. 그들은 세 곳의 공중목욕탕, 그리고 사창가의 두 배 크기인 여러 포도주 술집과 선술집을 이용할 수 있었다. 로마의 법률은 선술집 또는 포도주 술집에서 일하는 여성을 창녀 이상으로 다루지 않았다. 폼페이에 있는 주요 여관은 도시의 주요 사창가 바로 맞은편에 있었다. 음식, 술과 포도주, 노새 사료 그리고 여자에 대한 항목이 적힌 청구서가 한 장 남아 있다. 정숙한 여성은 집안에 머물러 있었고, (허락된다면) 남자 친척이나 시종과 동반하여 외출하였다. 로마인의 도시는 항상 평화로운 장소는 아니었다. 폼페이처럼 비록 작은 도시에서도 폭동이 있었으며, 대도시, 특히 알렉산드리아와 같은 경우는 폭력적인 거리로 악명이 높았다.

상업 및 화폐 주조

대부분의 로마 도시와 마찬가지로, 폼페이는 생산과 제조의 중심지였다. 도시에는 최소한 열세 개의 금속 가공 공방이 있었다. 이 시설에는 주물, 금형과 금속가공 전문도구뿐만 아니라, 서명과 명문 자료가 남아 있어 성격을 분명하게 확인할 수 있다. 폼페이는 높은 전문지식을 갖춘 장소였다. 대규모는 아니지만 염색, 축융, 직조 등을 위한 공방이 있었다. 완제품의 대부분은 수출보다는 순수하게 그 지역만의 소비를 목적으로 한 것으로 추정된다. 제빵도 마찬가지인데 당나귀가 돌리는 거친 화산암제의 높은 연자매로 밀가루를 만들었다. 그러나 폼페이가 수출한 것도 있는데, 가룸(garum)이라는 수요가 상당한 양질의 생선 소스가 바로 그것이다.

폼페이는 주로 자체 소비를 위하여 제품을 생산하였던 대부분의 많은 로마 도시의 전형적인 사례이다. 그러나 로마 세계에서는 특히 해상을 통한 상업이 번창하였다. 포도주와 올리브유, 심지어 가룸을 운반하는 데 사용한 토제 용기, 즉 암포라가 그 명백한 증거 중 하나이다. 로마 강변에 쌓인 거대한 잡동사니 더미는 배를 정박하고 하역하던 곳으로, 암포라를 버려 조성된 것이다. 버려진 암포라 대부분은 한때 스페인, 북아프리카의 올리브유를 담았던 것으로, 일부에는 도공의 이름이 찍혀 있거나 선적한 사람의 이름, 연도, 수출기관 그리고 암포라의 무게와 내용물이 표시되어 있었다. 어떤 고고학자들은 도장이 찍힌 암포라의 분포를 이용하여 일정한 중심지의 무역 패턴을 재구성하기도 하였다. 이와 관련된 좋은 사례가 소위 프랑스와 서부 지중해의 세스티우스 암포라이다. 가이우스 세스티우스(Gaius Sestius)는 북부 이탈리아 코사(Cosa) 근처에 포도 과수원을 소유하고, 포도주를 생산하여 부자가 된 자이다. 그는 도장을 찍은 자신만의 암포라를 만들어 자신의 포도 재배지에서 사용하였다. 발견된 암포라를 통하여, 세스티우스가 로마에 정복되기 오래전에 바바리안이 거주하던 갈리아에 수출하였다는 것을 알 수 있다(그림 11.9).

두 가지 측면에서 로마 사회는 이전의 모든 고대 문명보다는 현대 문명에 더 유사한 것으로 보인다. 하나는 문학적 관심과 전반적인 기록의 관습이고, 다른 하나는 주화의 사용이다. 우리는 플라스틱 신용카드로 직접 구매할 수 있는 전자시대에 살고 있으므로, 주화가 없는 세상을 상상하는 것이 불가능하지 않다. 그러나 로마인에게 주화는 팽창 중인 제국의 상업 및 금융을 촉진하는 중요한 수단이었다. 이전에는 물물교환이 거래의 주요 방법이었으며, 가치는 금이나 은과 같은 귀금속의 무게 관점에서 평가되었다. 서기전 7세기에 이루어진 리디아에서의 주화 발명은 처음에는 별로 영향을 주지 못하였다. 첫 번째 주화는 금이나 은으로 그 자체가 귀중한 물품이었으나, 일상 시장 거래에서 유용하게 사용되지는 않았다. 이 주화는 천 달러 지폐 한 묶음과 같았다. 금, 은과 함께 청동 주화가 사용되기 시작하면서, 세 종류의 금속이 사용되는 통화시스템이 등장하였다. 이러한 통화시스템은 서기전 3세기의 로마와 아직 정복되지 않은 동부 지중해의 도시 모두에서 등장하였다. 주요 로마 주화는 디나리우

콜로세움(Colosseum)

이탈리아와 서부 속주에 있는 로마의 도시에는 대부분 원형극장이 있었는데, 그곳에서는 일년 내내 여러 차례 경기가 개최되었다. 가장 규모가 큰 것은 콜로세움으로, 베스파시아누스(Vespasianus, A.D. 69~79) 황제와 아들이자 후계자인 티투스(Titus)에 의해 서기 80년에 완공되었다. 이것은 로마의 중심부에 있으며, 5만 명의 관중까지 착석이 가능하였다(그림 11.8). 타원형 구조에 콘크리트로 건설되었고, 표면은 석회암(travertine) 벽돌로 처리해 보강하였다. 좌석은 중앙 무대 주변으로 각각 경사진 4층에 놓였다. 맨 앞줄은 상원의원과 행정장관들의 좌석으로 지정되었으며, 여성과 노예는 뒤쪽 가장 높은 층으로 제한되었다. 황제에게는 특별히 대리석제 좌석이 지정되었다. 경기장의 나무 바닥 아래에는 통로와 미로가 있

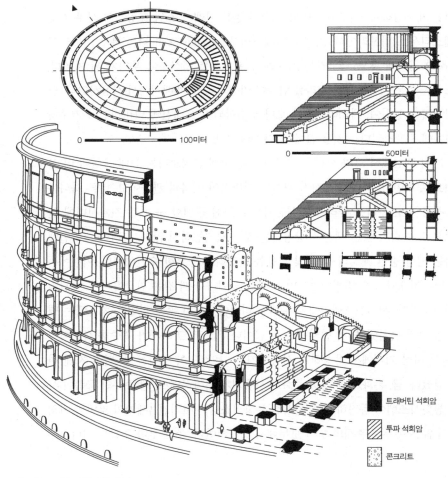

0 ━━━━━━ 100미터

0 ━━━━━━ 50미터

■ 트래버틴 석회암

▨ 투파 석회암

▫ 콘크리트

그림 11.8a 콜로세움 내부 단면도

는 방이 갖추어져 있는데, 그중 일부에는 경기에 참가한 야생 동물을 가두어 두었다. 그곳에는 밧줄로 조종하여 무대 위로 짐승을 올리는 승강기가 있었다. 콜로세움은 로마 건축 설계의 걸작이며, 로마 사회의 폭력적인 취향을 반영한 기념물이기도 하다. 티투스 황제는 서기 80년 콜로세움을 개장한 후 경기가 배일 동안 지속되었으며, 9천 마리 이상의 동물이 학살되었다. 그물과 삼지창이나 방패 그리고 투구로 무장한 검투사들이 참가하여, 때로는 대단한 대중적 영웅이 되기도 하였다. 로마 작가의 기록 중에는 특히 물을 채운 경기장에서 이루어지는 모의 해상 전투와 흙 통에 나무를 심어 조성한 숲에서 이루어진 모의 사냥에 대한 것도 있다. 이는 정교한 쇼로서 일반인들에게는 아주 인기가 있었다. 그러나 철학자 세네카(Seneca)와 같은 학식 있는 사람들은 그렇게 좋아하지 않았다.

그림 11.8c 오늘날 콜로세움의 내부

아침에는 사람들이 사자와 곰에게 던져졌으며, 정오에는 관중에게 던져졌다. 관중은 살해될 자를 불러내어 그를 죽일 사람과 싸우게 하였다. 관중은 그 싸움의 승리자를 다시 살육전에 내몰았다. 여러 번에 걸친 싸움에 대한 결과는 죽음뿐이었다…. 관중들은 소리친다. "그들 중 한 명이 큰길에서 강도질하고 사람을 죽였으니 그를 죽여라! 채찍질해라! 태워 죽여라!" 그리고 중간 휴식을 위하여 쇼를 멈추면, "쉬는 동안 사람을 죽여라! 아무 일 없이 시간을 보내지 마라"고 외쳤다.

그림 11.8b 사냥. 검투사를 묘사한 모자이크. 기원후 4세기(로마 보르게세 미술관)

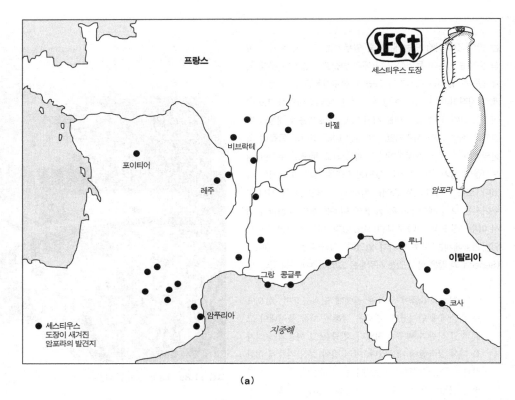

그림 11.9 (a) 세스티우스 암포라의 분포 지도와 도장, (b) 스페인에서 발견된 암포라 표식. 큰 토기 항아리인 암포라는 포도주, 올리브유 그리고 가룸이라고 알려진 발효 생선 소스 등을 포함한 로마 세계의 모든 생산물을 수송하는 표준 용기였다. 그러므로 특정 도장이 찍힌 암포라에 대한 고고학적 발견을 지도상에 표기하면, 한 국가의 생산물의 분포 양상을 밝힐 수 있다. 서기전 1세기 이탈리아 코사 근처에서 포도주를 담기 위하여 만든 세스티우스 암포라가 그런 경우이다. 어떤 스페인 암포라에는 암포라의 무게와 내용물, 선적자의 이름 그리고 공식 수출 표식이 잉크로 적혀 있기까지 하였다.

스(denarius, 복수는 denarii)로, 원래 4.5그램 무게의 은화였다. 주요 청동 주화는 에스(as, 복수는 asses)로 약 55그램 정도의 무게로 더 무거웠지만, 그 가치는 디나리우스의 16분의 1에 불과하였다. 다른 단위는 금화 아우레우스(aureus, 복수는 aurei)로, 25디나리우스 정도에 해당하였다.

이러한 주화시스템은 시장에서 어느 정도의 빵과 생선을 살 때, 디나리우스를 주고 에스로 거스름돈을 받을 수 있다는 것을 의미한다. 재산이나 토지와 같은 고가

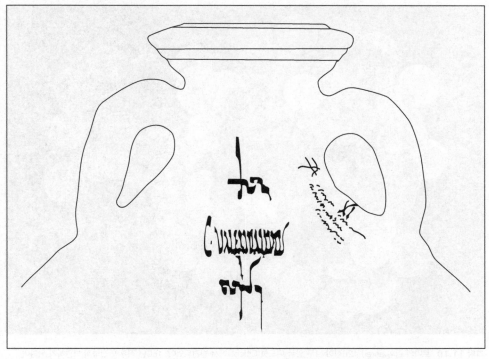

(b)

의 재화는 아우레우스로 구입할 수 있었다(그림 11.10). 국가 또는 지방정부가 주화를 발행하고 품질을 보장하였는데, 제국 시대에 사용된 주화에는 앞면에 통치 중인 황제의 초상을 새기고 이름과 직위를 약자로 표시하였다. 뒷면에는 서기 69년 내전에서 베스파시아누스 황제의 승리를 선전하였던 문장인 '리베르타스 레스티투타(Libertas restituta, 자유 회복)' 등과 같이 특별한 구호가 새겨졌다. 황실 명칭을 통하여 특정 연대를 추정할 수 있는데, 이러한 주화는 로마 유적의 연대를 추정하는 값진 수단이 된다.

로마 주화는 또한 로마의 경제 상태도 알려 준다. 위기를 겪고 있거나 경제적으로 어려운 시기에는 황제가 주화의 가치를 감소시켰는데, 주화의 무게를 줄이거나 가치가 덜한 청동을 은이나 금에 혼합하였다. 1~2세기 제국의 세력과 번영이 정점에 있을 때, 주화는 무게와 품질 면에서 모두 완만하게 감소하였다. 비록 제국의 기초가 건

그림 11.10 로마의 금화(aurei) 126점이 남부 영국 디드콧(Didcot)에서 발견되었다. 160년 직후 안전하게 보관하기 위하여 토제 용기에 넣어 땅에 묻은 것으로, 로마 군인 10년치 급여를 상회한다. 이러한 주화는 일상적으로 시장 거래를 하기 위한 것이 아니라, 평생 쓸 자금, 즉 자본의 수단이었다(대영박물관).

전해진 디오클레티아누스(Diocletianus, A.D. 284-305)와 콘스탄티누스(Constantinus, A.D. 306~337) 때에는 품질이 좋아지긴 했지만, 전반적으로 경기가 침체된 시기인 3세기에는 주화의 가치가 급속하게 악화되었다.

문자와 기록

로마인 사회에서 쓰기는 매우 중요하였다. 신전과 공공건물의 명문, 시인과 역사학자의 기록, 그리고 편지 등 로마인의 사고와 느낌을 생생하게 볼 수 있는 기록 자료들과 로마인의 삶과 제국을 이루는 데 사용한 행정 기록이 그러하였다. 읽고 쓸 수 있는 로마인이 어느 정도였는지는 알 수 없지만, 상점의 간판이나 폼페이 벽의 선거 낙서는 쓰기가 초기 이집트나 메소포타미아와는 달리 교육받은 소수의 신비로운 전유물이 아니며, 일상적 생활에서 보다 광범위하게 사용되었음을 보여준다.

　　로마 문학의 주요 작품은 거의 중세 성직자의 필사본 형태로 남아 있다. 일상적인 로마인의 글은 암포라의 파편이나 건물 벽, 또는 드물기는 하지만 실제 편지 유물과 행정 문서에서 볼 수 있다. 동쪽 속주에서 주요 필기 재료는 파피루스('paper'라는 단어가 유래된 이집트 늪지 식물)였다. 서쪽에서는 양피지나 가죽(소, 양, 염소의 가죽) 또는 얇고 납작한 목재 조각이 대신 사용되기도 하였다. 후자는 아주 얇아서 접을 수도 있었고, 바깥쪽에 주소를 적을 수도 있었다. 대량으로 보관 중이던 목재 기록판이 북부 브리튼의 하드리아누스 성벽 근처 빈돌란다(Vindolanda) 요새에서 발견되었다. 파피루스 문서(2세기로 추정되는 「요한복음」의 초기 기록을 포함)가 이집트, 시리아의 사막 모래 속에 남아 있었다. 이러한 예외적인 발견으로 엄청난 양의 로마 기록들이 혼란스러운 시기를 거치는 동안 사라졌음을 분명히 알 수 있다(기록 11.2).

고대 세계의 종말

이 장에서는 제국의 성장, 도로와 요새 및 국경, 상거래와 주화 및 도시 생활, 공학기술과 문자기록 등 고대 로마의 여러 측면을 다루었다. 고고학자들은 최근에 개인 농장과 별장의 위치를 지도에 표시하기 위하여, 야외조사 방법을 사용하여 농촌 경관도 연구하였다. 시골 농장은 종속된 노동자, 즉 노예들이 일하였던 농촌의 중심지로서, 로마의 자연과 인문 경관에서 일반적으로 나타나는 양상이었다. 일부 로마인의 빌라는 단순한 농촌가옥이지만, 프레스코와 모자이크로 장식되고 고급스러운 정원과 증기 욕조를 갖춘 궁정 같은 농촌 저택도 있었다. 배수와 상수시설 그리고 바닥 난방시설을 갖추는 것이 웅장한 저택의 기본으로, (농촌 노동자나 도시 하층민의 것이 아닌) 비교적 소박한 가옥에서도 종종 확인된다. 이 모든 번영은 국경을 확고히 하고 — 유명한 팍스 로마나(Pax Romana, 로마에 의한 평화) — 경제적으로 발전한 결과이다. 1~2

1973년 하드리아누스 성벽에 있는 빈돌란다 요새의 바로 바깥쪽, 지금의 배수 웅덩이에서 두 개의 얇은 목재 조각이 발견되었다. 거기에는 아직 희미하게 알아볼 수 있는 기록의 흔적이 남아 있었다. 거의 2000년 전의 로마 서판이 남아 있을 수 있었던 것은 우연히 보존 조건이 적합했기 때문이었다. 처음 발견된 이후 약 20년 이상 기간 동안 영국 고고학자 로빈 벌리(Robin Birley)는 같은 유수지에서 수백 점의 목재 서판을 발견하였다. 이것은 100년경의 것으로 추정되는데, 군사 보고서와 개인 편지를 포함하여 다양한 범위의 주제를 다루

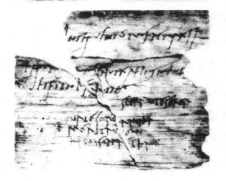

그림 11.11 레피디나 편지(빈돌란다 서판 LVII)

고 있다. 잉크로 썼기 때문에 적외선 사진의 도움을 받아야만 읽을 수 있고, 가늘고 길게 흘려 쓴 필사체를 해독하기 위하여 전문가의 도움을 받아야 하였지만, 벌리 스스로가 표현한 것처럼 "그 서판은 이전에는 우리가 감히 물어보지 못한 질문들에 대한 답을 준다." 가장 주목을 끄는 것은 빈돌란다 주둔 부대 사령관의 부인 술피시아 레피디나(Sulpicia Lepidina)에게 그녀의 친구인 이웃 요새의 사령관 아엘리우스 브로쿠스(Aelius Brocchus)의 부인 클라우디아 세베라(Claudia Severa)가 보낸 편지이다.

> 클라우디아 세베라가 친애하는 레피디나에게 안부를 전하며.
> 9월 11일 나의 생일 축하연에 네가 와준다면, 생일이 더욱 즐거우리라 생각하니 진심으로 방문해 주기를 바라며 초청한다. 내 인사를 당신의 세리아리스에게 전해 다오. 나의 아엘리우스도 당신과 당신 아들의 안부를 묻는다. 자매와도 같은 당신을 기다린다.
> 안녕, 자매이자 나의 귀한 영혼, 번영을 바라며
> (벌리, 1994, p.28)(그림 11.11).

세기에 이 안정과 풍요는 지속되었다. 그러나 3세기에 제국은 내외부의 위기에 휩싸인다. 국경을 지키던 강력한 군대가 황제들을 인정하지 않으면서 내전이 발생하였다. 권력 장악에 성공한 황제도 자신에게 불만을 품은 군대에 의해 종종 살해되었다. 속주 집단이 탈퇴하여 독립된 제국이 되기도 하였다. 동시에 동부의 페르시아로부터 북부와 서부의 고트(Goth)족과 게르만족 등 모든 외국 군대가 국경지역을 침범하였다. 결정적인 개혁은 3세기와 4세기 초 디오클레티아누스 황제와 콘스탄티누스 황제에 의해 이루어졌다. 그들은 주화를 개선하고 군대를 강화하였으며, 평화와 안정 수단을 공고히하였다. 그러나 제국의 성격은 변하고 있었으며, 콘스탄티누스는 기독교를 국교로 제정하는 과정을 서둘렀다.

로마 제국은 실제로 붕괴한 것이 아니라, 단지 다른 왕국으로 변화했다고 말할 수 있다. 로마 제국은 400년경 공식적으로 둘로 분할되었으며, 각각은 독립된 황제에 의해 통치되었다. 콘스탄티노플(Constantinople, 지금의 터키 이스탄불)에 수도를 둔 동부 제국은 비잔틴 제국[비잔티움(Byzantium)은 콘스탄티노플의 원래 이름임]으로 천년 동안 지속하였다. 이와는 대조적으로 서부 제국은 5세기에 붕괴하여 여러 개의 독립된 왕국으로 분할되어, 중세 유럽의 첫 번째 왕이 되는 게르만 지도자의 통치를 받았다.

그러므로 서쪽의 고대 세계는 종말을 고하는데, 마지막 로마 황제는 476년에 물러나서 나폴리 만에서 여생을 안락하게 보냈다. 그러나 로마의 통치가 해체되고 완전히 사라진 이후 오늘날까지도, 로마 생활의 많은 주요 특징이 서양 문명에 남아 있다. 로마 언어인 라틴어는 현대 이탈리아어뿐만 아니라, 프랑스어, 스페인어, 루마니아어의 기원이다. 로마의 법은 대부분 서양 법률시스템의 기초가 된다. 로마 건축물의 웅장한 열주는 르네상스를 통하여 재해석되어, 유럽이나 백악관, 워싱턴의 국회의사당을 포함한 미국의 많은 공공건물에 수용되었다.

요약

로마 제국은 그리스, 이집트, 북부 아프리카와 근동을 유럽의 켈트 지역과 묶어 단일 정부시스템으로 구성하였으며, 고대 세계에서 가장 강력한 제국 중 하나였다. 제국의 인구는 대략 5천만 명 정도로, 현재 기준으로 볼 때는 작지만 평균적인 면적의 그리스 또는 메소포타미아 도시국가와 비교하면 거대했다. 다언어, 다인종적인 제국은 고도로 훈련된 로마 군대와 신중하게 순찰되는 확고한 국경에 의해 보호되었다. 국경 내에서 육로와 해로의 연결망이 제국을 하나로 묶어, 도시를 서로 연결하고 정부 중심지에 집중시켰다. 무역 — 특히 해상교역 — 은 성장하고 번영하였으나, 제국 내의 거주자 대부분은 제조업이나 상업보다는 농업에 종사하였다. 로마 생활의 주요 특징인 도시에서 로마 시대의 유적과 기념물의 대부분이 확인된다. 또한 그 유산은 언어와 법전을 비롯하여, 처음에는 반대하였지만 결국 제국의 공인 종교가 된 기독교의 세계 안에도 그대로 남아 전한다.

V

동북아프리카와 아시아

NORTHEAST AFRICA AND ASIA

아라비아 영토는 이 항구에서 시작하여 멀리 에리트레아(Erythraea) 해까지 계속된다. 이 지역에는 어떤 것은 비슷하고 어떤 것은 완전히 다른 언어를 사용하는 여러 부족이 자리잡고 있다. 그들은 제 길에서 벗어나 마주치는 자는 누구든 약탈하였고, 난파선에서 구출된 자는 누구든 노예로 삼았다.

선장 히팔루스(Hippalus)는 무역항의 위치와 바다의 형상을 지도에 표시하고, 큰 바다로 가는 해로를 발견한 첫 번째 사람이었다….

이 지역 너머 그 당시에 갈 수 있는 북쪽 한계 어디쯤 바다가 끝나는 곳에 티나(Thina)라고 불리는 거대한 내륙도시가 있었다. 그곳에서 비단솜, 실과 천이 선적되었다…. 티나는 가기 힘든 곳이어서 그곳에서 오는 사람들도 좀처럼 없었다….*

* 라이어넬 케이슨(Lionel Casson) 번역,
『에리트레아 항해일지(*The Periplus of the Erythraean Sea*)』(1989, pp.63, 87, 91)

V

서론 :
에리트레아 해

로마 제국은 인도와 그 너머 지역에서 생산되는 약재, 보석, 비단 그리고 향신료 같은 이국적 사치재를 닥치는 대로 소비하였다. 그리스도 시대에 동양과 서양은 경제적 상호연계망으로 연결되었으며, 이 교역망은 계속 복잡해졌다. 이 교역망은 대상의 이동로를 통하여 조성된 것으로, 중앙아시아 비단길로 중국이 이란과 연결되었고, 인도양 횡단로로 인도가 홍해와 이집트에 연결되었다. 이 육로와 해로는 수세기에 걸쳐 발달했다.

동부 지중해 시장에서 동양의 보석과 향신료는 엄청난 가격에 거래되었다. 로마의 상인이 갖고 있는 물품 중에는 물물교환으로 값을 감당할 만한 것이 없어서 주로 금과 은으로 결제했다. 그 결과 지중해에서 인도로 귀금속이 유출되었다. 이는 티베리우스 황제(Tiberius, A.D. 14~37) 시기에도 이미 로마 정부의 걱정거리였다. 로마의 역사학자 타키투스(Tacitus)는 서기후 22년 티베리우스가 부유한 자의 호화로운 생활을 통제하기 위한 대책을 심사숙고하였다고 기술하였다. 그는 "특히 여성들이 보석에 낭비하느라, 우리의 재부가 외국 또는 적대국으로 빠져나가고 있다."고 불평하며 원로원에 편지를 썼다. 네로 황제의 통치기에 로마의 정치가이자 작가인 플리니우스(Plinius)는 로마와 인도 사이의 연간 무역 적자가 6천만 데나리우스(Denarius, 로마의 은화)라는 엄청난 금액이라고 추정하였다.

인도양 무역이 성장하면서 무역의 많은 개별 네트워크가 연계되었다. 그중 하나가 유명한 향료 무역 네트워크였다. 유향과 몰약은 아라비아 남부와 소말리아와 같이 일부 지역에서만 서식하는 나무에서 생산되는 향기 나는 수지이다. 향료는 서기전 마지막 몇 세기 동안 신전, 특히 이집트의 신전에서 널리 사용되었다. 몰약은 이집트에서 시체를 방부 처리하는 과정에서 사용되는 중요한 재료였다. 유향과 몰약의 수요가 증가하면서, 지중해 동부와 사바([Saba, 시바(Sheba( )]), 하드라마우트(Hadramaut) 같은 아라비아 남부의 소위 '향료 국가'는 교역이 발달함에 따라 수익도 증가하였다.

교역망의 다른 끝은 말레이시아산 귀갑과 같은 물자를 남부 인도와 스리랑카로 운송하는 교역로와 연결되어 있었다.

수메르 시대에 이 상선이 오래된 연근해 항로를 통하여 페르시아 만 내 항구를 오가기도 하였으며, 남부 아라비아 해안에서 페르시아 만을 따라 인도 서부 해안까지 가기도 하였다. 인도양의 해안으로 이어지는 항로는 정기적으로 왕복하는 사막 대상의 길과 같아서, 내륙의 정치적 환경 변화에 별로 영향을 받지 않았다. 아라비아 연안을 이동하는 범선은 대삼각범, 짧은 마스트 그리고 바람을 받을 수 있는 거대한 활대를 달고, 홍해를 떠나 아라비아 남부의 황량한 연안을 따라 며칠 동안 북동계절풍을 맞으며, 매번 같은 항로를 다닌 것으로 추정된다. 일단 바람을 잘 받으면 선장은 바다쪽으로 항로를 돌려 북동계절풍을 타고, 인도 해안, 인더스 강, 말라바(Malabar) 해안, 심지어 인도 남부 끝 스리랑카까지 가곤 했다. 그러다 서기전 1세기 후반 어느 시기에 인도인 선장들은 계절풍의 비밀을 이해하였다. 6월에서 9월까지 여름 몇 개월간 내내 바람이 남서쪽에서 인도양을 가로질러 불었다. 11월에서 3월까지는 바람이 그 방향을 바꾸어 북동쪽에서 불었다.

계절풍에 관한 지식은 아버지가 아들에게, 배 주인이 견습생에게 전달하였다. 뱃사람이 보통 그러듯이 아라비아인과 인도인은 지식을 공개하지 않았다. 그렇기 때문에 계절풍의 주기는 완전하게 비밀로 유지되었다. 그러나 인도의 배 한 척이 난파되어 선장이 알렉산드리아로 가면서 비밀이 그 지역에 알려졌다. 그의 도움을 받아 그리스의 모험가, 키지쿠스의 에우독수스(Eudoxus of Cyzicus)는 서기전 115년 홍해를 출발하여 인도 부근을 두 번 항해하였다. 히팔루스(Hippalus)라는 이름의 그리스인이 보다 빠른 직선 항로로 가는 항해 전략을 실행한 것은 이 즈음이었다. 8월에 인도의 말라바 해안으로 직접 가기 위하여, 아라비아 연안을 따르는 대신 거칠고 사나운 남서계절풍을 탔다. 몇달 후 겨울에는 보다 평온한 북동계절풍을 타고 집으로 돌아올 수 있었다. 히팔루스의 전략으로, 대형 항해 선박의 경우 홍해에서 인도로 갔다가 1년 내 돌아오는 정기적인 항해가 가능해졌다.

서기 70년경에 익명의 이집트와 그리스 혼혈인 선장이 인도양으로 가는 항해지침서인 『에리트레아 항해일지』를 작성하였다(에리트레아는 '빨갛다'라는 뜻이다). 항해일지는 영국 해군 항해사의 교본(Admiralty Pilot)과 무역사전을 합한 것이라고 표현될 만큼 상당히 밀도 있는 성과물이었다. 여행 경험이 풍부한 이 익명의 저자는 항구와 해안 돌출부, 해안의 읍락과 촌락 그리고 매 상륙마다 이루어진 교역에 대하여 기술하였다. 이 안내서는 이집트 항구 미오스 호르모스(Myos Hormos)와 베레니케(Berenice)에서 시작하여, 먼저 아프리카의 해안을 따라 잔지바르(Zanzibar)까지 내려가는 길을 기록하였다. 이로부터 아라비아의 무역업자가 '대량의 상아를 비롯하여 무소 뿔, 최고 품질의 귀갑, 작은 앵무조개껍질' 등을 교역하기 위하여 동아프리카 해안을 따라, 멀리 잔지바르까지 남쪽 방향으로 항해하였다는 사실을 알 수 있다.

인도양 무역은 훨씬 더 중요하였다. 항해일지에는 무자(Muza), 유데몬 아라비아[Eudaemon Arabia, 아덴(Aden)], 카나(Qana) 등 남부 아라비아의 항구들과 인도의 서해안 항로가 기록되어 있다. 그곳의 주요 항구는 인더스 강 입구 근처의 바바리콘(Barbarikon)과 나르마다(Narmada) 강 입구 근처의 바리가자(Barygaza), 그리고 반도 남쪽의 무지리스(Muziris)와 넬리칸다(Nelykanda) 등이다. 이 남쪽의 항구는 계절풍을 이용하면 인도양을 횡단하여 직접 도착할 수 있었다. 그곳에서는 다시 팔기 위하여 동양 내륙에서 구입한 중국의 비단, 말레이시아의 귀갑과 같은 사치품과 함께, 현지에서 생산된 후추와 계피, 다이아몬드, 사파이어와 같이 상당히 이국적인 상품이 발견되었다.

항해일지가 작성되던 시기에도 에리트레아 해는 여전히 고전세계의 경계에 있었다. 그러나 그 당시 해안에 살던 사람은 복잡한 육로와 해로의 네트워크를 이용하였다. 순풍을 탄 범선들은 아프리카의 상아와 (미약으로 높이 평가되던) 무소뿔, 귀갑을 먼 곳으로 운송하였다. 지중해 세계의 중심지에 향료와 향신료, 도시 시장에 면화옷감과 질 좋은 비단을 유통시켰다. 그들은 새롭고 지속적인 경제 관계를 유지하면서, 낙타를 길들이고(제12장) 인도양 계절풍을 이용하여 지중해 세계, 아시아 그리고 열대의 아프리카로 갈 수 있었다. 그들은 비교적 소규모 지역 수준에 머문 초기 무역 네트워크를 새로운 세계 경제의 시스템으로 만드는 데 촉매 역할을 한 사람들 중 하나였다. 그리스인, 시리아인 또는 이탈리아 상인을 이동시키는 선단은 여름에 홍해 항구에서 출항하여 인도로 건너간 뒤, 귀항 전 인도 항구에서 겨울의 계절풍을 기다렸다. 이익은 막대하였다.

인도 남쪽에서 발견되는 다량의 로마 금화와 은화의 양을 볼 때, 고고학적 관점에서 보는 무역의 범위는 명백해진다. 영국의 고고학자 모티머 휠러(Mortimer Wheler) 경이 반도의 남동쪽 폰디체리(Pondicherry) 근처 인도 해안에 있는 실제 로마 무역의 식민지 아리카메두(Arikamedu)를 발굴한 결과는 이 사실을 분명히 확인시켰다. 수입 품목으로 볼 때 이곳이 서기전 2세기에 이미 서양과 접촉하였다는 것을 알 수 있다. 아우구스투스 황제(27 B.C.~A.D.14) 시기에 와서 지역 항구가 로마의 상업 식민지가 되면서 크게 변하였다. 이국 사람들이 지중해에서 포도주와 올리브유, 향내 나는 생선 양념을 담은 암포라를 수입하고, 멋을 부린 이탈리아 식기를 사용하였다.

인도와 동양과의 로마 해상 무역은 서기 1~2세기에 번성하였다. 얼마 지나지 않아 그리스와 로마의 무역업자들은 해안 지역을 개척하는 것에 그치지 않고 내륙까지 진입하였다. 그들은 인도 통치자의 궁정까지 방문하였고 통치자들은 답례로 공식 대사를 파견하였는데, 이들은 하드리아누스나 안토니우스 피우스(Antoninus Pius)와 같은 로마의 황제에 의해 인정을 받았다. 로마 제국 출신 상인은 멀리 동쪽으로 진출하여 불교와 힌두교 사람을 만나기도 하였다. 그들에게서 동쪽 바다 너머 전설적인 이야기를 들었을 것이다. 떠오르는 태양 아래 동쪽 끝 사람이 사는 마지막 세상인 황금의 크리스(Chryse, 말레이시아) 섬과 티나(Thina, 차이나 'China')라고 불리는 아주 큰 내륙 도시에 대한 이야기가 그것이다.

인도양 무역 항로의 개척으로 중국 남부뿐만 아니라 남아시아(인도)와 동남아시아가 정기적으로 서양과 접촉할 수 있게 되었다. 그리고 이전보다 더 정교해진 상호 연결된 네트워크는 수천 마일 떨어진 개인과 국가에 영향을 미쳤다. 안정적인 주기의 계절풍은 오늘날 세계의 경제시스템 발달을 이끌어내는 데 촉매제 역할을 하였는데,

이는 실크로드의 남쪽판이었다. 제12장부터 제14장까지 기술하게 될 문명은 그처럼 계절풍으로 편입된 새로운 세계의 일부이다.

NORTHEAST AFRICA: KUSH, MEROE, AND AKSUM

제12장 동북아프리카 : 쿠시, 메로에 그리고 악숨

행군하는 누비아(Nubia) 전사들의 조각상.
이집트 중왕조 관리 메시티(Meshti)의 무덤 안에 안치되어 있다.

타들어가는 나무에서 나오는 가벼운 연기가 큰 점토 용광로를 감싸면서 뿜어져 나왔다. 용광로에는 풀무가 그르렁거렸고, 목탄 냄새가 메마른 풍경 위에 짙게 깔렸다. 조용한 곳에서 대장장이가 작동하는 염소 가죽 풀무의 철컥철컥하는 소리만 단조롭게 들렸다. 제련하는 동안에는 이 소리만이 적막을 깨뜨리며 밤낮없이 계속되었다. 용광로 둘레에는 철 슬래그가 잔뜩 쌓여 있었는데, 풀무를 통해 들어온 바람으로 높은 온도가 유지될 수 있었다. 각 화로에는 담당 노역자가 있었으며 경험이 많은 대장장이가 지휘하였다. 불을 세심하게 살펴본 그는 근처 아카시아 나무의 탄화더미에서 숯을 꺼내 불 속으로 넣었다. 용광로 노역자들은 20분 간격으로 교대하였다. 한 번에 일곱 시간 이상 집중적으로 땔감을 넣어 불은 항상 벌겋게 피어올랐다. 대장장이는 드디어 모든 것이 충분하다고 느꼈다. 그가 풀무질을 멈추게 하고 용광로 입구를 깨뜨려, 축구공만한 크기로 뜨겁게 달구어진 슬래그 덩어리를 고무래로 끌어내었다. 땀에 젖은 일꾼들은 대장장이가 식어가는 덩어리를 살펴보는 동안 휴식을 취하였다. 그들은 몇 시간 후 새로운 용광 작업이 시작되면 모든 것이 다시 반복된다는 것을 알고 있었다.

앞에서 서술한 철 제련업자들은 나일 강 상류 쪽 깊은 곳, 고전 세계에서 아주 외곽진 곳에 살았다. "당신이 40일 동안 강을 여행하고 다시 다른 배로 갈아 타서 12일을 더 올라가면, 또 다른 에티오피아 수도라고 불리는 커다란 도시 메로에 (Meroe)에 도착할 것이다." 그리스 여행가 헤로도투스는 서기전 5세기에 이집트를 방문하였다. 그는 제1폭포 위쪽 지역을 가본 적은 없지만, 이집트 남부 국경의 상류 에 있는 누비아(Nubia) 건조지대에 대해서는 호기심이 대단했다. 그는 이집트인에게 금, 상아 그리고 준보석을 얻었던 신비로운 땅에 대하여 물었다.

이집트 사람들에게 (아마 '금'을 뜻하는 이집트 단어 'nebew'에서 유래한 것으로 보이 는) 누비아는 남부 이집트와 수단에 있는 '쿠시(Kush)의 땅'으로, '탄 얼굴들'이라는 뜻의 이름을 가진 에티오피아 사람들이 처음 등장한 곳이었다. ('흑인의 나라'라는 뜻 인 'Beled es Sudan'에서 유래한) 아라비아어인 수단도 거의 같은 의미다. 이집트인은 누비아인을 무시하였다. 이집트 정부 서기들은 누비아에 '비참하거나' 또는 '지긋지 긋한 것'이라는 꼬리표를 붙였다. 고고학자 윌리엄 애덤스(William Adams)가 주장한 바와 같이 "수천 년 동안 이집트는 누비아를 인간과 짐승의 사냥을 위한 장소쯤으로 여겼다." 그러나 고고학과 역사자료에 의하면 이집트와 누비아는 언어와 종족 상으 로는 별개이지만, 상업적 그리고 때로는 정치적으로는 3000년 이상 서로 교류했다. 서기전 730년에서 서기전 663년 사이의 짧은 시기 동안 누비아 왕은 실제로 파라오 의 지역을 통치한 적이 있었다.

아주 열정적인 아프리카 중심론자(제4장)를 제외한 오늘날 대부분의 학자들은 대 규모 국가조직 사회가 남부보다 이집트에서 더 먼저 출현하였기 때문에, 이집트 문명 이 누비아 또는 에티오피아에 기원을 두고 발달한 것이라는 주장을 인정하지 않는다. 이 장에서는 누비아와 에티오피아 왕국의 특징을 기술할 것이다. 그들은 부분적으로 하류의 발전에 영향을 받긴 하였지만, 대부분 상류에서 독립적으로 발달하였다.

누비아와 나일 강 중류

아스완 제1폭포 위쪽에서는 녹색 벌판과 아른아른 빛나는 관개수로가 어우러진 범람원 풍경이 강까지 밀어낸 사막과 바위투성이의 거친 지형으로 바뀐다. 누비아는 이방인에게는 외롭고 황량한 곳으로, 건조한 골짜기와 바위 절벽의 땅이 전부여서 강을 따라가는 것조차 결코 쉽지 않았다. 사막은 이집트와 누비아 사이에 자연적인 장벽을 형성하였으나, 아주 이른 시기부터 국경의 양쪽 사람들은 정기적으로 접촉을 했다. 고대 교역로는 강을 따라 가다가 광물 자원이 노출된 곳까지 뻗어 있었다. 대부분의 농경 공동체는 우기에만 물이 흐르는 큰 하천의 어귀에 있었는데, 이곳은 충적토가 가장 두텁다. 현지 사람들은 이집트의 관습을 많이 수용하였지만, 밀집된 농경촌락이 들어서거나 대규모 도시를 지원하기에 충분할 만큼 경작 부지가 있었던 것은 아니다.

누비아는 제1폭포에서부터 시작하여 수단 남부 멀리 카르툼(Khartoum) 근처 청나일 강과 백나일 강의 합류 지점에 이르기까지, 길고 좁은 땅에 걸쳐 있었으며 군데군데 비옥한 토지가 있었다(그림 12.1). 제3폭포와 제4폭포 사이에 있는 가장 비옥한 땅은 유명한 동골라(Dongola) 유역이다. 이곳은 이렇다 할 특징이 없는 사암지대로, 나일 강이 경관을 가로지르며 흐른다. 멀리 이집트 하류에서도 그러하듯이, 매년 여름이면 주변의 저지대에 강물이 범람하였다. 멀리 상류 쪽으로는 고립된 시골풍경이 셴디(Shendi) 유역으로 이어진다. 이곳은 강이 지나는 반건조 초원 지대로, 수천 년 동안 사람들이 가축에게 풀을 뜯게 한 곳이었다. 셴디는 청나일 강과 백나일 강이 연결되는 곳에서 끝난다.

'이집트의 그림자' (3500~2100 B.C.)

서기전 3500년 나일 강 중류를 따라 정착농경 문화가 번성하였다. 이곳에서 사람들은 갈대와 풀로 만든 집에서 살았으며 근처 범람원에 채소밭을 가꾸었다. 그들은 신분이 낮은 사람들로, 사막의 작고 얕은 무덤에 웅크린 채로 그리고 간혹 아마포 수의로 감긴 상태로 묻혔다. 그들은 자급자족하는 공동체가 아니었다. 상대적으로 더 안

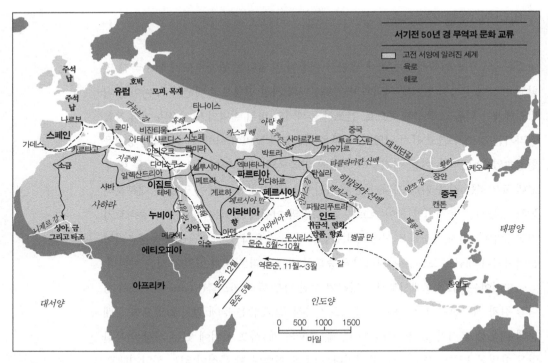

그림 12.1 아시아와 인도양을 건너는 주요 교역로와 교역 물품의 산지를 표시한 지도

전한 강은 가깝든 멀든 이웃간, 공동체간 천혜의 고속도로 역할을 했다. 이집트가 국가로 발전하였을 때, 누비아인은 식량과 상아 그리고 이국적 상품들을 자기들끼리뿐만 아니라, 강을 따라 제1폭포 아래 거주하는 이집트인과도 교역하였다. 서기전 3000년경 이전부터 애덤스가 이름 붙인 '이집트의 그림자'가 누비아 전역에 드리워졌다. 부가 성스러운 왕권을 따라 넘겨지는 문명에서는 원자재 특산물은 뿌리치기 힘든 유혹이었다.

    고왕국의 파라오는 군대를 남부 국경으로 보내 누비아를 지켰다. 그들은 누비아를 자신들과 경쟁하는 전문 궁수라는 의미로 타-세티(Ta-Sethy), 즉 '활의 땅'이라 불렀다. 파라오의 군대가 습격할 때에는 이집트 투기자들 무리도 광물과 준보석을 찾아

누비아 전역을 멀고도 넓게 뒤졌다. 각 무리는 아마도 몇 명의 군사, 한 명의 장교와 서기, 감독관 그리고 값진 금속의 징후를 알아보는 소수의 전문 광산업자들로 구성되었을 것이다. 누비아산 섬록암(흑색암)은 기자 피라미드의 쿠푸 무덤신전 건물 판석으로 사용한 적이 있다(발견 4.1). 서기전 2134년 고왕국이 끝날 무렵, 누비아는 이집트를 근동과 아라비아 그리고 홍해 연안에 연결시켜 주는 거대한 교역망 중 일부가 되었다(기록 12.1).

하버드 고고학자 조지 라이스너(George Reisner)가 금세기 초 수행한 발굴조사 덕분에 흑색과 백색으로 새겨진 독특한 대접과 붉은 표면의 항아리가 누비아에서 만들어졌다는 것을 알게 되었다. 상상력이 전혀 발휘될 수 없는 이름인 'C 그룹' 그릇들은 저지대 누비아 저지대에서 나타나는데, 나일 강 양쪽 둑의 사막을 따라 수마일을 거쳐서, 더 남쪽으로는 에티오피아 고지대에서도 발견된다. 동골라 유역을 따라 번성한 이 지역은 인구밀도가 높은 편으로 많은 가축을 소유한 촌장이 다스렸다. 누비아 사회는 파라오의 세계와는 다르게 위계적이지 않았으나 빈부와 권력의 차는 작지 않았다.

중왕국 파라오는 제2폭포 아래의 전략적 이점을 갖춘 나일 강 유역을 요새화하는 간단한 방법으로 누비아에 영구적인 이집트 주둔지를 건설하였다. 가장 중요한 부헨(Buhen)을 포함하여 동골라 유역을 따라 일련의 요새를 건설함으로써, 주요 교역로의 거점을 방어하도록 설계하여 강을 오르내리는 물자 운송의 안전을 확보하였다. 더 남쪽으로 내려가면 강력한 누비아 통치자가 상업 활동을 장악하였는데, 그의 영토는 상류 쪽 케르마(Kerma)와 그 너머까지 걸쳐 있었다. 이곳이 지중해 세계 전역에 금과 상아가 풍부하다고 소문이 퍼진 전설적인 쿠시의 땅(Land of Kush)이다.

케르마 : 쿠시의 군주(1570~1528 B.C.)

쿠시의 누비아 족장(군장)은 전략적 위치 덕분에 권력과 부를 가질 수 있었다. 그들이 차지한 지역은 선박 운행이 가능한 강의 계곡에 걸친 비옥한 땅이었다. 이집트 내의 정치 상황이 안정적이고 파라오의 세력이 강할 때면, 쿠시의 지도자는 자신의 영이집트의 파라오는 기초자원, 특히 금과 열대 특산물을 누비아에 크게 의존하였다. 후대에 가서는 궁수로 유명한 누비아인을 몇 세기 동안 용병으로 충원하였다. 고왕국 시대의 파라오는 누비아를 침략하였고, 저항하는 부족 집단을 정벌하였다. 정복에 참여한 장군은 많은 수의 포로와 소떼를 전리품으로 가져왔다. 이 과정을 '남부 이민족을 진입하기 위하여 그들에게 호루스(파라오)의 공포를 심는 것'이라고 했다. 출정의 대부분은 노예를 확보하기 위한 것 이상의 특별한 목적을 갖지 않았다. 수천 명의 포로가 이집트로 끌려가자 저지대 누비아의 인구는 감소하였다. 네 번째 왕조 시기의 한 낙서에는 1만 7천 명이나 되는 누비아 전쟁 포로에 대해서 기술되고 있다. 이집트에서 그들은 건설 현장에서 노역하거나 군 병력으로 충원되었다. 용의주도하게 준비하고 조직된 원정단이 복귀할 때에는 흑단과 상아, 향료, 몰약, 야생동물가죽 그리고 준보석들을 가져올 수 있었다.

상이집트 6대 왕조의 하쿠프(Harkhuf) 지사는 누비아로 네 번이나 교역 원정을 떠났다. 네 번에 걸친 남쪽 원정에서는 나일 강뿐만 아니라 이른바 '오아시스 길'도 따라갔다. 이집트 중부에서 시작되는 육로는 네 개의 사막 오아시스를 거쳐 누비아의 토시케(Toshke)에 있는 나일 계곡에 연결되었다. 하쿠프와 군대는 수백 마리 당나귀를 타고 7개월 안에 여행을 성공적으로 마칠 수 있었다. 또 다른 여행에서 그들은

누비아 깊숙한 곳 제3폭포 남쪽에 있는 읍락 케르마(Kerma)에 중심을 둔 얌(Yam) 왕국까지 들어갔다. 그는 얌 왕국의 통치자와 선물을 교환하였고, '300 마리 당나귀에 향료, 흑단… 코끼리 상아, 목제 투창 그리고 여러 종류의 좋은 제품들을 싣고' 돌아왔다. 그의 일행 중에는 난장이 무용수도 포함되어 있었다. 하쿠프는 특사를 궁정에 보내어 자신의 업적을 보고하였다. 젊은 파라오 페피 2세(Pepi II)는 상당히 흥분하여 "네가 원주민들이 사는 먼 땅에서 데리고 온 피그미를 건강한 상태로 즉시 북쪽 거주구역으로 데리고 와라! 신에게 바칠 춤을 추게 하여 마음이 즐거워지게 하리라…,"라고 직접 자신의 필체로 답장을 썼다. 나일 강을 지날 때는 그가 물에 빠지지 않도록 사람들이 보호하였다. 그가 야영지에서 잘 때도 다치지 않도록 스무 명이 지켜보았다. "폐하는 이 피그미를 광산 지역(시나이 Sinai)과 펀트(Punt, 홍해지역)에서 가져온 선물보다도 더 보고싶어 하신다."고 그는 전하였다.

고왕국 파라오는 누비아와 그 지역 사람을 경멸하였으며 그들의 땅을 착취의 대상으로 여겼지만, 제1폭포 이남 지역은 절대로 정복하거나 식민지로 삼으려 하지 않았다. 중왕국 파라오는 사치스러운 상아와 금 교역이 점차 늘어나자 이를 통제할 욕심으로 남쪽을 압박하였다. 누비아인은 강력한 적이었다. 누비아의 많은 지휘관과 병사는 오랫동안 이집트 국내에서 용감하게 복무하였고, 적을 다루는 방법을 알고

토 안에서 나오지 않았다. 그러나 파라오의 통제가 약해지고 병력이 제2폭포 요새로부터 철수하면, 누비아는 하류로 영향력을 확장하여 공백이 된 요새를 차지하기도 했다. 서기전 16세기 아시아의 힉소스가 멀리 북쪽에서 내려와 이집트를 지배하던 시기에 이런 일이 벌어진 바 있다.

쿠시의 지배자는 동골라 유역의 중심지인 케르마에서 살았다. 그곳은 매년 범람

있었다. 파라오 세누스레트 3세(Senusret III, 1878~1841 B.C.)는 제1폭포에서 시작하여 전략적으로 중요한 제2폭포 지역의 남부 끝 셈나(Semna)에 이르는 곳에, 일련의 요새를 설치하여 누비아의 주요 지역을 강화하였다. 그는 누비아인을 겁쟁이로 묘사하였는데, "그(세누스레트)가 존경할 만한 사람들은 아니며 비열하고 겁이 많았다."라고 했다. 여러 명문에는 그동안 노예로 삼은 여성과 아이, 도축한 소, 태운 곡식에 대해서 기록되어 있다. 그는 후계자를 격려하기 위하여 자신의 조각상을 "폐하가 만들고 후계자들이 유지하고 지키기 위하여 싸워야 할 국경에" 세웠다. 황제의 입상은 멀리 이집트로 들어오는 관문 바로 앞의 엘레판티네(Elephantine) 섬까지 줄지어 있는 웅장한 요새들을 응시하고 있었다. 무엇보다도 가장 인상적인 것은 부헨인데, 제2폭포 밑의 중요한 전략 지점에 위치해 있다. 이 점토벽돌 구조의 건축물은 유럽 중세의 성과 같이 상당히 정교하며 난공불락이었다.

신왕국 시기에 누비아는 이집트의 식민지가 되는 과정에 유혈 전투가 전혀 없었던 것은 아니다. 아바나(Abana)의 아들, 아모세(Ahmose)라는 이름의 병사는 누비아 원정 때 아모세 파라오(이름만 비슷하며 서로 아무 관계없음)를 수행하였다. 그는 다음과 같이 회상하였다. "지금 파라오는 아시아 유목민을 도륙하고 나서, 남쪽으로 항해하여 누비아의 바다 사람을 파멸시켰다. 파라오는 엄청난 수의 사람을 학살하

였는데, 그중 산채로 두 명을, 세 명은 손목을 전리품으로 가져왔다. 그때 나는 한 번 더 금과 여자노예를 포상으로 받았다. 파라오는 북쪽으로 원정을 계속하였으며, 그의 가슴에는 용기와 승리로 인한 기쁨이 넘쳤다. 그는 남부와 북부 사람을 모두 굴복시켰다." 서기전 1522년에 파라오 투트모세 1세(Thutmose I)는 경험이 많은 군인으로, 저항하는 누비아에서 격렬한 정벌 활동을 벌였다. 그는 당시 누비아의 영토였던 부헨에서 적과 싸웠다. "파라오는 표범과 같이 분노하였다. 첫 번째 화살로 적의 가슴을 쏘아 맞추었다." 열기와 질식할 것 같은 먼지 그리고 가까운 거리에서 쏘는 치명적인 화살 한 무더기를 상상할 수 있을 것이다. 사람들은 가슴에 꽂힌 화살대를 잡고 질식하여 죽었다. 다른 사람들은 돌아서서 달렸으나 등 뒤로 날아오는 수많은 화살을 맞고 쓰러질 뿐이었다. 그때 파라오가 누비아 군대를 흩트리라는 명령을 내리자, 전차 기수의 사나운 함성과 땅을 두드리는 말굽 소리가 울려퍼졌다. 이집트인이 부상자 수를 세고 수백 명의 포로를 포박할 때, 까마귀와 독수리들이 그 위에서 맴돌았다. 투트모세는 뱃머리에 반란 지도자의 몸을 매단 채 전리품을 싣고 북쪽으로 항해하였다(인용된 문구의 출전은 고대 이집트문학작품인 Lichtheim, 1973, p.151; 1976, p.212-213, 216).

하는 비옥한 토양의 자연 분지였다. 이곳에서 서기전 1570년에 2~3천 명의 사람들이 소규모 읍락을 이루며 살았다. 이곳은 질서 없이 빽빽하게 밀집된 주거구역이었다. 좁은 골목은 작은 가옥들 사이로 이리저리 연결되었는데, 대부분은 방이 하나나 두 개인 점토벽돌 가옥이었다. 공통된 설계 중 하나는 내부 뜰 양쪽에 방이 두 개 있고, 외부에 작은 마당이 있어 식량을 저장하고 요리하며 가축을 가두고 별도의 움터에서

그릇을 굽게 할 수 있는 구조였다.

제네바 대학의 찰스 보네트(Charles Bonnet)는 케르마를 10년 이상 발굴하여, 여러 곳의 읍락과 알현실을 포함한 여러 개의 방이 있는 61미터 길이의 왕궁도 발견하였다. 또 다른 건물복합군은 강변포구의 창고 건물로, 읍락 전체가 정교한 방어시설로 요새화되어 있는데, 그것은 직사각형으로 돌출된 감시탑과 성벽으로 구성되어 있다. 성벽은 밑으로 파들어 오는 것을 막기 위하여 줄구덩이로 전체를 에워쌌다. 주요 지점 네 군데에 입구를 배치하였는데, 방어성벽으로 측면을 보호하였다. 케르마가 비록 신왕국의 전문 군대를 방어하기에는 미흡하였지만, 당시로는 상당히 정교한 것이었다(유적 12.2).

전성기에 케르마 지도자가 가진 부는 대단하였다. 그들은 읍락 근처에 묘실을 갖춘 직경 약 91미터의 대형 무덤을 조성하고 그곳에 묻혔다. 가장 큰 세 개의 무덤에는 내부를 가로질러 점토벽돌로 벽체를 만든 길고 평행한 내부 구조물이 있어 주목을 끌었다. 이 구조물로 인해 무덤 봉분의 형태가 거의 결정되었다. 무덤에 묻힌 중요 인물은 자신의 무기와 사유 재산 등의 부장품과 함께 침상에 누워 있었다. 무덤을 가로지르는 묘실과 복도 양쪽에는 수십 명의 희생자가 놓여 있었다(그림 12.3). 라이스너는 통치자 한 명을 위하여 400명이나 되는 사람이 죽었다고 추정하였으며, 이는 어느 곳보다도 많은 희생자이다.

이 모든 부는 상류 지역 먼 곳의 사막 사람과 공동체를 상대로 한 교역에서 얻은 것이다. 쿠시의 군주는 교역을 대신 감독할 이집트 고급 관리를 몇 명 고용하여, 원거리인 나일 강 하류 삼각주의 힉소스 궁정과 정기적인 교역 관계를 유지하였다. 그러나 쿠시는 전적으로 아프리카 왕국이었다. 이 왕국은 자신보다 더 강하였던 이웃세력이 약해지자, 경제적, 정치적 주도권을 가진 지역의 우두머리가 건설한 것이다. 많은 이집트 제조품과 어쩌면 그들의 종교 신앙과 관습까지도 받아들였지만, 그들이 세우고 통치한 것은 최초의 흑인 아프리카 국가였다.

쿠시 왕의 아들(1528~1100 B.C.)

서기전 1535년경 신왕국의 왕 아모세는 누비아를 불시에 공격하였는데, 별다른 저항을 받지 않고 이 지역의 강 유역을 다시 요새화하였다. 이 시기 이집트는 장거리 군사 원정에 필요한 자금은 물론, 자신들의 존엄성을 유지하고 야심찬 국내의 공공건설에 필요한 재원을 조달하는 데 누비아의 부가 필요하였다. 이집트의 제국주의가 시작되면서, 아모세의 후계자들은 쿠시를 점령하고 이집트의 지배를 제4폭포까지 확대하였다. 모든 내용과 목적을 볼 때 누비아는 이집트의 속국이었다. 원거리에서 조종하던 교역 독점 방식에서 신왕국 파라오 자신이 직접 소유하고 이용하는 방식으로 전환하였다. 이집트가 지명한 쿠시의 총독은 '쿠시 왕자'라고 불리며 막강한 권한을 행사했다. 그는 연례적으로 엄청난 공물을 테베로 수송하는 책임을 맡았다.

누비아에서의 이집트 제국주의적 성격을 둘러싼 논쟁은 상당히 많다. 고고학자 브루스 트리거(Bruce Trigger), 이집트학자 폴 프란드슨(Paul Frandsen)과 그 외의 학자들이 지적하는 바에 따르면, 케르마를 포함한 누비아의 사람은 이집트인들이 야만족으로 업신여겼다. 중왕국 파라오는 누비아에 군대를 주둔시켰지만 군사 점령에 대한 반발을 사서, 이집트 문명이 현지 공동체에 성공적으로 융합되지 못한 것으로 보인다. 그러나 주둔군이 철수한 뒤에는 보다 평화로운 관계가 조성되었으며 이집트의 기술도 광범위하게 수용되었다. 동시에 많은 누비아 사람이 이집트 군대의 용병으로 고용되었으며, 하이집트의 이방인 힉소스(Hyksos) 지배자에 대항하여 싸웠다. 신왕국 파라오가 누비아를 점령할 당시, 이집트 사회와 경제적 체제 내로 통합되는 것에 대하여 비교적 순응하는 현지 주민도 많았다. 그러나 파라오는 국경의 안전을 우려한 데다 케르마 국가의 강력한 위협을 제거할 필요성을 느꼈기 때문에, 누비아를 식민지화하여 이집트의 일부분으로 만들었다.

누비아가 실질적으로 이집트의 속주가 되었다는 것에는 모두가 동의한다. 케르마의 붕괴는 파라오에게 전략적 의미가 있었다. 그러나 왜 선대 누구도 하지 않았던 누비아의 이집트 통합을 새삼 실행하였을까? 고고학자 스튜어트 스미스(Stuart Smith)는 누비아를 식민지화하고 문화를 이식시킨 것은 신왕국 이집트에게 유리하다

케르마 유적지

서기전 1550년에 케르마는 전성기를 맞았다. 당시 케르마는 농업과 목축 그리고 북쪽과의 활발한 황금 무역 덕분에 튼실한 경제를 갖춘 화려하고 강력한 왕국이었다. 케르마의 중심 구역 면적은 약 26헥타르에 달하는 경이로운 지역 토착형의 대도시였다. 이 도시의 지배자가 저지대와 고지대의 누비아 전체를 통제하였다. 지배자는 요새화된 도시의 중심지에서 살았으며, 이 구역은 네 개의 관문과 직사각형의 돌출 탑이 있는 30피트 높이의 거대한 점토벽돌 성벽으로 방어되었다. 성벽 위로 높고 거대한 흰색의 신전(데푸파, deffufa)이 세워졌으며, 하얀 탑문(파일론, pylon)은 수마일 밖에서도 보였다(그림 12.2). 케르마의 신전은 면적이 325제곱미터에 달하는데, 이집트의 기준에서 보았을 때도 대형 건물이었다.

외부에서 보았을 때 데푸파는 이집트 신전과 유사하였다. 그러나 내부는 아주 다른 종교적 신앙을 반영했다. 그곳에는 특권층이 사용할 재화를 생산하는 공방시설도 있었다. 제물은 정면 입구가 아닌 측면 입구와 계단을 통하여 작은 방으로 운반되었으며, 그곳에서 염소와 양이 원형 제단에 바쳐졌다. 또 다른 계단은 지붕으로 연결되었는데, 그곳에서는 태양신을 위한 옥외 제사가 치러진 것으로 보인다. 5미터 높이의 점토벽돌 성벽은 종교 성역을 둘러싸고 있었으며, 데푸파 뿐만 아니라 작은 신전과 사제의 생활 공간까지 둘러싸고 있었다. 아마도 왕궁과 귀족의 거주 공간이 있는 더 큰 성채에는 2천 명 정도가 살았던 것으로 보인다.

케르마의 지배자는 처음에는 10미터 높이의 점토벽돌 성벽 내에 있는 대형 원형 초가지붕 건축물에서 모임을 가졌다. 나중에 이 건물은 철거하고 직사각형 점토벽돌 왕궁을 새로 지었는데, 공식 업무를 수행할 때 지배자가 당당하게 보이도록 알현실 내 높은 곳에 의자가 마련되었다. 지배자가 대중 앞에 모습을 드러내는 일에 신중을 기하였으며, 상당 부분의 거래 활동이 주신전 입구와 연결된 이 큰 건물 단지에서 집중적으로 이루어졌다. 왕궁은 대형 수장고와 문서고를 갖추었는데, 이곳에서 고고학자들은 상품을 표시하거나 메시지를 봉인하기 위한 수천 개의 미가공 점토 도장을 발견하였다. 케르마는 성벽을 갖춘 공동체로, 주변에 작은 마을 집단을 거느린 번창하는 도시였다. 중앙 구역에는 지배자와 가족은 물론 신하를 비롯하여 관리, 군인 그리고 신관 계급을 수용하기 위한 가옥이 있었다. 일부 평민의 것도 있었지만, 그들 대부분은 성곽 외부에 거주하였다. 장인은 황금과 상아를 전문적으로 다루고, 기존의 어떤 아프리카 제품보다 훌륭한 계란껍질 두께의 적색과 흑색 점토 용기 몇 종류를 생산하였다. 도시의 건물에서 복잡하고 부유한 사회의 모습을 볼 수 있다. 많은 건물이 두 개의 방과 앞마당을 비롯하여 부속건물을 갖춘 복잡한 평면 구조였다. 도시와 강 사이의 너른 울타리 구역에서는 엄청난 수의 가축을 사육하여 식량원으로 삼았다. 흙 속에서 가축의 발굽 흔적이 발굴되기도 했다. 수도 주변의 배후지에 줄지어 있는 작은 촌락

그림 12.2 수단 케르마의 데푸파

이 지금은 물이 마른 나일 강 주변의 운하를 따라 번성하기도 했다. 그들은 케르마에서 소비될 곡식을 재배하였고, 땅에서 띄워 높이 지은 나무 바닥의 특별 구조물에 저장하였다.

도시에서 동쪽으로 약 3킬로미터 떨어진 곳에 위치한 거대한 케르마 묘역은 당시 누비아 사회를 들여다보는 놀랄 만한 창구 역할을 한다. 3만 명 이상이 그곳에 묻혀 있는데, 평민의 무덤에는 부장품이 별로 발견되지 않았다. 그 사회에서 비교적 부유하게 살았던 구성원은 잘 만들어진 나무 침상 위에 안치되었으며, 청동칼과 눈 화장품 등의 소지품을 담은 상자가 부장되었다. 아마포와 가죽으로 된 의복을 입고 있었으며, 때로는 운모 장신구로 치장된 모자를 쓰고 있는 사례도 있었다. 다른 것보다 훨씬 큰 네 개의 왕실 봉토분이 점토벽돌 장제전과 함께 묘역의 남부 가장자리에 있었다. 봉분의 평균 직경은 약 88미터이며, 내부에 화려한 옷을 입혀 장엄한 침상 위에 안치된 왕족 시신이 있었다. 각 지배자의 무덤에는 그 지역에서 만들어진 상감 가구, 무기 그리고 그릇과 같은 물품이 부장되었다. 조문객은 이집트 파라오와 관리의 조각상이 있는 묘실 바깥에 줄지어 서 있었다. 이 조각은 당시 누비아의 통

제 아래 있던 폐기된 요새 읍락과 묘역에서 약탈한 것이다.

장례일에는 대규모 군중이 거대한 무덤 봉분에 모였다. 그곳에는 묘실로 가는 좁은 회랑이 있었다. 엄청나게 울부짖고 찬송을 하는 가운데 제물을 가지고 온 긴 행렬의 조문객들이 걸어 들어간 후, 사전에 지시를 받은 사제와 관리들이 묘실의 문을 닫았다. 지배자의 시종, 옷을 잘 차려 입은 처첩 전부와 그의 아이들 그리고 수십 명의 노예들이 흙으로 만든 통로를 따라 줄지어 들어가, 묘실 가까이에는 빈틈이 없었다. 발굴자 라이스너는 다음과 같이 상세히 묘사하였다. "울음과 모든 동작이 멈추었다. 그리고 신호가 떨어졌다. 제의를 위하여 모인 군중은 기다렸다가, 바구니의 흙을 아직 살아 있는 순장자들에게 아무 말 없이 뿌렸다. 그리고 더 많은 흙을 가져오기 위하여 달려갔다. 사람들의 광적인 혼란스러움과 초조함은 쉽게 상상할 수 있다(그림 12.3)." 많은 희생자들에게 죽음은 빠르게 다가왔다. 그들은 얼굴과 머리를 팔로 감쌌다. "죽음을 맞이하는 마지막 순간의 자세에서 공포가 그들 사이를 덮었고, 신체적 고통의 경련도 있었음을 알 수 있다." 통로가 메워지고 나서, 군중은 죽은 군주에게 바쳐진 도살된 황소 고기로 대규모 연회를 즐겼다.

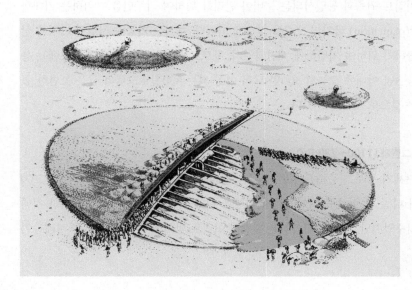

그림 12.3 케르마 왕실무덤의 봉분. 사람들이 시신을 매장한 후 봉분의 완성을 서두르고 있다.

는 가설을 세웠다. 누비아 정복 후 농경과 목축을 강화하였고 잉여식량을 획기적으로 증가시켰다. 그들은 이집트 내부에서와 같은 방식으로 지역 현지의 신전과 토지시스템을 운영하였다. 이집트 관리인과 거주민 그리고 협조적인 현지 지도자를 중심으로 이 시스템이 운영되었다. 현지 지도자의 아들은 이집트에 인질로 잡혀 이집트의 귀족 신분으로 교육을 받았다. 세대가 바뀌면서 현지 문화도 변화를 겪었다. 농민과 평민은 나일 강 하류지역처럼 빈곤해진 반면, 이집트 태생과 누비아 귀족층은 점점 더 부유해졌다. 현지 경제시스템을 유지하기 위하여 재투자하는 것이 실질적으로 원가의 절감으로 이어졌다. 왜냐하면 이러한 재투자는 전부는 아니더라도 대부분 사회간접자본을 대상으로 한 것이기 때문이다. 사회간접자본시설은 광물 자원을 채굴하고 누비아에서 생산된 이국적 재화를 이집트는 물론 더 넓은 세계로 운송하는 무역로를 운영하는 데 필요했다. 이 시설을 이용해 유통되는 재화는 근동지역을 대상으로 하는 이집트의 대외 정책과 지배층, 귀족들의 지위를 유지하는 데 중요한 역할을 하였다. 바꾸어 말하면, 스미스가 표현한 대로 신왕국 시대의 누비아는 광물자원을 개발하고 아프리카의 사치재를 교역하는 핵심적인 국가사업에 자금을 조달하는 자족적 기업의 역할을 한 것이다. 이러한 상황에서 파라오의 제국 정책은 상당히 유용했다.

누비아는 경작과 목축을 하는 농촌에서 벗어나 부재 영주의 이익이 강조되고, 때로는 이집트 귀족과 동일시되는 누비아 관리를 위하여 거주민을 착취하는 거대한 재배농장(plantation) 국가의 모습을 갖추게 되었다. 쿠시는 가능한 저렴한 가격에 상품을 공급하기 위하여 치밀하게 재편되었다. 투트모세 3세(1480 B.C.)의 연보에는 통치기간 중 3년 이내에 오늘날 300만 달러 이상 되는 830킬로그램의 금을 포함한 공물을 받은 것으로 기록되어 있다.

'누비아의 그림자'(1100~730 B.C.)

서기전 13세기 동부 지중해를 휩쓴 경제적, 정치적 충격은 히타이트를 붕괴시켰고(제7장), 멀리 나일 강 상류 누비아에까지 영향을 미쳤다. 이집트인은 쿠시에 대한 지배권을 넘겨주었지만, 많은 누비아인은 여전히 이집트 방식을 따랐다. 새로운 지배층이 출현한 뒤 수세기 동안 그들만의 독특한 문명을 형성시켰으며, 이집트의 많은 부와 군사력이 이제는 누비아의 것이 되었다. 윌리엄 아담스(William Adams)가 말한 바와 같이 "이집트의 그림자가 2000년 동안 누비아에 드리워 있었다. 신왕국 말기에는 오히려 누비아의 그림자가 이집트에서 보이기 시작하였다." 이집트의 직접 지배가 종말을 맞이하면서 정치적 공백이 있었지만, 성스러운 군주와 아문 신에 대한 숭배의 전통은 지속되었다. 정상이 평평한 제벨 바르칼(Jebel Barkal)이라는 성스러운 산이 나파타(Napata) 읍락 근처에 있는 제4폭포의 나일 강 북쪽 제방 가까이에 우뚝 서 있었다. 투트모세 3세와 람세스 2세 모두 이 웅장한 자연을 배경으로 하여 아문 신전을 세웠다. 람세스에 의해 완성된 위대한 신전은 그 종류의 신전 중 가장 뛰어난 사례로 평가된다(그림 12.4). 이 신전은 보스턴 미술품박물관의 티모시 켄달(Timothy Kendall)이 3차원 컴퓨터 그래픽으로 훌륭하게 복원한 바 있다. 이곳에서는 왕권과 고대 신앙이 생생하게 유지되어, 아문 신에 대한 숭배가 누비아 문명을 그럭저럭 천년 이상 지탱한 이념의 끈이 되었다.

누비아 문명이 어떻게 그렇게 갑작스레 출현하였는지에 대해서 정확히 알고 있는 사람은 아무도 없다. 일반적인 가설에 따르면, 제벨 바르칼의 아문 신을 지키는 승려가 고대의 전통을 되살렸고 그것이 전통 방식에 복귀한 사람들 사이에 자리잡았다는 것이다. 때맞추어 승려와 지역 족장(군장)이 동맹을 맺었는데, 이들이 쿠시와 이집트의 새로운 왕국을 다스릴 사람들의 조상인 것이다. 이 동맹은 세속적인 권력과 영혼적인 권력 간에 긴밀하게 이루어진 관계였다. 이를 통하여 누비아 왕을 지지하고 자신들의 권한을 수세기 동안 정당화할 수 있었다. 새로운 국가의 부는 전적으로 이집트를 상대로 한 수출을 통하여 획득되었다. 동골라 유역의 무역을 장악하는 사람들이 경제적으로 막강한 세속의 권력을 소유했다.

새로운 지배자에 대한 증거는 문헌이 아닌 제벨 바르칼 하류의 엘 쿠루(El Kurru)에 있는 36기의 무덤에서 확인되었다. 그것은 누비아의 초기 왕과 한 세기가 지나서 이집트 권력을 잡게 된 누비아 파라오의 무덤이었다. 모든 누비아 지배자는 이집트식으로 웅장하게 설계된 피라미드에 묻혔는데, 기자의 그것보다는 훨씬 작지만 바

그림 12.4 누비아의 제벨 바르칼 신전

닥 지름에 비해 상대적으로 더 높아 60~70도의 급경사를 이루었다. 누비아 왕실무덤이 보여주는 지속성은 놀라운 것이다. 라이스너 일행은 5기의 묘지를 찾았는데, 그중 3기는 제4폭포 근처에 있었고 다른 2기는 메로에(Meroe)의 상류에 있었다. 지배자와 그 통치기간에 대한 잠정적이면서 논란이 많은 집성표에 따르면, 누비아 왕국은 서기 전 약 806년에 시작하여 1100년 후인 서기 320년에 끝난다.

누비아 파라오(730~633 B.C.)

카쉬타(Kashta) 왕은 이름이 알려진 첫 번째 나파타 왕으로, 그가 속한 왕조에서 최소한 6번째 세대의 왕이었다. 그가 아문 신의 승려에게 지배자로 인정받기 위하여 테베 북쪽으로 여행하였다는 것 이외에, 우리가 그에 대해서 아는 것은 별로 없다. 누비아 용병이 북쪽의 권력과 위협을 막아 주는 탓에, 테베 신관들에게 그는 걱정을 덜어 주는 존재였다. 카쉬타의 아들 피예[Piye, 피안키(Piankhi)]는 초기 통치기 20년을 누비아에서 보냈다. 그는 '마(Ma)의 위대한 군주(리비아인)' 테프나크트(Tefnakht)라는 나일 강 삼각주의 왕이 이집트 정복을 위하여 공격하고 있다는 연락을 테베로부터 받았다. 피예는 침입자를 쫓아내기 위하여, 군대를 파견하고 나중에는 직접 참전하여 그 전쟁을 끝냈다. 그는 뛰어난 외교 솜씨를 발휘하여 룩소르 신전의 아문 신을 기리는 오페트(Opet) 축제를 열면서, 신성한 사명을 띠고 신과 사람들을 보호하는 자로서의 지위를 구축하였다. 나아가 그는 북쪽으로 행군하여 헤르모폴리스(Hermopolis)와 멤피스(Memphis)를 접수하여 호전적인 델타의 왕자를 굴복시켰다. 그는 이집트 파라오의 모든 지위를 보유하고 조용히 나파타로 돌아와, 테베로 가지 않고 그곳에서 20년을 더 통치하였다.

제벨 바르칼에 세워진 축하 기념비에는 피예가 강을 따라 내려가 '표범과 같이' 분노하고 '폭풍우'와 같이 읍락들을 함락시킨 과정이 기록되어 있다. 강력하고 철저히 경쟁력을 갖춘 피예는 능력이 출중한 장군일 뿐만 아니라 전문 정치인이었다. 우리는 문헌을 통하여 그가 굴복시킨 군주와 배우자에게 자신의 부인과 여성 친척들을 보내어 어떻게 환심을 사려고 하였는지를 알 수 있다. 또 다른 기록에는 함락시킨 헤르모폴리스(Hermopolis) 왕실 마구간에 있는 말들의 상태를 보고, 그가 느낀 당황함을 표현한 내용이 남아 있다. "욕망을 실현하기 위하여 당신이 하였던 어떤 악마 같은 행동보다, 말들이 굶주림으로 받은 고통이 더 슬프다."라고 정복당한 말 소유자에게 한탄하였다. 이런 것을 감안한다면 피예는 자비로운 정복자였으며, 경쟁자가 자신에게 충성을 맹세하기만 한다면 지위를 유지시켰던 것으로 보인다.

피예의 후계자 샤바코(Shabaqo)와 세비트코(Shebitqo)는 테베에서 왕위를 이었으며, 25대 이집트 파라오 왕조를 효과적으로 건설하였다. 이제 흐름은 완전히 역전되어 하인이 주인이 되고 피정복자가 정복자가 되었다. 그러나 중요한 차이가 있었다. 초기 파라오와는 달리 누비아인은 착취자가 아니었다. 모든 누비아 파라오는 아문 신의 명예를 위한 건설 계획에 따라, 의욕적으로 신전 건설에 착수하였다. 그들은 예술가와 장인을 후원하였고 고대 파피루스 사본을 만들게 하였으며, 오랫동안 잊혀진 의례를 실행하라고 명령하였다. 그들이 나일 강을 따라 신전을 재건하고 고대 양식의 재현을 후원한 것은 이러한 신앙심 때문이었다. 그러나 왕을 그린 그림에 분명한 인종적 차이와 누비아의 의상을 항상 표현한 것은 이집트 파라오와 다른 점이다.

누비아 왕조는 타하르카(Taharqa) 왕이 아시리아인의 침략을 피해 불명예스럽게 나파타로 달아난 서기전 663년까지 통치하였다. 한 세기의 4분의 3 기간 동안 후계자는 왕위를 되찾으려 노력하였다. 서기전 591년 프삼티크 2세[Psamtik II, 프삼메티쿠스(Psammetichus)]라는 잘 알려지지 않은 이집트의 파라오가 제3폭포 근처에 있는 프누브스(Pnubs)의 쿠시 지배자 안라마니(Anlamani)를 격파하였다. 프삼티크의 병사들은 "쿠시인의 피가 강물처럼 흐르는 곳을 헤치며 나아갔다"고 전한다. 이집트 군대는 나파타까지 저항을 받지 않고 행군하였으며 읍락과 신전을 점령하였다. 아스펠타(Aspelta)는 480킬로미터 상류 쪽 셴디(Shendi) 유역에 있는 안전지역인 메로에로 달아나서, 그곳에서 누비아 문명은 한동안 유지될 수 있었다. 메로에의 왕족은 항상 나파타와 그 신전을 숭배하였다. 왕들은 수세기 동안 아문 신의 신전에서 즉위식을 올렸으며 제벨 바르칼이 보이는 곳에 묻혔다.

낙타와 계절풍

낙타를 사육하고 인도양에 부는 계절풍의 주기를 알게 되면서, 사막과 인도양 지역에 대한 이집트인의 지식은 급격하게 증가하였다.

이집트 통치자들은 홍해 항구에서 들여오는 열대 특산물을 오랫동안 높이 평가하였다. 하트셉수트(Hatshepsut) 여왕은 서기전 1498년부터 서기전 1483년까지 통치하였는데, 어린 왕 투트모세 3세의 권한을 실질적으로 빼앗을 정도로 의지가 강한 여성이었다. 그녀의 군사적 능력에 대해서는 알려지지 않았지만, 그녀는 무역에 강한 의욕을 갖고 있었다. 그녀의 무덤 신전 건물벽을 장식한 유명한 부조는 지금의 소말리아로 추정되는 드지부티(Djibouti) 북부에 있는 '펀트의 땅'에 원정한 사실을 기념하고 있다. 여왕의 사절은 이집트 수공업자에게 제공할 어린 향료 나무, 상아, 준보석 등을 구하기 위하여, 내륙을 횡단하여 홍해로 나아가 남쪽으로 항해하였다(그림 12.1).

이집트 선박이 소코트라(Socotra) 너머까지 모험할 수 있었던 것은 누비아 왕이 메로에 상류에서 철수한 뒤 수세기가 지난 뒤의 일이었다. 서기전 25년 그리스 지리학자 스트라본(Strabon)은 이집트의 로마 사령관과 동행하여 나일 강을 따라 쿠시의 국경까지 갔다. 스트라본은 지중해에서 멀리 떠나서 "이전 프톨레마이오스 지배하에서는 단지 몇 척만이 바다를 통하여 인도와의 상업과 교통을 수행할 수 있었던 것과는 달리, 지금은 120척이나 되는 선박이 (홍해에서) 인도 대륙까지 항해하고 있다."는 것을 알게 되었다.

계절풍을 이용하여 항해하는 선박들이 아프리카에서 인도와 남아시아로 가는 뱃길을 이었다. '사막의 배'라 불리는 낙타는 건조한 육지에서 바다를 항해하는 선박과 같은 것이었다. 서기전 500년 이후, 이 짐승은 남부 아라비아와 동부 지중해 세계를 잇는 사막 여행에 이용되었고, 육지에서 재배한 향료의 무역을 촉진했다. 낙타는 다른 데에는 별로 쓸모없는 짐승으로 보이지만, 사막을 횡단하는 데에는 이상적이었다. 무엇을 덧댄 것 같은 부드러운 발은 사막 여행을 가능하게 했고, 몸은 열을 효율적으로 흡수하였으며, 등의 혹은 지방을 축적하고 있었다. 또한 낙타는 물을 체내에 보존할 수 있는 효율적인 신진대사 시스템을 갖고 있어서, 엄청난 양의 수분을 48시간 동안 신체 조직에 분배할 수 있었다. 따라서 적절하게만 짐을 싣는다면, 낙타는 건조한 육지를 여행하는 데 완벽한 운송 수단이었다. 안장을 달면 낙타는 전투수단, 경기마 또는 화물 운반 수단 등 다양한 방식으로 활용될 수 있었다.

낙타의 대규모 사육은 북쪽 셈족(Semites)이 아라비아 유향 무역을 통제하던 서기전 12세기 이후 시작되었다. 실질적인 혁신이 이루어져 서기전 500년에서 100년 사이에 낙타의 혹에 얹는 소위 '북아랍 안장'이라 불리는 딱딱한 아치형 안장이 출현하여 이 안장은 올라탄 사람의 몸무게를 짐승의 등에 고루 분산시켰다. 자루에 담은 짐은 안장의 양쪽에 걸칠 수 있었다. 더욱 중요한 것은 전사가 낙타 등에서 칼이나 창으로 싸울 수 있다는 것이다. 북아랍 안장은 지금까지 멸시받던, 낙타를 사육하는 사막 유목민에게 이전에는 없던 군사, 정치, 경제에 걸친 권력을 주었다. 전사가 견고한 안장을 이용하여 낙타에 올라타면서, 이들은 사막 수송에 무시할 수 없는 정치적 권력을 갖게 된 것이다. 그래서 낙타 사육자들은 근동 지역의 사막 대상을 통제하였고, 수세기 동안 바퀴 달린 수레를 대신하였다. 낙타는 수레보다 훨씬 효율적이었던 것이다.

서기전 3세기경 수단 북동부의 베자(Beja) 같은 사막의 유목민은 홍해 건너편에서 군사용 안장을 들여와 이집트의 법과 질서를 위협할 수 있었다. 그들은 낙타를 이용하여 홍해와 나일 강을 연결한 수익성 높은 무역로를 지배하였으며, 2세기 뒤에는 멀리 남쪽 쿠시에서도 낙타가 일반화되었다. 그리스도 시대에 홍해 남부는 아시아와 아프리카 그리고 인도와 지중해 세계를 연결하는 교차로가 되었다.

메로에의 누비아 왕은 경제가 급변하는 시기에 잘 적응하였다. 낙타 덕분에 그들은 경제적으로 전략적 가치가 높은 교차로에 위치한 왕국을 제대로 통치하였다. 대규모 낙타 대상들이 동쪽으로 나일 강과 홍해의 항구를 연결했다. 낙타 길은 점차 서쪽 사하라 사막 깊숙이 그리고 상아를 얻을 수 있는 남쪽의 열대 초원 지대까지 연장되었다. 그래서 낙타는 전쟁 무기보다는 화물 운반 수단으로 활용되었다. 사하라 사막에서 사용된 새로운 안장은 낙타 혹 앞쪽의 어깨에 얹어져, 막대기나 발끝으로 낙타를 부려서 더 편하게 장거리 여행을 할 수 있도록 하였다. 이러한 방식은 황금, 상아, 소금 등 무거운 짐을 지고 극도로 거친 환경을 수백 마일 통행하는 부담을 덜기 위하여 발전시킨 것이다.

메로에(350 B.C.~A.D. 300)

메로에는 지중해 세계 바깥 경계에 위치하면서 황금과 상아가 가득하다고 소문이 난 이국적인 외딴 땅이었다. 나일 강을 생명의 피로 삼는 메로에 문명은 절정기에 저지대 누비아의 다카(Dakka) 근처에서 멀리 청나일 강의 세나르(Sennar) 상류까지 길게 흘러 약 1,125킬로미터에 걸쳐서 길게 이어진 강변의 땅에도 영향을 미쳤다. 메로에의 전설적인 재부에 대한 이야기들은 페르시아의 왕 캄비세스(Cambyses)의 관심을 끌었지만, 그의 군대는 도시에 도착하기 전에 기아로 궤멸하였다. 알렉산더 대왕은 소규모 원정대를 서기전 331년에 메로에에 보냈다. 이후 수세기 동안 메로에의 통치자는 이집트의 프톨레마이오스와 우호적인 관계를 유지하였는데, 이를 통하여 이집트는 황금뿐만 아니라 전쟁용 코끼리까지 얻을 수 있었다. 아우구스투스 황제의 훌륭한 흉상은 불안정한 시기에 메로에가 획득한 전리품이었다. 로마 작가 플리니우스는 서기 60년경 메로에 원정을 염두에 둔 네로 황제의 명령을 받아, 소규모의 로마 병사들이 그 도시를 방문한 이야기를 전한다. 그들은 "메로에 주변의 초원은 아주 푸르고 싱싱하였으며, 코뿔소와 코끼리는 물론 숲의 모습도 남아 있다."고 보고하였다. 그들을 접대하는 주인 아래 25만 명의 무장 남성과 3천 명의 장인들이 활동하고 있다고 믿기지 않는 자랑까지 하였지만, 로마인은 이미 로마나 알렉산드리아같이 크고 인구가 많은 도시에 익숙하였기 때문에, 메로에 같은 작은 도시에 대해서는 별다른 감흥을 받지 못하였다.

로마의 경멸에도 메로에의 왕과 왕비는 신중하게 치안이 유지된 경로를 따라, 복잡 정교하면서 경제적으로 수익성 높은 사업을 수행하였다. 아울러 외부세계와 연결되는 무역로를 무력으로 통제하면서 이익을 추구하였다. 그들은 자신들이 위대한 파라오 피예와 그를 잇는 후계자의 후손이라 생각하였으며, 아프리카의 독자적인 경향을 보여주긴 하나 이집트 사회 제도의 많은 부분을 채택하고 있었다. 또한 이집트 신에 대한 경배를 지속하였으며, 고대 건축의 관행을 이어받은 신전과 무덤을 지었다. 심지어 메로에 상형문자는 파라오 모델을 따른 것인데, 서기가 자신의 발음대로 기록한 것으로 아직 해독되지 못하였다.

메로에는 카르툼(Khartoum)의 하류에서 200킬로미터 떨어진 나일 강의 동쪽 제방에 있다. 한때 유명하였던 읍락이지만, 오늘날에는 발굴하는 사람들에게 잔인하게 햇빛이 내리쬐는 유적지로, 건조한 황무지대의 메마른 잡목이 있는 작은 언덕에 있다(그림 12.5). 이곳은 서기전 1000년기에는 나무가 무성하여 당시 살던 사람들이 기장이나 수수와 같은 곡물을 재배했을 뿐만 아니라, 근처 반건조 초원에서 대규모로 가축을 사육했다. 그들은 많은 나무를 벌채하여 숯을 만들어 근처에 대량 매장되어 있는 철광석을 녹이는 데 땔감으로 사용하였다. 서기전 25년 "(메로에에는) 큰 숲이 있었다."라고 스트라본은 기록했다. 그는 메로에 사람이 "기장과 보리로 생존하였으며,

그림 12.5 메로에의 왕실 묘역 전경. 전면에 자연적으로 노출된 철광산이 있다.

그것으로 마실 것을 만들기도 하였다. 그들은 또한 고기와 동물의 피, 우유 그리고 치즈를 먹고 살았다. 왕은 신으로 받들어졌고, 대부분의 사람과 떨어져 왕궁에서 살았다"고 했다. 오늘날의 건조한 야생 환경은 주기적인 가뭄 때문이기도 하지만, 일부는 초원 부근에 과도하게 가축을 방목하고, 숯을 비롯한 땔감을 마련할 목적으로 숲을 벌목한 메로에 주민들의 행위에도 원인이 있다.

메로에 국가는 성스러운 지배자에 의해 통치되었다. 여왕이 메로에 역사에서 중요한 역할을 한 것으로 보아 모계사회였음이 분명하다. 메로에 신전의 부조에서 여왕이 특히 부각되고 있는 것은, 왕실 재산과 승계가 여성 계보를 따라 이어졌음을 강하게 시사한다. 그들은 신전의 부조에서 정교한 보석과 의상을 입은 크고 뚱뚱한 여성으로 나타나는데, 죽어가는 적 위에 우뚝 서 있는 모습으로 표현되어 왕의 권위를 상징하였다.

메로에 사회나 주민들에 대하여 별로 알려진 것은 없다. 분명히 많은 메로에 사람들이 자신의 얼굴에 상처를 내는 부족 특유의 습관을 갖고 있었던 것으로 추정된다. 이는 나일 강 너머 모든 아프리카 사람의 미적 표현이다. 반면 부유한 여성은 수입한 화장품을 광범위하게 사용하였다. 대부분의 사람은 목숨을 연명하는 수준의 삶을 영위하였다. 황금, 상아, 코끼리 그리고 다른 상품을 교역하는 것은 단지 극소수 사람들의 이익을 위해서였다. 시간이 흐르면서 수적으로 증가한 평민은 노동집약적인 새로운 제철사업에 종사하게 된다.

철은 농기구와 무기로 만들기 오래전부터 고대 금속장인들이 알고 있었던, 평범하고 쉽게 접할 수 있는 금속이었다. 이집트 파라오에게는 신왕국 시대부터 알려졌는데, 투탕카멘 왕의 무덤에서 쇠날을 가진 잘 만들어진 단검이 실제로 발견되었다. 그러나 보수적인 이집트인은 새로운 금속을 수용하는 데 소극적이어서, 서기전 7세기경 이집트 군대가 아시리아 군대에 패한 원인 중 하나가 된다. 그즈음에 제철업은 군사적인 이유로 메로에의 중추적인 산업이 되었다. 끝이 쇠로 된 도구와 무기로 무장한 메로에 군대는 단지 석제 혹은 청동제의 화살촉과 근접 전투 무기만을 가진 이집트보다 전략적으로 우위를 차지하였다. 메로에 대장장이는 칼을 칼집에 넣어 어깨에 메는 방식을 보급했는데, 오늘날 중앙 사하라 유목민의 그것과 같다.

저등급이기는 하나 철광석 형성물이 근처 사암 언덕을 덮고 있었기 때문에 철은 풍부하였다. 숯을 굽는 몇 명의 사람들이 철제 도끼로 무장하고 매일 도시에서 나왔다. 저녁에는 숯 생산에 필요한 땔감용으로 아카시아 가지 더미를 갖고 돌아왔다. 0.45킬로그램의 철광석을 제련하는 데 필요한 숯이 최소한 0.9킬로그램이므로, 수세기 동안 50만 톤의 단단한 나무가 주변지역에서 벌목된 것으로 추정된다. 많은 철광석이 메로에에서 녹여졌는데, 이로 인해 대량의 슬래그 더미가 도시 근처에 쌓였다. 그러나 얼마나 오랜 기간에 걸쳐 그것들이 쌓였는지 또는 얼마나 많은 철이 제련되었는지 알려진 사실은 없다.

메로에의 전성기는 서기 1세기로, 그 이후 쿠시는 서서히 쇠퇴하였다. 이는 무역활동 무대가 홍해 남쪽으로 이동하였을 뿐만 아니라 지역의 토양이 과도하게 착취되었기 때문인 것으로 보인다. 서기 325년에서 350년 사이에 에티오피아의 고원지대 악숨(Axum)의 에자나 2세(Ezana II)는 아트바라(Atbara) 강의 유목민 집단에 대항하여 전쟁에 나섰다. 그러나 주된 목적은 메로에였으며, 그곳에서 발견된 명문에 그의 승리가 기록되어 있다. "나의 병사들이 그들의 읍락, 석조와 초가 건물을 태웠고, 옥수수와 청동, 말린 고기와 그들 신전에 있는 조각상들을 탈취하였다." 만약 에자나의 허풍 섞인 명문을 믿는다면, 그들의 군대는 600명의 죄수, 10,500마리의 소폐 그리고 51,050마리의 양 등 많은 전리품을 가지고 집으로 돌아왔다. 이때부터 악숨이 이웃 세력에 영향력을 행사하면서 그들은 작은 왕국들로 분할된다.

악숨(A.D. 100~1100)

악숨에 대해서는 고고학 연구와 문헌기록으로 알 수 있다. 『에리트레아 항해일지』를 쓴 익명의 저자는 서기 70년경 아둘리스(Adulis)라는 홍해의 번창한 항구와 인근 에티오피아 고지대에 사는 '악숨인이라고 불리는 사람들의 도시'에 대해서 기록하였다. 그가 살던 당시에 악숨은 오랫동안 인도양의 주역이었다.

　　악숨은 홍해 입구의 전략적 지점에 위치한 덕택에 두각을 나타낼 수 있었다. 남부 아라비아와 에티오피아 그리고 인근 고원지대 사이를 가로막는 바다는 폭이 32킬로미터도 되지 않았기 때문에, 아라비아에서 아프리카로 사람과 사상이 자유롭게 드나들 수 있었다. 고원에서 넓은 삼각형 산록지대가 형성되어, 물이 이곳에서 서쪽으로 나일 강으로 흘러갔다. 이 지역은 지형이 다양한데, 토양은 비교적 비옥하여 나중에 에티오피아의 주식이 될 테프(teff)의 초본과 식물을 포함한 토착적인 알곡 작물을 재배할 수 있었다. 어떤 장소에서는 연간 두 번 또는 세 번의 작물 재배가 가능하였고, 어느 달이든 수확 가능할 정도로 고원의 환경은 풍요로웠던 것으로 보인다. 로마시대에 고원지대 에티오피아에서는 황소를 이용하여 쟁기를 끌기도 하였는데, 열대아프리카에서는 유일한 사례이다. 따라서 환경적 제약을 상세히 들여다보지 않으면 고원은 이집트 나일 강같이 풍요로운 것처럼 보인다. 실제로는 대부분의 고원지대는 바위투성이로 척박하였거나, 바람이 너무 강해서 쓸모가 크지 않았다. 비는 불규칙적으로 내리고, 갑작스런 서리 때문에 자라던 작물이 죽었다. 때때로 메뚜기떼가 며칠 만에 잘 영근 밭을 휩쓸기도 했다. 그럼에도 고원지대 에티오피아 농민은 번창하였고 곧 다른 지역과 접촉하게 된다

서기전 2000년기 말과 1000년기 초에 걸쳐 고원지대 사람들은 홍해를 건너 남부 아라비아와 규칙적으로 소통하였다. 서기전 500년경 토착 군주가 고원지대 북부에서 출현하였는데, 이들 아프리카의 왕은 아라비아의 많은 제도를 수용하여, 아라비아의 직제와 신앙을 받아들였다. 악숨 국가의 비옥한 중심지인 예하(Yeha)는 대규모 왕궁을 자랑하였다. 이곳의 석조 신전은 서기전 4세기 또는 5세기 중에 건설되었으며 여러 면에서 당시 남부 아라비아의 신전과 비슷하였다. 읍락의 몇몇 명문은 남부 아라비아 문자로 적혀 있었다.

이들 남부 아라비아의 영향은 홍해 무역을 통해 전해진 것이다. 고원 사람은 이 무역을 통하여 황금, 상아 그리고 다른 특산물을 구하였다. 메로에와 더불어 에티오피아는 인도양의 북부와 동부 해안을 따라 멀리 떨어진 지중해 세계의 시장에서 활동하는 무역업자들에게 아프리카의 부에 접근하는 관문이 되었다. 초기 무역이 이루어진 세기에 쟁기 농사나 철기 제작과 같은 혁신이 이루어지고, 여러 나라에서 이국적인 재화가 수입되었다. 또한 넓은 아라비아와 지중해 세계에서 새로운 종교 개념도 유입되었으며, 이로 인해 상대적으로 적은 숫자의 무역에 종사하는 가문이 아프리카 사회를 통제하게 되었다. 고고학자 그레암 코나(Graham Connah)는 에티오피아 사회의 주요 변화 뒤에 종종 예측할 수 없는 북부 고원의 거친 환경이 있었다는 가설을 세웠다. 그는 아마도 그러한 가문들이 외국 무역을 독점하였고, 흉년에 잉여 곡물 재배에 필요한 관개시스템도 통제하였다고 주장한다. 절대적인 군주가 이끄는 세습적 지배층이 등장해 수세대에 걸쳐 북부 고원을 다스렸다는 것이다.

아라비아의 영향은 시간이 흐르면서 현대의 에티오피아 언어 암하라(Amhara)의 조상격인 게즈(Ge'ez)라는 토착 언어에 나타났다. 에티오피아 문화는 서기 1세기 중에 토착적 뿌리를 가진 악숨 문명이 만개하면서 강한 정체성을 지니게 되었다. 이러한 발전은 메로에가 세력의 정점에 있을 때 이루어진 것으로, 근본적으로 로마와

우호적 관계를 맺고 밀접한 무역의 동반자라는 지위를 획득한 결과이다.

홍해 해안의 아둘리스(Adulis)는 악숨 수도와 아프리카 내부로 가는 관문으로, 국제 무역이 활발히 이루어지던 거점이었다. 사람들은 아둘리스부터 악숨까지 육로로 8일이면 갈 수 있었는데, 19세기에도 정확히 같은 시간이 소요되었다. 같은 길을 통하여 메로에 근처 나일 강 계곡으로도 갈 수 있었다. 또 다른 장거리 대상 무역로는 악숨으로부터 북서쪽으로 누비아 사막을 건너 아스완으로 가는 길로, 30일이면 갈 수 있었다. 아둘리스의 중요성이 커지면서 결국 메로에가 쇠퇴하였고, 여러 시대에 걸쳤던 나일 강 무역이 기울게 되었다.

세력을 확장한 이 국가를 지배한 강력한 군주(네구사 나가스트, negusa nagast)가 산 곳은 악숨 바로 그곳이었다. 그가 살던 건물은 건축적 스타일이 독특한 웅장한 엔다 미카엘(Enda Mika'el) 궁정으로, 거대한 돌 기단 위에 계단 형식으로 높게 쌓아 올려 외형을 강조하였다. 기단과 외부 성벽 모두 톱니모양을 내서 강하다는 인상을 주도록 건설되었다. 1906년 독일인 발굴 조사자에 따르면, 엔다 미카엘왕궁은 상층부가 목재로 강화된 4층 구조의 석조 건축물인바, 목재 들보의 끝은 벽을 뚫고 나왔다. 타크하 마리암(Ta'akha Mariam)에 있는 또 다른 왕궁도 거대한 궁정, 탑 그리고 다층 건물들로 이루어진 복합체인데, 그 넓이는 120×80미터였다. 아라비아 어쩌면 로마에서도 영감을 받았을 수 있지만, 두 왕궁 모두 그 건축양식은 에티오피아만의 독특한 것이었다.

악숨의 왕은 금화에 양각된 초상으로 알려져 있는데, 왕관을 쓰거나 때로는 왕좌에 앉은 모습으로 표현되어 있다. 그들의 주요 관심은 부와 거대하고 엄청난 것, 훌륭한 왕궁, 석조 건물 그리고 무덤의 건설에 있었다. 서기 1세기에서 4세기까지 그들은 자신의 권한을 달의 신 알무크아(Almouqah), 전쟁과 왕권의 신 마흐렘(Mahrem)과 같은 남부 아라비아의 신에 의지했다. 달과 태양의 상징인 초승달 모양과 동그라미가 동전에 표현되어 있다. 성공적인 왕은 세속적인 것은 물론 영적인 권한도 정당화할 수 있는 사원과 신전을 짓는 데 엄청난 돈을 사용하였다.

이러한 군주의 권력은 악숨 그 자체에 잘 표현되어 있다. 폐허가 된 도시 위로 높이 솟아 있는 크고 가는 돌기둥이 있는데, 199개 이상으로 두 개의 무리를 이루면서

그림 12.6 에티오피아 악숨의 왕실 석조기둥

바위를 깎아 만든 지하 무덤의 위치를 표시한다. 가장 큰 것은 고대 세계의 최대규모 석조 조각품 중 하나로 평가받고 있는데, 13층 건물과 같은 33미터 높이이다. 현존하는 석조기둥 중 가장 큰 것은 높이 21미터로, 가짜 문까지 완벽하게 조각하여 10층 건물을 상징적으로 묘사하고 있다(그림 12.6). 이 모든 석조 작품은 거대한 판석을 운반하는 것은 물론, 석조기둥과 왕실무덤을 조성하고 세우는 특수한 공학 기술을 요구한다. 당시 전문적인 조각가나 서기는 상대적으로 숫자가 적었다. 대부분의 작업은 비숙련 노동자들에 의존하였는데, 그들은 왕의 명령에 따라 지렛대와 굴림대를 사용하여 거대한 화강암을 운반하였다.

산업혁명 이전 모든 문명과 마찬가지로 악숨은 촌락의 노동력을 능숙하게 지휘하고 조직하는 사람들이 지배하였다. 악숨의 모든 것들에서 확인되는 엄청난 부는 수출 무역을 독점한 소수의 세습적 귀족 가문에 집중되었다. 그들은 자신의 부를 이용하여, 많은 사람들을 작물 농사뿐만 아니라 신전과 왕궁의 일을 비롯하여 그 밖의 다른 힘든 일을 하는 데 배치하였다. 귀족, 예술가, 상인과 같이 '중간계층'이라고 불릴 수 있는 사람은 아둘리스와 악숨 또는 그 도시의 중간쯤에 있는 마타라(Matara) 같은 도시에 살았다. 대부분의 사람은 평민이거나 노예로, 인간자체가 악숨의 주요 수출품 중 하나였던 것이다.

그리스도 사후 7세기 동안 급격히 변하는 지중해와 동쪽 세계에서 악숨은 항구 아둘리스를 통하여 열대 아프리카로 가는 관문이었다. 악숨의 연결 도로는 로마와 비잔티움까지 확대되었으며, 멀리 시리아와 아르메니아(Armenia), 페르시아 만 연안 그리고 인도대륙까지 연결되었다. 비잔틴의 청동제 분동이 악숨에서 발견되었다. 그리고 서기 2~3세기의 로마 주화가 악숨과 해안지역의 중간에 있는 마타라에서 발견되었다. 또 다른 유적에서는 104점의 3세기 인도 주화가 출토되었다. 지중해의 포도주 암포라, 이집트와 로마의 유리병 그리고 메소포타미아와 이집트의 옷감으로 악숨은 고전 세계의 시장이 되었으며, (3세기에) 자체적으로 금화를 주조한 첫 번째 아프리카 국가가 되었다. 화폐 시스템은 멀리 떨어진 비잔티움과 같았는데, 이를 통하여 악숨은 보다 넓은 상업 세계에 편입될 수 있었다. 악숨은 로마 제국의 폐허에서 일어선 국가로서, 새롭고 더욱 국제화된 세계의 상징이었다. 나중에 이슬람의 수중에 들어간 이 세계는 아프리카와 인도양의 얼굴 역할을 했다. 수세기 동안 악숨은 거대한 무역로 연결망의 중심에 있었는데, 이를 통하여 열대 아프리카는 홍해를 통한 무역은 물론 인도양의 더 넓은 세계와 연결되었다. 권력이 가장 강대하였을 때 악숨의 왕은 상당한 부를 축적하고 잘 조직된 국가를 지배하였다. 이 당시 악숨의 군주는 네 마리의 코끼리가 이끄는 전차에 서서 비잔틴 대사를 접견할 정도였다.

악숨이 보다 더 넓은 세계에 연결됨으로써 왕실 궁정에 새로운 신앙이 들어왔다. 4세기에 메로에의 정복자인 에자나(Ezana) 왕은 국가의 공식 종교로서 기독교를 받아들였다. 기독교는 이전의 종교를 효과적으로 대체하였으며, 악숨이 붕괴된 이후 오랫동안 에티오피아에는 콥트(Coptic) 교회가 존속하였다. 이슬람의 영향력이 증가하여 오랫동안 존재해 온 홍해 무역망이 붕괴되고, 지중해 시장에서 번성하였던 국가가 고립되는 7세기 중반까지, 악숨은 인도양 세계의 일부로 남았다. 아랍이 스페인과 통교를 시작하기 불과 7년 전인 702년, 악숨인은 제다(Jedda) 항구에서 이슬람 선박을 공격한 것으로 알려져 있다. 그것은 어리석은 행동이었다. 이를 이유로 아랍인은 상당히 약화된 악숨에 야만적으로 보복하였다.

결국 악숨은 오늘날보다 강수량이 분명히 많았던 어떤 시기에 붕괴하여, 세계에서 밀려났다. 인구의 급격한 증가로 집약적인 토지 이용과 광범위한 삼림 벌목 그리고 토양의 침식 등이 발생하였는데, 이 모든 것이 경제적, 사회적 붕괴의 씨앗이 되었을 것이다. 10세기경 강수량이 점차 불규칙해지자 많은 인구가 수량이 좀 더 나은 초원 지대를 찾아 남쪽으로 이동하였다. 그곳에서 기독교는 계속 번성하였고, 악숨의 문화적 유산은 바위에 깎아 지은 웅장한 교회에서만 확인할 수 있다.

요약

누비아 문명은 현지에 뿌리를 두고 있으나, 이집트의 영향도 크게 받으며 발달하였다. 이집트의 파라오는 동골라 유역 무역로를 보호하기 위하여 군대를 파견하였으며, 상아와 준보석 등 자신의 부를 얻을 목적으로 누비아를 이용하였다. 누비아의 가축을 소유한 족장(군장)은 이집트의 왕이 정치적으로 약화되던 1차와 2차의 중간시기에 강력한 왕국을 발달시켰다. 신왕국 이집트는 누비아를 식민지로 삼았지만, 서기전 1100년 이후에는 지역 자체적으로 통치하였다. 서기전 7세기경 쿠시 출신 누비아 지배자가 이집트의 왕이 되었는데, 서기전 6세기경 아시리아 군대와 대립하자 상류 쪽으로 철수하였다. 서기전 663년에 결정적으로 패배한 이후 누비아의 통치자는 나파타 상류에서 메로에로 이동하였으며, 그 무렵 장거리 무역에서 낙타가 중요시되었다. 무역의 중심이 남쪽으로 이동하고, 이집트의 한 선장이 인도양의 계절풍 순환 현상을 발견하면서 메로에 왕국은 번성하였다. 메로에는 그리스도 시대 무렵, 주요 제철 도시이기도 하면서 상아와 기타 아프리카 상품의 중심지가 되었다. 1세기 이후 에티오피아 고원의 악숨인은 홍해와 인도양 무역의 주요 세력으로 두각을 나타냈다.

DIVINE KINGS IN SOUTHEAST ASIA

제13장 동남아시아의 성스러운 왕들

비슈누(Vishnu)의 두상, 사암, 높이 48센티미터, 9세기 후반
또는 10 세기 초반. 캄보디아, 시엠립(Siemreap) 반티에이
스레이(Banteay Srei), 프놈 복(Phnom Bok)의 프라사트(塔堂,
Prassat)(파리 기메 아시아미술관)

이미 물로 가득한 풍경 위로 회색 구름이 낮게 깔렸다. 비는 그칠 줄 모르고 무심하게 쏟아졌다. 물소가 쇠스랑이 달린 쟁기를 끌어당기고, 주인은 막대기로 물소를 부리고 있었다. 물에 잠긴 흙을 쟁기로 깊게 갈면, 썩은 잡초더미가 뒤집어지면서 진흙에 섞였다. 논 가장자리 낮은 둑에 갇혀 있던 빗물이 좁은 도랑으로 흘러 쟁기질한 흙을 지나 근처 물길로 흘러들었다. 물소가 지날 때면 파란색의 녹조류가 물소의 발 근처에서 소용돌이쳤다. 젖는 것은 안중에도 없는 한 여성이 논 가장자리의 커다란 묘판에서 모를 집어들고 논에 줄맞추어 심었다. 잘 차려입은 관리가 붉은 우산 가림막 아래에서, 추수 때 거둘 수확량을 속으로 어림잡아 보면서 쳐다보았다.

쌀의 재배는 남인도 문명은 물론 벵골 만 동부에 복합사회가 등장하기 이전에도, 이미 동남아시아에서 마을 생활을 꾸리는 데 기본 토대를 이루었다. 그러나 동남아시아 초기 문명에 대한 논의의 핵심은 '수전' 농사를 통한 쌀의 수확량이 얼마큼 되는가이다. 이 지역의 초기국가는 자생적으로 발달하였는가, 아니면 인도 문명이나 동쪽 지역과 광범위하게 접촉한 결과로 출현한 것인가? 해상 교통이 빈번해지면서, 문화적 영향이 뚜렷이 나타나기 시작하였다. 특히 남부 인도에서 동남아시아를 연결하는 항해가 활성화되면서 이러한 현상이 두드러졌다. 동남아시아의 부족 사회에 많은 외래품과 외지인의 철학, 사회적 요소 그리고 종교와 관련한 신앙이 소개되었다. 전통적인 남아시아 역사기록에 의하면, 마우리아(Mauria) 왕조의 아소카(Asoka) 황제가 불교를 동남아시아에 전파하기 위하여 세 명의 사절을 직접 파견했다고 한다. 수세기 후에 힌두교 또는 불교 사상에 토대를 둔 사회적 질서를 추구하는 왕국이 나타나기 시작하였다. 이 장의 주제는 이러한 독특한 동남아시아 국가에 대한 것이다.

동남아시아에서의 국가의 출현(2000 B.C.~A.D. 150)

1만 년 전 동남아시아 본토는 해안에서 멀리 떨어져 있었으며, 대부분의 저지대는 큰 강의 여러 줄기가 교차하는 늪지로 이루어져 있었다. 빙하기에 낮았던 해수면이 상승하면서 육지가 줄어들었지만, 동남아시아의 세 개의 큰 강줄기에는 여전히 비옥한 삼각주가 있었다(그림 13.1). 중부 태국과 차오 프라야(Chao Phraya) 삼각주는 그중 하나이며, (이 장의 주요 관심사인) 저지대 메콩(Mekong) 강과 톤레 삽(Tonle Sap) 평원이 두 번째이다. 또 다른 하나는 홍하(Red River) 및 베트남의 마(Ma)와 카(Ca) 강이다. 이 강들은 모두 계절적으로 범람하는 특징이 있다. 이즈음에 농장의 넓은 지역이 얕은 물에 잠겼는데, 이런 환경은 줄기가 길고 성장기간이 짧은 벼에 적합하였다. 높은 지형으로 둘러싸인 비옥한 세 강 유역은 수세기에 걸쳐 이루어진 복합사회의 발생

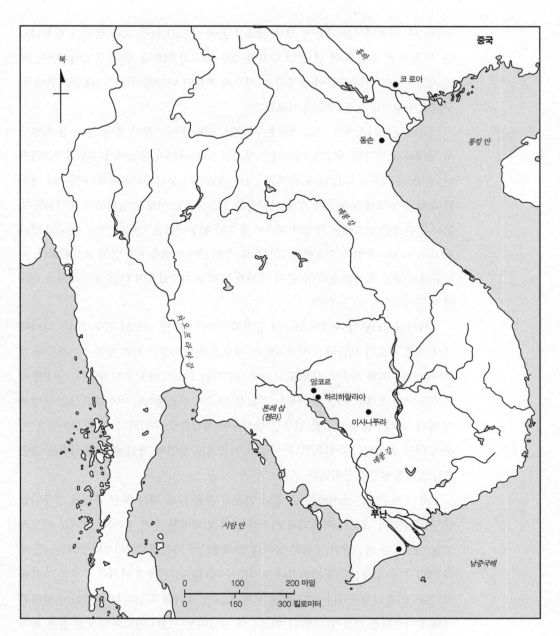

중국

북

홍하

코로아

통킹 만

동손

메콩강

차오프라야 강

앙코르
하리하랄라야
톤레 삽
(젠라)
이사나푸라

메콩강

시암 만

푸난

남중국해

| 0 | 100 | 200 마일 |
| 0 | 150 | 300 킬로미터 |

그림 13.1 제13장에서 설명하는 고고학적 유적 지도

공간이다. 이곳에서는 가뭄에 강한 낙엽성 숲과 습도가 높은 열대 삼림이 번성하였다. 이 강들은 또한 수천 년 동안 중요한 소통 경로의 역할을 했다. 동남아시아는 몬순 계절풍으로 인해 수량이 풍부하고, 기후와 지형이 다양하여 불과 2000년 만에 인구밀도가 상당히 높은 수준에 이르렀다.

고대 동남아시아의 주요 곡물은 서기전 6500년 이전부터 중국 양쯔 강 유역에서 재배하기 시작한 벼였다. 벼농사는 서기전 2000년까지 동남아시아에 정착하였으나, 경작 인구는 많지 않았다. 서기전 1500~500년에 동남아시아에서는 다수의 평등한 농업 공동체가 등장하여, 청동 야금술을 발전시키고 서로 광범위하게 교역하였다. 농사가 한가한 건기에는 채광과 제련이 중요한 활동이었을 것이다. 북부 태국의 반나디(Ban Na Di) 유적은 중요한 무덤시설로, 무덤군이 서열을 이루면서 조성되었다. 이 무덤과 부장된 유물을 통하여, 촌락 사회가 위계를 이루었으며 다른 공동체와의 교역이 이루어졌음을 알 수 있다.

서기전 500년경 지역의 인구가 증가하여 2만 5천 명 규모의 거주구역이 나타나면서 제철 기술이 보급되기 시작하였다. 새로운 제철기술은 기존 청동주조기술에 접목되었으나, 제철 기술이 작은 고로에서 제련되는 인도식의 단조방식인지, 아니면 높은 온도에서 용융된 쇳물을 다루는 정교한 중국의 주조방식인지에 대해서는 분명하지 않다. 유리구슬을 비롯한 인도산 장식품이 처음으로 수입되고, 기존 교역망을 통하여 다른 공동체로 유통되었다. 아울러 처음으로 장인의 생산 활동 중심지를 갖춘 대규모 공동체가 등장하였다.

벼 재배구역은 초기에는 큰 강의 범람원 끝을 따라 작은 하천 유역에 집중되었다. 거주구역의 규모가 확대되기 시작한 것은 집약적인 수전 경작과, 쟁기와 이모작 도입으로 식량 생산량이 급격히 늘어나 잉여생산이 가능해지면서부터였다. 소금, 구리 그리고 주석 광산을 통제하거나 교역로가 지나가는 전략적 위치에 거주하는 사람들, 그리고 유리제품이나 철기와 같은 특정 교역 재화를 독점하는 사람들이 막대한 부와 정치권력을 가질 수 있었다. 이즈음에 동남아시아인이 인도와 중국은 물론 뉴기니 그리고 필리핀과 같은 육지와 해안 섬을 연결하는 해상 교역로에 참여하기 시작하였다. 중부 태국의 반 돈 타 페트(Ban Don Ta Phet)에서 발견된 홍옥수 구슬과 사자 조각은 서기전 4세기까지 거슬러 올라가는 이른 시기에 인도와 교역하였음을 보여준다. 또한 합금 성분을 통하여 동남아시아에서 생산된 것으로 추적되는 청동 그릇이 인도 대륙에서 발견되었다.

그 당시 사회의 모습을 볼 수 있는 사례가 태국 북동부의 문(Mun) 계곡에 위치한 노엔 유-로크(Noen U-Loke) 유적에서 발견되었다. 이곳에서 서기전 400년에서 서기 300년 사이로 추정되는 무덤 126기가 발견되었는데, 죽은 자를 매장하기 위하여 투입된 노력이 급격하게 증가한 사례를 보여준다. 일부 시신은 불에 탄 벼로 채워진 무덤에 뉘여 있었지만, 다른 시신은 관 모양의 진흙 안에 안치되어 줄지어 놓여 있었다. 무덤은 가족으로 보이는 남성, 여성 그리고 아이들로 이루어진 군집 단위로 배치되어 있었다. 어떤 무덤군에는 홍옥수 보석과 벼, 또 다른 무덤군에는 가락바퀴가 부장되어 있었다. 세 번째 집단에는 거의 모두 진흙으로 테를 두른 작은 상자가 부장되었다. 그중 3기의 무덤에 청동 허리띠, 팔찌, 귀고리 등의 장신구가 담겨 있는 것으로 보아, 묻힌 사람이 부유한 남성인 것으로 추정된다. 인구가 급격히 증가하였지만 평화로운 시기는 아니었는데, 척추에 화살촉이 꽂힌 채로 안치된 남성의 경우로 이를 알 수 있다.

서기전 1000년기 말에 동남아시아 전 지역에 걸쳐, 인구밀도와 사회적 복합도가 증가하고 부유하고 호전적인 족장(군장)사회가 등장한다. 전문적인 뱃사람과 무역상들이 중국의 한 나라, 인도 그리고 육지와 멀리 떨어진 섬을 연결한 새로운 세계에서 활발하게 활동하였다. 비록 외부의 혁신에서 영향을 받아 정치 사회적 변화가 급속하게 이루어졌다고 하더라도, 복합성과 경쟁을 향한 발전은 자생적으로 이루어졌다. 대규모 공동체는 대부분 수공업 중심지에서 발달하였다. 벼 재배는 초기에 작은 하천 유역과 큰 강 범람원의 경계를 따라 집중적으로 이루어졌다. 건식 벼농사는 물을 채운 경작지(논)에서 재배되는 습식보다 생산성이 떨어졌다. 습식 농사를 통하여 생산량이 크게 증가하였고, 더 안정적인 수확량을 확보할 수 있었다. 더 큰 마을의 출현은 집약적 습식 농사, 쟁기질 그리고 이모작의 출현과 시기가 일치하는데, 이로 인해 곡식 생산량이 상당히 늘어나 잉여량도 많아지게 된다.

높은 계층의 혈연집단이 지배하는 대규모 중심지를 기반으로 점차 중앙집권화된 통치가 이루어졌다. 그들은 남는 식량과 벼 경작지를 적절히 다스리고 숙련된 장인을 지원하며, 고위층이 선호하는 수입품과 이국적 재화의 교역권을 독점하면서 권력 기반을 조성하였다. 이 사회의 지도자는 우수한 의례용 무기와 서열을 나타내는 상징물을 소유하고, 정교하게 꾸며진 가옥에서 살았다. 수세기가 지나면서, 비옥한 강 유역에서 더욱 복잡한 사회가 발달하였는데, 이 사회의 지도자들은 보다 너른 지역의 해상과 내륙에서 이루어진 교역을 장악하였다. 권력을 가진 통치자가 공공의식과 축제를 주관하고 위세를 과시하며, 중국과 인도에서 들어오는 제품과 기술 그리고 이념 등을 접하는 경우도 많아졌다.

동손 문화(1000 B.C.~A.D. 43)

복합사회가 발달한 곳은 베트남의 홍하 삼각주와 저지대 해안 그리고 코라트 (Khorat) 초원과 라오스 고지대였다. 가장 잘 알려진 것은 동손(Dong Son) 문화의 홍하(Red River) 유역으로, 이 지역에서는 습도 높은 기후로 인해 벼의 이모작이 가능하였다.

토착지에서의 동손 문화의 기원은 최소한 서기전 1000년으로 거슬러 올라가는데, 그때 벌써 청동기 장인이 강 유역에서 작업하였다. 서기전 500년 이후 동손 무덤에서는 실용적인 도구뿐만 아니라 무기, 물통 그리고 북과 같은 다양한 의기를 포함한 청동 제품이 발견되었다. 청동기 제작에 필요한 막대한 양의 금속과 잉여 식량은 홍하 삼각주의 넓은 지역에서 이루어진 벼의 습식 재배로 확보하였다. 동손의 장인들은 정교하고 풍부한 장식의 청동제품을 제작할 수 있을 정도로 고도로 숙련되었다. 이들은 나중에 북쪽의 이웃세력인 중국의 제철 기술도 받아들였다. 특히 청동 북은 동손에서 사회적으로 높은 지위를 나타내는 상징이었다. 코 로아(Co Loa) 유적에서 출토된 북 한 점은 무게가 72킬로그램을 넘었다. 동손의 많은 북에는 군주의 조각과 모형이 장식되었다. 노 젓는 사람과 전사로 가득 찬 대형선박의 선실과 갑판을 무대로 왕의 모습을 묘사한 장식도 있다. 동손 의례에 참석한 고수가 북을 두드리는 장면을 묘사한 것도 있어, 음악을 중시하였음을 알 수 있다.

최고 족장(군장)이자 전사이며 북의 수호자이기도 한 라크(Lac)의 우두머리들이 이처럼 번창한 사회를 지배하였다. 그들 중 한 명은 서기전 3세기에 건설된 하노이 근처 코 로아를 지배하였다. 코 로아는 홍하의 지류에서 흐르는 물을 끌어들인 해자를 갖춘 막강한 요새 세 곳을 기반으로 하는데, 그 면적은 600헥타르에 달한다. 유감스럽게도 동손 문화에 대한 대부분의 지식은 무덤에서 제공될 뿐이다. 그곳에 얼마나 다양하고 어느 정도 규모의 족장(군장)사회가 있었는지 아는 바가 별로 없으며, 그보다 작은 마을의 모습에 대해서는 더욱 그러하다.

중국인은 동손의 족장(군장)에 대하여 잘 알고 있었다. 한(漢)에서는 그들을 가장 멀리 있는 '남쪽의 야만인'으로 알고 있었으며, 수세기에 걸쳐 교류하면서 싸우기도 하였다. 결국 서기 43년, 동손의 전사 귀족이 강력한 이웃인 중국에 굴복하였다. 그들의 영토는 중국의 보호령이 되었으나, 한의 기록에 따르면 땅에 대한 전통적 권리는 여전히 소유하였다.

무역과 왕국

서기 1년경 동남아시아의 해상 무역망은 보다 더 넓은 상업 세계에 연결되었다. 서기 3세기에서 5세기에 만들어진 것으로 추정되는 판재 배가 발견되어, 이 지역에서 항해의 전통이 오래되었음을 증명한다. 중국 기록에 따르면, 일부 해상 항해 선박은 길이가 50미터에 무게는 500톤이나 되었다. 발리의 셈비란(Sembiran) 유적에서는 몬순 계절풍을 이용한 무역에 대한 놀라운 증거도 나왔다. 고고학자 아르디카(A. W. Ardika)는 이곳에서 서쪽 최단거리로 4,350킬로미터 떨어진 남부 인도 해안에서 제작된 인도산 무역 토기를 발견하였다. 무역상들은 모두 바다 사람들로, 어떤 특정 국적을 갖고 있지 않았다. 당시 중국인은 이들을 므와니(Mwani), 즉 '야만인'이라고 불렀다. 그들은 다국적 언어를 사용하였으며 말레이시아, 인도 등의 여러 지역 출신으로, 동쪽으로 남중국해까지 먼 거리 모험을 하는 실제 떠돌이들이었다. 통킹(Tonkin) 만과 중국 남부는 사치품을 해안지역으로 운송하는 지웨트(Jiwet)라는 중국 뱃사람들에 의해 운용되었다. 그들을 통하여 재화가 내륙 깊숙이 제국의 수도까지 수송될 수 있었다.

인도가 동남아시아 문명의 발달에 중대한 영향을 미쳤다는 것은 의문의 여지가 없다. 서기전 300년에서 서기 300년 사이에 동남아시아의 족장(군장)사회는 인도 상인, 중국 관리 및 군대와 활발히 접촉하였다. 마우리아 제국은 우리가 본 바와 같이 찬드라굽타 마우리아(Chandragupta Mauria)의 수장이며 제국의 건설자인 카틸랴(Katilya)가 조성한 불교 신앙과 정치적 원칙을 토대로 세워졌다. 그가 만든 경전인 『아르타사스트라(Arthasastra)』에는 왕은 성스러운 존재라고 적혀 있다. 왕은 아버지와 같으며, 각료를 감독하고 국민을 보호할 뿐만 아니라, 법 체계를 통하여 범죄를 억제하고 농업, 수공업 그리고 무역을 장려하였다. 이러한 조직과 제도 아래에서 국가는 세금으로 유지되고, 무력 또는 그에 대한 위협으로 지탱되는 중앙집권화된 시스템인 것이다. 카틸랴의 이념은 초기국가에 대한 고고학자의 정의와 상당히 일치하며, 수세기 동안 동남아시아의 국가 관념에 영향을 미쳤다. 인도 상인은 몬순 계절풍 주기를 이용하여 벵골 만을 가로질러 오고갔다. 그중 몇 개월은 동남아시아에서 계절의 변화를 기다리면서 머무르기도 하였다. 그들은 화물과 함께 사람을 실어 날랐는데, 그중에는 힌두교 브라만과 불교 승려, 국가에 대한 정교하고 성숙한 시각을 갖고 있는 식자층도 있었다.

동남아시아는 중국과 인도를 연결하는 무역항 노선에 깊숙하게 연계되어 있었다. 해상로를 통하여 새로운 사상과 문화가 활발하게 교환되었다. 중국학자 폴 휘틀리(Paul Wheatley)는 동남아시아의 족장(군장)들이 무역상품을 수집하고 조직을 구축하는 기술을 습득하면서, 필연적으로 사회와 세계에 대한 새로운 관점을 배웠을 것이라고 주장한다. 상업을 확장하고 유지하는 데 필요한 권한은 족장(군장)이 평생 누리던 혈연 사회의 그것과는 달랐다. 시간이 흐르면서 그들은 신성 왕권에 대한 브라만과 불교의 관념에 익숙해졌다. 심지어 족장(군장)이 신성 왕권이나 다름 없는 권위를 가진 지배계급으로 진입할 때 브라만식 의례가 치러지기도 했다.

서기전 1000년기 말에 들어서면서 일부 동남아시아 사회는 고도로 서열화되고 중앙집권화된 왕국으로 발전하면서 귀족 계급에 의해 지배되었다. 그들에게 공식적 행사, 연회 그리고 의례는 무엇보다도 중요한 것으로, 조상과의 긴밀한 관계를 강조함으로써 지배적 권력을 유지할 수 있었다. 메소아메리카(제15장)의 마야 사회에서와 같이 서열과 가계는 밀접하게 연계되어 있었다. 각 사회의 복합도가 높아지는 현상은 부분적으로 충성을 바치는 추종자들을 끌어들이고 사람을 조직하는 전제적인 권력에서 유래하였다. 어느 시기가 되면 많은 지배자들은 보다 더 큰 왕국을 지배하려는 욕망을 갖게 된다. 그 욕망을 달성하기 위하여 더 강력한 지위와 힘, 카리스마를 추구한다. 이를 위하여 때로는 정교하게 수행되는 공공의례와 특권을 과시하는 것에 초점을 맞추어 웅장한 왕궁과 신전을 건설하기도 했다.

동남아시아 왕국은 정치적으로 끊임없이 변화하는 상태에 있었으며, 국경 또한 고정되지 않았다. 정치적 활동은 외향적이고 항상 유동적이며, 인접한 지배자 간의 동맹이 활성화되었다. 모든 것은 가장 강력한 군주를 축으로 움직여졌다. 견고한 동맹을 유지할 수 있고 잠재적인 적을 다룰 줄 아는 능력을 가진 군주가 경쟁자에게 자신과 관계를 맺을 것을 강요하였다. 일부 전문가는 산스크리트어로 인도의 정치적 원리를 뜻하는 '만달라(mandala)'라는 개념을 사용하여 이들 지배자 간의 관계를 규정하는데, 그에 따르면 그들의 영토는 원형으로 이해된다. 콘체르티나(Concertina) 악기처럼 그것은 정치체들이 상호작용하면서 확장하거나 수축하는 현상을 말함이다. 각 사회는 종교적 지배자와 그 수행자를 중심에 두었으며, 각 지도자의 정신적 성향이 복잡하고 끊임없이 변화하는 정치 방정식에서 중요한 변수였다.

신성 왕권의 개념은 동남아시아에서 사회와 정치적 조직을 크게 바꾸었다. 크메르어를 사용하는 사람의 최초 발상지인 축복받은 톤레 삽 평원을 포함하여 메콩 강 저지대와 중류 강변을 따라 왕국이 번성하였다[크메르어는 고대어인 오스트로아시아(Austroasia) 어족이다]. 코라트 고원에도 왕국이 있었으며, 베트남 중부 해안의 평원 지역, 그리고 중국이 장악한 홍하 지역에도 존재하였다.

중국 사람들은 국가에 대하여 잘 정리된 관점을 갖고 있었다. 그것은 진시황제가 중국을 통일할 때 절정을 이루고 그 이후 불안정한 시기를 거치면서 다듬어졌다. 이 시대에 철은 매우 중요시되었는데, 농업에서뿐만 아니라 한의 황제가 북부와 남부의 전선을 정복하기 위한 전쟁을 수행하면서 그 중요성은 더욱 커졌다. 홍하의 동손 왕국은 서기 43년 철제무기를 동원한 중국의 보호령이 되었다. 거의 2세기 후에 한 왕조는 붕괴되었고 중국 남동부에 오(吳)가 탄생하였다. 서쪽으로 가는 아시아 북부의 횡단 무역로가 경쟁자에 의해 단절되어 있었기 때문에, 오나라의 지배자들은 남부와 서부 해상로의 진출가능성을 탐색하게 된다. 중국 관리는 수세대에 걸쳐 인도로 가는 남부 해상로를 찾기 위하여 동남아시아를 방문하였으며, 그 반대로 만달라의 지배자가 오를 방문하기도 하였다. 그러면서 수세기 동안 동남아시아 사람들은 중국과 인도 사상의 영향을 직접 받았기에 이른 것이다.

중국 사람들은 메콩 강 저지대를 푸난(Funan, 扶南)이라고 불렀는데, 이는 '수천 강의 항구'라는 의미이다. 그러나 이 단어가 실제 역사적인 의미를 갖고 있는 것은 아니다. 중국 기록에 따르면, 삼각주의 항구에서 청동, 은, 금, 향신료 그리고 말을 중앙아시아에서 수입하여 관리한 것으로 전한다. 이러한 항구 중 하나가 옥 에오(Oc Eo)인데, 이곳은 프랑스 고고학자에 의해 발굴된 대규모 도시로 해안과 운하로 연결되어 있었다. 또 다른 항구는 앙코르 보레이(Angkor Borei)로, 두 개의 공동체가 운하로 연결되어 있어, 이를 통하여 물을 흘러내리기도 하고 재화를 거래하기도 하였다. 인구밀도가 높아 정복 활동을 통하여 토지를 확보하였고, 늪지에는 배수시설을 갖추어 농장으로 사용하였다. 단일 왕국이 있었는지 아니면 일련의 경쟁적인 족장(군장)사회가 있었는지는 좀 더 논의해야 한다. 푸난에 대한 중국의 기록은 그곳에서 무역이 왕성하였음을 칭송하고 있다. 또한 삼각주의 대부분을 차지하는 황무지 늪을 풍요로운 벼 농경지로 신속하게 바꾼 관개체제에 대해서도 나와 있다. 이러한 농경지를 개발하기 위해서는 수백 명의 노동력이 필요했는데, 그들은 삼각주 강어귀에 풍부한 물고기 식량에 의지하던 사람들이었다. 대부분의 푸난인은 악어를 풀어 놓은 해자와 대형 건축시설로 요새화된 대규모 수상 도시에서 살았다. 각각의 주요 거주구역은 운하를 통하여 대양이나 주변지역과 연결된 항구였다.

해안지대는 오랜 전통의 토착 야금술과 공예품 제조, 전문화된 무역으로 3세기에서 6세기 사이에 상당한 번영을 누렸다. 6세기에 많은 인도의 브라만인이 이 지역에 도착하였는데 그들은 남성의 생식력을 상징하는 남근상인 링가(linga)의 형태로 시바(Shiva) 신을 신전에 모시면서 숭배하는 종교의례를 들여왔다. 지도자가 시바를 숭배하는 지역에는 국읍의 중심을 상징하는 신전에 왕실의 링가가 세워졌다.

메콩 강 하류 유역의 정치적 상황은 항상 불안정하였다. 특히 왕국 상류 지역에서 외국과의 무역이 간접적으로만 이루어진 이후에는 더욱 그러하였다. 내륙의 지도자는 삼각주를 우회하여 해안으로 가는 새로운 교역로를 개척하였다. 이러한 대응은 성공적이었다. 6세기경 경제 정치의 중심지는 중국이 젠라(Zhenla, 真臘)라고 부르는 메콩 강 중류와 톤레 삽으로 이동하였다.

캄보디아의 톤레 삽 중앙분지는 여러 하천이 모이는 곳으로, 주기적으로 수면이 상승하여 넓은 지역에 비옥한 토양이 공급되었다. 거의 1년 내내 분지에 약 66킬로미터 정도에 걸쳐 얇게 쌓인 진흙이 톤레 삽 강을 통하여 메콩 강으로 흘러 들어갔다. 그러나 8~10월에 엄청난 강물이 메콩 강 삼각주로 흘러 범람하면서, 오히려 톤레 삽 강으로 물이 역류하여 길이가 133~167킬로미터, 폭이 25~50킬로미터 그리고 깊이 16미터에 달하는 거대한 호수가 조성된다. 10월 말경 물이 빠지기 시작하면 진흙이 가득 찬 후미에 수많은 물고기가 갇힌다. 12세기에는 환경이 여유로워지면서, 잉여 식량이 충분하여 인구밀도가 높은 도시를 부양하고, 나아가 찬란하고 부유한 문명을 달성하게 되었다. 이처럼 혜택받은 지역에서 연례적인 홍수를 적절하게 제어할 수 있는 저수지와 용수 관리체계가 기능을 발휘하면서, 수천 에이커의 농경지에서 충분한 식량을 생산할 수 있었다. 이 지역의 통치자들은 서로 경쟁하거나 동맹을 구축하고, 때로는 전쟁을 벌이기도 하였다. 세력이 강한 족장(군장)사회 집단이 인근 집단을 정복하거나 독자적인 세력을 확보했지만, 미약한 족장(군장)사회는 인근 집단에 흡수되기도 했다. 끊임없이 발생하고 제기되는 전쟁과 정치적 책략으로 인해 통치자의 세습이 이루어지고 소규모 국가가 등장하게 된다.

신격화된 왕의 출현

젠라의 강력한 지배자는 야심찬 정복을 통하여 잉여식량을 충분하게 확보하였다. 결국 이들은 성스러운 왕권에 대한 새로운 정치적 개념을 개발하였는데, 그것은 광활한 지배 영역을 지상의 신격화된 왕에 대한 숭배로 결속시키는 것이었다. 힌두교의 창조주인 시바에 대한 신앙은 왕권을 신성시하고, 수행자들의 충성과 헌신을 강조하는 기제 역할을 하였다. 지배자의 수행자들은 왕실에 호의를 다한 대가로 신전을 제공받았다.

서기 1세기에서 8세기 말 사이에 중앙집권체제는 불안했다. 높은 지위의 권력 또한 불안정하여 한 개인의 생애 동안에도 상당한 부침을 겪을 수 있었다. 야망을 가진 사람은 다른 사람보다 우위에 서서, 자신의 왕국을 최고의 지위에 올려놓으려 끊임없이 노력하였다. 수세기에 걸쳐 이런 상황이 지속되었는데, 이는 서구적 관점에서는 절대로 국가라고 볼 수 없다. 오히려 때로는 독립을 주장하고 때로는 공물을 바치는 정치체로 둘러싸인 왕국에 '콘체르티나' 악기의 효과와 같은 정치적 현상이 지속적으로 작동했다고 볼 수 있다.

메콩 강은 코라트 평원과 거대한 톤레 삽의 분지를 바다와 연결시킨다. 톤레 삽은 큰 강이 범람하면서 비옥한 토양 지대가 널리 조성된 지역이다. 서기 1세기에 이처럼 풍요한 지역의 농민들은 각 지역의 저수지를 관리하는 족장(군장)의 지배를 받았다. 용수관리는 농업의 성공을 위해서 절대적으로 중요했다. 그 후 수세기에 걸쳐 발달한 작은 '만달라'는 권력을 가진 개별 군주의 능력에 따라 독립성을 유지하거나 통합되었다. 왕실의 몇몇 지도자는 예외적인 능력을 갖춘 사람이라는 사실이 신전에 산스크리트어 명문으로 기록되어 있다.

최고의 왕

역사적으로 유명한 통치자 이사나바르만(Isanavarman)이 다스리는 왕국의 수도 삼보르 프레이 쿠크[Sambor Prei Kuk, 고대 이사나푸라(Isanapura)]를 발굴한 결과, 정사각형 또는 직사각형의 해자에 둘러싸인 거대한 거주구역이 드러났다. 이곳에는 세 개의 독립된 성곽구역이 있었으며, 각 기단 위에 계단으로 올라가게 되어 있는 대형 성소가 중심축을 이루었다. 각 성소들은 통치자가 하사한 선물이었다. 이사나바르만은 활동적이고 현명하며, 하늘의 태양과 같고 지상에서 존경받는 왕의 표상으로 신전의 명문에 기록되어 있다. 이사나바르만은 고결한 자 중에서도 가장 뛰어났으며, "부모의 한계를 초월하였다."고 전한다.

인도의 힌두교에는 정신과 육체의 기운을 통제함으로써, 시바에게 최고의 헌신을 할 수 있다는 관념이 있다. 통치자가 되기를 소망하면, 최고의 금욕, 겸손, 봉사를 통하여 성스러운 창조주인 시바에 다가갈 수 있도록 해야 한다. 그는 시바의 물질과 정신적 권력을 받아들여 성스러운 기운을 갖게 되는 것이다. 시바에 대한 헌신은 왕권을 신성시하고 정당화하는 메커니즘의 일부였다. 아울러 왕실에 충성하는 대가로 통치자에게서 신전을 받은 신하들의 헌신이 중요시되었다. 이러한 상황은 메콩 강 유역을 따라 나타났다. 그곳에서 이사나바르만과 같은 통치자가 성스러운 왕이 되었으며, 깊숙이 내면화되고 태생적으로 체득된 인도의 정치철학에 따라 통치하였다. 일부 통치자는 인도 브라만의 도움을 받았는데, 그들은 군주를 위하여 복무하였고 중요한 법적 그리고 정치적 조언자로서 역할을 했다. 위대하고 부유한 가문사람은 각료, 의사, 총독, 시인 그리고 학자가 되어, 왕국을 유지하기 위해 교역과 조세를 통한 부의 축적과 공공사업에 깊이 관여하였다.

메콩 강의 만달라는 성공한 군주가 우월한 경쟁력으로 부와 권력을 축적한다는 원칙 위에 조직되었다. 지배층은 불교와 힌두교를 수용하면서 신성성을 고양했다. 동남아시아의 신흥 도시는 성스러운 왕권이 최고의 위치에서 통치하는 상징적이자 의례적인 중심지로서, 다른 무엇보다도 성스러움을 우선적으로 여겼다. 왕권에 미친 인도 사상의 상대적인 중요도에 대해서는 학자들마다 의견이 다르다. 그러나 시바와 그와 밀접한 성스러운 왕에게 무조건적으로 헌신함으로써, 지배자 자신을 권력의 중심에 두는 데 도움을 준 것은 분명하다.

앙코르 국가(A.D. 802~1430)

톤레 삽의 군주들은 모두 가능한 한 넓은 지역에서 주도권을 가지려는 야망을 갖고 있었다. 자야바르만 2세(Jayavarman II)라는 이름의 강력한 크메르 군주가 802년에 권력을 잡아 처음으로 왕국을 통합하였다. 그는 경쟁자를 정복하고 왕실에 충직한 장군들에게 새로 얻어진 땅을 영지로 하사하여 공물을 받도록 하였다. 자야바르만 2세는 왕국을 견고히 할 목적으로 조상 숭배의식과 남근상 형태를 한 시바 숭배 의식을 통합한 것으로 전해진다. 훨씬 후대의 명문에 따르면, 자신을 '최고의 왕'으로 불렀다고 한다. 신하는 그를 신으로 경배하라고 교육받았다. 중앙집권체제가 안정되면서 정부의 모든 재원은 신격화된 왕에 대한 숭배를 위해 사용되었다. 귀족, 고위신관 또는 평민 등 모든 사람들은 왕이 현세의 존재이자 이승과 내세의 신이라는 정체성을 영구히 갖도록 기원하라고 요구받았다. 이 경이로운 지도자는 45년 동안 통치하였는데, 최소한 3대에 걸친 크메르 왕조의 제1왕조를 세웠다. 그는 빈번하게 잔인한 전쟁을 벌임으로써 권력을 유지하고 불안정한 국가를 통치하였는데, 그 국가는 900~1200년에 전성기를 이루었다.

이전의 군주는 남근 형태의 시바 숭배를 권장하였지만, 자야바르만 2세는 자신이 현세에 환생한 시바라고 주장하였다. 그는 '바르만(varman)', 즉 만물을 보호하는 신으로서의 역할을 하였으며, 신관은 실제 정치권력의 수단에 불과하였다. 고위 신관들은 한결같이 매사에 적극적이고 힘 있는 귀족으로서, 고도로 훈련된 종교 사제들의 위계적 체계를 지배하였다. 지배자 자신은 고위 가문 출신으로 구성된 관료 조직을 이끌었는데, 이에는 영토 분쟁을 해결할 장군과 행정가가 포함되었다. 관료조직은 크메르 생활의 모든 측면, 농업, 전쟁, 조세 그리고 국가 신앙 의례까지 관장하였다. 산업화 이전 문명이 항상 그러하듯이, 식량의 잉여생산은 신전, 저수지 건설 등의 공공사업에 필요한 노동력을 대규모로 동원하는 것과 밀접한 관계가 있었다. 대부분의 건축 활동은 아마도 건기에 이루어졌을 것이다. 왕들이 왕실의 링가(linga)를 보관할 웅장하고 성스러운 신전을 건축하는 관행은 모든 종교적 의례 중 가장 중요했다.

자야바르만 2세가 추진한 새로운 전략은 크게 성공하였다. 그는 45년간 통치하여 600년간 번창한 문명의 기초를 닦았다. 크메르 만달라는 화려한 국가로 통합되어 900~1200년에 전성기를 맞이한다. 후대의 크메르 왕은 만장일치제로 운영되는 종교 체계에 기초하여 문명을 지배하였다. 이 사회는 신전에 기부하는 것은 스스로를 위하여 적선하는 것이라는 공통된 관념을 토대로 번성하였다. 신전에 기부하는 것은 결국 왕실 지배층에게 기부하는 것과 같았다. 그 후 3세기에 걸쳐 모든 크메르 왕은 '위대한 주인, 왕 중의 왕'의 권위로 통치하게 된다. 사람들이 왕의 존재를 인정하는 것은 곧 신이 아닌 신성 왕에게 무릎을 꿇는 것이었다. 독특한 형태의 왕권을 통하여 크메르는 부, 사치 그리고 신성시된 군주를 극단적으로 숭배하는 사회가 되었다.

성스러운 도시들

자야바르만이 850년에 죽은 뒤 다섯 명의 왕이 수세기 동안 왕위를 계승하였다. 그들은 영토를 통합하고 정복한 곳을 견고히하였다. 그의 조카 중 한 명인 인드라바르만 1세(Indravarman I)의 기간(A.D. 877~889)에 착수한 건축 양식은 이후 거의 4세기 동안 크메르 건축의 전통이 되었다. 그는 길이 3.2킬로미터, 폭 0.8킬로미터의 대형 저수지를 하리하랄라야(Hariharalaya)에 조성하였다. 그리고 신성시되는 왕실 선조의 조각상을 안치하기 위하여 신전 제단을 건설하였다. 마지막으로 자신을 위한 신전 영묘를 건설하였는데, 그것은 그가 일상적으로 모셨던 신의 이름이 붙은 링가와 관련된다. 저수지의 물은 실제로 관개와 생활 용수로 사용되었지만, 왕실 영묘 아래에 설치된 상징적인 호수로 숭배되기도 하였다. 이로써 왕실 영묘는 히말라야의 북쪽 힌두신들의 전설적인 발상지인 메루(Meru) 산의 모습을 갖추게 된다. 인드라바르만의 신전은 800×600미터의 해자로 둘러싸여 있었는데, 이러한 규모의 건물과 수리시설의 공사는 이전의 어떤 것과도 비교될 수 없을 정도로 거대했다. 저수지만 놓고 본다면 이 지역에 조성된 어떤 것보다 150배 이상 규모가 컸다. 하리하랄라야는 산스크리스어로 '성스러운 도시'라는 의미를 지닌 첫 번째 앙코르(Ankor)가 되었다.

인드라바르만의 후계자인 야소바르만(Yasovarman)은 서쪽으로 왕실 수도를 얼마간 이동하였는데, 그곳의 언덕은 평원 위로 65미터로 솟아올라 있었다. 이는 메루산을 상징하였다. 그 꼭대기에 바켕(Bakheng) 사원을 세웠는데, 해자와 토성으로 둘러싸인 거의 1,600헥타르에 달하는 거대한 장방형의 영지 안에 있었다. 바켕은 평면구조가 완벽히 대칭적이어서, 관람자는 어떤 각도에서도 중앙 신전 탑 주위에 세워진 108개의 작은 탑 중 단지 33개만을 볼 수 있다. 이 33개의 탑은 인드라(Indra)의 하늘에 있는 신의 숫자와 일치한다. 신전에는 7개의 하늘을 의미하는 7개의 계단이 있었다. 108개의 탑은 우주를 상징하는데, 27개로 이루어진 집합을 4개로 합친 것을 의미하며 각각 음력 주기의 한 단계를 표현한다. 각 테라스에는 목성의 12주기를 의미하는 12개의 탑이 있다. 그러므로 바켕은 만달라의 중심, 수도 그리고 우주로서 메루 산을 상징적으로 표현한 것이다. 평면은 돌로 만들어진 천문학 달력이며, 인도에서 유입된 주기에 대한 개념을 토대로 하여 행성의 위치와 궤도를 보여준다.

자야바르만 2세의 뒤를 이은 30명의 군주 대부분은 통치를 기념하기 위하여 종교 건물을 많이 남겼다. 이러한 건축물은 수도의 중심, 오늘날 앙코르라고 일컫는 크메르 우주의 허브인 인공 언덕 위에 세웠다. 엄숙한 분위기의 인더스 문명과 달리 크메르의 독특한 형태의 왕권은 부, 사치 그리고 신성 군주에 대한 숭배의식이 놀라울 정도로 오래 지속되는 사회를 창출하였다. 이러한 숭배의식은 수르야바르만 2세(Suryavarman II)의 통치기인 12세기에 정점에 이르러 앙코르 와트(Ankor Wat) 신전을 건설하게 되었다(유적 13.1).

앙코르 와트는 거대한 천문대이면서 동시에 신전이자 영묘였다. 춘분에 서쪽 입구에서 바라 보이는 중앙의 연꽃 탑 위로 해가 떠올랐으며, 계절이 바뀌면 제3회랑에 있는 부조에 햇빛이 비추었다. 여름이 되면 신의 창조 장면에 가장 먼저 햇빛이 비추어지기 시작하여 가을에는 피비린내 나는 전장을 비추었다. 겨울 건기에는 회랑의 북쪽 벽이 그늘 속에 가려졌다가 죽음의 왕국 공간을 비추었다. 앙코르 와트의 모든 것은 심오한 우주와 종교의 상징이었다.

자야바르만 7세는 앙코르가 함락되었던 전쟁과 정치적 혼란이 끝날 무렵인

1181년에 크메르 왕위를 계승하였다. 군인이자 경건한 불교 승려이었던 자야바르만 7세는 다양한 기념비적 건축물을 건설하였다. 대표적인 사례가 12.8킬로미터의 외곽 성벽과 악어가 서식하는 162미터 폭의 해자를 갖춘 앙코르 톰(Ankor Tom)이라는 새로운 수도이다. 이곳은 다른 사례와 마찬가지로 성스러운 세상으로 이해되는 산악과 바다의 경계 공간을 상징한다. 앙코르 톰은 단순한 영묘가 아니라 신성 공간으로 설계된 완전한 도시이다. 영지 안에는 신성한 세상을 표현하는 석조 건축물이 세워졌으며, 문의 입구에 있는 석벽에는 천상과 지하의 신이 뱀 위에서 벌이는 서사시적인 전쟁이 묘사되어 있다. 뱀의 몸통은 길게 뻗어 중앙 신전의 산 바이욘(Bayon)(그림 13.5)까지 이어진다. 이 전쟁 장면은 고대 신화를 묘사한 것이며, 신과 악마가 불멸의 액체를 뽑아내기 위하여, 대양을 휘젓는 광경을 연출하고 있다. 우주의 뱀인 바수키(Vasuki)는 밧줄이며, 메루 산은 휘젓는 막대기로 사용되었다. 머리 셋 달린 위대한 코끼리가 문의 측면에 묘사되었고, 거대한 부처 얼굴 네 개가 현관 위에 설치된 거대한 탑을 장식하였다.

저우다관(周達觀)이라는 이름의 중국 관리가 1296년 8월과 1297년 8월 사이에 사절단의 일원으로 앙코르를 방문하였다. 사절단은 메콩 강을 거슬러 노 젓는 배로 톤레 삽을 횡단하여 앙코르로 갔는데, 그곳에서 바이욘 '금탑'과 왕궁을 보고 경탄하였다. 앙코르는 거대한 시장을 갖춘 국제적인 도시로, 값진 금속기물, 비단, 도자기 그리고 모든 종류의 수입품을 구매할 수 있었다. 낮은 신분의 하인과 노예로서 힘든 고역의 거친 삶을 견뎌야 하는 수천 명의 사람이 왕궁 근처에서 살았다. 앙코르는 거창한 전시와 만인을 향한 장관의 연출에 몰두한 사회였다(기록 13.2).

앙코르 톰의 대광장은 의례와 경연, 그리고 대규모 군대 사열이 이루어지는 장소였다. 동물과 왕이 뱀과 물고기가 있는 바다 위로 행렬을 이루며 걸어가는 부조는 광장으로 이어져, 넓은 공간을 내려다보는 위치에 있다. 코끼리의 부조가 360미터 이상 연결된 긴 벽에 새겨졌다. 탑은 부처를 표현한 것으로, 적들을 혼란시키기 위하여 자신을 기적과 같이 과장한 것으로 보인다. 외부를 둘러싼 물고기 조각은 바다 아래의 세상을 뜻하며, 바이욘이 신의 발상지임을 의미한다. 바이욘의 탑 50개 하나하나 왕위를 계승한 지 4년이 지난 1113년, 수르야바르만 2세는 주요 업적이 될 건설사업에 착수하였다. 그것은 세상에서 가장 큰 신전으로, 아름다움, 경이 그리고 위엄으로 가득 찬 장관을 연출하였다. 앙코르 와트는 전체 면적이 1,500×1,200미터로, 중심 구역은 넓이가 215×186미터, 높이는 60미터 이상으로 나무 숲 위로 솟아올랐다(그림 13.2). 수메르의 가장 큰 지구라트보다 훨씬 크고, 모헨조다로의 성곽을 촌락의 신전으로 격하시킬 만큼의 규모였다.

앙코르 와트로 들어가기 위해서는 신화상에 나오는 여러 개의 머리를 가진 뱀(그림 13.3)으로 장식된 난간을 갖춘 150미터 길이의 포장도로를 지나서, 탑이 딸린 회랑 입구를 지나야 한다. 도로는 십자 모양의 테라스로 이어지는데, 그 뒤에 평면 장방형의 인상적인 삼층 기단의 탑이 있고 그 중앙에는 탑군 다섯 개가 자리잡고 있다. 각각에는 우뚝 솟은 작은 첨탑이 있어 멀리서 보면, 거대한 연꽃 봉오리 같이 보인다. 포장도로는 180미터 폭의 거대한 해자를 가로지르는데, 해자는 전체 길이 6.4킬로미터의 석재 성벽을 둘러싸고 있다. 성벽은 2센티미터를 넘지 않는 오차 범위 내에서 정교하게 건설되었다. 해자에는 수련, 야생 난초 그리고 여러 화려한 꽃들이 수면에 떠 있어 지금도 아름답다. 앙코르 와트는 세 개의 높이와 면적이 다른 거창한 광장으로 구성되어 있다. 중앙의 여러 개의 방과 긴 개방 회랑은 주변의 각 광장으로 뻗쳐 있다. 각 광장은 이중 기둥으로 조성된 화랑으로 둘러싸였는데, 모서리의 탑, 부속건물, 계단 그리고 다른 구조물들이 각각의 테라스에 설치되어 있다.

가장 높은 지점에 있는 중앙 탑은 여러 개의 기둥으로 이루어진 누각과 회랑으로 연결되어 있는데, 이 구역에는 네 개의 포장된 안뜰이 구획되어 있다. 탑에는 창문이나 계단이 생략되었으며, 화려한 연꽃 봉오리 형상으로 마감되었다. 이처럼 유례없는 건축물의 모든 세부는 천상의 세계를 지상의 세계로 재창조하기 위한 것이었다(그림 13.4). 크메르는 잠부드비파(Jambudvipa)라고 알려진 중앙 대륙과 그 중심에 솟아오른 우주 산인 메루로 세상이 구성되어 있다고 믿었다. 신들은 메루 산의 정상에서 살았는데, 앙

그림 13.2 힌두교 우주를 재현한 앙코르 와트를 공중에서 본 모습

코르 와트의 가장 높은 탑이 이를 표현했다. 나머지 네 개의 탑은 메루의 낮은 봉우리를 나타내는데, 각 구역의 성벽은 세계의 가장자리에 있는 산들을 의미하며, 둘레의 해자는 그 너머의 바다를 묘사한 것이다. 앙코르 와트는 우주를 보호하는 힌두신 비슈누(Vishnu)를 기념하기 위하여, 재창조한 크메르의 가장 야심찬 시도라고 할 수 있다. 크메르 만달라의 최종 성과물인 앙코르 와트는 창조자 시바와 우주의 수호자 비슈누뿐만 아니라, 땅을 만든 브라마(Brahma)를 모시고 있다. 앙코르 와트의 모든 것은 비용, 시간 그리고 노동력에 구애받지 않고 넉넉한 규모로 세워졌다.

앙코르 와트의 부조에는 수르야바르만이 정교한 왕관을 쓰고 가슴에 장식을 단 채로 나무 왕좌에 앉아 있는 모습이 새겨져 있다. 그는 충성을 맹세하는 고위관리를 맞이하고 있다. 이어서 왕은 고위 신관과 신하의 수행을 받으며 코끼리에 탄 채 언덕을 내려가며 행진한다. 조정의 신하도 귀족 부인과 함께 들것을 타고 숲을 가로질러 따라갔으며, 중무장한 병사가 수행하였다. 전쟁 장면과 천상 처녀를 묘사한 부조는 앙코르 와트 여기저기에 산재해 있다. 가슴을 드러낸 감각적이고 가녀린 무용수는 풍성한 옷감으로 만든 치마를 입고 있다. 꽃이 있는 배경, 행동에서 느껴지는 미묘한 리듬, 보석 목걸이와 관은 사후에 왕에게 약속한 천국의 기쁨을 보여주는 것이다. 또한 비문에는 악행을 한 자에게 내려지는 끔찍한 처벌에 대해서도 기술되어 있다.

앙코르 와트는 0.435미터에 상당하는 하트(hat)라고 알려진 크메르의 측량단위를 사용하여 건설되었다. 신전 중앙 건축물의 길이와 폭은 365.37하트로 측량되며, 포장도로의 장축 거리는 힌두 시간으로 네 개의 시기와 일치한다. 춘분에 서쪽 입구의 정면에 서 있으면, 태양이 중앙 연꽃 탑으로 바로 떠오르는 광경을 볼 수 있다. 수르야바르만은 생애 동안 성스러운 군주로서 신과 의사소통하는 장소로 앙코르 와트를 이용하였다. 그가 죽자 유품은 중앙탑에 안치되었는데, 이로써 그의 영혼은 성스러운 이미지가 되었고 왕실의 조상과 접촉할 수 있었다. 불멸의 통치자가 우주의 주인인 비슈누와 하나가 된 것이다.

그림 13.3 앙코르 와트의 포장 도로

그림 13.4 앙코르 와트의 무용하는 소녀. 압살라(Apsaras) 부조의 세부 모습(파리 기메 아시아미술관)

그림 13.5 앙코르 톰의 바이욘. 자야바르만 7세의 신전 묘역

가 자야바르만이 다스리는 영역의 한 지점을 상징하는 것일 수도 있다. 각각은 또한 지상에 살아 있는 신인 자야바르만의 모습을 상징한 것으로도 보인다. 탑들은 사방을 응시하고 있다.

자야바르만의 건축물에 대한 열정은 수도 외부까지 확대되었다. 그는 거대한 저수지를 앙코르 내외부에 건설하여 더 많은 땅이 경작될 수 있도록 하였다. 가까운 친척은 장제 신전을 받았다. 왕은 영빈관과 병원을 짓도록 명령하였는데, 영빈관은 앙코르에서 바깥으로 나가는 도로를 따라 15킬로미터 떨어진 곳에 있었다. 앙코르를 북서쪽으로 225킬로미터 떨어진 다른 중심지 반테이 츄마르(Banteay Chmar)와 연결하기 위하여 거대한 수로 위에 다리를 건설하였다.

저우다관(周達觀)이 앙코르를 방문하다

중국은 크메르 왕국과 광범위하게 교역하였다. 금, 은, 비단, 도자기 그리고 기타 상품들을 수출하고 다양한 열대 산물을 수입하였다. 중국은 캄보디아를 '야만인'으로 여겼으나, 많은 선원이 이주하여 그곳에 정착하였으며, "옷을 입을 필요도 없고… 쌀은 쉽게 얻을 수 있다. 여성은 순응적이며 집은 쉽게 관리할 수 있고 거래도 쉽게 이루어졌다."라며 기뻐하는 기록을 남겼다.

저우다관은 1296~1297년에 앙코르의 크메르 왕궁에 사신으로 파견된 중국 외교관으로, 그곳에서 거의 1년을 지냈다. 유명한 『캄보디아의 관습』은 중국에 돌아오자마자 기록한 것으로, 전성기의 크메르 문명에 대하여 생생하게 묘사하고 있다. 그는 앙코르 톰을 둘레 8킬로미터의 성벽으로 둘러싸이고 완전한 방형을 이룬 도시라고 서술하였다. 거대한 영역의 중심에는 바이온의 '황금탑'이 서 있으며, "12개 이상의 작은 탑과 수백 개의 석실이 부속되어 있었다."라고 했다. 그는 "이것들이 '캄보디아는 부유하고 고귀하다.'라고 외국 상인들이 말하는 기념비적 건축물이다."라고 부언하였다.

사신은 긴 열주를 따라 '조화로운 관계로 짜여진' 개방된 방을 갖춘 왕궁을 방문하였다. "내가 왕궁에 들어가는 것을 허락받고 알현할 때마다, 왕은 왕비와 함께 나와 알현실의 순금 창문이 달려 있는 입구의 의자에 앉았다. 왕궁의 여성들은 창문 아래에 있는 베란다의 양편에 줄지어 서서 우리를 잘 보려고 때때로 자리를 움직였다." 정교한 타일 지붕을 갖춘 왕궁은 초가지붕인 초라한 평민의 가옥과는 달랐다. 평민에게는 타일 지붕을 건축하는 것이 금지되어 있었다. 공식 행사에서 고위 관료가 사용할 수 있는 휘장과 거느릴 수 있는 많은 시종은 세밀하게 규제되었다. 단지 가장 높은 자만이 금으로 틀을 만들고 금 손잡이가 달린 네 개의 양산이 있는 가마를 탈 수 있었다.

크메르에서의 생활은 계속되는 일련의 정교한 축제를 통하여 살펴볼 수 있었다. 신년에는 대형 제단이 왕궁의 정면에 세워지고 등불과 꽃으로 장식된다. 2주 동안 화려한 불꽃놀이가 밤하늘을 밝히며 진행되었는데, 이에 따른 재원은 고위 관리가 부담하였다. "선회포(旋回砲)만큼 커다란 폭죽은 터질 때마다 도시 전체가 흔들렸다." 저우다관은 캄보디아인이 어떻게 1년에 3모작 또는 4모작을 할 수 있었는지 그리고 어떻게 톤레 삽의 물을 관개하였는지, 그리고 그곳에 있는 물소와 많은 종류의 채소, 풍부한 물고기에 대하여 기술하였다.

앙코르의 모든 행사는 군주를 중심으로 움직였는데, 그는 왕실의 영역 밖으로 거의 나오지 않았다. 영역의 밖으로 나올 때면, 그는 철저한 경호를 받았다. 그가 공식적인 행사에 모습을 드러내는 때는 병사들이 선도하는 근엄한 행렬 속에서였다. 이때 '기와 깃발, 음악', '머리에 꽃을 꽂고 손에는 촛불을 든 화려한 의상을 한 왕궁 시녀들'이 따로 줄지어 따라갔다. 왕의 호위무사는 완전무장한 채로 '염소와 말이 끄는 황금으로 장식된 전차'를 타고 뒤를 따랐다. 성스러운 양산을 든 자가 코끼리를 탄 고위 귀족 앞에서 행진하였다. "드디어 국왕이 코끼리 위에 곧추서서 성스러운 검을 손에 쥐고 나타났다." 금제 양산대를 갖춘 20개의 백색 양산을 든 사람들이 상아를 금으로 칠한 코끼리를 수행하였다. 코끼리 주변은 호위무사로 밀착 경호되었으며, 왕이 지나갈 때 모든 사람은 행렬 진행요원들의 감시를 받으며 무릎을 꿇고 이마를 땅에 대었다.

크메르 국가는 화려하면서 가혹할 만큼의 엄격함과 종교적 열성으로 질서를 유지하였다. 그러나 최고 통치자는 군사를 제대로 갖추지 않고는 대중 앞에 나설 수 없었다. 전제적 국가에 파견 나온 저우다관도 "비록 야만인이기는 하나, 이 사람들은 군주에게 요구되는 것이 무엇인지 알고 있다."고 기록하였다.

앙코르 톰 안팎에는 백만 명의 사람이 살았다고 전해진다. 왕의 아버지에게 바쳐진 한 신전은 적어도 430개의 조각상이 있었으며, 더 넓은 구역에는 2만 점 이상의 금, 은, 청동 그리고 돌로 만들어진 조각상이 있었다. 부처 어머니의 모습으로 묘사된 왕의 어머니에게 바쳐진 타 프롬(Ta Prohm) 신전의 명문에는, 13,500개 촌락에 사는 306,372명 사람들이 신전에서 일하면서 1년에 38,000톤의 쌀을 소비하였다고 기록되어 있다. 타 프롬에서 가까운 신전의 명문에는 18명의 고위 신관, 2,740명의 관리, 615명의 여성 무용수, 그리고 '신에 봉사하는 남성과 여성' 66,625명에 대한 명단이 기록되었다. 신전에는 금과 은제 접시, 수천 점의 진주, 876점의 중국제 장막 그리고 2,387점의 조각용 의상이 있었다.

종교적 유토피아

이 모든 왕실 건축은 왕과 그의 추종자를 지지하기 위한 목적으로 설계된 것이다. 또한 완벽하게 갖추어진 병원과 여행자의 휴식처를 건설하여, 보다 더 큰 신망을 얻으려 하였다. 자야바르만의 건축 사업은 절대적으로 구심적인 역할을 하는 종교적 유토피아를 실현하여, 모든 생산물, 모든 개인 노동 그리고 모든 생각이 우주의 허브와 그것을 향유하는 왕을 미화하기 위함이다. 이에 필요한 재원은 왕에게 유입된 재화와, 수확물과 생산품에 대한 조세를 통해서 충당하였다. 또한 사람들은 국가에 대한 노역 의무로서 방어 성벽을 쌓고, 신전을 지었으며 저수지를 조성하였다. 지방 관청이 아닌 중앙 궁정에서 모든 조세를 감독한바 모든 것은 크메르 사회의 정점에 있는 신과 왕을 위한 것이었다. 친척과 다른 귀족 가문들은 왕을 섬겼으며, 그들의 서열은 정교한 왕실의 보호 시스템과, 예를 들어 가마와 우산을 든 시종의 형태로 표현된 상징으로 결정되었다. 최고의 성직과 같은 중요한 업무의 승계는 종종 세습되었다. 소수 고위 귀족 집단이 토지소유권을 장악하고 속주가 부담할 공물을 배정하였으며, 때로는 수십 개의 취락을 주요 신전에 예속시켜 식량과 노동력을 제공하도록 하였다. 상비군과 수군이 치안을 유지하였고 지역의 반란을 제압하였다. 크메르의 코끼리는 인접세력과의 전쟁에서 주요 전술 수단이었다.

모든 노동과 원자재 상품은 중심 권력을 향해 흘러들어 갔으며, 결국 문명의 중심에 있는 자들의 이득이 되었다. 앙코르는 물질과 정신 양면에서 완성을 위해 애쓰는 궁정 사회의 중심이었다. 왕은 대를 이어 위엄 있는 건축물들을 건설하였고, 거대한 저수지를 비롯한 관개시설을 통제하였다. 그로 인해 불확실한 강수량을 극복하였으며, 수천 명이 성스러운 영토의 원형이라고 할 수 있는 만달라의 완성을 지속할 수 있도록 보장하였다.

주요 귀족 가문에게 특혜를 주고 그들을 성공적으로 보호해야 통치자의 권력이 유지된다면, 그 사회에서 번영과 안정에 대한 생각은 환상에 지나지 않는다. 관료를 지명하여 국가를 운영하는 경우, 관료조직은 안정적으로 유지될 수 없다. 왕은 비를 내리게 하기 위하여 신을 중재하며, 갈등을 조정하고, 신하들에게 부를 분배하는 데 풍부한 토지자원을 활용한다. 그는 만달라로 표현되는 원의 한가운데에 앉아 있으며, 국경은 외곽 속지를 지배하는 충성스러운 귀족이 있어야 통제될 수 있다. 크메르의 왕은 앙코르라는 중심을 장악함으로써 권력의 지배를 유지하였다. 그러므로 중앙행정조직이 약해지면 왕국은 지역 세력으로 분할될 수밖에 없다.

붕괴

자야바르만 7세에 의해 불교는 강한 기반을 갖추었다. 그러나 소승불교, 즉 평등을 설법하는 탈권위적인 불교가 대중화될 때까지 종교적 분열은 지속되었다. 소승불교는 전통적 왕권의 개념과는 어울리지 않았으며, 따라서 건축 활동은 뜸해졌다. 전쟁은 전염병처럼 번져나갔다. 1430~1431년에 앙코르는 오랜 포위 끝에 태국에 함락되었으며, 결국 위대한 국가는 붕괴하였다.

13세기 말에 말레이 해협을 통하는 전략적인 무역로가 이슬람의 통제에 들어가 새로운 국제 무역의 장이 시작되었다. 해협의 북쪽 해안에 위치한 멜라카(Melaka)가 거점 항구이면서, 막강한 요새로 등장한 것이다. 신성 왕권의 개념에 근거한 인도식 국가 경영 방식이 수세기 동안 지속되었음에도, 왕국의 다른 지방과 도서지역의 항구에서는 종교적 평등주의의 메시지를 전하는 새로운 종교가 수용되었다. 3세기가 지나기 전에 자바 내륙의 통치자는 아마도 속민들을 통제할 목적으로 이슬람교를 받아들이는데, 그들은 새로운 종교를 크게 환영하였다. 포르투갈이 1519년 멜라카에서 총포로 무장한 선박을 타고 도착할 때까지, 이슬람교와 무역상품은 동남아시아의 도서지역에 전달되었다.

크메르 국가는 문화적 과정과 유능한 개인이 결합하여 강력하면서도 변동성이 강한 국가의 출현이 어떻게 가능한지를 보여주는 고전적인 사례이다. 그렇지만 이들 국가는 중앙뿐만 아니라 주변을 통제하는 문제에 지속적으로 직면했는데, 특히 지배력이 약화되거나 외부에서 위협적인 경쟁세력이 나타나는 시기에는 더욱 그러하였다.

요약

동남아시아 문명의 기원은 토착적이면서 동시에 외래적이었다. 서기전 1000년에 강력한 족장(군장)사회가 동손 문화가 번성한 베트남의 홍하 유역 사이에서 등장하였다. 그리스도 시대에 인도 상인은 힌두교와 불교를 동남아시아에 전파하였는데, 당시는 중국 군대가 홍하 지역을 정복한 시기이다. 동남아시아 국가는 인도의 국가경영 기술의 개념에 바탕을 두고 성스러운 동그라미인 만달라의 모델을 형성하였다. 1000년기 동안 만달라는 메콩 삼각주와 캄보디아의 톤레 삽 지역에서 발전과 퇴보를 반복하였다. 이들 국가 중 어느 것도 장기적인 안정을 누리지는 못하였지만, 8세기 후반과 9세기에 자야바르만 7세가 위대한 만달라를 만들었을 때 절정을 이루었다. 자야바르만은 인접 국가를 정복하며 거대한 왕국을 만들었고 신성한 왕권이라는 새로운 철학을 정착시켰는데, 그 후로 5세기 동안 지속되었다. 크메르의 정치적 권력은 신성한 왕이라는 개인에 집중되었다. 그는 군사적 수단의 활용과 관리의 신중한 임명을 통하고, 한편으로 신으로서 공물을 받고 토지의 소유권을 통제하며 재화와 노동을 조세로 징수하는 방법을 통하여 거대한 왕국을 지배하였다. 왕실 권력의 상징을 대표하는 것이 힌두 세계를 상징적으로 재현한 앙코르 와트와 같은 장묘 신전 유적이었다.

만달라는 고정된 영역이 없는 유연한 형태였는데, 구심점을 갖고 있기는 하지만 정치적으로 장기적인 안정은 거의 달성하지 못한다. 이슬람교는 1519년 포르투갈과 접촉하기 수세기 전에 동남아시아 내륙에 광범위하게 확산되었다.

KINGDOMS AND EMPIRES IN EAST ASIA

제14장 동아시아의 왕국과 제국(770 B.C.~A.D. 700)

중국의 최초 황제인 진시황제의 토용 장수. 중국 리산(驪山)에서
발견되었다.

"빠른 말과 느린 말이 장안(長安)에서 제(齊)까지 3,000리(900킬로미터)의 거리를 같이 출발하였다. 첫날 빠른 말은 193리를 달렸고, 이후 하루에 13리씩 속도를 높였다. 느린 말은 첫날 97리를 이동하였고 매일 0.5리씩 속도를 줄였다. 빠른 말이 제에 갔다 되돌아오는 길에 느린 말을 만났다. 마주친 것은 며칠째이며 각 말의 속도는 얼마인가?" 스승은 상단에 가부좌를 틀고 앉아 제자들이 문제와 씨름하는 것을 내려다보았다. 그들은 머리를 숙여 깊은 생각에 잠긴 채 붓에 먹을 묻혀 얇은 목판에 빠르게 계산하였다. 이는 어려운 문제였지만 곧 전국에서 시행될 대규모 과거를 치를 이 청년들에게는 절박한 문제였다. 만약 낙방한다면, 그들은 고향으로 돌아가 가업을 잇거나 지방 서기로서의 길을 걷게 될 것이다. 만약 성공한다면 한 제국의 고위관리가 되는 길이 열리고, 5천8백만 백성을 다스리는 역할 중 한 몫을 할 기회를 갖는다.

한 제국은 앞에서 기술한 바와 같이, 정교한 관료제를 만들어 수세기 동안 지속적으로 발전하여 전성기에 이르렀다. 서기전 1027년 상(제6장)의 멸망 이후 해체과정이 진행되었으며, 제후국들이 중심권력으로부터 자유로워지는 이른바 서주(西周, 1027~771 B.C.)시대가 시작되었다. 이어 계속되는 동주(東周, 770~221 B.C.) 시대에는 새로운 도시화, 제철 기술의 발달, 그리고 화폐 발명에 따른 상업의 활성화 등 중국 문명의 혁명적 발전이 이루어진다. 또한 이전에는 찾아볼 수 없는 규모의 전쟁이 발발하는 전국(戰國) 시대(458~221 B.C.)로 들어가면서, 동주 시대의 두 번째 시기가 시작된다. 이 시기는 후에 시황제, 즉 '첫 번째 황제'라는 뜻을 가진 명칭의 통치자에 의해 중국이 통일되면서 끝난다. 한 제국은 약 15년 뒤에 건국된다. 우리는 병마용(兵馬俑)으로 유명한 시황제의 유적들을 설명하기 전에, 동주 시기 중국 사회와 경제의 급격한 변화를 논의하면서 이 장을 시작하고자 한다. 그 다음 시기의 한 제국은 서한(西漢, 206 B.C.~A.D. 8)과 동한(東漢, A.D. 25~220) 두 단계로 구분된다. 이 장의 마무리에서는 5~7세기 동안에 이루어지는 한국과 일본의 초기국가 형성에 대하여 검토하고자 한다.

격동의 사회 : 동주 시대(770~221 B.C.)

도시화

우리는 제6장에서 상 시대에 초기도시 중심지가 발달하는 과정을 살펴보았는데, 메소포타미아 도시들과 다른 방식으로 전개되었음을 알게 되었다. 상의 도시들은 공방과 공예기술자들의 촌락이 지배층 구역의 주변을 에워싼 모습으로 자리잡고 있었던바, 이를 도시 클러스터라고 규정하였다. 대규모 주거구역은 조성되었지만 행정과 상업시설이 갖추어지지 않았기 때문에 진정한 도시가 아니라고 주장하기도 한다. 우리가 선호하는 도시화의 정의대로라면, 중국에서 첫 번째 도시는 동주 시대에 나타났다고 할 수 있다.

역사적 문헌에 나타나는 동주의 도시들은 수백 곳이지만 고고학적으로 조사된 것은 40곳 미만이다. 서기전 8세기경 도시는 넓은 구역을 판축(夯土, hang tu)기법으로 축조한 방어 성벽의 안쪽에 조성되었지만, 거주인구는 상대적으로 많지 않았다. 거주구역은 일부에 한정되었고, 별도로 묘지 구역이 조성되었다. 토지공간에 대한 압박은 별로 없었다. 문헌기록과 고고학을 통하여 알 수 있는 바와 같이, 3세기 후 도시는 인구밀도가 높아져 수만 명 또는 수십만 명이 거주하는 지역이 되었다. 가장 큰 옌샤두(燕下都)의 인구는 31만 6천 명에 달하였다. 도시의 규모는 서주 시대의 것보다 컸다. 옌샤두나 한단(邯鄲)과 같은 국가 수도의 면적은 약 20제곱킬로미터에 달하였으며, 서주에서 가장 큰 도시의 두 배이고 성곽 안의 인구밀도는 더 높았다(그림 4.1). 국가의 수도는 동주 왕국을 지배하는 본거지로서, 지배층은 도시의 내부 또는 인근에 위치한 궁정에서 살았다. 이러한 궁정들은 고고학적으로 성토 기단 위에 건축하였다는 특징이 있다. 궁정도시의 개념은 독립적인 성벽을 갖추어, 도시의 일반 거주자들과 지배층 사이에 거리를 유지하기 위해 고안된 것이다. 이로 인해 사회적 거리감이 생겼다. 성토 기단의 복합군은 동주 시대의 후기 다른 도시들에서 확인되는데, 이는 궁정 복합단지가 지배층 가문이 아닌 사람들에 의해 조성되었는 바, 시간이 흐름에 따라 몇몇 국가들에서는 왕실의 권력이 약화되었다는 사실을 반영하는 것으로 추정된다.

동주의 도시는 상업과 수공업 양 측면에서 중요한 중심지였다. 서기전 5세기경부터 제철공방의 규모가 확대되었고 그 수도 증가하였다. 도시는 주요 시장을 통하여 농경에 필요한 철제 도구들을 인근 주민에게 원활히 공급하였던 것으로 보인다. 몇몇 도시에는 화폐 주조와 옥기와 골기의 공방을 갖추고 있었다. 이들은 상호 긴밀한 관계를 유지하면서 주변지역과 연계되었는데, 인구가 집중되고 상업과 수공업 그리고 정치적인 중심지 역할을 하는 진정한 도시들이었다.

제철
중국에서 처음으로 철을 생산한 것이 정확히 언제인지는 확실치 않다. 서기전 7세기

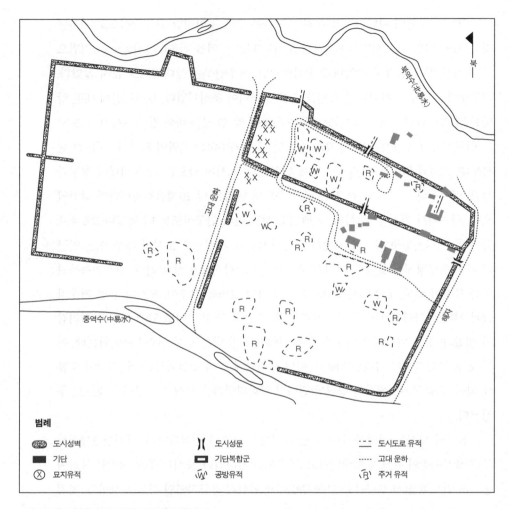

그림 14.1 옌사두에 있는 동주의 도시 평면도

라고 주장하기도 했지만, 최근에는 최소한 서기전 500년경에 중국의 오, 특히 그 남부에서 제철이 활발하게 진행되었다는 데 의견이 일치되고 있다. 중국의 제철은 서아시아나 지중해보다 수세기 늦게 발달하였지만, 외부에서 야금술이 유입되었다고 주장할 만한 근거는 없다. 중국은 철 함유량이 높은 청동기를 일찍이 생산할 수 있는 야

금술을 갖추고 있었다. 더욱이 중국 제철기술자들은 서구의 기술자들과는 상당히 다른 방식을 사용했다. 서양에서는 탄소를 첨가하지 않고 녹여서 스펀지와 같은 '괴련철'을 만들었는데, 이것에 (단조라고 불리는 과정으로) 가열단타를 반복하여 철기를 만들었다. 이와 달리 중국에서는 철이 녹는 과정에 숯을 넣는 방법으로 탄소를 추가하였다. 이로 인해 철의 용융점이 낮아지고, 스펀지 괴련철이 아닌 선철이 생산되었다. 이 선철을 청동과 동일한 방법으로 주물에 부어 철제품을 생산하였다. 몇 세기 후에는 철에 넣는 탄소량을 조절하는 방법을 발견하였고, 서양에서 중세 후기까지 사용된 어떤 것보다 우월하고 유연한 철제품을 생산할 수 있게 되었다.

철은 청동보다 저렴하고 확보가 용이하며, 주조가 가능하여 철제 농기구를 대량으로 만들 수도 있었다. 경쟁력을 높이려는 동주의 국가들이 농업 생산량과 인구 규모 모두를 증가시키는 방편으로, 농업 발전을 도모하는 데 이를 적극 활용하였다. 대규모 제철 시설들은 숯을 만들 나무가 풍부해야 했기 때문에, 삼림 지역 주변에 위치하였다. 북쪽의 연(燕)은 특히 철제 농공구와 무기를 대량 생산하였다. 청동은 독특한 동종 세트를 비롯한 의례용 및 장식용 기기에 계속 사용되었다. 당시의 주요 구리 광산이 있던 중원 동부의 통루산(銅綠山)에서 목재 서까래와 기둥으로 지탱된 구덩이와 통로가 발견되었다. 이 광산들은 서기전 1000년기 후반에 중국에서 금속 산업의 중요성이 제고되었음을 증명한다.

화폐 주조와 상업

주화는 중국에서 서기전 7~6세기경 처음으로 만들었다. 서기전 400년경 대부분의 동주 왕국들은 자신만의 주조기관을 운영했다. 초기의 주화는 조형이 확인되는데, 중국 중부에서는 칼 모양, 동쪽의 산둥 반도에서는 작은 가래 모양이었다. 모두 청동제의 거래 수단으로 실제로 사용되었다(같은 시기에 서아시아와 지중해의 초기 주화가 금과 은으로 만들어지고, 일상적인 용도로 사용되지 않은 것과 비교된다). 가래와 칼 모양의 주화는 단조가 아닌 주조 과정을 통하여 만들어졌으며, 제작된 국가와 도시가 명시되어 있다(그림 14.2).

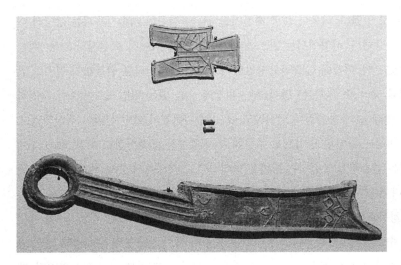

그림 14.2 전국 시대의 가래와 칼 모양 청동 주화

가운데 방형의 구멍이 뚫려 있는 원형 주화는 동주의 마지막 시기에 나타난다. 이는 진이 채택한 형태로, 이 주화를 사용한 통치자는 중국을 통일하였고 서기전 221년에 첫 번째 황제가 되었다. 진의 황제는 중국 전역에서 사용될 수 있는 표준형 원형 주화를 만들었으며, 근대에 이르기까지 그 모양으로 통용되었다.

전국 시대

중국의 주화 제작은 교역과 상업을 촉진시켰으며, 물물교환의 부담을 덜어 주었다. 주목해야 할 점은 이로 인해 통치자가 왕국으로부터 수익을 얻는 것이 용이해졌다는 것이다.

서기전 771년 서주 시대가 끝날 무렵, 주나라의 통치자는 수도를 치산에서 뤄양으로 천도하였다. 당시 영토에 대한 군주의 권한은 명목에 불과할 뿐이었다. 대신 실제 권력은 130개 이상의 개별적인 크고 작은 국가의 손으로 넘어갔으며, 그들의 상당수는 서로 동맹을 맺었다. 이후 5세기 동안 전쟁과 합병이 만연하였다는 것은 별로 놀라운 일이 아니다. 이른바 춘추(春秋) 시대(770~458 B.C.)의 초기에는 이후와 비교하여 전쟁의 규모가 작았다. 특히 몇 대의 전차를 보유함으로써 얻는 우월성만으로도 양측이 대치한 전장에서 적을 압도할 수 있었다.

전쟁의 성격은 전국 시대에 크게 바뀌었다. 춘추 시대의 전쟁은 독립국가의 수를 22개까지 줄였다. 서기전 5세기경 인구가 증가하고 철제 무기가 대량 생산되자, 전쟁의 성격에 변화가 일어났다. 당시 군대는 수만 명에 달하였다. 전차는 기병과 거대해진 보병 부대로 인해, 전투 수단으로서의 가치가 감소하여 대부분 활용되지 않았다. 철제 검이 사용되기 시작하였고, 때로는 칼자루에 양질의 옥이 장식되기도 하였다. 가장 흥미로운 무기의 혁신은 중국에서 발명된 석궁인데, 이를 이용하면 일반 활보다 상당히 빠른 속도와 위력으로 화살을 쏠 수 있었다.

석궁은 당시 성벽을 가진 도시들을 방어하는 데 특히 적합하였다. 또한 독립된 왕국 사이에 성벽을 건설하여 북쪽 국경의 기마 유목민을 비롯한 적의 공격에 대처하였다. 국가 간의 장거리 성벽은 동주 국가들이 엄청난 규모의 재원 조달이 가능하였고 중앙집권화되어 있음을 잘 보여주고 있다. 위(魏)나라는 햇볕에 말린 벽돌로 성벽을 쌓았으며, 제나라는 부분적으로는 돌이지만 대부분은 흙을 다져 성벽을 축조하였다. 재료가 무엇이든 간에 성벽들을 통하여 많은 왕국들이 관료제를 효율적으로 운용하였다는 사실을 확신할 수 있다.

이러한 정교한 대비책에도 성벽이 국가를 방어하는 성공적인 수단이 되지 못하였다. 서기전 300년경에 남아 있는 국가는 단지 진(秦), 조(趙), 위, 한(韓), 초(楚) 다섯 개와 아직까지 다른 국가에 대하여 명목적인 군주권을 갖고 있는 주에 불과하였다. 서기전 260년에 진의 통치자가 전쟁을 통하여 40만 명의 포로를 학살하면서, 강력한 경쟁국인 조를 패배시켰다. 진은 조뿐만 아니라 주, 위, 한 그리고 초까지 정복함으로써 전쟁을 매듭지었다. 서기전 221년 이들 땅을 단독으로 통치하면서, 그는 자신을 통일 중국의 '첫 번째 황제'라는 의미에서 진시황제라고 공식적으로 선언하였다.

중국 최초의 제국(221~206 B.C.)

진시황제(221~210 B.C.)

지금의 산시(陝西)성 수도인 시안(西安)에서 동쪽으로 40킬로미터 떨어진 지점에 관개시설을 이용하여 곡물과 채소가 재배되고 있는 들판 한가운데 50미터 높이의 거대한 무덤이 솟아 있다. 두 개의 거대한 장방형 성곽이 이중으로 조성되어 있는데, 바깥 넓이가 2제곱킬로미터이다. 외부와 내부의 성벽 사이에는 죽은 통치자의 무덤을 돌보는 경비원과 시종, 첩들이 지키는 '침소용 궁'이 자리잡고 있다. 전설에 따르면 70만 명의 죄수가 무덤단지를 완성하기 위하여 동원되었다고 한다. 또한 무덤 내부의 방들을 설계하고 축조한 장인들은 비밀을 유지하기 위하여 살해되었다고 한다. 이러한 방비책에도 무덤 방에 대한 소문은 밖으로 새어나갔다. 이 무덤 방 주변에는 혹 들어올지도 모를 도굴꾼을 막기 위하여 수은 강을 만들었고, 무덤 방에는 석궁이 설치된 함정이 있다고 한다. 아마도 이 무덤은 중국에서 세워진 것 중 가장 큰 것으로 추정되며, 아직까지도 전체가 다 발굴되지 못하였다(그림 14.3).

이 무덤은 중국의 첫 번째 황제인 시황제의 안식처이다. 전국 시대 마지막 경쟁국을 무너뜨린 직후인 서기전 221년에 시작되어 서기전 210년 시황제 사후 후계자가 된 아들에 의해 완성되었다. 무덤 보안 장치의 세부사항을 지키기 위하여 장인들을 죽이라고 결정한 자가 바로 이 후계자이다. 우리는 이러한 내용을 후대 중국학자들의 저서를 통하여 알고 있다. 오랫동안 허구로만 여겨졌던 토용 군대가 시황제의 무덤설계에 대한 직접적인 증거로, 1974년 햇빛을 보았다. 어떤 위험이 있는지도 모른 채, 무덤 구역의 동쪽에서 거대한 구덩이 네 개를 파고 발굴을 시작하였다. 가장 큰 1호갱에서는 3,210개의 실물 크기의 진나라 군사의 테라코타 조각이 발굴되었는데, 현지주민이 근처에서 우물을 파다가 발견했다. 구덩이 자체는 210×60미터의 넓이로, 토용 군사들은 11개의 행렬을 이루며 한 행렬은 4열 종대로 조성되었다. 몇 사례는 동판 또는 철판으로 만들어진 갑옷을 입고 있었으며, 비록 서기전 206년에 반란군에 의해 약탈되어 지금은 볼 수 없지만, 처음에는 모두 청동 창끝이 달린 긴 창을

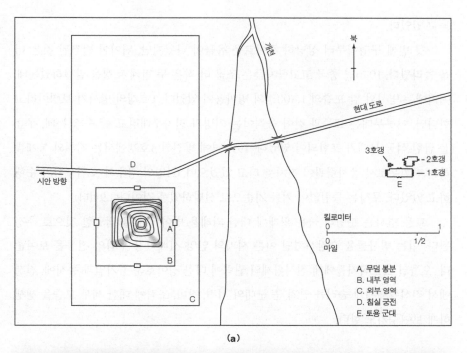

(a)

북

개천

현대 도로

3호갱
2호갱
1호갱
E

시안 방향

D

A

B

C

킬로미터
0
1

마일
0
1/2

A. 무덤 봉분
B. 내부 영역
C. 외부 영역
D. 침실 궁전
E. 토용 군대

(b)

그림 14.3 진시황제의 무덤. (a) 무덤 단지의 평면도, (b) 1호갱의 발굴 모습과 줄지어 있는 토용 병사

들고 있었다.

첫 번째 구덩이부터 상당히 경이로운 유물이 나왔지만, 뒤이어 발견된 것은 더욱 놀라웠다. 1976년 중국 고고학자들은 조금 더 작은 두 번째 토갱을 발견하였는데, 여기에는 병사와 말 모습의 1,400점의 병마용이 있었다. 1호갱의 병사가 보병이라고 한다면, 이곳부대는 그들과 같이 움직이는 기병과 전차부대라고 할 수 있는데, 무릎을 굽힌 석궁 부대가 포함되어 있었다. 1977년에 발견된 3호갱에서는 지휘와 통제를 하는 지휘부로서 총사령관이 전차를 타고 있었으며, 64명의 장수와 호위무사가 수행하고 있었다. 무사는 틀림없이 키를 기준으로 선발하였을 것이다(1.9미터).

토용 병사는 분명히 죽은 황제에 대한 의례용 방어 역할을 담당한 것으로 추정된다. 이는 병사들을 순장시켰던 이른 시기의 안양 시베이강 무덤의 전통을 보여준다. 오늘날 고고학자들에게 진시황제의 권력에 대한 경이로운 증거임과 동시에, 전쟁에서 진시황제에게 승리를 안겨 준 군대의 성격, 장비, 조직에 대한 세부 모습을 생생하게 보여주기도 한다.

진 제국

시황제의 성공은 전장에서 다져진 강력한 군대와 더불어 행정관료의 혁신에 기반을 두고 있다. 이전의 통치자는 정복된 영토를 종속 군주의 통제하에 존속시킨 봉건제 지배방식을 택하였다. 시황제는 이러한 전통을 없애고, 왕국을 대략 같은 크기의 속주로 분할하여 총괄적으로 책임을 지는 총독을 파견하여 지배하였다. 이로써 중앙집권적 제국의 행정제도가 만들어졌는데, 정복된 영토에 설치된 새로운 속주의 행정적 중심지를 군(郡)이라고 불렀다.

시황제는 자신의 조상과 진의 통치자에 관한 것을 제외한 모든 정치와 역사 서적을 불태워 중앙정부의 권력을 강화하고자 하였다. 이는 경쟁국가의 역사를 숨기고 새롭고 통일된 국가 이념을 구축하기 위한 것이었다. 그는 기존 왕국을 해체하고 여러 속주로 분할하였으며, 개별적인 과거의 기억을 없애려고 하였다. 17세기가 지나 멕시코 통치자 틀라카엘렐(Tlacaelel)도 아즈텍 제국을 건설할 때, 경쟁국의 역사를 숨기고 새로운 아즈텍의 지배를 뒷받침하는 전설을 만드는 비슷한 정책을 시행하였다(제16장).

황제는 영토를 통합하기 위하여 야심찬 도로 건설 계획을 추진하였다. 5개 도로가 제국의 수도인 셴양(咸陽)에서 시작되었으며, 각각에는 경찰 병력이 배치되고 우편취급기관이 들어섰다. 이 도로의 대부분은 15미터 폭으로 흙을 다져 건설하였다. 가장 긴 것은 남서 방향으로 윈난(雲南) 국경 지역까지 7,500킬로미터에 달한다. 원격지의 산악지역에서는 깎아지른 듯한 절벽에 나무기둥을 박아서 도로를 건설하였다. 이러한 노력에도 불구하고, 동한시대(A.D. 1세기)까지도 중국 남부의 일부는 제국의 통치 범위 밖에 있었다.

북쪽으로는 스텝지역 유목민의 습격에 대비하여 장성을 쌓았다. 이 장성은 오늘날 관광 홍보용 사진에서 볼 수 있는 것과 같은 석재 구조가 아니었다. 잘 알려진 오늘날의 장성은 이전 장성을 연장하여 축조한 구조물로, 16세기에 만주족으로부터 북경을 방어하기 위하여 지어진 것이다. 시황제의 장성에는 경이로운 측면과 다소 실망스러운 측면이 동시에 있었다. 실망스러운 측면은 주로 기존 방법에 따라 흙을 다져 햇볕에 말린 벽돌로 지었다는 것이고, 경이로운 측면은 길이가 엄청나다는 것이다. 동쪽으로는 한국 국경에서 서쪽으로는 갈등이 많은 오르도스 사막까지 언덕과 평원을 가로질러 5,000킬로미터 이상 뻗쳐 있었다. 대부분 서기전 4세기와 3세기에 북쪽 국경을 방어하기 위해, 이미 개별 왕국이 건설한 성벽을 하나로 연결시킨 것이지만, 그럼에도 이는 거대한 병참 사업이었음이 분명하다.

우리는 무자비하고 때로는 편집증적인 지배를 통하여 권력을 집중시킨 중국의 첫 번째 황제의 업적에 대하여, 어느 정도 상세히 기술하였다. 역사는 시황제를 미신을 믿는 폭군으로 기억하고 있으며, 왕조는 그가 죽은 뒤 오래지 않은 서기전 210년에 몰락하였다. 서기전 206년에 제국의 수도 셴양은 반란군에게 함락되었으며, 새로운 왕조 한이 통치권을 차지했다. 그들은 4세기 동안 중국을 지배하였다.

한 제국(206 B.C.~A.D. 220)

한 왕조의 지배자는 시황제가 구축한 정부의 조직과 기반시설을 그대로 인수하였다
(그림 14.4). 제국은 주로 군 제도로 지배되었는데, 각 군은 몇몇 왕실 구성원에게 위임
된 소규모의 제후 '왕국'이었다. 1971년 중국의 고고학자들은 제후 국가 중 하나인
창사(長沙) 왕국의 통치자 다이(軑) 귀족과 부인의 잘 보존된 무덤을 발굴하였다. 이
무덤이 만들어진 시기는 서기전 160년경으로 추정되는데, 초기 한 왕조의 화려한 궁
정 생활을 보여주는 증거이다(그림 14.5).

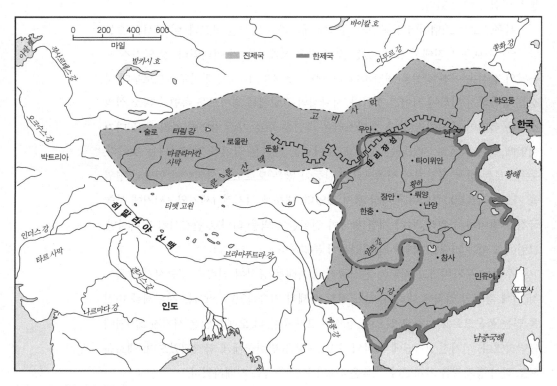

그림 14.4 진과 한의 제국 지도

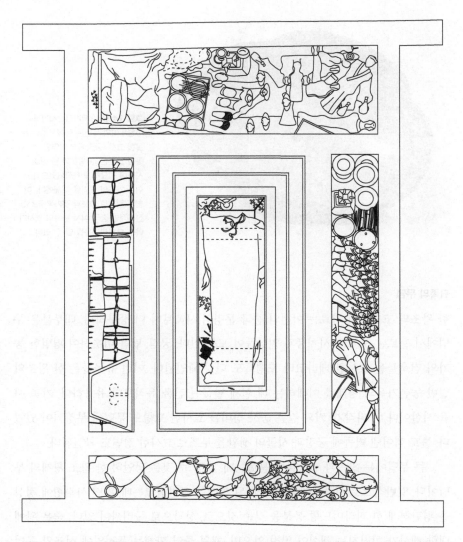

그림 14.5a 마왕두이(馬王堆) 무덤의 평면도. 중국 고고학자가 중앙 남부 중국의 마왕두이 1호 무덤을 발굴하였을 때 보존 상태는 이전 어느 것보다도 양호했다. 기록으로 볼 때 이 무덤의 주인공은 서기전 160년경 죽은 창사의 귀족 다이의 부인임을 알 수 있다. 목재로 만든 묘실은 숯과 백토층으로 덮여 있었으며 거의 완전하게 보존되어 있었다. 여성 신체의 피부는 그때까지도 부드러웠다. 이 여성은 담석에서 오는 강한 통증으로 심장마비를 일으켜 50세 전후에 죽었다. 주곽 둘레의 작은 부장칸에는 호화장식 비단, 옻칠 쟁반, 음식옹기, 화장도구 그리고 악기 모양의 작은 나무조각 등 값을 매길 수 없는 수백 개의 사치품이 부장되어 있었다. 가장 정교한 것은 해와 달, 전설적인 장면이 그려진 T자형 비단 의상이었다.

그림 14.5b 서기전 2세기경 마왕두이의 부인 무덤에서 출토된 옻칠 그릇. 중국에서 발명된 옻칠 그릇은 주 왕조와 한 왕조 시대에 정교하게 제작되었으며, 귀족 가문의 도기를 대체했다. 이 칠기를 통해 그릇과 젓가락을 쓰는 전통적인 중국 식사 관습의 역사가 아주 오래되었음을 알 수 있다.

귀족의 무덤

한 왕조의 고고학적 자료는 이전의 중국 문명의 사례보다 더 풍부하다. 대부분은 무덤에서 출토된 것으로, 사치품과 일상품이 모두 있다. 궁정, 탑을 비롯하여 평범한 농가의 건축물을 묘사한 테라코타 모형들도 다량 확인된다. 이런 유물들은 한 왕조의 일반 농촌가옥의 형태를 이해하는 데 실제 발굴된 건물 유적보다 유용하다. 가축 사육 시설이나 벼 타작기, 키와 같은 농사 장비를 묘사한 모형도 무덤에 부장되어 있었다. 틀로 찍어낸 벽돌에 궁정과 시골의 생활을 부조로 묘사한 장면도 확인된다.

큰 무덤에는 왕족과 귀족들이 묻혔는데, 가장 큰 것은 당연히 한 왕조 황제의 무덤이다. 일반적으로 시황제에 의해 구현된 형태를 모방하였는데, 평면 사각형에 정상을 평탄하게 한 피라미드형 봉분을 갖춘 것으로, 성곽으로 둘러싸여 있다. 죽은 왕에 대한 제사가 치러지는 재실이 딸려 있으며, 재위 중인 황제는 특정일에 선조의 무덤을 방문하였다. 봉분은 때때로 거대하여 가장 위대한 한의 황제인 무제(Wu Di, 武帝, 141~87 B.C.)의 경우 넓이는 230제곱미터에 높이는 46미터이다. 황제가 자신의 무덤을 조성하는 데 수입의 3분의 1을 투입하는 것이 일반적이었다. 황제의 묘역은 주로 수도인 장안(長安)의 북서쪽에 자리잡고 있다. 적어도 한 왕조 초기의 9명 이상이 이곳에 묻혔으며, 자신의 무덤 이외에도 배우자, 시종 그리고 신하들이 주변의 평지에 널리 묻혀 있었다. 당시 무덤은 산 자의 주거구역에 가깝게 자리잡았는데, (수천 명에 달하는) 그곳의 주민들은 왕실 묘역을 관리하고, 필요한 의례와 제례를 계속 수행해야하는 의무를 부담하고 있었다. 묘역의 전반적인 운영체계는 고대 이집트(제4장) 피라미드의 그것을 연상시킨다.

최근 수년간 중국 고고학자들이 발견한 사례에서 특이한 것 중 하나는 진시황제의 것과 유사한 병사 토용 세트로, 한 제국의 무덤에서 출토되었다. 서기전 2세기에 제작된 것으로 추정되는 한의 토용은 진의 것과 달라서, 높이가 겨우 60센티미터 정도에 불과하다. 가장 큰 토용군은 1990년에 발견된 것으로, 시안에서 북동쪽으로 50킬로미터 떨어진 곳의 유적지인 황제 경제(景帝 劉啓, 156~140 B.C.)와 그의 부인 왕(王)씨의 묘역에서 확인되었다. 수천 점의 토용 병사가 있는 토갱을 포함해 24개의 토갱이 발견되었는데, 어떤 곳은 토용 병사의 수가 시황제 무덤 근처에서 발견된 6천여 점보다 훨씬 많은 4만여 점이 묻혀 있는 것으로 추정되는 곳도 있다. 한 토갱에는 황소, 개, 양 그리고 돼지의 소조제품까지 매납되어 있다. 또 다른 토갱에는 잘 보존된 밀과 기장의 곡물창고를 지키는 일군의 토용 병사들이 묻혀 있다. 병사들은 자유자재로 다룰 수 있는 목제 무기와 함께, 철제 대도와 목제 석궁의 형태를 본딴 작은 모형 무기를 갖고 있다. 토용은 채색으로 장식되었으며, 비단옷을 입고 있었다.

한 제국의 황제 무덤 중 발굴된 사례가 없어, 지하 구조(와 무덤 내용)에 대한 정보를 얻기 위해서는 속주의 왕실무덤을 참조할 수밖에 없다. 가장 유명한 사례는 중국 동북부의 만청(滿城)현에 있는 중산왕(中山王) 류셩(劉勝, 113 B.C. 사망)의 것이다. 이 무덤은 견고한 바위 언덕을 50미터 깊이로 깎아 만든 토갱과 경사진 통로를 갖추었다. 통로는 설치될 장소에 직접 쇳물을 부어서 만든 철제문으로 닫혀 있다. 그 뒤 측면 감실에는 전차와 다른 장비들이 매납되어 있었다. 이들 너머 큰 토실이 있는데, 크기가 기와지붕을 갖춘 목조궁정을 수용할 정도로 충분하였다. 산속 깊숙한 곳에 흰색 대리석 문 뒤로 묘실이 조성되었다. 1968년 중국 고고학자가 마침내 이곳을 발굴하여 환상적인 모습의 류셩 왕의 수의를 마주하였다. 수의는 금테를 두른 2,498개의 얇은 옥판을 서로 꿰매어 만들었다. 류셍의 부인인 도우완(寶綰)도 같은 수의를 입었는데, 근처 바위를 깎아 만든 두 번째 무덤에서 발견되었다.

최근에 수저우(徐州) 근처의 베이동산(北洞山)에서 정교하게 조성된 또 다른 무덤이 발견되었다. 이 무덤도 언덕을 파서 만들었는데, 비록 오래전에 도굴되기는 했지만 건축적 관점에서 만청의 무덤보다 상당히 우수하다. 묘실로 연결되는 긴 통로의 한쪽에는 부엌, 창고와 석빙고, 화장실, 우물 그리고 음악과 춤을 연주할 수 있는 방들이 갖추어진 영접실이 있다. 석재를 잘라 정교하게 건축하였는데, 지붕에도 석판을 얹어 조성하였다. 석재에는 어떤 위치에 놓을 것인지를 알려 주는 숫자가 적힌 흔적이 있어 지금도 순서를 알 수 있을 정도이다. 통로의 한쪽 끝에 군주의 매장 공간이 있는데, 당시의 의례 규칙에 따라 몇 개의 방 전체를 진사로 붉게 칠하였다. 보다 더 주목되는 것은 수저우에서 무덤의 남쪽으로 10킬로미터 떨어진 곳에 발견된 500점 이상의 작은 토용 병사가 매납된 토갱 유구이다. 이 유구의 발견으로 황실 가문만이 사후에 자신들을 보호할 토용 군대를 제공받을 수 있었던 것은 아님이 밝혀졌다.

보다 최근에 발견된 것은 수저우의 한 무덤으로, 서기전 170년에 죽은 초나라의 세 번째 왕 류우(劉戊)의 것으로 확인되었다. 이 무덤도 산 깊숙이 갱도를 뚫어 조성했는데, 이곳에 부장유물들이 남아 있다. 그중에는 4천 개의 얇은 옥판으로 만든 수의와 금으로 장식된 허리띠 등도 있다. 후자는 아마도 중국 북쪽 국경 너머 멀리 있는 유목민족에게서 받은 선물일 것이다.

물론 이것들은 예외적인 발견에 속한다. 대부분의 한 제국 사람들은 매장을 할 때 부장품을 소량 넣거나 아예 넣지 않았다. 오직 부유한 자들만이 풍부한 부장품을 갖춰 묻힐 수 있었다.

경제와 정부조직

한 제국은 일찍이 인구 규모를 조사한 국가 중 하나이다. 서기 2년에 인구조사를 시행하여 총 12,233,062호의 가구수를 확인하고, 한의 인구가 총 5,800만 명 정도임이 밝혀졌다. 인구는 황허의 하류 유역에 집중되었는데, 같은 시기의 로마 제국과 비슷한 규모로 추정된다.

한 제국에 속하는 사람들은 대부분 농업으로 생계를 유지하는 소작농이었으나, 도시가 번창하여 제국 경관의 상당한 부분을 차지했다. 그 상당수가 인구가 밀집되어 있고 수공업, 상업의 중심지인 도시였다. 진 제국의 수도였던 셴양은 진 왕조를 멸망시킨 전란에 의해 약탈당하고 파괴되었기 때문에, 한은 수도를 새로이 웨이허(渭河) 건너 장안에 세웠다. 장안은 25만 명의 인구가 거주하는 당시 중국에서 가장 큰 도시였다. 장안은 6×7.65킬로미터의 면적에 직사각형의 격자 구획으로 조성되었다. 방어 성벽은 아랫부분의 폭이 16미터로 흙을 다져 만들었으며, 해자로 둘러싸여 있었다. 그리고 각 방향에 세 개씩 12개의 성문이 있었다. 서쪽 성벽의 외부에만 제국의 위락 정원을 갖추었는데, 정원 고유의 특별한 경관을 갖추고 진귀한 식물과 동물로 채워 놓았다. 성벽 안에는 궁정과 시장, 신전, 사당 그리고 거주구역과 공방이 있었다. 건물은 주로 목재와 기와로 지어졌기 때문에 (특별한 경우에만 벽돌로 지어졌다) 오늘날까지 남아 있는 것은 별로 없다. 주거구역이 얼마나 복잡하였는지를 당시의 상황을 기술한 내용을 보면 "빗의 살만큼이나 촘촘하였다"고 전한다. 부유한 가문은 수개 층의 건물에서 살았으며, 비단과 가죽옷을 입었고 좋은 말이 끄는 마차를 타고 수도의 길거리를 왕래하였다(유적 14.1).

한의 정부가 가진 주된 관심은 장안과 기타 주요 도시에 식량을 공급하는 일이었다. 서기전 55년에 6만 명의 군사가 4백만 석의 곡식을 수도로 운반하는 데 고용되었다. 어떤 장소에서는 대량 수송을 원활히 하기 위하여 운하가 건설되었다. 정기적으로 둑을 넘어 대규모의 비옥한 농경지를 황폐화시키는 황허를 다스릴 목적으로, 서기 1세기에 제방을 쌓고 운하를 파는 중요한 사업에 착수하였다. 사나운 강에 들인 이러한 노력은 충분한 이유가 있었지만, '중국의 슬픔'이라고 말할 정도로 고통스러운 것이었다.

한 시대 중 중국 남부는 철 매장량이 풍부하고 농업생산성이 높아, 북부보다 중요성이 높았다. 정부는 서기전 117년에 철과 소금을 국가 독점 사업으로 관리하였다. 소금은 산둥 반도 주변의 해안 염전과 내륙의 소금물 용천수 지역에서 생산하였다.

흙을 다져 쌓은 거대한 성벽이 현재 수미터 높이로 원래 장소에 서 있기는 하지만, 한 제국 수도인 장안에 남아 있는 유적은 그리 많다고 할 수 없다(그림 14.6). 중국 고고학자들은 고대 문헌의 도움을 받아 이 도시의 내부 배치에 대하여 많은 것을 재구성하였다. 도시의 남쪽에는 두 개의 거대한 왕궁, 창러궁(長樂宮)과 웨이양궁(未央宮)이 세워져, 각각 전체 도시구역의 6분의 1과 7분의 1을 차지하였다. 각각은 흙으로 다져진 성벽에 둘러싸여 있었으며 탑이 세워져 있었다. 중국 고고학자들은 최근 웨이양궁의 남서쪽 감시탑에서 많은 양의 무기와 갑옷을 발견하였는데, 이것들을 통하여 중무장한 수비군이 있었음을 알 수 있다. 남아 있는 가장 현저한 특징은 웨이양궁의 중심에 있는 첸뎬(前殿), 즉 알현실의 기단부인데, 거대한 계단형 토대로서 평면 350×200미터의 넓이에 상대적으로 높은 북쪽 구역은 15미터 높이로 솟아 있었다. 황제는 여기에서 국가 업무를 처리하였다. 웨이양궁 건축군의 다른 부분에서는 제국의 문서수장고 중 일부가 발굴되었는데, 이곳에서 200년 이상 받은 공물에 대한 기록을 새긴 소뼈 조각이 발견되었다. 창러궁은 처음에는 황태후 처소였다. 두 개의 궁정 건물 사이에는 세 번째 대규모 구조물이 있었는데, 길이가 230미터이고 폭이 거의 50미터나 되는 수장고였다. 이곳을 발굴한 중국 고고학자는 철제 검, 창, 미늘창 그리고 갑옷을 발견하였다. 세 개의 다른 궁정건물은 도시의 북쪽 구역에 위치하였으며 약간 작은 규모이다. 그중 하나가 밍광궁(明光宮)인데, 무제의 후궁 2천 명을 위한 건물이었다. 이곳에서는 또한 9개소의 시장과 주화 주조 그리고 토기 제작의 증거가 나왔다. 귀족의 가옥들은 궁정 구역으로 가는 관문 근처에 건축되었고, 일반 주민의 주거지는 도시의 북동쪽 구석에 집중되어 있었다. 그들은 성벽으로 둘러싸인 '구역'에 밀집 조성되어 엄격한 중앙통제를 받았다.

철은 무기를 만드는 중요한 재료였으므로, 제대로 관리하면 국가의 중요한 수입원일 뿐만 아니라 내란을 기선제압할 수도 있었다. 5년 뒤인 서기전 112년에 이루어진 주화 주조도 제국의 독점사업이 되었다.

이것과 그 밖의 다른 국가사업이 훈련된 관료의 손에 들어갔으며, 관료들은 정실에 따라 임명되고 승진되었다. 서기전 196년부터 각 군에서는 능력 심사를 하기 위하여 관리직 후보자를 수도인 장안으로 보내라는 칙령이 내려졌다. 후보자들은 관직에 임명되기 전에 과거 시험을 치러야만 했다. 그들은 주로 번성한 중간 계층의 성원으로, 기존 귀족 가문보다 학식 있고 똑똑하며 중앙정부에 더 충성을 바쳤다.

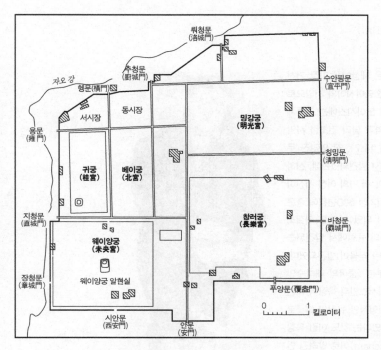

자오 강

뤄청문
(洛城門)

추청문
(廚城門)

헝문(橫門)

수안핑문
(宜平門)

웅문
(雍門)

서시장

동시장

밍강궁
(明光宮)

청밍문
(清明門)

귀궁
(桂宮)

베이궁
(北宮)

지청문
(直城門)

창러궁
(長樂宮)

바청문
(霸城門)

웨이양궁
(未央宮)

장청문
(章城門)

웨이양궁 알현실

시안문
(西安門)

안문
(安門)

푸양문
(覆盎門)

0   1
└─┴─┴─┴─┴─┘ 킬로미터

그림 14.6 한의 장안 평면도

북쪽 국경

한의 군대는 징병제를 취하였는데, 23세에서 56세 사이의 정상적인 신체를 가진 남성들을 징집하여 2년간 복무시켰다. 이들은 대부분 북쪽 국경에 배치되었는데, 그곳은 외부 위협이 컸다. 장성 너머 초원지역의 사람들은 북부 중국을 풍요로운 곳으로 여기고 습격과 침략을 빈번히 반복하였기 때문에, 북쪽 속주의 주민에게는 큰 위협이었다. 주된 적은 중앙아시아의 전사 유목민인 흉노(匈奴)로, 서기전 2세기경 북쪽 초원지역에서 강력한 연합세력을 구축했다. 무제는 그들에게 단호한 조치를 취할 것을 결심하고 5만 명에서 10만 명 규모의 군대로 수차례 출정하였다. 무제는 시황제의 장성을 서쪽으로 연장하여 타림분지까지 연결하고, 이 모든 영역에 군을 설치하였다. 햇빛에 말린 점토벽돌로 쌓은 성벽을 따라, 깃발과 햇불로 신호를 보내는 봉수 탑을

14.2 | 발견 타림의 미라(Tarim)

중국 북서쪽 국경의 타클라마칸 사막은 세상에서 가장 거친 지역 중 하나이나, 그 외곽은 중국을 중앙아시아와 서양으로 연결하는 중요한 길이다. 사막 주변의 오아시스에는 공동체가 살고 있는데, 그곳에서는 다른 지역과 달리 건조한 사막 모래 때문에 시신이 잘 보존된다(그림 14.7). 잘 알려진 무덤 중 하나는 자군루크(Zagunluke)에서 발견되었는데, 심하게 도굴된 무덤구덩이에 한 명의 남성과 세 명의 여성 시신이 남아 있었다. 남성과 한 명의 여성은 서기전 600년경에 죽은 것으로 추정되는데, 자연적으로 미라가 되었다. 다른 퀴질초카(Qizilchoqa)의 무덤에서는 동시대의 유럽에서 발견되는 것들과 아주 유사한 직조 방식의 타르탄 직물이 발견되었다. 시신에서는 (전부는 아니더라도) 대부분 (중국의 대다수인 몽골의 인종적인 특징이기보다는) 코카서스인의 특징이 확인된다. 한 시신에서 채취한 표본에서 전형적인 유럽의 하플로타입(Haplotype) H의 DNA가 발견되었다는 것도 이런 특징을 뒷받침하는 근거가 된다. 토카라(Tochara)어로 알려진 인도-유럽어족 언어가 서기 6~8세기에 타림분지에서 사용된 것으로 알려져 있다. 종합해 보면 이러한 발견들을 통해 타림분지가 처음에는 유전자와 언어로 볼 때, 좀 더 서쪽 사람들과 관련된 유라시아 스텝 지역에서 온 유목민의 주거구역이었음을 알 수 있다. 한 왕조와 이후 당 왕조에 타림분지는 중국의 통치하에 들어갔으나, 9세기 이후 터키어를 사용하는 위구르 종족과 가장 최근에는 13세기의 불교미술에서 보이는 서구적인 외모를 가진 사람들에 의해 지배되었다.

그림 14.7 중국 신장 자군루크에서 출토된 타림 미라

세웠다. 봉수에는 얼마 안 되는 수의 군사가 징집되어 파견되었다. 그들이 근무한 곳은 양쯔 강이나 황허 유역의 고향에서 멀리 떨어져 있었다. 여름에는 타는 듯한 더위와 겨울에는 심각한 추위를 겪어야 하는 사막 지대였다(발견 14.2). 비록 어떠한 유목

기록과 문자

중국에서 기록은 상 시대에 시작되었으나, 한 제국의 정부가 문자를 표준화하였고 거대한 제국을 관리하는 데 활용하였다. 그렇게 함으로써 중국 전역에 단일문자가 21세기에 이르기까지 큰 변화 없이 사용되었다. 한 제국 시대에는 또한 문자 교육이 크게 발전하여 생활의 많은 부분에서 기록이 이루어졌다. 일반적으로 붓과 먹을 이용하여 기록하였는데, 중요한 문서인 경우나 부유한 가문에서는 비단 두루마리가 (한 제국 시대 무덤에서 발견되는 지도나 그림의 제작에) 사용되었다. 일반적인 문서는 폭이 아주 좁은 나뭇조각에 겨우 한 줄의 문자들만 기록할 수 있었다. 그리고 그 조각들은 삼줄로 묶어 말아서 보관하였다. 나무는 거추장스럽고 부피가 컸으며, 비단은 비싸고 희소하였다. 한 시대의 끝 무렵(전통적으로 A.D. 105)에 제국의 한 관료가 새로운 기록재료인 종이를 발명하였다. 비록 한 왕조가 몰락한 지 한참 후인 4세기까지도 광범위하게 사용되지는 않았지만, 종이를 이용하는 것이 천이나 나뭇조각보다 비용이 적게 들었다.

민의 공격에도 저항할 수 있는 갑옷과 석궁으로 잘 무장되어 군사적인 여건은 괜찮았지만, 징집병에게 그곳에서의 근무는 마지못해 해야만 하는 거친 여정일 뿐이었다.

12세기 초 다수의 서양 탐험가가 멀리 떨어진 중국 북서부의 내륙을 탐험하기 시작하였다. 그들은 사막의 건조한 모래 덕분에 잘 보존된 대나뭇조각 문서를 발견하는 성과를 올렸다. 이 문서를 해독한 결과, 그것은 외따로 떨어진 국경 외곽 초소에 배치된 중국 군사 수비대의 기록으로 판명되었다. 편지를 비롯하여 물품 재고현황, 의무 당번 그리고 식량 목록 등을 작성한 내용이었다. 다른 문서들에는 군사 훈련 중에 간혹 발생한 과오나 의무적으로 실시한 연례 활쏘기 경연의 결과가 기록되었다. 이 기록들은 한 왕조 시기 동안 장성에서의 군사들의 생활을 생생하게 보여준다(발견 14.3).

장성을 서쪽으로 확장한 이유 중 하나는 중앙아시아로 연결하는 통로를 확보하기 위해서였다. 한에서 시작하여 근동으로 이어지는 유명한 비단길이 그곳에서 시작된다. 육로 운송은 비용이 많이 들기 때문에, 상업적 관점에서 볼 때 오직 사치재만이 긴 장거리 교역을 통하여 거래할 만한 가치가 있었다. 비단은 이 길을 통하여 운반할 수 있는 가장 값진 물건 중 하나였는데, 인도, 페르시아 그리고 로마 지중해까지 유통되었다. 소수의 대상만이 전체 거리를 이동할 수 있었으며, 그렇게 멀리까지 운송하는 이유는 현지 상인들에게 이익을 남기고 팔기 위해서였다. 그 다음에는 지역 상인이 다음 교역 지점까지 운송하여 그곳에서 팔았다. 결국 그 물품들은 알렉산드리아, 안티오크 또는 로마까지 흘러들어갔다. 비단길 교역은 한 방향의 사업은 아니었다. 재화와 함께 종교 또한 이 길을 통하여 중국으로 유입되었다. 그중 가장 중요한 것이 불교로, 인도에서 서기 1세기에 들어왔다.

중앙아시아에서 상업만이 중국 문화에 영향을 준 것은 아니었다. 한 제국의 정부는 때로는 평화, 때로는 연맹을 위하여 유목민족에게 선물과 보조금을 주는 관습을 여전히 중요시하였다. 고고학자가 발굴한 사례는 별로 없지만, 비단이 주요 상품이었던 것은 재삼 강조할 필요가 없다. 접촉에 대한 보다 확고한 증거로는 뒷면이 장식된 독특한 원형 청동 거울을 들 수 있다. 이 거울들은 종종 한의 무덤에서 발굴되었는데, 죽은 자의 영혼을 돕기 위한 것으로 생각된다. 거울 유물은 국경을 넘어 한 정부가 접촉한 여러 유목민의 영역에서도 발견된다.

한국과 남쪽

한 무제의 확장 정책은 중국 북서부에만 국한된 것은 아니었다. 무제는 남쪽 베트남 국경으로 출정하여 서기전 110년경 대부분의 뎬(滇) 민족의 영역을 흡수하였다. 남동해안의 웨(粵) 민족은 다소 오랫동안 저항하며 존속하였지만, 한 제국 시대의 후기에는 완전히 동화되었다. 이러한 출정은 이후 수세기 동안 중국이 통제하는 남부 경역을 설정하는 데 중요했다. 한의 황제와 후계자들은 동남아시아의 국가들과 상업적, 외교적 연대를 맺었다. 그들의 배는 멀리 인도까지 갔으며 중국 시장을 인도양의 해양 교역망(제13장)에 연결했다. 비록 중앙 권력이 약해지고 분할되긴 하였지만, 한 왕조의 중국 문화는 북쪽의 전통적인 내륙 중심지에서와 같이 남쪽에서도 크게 보급되었다.

북쪽에서는 무제의 세력이 단기간의 출정을 통하여, 고조선 왕국을 복속했다. 서기전 108년에 한반도의 대부분이 낙랑군의 지배하에 들어갔다. 1930년 일본 고고학자가 서해안의 토성리(土城里)에서 성벽으로 둘러싸인 42헥타르에 달하는 너른 구역을 발굴하였다. 그들은 이것이 낙랑군의 중심 수도로, 벽돌로 포장된 도로와 의례 공간을 갖춘 기획도시로 파악하였다. 근처 언덕에는 거의 1,500기의 봉토분이 확인되었는데, 그중 일부는 중국 관료, 서쪽 이주민의 것이었다. 다른 무덤들은 문화적으로 한 제국을 모방한 토착민의 것이다. 4세기경 형성된 최초의 토착 한국 국가도 많은 면에서 중국의 영향을 받았다.

한 중국의 멸망

서기 25년 신(新) 왕조(A.D. 8~23)의 짧은 군주 부재 기간이 지난 뒤, 한 황제는 장안을 포기하고 동쪽 수도인 뤄양으로 이동하였다. 이는 (동한이라고 알려진) 한 중국의 두 번째 시기가 시작되었음을 뜻한다. 그러나 1세기가 채 지나지 않아 쇠락의 징후가 뚜렷해졌다. 140년에 이루어진 인구조사에서 단지 4천8백만 명이 집계되어 서기 2년보다 천만 명이 감소하였음이 확인된다. 동시에 중앙정부는 지역 군주에 대한 영향력을 상실하였으며, 그들 중 많은 자가 세금이 면제된 거대한 국가를 건설했다. 그러나 일반 농민들의 사정은 개선되지 않았으며 심각한 반란이 일어났다. 187년부터 한 왕조는 점차 실질적인 권력을 잃고 220년에 공식적으로 멸망하였다.

통일되었던 중국 제국은 다시 분할되었다. 이후 수세기 동안 많은 국가와 왕조가 일어났다 사라졌으며, 북쪽 유목민의 심각한 침입도 동시에 일어났다. 중앙집권적 통치는 수(隋, A.D. 581~618)와 당(唐, A.D. 618~907) 왕조 시대가 시작되어서야 복구되었다. 수와 당은 이 책의 서술 범위를 벗어난다.

2차 국가 : 한국과 일본

동아시아 초기 문명의 어떠한 설명도 한 제국 이후의 한국과 일본의 국가 형성을 검토하지 않으면 완성될 수 없다. 한국과 일본은 강력한 인접 국가(이 사례의 경우는 한 제국)의 영향하에 나타나서 사회 정치적 변화를 겪은 후 국가 수준의 사회로 발달하는 2차 국가(제1장)의 사례이다.

한국(A.D. 220~700)

한국에서 그 과정은 명백하다. 거대한 제국의 한 속주임에 불과하다고 하더라도, 서기전 108년 한에 의한 낙랑군의 설치는 중앙집권화된 정치조직의 사례이다. 속주를 운영할 지역 지배층이 모집되었으며, 그들은 새로운 사상과 야망을 가졌다. 한 제국의 멸망 후 낙랑군은 북부 중국의 위(魏) 왕조에 의해 부활되었다가, 결국 313년에 폐지된다. 이후 수십 년에 걸쳐 토착적인 왕국들이 한국에서 나타났다는 최초의 증거들이 발견된다.

　문제가 되는 왕국들은 북쪽의 고구려와 남쪽의 신라, 백제이며 가야라고 알려진 다소 비정형적인 정치체도 이에 해당된다. 각 왕국은 중심지에 지배 왕조의 무덤구역으로 봉토분을 갖추고 있었다. 이곳에는 죽은 자의 시신을 안치하는 묘실이 있으며, 옻칠 그릇, 금과 은 장식, 술잔 그리고 젓가락 등이 부장되어 있었다. 가장 화려한 무덤들은 사각형 석재 또는 벽돌로 만들어졌으며, 회벽칠이 되어 있고 죽은 자가 사냥을 하고 잔치를 벌이는 일상적인 생활 장면이나 용과 영혼을 그린 전설적인 장면이 그려진 벽화가 있었다.

　한국 무덤 중 잘 알려진 것은 신라 왕국이 있었던 경주 대릉원무덤이다. 가장 큰 무덤은 98호분으로, 소위 황남대총이라고 불린다. 이 5세기 무덤은 왕과 왕비의 이중무덤으로, 각 묘실이 각각의 봉분에 서로 맞대어 만들어졌다. 왕의 무덤에서는 묘실 근처 2,500점의 철제 무기와 토기가 있는 부장칸이 유명하다. 왕비는 금관과 장신구가 달린 금제 허리띠와 함께 묻혔다. 비록 금동제품이기는 하나 왕 또한 왕관을 쓰고 있었다. 두 무덤 모두 외국 멀리에서 수입된 제품들이 부장되어 있었는데, 그중에는 이집트의 알렉산드리아산으로 추정되는 유리 술잔도 있다.

　삼국시대로 알려진 시기(A.D. 300~668)를 통하여 신라, 백제 그리고 고구려는 정치적 주도권을 놓고 경쟁하며 싸웠다. 북쪽에서는 고구려가 중국 낙랑군 지역을

313년에 확보하였고, 1세기 후에는 수도를 그곳으로 옮겼다. 그 후 백제를 흡수하면서 남쪽으로 세력을 확장하였다. 세 왕국 모두 중국과 교류하였으며, 서쪽의 인접 국가를 통하여 중국의 문자와 불교를 받아들였다. 불교와 같이 화장 풍습이 들어왔는데, 한국의 통치자는 7세기부터 더 이상 대규모 무덤을 만들지 않았다. 대신 국가의 재원은 목재 때로는 벽돌이나 석재로 불교 사찰을 건축하는 데 투입되었으며, 사찰 내에는 큰 탑이 세워졌다. 신라가 금제품, 가야는 철제품 제작으로 유명한 것처럼, 백제 장인은 건축 기술로 유명하였다.

7세기에 남쪽 왕국인 신라는 한국의 주요 세력으로 성장하였으며, 가야와 백제를 정복하고 고구려를 물리쳤다. 이러한 승리는 통일신라 시대(A.D. 668~918)의 시작으로 기록된다. 신라의 왕은 기존 수도에 가까운 북쪽에 새로운 도시를 건설하였다. 새로운 도시는 금성(金城)으로, 당 왕조의 수도인 대도시 장안(長安, 한의 장안 인근에 세워진 신도시)의 조방제도를 따랐다. 신라는 또한 지방제도를 포함하여 당의 행정 체제를 수용하였는데, 중국 문명이 이 동쪽 초기국가에 강력한 영향을 미쳤다는 것에는 의심의 여지가 없다.

일본(A.D. 100~700)

일본은 이무렵 수세기 동안 한국과 밀접한 관계를 가지며 함께 발전하였다. 중국과 일본은 한 왕조대에 외교적 교류를 했다. 일본 사절단은 서기 57년과 107년에 뤄양을 방문하였다. 그러나 일본 국가의 형성에 가장 큰 영향을 준 나라는 중국이 아니라 남부 한국이었다.

(중국 기록의 모호한 언급을 제외하면) 첫 번째로 알려진 일본 국가는 남부 혼슈의 나라(奈良) 분지에 중심을 둔 야마토(大和) 왕국이다. 고분(古墳) 시대(A.D. 300~710)에 고분은 남부 일본의 많은 곳에 조성되었다. 가장 큰 것은 거대한 닌토쿠(仁德天皇) 고분과 같은 초기 야마토 지도자의 것이다(닌토쿠는 5세기 후반 통치자로, 야마토 국가의 15번째 황제로 알려져 있다). 이 고분은 길이가 485미터로 1,405,875입방미터의 자재가 투입되었으며, 나라 지역 고분들에 독특한 '열쇠구멍' 평면 모양을 갖추었다(그

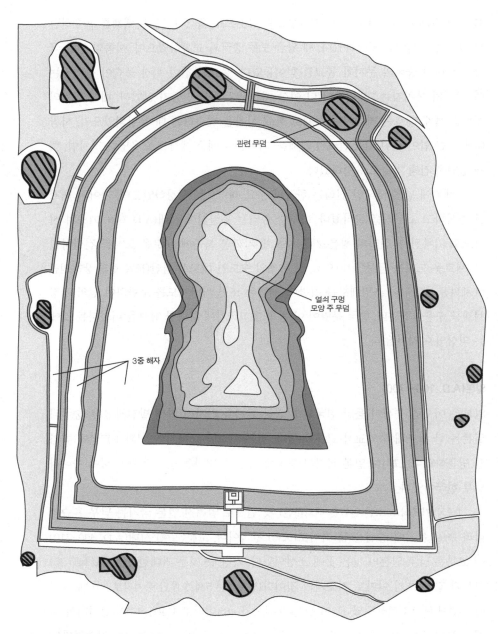

관련 무덤

열쇠 구멍
모양 주 무덤

3중 해자

그림 14.8 닌토쿠 열쇠구멍 모양 무덤

림 14.8). 이 고분의 봉토 외부(실제로는 그 당시 일본의 모든 고분의 봉토 외부)는 한때 토용으로 덮였다. 이는 죽은 자의 지위를 나타내며 악마를 막는 주술적인 보호용이었다. 비록 말들이나 갑옷을 입은 전사의 모습을 띠기는 하지만, 대부분의 토용은 단순한 토제 원통 모양이다. 이는 무덤의 주인공이 통치자나 무사임을 보여주기 위한 것이다.

야마토 국가가 한국의 영향을 얼마나 직접적으로 받았는지는 논쟁거리이다. 한국 남부의 가야 지역과 관계가 밀접했다는 것에는 논쟁의 여지가 없다. 야마토 지배자가 그들이 사용할 철의 대부분을 획득하고, 철제 갑옷과 무기를 채택한 곳도 가야 지역에서이다. 야마토 고분에서 발견된 기마 장비에서 알 수 있는 것과 같이, 기마의 새로운 방식 또한 한반도에서 유입된 것이다. 많은 학자들이 초기 야마토 국가가 5세기 초엽에 한국에 의해 점령되었으며, 이후 발전은 그에 따른 자극에 의한 것이라고 주장한다. 다른 연구자들은 반대로 한국의 가야 지역이 야마토 국가의 식민지였다는 관점을 제시한다.

한국과 마찬가지로 일본의 초기국가는 6~7세기에 중국 본토에서 점차 더 큰 영향을 받는다. 야마토 지배자는 간선도로로 연결되는 다수의 속주로 왕국을 재조직하였다. 552년 지배층에 의해 불교가 수용되었으며, 한국처럼 대형무덤의 축조를 중단하였다. 야마토 국가의 발전은 694년 조방제를 수용한 수도 후지와라(藤原)에서 확인된다. 이 또한 당의 수도인 장안을 모델로 하였으며, 거대한 궁정구역은 면적이 1제곱킬로미터 정도이다. 16년이 지나 두 번째 조방제 수도가 북쪽의 헤이조(平城)에 건설되었다. 헤이조는 수도가 헤이안(平安, 지금의 교토)으로 옮겨진 8세기 말까지 일본 국가의 중심지로 남았고, 이후 1869년에야 비로소 헤이안에서 현재의 수도인 도쿄(東京)로 천도되었다.

요약

사회, 정치 그리고 경제적인 측면에서의 중요한 변화는 서기전 6~5세기 중국사회의 성격을 탈바꿈시켰다. 진정한 의미의 도시가 제철, 화폐 주조와 함께 최초 모습을 드러냈다. 중국은 전국 시대 동안 여러 개의 경쟁적인 왕국으로 분할되었으나, 서기전 3세기에 중국의 첫 번째 황제인 시황제의 제국으로 통일되었다. 시황제에 의해 건설된 제국은 한 왕조로 이어졌다. 엄청난 규모의 무덤과 부장품은 특히 한의 통치자와 귀족들의 삶에 대한 풍부한 증거를 제공해 준다. 도로, 운하 그리고 국경 성곽의 공사 등은 중앙집권화된 관료체제의 발달을 보여준다. 한 제국의 멸망 이후 4세기에서 7세기까지 '2차' 국가가 한국과 일본 등 이웃 지역에서 중국의 영향을 받으며 형성되었다.

VI

아메리카의 초기국가들

EARLY STATES IN THE AMERICAS

아! 이 세상의 이슬

비라코차(Viracocha) 신이여

은밀한 이슬

비라코차 신이여

당신이

"크고 작은 신들 있으라" 하였고

위대한 주인

여기에 사람들을 번성하게 하시었다

다행스럽게도

　-존 로위(John H. Rowe), 「지투와 제사에 온 열한 명의 잉카 기도자*Eleven Inka Prayers from the Zithuwa Ritual*」(크뢰버 인류학회 학회지 8-9, 1953, p.92)

LOWLAND MESOAMERICA

제15장 저지대 메소아메리카

마야 여인이 앉아 있는 모습이 그려진 단지. 여인은 화려한 천을
두르고 사혈(瀉血) 의례 때 사용하는 머리 장식을 쓰고 있다.

엄청난 수의 군중이 화려한 옷을 입고 모였다. 그들 사이로 침묵이 흘렀다. 모든 시선은 피라미드의 정상에 우뚝 솟은 신전의 컴컴한 입구에 집중되었다. 화려하게 채색된 신전과 기괴한 조각에 안개가 흐르면서, 인공 언덕 정상에 짙은 그늘이 드리웠다. 마치 구름이 산에 내려온 것 같았다. 흰 옷을 입은 한 남자가 고위 귀족의 호위를 받으며 신전에서 나타났다. 신관이 흰색 나무 종이와 신성한 물고기 뼈를 들고 앞으로 나설 때, 진한 향기가 신전 위로 퍼졌다. 군주가 신중하게 자신의 성기에 스스로 상처를 내어 미리 준비된 종이에 피를 뿌렸다. 향이 짙어지고 군주는 군중이 모두 지켜보는 가운데, 샤머니즘적 황홀경에 빠졌다. 그는 조상과 교감하며 큰 목소리로 찬가를 부르기 시작하였다. 사람들은 통치자가 육신을 떠나 조상의 신성한 세계로 들어갔다고 믿으며 경외감을 지닌 채 지켜보았다.

정교한 달력, 웅장한 의례 중심지와 당당한 건축물, 신비로운 상형문자 그리고 장관을 이루는 샤머니즘적 의례 등 화려한 마야 문명은 고고학자나 비전문가 모두를 매료시킨다. 이국적인 마야는 중앙아메리카에서 발생한 고대 문명 전통의 전형적인 사례이다. 그러나 마야 문명이 어떻게 형성되었는지, 저지대와 고지대의 중앙아메리카에서 발생한 선(先)콜럼비아기의 화려한 국가의 기원은 무엇인지 등, 지금까지도 마야에 대한 의문 중 풀린 것은 별로 없다. 19세기 여행자 존 로이드 스티븐스(John Lloyd Stephens)는 1840년대의 마야 도시들에 대한 훌륭한 글을 남겼다. 그는 이 위대한 문명이 "자기 땅에 자란 토착 식물과 과일같이, 독특하고 이질적이며 토착적인 존재(Stephens, 1841, p.112)"를 갖고 있다고 하였는데, 이를 통해 후대의 현지조사의 방향을 제시하였다고 할 수 있다. 그 후 어떤 연구자도 150년 전 스티븐스의 주장에 대하여 의문을 제기하지 않았다. 따라서 마야와 다른 중앙아메리카 문명의 기원을 찾으려면 거의 4000년 전 이 지역에서 번성한 촌락 농경공동체부터 살펴야 한다. 이 시기는 이집트 문명의 전성기였고, 상나라가 북부 중국을 지배하던 시기였다. 이 장에서는 마야의 기원과 성장 그리고 다른 중앙아메리카 저지대 문명에 대하여 설명하고자 한다. 다음 제16장에서는 저지대 이웃세력과 지속적으로 상호 교류한 인근 고지대 사람들에 대하여 서술할 것이다.

메소아메리카

먼저 메소아메리카에 대한 정의를 검토해 보고자 한다. 고고학자들은 이 용어를 이 지역의 토착 국가가 번성하였을 당시, 중앙아메리카의 넓은 지역을 가리키는 데 익숙해 있다. 인류학자 폴 키르초프(Paul Kirchoff)는 1942년에 민족지학과 언어학 자료를 이용하여 메소아메리카 고유 문화의 지역을 설정하였다. 그는 인간 제물 행위를 포함한 정교한 종교 신앙과 의례행사, 신전, 광장, 피라미드와 같은 화려한 공공건물, 그리고 그림문서(codice)와 달력(한 달이 24일이며 1년은 18개월에 5일이 추가된다) 등이

표 15.1 메소아메리카 문명의 연대표

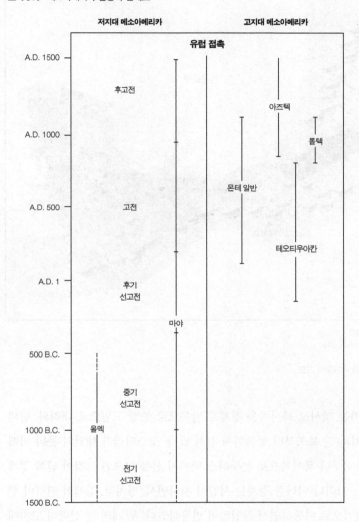

메소아메리카인의 특징이라고 주장하였다. 이러한 문화와 사회적 속성은 메소아메리카 문명이 번성한 곳이면, 저지대와 고지대, 열대 우림과 반건조지역 어디에든지 나타난다. 스페인 정복자와 맞닥뜨리기 전까지 메소아메리카 문명은 격동적이고 복잡하며 때로는 상당히 호전적인 특성을 유지하면서 3000년 이상 발전하였다(표 15.1).

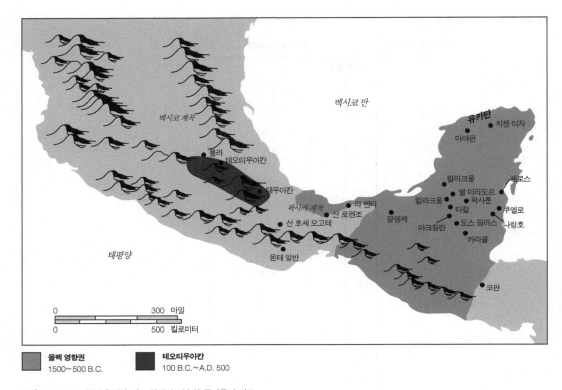

그림 15.1 고고학적 유적과 제15장에서 기술한 국가들의 지도

메소아메리카는 멕시코 북서쪽을 경계로 남쪽으로 중앙 고원으로 내려와, 탐피코(Tampico) 근처의 만 북쪽부터 동쪽까지 걸쳐 있다. 코스타리카 해안의 푼타 아레나스(Punta Arenas)부터 북서쪽으로 온두라스 만까지 선을 그으면 그것이 남쪽 경계가 된다(그림 15.1). 그러나 이러한 경계는 시간이 지나면서, 정치적, 경제적 권력이 한 지역에서 다른 지역으로 이동하면서 끊임없이 변동하였다. 두 개의 큰 산맥이 고지대 메소아메리카의 대간을 이루며 동서 화산대까지 이어지는데, 이곳이 중앙 고원인 메사 센트럴(Mesa Central) 지역이다. 멕시코 계곡의 내륙 분지에는 5개의 호수가 고원의 중심을 이루며, 이곳이 수천 년 동안 고지대 메소아메리카의 정치적, 경제적 생활의 중심지 역할을 하였다.

남부 메소아메리카의 고지대 지역은 산간지역으로 와사카(Oaxaca) 고원이 있는데, 이 지역에서는 보기 드문 평탄한 대지이다. 남쪽으로 더 내려오면 커다란 산악지형이 고원을 감싸고 있으며 현재 이곳에 과테말라 시티가 자리 잡고있다. 멕시코 분지와 남부 고지대의 주민들은 선선한 기후 속에 생활하였는데, 대부분의 강우는 6월과 11월 사이에 집중되어 일년 일모작 농사를 하기에 충분하였다. 고원 남쪽도 비옥하기는 하였으나 더웠다.

북동쪽으로 고지대에 중첩된 낮은 산간지형이 석회암 지대인 유카탄 반도까지 이어지며, 이곳이 이른바 마야 저지대(Maya lowlands)이다. 저지대의 기후는 일년 내내 덥고 습도가 높아서 고지대와는 대조적이다. 유카탄 반도의 남쪽 3분의 2 면적은 페텐(Peten)인데, 이 지역은 호수와 늪지대가 산재하고 울창한 열대 숲으로 덮인 석회암 구릉지대이다. 북부 유카탄의 석회암 평원은 건조하고, 지하에 수로가 형성된 지질구조를 갖추고 있다. 멕시코 만의 해안은 더운 저지대로, 베라크루즈(Veracruz), 타바스코(Tabasco), 유카탄(Yucatan) 반도 그리고 가늘고 길게 발달한 온두라스 만 연안의 울창한 숲으로 이루어져 있다.

메소아메리카 저지대의 찬란한 문명은 근거리 혹은 원거리의 저지대와 고지대의 매우 다양한 환경 속에 위치한 이웃 공동체 사이에서 생산된 재화에 의존하였다. 여기에 메소아메리카 문명의 핵심이 있다. 상호 거리는 수백 킬로미터의 거리 안에 있으면서 크게 대조가 되는 환경에서 살아가는 주민들 간에, 지속적으로 물품이나 사상을 상호 교류하고 교환한다는 것이다.

촌락 농민(약 7000~2000 B.C.)

고지대와 저지대 양 지역의 메소아메리카 문명은 모두 그 뿌리를 먼 과거의 수렵-채집과 농경문화에 두고 있다. 고(古)아메리카 인디언(Palaeo-Indian) 집단이 메소아메리카에 정착한 것은 최소한 빙하기 직후인 12000년 전이다. 간헐적으로 먹고 남긴 동물 뼈 조각들과 석창 이외에는 이 사람들에 대하여 알려진 것이 별로 없다. 서기전 9000년 이후 아메리카에서 큰 동물 사냥감이 사라지면서, 대륙 전 지역에서 소규모 수렵-채집 집단이 등장하여 환경의 변화에 따라 작은 사냥감, 수생과 식물 먹거리를 집중적으로 찾아다녔다. 서기전 7000년경 어떤 집단이 야생 식물을 인위적으로 재배하는 실험을 시도하였으며, 이 실험은 결국 농경으로 발전하였다.

아메리카 인디언은 상당히 많은 종류의 토착 식물을 재배하였는데, 그중 옥수수, 감자, 담배 등은 15세기 이후에 유럽에 전파되었다. 메소아메리카에서 중요시되는 곡물은 옥수수, 콩, 호박, 아마란스(amaranth) 그리고 고구마 등이었다. 이들 모두는 열악한 환경에 강한 토착 식물에서 개량된 것이다. 구대륙의 농민들과는 달리, 메소아메리카인은 낙타, 말 또는 황소와 같이 밭을 갈거나 짐을 운반하는 짐승의 혜택을 받지 못하였다. 고지대와 저지대 문명 모두 집약적인 옥수수와 콩 재배에 생계를 의존하였다.

대부분의 전문가들은 옥수수(학명 Zea mays) 품종 중 현재 존재하는 150개 이상이 테오신테(Teosinte, 학명 Zea mexicana)라고 알려진 야생 중앙아메리카 초본식물과 4000년 이전 공통의 조상이라는 데 의견이 일치한다. 그런데 언제 테오신테가 옥수수가 되었고, 왜 메소아메리카인이 이 식물을 선택하여 재배하였을까?

왁사카 계곡의 퀼라 나키츠(Guilá Naquitz) 동굴에서 켄트 플래너리(Kent Flannery)는 7개의 문화층을 발굴하였다. 그중 6개 층에서 서기전 8800~6700년 기간 중 늦은 여름에서 늦은 가을 사이에, 소규모 식량 채집 집단이 일시적이고 간헐적이며 계절적으로 찾아왔었다는 증거를 확인하였다. 동굴에서 출토된 환경 자료와 씨앗 유물에 대하여 집중적으로 연구한 결과, 이곳 거주민들은 강우량이 일정하지 않은 곳에서도 식용 식물을 경작할 수 있는 전문가들이었음이 밝혀졌다. 컴퓨터 시뮬레이션 결과 그들이 수년간 여러 계절에 걸쳐 이 식물을 계획적으로 수확하였음을 알게 되었다. 이러한 환경에서 기근이 몇 년 동안 계속 발생하면 생존을 위한 결정의 토대가 되는 것은 과거 경험이기 때문에, 여러 세대에 걸쳐 얻어진 기억은 절대적으로 중요하였다. 퀼라 나키츠에서의 발굴을 근거로, 플래너리는 메소아메리카에서 이루어진 첫 번째 경작 실험은 특정 식물의 밀도를 높이고자 하는 시도라고 믿는다. 비가 불규칙적으로 오는 환경에서 옥수수, 콩, 호박을 의도적으로 심는 것은 예측 가능한 식량의 공급을 늘여야 할 필요성을 인식한 논리적인 선상에서 시작된 것이다. 이러한 기후에서는 매년 수확량의 차이가 크다. 논리적인 전략에 따라 야생 콩과 옥수수 재배종의 조상인 테오신테와 같은 곡물 등의 식용 식물을 재배하는 실험이 이루어졌을 것이다. 일단 소량의 식용식물 재배가 성공하자, 식량의 안정적인 공급이 가능해졌다. 많은 지역에서 이런 종류의 성공적인 실험이 이어지면서 곧 메소아메리카 경제에 변화가 일어났다.

대부분의 전문가들은 옥수수가 메소아메리카에서 처음으로 재배되었다고 믿는다. 가장 이른 사례는 남서 멕시코의 리오 발사스(Rio Balsas) 지역에서 서기전 4000년 이전에 등장한 것으로 추정된다. 와사카 계곡 퀼라 나키츠의 옥수수는 서기전 3400년의 것이다. 옥수수는 일찍이 서기전 5000년경부터 파나마에서 재배되었을 가능성은 있으나 옥수수 속대 등이 실제로 발견된 증거는 없다.

1960년과 1964년 사이에 리처드 맥네쉬(Richard MacNeish)는 반건조 고지대의 푸에블라(Puebla) 분지 테우아칸(Tehuacán) 계곡에 있는 건조한 동굴을 조사하였다. 그는 6000년 이상의 기간에 걸쳐 생성된 여러 군데의 유적지에서 호박과 콩 유물과 함께 24,000점의 옥수수 조각을 발견하였다. 산 마르코스(San Marcos) 동굴에서 그가 발견한 수많은 작은 옥수수의 AMS 방사성탄소연대측정 결과는 서기전 약 2750~2650년으로 나타났다. 테오신테군은 생화학적으로 오늘날 테우아칸 계곡 서쪽으로 250킬로미터 이상 떨어진 중앙 발사스(Balsas) 강변에서 다량 재배되는 옥수수와 상당히 유사하다. 아마도 가장 이른 농경 공동체가 나타난 곳은 바로 이곳, 멕시코 서부와 남서부 전역의 하천변일 것이다. 야생 콩도 동일한 시기에 동일한 장소에서 재배되었겠지만 고고학적 증거는 아직 부족하다. 옥수수는 나일 강을 따라 기자 피라미드가 세워지기 오래전부터 메소아메리카에서 재배되었던 것이 확실하다. 이후 옥수수, 콩 그리고 호박은 모든 메소아메리카 문명을 받쳐 주는 독특하고 확실한 성공적인 농작물로 자리잡는다.

일단 정착되자 옥수수 재배는 메소아메리카 전역과 기타 지역까지 급격히 확산되었다. 옥수수는 서기전 2000년과 1500년 사이 북아메리카 남서지역 그리고 서기전 약 1000년과 800년 사이 북부 남아메리카에서 나타난다(제17장). 서기전 2000년경 메소아메리카 전역에서 일반화되었는데, 작은 공동체들이 저지대와 고지대 전역에 걸쳐 각양각색의 농업 환경과는 상관없이, 정주성 촌락의 모습을 갖추고 여기저기에서 등장한다. 건조한 삼림지역에서 많은 농민들이 벌목하여, 나무를 태우고 재를 토지에 뿌려 비옥하게 만드는 화전 농법으로 옥수수와 콩을 재배하였다. 멕시코 분지에서 몇몇 공동체는 관개수로를 활용하여 호수의 물을 경작지로 끌어들였다. 그들은 호수 주변에서 자생하는 초목과 호수 진흙을 쌓아올려, 자연적인 관개시설을 이용한 경작구역을 조성하였다. 이 경작지는 후대에 고지대 문명에서 발달한 집약적인 치남파(chinampa) 채소밭 시스템의 기원이 되었다(제16장). 열대 저지대의 주민들은 고지대 이웃 공동체와 마찬가지로 화전 농업을 실시하였다. 그러나 어떤 공동체는 늪지지역에도 소규모 밭을 조성하였는데, 이는 마야 시대에 나타나는 광범위한 경작 시스템의 원조이다. 일부 지역에서는 정주성 촌락이 소규모 읍락으로 발전하였으며, 이 읍락은 이후 수세기에 걸쳐 정교하게 발달한 위계적인 인간 거주체계를 구성하는 한 부분이 된다[이와 관련된 왁사카 계곡의 산 호세 모고테(San Jose Mogote) 촌락에 대해서는 제16장에서 설명한다].

식량과 천연자원이 광범위한 지역에 분포되어 있고 환경도 상당히 다양한 까닭에, 사람들은 다른 환경에 사는 이웃 공동체에 의존했다. 아주 오랜 시기부터 물물교환망을 통하여 촌락과 촌락이 이어졌고, 나아가 저지대의 집단은 반건조 고지대 또는 멕시코 분지에 사는 사람들과 연결되었다. 상대적으로 우세한 이념은 이러한 교역망을 따라 확산되었으며, 이를 통하여 고대 메소아메리카 문명의 상징적 기반이 형성되었다.

선고전기 : 올멕(1500~500 B.C.)

서기전 2000년과 1000년 사이 이른바 '선고전', 즉 '형성'기에 고지대와 저지대 메소아메리카의 많은 지역에서 사회정치적으로 복잡해지는 최초의 징후가 나타난다. 족장(군장)과 귀족에 의해 통솔되는 소수이면서 강력한 족장(군장)사회가 여러 지역에서 등장한다. 초기국가의 조직사회가 진화한 메소포타미아, 이집트, 중국 등의 여러 지역에서도 사회적, 정치적으로 점차 복잡해지는 유사한 과정이 나타났다. 마찬가지로 메소아메리카에서도 새로운 사회적 복잡화 현상이 확인된다. 이러한 특징은 가옥구조에서의 차별화 현상, 소규모 사당의 출현, 그리고 자신의 피를 바치는 종교적 행위나 기타 종교적 행사의 제물로 사용된 바다 연안의 물고기나 조개와 같은 고급 무역 재화 등에서 확인된다. 다른 지역과 마찬가지로 이곳에서도 이국적인 고급 물품과 먼 지역의 지식정보 유통에 대한 통제는 족장(군장)사회의 이데올로기에 절대적이었다. 물품과 그것과 관련된 이데올로기로 지도자들은 인간과 자연 자원 모두를 통제하는 권한을 상징화하고 합리화했다.

이러한 사회정치적 복잡성은 어떤 한 지역에서 먼저 나타나는 것은 아니다. 메소아메리카의 경우, 개별적이 아니라 여러 지역에서 거의 동시에 상호작용을 일으키며 이러한 과정이 전개되었다. 상이한 환경에 존재하는 이웃세력, 즉 공동체와 족장(군장)사회 간의 상호작용은 메소아메리카 문명의 독특한 종교신앙, 예술전통 그리고 경제와 정치제도의 발달에 중요한 요소이다. 이 초기사회 중 가장 유명한 것이 올멕(Olmec)이다.

올멕은 후대에 메소아메리카 문명에서 보이는 전설과 설화 속에서 상당한 수준의 위상을 차지한다. 마야의 제사장은 잘 알지도 못하는 이 메소아메리카인 조상에게서 상당한 규모의 문화유산을 물려받았다. 아즈텍의 비의 신 틀랄록(Tlaloc)은 올멕의 시원적 신들 사이에서 태어난 것일 수도 있다. 초기 학자들은 '모문명(mother civilization)'의 관점에서 올멕 국가가 후대의 모든 메소아메리카 문명의 기원이라고 생각하였다. 올멕은 베라크루즈(Veracuz)와 타바스코(Tabasco) 해안에 위치한 다수의 족장(군장)사회였으며, 전기 선고전기의 인근 지역인 치아파스(Chiapas)와 중앙 멕시코에 영향을 미쳤을 것이다. 중기 선고전기에는 넓게 분포한 공동체의 지도자 간 규칙적인 접촉과 일상적 교역을 통하여, 여러 지역의 족장(군장)사회들이 미술 주제, 종교적 상징 그리고 의례적 신념을 공유하면서 번성하였다. 올멕의 미술작품과 유물은 멕시코 만 해안 중심지 면적의 20배를 넘는 지역에서 발견되는데, 이는 라 벤타(La Venta)를 비롯한 여러 중심지와 광범위하게 접촉했다는 증거이다. 올멕과 유사한 유물이 마야 저지대의 쿠엘로(Cuello)와 코판(Copan) 도시의 선마야(pre-Maya) 무덤에서도 나타난다(두 유적에 대해서는 이 장의 후반부에서 설명할 것이다). 아서 디마레스트(Arthur Demarest)는 이런 현상을 수세기 이상에 걸친 '격자 모양의 상호작용(lattice of interaction)'이라고 불렀는데, 이를 통하여 후대에 발달한 복잡하고 정교한 메소아메리카 문명의 전통이 확립되었다.

올멕 사람들은 서기전 1500~500년 무렵 멕시코 만 남쪽 해안에 거주하였다. 그들의 최초 발상지는 비옥한 토양을 갖춘 저지대로, 열대기후에 습도가 높은 지역이었다. 늪지, 호수 그리고 강에는 어류, 조류 그리고 그 밖의 다른 짐승들이 많아, 참신하고 정교한 미술 양식의 한 부분이 되어 메소아메리카의 생활 속에 지워지지 않는 흔적을 남겼다. 올멕의 기원은 완전히 미스터리로 남아 있지만, 그들의 문화는 분명히 강한 지역적 뿌리를 갖고 있다.

산 로렌조(San Lorenzo)의 건물터에서 가장 이른 올멕 유적에서 출토된 것과 같은 유물이 발견되었는데, 이곳은 평원 한가운데에 있는 숲속으로 범람이 자주 일어나는 지역이었다. 최초의 마을에서는 올멕의 특징이 별로 보이지 않았다. 서기전 1250년경 산 로렌조의 사람들이 강변 충적제방 위의 밭에서 농사를 지었는데, 유난히 곡물 수확량이 높았다. 이 밭은 이 지역에서 보다 위계적인 사회가 출현하는 데 결정적인 역할을 하였다. 얼마 지나지 않아 산 로렌조의 통치자는 건물기단 주변에 둑과 언덕을 세우고, 피라미드와 구기장으로 추정되는 시설을 건설하였다. 1세기가 지나서 통치자의 모습으로 보이는 웅장한 조각들이 산 로렌조를 장식하였다(그림 15.2). 해당 통치자가 죽었을 때 그중 많은 것들을 올멕 사람들이 훼손하였다. 산 로렌조 사람들

그림 15.2 산 로렌조의 거대한 올멕 석제 두상. 2.4미터 높이의 현무암으로 만들어졌다. 두상은 통치자의 초상으로 보이며 '헬멧'에 쓰인 상형문자는 이름을 의미한다.

은 서기전 900년에 중심지가 쇠락할 때까지, 메소아메리카의 많은 지역을 상대로 흑요석과 준보석을 교역하였다. 멕시코 만 근처의 가장 유명한 올멕 유적인 라 벤타(La Venta)가 산 로렌조의 역할을 이어받았다.

산 로렌조가 올멕 유적이 있는 유일한 곳은 아니다. 대형 올멕 유적은 저지대 여러 곳에 있었다. 올멕의 도시가 제1장에서 규정한 도시의 개념에 맞아 떨어지는 것은 아니다. 대부분의 주민들은 위계적인 거주체계를 갖춘 거대한 의례 중심지, 또는 주변에 산재한 작은 촌락을 지배하는 읍락에서 생활하였다. 올멕사회는 동질적인 거대한 국가였을까, 아니면 혈연, 종교 그리고 교역으로 연계된 일련의 작은 왕국이었을까? 현재로서는 두 번째 제안이 대체적으로 인정되고 있다. 초기 촌락의 토지는 대규모 혈연 집단이 공동으로 소유했다. 그러나 수세대가 경과하면서 가장 비옥한 토지와 좋은 낚시터 그리고 물새 사냥터를 장악한 가문이 출현하고, 그들이 올멕사회를 주도하는 지배층으로 변신하였다.

지배층은 자신이 획득한 새로운 권력을 상징적이고 의례적으로 표현하기 위하여, 경외심을 불러일으키는 인공 언덕을 건설하고 개방된 공간을 전략적으로 조성하였다. 언덕은 지배권력에 대한 위압감을 불러일으키도록 설계되었는데, 이곳에서 통

그림 15.3 라 벤타의 올멕 제단 또는 왕좌 조각. 높이 2미터. 통치자는 옆에 있는 부모와 탯줄로 연결되어 있다.

치자가 우월한 권한을 확고히하기 위하여 공개적인 의례를 세심하게 연출하고 과시하였다. 지배자들은 자신을 묘사한 큰 조각상으로 이 구역을 장식하였다.

　　라 벤타는 늪지 중간의 작은 섬에 조성되었다. 이곳의 건물과 조각상은 어떤 곳보다 웅장하다. 120×70×32미터의 장방형 토축 언덕이 섬을 압도하며 건설되었다. 이 대형 토축 언덕의 정면에 장방형의 광장이 있고, 그 주위를 길고 낮은 언덕이 둘러싸고 있으며, 광장의 반대편 끝에는 담과 계단식 언덕이 있다. 거대한 석제 기념비 조각상이 유적 여기저기에 흩어져 있다. 그중에 거만함과 잔인함을 표현한 올멕의 두상이 있는데, 실제 통치자의 두상으로 보인다. 왕좌처럼 생긴 바위에는 돌을 파내 움푹하게 만든 큰 공간이 있는데, 그곳에 통치자로 보이는 인물의 좌상이 묘사되어 있다. 그는 몸을 약간 앞으로 기울여 꼬아 만든 굵은 밧줄을 잡고 있다. 이 밧줄은 앉아 있는 인물의 아래 양옆으로 늘어져 있다. 아마도 혈연을 상징하는 끈을 통하여 친척과 연결된 모습을 묘사한 것으로 보인다(그림 15.3). 인물의 옆에는 재규어가 도식적으로 묘사되었는데, 통치자가 그런 동물에서 탄생하였다고 하는 전설상의 기원을 상징하는 것으로 보인다. 조각상과 신전에 사용된 돌은 최소한 96킬로미터 떨어진 곳에서 운반해야 하는 대규모 사업을 통하여 얻어진 것으로, 무게가 40톤 이상인 석재 조각상도 있었다. 올멕의 왕권과 종교적 이념 등의 사상이 저지대와 고지대에 걸쳐 퍼져 있던 400년 동안, 라 벤타 주민들은 의례용 옥과 사문석을 멀리 코스타 리카(Costa Rica)에서 수입하였다. 그 후 서기전 400년경 라 벤타는 파괴되었고, 가장 정교한 기념비들이 고의적으로 훼손되었다.

올멕사회에서 발생한 가장 중요한 제도 중 하나는 왕권으로, 반은 재규어 반은 인간인 신비한 형상과 관련된 독특한 미술양식으로 알려져 있다. 올멕 군주는 부조, 채색회화 그리고 조각상 등의 오랫동안 존속하는 표현기법을 통해 권력을 구사한 첫 번째 메소아메리카인이다. 예술가들은 밀림의 모든 동물을 소재로 복잡한 상징 기법을 활용하였다. 그중 가장 강력한 상징은 재규어였다. 재규어는 상당히 영리하고 인내력을 갖춘 용맹한 짐승이다. 땅과 물 그리고 숲의 '높은 세상'에서도 번창하였다. 용맹스런 전사와 같이 공격적이고 무서운 짐승으로, 밤에 사냥을 하며 자기 마음대로 다른 환경의 경계를 넘나들 수 있었다. 수천 년 동안 아메리카 인디언은 비와 다산과 연관된 이 용맹한 동물을 무당의 힘과 연계하였다. 무당은 이승에서 영혼의 세계를 마음대로 오갈 수 있는 존재이다. 올멕 군주는 재규어에 대한 고대 이념을 현실의 왕권 제도에 접목시켜, 자신을 경외스러운 초자연적 힘을 가진 사제왕으로 보이게 하였을 것이다. 올멕사회에서 비의 신은 으르렁거리는 재규어의 이빨을 가진 반은 인간이고 반은 동물인 형상으로 표현되었다. 이는 여러 형상을 혼합한 전설적인 짐승 중 하나로, 숲에 있는 존재 그 자체가 아닌 환상적인 것으로 보려는 심리에서 유래하였다. 올멕 예술가들은 독수리의 깃털과 발톱을 갖고 뱀의 형상을 한 전설적인 짐승을 만들어냈다. '날개 달린 뱀' 케찰코아틀(Quetzalcoatl)은 가장 오래 지속된 메소아메리카의 신으로, 수세기 동안 고지대 문명의 중심에 있었다(제16장). 강렬한 샤머니즘적 의례와 자해로 피를 흘리고 인간을 제물로 바치는 공개적 의례는 메소아메리카 문명에서 중요하게 여겨지는 행사였다.

올멕은 예술, 건축 그리고 이념 등에서 후대에 강력한 유산을 남겼다. 메소아메리카의 모문명은 아니라 하더라도, 이후 나타나는 정교한 문화의 발달을 꾀한 중요한 촉매제가 되었다. 왕권과 통치에 대한 이념은 종교적 신앙과 함께 전혀 다른 환경을 가진 지역에까지 단기간에 확산되었다. 그 지역에서 사람들은 중요한 물품이나 이국적 제품을 서로 교역했다.

서기전 300년경 많은 메소아메리카의 사회가 단일이념으로 통합되면서 후기 선고전사회는 급격히 변화하였다. 새로운 종교적 질서를 갖춘 지도자는 화려한 건축물을 배경으로 강력하고 널리 추앙받는 신들을 기리는 공공의례를 치밀하게 수행하면서, 자신의 지배를 공고히하였다. 매 연도와 그 이상의 순환주기를 달력으로 정확하게 환산할 수 있어야 행사를 치를 수 있는 새로운 종교에는, 독특한 예술과 건축이 수반되었다. 문자와 수학은 종교적 관행을 제대로 이행하기 위한 수단으로 발전하였다. 종교적 관행은 산재한 촌락 공동체를 더 큰 정치적 단위로 융합하는 힘이 되었다.

고지대와 저지대의 고전 메소아메리카 문명이 등장하기 전까지, 거의 1000년 동안 여러 왕조가 메소아메리카를 지배하면서 안정적인 계보를 형성하였다. 아쿨라(Acula) 강의 라 모자라(La Mojarra)에서 극적으로 발견된 4톤의 현무암제 돌기둥에는 '수확의 달(月) 군주'라고 상형문자로 새겨진 2세기의 위대한 통치자의 형상이 조각되어 있다. 명문은 고대 소켄(Zoquean) 언어로 쓰여 있었는데, 이는 후기 마야 문자와 유사한 기호를 사용한 고대 올멕 언어일 것이다. 이 명문은 왕위를 계승하고 사촌이 일으킨 반역을 제압한 사실을 찬양하는 내용이다.

초기국가 조직사회가 출현한 메소포타미아, 이집트, 중국 그리고 기타 지역에서 발생한 사회 정치 복합도는 폭넓은 범위에서 유사한 패턴을 보여주는데, 마야 문명 또한 마찬가지이다.

선고전기 마야 문명(1000 B.C. 이전~A.D. 200)

기원 : 쿠엘로(약 1200~400 B.C.)

고대 마야 문명의 뿌리는 그 이전의 메소아메리카 저지대의 문화 전통에서 찾을 수 있다. 불행하게도 마야의 최초 발상지는 울창한 숲으로 덮여 있어 고고학적 흔적이 쉽게 발견되는 곳이 아니었다. 높은 습도와 많은 강우량으로 인해 유기질 유물들은 훼손되었고, 동시에 울창한 식생으로 규모가 큰 피라미드와 광장조차도 찾아내기 어려웠다. 그러나 보스턴 대학교의 고고학자 노먼 해먼드(Norman Hammond)가 1970년대 초 북부 벨리즈(Belize)에서 쿠엘로 유적을 발견함으로써, 마야의 뿌리를 서기전 2000년기까지 소급하여 추적할 수 있었다. 이 지역의 촌락 생활은 최소한 서기전 2500년까지 거슬러 올라간다.

쿠엘로(Cuello)는 마야의 작은 의례 중심지로, 0.4헥타르의 넓이에 현재 남아 있는 것은 3.6미터 높이의 기단과 낮은 피라미드뿐이다. 마야인은 초자연적 힘이 여러 세대를 걸쳐 축적된다고 믿었기 때문에, 신전과 주요 중심지들을 이전 성소에 다시 지었다고 해먼드는 주장한다. 그는 중심 광장 아래에서 기존 층위를 한 층씩 발굴하여 결국 한 건물을 발견해냈다. 이 건물은 서기전 약 1200년경의 것으로 추정되는데, 석회칠이 된 기단 위에 나무기둥 틀을 짜고 야자수로 엮은 지붕을 얹었다. 쿠엘로 사람들은 수세기에 걸쳐 규모를 확대하였으나, 광장의 배치는 서기전 약 400년까지 동일하게 유지하였다. 이후 촌락민들은 나무와 이엉을 엮어 만든 신전이 갖추어진 의례 구역을 대규모 공공행사의 무대로 전환했다. 기존의 신전을 태우고 전면을 헐어내어 신성성을 제거한 후, 1에이커가 넘는 기단을 새로 만들기 위하여 광장을 잡석으로 채웠다. 해먼드는 잡석 속에서 인간 희생물들의 유골을 30구 이상 발굴하였다. 일부는 머리와 팔다리가 잘린 모습이었고, 두 명의 남자 아이 주변에 원을 그리며 앉아 있는 유골의 사례도 있었다. 희생자와 함께 여섯 점의 뼈로 만든 관(管)이 같이 묻혀 있었다. 뼈에는 돗자리에서 보이는 문양이 새겨져 있었는데, 그것은 후대에 후기 마야 왕권을 상징하는 것이다. 이 문양 모티브는 마야 지배층이 서기전 400년경 출현하였음을 입증하는 것일 수도 있다.

　마야 저지대의 일부 지역에서 촌락 농민들이 옥수수 종자를 개량하고 농업생산성을 증가시키던 시기에, 쿠엘로는 문화가 연속성을 가지고 발달하였음을 보여주는 놀라운 증거이다. 이 유적지는 보다 광범위한 농업과 확대된 교역 연결망, [남부 과테말라의 모타구아(Motagua) 강에서 몇몇 무덤에 부장된 고품질의 옥제구슬을 통하여 확인되는] 계층사회의 등장과 전문화된 장인의 출현 등, 후대 마야 문명의 모든 기본 요소를 갖추고 있다.

산 바르톨로, 나크베 그리고 엘 미라도르(약 1000~300 B.C.)

약 2000년 전 고전 마야문명의 출현 이전 마야 중심지의 발견물을 살펴보면, 선고전 시기의 생활은 생각보다 훨씬 복잡했다는 것을 알 수 있다.

　과테말라의 페텐에 있는 산 바르톨로(San Bartolo) 유적은 서기전 400~200년 동안 이용된 거주구역으로, 작은 피라미드가 갖추어진 외진 소규모 중심지였다. 2004년에 마야 학자 윌리엄 사투르노(William Saturno)가 도굴꾼이 파헤쳐 놓은 토갱에 기어들어가서, 후대에 지은 건축물로 막힌 방의 일부가 훼손되었음을 확인하였다. 채색된 프레스코 벽화가 안쪽에 있었는데, 이 벽화는 진흙으로 덮여 있었기 때문에 보존되었다.

　이 그림에는 신화적 인물 9명이 세밀하게 그려져 있다. 그중 주된 신은 보석으로 치장한 옥수수신인데, 머리는 잎이 무성한 옥수수대로 묘사되어 있다(그림 15.4). 팔은 바깥쪽으로 벌리고, 머리를 돌려 뒤에서 무릎을 꿇고 있는 여자를 쳐다보고 있다. 그 여자 또한 손을 올리고 있으며, 또 다른 검은 머리의 여자가 그 위에 떠 있는 것처럼 묘사되어 있다. 옥수수신 앞에는 무릎 꿇은 남자가 있고, 다른 인물들이 행렬을 이루고 있다. 훨씬 후대에는 친숙한 전설적인 그림이지만 이 벽화는 마야 창조 전설을 묘사한 가장 초기의 사례에 해당한다. 이 벽화에 대해 AMS 방사성탄소연대측정을 한 결과 서기전 400년과 200년 사이의 것으로 나타났다. 이를 통하여 산 바르톨로 그림은 알려진 마야 벽화 중 가장 이른 것으로 추정되고 있다. 일부 벽화에는 한 줄로 그

그림 15.4 과테말라의 산 바르톨로 선고전기 벽화에 그려진 옥수수 신.

려진 상형문자 10개가 있었다. 후기 마야 문자에 대한 지식을 갖춘 전문가들을 포함해서 어떤 전문가도 아직까지 이 상형문자를 해독하지 못하고 있다. 이 상형문자 중최소한 하나가 왕권을 상징하는 것으로 추정할 뿐이다.

산 바르톨로는 초기 마야 예술의 시스틴(Sistine) 성당과도 같다. 이를 통하여 정교한 예술 전통, 문자 그리고 종교적 신앙에 대하여 문명이 시작되는 당시의 모습으로거슬러 올라가 살펴볼 수 있기 때문이다. 이 벽화를 통해 마야의 독특한 문화적 전통이 한동안 추정되었던 것보다 훨씬 이른 서기전 400년부터 발달하였음을 알 수 있다.

얼마 지나지 않아 일부 페텐의 선고전기 유적은 규모가 크게 확대되었다. 나크베(Nakbé)의 폐허는 과테말라 도시에서 346킬로미터, 15.5제곱킬로미터 면적의 초기 마야 도시 엘 미라도르(El Mirador)에서 13.6킬로미터 떨어진 곳에 있다. 두 거주 구역은 한때 제방 길로 연결되어 있었는데, 상대적으로 작은 나크베에 서기전 1000년경부터 사람이 거주하기 시작하였다. 나크베는 비록 초기 단계이기는 하나 강력한 지배층에 의해 통치되었다. 그들이 지배층이었다는 것은 옥으로 보철한 치아로 알 수 있는데, 이는 후대에 마야 귀족들 간에 행해지던 일반적인 관행이다. 서기전 650년에서 450년 사이 나크베의 통치자는 야심찬 건설 사업에 착수하였다. 그들은 기존 의례용 건축물 위에 대형 기단을 조성하고, 피라미드를 올린 뒤 꼭대기에 빈 파사드를 시설하였다. 서기전 300년경 건축가들은 석회석에 기괴한 모양의 괴물을 조각하고 그 위에 소석회 반죽인 스투코(stucco)로 마감하였다. 피라미드는 판석으로 마감되고, 신의 두상이 장식된 가파른 계단의 정상에 세워진 세 개의 작은 신전으로 구성된다. 이것과 동일한 구조가 이후 수세기 동안 널리 이용되었으며, 후계 통치자는 복잡한 상형문자를 갖춘 돌기둥을 활용하여 자신들의 행위와 통치를 기념하였다.

올멕 당대와 같이 나크베의 예술가는 신들과 전설적 존재에 관심을 두었다. 46미터 높이의 피라미드 아래에서 건축 조각이 발견되었는데, 자연 세계를 상징하는 마야의 신으로서 천상의 새(Celestial Bird)의 머리 부분을 양식화한 것이었다. 천상의 새는 후대 마야 왕권과 관련이 있다. 고고학자 리처드 핸슨(Richard Hanson)은 나크베에서 표현된 복잡한 종교적 신앙이 마야 문명을 발전시킨 추진력인지 여부에 대하여 궁금증을 가졌다. 그는 나크베의 웅장한 건물이 인간과 신 사이의 경건한 관계, 정확히 말하면 이전 메소포타미아와 초기 중국 문명에서 확인되는 것과 같은 종류의 관계를 확보하고 있는 지도자가 사람들을 동원하여 그 노동력으로 건설되었다고 믿었다. 핸슨의 이론은 상당한 논쟁을 불러일으켰지만, 나크베 신전의 파사드는 분명히 마야사회에서 성스러운 왕권 출 아하우(Ch'ul Ahau)의 관념이 등장하였음을 보여준다. 핵심적인 군주들은 화려한 공공의례 행사에서 신의 가면을 썼는데, 이는 자신이 살아 있는 신으로서 역할하고 있음을 상징하기 위한 것이었다. 나크베는 서기전 300년에 권력의 전성기를 맞이하였으나, 몇 세대 지나지 않아 훨씬 강력해진 이웃 공동체 엘 미라도르에 의해 정치적, 경제적으로 큰 혼란을 겪으며 전복되었다.

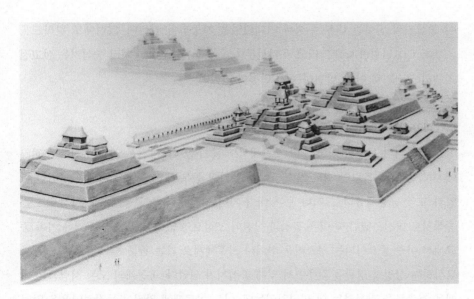

그림 15.5 엘 미라도르 중앙 구역의 복원도

엘 미라도르(El Mirador)는 이웃 공동체보다 우월한 방어상의 위치는 물론 신뢰할 수 있는 수자원 공급원을 갖추고, 서기전 150년에서 서기 50년 사이에 약 16제곱킬로미터 넓이의 도시로 성장하였다. 브리검 영(Brigham Young) 대학의 고고학자들은 대형 피라미드, 신전 그리고 광장으로 이루어진 대규모 단지를 포함하여 최소한 200개의 건물을 발굴하였다. 유적지의 동쪽 끝에 있는 단타(Danta) 피라미드는 자연 구릉보다 70미터 정도 높았다. 서쪽으로 약 2킬로미터 떨어진 곳에 55미터 높이의 피라미드가 광장과 작은 건물에 둘러싸인 티그리(Tigre) 단지가 위치한다(그림 15.5). 엘 미라도르에서 발견된 토기 파편이나 스투코 조각에는 초기 마야 문자의 사례가 보이기도 한다. 엘 미라도르는 북동쪽으로 38킬로미터 떨어진 다른 중요한 선고전 중심지 칼라크물(Calakmul)과 북돋운 도로(sacbeob)로 연결되었다.

이 경탄스럽고 여전히 잘 알려지지 않은 도시는 서기 1세기 초엽에 갑자기 붕괴하였다. 이 붕괴의 역학에 대해서는 알려진 것이 별로 없지만, 다른 선고전기의 마야 공동체의 사례로 보아 왕위제도를 확립하고 곧 붕괴한 것으로 추정된다. 많은 마야 중심지의 변화는 내부 투쟁과 연계되었을 가능성이 있는데, 그럼에도 칼라크물(Calakmul), 티칼(Tikal) 그리고 우악사툰(Uaxactun)을 포함한 여러 중심지는 선고전기에서 고전기로 이행, 발전하는 데 단절이 없었다.

초기 마야 왕권 : 세로스(50 B.C.~A.D. 150)

등장과 붕괴의 동일한 역학은 다른 곳에서도 볼 수 있다. 서기전 50년 후기 선고전기에 속하는 작은 읍락인 세로스(Cerros)는 유카탄 동부 해안 근처에 위치한 평범한 어업과 교역 공동체였다. 그러나 두 세대가 지나기 전에 작은 공동체가 독자적으로 큰 중심지로 발전하였다. 촌락은 광장과 신전의 조성으로 없어졌고, 중앙 구역은 마야 종교에서 아주 중요시되는 성스러운 산이나 사후세계로 가는 관문, 즉 성스러운 세계를 묘사하는 상징적 경관을 갖추면서 의례 중심지가 되었다. 공동체의 모든 사람들은 의례용 건축물을 건설하는 데 협력하였는데, 이는 공동체에 왕권이 등장하였음을 알려주는 신호이기도 했다. 이 최초의 신전을 좇아서 후대 신전이 조성되었는데, 공동체의 지도층인 귀족의 역할을 합리화하기 위한 사혈이나 인간희생 등 모든 의례행사의 무대 기능을 하였다. 그러나 이 신전은 어느 시점에 갑자기 기능을 잃고, 세로스는 한때 중요시되던 중심지에서 다시 작은 어촌으로 돌아갔다. 엘 미라도르와 나크베의 경우처럼 세로스의 통치자도 이름이나 개인적 역사에 대해서 아무런 기록을 남기지 않았다. 후계자에게 물려준 유산은 오직 왕조를 유지하는 데 대형의 구조물을 활용하였음을 보여주고, 사회의 계급성을 강조하는 건축물 뿐이었다. 의례행사는 무당-군주에 의해 피라미드와 위대한 마야 중심지의 광장에서 이루어졌다. 이들 건축물은 태초의 신에 의해 창조된 성스러운 경관을 상징적으로 재현한 것이었다. 거대한 의례용 건축물은 숲, 산 그리고 동굴을 석주, 피라미드 그리고 신전 입구 시설 등으로 재현하였다. 의례행사는 강한 이미지를 남겼으며, 의식이 실행된 장소는 성스러운 곳이 되었다. 뿐만 아니라 같은 장소에 후계 통치자들이 새로운 신전을 추가 건설함으로써 신성성이 더욱 강조되었다. 여러 세대에 걸쳐 통치자들은 이웃 공동체와의 정치적 경쟁의 전략에 따라 신성한 무대를 만들 목적으로, 이전 건축물의 도상과 조각상을 더욱 정교하게 조성하였다.

마야 달력

마야 문명에서 주기적인 시간 배열 구조가 갖는 비중은 크다. 그 구조를 이해하는 가장 빠른 방법은 상호 맞물린 기어(그림 15.6)를 상상하는 것이다. 한 번의 회전, 즉 촐킨(tzolkin)은 어떤 천문학적 현상과 무관하게 260일이며, 이는 13개의 숫자와 20개의 이름으로 구성되어 있다. 날짜가 지남에 따라 숫자와 이름이 반복 순환하는데, 하나의 순환이 완전히 이루어지면 달력은 시작되었던 최초의 숫자와 이름의 조합으로 되돌아간다. 촐킨의 260일에는 각각의 신이 있다. 순환의 길이는 임의적인 것으로, 아마도 오랜 전통에 의해 형성된 것으로 보인다. 촐킨은 종교적 행사를 조절하는 데 사용되었고, 태양 순환과 관련된 365일의 세속 연도인 하브(haab)와 연계되어 사용되었다. 천문학에 근거한 이 달력은 국가 사안을 통제하기 위하여 사용되었는데, 두 달력 간 연계는 마야 생활에서 매우 중요하였다. 두 달력에서 매일은 순환적 시간의 순열에서, 독특한 정체성 그리고 위치를 갖고 있다. 매 52년마다

두 달력의 모든 날짜와 달 이름의 순환이 동시에 완료되는 날이 발생하는데, 이때에 맞추어 종교적 활동이 집중적으로 일어난다. 마야의 왕은 개인과 관련된 행사를 달력의 순환에 맞추었다. 왕위의 계승과 왕가구성원의 죽음과 탄생이 있었던 날짜가 달력상에 표기되었고, 왕실 역사에서 상당히 중요시되었다. 이를 통하여 마야 역사는 현세와 사후 세계를 연결되고, 나아가 과거와 미래가 연결되는 것이다.

마야에는 또한 독특한 날짜로 구성된 세 번째 선형 달력이 있는데, 이 달력은 순환되지 않는다. 이 달력의 시작점은 서기전 3114년 8월 11일인데, 유명한 전설상의 '장주기(Long Count)'로 아마도 우주가 시작한 날을 의미할 것이다. 장주기는 날짜 단위군으로 이루어진 명목상의 체계로 세분화되는데, 그중 가장 큰 것은 바크툰(baktun)으로 1년 360일 기준으로 400년이며, 매 20년으로 이루어진 20카툰(katun)으로 구성된다.

마야 달력과 문자

마야 문명은 주기적인 시간의 배열 구조와 밀접한 관계가 있다. 마야의 신관은 행성과 항성의 이동을 기준으로 시간의 흐름을 표시하였다. 그들은 우주의 순환을 이해하려 했고, 의례, 교역, 왕실 결혼, 전쟁 등에 적합한 날을 찾으려 했다. 마야 문명의 일상적 규칙은 상호 연동되는 복잡한 한 쌍의 달력 장치에 의해 운용되었다(발견 15.1).

달력은 마야 생활에서 절대적으로 중요하였다. 정치적 전략과 사회적 이동을 결정하는 데, 신성한 시간과 관련된 복잡한 지리적 정보의 도움을 받았기 때문이다. 마야의 서기는 상형문자로 작성한 그림문서에 순환 달력의 각 일자별로 성스러운 행동에 대하여 경탄스러울 만큼 복잡하게 기록했다. 각 일자는 하나의 문자, 촐킨(tzolkin)

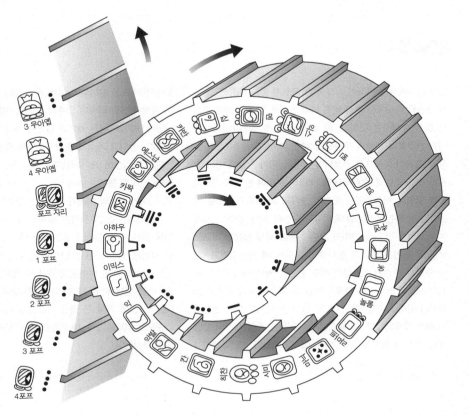

그림 15.6 마야 달력

과 하브(haab)에서의 분명한 위치 그리고 순환시간의 행렬 속에서 자기만의 자리를 갖고 있다(그림 15.6). 모든 마야 왕은 끊임없이 변동하는 이 시간의 척도를 적극적으로 활용하였다. 식물을 재배하고 수확하는 일 등은 달력에 규칙적으로 표시될 수 있는 사건이다. 승계 일자와 중요한 승전, 그리고 왕족의 죽음과 탄생 같은 날짜들은 달력상에 표시되며, 그중 어떤 날은 개별 왕조의 역사에 상당히 중요한 의미를 갖는다. 마야의 통치자는 자신의 행동을 신과 조상에 연결하여, 종종 그 행동을 신화상의 사건이 재현된 것이라고 주장하면서 자신들의 혈통을 합리화하였다. 마야의 역사는 현세와 사후 세계는 물론 과거의 전설적인 올멕 문명과 연결되었다. 실제 사회는 성스러운 공간과 시간으로 구축된 구조속에서 작동하는 셈이다.

　마야는 날짜를 계산하고 종교적 행사를 조절하기 위하여 상형문자를 개발하였다. 또한 문자는 혈통, 왕의 가계, 정복 그리고 왕조 역사를 기록하는 데 사용되었다. 열악한 보존 환경과 스페인의 수도사가 행한 파괴로 인해, 지금은 마야 문자가 행정수단으로써 어느 정도 사용되었는지를 알지 못한다. 분명히 그 용도는 통치자와 지배층에 국한되었을 것이며, 전시행정과 의례행사에서 엄청나게 중요한 역할을 하였을 것이다. 정치적으로 서기들은 중요시되었으며, 포로가 된 서기들의 팔을 잘라 기록을 하지 못하도록 하였다. 이 상징들은 기이한 것으로, 대부분 인간, 괴물 또는 신의 머리로 구성되어 있다. 10여 년간의 집중적인 연구 끝에 현존하는 고전기 명문의 반 이상이 해독되었다. 마야의 문자가 사회에서 차지한 역할을 보면, 종교와 우주론적 사건을 강조하였다는 측면에서 고대 이집트 문자에 가장 가깝다(기록 15.2).

　마야사회는 아버지에서 아들로 또는 형제에서 형제로 그리고 다시 아들로 이어지는 혈통을 따라, 왕위를 계승하는 왕위제도를 원칙으로 하고 있다. 따라서 계승 순서를 거슬러 올라가면 건국 조상에 이르게 되는데, 이 때문에 상형문자 기록은 마야생활에서 절대적인 중요성을 가진다. 가문과 씨족의 서열은 왕실 혈통의 중심에서 가깝고 먼 정도에 따라 신중하게 매겨진다. 이러한 가문 서열과 동맹 시스템이 정치적권력 기반이었다. 혈통 계승제도가 원활히 운용되려면, 혈통 기록이 신중히 유지되어야 했다.

　마야 세계의 주요 국경 수도인 코판(Copan)은 메소아메리카의 여러 족장(군장)사회의 경계에 위치한다. 그러한 코판의 대규모 중심지에서 볼 수 있는 바와 같이 마야사회에서 사회적 지위는 상당히 중시되었다. 이곳의 피라미드, 신전 그리고 석주에는 정치적, 사회적 권력을 행사한 마야 왕에 대하여 주목할 만한 기록이 남겨져 있다. 우주관을 반영한 것이 코판 건축물 설계의 주요 특징이기는 하나, 다른 곳과 마찬가지로 주요 도시 건축물은 왕의 생애와 왕국의 정치적, 역사적 중요 사건을 축하하는 것을 주요 기능으로 삼는다. 각 건물은 왕권의 계승, 중요한 승전에서 신규 동맹에 이르기까지 모든 특별한 사건을 기념하기 위하여 왕이 건축하여 헌정한 것이다.

마야 문자의 해독

마야 문자의 해독은 20세기 과학의 가장 위대한 업적으로 손꼽힌다. 정교하고 때로는 기괴한 상형문자에 관한 기록을 남긴 첫 번째 사람은 16세기 스페인 수도사 디에고 드 란다(Diego de Landa)였다. 란다는 논쟁의 여지가 많은 인물로, 전통적인 마야 생활을 연구하였으며, 한편으로는 유일신앙의 이름으로 인디오를 무자비하게 처형하였다. 그는 나무와 사슴가죽에 기록된 수백 점의 마야 문서를 파괴한 반면, 사라져가는 문자의 세부내용을 기록하는 수고를 감수하였다. 영국인 알프레드 퍼시벌 모드슬레이(Alfred Percival Maudslay)가 1880년대와 1990년대에 수천 개의 상형문자를 채록함에 따라 적절한 형태의 문자를 대상으로 한 진지한 연구가 가능해졌다. 수세대 동안 전문가들은 마야 상형문자가 그림을 형상화한 문자인지 소리를 표현한 문자인지 논쟁을 벌였다. 또한 역사적 기록인가 아니면 단순한 달력 또는 천문학적 관찰인가에 대해서도 논란이 일었다(발견 15.1) 대부분의 마야 학자는 마야의 문자가 달력을 기록한 것이며, 고대 마야 군주는 평화로운 천문학자이자 신관이었다고 가정하였다. 그러나 1952년 러시아 금석학자 유리 크노소로프(Yuri Knosorov)는 마야 문자가 이집트 문자처럼 표음과 음절로 된 상형문자라는 것을 입증하였다. 10년이 지나 건축가 타티아나 프로스쿠리아코프(Tatiana Proskouriakoff)는 피에드라스 네그라스(Piedras Negras)의 마야 유적 석주에 있는 상형문자가 독특한 패턴을 보인다는 것을 발견하였다. 그녀는 명문이 과거에 살았던 남성과 여성의 기록이라는 것을 인지하고, 근처 약스칠란(Yaxchilan)의 독특한 상형문자에서 두 명의 통치자 '방패를 든 재규어'와 그의 아들 '새 재규어'를 식별해냈다. 마야 군주가 처음으로 역사적 정체성을 가진 개인으로 드러난 것이다.

그 후 20년이 지나 몇몇 학자들이 웅장한 '명문의 신전'을 세운 군주 파칼(Pacal)의 통치기를 포함하여 7세기부터 팔렝케(Palenque) 왕조의 멸망 때까지 왕조 역사를 재구성하는 데 성공하였다. 그 덕분에 마야 학자들은 개별 건축물을 특정 왕실 건축가별로 구분할 수 있었다. 비록 해결되어야 할 많은 어려움이 남아 있기는 하지만, 15년 이상의 신속하고 집중적인 공동 작업으로 마야 문자를 부분적으로나마 해독할 수 있게 되었다. 이집트나 수메르 문자와는 달리, 마야 관련 보관 문서는 범위가 한정되어 있다. 토기를 비롯하여 건물 또는 석주에 새겨진 명문과 스페인 정복에서 훼손되지 않은 단지 네 권의 그림문서만 전할 뿐이다. 이 자료는 모두 왕실 계승, 군사 출정에서의 승리 그리고 중요한 의례에 대한 공공 문서들뿐이었다. 이는 마야 군주의 정치적 선전이었으며, 귀족이 자신의 행동과 조상을 합리화할 의도로 쓴 글이다. 일상적인 마야의 글에 대해서 우리가 알고 있는 것은 아무것도 없다. 그러나 남아 있는 기록 자료에 따르면, 마야 통치자는 평화로운 천문학자가 아니라, 억지로 통합된 경쟁 관계의 도시국가를 지배하는 피에 굶주린 군주였다. 해독이 점차 가능해지면서, 고고학자가 작성한 피라미드와 의례 중심지의 연대기에 정치적, 종교적인 내용을 더할 수 있게 되었다. 또한 마야 문명이 정략적 결혼, 정치적 동맹 그리고 야만적 정복 등으로 점철된 끊임없이 변하는 역사였음을 알게 되었다. 이 책에서의 마야 문명에 대한 설명은 고고학과 해독된 상형문자 모두에 기초를 두고 있다.

많은 건축물들 중에서 코판의 특징을 잘 나타내는 것이 구기장이다. 이 건축물은 좁은 도로 형태의 경기 공간과 그 양쪽에 평행으로 경사진 면으로 구성된다(그림

그림 15.7 코판의 구기장

15.7). 이는 의례적 성격의 정교한 경기를 하던 시설로, 제물이 될 희생자와 왕이 상징적인 '나락의 밑바닥'을 지나 저승으로 내려가는 곳이었다. 선수들은 보호 장비를 갖추어 입었고, 가죽 공을 사용하였다. 아마도 그 공을 양쪽 벽 높은 곳에 위치한 돌로 만든 링이나, 마코 앵무의 머리 조각에 겨냥하여 던졌을 것이다. 어떤 화병에 그려진 그림에는, 상대팀이 구기장 양쪽 경사면으로 공을 쳐내서 경기장 바닥에 닿지 않도록 하는 광경이 묘사되었다. 링을 사용하는 경우, 한 팀이 링 가운데로 공을 쳐서 넣으면 이긴다. 이러한 고대 경기는 올멕 시대에 시작되었다. 16세기에 스페인 정복자가 유카탄에서 목격하였던 경기의 규칙은 이미 최소한 2000년 이상 지속되었던 것이다. 공을 사용하는 이 경기는 종교적으로 절실하게 희생을 요구하는 분위기 속에서 치러졌다. 왜냐하면 경기는 전투를 의례적인 형식으로 표현하고, 배우가 마야 신의 행위를 연기하는 연극과 같은 것이었기 때문이다. 어떤 마야 전설에는 '천상의 쌍둥이(Heavenly Twins)'가 지하 세계의 왕과 장대한 경기를 치르는 장면이 묘사되어 있다. 따라서 경기를 후원하거나 경기에 참여하는 군주는 중요한 의례 행위를 통하여 우주

의 연속성을 확고히하는 데 기여하는 셈이다. 구기장 전체는 정치적, 종교적 의미를 지닌 경합의 장으로, 이곳에서 양 팀은 필사적으로 시합을 치렀다. 패배한 팀은 희생물이 되어 참수되었다. 이 구기의 규칙은 알려져 있지 않지만, 당당한 격식을 갖추었으며 인간희생을 내용으로 하고 있음을 알 수 있다.

코판에서의 고고학적 발굴조사와 미술사적 설명, 그리고 문자기록의 해석을 통합하여 분석한 결과, 특권을 부여하는 상형문자에 정통한 귀족의 혈통을 추적할 수 있었다. 또 다른 귀족 계급의 구성원은 봉신(封臣, sahalob)이었다. 그들은 전문적인 관료 역할을 했는데, 업무수행능력에 대한 대가로 많은 특권을 부여받았다. 사회 전반에 걸쳐 합법성을 인정받은 지위는 세습되었다.

용수 관리

고전기의 마야 문명은 저지대 환경의 도전에 새롭게 적응한 산물이다. 당시에 많은 공동체가 작은 언덕과 산등성이의 정상에 자리잡았다. 피라미드를 비롯한 여러 건축물을 건설하기 위해 암석을 채굴하였던 기층부의 채석장은 인공언덕과 광장에 둘러싸여 물을 공급하는 저수지로 활용된다. 마야의 건축가는 고지대에 중앙 저수지 시설을 만들고 중력 원리로 운용되는 운하를 조성하여, 개별 저수시설과 주변 관개시스템에 물을 내보내는 천재성을 발휘하였다.

이러한 정교한 용수관리체계는 수세기에 걸쳐 개발이 진행되면서, 마야 학자 베르논 스카버러(Vernon Scarborough)가 명명한 '미시적인 관개(microwatersheds)'에 근거하여 부족한 강우량을 보충할 수 있었다. 그러나 이 시스템에는 적용 가능한 지역이 제한되어 있다는 심각한 한계가 있었다. 또한 연간 강우량의 변동이 커서 안정적인 수량 공급이 불가능하였다.

수세기에 걸쳐 마야의 농민은 공학적으로 고도로 발전한 기반시설을 서서히 구축하였으며, 이 기반시설은 시간이 흐를수록 효율성이 높아졌다. 모든 것은 천천히 신중하게, 취약한 열대 환경의 현실을 개선하기 위한 사회적, 정치적 맥락에서 이루어졌다. 마야인은 이 환경에서 어떻게 경작할 것인가를 수세기 동안 탐구하여 결국 성공하였다. 활동영역 전체에 걸쳐 토양과 식량의 분포가 불균등하기 때문에, 그들은 촌락을 분산시키고 한편으로는 상호의존 정도를 높이는 전략을 택하였다. 이는 어렵게 습득한 방법으로, 이를 통하여 환경적 제약에 성공적으로 대처할 수 있게 된 것이다. 시스템이 잘 운용되는 한, 기후 문제를 어느 정도 극복할 수 있었다. 수세기 동안 지속된 단기간의 기후 문제에 대하여, 작은 도시국가들은 각각 미시적인 관개시스템을 도입하여 융통성과 복원력을 발휘하였다. 마야 문명이 이런 도시국가들을 기반으로 하여 발달한 것은 우연이 아니다.

특히 도시 외곽에서 인구가 증가하면서 농경지의 범위도 넓어졌다. 일찍이 서기 1세기부터 늪지에서 배수하고 운하를 건설하여, 불모지를 경작이 가능한 토지로 바꾸었다. 새로운 경작지는 강물이 범람하는 계절에 침수되는 것을 피하기 위하여, 강변 지역을 성토하여 조성하였다. 그 후 인구가 계속 증가하자, 폭풍우 시기에 흙이 아래로 흘러내리는 것을 막기 위하여, 급경사의 언덕 경사면을 계단식 대지로 만들었다.

서기 800년경 약 8백만에서 1천만 명의 마야인이 저지대에 살았는데, 이는 자연 수용력이 낮은 열대 환경을 감안하면 놀랄 만큼 높은 인구밀도이다.

고전기 마야 문명(A.D. 200~900)

코판은 마야 문명의 복잡한 정치적, 사회적 역사에 대한 고고학 연구가 이루어진 많은 유적 중 하나이다. 고전기 마야에 의해 세워진 공공기념 건축물은 제사장으로서의 왕, 즉 이승과 저승을 연결하는 중재자로서의 역할뿐만 아니라, 가문의 우두머리로서의 위상을 공고히 하기 위하여 건설되었다. 석주에 가계를 기록함으로써, 자신이 속한 혈통이나 오래전 조상과의 밀접한 관계를 뒷받침하였다. 마야 군주는 화려한 예복으로 지위를 상징하였고, 정교한 의례를 통하여 전설적인 조상신과의 밀접한 관계를 강조하였다. 이는 왕들이 그들을 추종하는 지도층과 사회의 모든 구성원에 대하여 혈연적 정당성과 정치적 권력을 주장하는 방법이다.

통치자는 자신이 신 그리고 조상과 성스러운 계약을 맺고 있다고 믿었으며, 그 계약은 정교한 개인 혹은 공공의례를 통하여 반복적으로 강조되었다. 통치자는 인간을 저승과 연결시키는 통로 역할을 하는 '세계수(世上樹, World Tree)'로 종종 묘사된다. 나무는 마야의 삶을 지키는 생생한 환경이자 인간 권력의 은유였다. 이러한 이유로 마야의 왕들은 자연 숲속에 있는 상징적인 인간 세계수가 된다.

왕, 신관, 장인을 부양하는 수백 명의 농민이 건설한 웅장한 의례 중심지에서는 기념행사와 의례가 끊임없이 반복되었는데, 마야 달력은 이 순환이 어그러지지 않게 해주었다. 또한 마야의 세계관은 왕과 귀족을 비롯한 모든 사람들을 속박하는 무거운 의무를 만들어냈다. 왕의 책임은 모든 종류의 재화를 수집하고 재분배하며, 불모의 늪지를 조직적이고 생산적인 경관으로 전환시키는 농경체계를 구축하는 것이다. 마야 통치자와 모든 신민의 생활은 절대적이고 역동적인 방식으로 상호 긴밀하게 연결되었다. 왕은 국가의 제사장으로서, 영적이고 의례적인 방법으로 모든 사람의 삶을 풍요롭게 하는 역할을 맡았다. 통치자가 교역과 농업에서 성공하였다는 것은 사회의 모든 계층이 생산품과 교역품에 접근할 수 있다는 것을 의미한다. 마야의 통치자가 건설한 웅장한 의례적 중심지는 정교한 의례와 의식이 치러지는 무대의 기능을 하였다. "왕이 인공산 앞에 세운 나무, 돌에 문자와 그림으로 묘사한 역사는 물질과 영혼의 세계 모두에 시간과 공간을 부여하였다[쉴리(Schele)와 프라이들(Freidel), 1990, p.319]."

정치적 조직과 역사

마야 문명은 통일성과는 거리가 있었다. 마야 사회는 크고 작은 정치적 단위로 조합된 것처럼 보인다. 사람들이 다수의 작은 다중심 정치체로 나누어져 있어서, 마야 취락 간의 정치적 관계를 확인하는 것은 어렵다. 한 가지 가능한 접근 방법은 주요 왕국의 왕과 고위 귀족에 붙여진 '상징적인 상형문자'를 식별하는 것이다. 팔렝케(Palenque)의 상징적 상형문자는 출 박 아하우(Ch'ul Bac Ahaw, 성스러운 뼈 군주)이며 티칼(Tikal)의 그것은 무투이(Mutui, '묶인 집' 또는 '묶인 꽃')이다. 무투이는 뒤에서 보았을 때 묶은 남자의 머리를 묘사한 것이다. 어떤 중심지에서는 종종 지배 군주의 상징적 상형문자가 사용되어, 그것이 특정 왕국에 정치적으로 소속되어 있음을 표현한 것으로 이해된다. 그들은 어떤 사건이 '~의 땅에서(u cab, 우 캅)' 일어났다고 서술함으로써, 영토에 대한 정치적 통제상태를 식별하려 하였다.

많은 마야 학자들은 마야 문명을 경쟁적인 작은 왕국의 관점에서 설명하였다. 그러나 조이스 마커스(Joyce Marcus)는 마야의 정치적 영토를 금석학(명문 연구방법), 도상학 그리고 취락유형을 중심으로 종합적으로 연구하여, 유적의 상징적 상형문자와 그 분포가 의례 중심지의 구조와 서열을 반영한다는 가설을 세웠다. 그녀는 메소아메리카에서 국가가 출현하고 절정에 도달한 뒤 몰락하는 과정에서 나타나는 유사성을 관찰하였다. 그녀는 마야 문명뿐만 아니라 톨텍(Toltec)과 아즈텍(Aztec) 문명에서도 저지대와 고지대 모두에서 상당한 일관성이 나타난다고 기술했다(제16장).

이 시나리오는 다음과 같이 전개된다. 첫 번째로 마야의 티칼 또는 테오티우아칸(Teotihuacan)과 같은 새로운 도시국가가 외교와 정략적 결혼 그리고 군사적 정복을 통하여 영토를 확장한다. 새로운 국가는 초기에 영토의 면적이 최고조에 다다른다. 그리고 일부 속주가 어느 시점에 상당한 수준의 문화적 복합성을 갖추고, 명목뿐인 군주에게서 떨어져나가 독립적 정치체를 구성한다. 그렇다고 핵심 국가가 약화되는 것은 아니며, 여전히 번성하여 에너지와 자원을 외부로 유출하기보다는 내부의 자체 영역에 투자한다. 그러나 일정 시간이 지나면 이미 독립국가로 발전한 속주는 그들끼리 동맹을 맺고, 종전의 상위 군주를 정복하여 두 번째 중심지로 발전한다.

형성, 영역 확장, 분열 그리고 기타 요인으로 인해 쇠퇴하는 순환은 메소아메리카 문명의 일관된 패턴이라고 하는 정도에 이르기까지 수차례 반복된다. 그래서 마커스의 시나리오는 마야의 정치적 역사를 제대로 정리하였다고 할 수 있다. 그녀는 마야의 정치적 역사와 조직에 대한 종합적인 시나리오를 발전시켰는데, 다음에서 보는 바와 같이 수십 개의 작은 정치체가 아니라 중요한 고전기 도시국가 네개로 구성된 조직을 대상으로 한 것이다.

서기 292~434년 기간에는 마야의 최초 발생지 어떤 곳에서도 지역적 수도나 정비된 정주 위계, 독특한 기념비적인 양식이 존재하지 않았다. 대부분의 중심지간 거리는 평균적으로 약 27킬로미터였으며, 분명히 자치적이고 경쟁적이며 거의 서열의 차이가 없다. 티칼과 우악사툰(Uaxatun)은 가장 초기의 지배적인 중심지였던 것으로 보인다. 514년에서 534년경에는 표준화된 상징체계가 상당한 거리를 두고 떨어져 있는 마야 중심지 기념물에서도 같이 사용되었다. 그 당시 네 개의 지역수도가 있었는데, 각각 고유의 상징적 상형문자를 갖추고, 잘 정비된 다수의 작은 취락 체계를 관리, 지배하였다. 이는 소수의 통치 왕조에 의해 지배되는 피라미드식 국가 형태라고 할 수 있다. 731년에 코판에서 발견된 상형문자 기록은 아마도 편향된 시각을 가진 것이기는 하겠지만, 이들 네 개의 수도로 티칼, 팔렝케, 칼라크물 그리고 코판을 제시하였다. 이 네 개로 나누어진 정치적 구조는 고대 마야의 우주론적 구조와 대략 일치하는데, 각 주요 수도는 일정 방향과 관련되어 있다. 네 개의 수도는 저지대 마야 지역을 분할한 네 구역에 대응된다.

마커스는 마야의 네 수도가 672년에서 751년 사이에 일정한 형태의 군사적 동맹을 유지하였다고 믿는다. 각 통치자가 동일한 음력을 사용하고 같은 양식과 도상을 수용한 기념물을 세운 상황으로 보아, 이웃 공동체와 서로 동등한 위상을 취하면서 상호 소통하였다는 것이다. 각 지역 내의 통치자는 완전히 종속시키지 못한 중심지의 지배 가문과 정략적인 결혼 동맹을 맺으면서 연합하였는데, 이러한 사례는 팔렝케와 근처 약칠란(Yaxchilan)의 관계에서 볼 수 있다. 그러나 이런 질서는 오래가지 못하였다. 830년에서 909년 사이에 원래 수도의 세력이 쇠퇴하고 대신 보다 작고 분산된 인구를 통치하는 데 적합한 체제가 대신 들어서면서, 기념물의 60퍼센트가 이전에 하위 중심지였던 곳에 세워진다. 이러한 변화는 이른바 남부 저지대의 '마야 붕괴'라는 사실과 일치한다.

모든 마야 정치체에 공통된 많은 요소가 있는데, 그중 종교 생활의 조정과 신의 경배에 필수적인 달력과 상형문자가 중요하다. 건축과 토기 등의 공예품에서 확인되는 예술적 양식은 각 중심지가 독특한 특징과 문화적 전통을 가지고 발달하였기 때문에 각기 달랐다. 흩어진 이스라엘인이 다양한 문화를 통합시켰던 것처럼, 마야도 정치적 또는 경제적 이익보다는 종교적 측면에서 통합하였을 것이다.

마야에 의해 이용된 정치적 메커니즘에는 의례적 성격을 강하게 띠고 파괴력이 강한 전쟁도 포함된다. 이는 영토적 확장보다는 정치적 주도권에 중점을 둔 것이다. 많은 그림과 명문이 전쟁이 갖는 의례와 이념적 성격을 보여준다. 전쟁을 통해서 포로를 얻고 제물로 바칠 수 있어, 정치적 권력을 공고히할 수 있기 때문이다. 이것이 전쟁을 일으키는 주된 목적인지 여부는 불확실하다. 그러나 상징적 상형문자의 내용을 통해서 볼 때, 대부분의 전쟁은 바로 이웃 공동체 간에 발생한 것으로 보인다. 통치자를 잡아 제물로 바침으로써, 여러 세대에 걸쳐 그가 통치한 수도를 지배하게 되는 경우도 있지만, 별다른 성과를 얻어내지 못하는 경우도 있다. 명문에 따르면 통치자 또는 그들의 대표가 다른 수도를 방문하는 것은 보통 왕위를 승계하거나 후계자를 지목하는 경우와 같은 중요한 사건이 있을 경우이다. 이러한 모든 외교적, 군사적 작전의 핵심은 강력한 귀족 계급 간의 끊임없는 경쟁이었으며, 이는 수세기 동안 계속되었다. 예를 들어 '재규어 발톱' 가문은 선고전기의 엘 미라도르를 비롯하여 티칼과 카라콜(Caracol), 더 나아가 도스 필라스(Dos Pilas)에도 영향력을 발휘하였다. 마야에서 일어난 많은 전쟁은 다른 집단 전체가 아닌 지배적 가문의 파벌 간에 발생한 것이다.

티칼의 등장(약 200 B.C.~A.D. 900)

이러한 일반적인 시나리오를 염두에 둔 마야의 정치적 역사에 대한 설명은 빨라야 서기 3세기부터 가능하다. 새로운 발견과 해독이 지금도 계속되고 있기 때문에, 개별 유적의 역사에 근거하여 여기에서 단편적으로 설명한 내용은 필연적으로 불완전할 수밖에 없다.

세로스(Cerros)와 엘 미라도르는 후기 선고전기의 주요 중심지였다. 그러나 그들이 번영을 구가하고 있을 때, 가까운 거리에서 새로운 중심지가 나타났다. 후기 선고전기 동안 성장한 티칼과 우악사툰이 엘 미라도르가 쇠퇴하면서 생긴 경제적, 정치적 공백을 대신하기 시작하였다. 티칼은 규질암이 상당량 매장되어 있는 지역으로,

그림 15.8 티칼의 중앙 구역

전략적으로 유리한 몇 개의 낮은 구릉 정상을 차지하면서 등장하였다. 근처에는 계절적으로 형성되는 습지가 있어, 집약 농업이 가능하였고, 갑작스런 공격에 대한 방어시설의 역할도 어느 정도 하였을 것이다. 취락도 증가하면서 마야 저지대를 통과하는 교역로인 하천 유역을 차지하였다. 테오티우아칸 같은 고지대의 도시로 가는 중요한 교역로 또한 티칼을 통과하였다. 동시에 티칼은 그 지역에서 가장 오래된 왕조가 등장한 곳에 위치하고 있어, 막강한 초자연적 배경을 확보할 수 있었다(그림 15.8).

교역 연결망의 와해로 엘 미라도르가 붕괴하자, 티칼과 우악사툰이 부상하였다. 경쟁이 치열한 두 중심지 간 거리는 20킬로미터가 안 되었기 때문에 공존하기에는 너무 가까웠다.

티칼은 마야의 가장 큰 도시로 추정되었지만, 1848년까지 두터운 우림 아래 묻힌 채 있었다. 1세기 이상 유일한 접근은 좁은 길로 한정되어 있었기 때문에, 필요한 규모를 갖춘 고고학적 조사는 불가능하였다. 1951년 과테말라의 공군이 유적 근처에 활주로를 만들면서, 비로소 펜실베이니아 대학이 티칼에서 15년에 걸쳐 수행할 연구 프로젝트를 시작할 수 있었다. 100명 이상의 고고학자들이 발굴조사에 참여하여, 500채 이상의 건물을 확인하고 중앙구역 시설의 역사를 구체적으로 밝혀냈다. 티칼은 약 서기전 600년에 작은 농경촌락으로 시작하였으나, 오래지 않아 상당히 큰 공동체로 발달하였다. 서기 2세기경 4만 명 이상의 사람들이 도시 핵심지역과 그 주변에 거주하였으며, 티칼과 주변지역의 면적은 65제곱킬로미터 이상에 달하였다.

엘 미라도르가 붕괴하자, 티칼의 통치자는 기념비적 건축물, 피라미드, 왕실석실묘 등 100기 이상의 건물로 이루어진 정교한 단지를 건설하였다. 이는 북부 아크로폴리스(North Acropolis)라고 알려져 있는데, 도시의 심장부를 이루는 대광장(Great Plaza)의 북쪽에 위치한다. 지금은 풀로 덮여 있지만 광장시설은 원래 회벽칠이 되어 있었으며, 주변 피라미드에서 공공의례가 이루어질 때에는 웅장한 무대의 역할을 하였다. 피라미드는 상징적인 산으로, 입구는 저승으로 가는 문의 역할을 하였다. 정상에는 작은 제단이 있었다. 수세기 동안 지위를 계승한 군주는 새로운 신전과 피라미드를 중앙 구역에 건설하였다. 무덤에 묻힌 상태를 보면 군주는 평민보다 키가 컸고 건장하였는데, 이는 아마도 우월한 식생활 때문인 것으로 보인다. 한 귀족 여성의 무덤은 같은 귀족의 초상으로 장식되어 있는데, 아마도 혈족이거나 조상이었을 것이다. 다른 무덤에는 머리와 다리가 없는 시신이 무리로 묶여 있었다. 여기에는 죽은 자의 흉상으로 보이는 녹송석 두상 장식도 같이 부장되어 있었다. 흉상의 머리에는 제스터(Jester) 신의 머리장식이 있었는데, 이는 마야 왕들이 수세기 동안 착용한 것이다.

중앙구역에 지속적으로 재건축이 이루어지면서, 많은 선고전기 예술, 예를 들어 건물 전면을 소석회 가면조각으로 마감 처리한 6동의 신전이 묻혔다. 한 신전에는 마야의 우주가 묘사되어 있는데, 시원의 바다에서 수영하는 거대한 괴물과 물에서 솟아올라 육지로 변한 또 다른 괴물이 있었다. 후자는 신성한 산을 표현한 것이다. 환상의 뱀(Vision Serpent)이 괴물의 머리를 관통하고 있는데, 구불구불한 몸은 샤머니즘적

몽환에 빠진 군주가 인도하는 복잡한 저승길을 상징한다. 한 신전에는 돗자리 위에서 있는 통치자의 초상이 처음으로 묘사되었다. 같은 시기에 티칼의 공공예술에서도, 표현의 대상이 신과 우주에서 개인 통치자의 초상으로 바뀌는 중대한 전환이 있었다.

마야 왕권의 지속적인 계승은 세대 간의 점진적 교체에 따른 것으로, 이는 귀족 파벌 간 동맹과 인접 세력 간 우호적 관계를 토대로 이루어진 것이다. 해독된 상형문자에 따르면, 약스-차크텔-소크(Yax-Ch'aktel-Xok, A.D. 219~238)이라는 이름의 통치자가 티칼 왕조의 굳건한 기초를 다진 것으로 기록되어 있다. 조상이 이룩한 토대 위에 티칼의 왕좌를 이어받은 31명의 군주는 600년 이상 왕조를 단절 없이 계승하였다.

티칼과 우악사툰 양쪽에서 마야의 왕은 자신을 기리는 신전을 세웠는데, 서기 1세기에 두 중심지는 정치적, 경제적으로 동등한 위치에 있었다.

티칼의 명문자료에는 중심 수도 네 개 중 하나를 지배한 왕조의 연대기에 대해서 초기 고전기부터 9세기까지의 내용이 기록되어 있다. 이 도시의 역사는 더욱 오래되었지만, 기록으로 전하는 최초의 군주는 약스-차크텔-소크(첫번째 뼈 상어, First Scaffold Shark)로 서기 200년경 통치한 것으로 추정된다. 그의 통치기에 고지대에 있는 테오티우아칸으로부터 영향을 강하게 받기 시작하였는데, 이러한 사실은 토기양식과 용의주도하게 관리되는 푸른 흑요석 석재를 통하여 알 수 있다. 티칼의 정치적, 군사적 그리고 종교적 측면에 미친 이러한 영향은 550년까지 계속되었다.

약스-차크텔-소크는 최초의 왕은 아니지만, 이후 수세기 동안 통치할 티칼의 위대한 왕실의 기초를 놓은 선조 중 한 명이다. 티칼의 상형문자 문서에서 개국 이후 31명의 통치자 (그중 18명의 이름이 알려져 있다)가 확인되는데, 그중 가장 이른 왕은 200년, 마지막 왕은 869년이다. 전체를 합하여 669년의 역사가 기록되었다. 우악사툰 또한 강력한 왕실을 발전시켰는데, 티칼의 왕처럼 통치자를 기리는 기념비적 건축물을 갖추고 있었으며, 그의 발 아래 웅크린 인간제물과 백병전에 사로잡혀 나중에 공공의례에서 희생으로 바쳐질 귀족이 묘사되었다. 이러한 초상을 통하여, 정복 전쟁과 출정의 역할이 증대되면서 마야 역사가 발달하였음을 알 수 있다.

320년과 378년 사이에 약스-차크텔-소크의 아홉 번째 승계자인 '위대한 재규어 앞발(Great-Jaguar Paw)'이 티칼의 왕위에 올랐는데, 그 당시의 주도적인 세력은 경쟁관계에 있는 이웃의 우악사툰이었다. 그가 죽던 378년에 '불에서 태어난(Fire-Born)'이라는 이름의 전사가 도착하였는데, 그는 테오티우아칸으로 추정되는 '서쪽'에서 온 것으로 추정된다. '위대한 재규어 앞발'의 죽음과 '불에서 태어난' 전사의 등장이 서로 어떤 관계인지는 불분명하다. 그러나 378년 1월 16일 우악사툰의 군대를 패배시킨 것은 전자이다. 그의 군대는 오랫동안 지켜왔던 전쟁 규율을 무시하고 우악사툰을 함락시켰으며, 새로운 왕조의 설립자로 '불에서 태어난'을 세웠다. 이 전쟁은 고지대 테오티우아칸의 틀랄록 신과 금성에 연계된 새로운 의례와 관련이 있다. 티칼의 군사적 확장은 고지대의 대도시와 마야의 여러 중심지 사이에 정규적으로 교역이 이루어지는 기간에 발생하였는데, 이러한 교역은 대도시에서 채굴한 녹색 흑요석이 다량 발견된 사실로 알 수 있다. 이런 접촉에 의해 전쟁과 정복에 대한 새로운 철학과 그와 관련된 새로운 의례가 유입되었을 수도 있다. 이런 의례들은 수세기 동안 메소아메리카 종교 전통의 일부분으로 자리잡는다.

티칼의 통치자는 이후 수세기 동안 지속적으로 강성해지면서, 군사적 정복과 정략적 결혼을 통하여 결국 다중심 왕국을 장악하였다. 6세기 초 티칼의 전성기에는 영토가 2,500제곱킬로미터에 달하였고, 인구가 36만 명 이상이었던 것으로 추정된다. 3000년 전 메소포타미아의 수메르보다 더 큰 왕국이었다. 티칼의 왕실은 결국 정복과 장거리 교역 그리고 신중한 정략적 결혼으로 영향력을 키워 다중심 왕국을 지배하기에 이르렀다. 이로 인해 이웃세력의 통치자는 중심지와 모계의 혈연 유대를 갖게 된다. 권력의 정점에 도달하였을 때, 티칼의 영토는 30만 명의 인구로 추정되는 사람들을 부양해야만 하였다. 도시와 직접 배후지에는 20만 명의 인구가 거주하였다. 한편으로 칼라크물과 도스 필라스 등을 포함한 주변 여러 왕국이 티칼에서 독립, 이탈하였다.

557년 티칼은 새로이 등장하는 국가인 카라콜의 군주에게 패배한 뒤 쇠락한 후, 후고전기가 되어서야 다시 한 번 번성한다.

칼라크물과 카라콜(선고전기~A.D. 800)

벨리즈(Belize) 남부 중앙의 카라콜(Caracol)은 티칼의 남동쪽에서 70킬로미터 떨어진 곳에 위치한다. 중요시되던 수정석의 공급을 통제하면서, 티칼의 중요한 경쟁자로 부상하였다. 7세기 중에 세워진 웅장한 의례 중심지는 면적이 최소한 2.25제곱킬로미터에 이르고, 그곳에 당시 3~5만 명이 거주하였으며 주변 외곽에는 약 10만 명이 있었다. 카라콜은 557년 티칼에 대하여 적대적 행위에 착수하여, 곧 티칼을 함락시키고 지배군주를 처형하였다. 카라콜의 통치자 군주 '물(Water)'은 티칼을 패배시키고 당시 티칼의 통치자 '두 마리 새(Double Bird)'를 포로로 잡았다. 티칼은 카라콜에 의지하는 조공국가가 되었다. 봉신이 된 티칼이 쇠퇴할수록 카라콜의 규모와 위세는 커졌다. 군주 '물'의 후계자들은 최소한 150년 동안 티칼을 지배하였으며, 이웃 칼라크물과 나랑호(Naranjo)를 상대로 한 야심찬 정복에 착수하였다. 그러나 결과는 카라콜이 군사적 모험에 대한 대가를 지불하는 것으로 나타났다. 칼라크물과 티칼은 후기 고전기에 다시 일어섰다.

남부 저지대 칼라크물(Calakmul)은 후기 고전기의 가장 큰 마야의 지역 국가 중 하나였으나, 최근까지도 실제로 알려진 것이 별로 없는 상태였다. 티칼에서 떨어져 나온 뒤에 칼라크물은 마야 세계의 주요 세력으로서의 위상을 유지했다. 8세기에 코판의 최고 군주는 칼라크물을 마야 주요 중심지의 '최상위 넷' 중 하나로 인정하는 명문 기록을 남겼다. 12년간 지도 작성과 발굴조사를 통하여 중심도시 하나가 확인되었는데, 지배를 받는 최소한 6개의 2차 중심지가 주변에 등거리 간격으로 위치하였다.

칼라크물은 늪지대를 성토하여 도로를 만들었는데, 이 도로는 시골 외곽을 직선으로 관통하여 주변의 중심지를 연결하였다. 이 도로 중 일부는 확장되어 보다 멀리 떨어진 속주까지 이어지고, 2차 중심지에서 반경 34킬로미터 너머에 있는 경쟁지역까지도 연결하였을 것으로 추측된다. 신속한 통신체계는 효율적 정부의 핵심인데, 이 경우에는 늪지대 위로 북돋운 흙 또는 돌로 다져진 도로가 그 역할을 하였다. 이 도로는 마야 거대 도시의 다른 지역을 연결한 것으로 알려져 왔으나, 최근에는 그보다 먼 거리에서도 흔적이 발견되었다. 이 도로 체제는 후기 고전기에 마야 문명을 지배한 세 개 또는 네 개의 국가 중 하나로서, 마야 저지대의 지역 수도인 칼라크물의 위상을 보여준다. 전성기에 칼라크물은 약 2제곱킬로미터의 의례구역을 갖추었고, 주변 거주구역은 약 20제곱킬로미터 면적을 차지하였다. 위대한 도시이자 티칼의 주요 경쟁 도시 칼라크물의 중심지에서 최소한 5만 명 이상이 514년에서 814년까지 살았다.

티칼처럼 칼라크물도 중요한 내륙 간 교역로 상에 자리를 잡았다. 두 도시 간 경쟁은 세력을 과시하고 장거리 교환을 장악하기 위한 투쟁이기도 하였다. 두 도시 간에는 가계상의 유대가 있었을 수도 있다. 티칼, 칼라크물 그리고 카라콜은 오늘날 파악이 불가능한 전쟁과 동맹을 수없이 거치면서 치열한 경쟁을 벌였다.

티칼이 인접한 영역과 동맹을 맺는 경우는 별로 없었으나, 멀리 있던 두 개의 도시국가 팔렝케와 코판은 상호 우호적인 관계를 유지하였다.

팔렝케(A.D. 431~799)

마야 문명에 심대한 영향을 미쳤던 고지대의 위대한 도시 테오티우아칸은 6세기 말 권력이 쇠약해졌다(제16장). 테오티우아칸이 사라지자 다른 주요 마야 중심지가 세력을 키우면서, 사람, 자원 그리고 영토를 차지하고자 격렬하게 경쟁하였다. 자주 바뀌는 외교적 동맹 관계와 단기적인 군사 출정의 혼란 속에서 군주끼리 경쟁이 지속됨에 따라, 전반적인 정치적 상황은 끊임없이 유동적이었다. 팔렝케(Palenque)의 군주

그림 15.9 팔렝케와 명문 신전

도 그중 하나였다.

서쪽 저지대에 있는 또 다른 마야 수도인 팔렝케 도시는 우수한 건축물뿐만 아니라 선조에게서 물려받은 통치자의 자질도 특출하였다(그림 15.9). 두 명의 팔렝케 통치자, 파칼(Pacal, 방패) 대왕과 그의 장남 찬-발룸(Chan-Bahlum, 뱀-재규어)은 7세기에 통치하였는데, 그들은 통찰력과 지혜를 발휘한 통치자로 유명하다. 팔렝케의 왕조 역사는 431년 3월 11일 시작되었는데, 발룸 쿡(재규어-케찰)이 통치자가 된 799년 이후 어느 시기까지 계승되었다. 전문가들이 파칼과 다른 사람이 남긴 풍부한 명문자료를 이용하여, 12명 이상의 왕으로 이어진 왕조를 재구성하였는데, 다소 방계로 이어지는 부분도 있었다. 이런 방계는 파칼과 찬-발룸 시기의 독특한 역사적 상황에서 비롯된다.

승계는 부계를 따라 이루어졌으나, 파칼은 한때 통치자로 군림하였던 어머니 작-쿡 부인(Lady Zac-Kuk)으로부터 왕위를 물려받았다. 그녀에 대하여 알려진 바가 전혀 없지만, 그녀는 걸출한 여성이었음에 틀림없다. 파칼은 그녀의 아들로서 왕위를 주장하여 부자 세습이라는 오랜 규율을 어기고 왕위를 계승하였다. 간단히 말해서 그와 그의 아들은 지혜를 짜내어 정통적인 신념을 바꾼 것이다. 우선 먼저 그들은 작-쿡 부인이 이 세상을 창조할 당시의 신과 왕의 첫 번째 어머니에 대응된다고 선언하였다. 이 어머니 신은 마야 종교에서 세 주신의 어머니인 셈이다. 다음에 파칼이 여신의 생일과 정확히 일치하는 날에 태어났다고 파칼과 찬-발룸은 주장하였다. 그래서 파칼과 여신은 똑같이 성스러운 존재가 되었다. 파칼은 현세의 창조와 같은 시점에 어머니의 왕위를 물려받은 셈인데, 나아가 남성과 여성 양계를 통하여 권력의 승계가 이루어진 것이다.

이로 인해 파칼은 어머니가 아직 살아 있는 동안에 12세의 나이에 왕위에 오를 수 있었으며, 어머니는 그 이후로도 25년을 더 살았다. 이 시기에 실질적인 권력은 그녀의 손에 있었으며, 파칼이 자신의 통치에 정당성을 부여하는 명문을 제작한 것은 그녀가 죽은 뒤인 640년에 이르러서였다.

67년에 걸친 오랜 통치가 끝날 무렵, 파칼은 무덤 위에 마야 건축물의 걸작인 명문 신전(Temple of the Inscriptions)을 세웠다. 예술가들은 신전 아래 깊숙이 묻혀 있는 석관의 측면을 돌아가며 직계 조상의 모습을 새겨 넣고, 석관 위 뚜껑에는 왕조를 합리화하는 전략적 내용을 기록하였다(발견 15.3).

파칼의 아들들은 그 뒤에도 팔렝케에 신전을 세웠으며, 위대하였던 통치자가 죽은 뒤 약 1세기 동안 권력을 지키며 중심지를 유지하였다. 위대한 팔렝케 왕조는 '전쟁국가 시기'로 알려진 마야 역사의 시기에 번성하였다. 중국이 그러하였던 것처럼 경제적, 정치적 권력을 추구하는 과정에서 끊임없이 작은 국가끼리 경쟁하였는데, 카라콜의 군주 '물'이 가장 강력하였던 경쟁국가를 공격하고, 이어 도스 필라스 그리고 티칼과 같은 인접 국가를 공격하면서, 대략적인 우위를 차지하는 성과를 올렸다. 그러나 마야 군주는 넓은 지역을 통제하고, 정복한 도시에 수비대를 배치할 조직과 군사적 병참을 충분하게 확보하지 못하였다. 그래서 외교적, 정치적 지형도가 지속적으로 변하였는데, 이는 대부분의 영토를 지배하고 있을 때에도 마찬가지였다. 771년 이후 후기 고전기 동안 정치적 불안정의 조짐이 확산되었다. 이 거대한 국가의 주변지역에서 소수의 귀족을 비롯한 여러 세력들이 지속적으로 불안한 상황을 이용하여, 종종 독립적인 영역을 구축하기 시작하였다. 이러한 압박의 증거는 코판 도시에 잘 남아 있다.

코판(A.D. 435 이전~800)

온두라스의 코판(Copan)은 12헥타르 넓이의 피라미드와 광장이 갖추어진 곳으로, 거대한 대형 광장과 중형 광장의 너른 야외 공간을 비롯하여, 담으로 둘러싸인 궁정과 피라미드 그리고 신전으로 정교하게 구성된 복합단지이다. 이 단지는 고고학자에게는 '아크로폴리스(그림 15.11)'라고 알려져 있다. 이곳에서 후대 통치자가 선조가 지은 건축 위에 새로운 건축물을 올리는 바람에 고고학자가 풀어야 할 첫 번째 수수께끼가 만들어진다.

유적 최초의 명문은 435년 12월 11일의 것으로 추정된다. 비록 이전 통치자의 것일 가능성도 없지 않지만, 통치자 약스-쿠크-모'(Yax-Ku'k-Mo', 푸른 케찰 마코앵무)

파칼 왕의 집권하에 팔렝케에 마야의 대표적인 건축 작품이 세워졌다. 치아파스(Chiapas)의 시에라(Sierra) 기슭에 있는 팔렝케는 마야의 기준으로 볼 때는 소규모 중심지였다. 상형 문자로 기술된 바에 따르면, 692년에 조성된 파칼의 '명문 신전'이 중심이다. 광장에서 23미터 높이로 솟아오른 계단형 피라미드 위에 사당이 조성되었는데, 숲으로 빽빽한 언덕이 피라미드의 뒤편에 자리잡고 있다.

1952년 멕시코 고고학자 알베르토 루즈 류일리어(Al-berto Ruz Lhuillier)는 신전의 바닥을 구성하는 커다란 석판에 구멍이 몇 개 뚫려 있는 것을 보았다. 그는 석판을 들어내고, 피라미드의 안쪽으로 연결된 자갈로 채워진 계단을 발견하였다. 4개월간의 고된 작업 끝에 류일리어는 가파른 계단을 찾았는데, 중간에서 U자 모양으로 꺾인 것을 확인하였다. 아치형 입구를 봉한 삼각 석판을 열어 보니, 바닥에 남성 희생 유골 6구가 놓여 있었고 그 뒤로 9×4미터 크기의 묘실이 있었다. 아치형 천장이 그 위로 6.4미터 높이에 있었다. 무덤은 신전 바닥에서 23.4미터, 광장 바닥 표면에서 1.5미터 아래에 있었다. 묘실의 벽은 저승 그림으로 장식되어 있었다. 바닥 전면에 걸쳐 25센티미터 두께와 5톤 무게의 거대한 부조 장식의 판석이 깔려 있었다(그림 15.10). 석관의 뚜껑을 어렵게 들어올리자 옥제 장식이 덮인 키 큰 남성의 유골이 발견되었다. 옥을 모자이크하여 만든 장엄한 가면이 통치자의 머리에 덮여 있었다.

류일리어가 무덤을 발견하였을 당시에는 무덤의 주인을 식별할 수 있는 방법이 없었다. 후대의 금석학자가 마야 문자를 해독하고 난 뒤에, 비로소 이 무덤의 주인공이 파칼이며, 603년에 태어나 615년에 왕위에 오르고 683년에 80세의 나이로 죽었음을 알게 되었다. 파칼은 자신이 죽기 수년 전에

직접 지시하여 석관을 만들었는데, 여기에는 마야 왕권에 대한 놀라운 내용이 새겨져 있었다. 그의 혈통은 과일 나무로 은유된 죽은 조상의 과수원으로 표현되었다. 각각의 조상은 과일 나무와 같이 등장한다. 남동쪽 구석에는 가장 이른 시기의 조상, 북쪽과 남쪽 측면에는 파칼의 어머니와 아버지가 묘사되었다. 왕의 예술가는 석관 뚜껑에 '세계수' 줄기에서 떨어져 저승의 입구로 가는 태양군주를 묘사하였다. 부활 장면도 묘사되어 있는데, 해골 모양의 괴물이 태양을 표현한 상형문자가 새겨진 제물 그릇을 옮기고 있었다. 태양과 마찬가지로 파칼도 저승을 통과하는 여행을 끝낸 후 동쪽에서 다시 솟아오르는 것이다.

그림 15.10 팔렝케의 파칼 왕 무덤. 무덤의 뚜껑에 혈통을 기리는 내용이 장식되어 있다.

그림 15.11 타티아나 프로스쿠리아코프(Tatina Proskouriakoff)가 재구성한 코판 중앙 구역도

의 업적인 것으로 보인다. 수세기 동안 푸른 케찰 마코앵무(Blue Quetzal Macaw)의 후계자들은 코판에 강력한 왕조를 세웠으며, 마야 세계의 중심세력이 되었다. 어느 시점에 이르러서 코판이 이웃세력 키리구아(Quirigua)를 지배하는데, 1만 명 이상의 사람이 주변 계곡에서 살았다. 그러나 738년 5월 3일 퀴리구아의 속주 통치자가 반란을 일으켜 주군을 포로로 잡아 희생시켰다. 이때에도 코판은 어느 정도 독립을 유지하고 존속한 것으로 보인다. 749년 새로운 통치자 '연기조개(Smoke Shell)'가 한때 위대하였던 도시의 왕위에 올랐다. 그는 재건을 위한 원정을 야심차게 수행하였으며, 멀리 팔렝케의 공주와 결혼하기도 하였다. 그는 또한 건축 사업을 열정적으로 수행하였는데, 가장 오래되고 성스러운 코판 시설 중 하나인 상형문자 계단 신전을 755년에 건설하기에 이르렀다(유적 15.4). 팔렝케 공주와의 결혼으로 얻은 연기조개의 아들 약

스-팍(Yax-Pac, '첫 번째 새벽')이 통치를 할 당시에는 내부적인 분파가 생기기 시작하여 혼란기에 접어들게 된다. 당시 이 도시에서 특권을 탐하고 정치적 음모를 공공연히 자행하는 상층부 귀족들이 늘어나, 도시의 상층부가 무거워지는 형국이어서 붕괴가 급박하였다.

동맹관계의 형성과 해체를 거듭함에 따라 외교적, 군사적 판도는 끊임없이 변화하였다. 771년 이후 후기 고전기에 변화된 급박한 상황을 반영하는 새로운 정치적 패턴이 나타났다. 코판을 비롯한 여러 유적에서 확인된 지역 귀족의 가옥에서도 명문자료가 나타나기 시작하였다. 이는 통치자가 어려운 시기에 지속적인 지원을 받기 위하여, 특별한 개인에게도 문자를 사용할 수 있는 특권을 허락하였기 때문인 것으로 보인다. 페텐(Peten)과 다른 지역으로도 명문이 확산된 것은 소수의 귀족이 혼란스런 시기를 이용하여 다소나마 독립성을 주장하여, 정치적 권한을 분산시키려는 노력을 반영한 것이라고 할 수 있다. 혼란은 가속되어 800년경 마야 인구는 급격히 감소하였으며, 기념비의 조각과 주요 건축물 모두가 곧 사라진다.

저지대는 고전기에 정치적으로 한 번도 통일된 적이 없다. 마야 지배층들은 일련의 고도로 복잡한 전통과 통치자 간 교류망을 공유하였다. 이는 개별 왕국의 지역적 이익과 지역의 다양성을 초월한 것이다. 단지 공격적이고 특별한 능력을 가진 소수의 통치자만이 티칼이나 칼라크물과 같이 몇 개의 중심지를 연합한 다중심적 국가를 발전시켰다.

고전기 마야와 초기 메소포타미아 문명 사이에는 흥미로운 유사점이 있다. 수메르에서는 지속적인 변화와 상호작용 속에서 강한 의례적 권력을 가진 통치자가 독립적인 도시국가를 다스렸다. 사르곤이 서기전 2350년 명목상 메소포타미아를 통합시켰지만, 오랫동안 실제적인 정치적 단위로 유지된 것은 도시국가였다(제3장). 마야의 저지대에서도 마찬가지로, 특별한 능력을 가진 통치자에 의해 확대된 정치적 단위로 통합되었다가 결국은 도시국가로 다시 분할되었다. 마야 문명의 경우 지역 국가가 상대적으로 작고 존속 기간이 짧다는 점에서 차이가 난다. 마야에서는 메소포타미아보다 지역 간 유대가 더욱 결정적인 역할을 했는데, 이는 공통적인 종교 신앙, 동맹

정치적 내력을 보여주는 건축물 – 온두라스 코판의 상형문자 계단

오늘날의 마야 고고학자는 금석학자와 긴밀한 협조를 통하여, 해독된 상형문자와 명문을 활용하여 복잡한 건축적 행위는 물론 그 배경이 되는 의례와 정치적 동기를 밝혀냈다. 윌리엄 패시(William Fash)와 바바라 패시(Barbara Fash)는 상형문자로 장식된 코판의 계단을 재구성하기 위하여 두 분야에서 얻은 연구 성과를 통합하였다. 그 결과 상형문자 계단은 755년에 통치자 '연기조개'가 도시의 가장 성스러운 구역에 세웠음을 밝혀냈다.

1930년 카네기 재단의 고고학자가 개략적으로 추정된 순서에 따라, 상형문자의 괴석을 재배치하여 폐허가 된 계단의 대부분을 복구하였다. 명문을 해독할 수 없었기 때문에 이는 쉬운 작업이 아니었다. 1986년 고고학자와 금석학자로 구성된 조사단이 윌리엄과 바바라 패시의 인도 아래, 계단의 진정한 의미를 확인하고 건물을 다시 세우고 보존하는 작업에 착수하였다. 주의 깊은 발굴을 통하여 고고학자들은 구조물에서 장부촉(tenoned) 방식이 적용된 모자이크 조각 수천점을 발견하고, 그것들을 실측하고 사진을 촬영한 뒤 조립하여 건물을 정확하게 재구성하였다. 그들은 이러한 작업을 통하여 강력한 정치적 메세지를 확인했다(그림 15.12).

2,200개 이상의 상형문자가 계단 측면을 따라 새겨져 있었으며, 마야 왕의 초자연적 역정을 우아하게 표현하였다. 윌리엄 패시는 '연기조개'가 초기의 정복왕조를 정당화하기 위하여 이 건축물을 세웠다고 믿는다. 계단에 설치된 초상은 코판 군주의 모습인바, 업적을 담은 명문과 함께 방패를 들고 있는 전사로 묘사되고 있다. 비의 신 틀락록의 머리를 거꾸로 한 형상의 제단이 설치된 계단 아래에, 연기조개로 추정되는 조각상이 세워져 있다. 마치 틀랄록이 명문을 내뿜는 형상인데, 그의 아래턱이 계단의 윗부분을 형성하고 있다. 머리 안쪽에는 계단에서 치러지는 인간희생과 사혈 의례에 '연기조개'가 직접 사용한 도구 그리고 얼굴 모양을 장식한 흑요석제 제물이 놓여 있다.

불행하게도 계단은 조악하고 급하게 조영되었으며, 코판이 정치적 권한을 급격하게 잃자마자 곧 붕괴하였다.

그림 15.12 타티아나 프로스쿠리아코프가 재구성한 코판의 상형문자 계단

그리고 결혼을 통하여 형성되었다. 마야 문명의 중앙 집권제도는 곧 왕권 그 자체로서, 이를 통하여 사회 전체를 통일시키는 관념이 작동된다. 마야 왕들은 티칼, 팔렝케를 비롯한 여러 지역에서 보듯이 건축 사업을 통하여 남겨진 역사의 맥락 속에서 살아가면서 과업을 수행하였다. 마야 지배층은 그들을 지배하는 왕의 뜻에 자신의 삶을 맞추었으며, 수천 명의 평민 또한 귀족을 존경하며 삶을 꾸려 나갔다.

운이 좋은 고고학적 발견 이외에는 평민의 삶에 대해 알 수 있는 자료가 별로 없다. 세렌(Ceren)에 있는 초라한 마야 촌락이 6세기에 예상치 못하였던 화산 폭발로 수미터 두께의 화산재에 묻혔다. 사람들은 재산을 버리고 목숨을 구하려 급히 피하였다. 페이슨 시츠(Payson Sheets)와 살바도르 고고학자 발굴팀은 지하 투과 레이더를 통하여 수채의 가옥을 찾아냈다. 세렌의 개별가구는 식사, 취침 등의 생활을 위한 초가지붕의 거주가옥과 창고, 조리시설을 비롯한 부대 건축물을 갖추었다. 촌락 주민은 딱 들어맞는 뚜껑으로 덮은 토제 용기에 곡물을 보관하였으며, 옥수수대와 칠리 고추를 지붕에 매달았다. 그들은 많은 도구를 사용하였는데, 아이들의 손에 닿지 않는 서까래에 날카로운 날을 가진 돌칼을 보관하였다. 발굴 결과 인근 벌판에서 세 채의 공공건물을 찾아냈는데, 이곳에서 옥수수 열매가 아직 줄기에 붙어 있는 채로 이중으로 쌓여 있는 유구가 발견되었다. 이는 오늘날에도 중앙아메리카의 일부에서 이용되는 '저장' 기법이다. 잘 익은 옥수수 상태로 보아, 화산 폭발은 성장기의 끝 무렵인 8월에 일어났던 것으로 추정된다.

9세기의 붕괴

마야 문명은 600년 이후에 전성기에 이른다. 그리고 8세기 말 위대한 의례 중심지 페텐과 남부 저지대가 황폐화되고, 장기간 지속되는 궁정의 달력이 끊겼으며 종교 생활의 구조와 국가가 와해되었다. 1세기가 지나지 않아 남부 저지대의 거대한 지역은 다시 회복되지 못하였다. 가장 큰 마야 중심지인 티칼에서조차, 지배층은 사라지고 인구는 초기 수준의 3분의 1로 감소하였다. 지배층이 아닌 생존자들이 석조 건축물의 폐허에 모여 이전 생활의 모습을 유지하려고 애썼지만, 1세기도 지나지 않아 그들조차 사라졌다. 그러나 새로운 중심지가 이웃 지역에서 출현하였고 유이민의 일부를 흡수하였기 때문에, 마야 문명이 완전히 사라진 것은 아니었다. 마야 문명은 북부 유카탄에서 계속 번성하였다.

이러한 9세기의 붕괴현상을 연구한 모든 학자들은 일부는 생태적이고 일부는 정치적, 사회적인 다수의 요인들이 남부 저지대의 재앙을 일으켰다는 것에 동의한다. 1970년대의 이론은 테오티우아칸이 붕괴하였을 때, 마야가 메소아메리카와의 교역을 관리하는 기능을 확대하게 되었다고 주장한다. 이러한 이론에 따르면, 지배층은 점차 지역 간 전쟁과 경쟁에 깊숙이 관여하였다는 것이다. 후기 고전기에는 공공건물을 증축하고 위세를 높이는 사업을 위하여, 식량을 조달하고 노동을 제공해야 하는 부담이 늘어났다. 농업생산성은 떨어지고 질병은 만연하였으며, 인구밀도는 급격히 하락하여 복구가 불가능하였다. 완전하지 않지만 질병과 키의 감소, 그리고 영양결핍 등에 대한 증거가 어느 정도 확인된 바 있다.

보다 최근에는 고질적인 전쟁이 붕괴의 주된 요인이라는 주장이 부각되고 있다. 645년 티칼에서 탈주한 귀족이 건설한 도스 필라스는 티칼에서 105킬로미터 떨어진 북부 과테말라에 위치하는데, 이곳에서 아서 데마레스트(Arthur Demarest)는 내란과 오랜 갈등의 증거를 찾았다. 도스 필라스의 후기 통치자는 영토 확장을 위한 원정에 착수하여, 8세기 중반에는 3,884제곱킬로미터 이상 영토를 넓혔다. 도스 필라스는 옥과 흑요석의 주요 경로를 장악하였고, 군주는 세 개의 신전이 딸린 피라미드와 왕궁을 화려하게 장식하는 데 재산을 아낌없이 사용하였다. 데마레스트와 후안 안토니오 발데스(Juan Antonio Valdes)는 698년에서 726년 사이에 통치한 '통치자2'를 기념한 석주 뒤의 작은 신전 아래를 파서, 통치자의 묘실을 발견하였다. 통치자는 조개 모자이크 머리 장식을 하고, 괴물의 가면, 육중한 옥 목걸이와 옥 팔찌를 갖추고 있었다. 그의 가슴에는 노랑가오리 등뼈가 달려 있었는데, 한때 성기에서 피를 흘리게 하는 의례에 쓰였던 것이다. 상형문자의 명문에는, 군주가 신중하게 꾸민 이웃세력과의 외교적 결혼과 정교한 정치적 동맹 그리고 군사적 정벌에 대하여 진지하게 기술되어 있다.

도스 필라스는 761년까지 번성하였다. 그때까지도 통치자는 기존 영역을 지키는 것이 절박하였음에도, 스스로 영토 확장을 과도하게 시도하였다. 그때 근처 탐린도(Tamrindo)의 지배자가 이전 자신의 영토였던 지역을 공격하여, 도스 필라스 주민의 치열한 저항을 누르고 '통치자4'를 죽였다. 침입자는 왕궁을 무너뜨렸고, 신전의 벽면을 뜯어내 방어성벽을 거칠게 쌓고 중심구역 둘레에 나무 방책을 세웠다. 이곳 귀족들은 도망쳐서 아구아테카(Aguateca)에 새로운 중심지를 세우고, 작고 대충 만든 오두막으로 작은 마을을 세웠다. 새로운 중심지는 거대한 방어성벽을 갖추고, 자연적인 지형으로 삼면이 방어되는 깊은 협곡 위의 가파른 절벽 위에 건설되었다. 아구아테카인들은 반복적으로 공격을 받았지만 50년을 더 버텼다. 데마레스트는 집중된 전쟁으로 9세기 초 도스 필라스의 생존자들이 거대한 농경지 전체를 포함하는 방어벽을 쌓고, 읍락과 촌락을 요새화하였다고 주장한다. 지역의 환경은 불안하여 농민은 방어가 가능한 토지만 경작할 수 있었기 때문에, 수확량에 큰 타격을 입었다. 치명적으로 절박한 상황이 되자, 나머지 아구아테카인들은 페텍스바툰(Petexbatun) 호숫가의 반도를 가로질러, 하나의 길이가 140미터인 해자 세 개를 파서 요새화된 섬을 만들었다. 수로의 기반암으로 방어성벽을 만들고 성벽이 있는 포구를 만들어, 카누를 정박할 수 있게 하였다. 거주민이 800년경 떠났기 때문에 이 요새는 오래가지 못하였다.

다양한 붕괴 이론을 검증하기 위하여 인구밀도에 영향을 미치는 인구학적, 생태학적 압박과 교역 형태에 대한 모의실험 연구와 조사를 비롯한 연구자들의 엄청난 작업이 이루어졌다. 패트릭 컬버트(Patrick Culbert)는 남부 저지대의 인구밀도와 농업 생산의 잠재력을 분석하였다. 그는 후기 고전기에 상황이 나빠질 경우에도 새로운 땅으로 이동하는 것이 불가능한 지리적 범위내에서 인구밀도가 1제곱킬로미터당 200명까지 상승하였음을 밝혀냈다. 아울러 그는 800년 이후 2세기 동안 이루어진 인구밀도 감소의 규모는 사회적 기능의 상실만으로는 설명되지 않는다고 믿는다. 농업 기반의 실패가 지역 수준에서 일어난 붕괴 현상의 중요한 요인임에 틀림없다는 것이다.

인구가 증가하면서 마야의 농업은 점차 집약적 방식을 수용하게 되었으며, 저지대의 많은 부분에서 넓은 면적에 걸쳐 계단식 경작지 시스템이 조성되었다. 티칼과 같이 넓은 지역에서는 사람들이 50 내지 100킬로미터 떨어진 곳에서부터 많은 양의 식량을 운송하였을 것이다. 간단히 말해 집약적인 전략은 들어맞았으나, 이에는 붕괴의 원인도 숨어 있었다. 기후 변화의 위험, 식물병, 침식 그리고 토양 비옥도의 장기적인 감소가 이러한 집약농법에 항상 존재한다. 새로운 집약적 시스템이 능률적으로 기능하기 위해서는 지속적인 관리가 요구된다. 강우와 홍수가 발생한 후 경작 시스템을 수리하는 것만으로도 엄청난 노력이 필요하였다. 공공건축 사업과 군사적 행동(북쪽 지역으로부터의 위협에 대한)에 많은 사람들이 징발되는 경우에도, 마야가 그런 수준의 관리를 달성할 수 있는 어떤 사회적 변화를 만들어냈다는 흔적은 보이지 않는다.

컬버트는 단기적으로 생산성을 제고하는 것이 장기적으로는 재앙을 불러올 수 있으며, 환경의 장기적인 악화가 붕괴를 설명하는 가설에서 중요한 요인이라고 믿는다. 예를 들어 인구가 증가하면 휴경주기가 짧아지고, 알곡작물과 잡초 간의 경쟁이 증가한다. 이를 해결하는 방법은 잡초의 지속적인 제거밖에 없는데 이는 상당한 노동 집약적 행위이다. 또한 휴경주기가 짧아지면 식물 영양분과 수확량의 감소를 초래하는데, 마야가 이러한 추세에 대응하기 위하여 실시한 체계적인 복토 작업이나 토질 회복용 작물의 재배에 대해서 밝혀진 바가 없다. 토양 침식의 문제는 더 분명하다. 사람들이 토양 유실을 막기 위하여 필요한 계단식 경지를 조성하지 못하였기 때문에, 저지대에 물을 흘려보낼 때 많은 토양도 같이 잃어버린 흔적이 있다. 이러한 토양 침식의 일부는 광범위한 삼림 황폐화로 초래된 결과이기도 했다. 토양의 비옥도는 그렇게 높지 않은데 인구가 과도하게 밀집된 환경에서, 심각한 가뭄 주기가 돌아오면 자급자족형 농업에 커다란 재앙이 초래된다. 이런 현상은 현재 메소아메리카의 호수 침전물에 잘 남아 있다. 이러한 가뭄이 실제로 남부 저지대의 쇠퇴를 촉발하였을 수 있다.

유카탄 반도에 있는 치찬카나브(Chichancanab) 호수의 침전물을 통해, 가뭄이 약 208년마다 반복해서 일어났음을 알 수 있다. 이런 순환은 태양 활동의 변화를 반영하는 것으로 생각되는 우주선 유발 동위원소(cosmogenic nuclide production, 탄소 14와 베릴륨 10의 동위원소)의 206년 기록 내용과 일치한다. 800년과 1000년 사이에는 후기 완신세 중반에서 가장 가물었던 두 번의 시기가 있었는데, 그중 하나가 고전 마야의 쇠퇴 시기와 일치한다. 이러한 심각한 가뭄이 표층수와 건식 농법에 의존하는 대규모 농업 사회들을 황폐화시켰다.

코판의 경작지와 배후지에 대한 장기 현지조사를 통하여, 쇠퇴기에 급격한 인구 변화가 있었음이 밝혀졌다. 코판의 도시국가는 550년과 700년 사이에 급격하게 확장되어, 대부분의 인구는 중앙과 그 인접구역에 집중되었다. 농촌의 인구는 소규모로 산재해 있었다. 700년과 850년 사이에 코판 계곡은 사회정치적으로 복잡도가 최고 절정에 이르렀으며, 인구는 1만 8천 명에서 2만 명으로 급격히 증가하였다. 이런 수치는 유적의 규모를 근거로 산출된 것으로, 지역 인구가 매 80년 내지 100년마다 두 배가 되었음을 시사하며, 그중 약 80퍼센트는 중심과 인접구역에서 거주하였다. 시골 마을은 계곡의 저지대를 따라 외곽으로 확장되었지만, 여전히 흩어져 있는 상태였다. 그러나 도시 중심의 인구밀도가 1제곱킬로미터당 8천 명 이상, 주변구역에 1제곱킬로미터당 5백 명에 이르자 산기슭의 작은 언덕으로 사람들이 새로 이주하여 농사를 지었다. 인구의 82퍼센트는 상대적으로 열악한 가옥에서 살았는데, 이는 코판 사회의 극단적인 계층화 현상을 나타낸다.

코판의 지배왕조는 도시인구가 심각하게 감소되기 시작되면서 810년에 끝났다. 도시의 중심과 인접구역은 850년 이후 인구의 반이 감소하였지만, 시골의 인구는 약 20퍼센트 증가하였다. 누적된 삼림 황폐화, 농경이 어려운 지역에서 이루어진 과도한 토지 이용 그리고 수도 근처의 통제 불가능한 토양 침식 등으로 인해, 이전에 흩어져 있던 마을들이 조금 더 규모가 커진 거주구역으로 변하였다. 1150년경 코판 계곡의 인구는 5천 명 내지 8천 명으로 감소하였다.

컬버트는 확장된 수로체제 덕택에 용수를 충분히 공급받아 과도한 관개가 이루어지면서, 휴경주기가 단축되고 토양에 염분이 높은 수준으로 축적되는 현상이 일어났던 메소포타미아 우르의 사례에서 흥미로운 유사점을 이끌어냈다. 그곳에서 발생한 장기적인 농업의 쇠퇴는 어느 정도 이전의 뚜렷한 성공에서 초래된 직접적인 결과이다. 마야에서는 인구가 증가하면서 장기적으로 닥칠 문제를 고려하지 않은 농업 시스템에 의존했다. 이 시스템은 결국 더 이상 부를 창출하지 못하고, 확대는커녕 필연적으로 감소할 수밖에 없어 결과적으로 재앙이 초래되었다. 그러나 마야의 '붕괴'를 일반적인 현상이라고 생각하는 것은 잘못이다. 그보다는 9세기의 붕괴는 마야 문명, 나아가 메소아메리카 전체 문명의 발전과 쇠퇴가 반복되는 장기간의 과정 중 한 단편이라고 보는 것이 옳다.

후고전기의 마야 문명(A.D. 900~1517)

남부 저지대의 쇠퇴에도 마야 종교와 사회 질서는 여전히 북부 유카탄의 평탄한 지역에서 지속되었다. 티칼과 다른 유명한 왕국은 붕괴되었지만, 푸크(Puuc) 지역의 욱스말(Uxmal), 카바(Kabah), 사일(Sayil)과 북동북지역의 치첸이차(Chichen Itzà)와 같은 북부 중심지는 후고전기에 두각을 나타냈다.

　　10세기와 11세기에는 인구이동과 집단 간 전쟁으로 인해, 메소아메리카 전체에 걸쳐 정치적으로 불안정하였다. 전쟁과 폭력은 지역 전체의 권력을 원하는 호전적 통치자의 이데올로기가 일반화된 메소아메리카에서 뚜렷한 특성이 되었다. 고지대에서 테오티우아칸이 몰락하는 정치적 혼란기에 톨텍(Toltec)이 세력을 확장하였다(제16장). 저지대에서 마야의 중심지는 유카탄의 북동부에 있는 치첸이차로서 9세기에 어느 정도 톨텍의 영향을 받았을 수도 있는데, 그 정도에 대해서는 논쟁이 많다. 어떻든 새로운 지배층은 통치자의 개인적 취향으로부터 국가의 기능을 분리하는 입장에서 예술과 정치양식을 발전시켰다. 치첸의 군주는 융통성과 탄력성을 발휘하여 남쪽 지역의 조상들보다 변화하는 정치적 조건에 훨씬 잘 적응하였다. 그들은 재능 있는 장인이 거주하는 진정한 영역국가를 육성하고, 먼 거리의 해안에서 생산된 소금을 교역하였다.

그림 15.13 치첸이차의 카스티요

치첸이차는 지도에 완전하게 표시된 적이 없어 영역과 정확한 인구에 대해서는 미스터리로 남아 있다(그림 15.13). 도시의 중심은 잘 알려져 있는데, 중앙 광장에는 쿠클칸[Kukulcan, 케찰코아틀(Quetzalcoatl)]의 신전인 카스티요(Castillo)가 당당히 세워져 있다. 이 신전은 약 23미터 높이의 방형 평면 계단식 피라미드로, 네 방향에서 계단을 통하여 꼭대기로 오를 수 있다. 카스티요의 서쪽에 있는 전사의 신전은 후대에 보다 정교한 구조로 추가 공사된 조각된 기둥이 있는 내부 신전이다. 후대 신전에 보이는 모자이크, 조각된 정면 외관, 뱀과 전사 형상의 조각은 톨텍의 영향을 받았음을 보여준다. 춤의 광장에서 북쪽으로 274미터 길이의 도로가 뻗어 있다. 이 도로는 가파른 절벽으로 둘러싸인 55미터 깊이의 용식함지(sinkhole, 溶蝕陷地)인 축복받은 '성스러운 세노테(Sacred Cenote)'로 이어진다. 물 속으로 잠수하여 조사한 결과, 금, 옥 그리고 흑요석제 공물과 함께 인간희생물이 발견되었는데, 비의 신에게 바쳐진 제물로 보인다. 치첸이차에는 83미터 길이의 벽이 있는 메소아메리카에서 가장 큰 구기장이 있다. 이 위대한 도시는 전성기에 저지대 해안의 푸툰(Putun) 마야와 교류한 바 그들을 통하여 왁사카를 비롯한 고지대, 북쪽 이슬라 세리토스(Isla Cerritos)의 항구를 통하여 현재 온두라스라고 알려진 공동체와 연결되었다.

치첸이차의 동쪽 지금의 메리다(Merida) 근처에 있던 욱스말(Uxmal)의 푸크 마야(Pucc Maya) 도시는 마야 도시 구조의 정수를 보여준다. 욱스말은 잘 잘라낸 석재로 마감한 웅장한 건축물을 갖추고 있다. 사각형의 수녀원과 통치자의 궁정과 같은 상부층의 건물은 막대기 형상의 뱀, 석재 격자창, 모자이크 가면과 단순한 기둥으로 장식되었다. 마야는 욱스말에서 인간적인 영감에 따라 질서와 형식의 추상적 규칙을 따른 진정한 의미의 기념 조각을 만드는 데 성공하였다.

후고전기 마야 문명은 이전과 마찬가지로 상당한 변동을 겪는다. 먼저 푸크 중심지, 그 다음 13세기에 치첸이차가 쇠락한다. 정치적 내분과 생태적 문제가 원인의 일부였을 수도 있다. 마야판(Mayapan)은 이전 왕국의 몰락과 함께 닥친 경제적, 정치적 공백기에 북부 마야 세계의 지배적 도시가 된다. 마야판은 북부 유카탄의 중심지에 밀집된 인구와 성벽을 갖춘 도시로 약 1만 2천 명의 주민들이 살고 있는데, 주변에는 여러 곳의 자연 우물이 있었다. 지도자는 작은 왕국을 연맹하여 통솔하였으나, 화려하였던 선조의 것에 비교하면 도시의 공공건물은 훨씬 소박하였다. 마야판은 카카오, 소금 그리고 흑요석과 같은 재화를 해상으로 대량 유통시키는 교역의 중심지로서 번창하였으나, 15세기 중반 연맹은 해체되었다. 4분의 3세기 후인 1517년 몇 척의 스페인 선박이 프란시스코 에르난데스 드 코르도바(Francisco Hernandes de Cordoba)의 지휘를 받으며 멕시코 유카탄 해안에 도착하였다. 그들은 인구가 밀집한 해안을 따라 항해하다 여러 번 상륙하여, 금제 장식품을 수집하고 '악마의 얼굴 형상을 포함한 점토 우상제품'을 가져갔다. 그로부터 2년 후 에르난 코르테스(Hernan Cortes)가 이끄는 혼성 정복 부대가 저지대 만에 상륙하여 메소아메리카의 얼굴을 영원히 바꾸었다. 그의 목표는 저지대 마야가 아니라 먼 거리 고지대에 있는 황금이 풍부한 왕국인 멕시카(Mexica)였는데, 이에 대해서는 다음 장에서 설명할 것이다.

요약

토착 국가가 발달한 중앙아메리카 지역으로서, 메소아메리카는 고지대와 저지대 그리고 이 지역 내 모든 곳에서 환경이 상당히 다양하다는 특징이 있다. 서기전 13세기 옥수수와 콩 작물을 중심으로 메소아메리카 전역에 걸쳐 농경이 이루어지는데, 이는 이후 복합 국가의 기초가 된다.

선고전기의 메소아메리카 역사는 서기전 약 2000년부터 서기 250년까지 지속되었는데, 저지대와 고지대 양쪽 모두에서 문화적 주요 변화가 일어나는 시기이다. 정주성 촌락에서는 원자재와 이국적 물품의 교역이 이루어지며, 그 교역망은 점차 복잡해지고 결국 더 큰 촌락의 독점적 통제를 받게 된다. 사회적 복합성이 높아지는 현상은 첫 번째 공공건물의 출현과 사회적 계층화의 고고학적 증거를 통하여 확인된다. 이러한 발달은 서기전 약 1500년부터 500년까지에 걸쳐 번성한 저지대의 올멕 문화의 연대기를 통하여 잘 드러난다. 올멕의 예술 양식과 종교적 신앙은 후기 선고전기 메소아메리카 저지대와 고지대에 넓게 확산된다.

종교적 이념, 의례조직 그리고 광범위한 교역망은 서기전 1000년 이후 저지대 마야 사회의 발달을 보여주는 주요 요소이다. 고전 마야 문명은 서기 250년부터 900년까지 번성하였는데, 이 시기에 경쟁적 국가가 끊임없이 바뀌었다. 마야의 상형문자는 마야 문명이 단일하지 않음을 보여준다. 마야는 정치적 또는 경제적 이익보다는 종교적 신앙으로 통일되었다. 600년까지 가장 큰 국가는 북동 페텐에 있었는데, 티칼의 '하늘' 통치자에 의해 통솔되는 다중심 정치체였다. 마야 문명은 7세기 이후 남부 저지대에서 발달하였지만, 900년 이후 유카탄에서 갑자기 붕괴하였다. 붕괴의 원인에 대해서는 아직 불분명하나, 환경의 악화, 노동 부담의 증가 그리고 식량의 부족이 틀림없이 그중 일부일 것이다.

　새로운 후고전기 국가가 북부 유카탄의 치첸이차와 다른 중심지에서 발달하였는데, 동시기의 마야 문명은 16세기 초 스페인 사람들이 오기 전까지 번성하였다.

HIGHLAND MESOAMERICA

제16장 고지대 메소아메리카

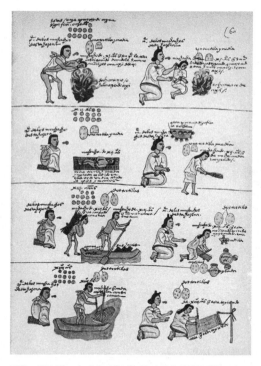

당대 그림문서(codex)에 나온 아즈텍 사회의 일상적 생활 모습

어머니와 열두 살짜리 딸이 작은 돗자리 위에 무릎을 꿇고 나란히 앉았다. 베틀 한쪽은 벽에 고정된 나무에 걸고, 다른 한쪽은 늘 하던 대로 가죽끈으로 허리에 묶었다. 몸 앞에는 가로막대가 있어 천이 완성되면 그곳에 감았다. 어머니는 자투리들을 따로 놓아두는 방법이나, 화려하게 염색한 직물을 단단한 막대기로 두드리는 방법을 인내심을 갖고 딸에게 하나하나 가르쳤다. 막 뽑아낸 실을 위아래로 주고받으며 무늬가 복잡한 고운 면직물을 짰다. 당시 중요하게 여겨졌던 도제 교육의 마지막 단계이기 때문에, 딸의 작업을 바라보는 어머니의 눈은 냉정하였다. 조심스레 익힌 무늬와 매듭 기술이 어머니에게서 딸에게로 여러 세대를 거쳐 전수되었다. 그 집안에서 만든 좋은 옷은 귀족이 입었다. 이 집안의 어린 딸의 솜씨가 스승보다 우월하거나 적어도 동등해야 비로소 독립하여 작업할 수 있었다. 사용된 천뿐만 아니라 장식이 그 옷을 입는 귀족의 정확한 서열과 특권을 드러내기 때문에, 그들은 자신들이 하는 일이 중요하다는 것을 알고 있었다.

메 소아메리카 문명의 긴 역사 동안 저지대와 고지대는 밀접하게 서로 연결되었다(이 장에서는 제15장을 빈번하게 참조할 것이다). 상이한 환경을 가진 지역의 사회가 서로 연결된 것은 교역로와 공통 이념 때문이었다. 비록 15세기에 이르러서야 대조적인 두 지역이 단일화된 정치적 리더십 아래 거대한 아즈텍 제국으로 긴밀한 관계를 맺었지만, 그전에도 테오티우아칸 같이 발달한 고지대 문명이 수세기 동안 저지대에 영향을 미쳤다. 제16장에서는 고지대 메소아메리카 문명에 대해서 설명하고자 하는데, 이 문명은 복잡하고 역동적인 아즈텍 세계에서 전성기를 이루었다가, 1519년 스페인 정복의 재앙을 맞아 사라진다(표 15.1, 그림 16.1).

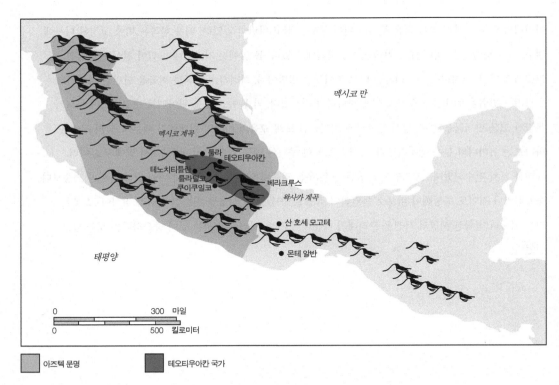

그림 16.1 제16장에서 기술되는 고고학적 유적과 문명의 지도

고지대 문명의 출현(2000~500 B.C.)

고지대 메소아메리카 문명은 대부분 두 지역, 즉 멕시코와 왁사카(Oaxaca) 계곡을 중심으로 기반이 조성되어 있다. 미시간 대학교의 대규모 조사단은 이 지역에 대한 연구를 장기간 진행하여, 왁사카가 도시와 복합사회로 발달하는 복잡한 과정을 밝혀 냈다.

따뜻하고 반건조한 왁사카 계곡은 지금의 자포텍(Zapotec) 사람들의 최초 발상 지이다. 계곡은 세 줄기로 뻗어 Y자를 뒤집어 놓은 것 같은 형상이다. 서기전 2000년 경 지표에서 깊지 않은 지점에서 수원이 발견되어 옥수수와 콩 경작이 가능하게 되었으며, 50~75명으로 이루어진 수십 개의 크고 작은 마을이 형성되었다. 후대에 그 마을 중 일부가 상당한 규모로 확대되어 주민이 500명에 이르게 되고, 그들 중 일부가 비농업 장인이나 신관이 된다. 가장 먼저 마을이 나타난 곳은 계곡의 바닥으로, 이곳은 물 공급이 다른 곳보다 원활하였다. 오늘날에도 저지대의 왁사카 농민은 '항아리'를 이용한 단순한 관개 방법을 이용하고 있다. 즉 낮은 우물 근처에 작물을 심고 노출된 지하수면에 항아리를 묻어서 식물에 물을 공급하였는데, 초기 왁사카인도 이와 동일한 기술을 사용한 것으로 보인다. 켄트 플래너리(Kent Flannery)는 경작지를 관개하는 데 이 방법을 쓰면 적은 사람으로도 가능했기 때문이었다고 설명하였는데, 설득력 있는 주장이라고 생각된다. 지역의 인구밀도가 높아지자, 왁사카는 단순하면서 효율적인 재배 기술을 활용하여 경사지거나 건조한 지대까지 경작지를 성공적으로 확장하였다. 경작인구의 증가 덕택에 얻은 경제적 권력으로 결국 고지대 지역집단이 인접 세력을 제압할 수 있었다.

왁사카를 비롯한 여러 지역에서의 취락 발달은 장거리 교역과 밀접하게 연관되어 있다. 왁사카와 다른 취락의 지도자들은 기존의 단순한 물물교환망을 발전시켜 흑요석을 유통 분배하는 지역권내 교역의 정교한 조직을 완성하였다. 얼마 지나지 않아 고지대와 저지대 사이에 권내 광범위한 교역이 발생하였다. 이 교역의 대상 품목에는 올멕의 의례에 중요한 자철석제 거울, 열대조류의 깃털 그리고 토기가 포함되었다.

저지대의 영향력이 가장 강한 곳은 왁사카였다. 이곳에서는 올멕의 도기와 기타 의례용 물품이 서기전 1150년에서 650년 사이에 등장하였다. 많은 유물에서 확인되는 저지대의 독특한 '반인(半人) 반재규어' 문양은 올멕의 이데올로기에 중요한 의미를 갖는다(제15장). 이 무렵 비록 각 지역별로 저마다 신에 대한 숭배를 하기는 했지만, 고지대와 저지대 메소아메리카의 많은 지역이 공통된 종교적 신앙으로 연결되었다. 장거리 교역을 통하여 취급되는 이국적 물품은 새로운 지도자의 정통성과 특권에 결정적인 역할을 했다.

세 갈래 계곡의 합류 지점에 위치한 산 호세 모고테(San Jose Mogote)는 서기전 1300년 왁사카 계곡에서 가장 큰 취락이었다. 이곳에서 약 150명이 석회칠이 된 초가집에서 거주하였는데 공공건물도 한 채 있었다. 이후 한 세기 동안 산 호세 모고테는 급격히 성장하여, 약 20헥타르 이상의 지리적 범위에 진흙바닥과 흰색 회칠벽을 갖춘 초가지붕의 장방형 평면 가옥이 80~120채(400~600명)인 공동체로 발전한다. 왁사카 취락이 커지면서 어도비 벽돌이나 토축 기단 위에 세워진 공공건물이 등장하기 시작한다. 고동껍데기 나팔과 거북등으로 만든 북이 이 건물터에서 발견되었다. 가면을 쓴 무용수 복장의 점토 조각상도 산 호세 모고테의 의례용 건물에서 발견되었다. 또한 바다물고기의 등뼈도 있었는데, 이것은 신 앞에서 자해하여 피를 바치는 의례에 쓰인 것이 거의 확실하다(제15장). 산 호세 모고테와 같은 공동체에서 모든 종류의 의례용 유물이 보이는 것은 우연이 아니다. 그들이 등장하면서 메소아메리카 전역에 걸쳐 공통된 예술 양식이 보급되었기 때문이다. 다양해지는 사회 요소를 하나로 묶기 위하여 종교 의례는 한층 더 정교해졌다. 동시에 새로운 왁사카의 지배층은 이웃한 저지대 주요세력과 같은 지위를 확보하기 위하여, 그들의 의례와 신앙을 모방하였다. 재규어와 날개 달린 뱀 문양의 전통은 고지대와 저지대 사람들을 하나로 연결하였다.

수세기에 걸쳐 인구가 성장하고 경제 활동이 증가하자, 새로운 형태의 리더십이 나타났다. 서기전 400년경 최소한 7개의 작은 족장(군장)사회가 왁사카 계곡에서 확인되는데, 그중 하나가 나중에 수도권을 갖게 되는 몬테 알반(Monte Alban)이다.

멕시코 계곡을 포함한 고지대의 다른 지역에서도 동일한 과정이 진행되었는데, 멕시코 계곡의 틀라틸코(Tlatilco)에서도 서기전 1300년에 호수 근처에 처음 취락이 들어서서 65헥타르 이상의 지역을 차지하게 된다. 현대의 산업개발로 인해 당시 취락유적은 파괴되었지만, 340기의 무덤에 주목할 만한 장식품이 대량 부장되고 그중에는 점토 조각상도 있는 사실이 확인되었다. 이 조각상 중 하나는 아이나 개와 함께 있는 여성이고, 또 다른 것은 무용수를 표현한 것으로, 다리에는 건들거리는 장난감이 묶여 있었다. 당시 구기장이 있었는지는 알 수 없지만, 구기 경기 때 사용되는 손과 무릎 보호대를 착용한 여성 조각도 있었다. 어떤 틀라틸코 예술은 올멕 분위기를 강하게 보여주는데, 이는 올멕 신앙이 당시 메소아메리카에 광범위하게 영향을 미쳤다는 증거이다.

메소아메리카 문명의 기본 패턴은 1000년 이상에 걸쳐 고지대에서 발달하였다. 지배층이 등장하여 멕시코 계곡, 와사카 등의 지역에서 대규모 중심지를 형성하였으며, 주변 외곽 시골 지역에 산재한 작은 농촌 사람들이 식량을 조달하였다. 서기전 50년경 몬테 알반을 비롯한 몇 개의 중심지는 상당한 규모와 복합성을 갖는다. 고지대의 새로운 지배자들은 신관과 관료 체계를 장악하고, 신전과 피라미드 그리고 궁전을 짓고 유지하는 데 농민들의 노동력을 동원하였다. 규모는 수천 명은 아니더라도 적어도 수백 명은 되었다. 그들은 엄청난 식량잉여분을 확보하여, 점차 증가하는 상인과 장인 등의 비농민 인구를 부양하였다. 타인을 강제할 수 있는 정치적 권력을 뒷받침하는 것은 사회적 불평등을 정당화할 수 있도록 정교하게 구축된 개념이었다. 그 중에서 더 중요한 것은 복잡하고 때로는 공개적으로 확인된 통치자와 신하 간의 사회적 계약이다. 사람들은 지도자를 살아 있는 사람과 조상, 이승과 영혼의 세계 사이를 중재하는 자로 보았다. 정교한 달력과 후대에 등장한 문자는 의례적 일상생활의 모든 사항을 규제하였다. 또한 이것은 여러 세대에 걸쳐 여러 왕국에서 통치자가 자신이 왕조 출신이고, 신과 관계를 맺고 있음을 합리화하는 데 이용되었다. 고지대에서는 신중하게 통제된 농업과 시장 그리고 수익성 높은 교역을 통하여 2000년 동안 문명이 발달한다.

몬테 알반(900 B.C.~A.D. 750)

1000년기 초 두 개의 주요 도시국가가 메소아메리카 고지대를 지배하였다. 즉 고전기 마야 문명의 하나가 저지대 왁사카 계곡의 몬테 알반, 다른 하나는 멕시코 계곡의 테오티우아칸에서 번성하였다.

　　몬테 알반(Monte Alban)은 서기전 900년경 왁사카 계곡 세 개를 내려다보는 400미터 높이의 언덕 위에 세워졌다(그림 16.2). 새로운 취락이 급속히 성장하여 오래지 않아 5000명 이상의 주민이 거주한다. 새로운 취락이 형성된 언덕은 조망이 탁월하였고 독특한 환경을 가지고 있었지만, 계곡 아래의 비옥한 농경지와는 거리가 멀었다. 그렇기 때문에 경제적 관점에서 볼 때는 주요 의례 중심지의 위치로 적합하지 않

그림 16.2 몬테 알반의 중심부, 왁사카 계곡

있다. 고고학자 리처드 블랜턴(Richard Blanton)은 근거리에 위치한 경쟁적 세력들이 공동의 적에 대항하고 방어하기 위하여 정치적 수도를 중립적 위치에 세운 것이 몬테 알반이라는 이론을 세웠다. 그러나 와사카가 외부에 의해 공격을 받았다는 증거는 없다. 보다 더 가능성이 높은 것은 산 호세 모고테의 통치자가 단순히 자신의 권력과 정치적 지배력의 상징으로, 지배 영역을 내려다볼 수 있는 당당한 분위기의 장소를 원하였다는 것이다. 어떠한 경우라도 몬테 알반은 서기전 150년경에 상당한 중요성을 갖는 주요 국가로 자리매김하였다.

서기전 350년에서 200년 사이에 이 도시의 인구는 1만 6천 명 이상이었던 것으로 추정된다. 서기 500년에서 700년 사이의 후기 고전기에는 정점에 이르러 3만 명에 달하였다. 중심지에서의 급격한 확장, 성장과 쇠퇴에 대하여 주장한 마커스의 모델이 들어맞는 경우라고 할 수 있다(제15장). 정착이 이루어지던 초기는 서기전 약 900년에서 300년 사이까지 거슬러 올라간다. 이 시기는 지배층이 상형문자의 기록 방법을 발전시키고 달력을 사용하였으며, 어느 정도 올멕의 영향을 받던 시대이다. 그들은 비의 신 코니호(Conijo)를 포함하여 최소한 10명 이상의 신을 신전에 모시고 숭배하였다. 축복받은 단잔테(Danzante, 무용수)의 신전은 원래 이 시기에 건설되었다. 이곳에는 (종종 올멕과 같은 처진 입꼬리 모양과 함께) 기괴한 자세를 갖춘 150명 이상의 남성 나체 조각이 묘사된 석판이 있다. 이 남자들은 아마도 귀족 출신의 전쟁 포로로 신에게 바쳐진 희생물일 것이다. 때로는 성기에 소용돌이 문양이 새겨져 있는데, 이는 성기에서 사혈하는 모습을 묘사한 것으로 보인다. 단잔테 조각은 의례적 사혈의 의미와 함께 샤머니즘 신앙이 당시 몬테 알반의 통치자와도 연관되어 있음을 보여준다(제15장). 여러 개의 건물에서 나타나는 상형문자에 따르면, 이 고대 수도가 한때 재규어의 언덕(Hill of the Jaguar)이라고 불렸던 것으로 보인다. 재규어는 리더십에 대한 고대의 관념과 밀접한 관계가 있는 동물이다.

서기전 300년에서 100년 사이에 자포텍(Zapotec)의 통치자는 언덕 정상을 평평하게 조성하여 중심 광장을 만들었다. 몬테 알반은 정교한 궁전과 신전 그리고 광장으로 구성된 복합단지로 변모하였는데, 광장의 일부는 의례를 치르기 위한 무대, 일부는 시장으로서 기능을 하였다. 통치자는 도로, 방어성벽과 함께 빗물을 저장하여 비탈면 아래의 경작지에 물을 흘려보내는 수자원통제시설을 건설하였다. 도시는 세 개의 언덕에 걸쳐 자리를 잡았는데, 최소한 15개 이상의 거주구역으로 세분된다. 각각의 단위구역에는 광장이 있었는데, 대부분의 주민은 급경사의 지형에 조성한 계단식 암석상 대지 위에 지은 작은 가옥에서 살았다. 각 주거지에는 중앙에 가족무덤을 안치한 마당이 있었다. 여러 해에 걸친 고고학적 발굴조사를 통하여, 포장된 중심 광장의 주변에 집중된 거대한 의례 구역과 2000기 이상의 가옥 위치가 확인되었다. 의례시설은 지속적으로 재건축되는 과정을 거치면서 1000년 이상 발달하였다. 이로 인해 광장과 인접구역에서 사는 사람과 그 외의 도시 구역에 사는 사람이 구분되는 결과가 초래된다.

500년에서 720년 사이 후기 고전기에 건설된 광장은 길이 300미터, 폭 150미터로, 북쪽과 남쪽의 경계에는 건물의 정상에 오르는 계단을 갖춘 12미터 높이의 언덕 기단이 있다(그림16.2). 의례용 구기장과 그 외의 언덕 기단이 동쪽과 서쪽 경계에 배치되었으며, 북쪽과 남쪽을 잇는 중심축에 건물이 자리잡았다. 이 건물 중 하나는 돌로 마감한 J자형으로 큰 화살이 남서쪽을 향하고 있는 형상으로 벌집 모양의 어두운 방이 딸려 있다. 건물의 낮은 담을 둘러싼 40개 이상의 판석에 희생물로 바쳐진 사람들이 묘사되어 있다. 해독되지 않은 상형문자는 전쟁, 날짜, 장소 그리고 정복한 왕국에 대한 기록일 것이다. J자 모양의 건물은 천문대였을 것으로 짐작된다. 천문고고학자 앤소니 아브니(Anthony Aveni)는 이곳에서 태양이 천정(天頂)을 지나는 시간에 나타나는 밝은 별 카펠라(Capella)의 동선을 확인하였다고 믿는다. 통치자와 그들의 가문 사람들은 북쪽 기단 위의 복잡한 건물에서 살았다. 그 건물은 고위관료와 외국 사자를 만나는 공식적인 시설로 기능하였다.

몬테 알반은 세력이 정점에 이를 무렵 북쪽 테오티우아칸과 경쟁했다. 당시 테오티우아칸도 발전하는 과정에 있었는데, 두 개의 큰 도시는 평화롭게 공존하며 수세기 동안 교역하였다. 고고학자들은 테오티우아칸의 중심부에서 왁사카 상인의 거점 구역이 있었음을 식별해냈다. 몬테 알반의 영역은 단시기에 확장된 것이 아니라 750

년경까지 보다 강력한 이웃세력에게서 자신의 것을 지켜낸 결과였다. 그러나 이후 중심 광장이 폐기되고 건물들은 황폐화되었다. 비록 몬테 알반의 일부 지역은 스페인 정복 전까지 존속하기는 하였지만, 도시 전체의 인구는 알 수 없는 이유로 급격히 감소하였다. 한때 찬란하였던 도시는 그 위상을 회복하지 못하고 후기 고전기의 몇 개의 경쟁적인 도시 중 하나로 전락하였다.

테오티우아칸(200 B.C.~A.D. 750)

일찍이 서기전 600년에 몇몇 족장(군장)사회가 멕시코 계곡을 지배하였다. 5세기 후 중서부 쿠이쿠일코(Cuicuilco)와 동부 테오티우아칸이 패권을 다투었다. 그때 대규모 화산 폭발이 일어나 쿠이쿠일코를 완전히 덮었는데, 이 자연재해를 틈타 테오티우아칸이 계곡과 중앙 고지대 인근 지역의 주인이 되었다.

테오티우아칸(Teotihuacan)은 이후 수세기 동안 급격히 성장하였고 수천 명의 사람이 외곽 공동체에서 메트로폴리스로 이주했다. 그들이 자발적으로 왔는지 아니면 정복과 강제적 이주로 왔는지는 알려져 있지 않다. 100년경 이 도시에는 최소한 8만 명이 살았다. 몬테 알반과 마찬가지로 테오티우아칸도 지속적인 군사적 정복을 통하여 성장하였다. 이는 마커스가 제시한 모델의 초기의 급속한 성장단계에 해당한다. 200년과 750년 사이 테오티우아칸의 인구는 15만 명 이상으로 성장하여 당대 근동과 중국의 가장 큰 도시와 유사한 규모에 이르렀다.

도시

우리는 대부분의 다른 고대도시보다 상대적으로 테오티우아칸에 대하여 더 많은 것을 알고 있다. 이는 미국과 멕시코 고고학자들이 수행한 체계적인 발굴과 지도 작성 그리고 복원 사업 덕택이다. 고고학자 르네 밀롱(Rene Millon)의 지도에 따르면, 이 도시가 수세대에 걸친 장기 마스터플랜에 따라 성장한 거대한 공동체의 모습을 보여준다. 건축가들은 테오티우아칸을 단순한 도시가 아니라, 영혼 세계를 재현한 인공 산, 기슭, 동굴 그리고 광장으로 이루어진 거대한 상징적 경관으로 생각한다. 8세기 이상에 걸쳐 테오티우아칸은 600개의 피라미드, 500개의 공방시설, 거대한 시장, 2000개의 공동주택 단지, 광장 구역을 조성하였다. 이들은 모두 격자형 배치계획에 따라 건축되었으며, 5킬로미터 길이의 '죽은 자의 길(스페인 정복 전 명칭)'이 남북 방향을 중심축으로 하여 도시를 연계 분할하였다. 천문학적 관측을 통하여 정확히 북쪽에서 동쪽으로 15.5도 기울어진 방향을 기준으로 하여 설정되었다(그림 16.3). 현재 주민이 사라진 이 도시는 일부는 없어지고 일부만 복구되었지만, 엄청난 규모의 유적과 피라미드 광장으로 사람들을 압도한다. 그래서 평범한 사람들은 이곳에서 스스로 보잘것없는 존재로 위축되는 느낌을 갖는데, 이것은 아마도 건축한 사람의 의도일 것이다.

1년에서 100년 사이에 엄청난 규모의 태양 피라미드가 '죽은 자의 길' 동쪽에 세워졌다. 높이 61미터, 한변 길이 215미터로 된 5단의 피라미드와 거대한 계단은 근처 광장과 건물을 상대적으로 왜소하게 만들었다. 기존 피라미드의 유적지에 조성된 이 경탄스런 건축물의 표면을 마무리한 것은 1,175,000평방미터가 넘는 자갈과 햇볕에 말린 점토벽돌이었다. 정상에는 목재로 건축된 초가지붕의 신전이 서 있었다. 1971년 소리와 빛의 공연을 준비하기 위하여 시굴갱을 파는 과정에서, 고고학자들이 지하 기반암 아래에 있는 자연적인 용암동굴을 확인할 수 있었다. 이 동굴은 이미 오래전에 확장되었는데, 100미터 동쪽으로 피라미드 아래 6미터 지점에서 클로버 모양으로 배치된 네 개의 방에서 끝난다. 이 동굴은 태양의 피라미드가 세워지기 전에 경배의 장소로 사용되었으며, 피라미드 건설 이후 한동안 의식의 중심지로 존속하였다. 동굴의 발굴조사 보고서는 공개되지 않았다. 그러나 다른 메소아메리카 지역의 경우, 그런 어두운 방은 인간의 조상은 물론 태양과 달의 신이 태어난 곳, 즉 상징적인 자궁으로 여겨지고 있다. 반세기 늦게 세워진 것으로 추정되는 소형의 달 피라미드는 '죽은 자의 길'의 북쪽 끝에서 건물로 둘러싸인 광장을 내려다보고 있다. 최근에 피라미드의 기초에서 인간희생물이 발견되었다.

넓은 도로는 남쪽으로 3킬로미터 이상 뻗어 있으며, 그곳에서 동서 도로와 교

그림 16.3 태양의 피라미드(왼쪽 뒤)와 '죽은 자의 길'이 보이는 테오티우아칸(앞부분이 달의 피라미드)

차하여 도시를 네 개의 구역으로 분할한다. 시우다델라(Ciudadela)라고 알려진 거대한 광장은 총 400미터 길이의 담장으로 둘러싸여 있는데, 교차로에 위치하고 있다. 여기에 케찰코아틀[Quetzalcoatl, 날개 달린 뱀(Feathered Serpent)] 신전이 있는데, 6층 피라미드의 경사진 여러 층의 벽면에 직사각형 판석을 둘러 장식하였다. 날개 달린 뱀과 불 뱀(Fire Serpent)이 번갈아 장식되어 있었는데, 후자는 하늘을 가로질러 여행하는 태양을 잉태한 존재로 이해된다(그림 16.4). 푸른색 배경의 태초 바다에서 두 뱀―하나는 녹색과 평화, 다른 하나는 사막, 불, 전쟁을 상징한다―이 날뛰는 창조

그림 16.4 테오티우아칸의 케찰코아틀 신전

의 순간이 신전 전면의 벽에 걸쳐 묘사되어 있다. 왕궁 시설로 추정되는 두 채의 공동
주택 단지는 시우다델라의 북쪽과 남쪽 절반을 차지하고 있다. 케찰코아틀 신전을 지
을 때, 200명의 어린 전사가 최소한 18개 그룹으로 나뉘어 손을 뒤로 묶인 채 인간 희
생물로 바쳐졌다. 피라미드의 네 측면과 기단 아래 바닥에는 희생자를 묻은 매장 구
덩이가 확인되었는데, 네 개의 모퉁이에 각각 한 명의 희생자가 묻혀 있었다.

테오티우아칸 지도를 보면 이 기획도시가 혈연 유대와 상업 활동을 염두에 두고
몇 개의 구역으로 구분되었음을 알 수 있다. 일정 시점에 이르렀을 때 도시의 통치자
들은 도시 재편을 위한 체계적인 계획을 수립하였다. 가옥을 표준화하여 건축하였는
데, 이는 통제 불가능할 정도로 많아진 인구를 수용하기 위한 것으로 보인다. 대부분
의 사람은 사방의 길이가 각각 60미터에 달하는 성벽 안의 표준화된 단지에 거주하

였는데, 골목을 통하여 다른 단지에 연결되었다. 이 공동주택 단지(barrios, 이웃집단)의 일부는 흑요석기나 토기 제작자 같은 장인들의 집으로 구성되어 있다. 또한 이곳에는 군사적인 구역도 있었다. 저지대 베라크루스(Veracruz)는 물론 몬테 알반과 왁사카 계곡 출신의 외지인들이 사는 독자적인 거주구역도 있었다. 상위신분의 신관과 예술가는 작은 궁정의 인근 주거지에서 살았다(발견 16.1).

고위 귀족은 낮은 마당이 있는 정교한 궁정에서 거주하였다. 궁정 지붕은 평평했고 앞마당과 방이 많았다. 벽체는 표준화된 디자인의 종교적 벽화로 장식되었다. 테판티틀라(Tepantitla) 궁정은 벽화로 유명한데, 테오티우아칸의 우주를 창조한 여신인 거미 여인이 샘물과 산맥으로 이루어진 환경을 지배하는 모습을 묘사하였다. 사람들은 어울려 춤을 추고 노래하며, 꽃피는 나무 사이에서 나비가 놀고 있다. 그러나 이런 부귀는 테오티우아칸 사람 중 소수만이 누렸다. 낮은 사회 계층 사람들은 야만적일 정도로 거칠고 힘든 작업을 감당해야 했기 때문에 기대수명까지 짧을 정도였다. 도시가 경제를 지탱하기 위해서는 새로운 인구가 지속적으로 유입되어야 했다.

테오티우아칸은 최소한 21제곱킬로미터의 공간에 메소아메리카 세계의 모든 지역에서 온 상인과 예술가로 번잡한 독특한 도시였다. 동시에 순례자에게는 가장 위대한 상징적인 존재로 중요시되는 성스러운 도시이기도 하다. 이 도시의 번성은 근처에서 발견되는 녹색 흑요석의 교역에서 유래하는데, 흑요석은 저지대에서 생산된 새깃털과 조개 그리고 물고기 등뼈 등 모든 종류의 열대산물과 교환되었다. 식량은 계곡과 근처 호수의 낮은 지역에 조성된 수만 제곱미터 늪지 경작지에서의 농경을 통하여 조달되었다. 이 도시는 밝은 색이 많이 사용되었는데, 다양한 색깔의 경관을 갖고 있었다. 가옥은 밝은 백색으로 장식되었던 사실이 지금도 벽체 파편에서 확인할수 있다. 무엇보다도 이 위대한 도시는 매우 상징적인 언어를 사용하였는데, 그 언어는 건축과 예술작품 그리고 토기에서 볼 수 있다. 이 도시의 지배자는 우주와 당시의 시간 순환이 시작된 장소가 바로 이 도시라는 개벽 신화를 만들어냈다. 테오티우아칸 영역의 모든 의례를 통해 사람들이 은총을 받았으며, 우주를 유지시킬 책임이 있다는 믿음을 가졌다. 8년 주기로 이루어지는 전쟁과 희생에 대한 제사는 우주와 도시 그리

테오티우아칸의 공동주택 단지(barrios)에서의 생활

테오티우아칸의 의례 구역 너머에 많은 주민들이 안뜰과 통로를 갖추고 단층의 평평한 지붕이 있는 평면 장방형 공동주택 단지에서 어우러져 살았다. 좁은 골목과 약 3.6미터 폭의 길이 각 주거구역을 이웃과 구분한다. 각각 20~100명의 사람을 수용하였는데, 이들은 같은 혈연집단으로 추정된다. 유물의 패턴을 근거로 판단하면 일부 가옥은 숙련된 예술가, 흑요석과 조개로 만든 장식품 제조업자의 가문, 방직공과 도기 제조업자 등이 거주하였던 것으로 추정된다.

일반적으로 테오티우아칸의 공동주택 단지 내부의 삶은 어떤 것이었을까? 멕시코 고고학자 린다 만자닐라(Linda Manzanilla)는 한 단지 내에서 상이한 활동이 있었다는 흔적을 찾기 위하여, 테오티우아칸 북서쪽 경계 근처에 있는 복합단지를 조사하였다. 공동주택과 마당의 회벽칠 바닥에 남은 것이 별로 없었기 때문에, 만자닐라 조사단은 바닥에 쌓인 퇴적물의 성분을 화학적으로 분석하여 거주자의 활동을 파악하려 했다. 다량의 인산이 확인되는 곳은 쓰레기 하치장이다. 석회(둥근 빵을 굽거나 회벽칠하는데 사용된)에 탄소 성분이 집중적으로 확인되면 요리 또는 토목 활동이 있었다고 해석하는 방법을 적용한 것이다. 단지 내에서 실행된 화학성분 조사 프로그램을 통하여, 만자닐라는 당시 사슴, 토끼, 칠면조와 같은 동물 등을 요리하던 거주자의 화덕과 식사 장소의 위치를 상당히 정확하게 찾아냈다. 그녀는 상당히 큰 규모의 공동체 내에서 독립된 세 채의 공동주택을 식별했고, 각 주택에는 약 30명으로 이루어진 가족 단위가 있었다는 것을 알아냈다. 각 공동주택에는 취침, 식사, 종교 활동 그리고 장례 예식 등에 사용되는 특정한 구역이 갖추어져 있었다.

테오티우아칸의 공동주택 단지는 서로 잘 아는 사람 사이뿐만 아니라, 유대감을 가진 공동체와 도시 전체 사이에 긴밀한 상호작용이 있었음을 보여준다. 텅 빈 길 중 하나를 따라 걷다 보면, 1500년 이전에 소박하게 회벽칠을 한 단지 주택의 벽을 끼고 조성된 좁은 길을 내려가는 자신의 모습을 상상할 수 있다. 길 쪽으로 난 문을 열면 때로는 그늘진 마당에서 그릇과 옷감을 햇볕에 말리는 모습을 볼 수 있는 것이다. 나무 타는 연기, 개 짖는 소리, 옥수수 빻는 갈판과 갈돌의 단조로운 마찰음, 옷감을 짜는 여성의 부드러운 목소리 그리고 향료의 내음 등 길거리는 냄새와 소리로 어수선하였을 것이다.

테오티우아칸은 수백 개의 작은 공동체로 구성된 거대한 도시 공동체였다. 이곳에는 외국 교역을 통하여 수입한 이국적 사치재를 비롯한 많은 상품이 거래되는 시장이 있었다. 이국적 사치재는 상당히 높은 가치를 인정받아서, 이를 들여온 외국인은 특별 구역에서 수세기 동안 주택단지를 이루고 거주하였다. 저지대의 베라크루스 지역에서 온 이민자는 도시 동쪽의 이웃 구역에서 살았다. 이는 그들의 출신지인 멕시코만에서 볼 수 있던 초가지붕의 독특한 원형 어도비 벽돌 가옥의 유적을 통하여 식별할 수 있다. 또한 오렌지, 갈색 그리고 크림색의 토기로도 쉽게 알 수 있는데, 이들은 밝은 색의 새 깃털과 같은 이국적 열대 사치재를 수입한 것으로 추정된다. 서쪽의 다른 이웃 구역은 테오티우아칸 남쪽으로 400킬로미터 떨어진 왁사카 계곡에서 온 자포텍 교역업자들의 주거구역이었다. 이격된 단지에서 출토된 그릇조각은 메소아메리카 고지대와 저지대의 모든 지역에서 온 사람들의 존재를 식별하는 단서가 된다.

고 거주민의 행복을 보장하기 위한 것이었다. 테오티우아칸의 군대는 전쟁에서 패배를 몰랐으며, 전쟁에 승리하여 잡은 포로는 신에게 제물로 바쳤다.

테오티우아칸의 중심에는 태양의 피라미드 아래로 이어지는 성스러운 동굴이 위치하고 있다. 이는 지하세계로 가는 입구로, 도시 지도자가 남긴 창조 신화의 핵심으로 받아들여졌다. 동굴 입구에서 서쪽 지평을 보는 방향은 이 지역 달력의 특정 날짜에 태양이 위치하는 천문학적 현상과 연계되어 있다. 테오티우아칸의 첫 번째이자 동시에 가장 유능하였던 지도자가 창조신과 기타 주요 신을 기리는 상징적 경관으로서 전체 도시를 조성할 마스터플랜을 수립하여 공공건축사업을 수행하였다. '죽은 자의 길'은 성스러운 동굴과 직각을 이룬다. 작은 피라미드는 태양과 관련된 '위대한 여신'으로 추정되는 신들에게 바쳐진 것으로, 지평선상에 있는 성스러운 산의 모습을 한 '달의 피라미드' 구역에 위치한다. 또한 성스러운 동굴 위에 태양의 피라미드를 지어 위대한 여신을 비롯하여 불과 비 그리고 바람의 신에게 바쳤다. 도시의 세 번째 주신은 날개 달린 뱀 케찰코아틀이다.

세계의 중심

150년에서 225년 사이에 도시의 지도자는 태양의 피라미드를 지금의 모습으로 재건축하였고 달의 피라미드를 확장하였다. 그리고 죽은 자의 길을 3.2킬로미터 이상 남쪽으로 연장하여, 도시의 새로운 정치적, 종교적 중심지 시우다델라로 구성된 두 개의 큰 구역에 이르게 했다. 큰 규모의 '위대한 단지(Great Compound)'는 테오티우아칸의 중심 시장과 행정 중심지가 되었다. 동서 도로는 죽은 자의 길을 가로질러 조성되어 테오티우아칸을 4개의 구역으로 분할하였다. 아무도 종교적, 정치적 권력의 중심지가 왜 갑자기 남쪽으로 이동하였는지 모른다. 르네 밀롱(Rene Millon)은 '불사의 열정을 가진' 야망에 찬 통치자가 새로운 의례행사용 건축물 단지를 통하여, 자신의 권력을 기리기를 원하였기 때문인 것으로 추정한다.

밀롱은 성공적인 정복과 위대한 번영이 이루어진 시기에 획기적인 전환이 일어났다고 믿는다. 당시 건축가는 수세기에 걸쳐 성스러운 동굴을 테오티우아칸 신의 세계로 통하는 길을 상징하는 것으로 받아들이고, 이 동굴을 시우다델라의 날개 달린 뱀의 신전과 연결했다. 밀롱은 조각된 신의 뱀 머리가 '날개 달린 거울의 위대한 벽면'에서 출현하였으며, 동굴이 통로를 의미하는 메소아메리카 그림풀이에서 유래된 것이라고 설명한다. 성스러운 전쟁과 인간희생의 화려한 의식은 때때로 '별들의 전쟁'이라고 불리는데, 날개 달린 뱀과 폭풍의 신 그리고 금성의 주기적 순환과 연결되어 있다. 날개 달린 뱀의 위대한 신전은 우주와 인간의 행복을 유지하기 위하여 바쳐지는 인간희생물의 제사의식이 이루어진 곳이었다. 신전의 봉헌식 때 바쳐지는 포로는 고지대 문명에서 전쟁과 인간희생의 중요성을 강하게 상기시킨다. 이 별들의 전쟁 의식과 관련된 신앙은 메소아메리카에 넓게 퍼져 마야 문명에 심대한 영향을 미쳤다 (제15장). 시우다델라는 테오티우아칸의 중심부인 도시의 교차로에 위치했는데, 우주의 상징적 중심이며 우주가 회전하는 축이었다.

날개 달린 뱀의 신전을 헌납한 익명의 통치자가 도시의 마지막 지도자였을 수 있다. 절대적 권력을 가진 그를 지원하는 것 자체가 엄청나게 큰 부담이 되었다. 그 후 400년 이상 테오티우아칸의 리더십은 집단적, 관료적으로 변하였으며, 의례에 큰 비중을 두는 이념에 의해 뒷받침되었다. 의례를 성공적으로 수행한다는 것은 우주를 계속 움직이게 하고, 다산을 보장하며 인간 생명의 지속을 보장해 주는 것을 의미하였다. 공동주택 단지(단지를 둘러싼 성벽은 도시의 성스러운 방향을 가리킨다)의 개별 가구 수준의 사생활에서도 의례는 수행되었다. 공공부문에서는 전쟁과 인간희생의 제사의식에서 인간 제물을 바치고, (더 이상 절대적인 통치자가 아닌) 위대한 군주가 신과 조상의 중재자 역할을 하는 사제왕으로서 사혈을 하는 행위로 의례가 이루어진다.

테오티우아칸의 사람이 되는 것은 세상의 중심에서 사는 명예로운 일이었다. 그러나 이 명예는 도시와 군주 그리고 신들에 대한 중요한 의무를 수반하는데, 모든 시민은 장인기술과 공공사업 노역 그리고 테오티우아칸 군대 복무를 통하여 국가에 봉사하였다. 이런 의무는 모든 가구와 공동주택 단지 그리고 왕궁을 받쳐 주는 혈연적 유대를 통하여 수행되었는데, 이는 우주를 유지하는 공동 사업에 도시 내 모든 사람을 끌어들이는 기능을 했다. 때때로 정부는 농업생산을 극대화할 목적으로, 활용도가 낮은 근거리 토지(특히 호수 근처의 개간 가능한 토지)에 도시 거주자를 계획적으로 재배치하려고 했다. 그러나 대부분의 사람은 지중해상의 시칠리아 섬 정도인 26,000제곱킬로미터 면적을 갖춘 큰 도시에서 느슨한 통제를 받으면서 살았다. 테오티우아칸의 통치자는 50만 명 정도의 엄청난 인구를 지배하였지만, 이 도시가 저지대와 고지대 메소아메리카에 미친 주된 영향은 정치적인 것이 아니라 경제적이고 이념적이며 문화적인 것이었다. 이러한 권력은 정복과 교역 그리고 무엇보다도 위대한 도시를 창조와 문명의 요람 자체로 만든 신중하게 구축된 이념에서 나왔다. 테오티우아칸의 종교적 구호는 상당히 성공적이어서, 스페인 정복으로 파괴된 뒤에도 여전히 아즈텍과 다른 고지대 사람들은 이 도시를 크게 숭배하였다.

붕괴

약 650년 이후 개인적 통치체제로 회귀하면서, 국가가 압제적으로 변하였고 테오티우아칸의 이념은 점차 군사적이 되었다. 크게 증가한 도시인구와 멕시코 계곡 자원의 불균형 개발은 심각한 경제적 문제를 야기하였으며, 국가를 취약하게 하는 위험 요인이 되었다. 전반적으로 경직된 위계적 질서가 도시를 지배하여, 주민들의 불만이 심각해지고 압력도 점차 커졌지만, 이에 제대로 대처하지 못하였다. 그 결과는 가공할 만한 것이었다. 시우다델라는 750년경 공격을 받아서 신전과 궁전이 타버리고 파괴되었다. 그 결과 테오티우아칸의 정치적, 의례적 신성성이 박탈되어 결국 새로운 통치자가 잿더미에서 재기할 수 없었다. 모든 신전과 성소는 돌무더기로 변하였다. 이 모든 파괴를 누가 주도하였는지 아무도 모르지만, 테오티우아칸과 국가는 역사에서 사라졌으며 단지 전설상으로 후대의 톨텍과 아즈텍 세계의 발상지로 기억될 뿐이었다. 그러나 700년이 지난 후에도 여전히 이 도시는 순례자에게 경외스러운 장소로 남아 있다.

톨텍(A.D. 650~1200)

테오티우아칸은 수세기 동안 고지대의 시골 주민들을 붙잡아 두었다. 이 거대한 도시가 정복자에 의해 붕괴되고 주민들이 뿔뿔이 흩어진 다음에, 남겨진 공백지대에 중앙 멕시코의 다른 도시들이 세력을 확장한다. 그러나 그 도시 중 어느 것도 테오티우아칸 같은 수준의 의례적 권력을 갖지 못하였을 뿐만 아니라, 정치적 권력도 여러 도시로 번갈아 가며 빠르게 옮겨 갔다. 그중 한 집단이 테오티우아칸에 버금가는 지배권력을 가졌는데, 톨텍(Toltec)이 그 도시이다.

아즈텍의 정보제공자가 고대 멕시코 문명의 연대기를 저술한 유명한 스페인 사람 프레이 베르나르디노 데 사아군(Fray Bernardino de Sahagun)에게 다음과 같이 말하였다. "톨텍인은 매우 현명하다. 그들의 업적은 모두 우수하며 완벽하고 경이적이다…. 그들은 놀랍고 귀중하며 경탄스러운 모든 것을 스스로 발명하였다[디블과 앤더슨(Dibble and Anderson, 1969, p.165~166)]." 아즈텍인이 생각하는 톨텍은 방해되는 것은 모두 쓸어버리는 위대한 전사 영웅이며 당당한 정복자였다. 톨텍의 혈통이 되기 위해서는 아즈텍 사회에서 높은 사회적 지위에 올라야 했다. 고결하고 현명하며, 전문적인 천문학자이자 예술가인 톨텍인은 군사적 문명의 설립자로 포장되기도 했다.

톨텍의 초기 역사는 상당히 혼란스러웠다. 다른 고지대 사람들처럼 톨텍인은 여러 부족집단으로 구성되었는데, 그중에는 나우아틀(Nahuatl)어를 사용하는 톨텍인인 치치메카(Chichimeca)가 포함되어 있었다. 이들은 메소아메리카의 외곽지대에서 온 반문명화된 사람임에 틀림없다(나우아틀어는 스페인 정복 당시 아즈텍 제국의 공용어였다). 그들의 첫 번째 지도자는 전설적인 믹스코아틀(Mixcoatl, 구름 뱀)인데, 추종자와 함께 멕시코 계곡 콜와칸(Colhuacan)에 정착하였다. 그는 아들 토필친 케찰코아틀(Topiltzin Quetzalcoatl)에게 왕위를 물려주었는데, 그는 갈대1(1Reed, 935년 또는 947년, 메소아메리카의 시간에는 숫자와 이름이 있었다)에 태어났다. 톨텍의 수도를 톨란(Tollan), 즉 '갈대의 장소'로 옮긴 사람이 토필친 케찰코아틀이다. 톨란의 전성기 인구는 약 3~6만 명으로 테오티우아칸보다 훨씬 적었다(톨란은 툴라의 고고학적 유적을 통하여 확인되었다). 평화 애호적인 토필친 케찰코아틀과, 전사와 생명의 신이면서 전쟁을 사랑하는 경쟁자 테츠카틀리포카(Tezcatlipoca, 담배 피우는 거울)의 추종자 사이에 격렬한 분쟁이 발생하였다. 테츠카틀리포카 세력이 계략과 모욕의 방략을 구사하여 토필친과 그의 추종자들을 물리쳤는데, 그들은 툴라(Tula)에서 도망쳐 멕시코 만해안에 이르렀다. 구전에 의하면 그곳에서 통치자는 의식용 복장을 갖추고 스스로 불에 타 죽었으며, 재가 하늘로 올라 샛별이 되었다고 한다. 스페인 정복자들은 또 다른 형태의 전설을 들었는데, 그 전설에서는 토필친이 "뱀으로 뗏목을 만들어 마치 자신의 배인 것처럼 올라탔다. 그리고 바다를 건너갔다."고 전한다(디블과 앤더슨, 1969, p.165-166). 그리고 그는 갈대1 시기에 돌아오겠다는 맹세를 하였다는 전설을 남겼다고 한다.

이 전설의 핵심에는 역사적 진실이 담겨 있는 것일까? 북부 유카탄의 마야 구전 설화에는 987년 쿠쿨칸(Kukulcan, '날개 달린 뱀')이라는 이름의 고지대 정복자의 도착에 대한 이야기가 있다. 치첸이차에 남아 있는 톨텍의 흔적이 토필친이 통치하였다는 사실을 반영한 것일 수 있지만, 이에 대해서는 논란이 많다(제15장).

토필친이 떠난 뒤 톨텍 국가는 중앙 멕시코 해안의 대부분을 장악하였다. 만약 아즈텍의 전설이 사실이라면, 이 시기는 톨텍이 명석한 장인정신을 발휘하여 엄청난 부와 평판을 달성한 전성기이다. 그러나 12세기 후반에 닥친 심각한 가뭄 주기는 파벌 간에 격렬한 분쟁을 야기하였다. 마지막 톨텍 통치자 우에막(Huemac)은 툴라를 포기하고 지금의 멕시코시티 공원에 위치한 차풀테펙(Chapultepec)으로 수도를 옮겼다. 그곳에서 왕국이 무너지자 우에막은 자살하고, 사람들은 과테말라의 마야 고지대와 같은 먼 곳까지 메소아메리카 전 지역으로 뿔뿔이 흩어졌다. 이 모든 집단과 그들의 지도자들은 자신들이 한때 위대한 수도였으나 폐허가 된 툴라를 지배하였던 가문의 후손이라고 주장하였다.

툴라

툴라(Tula)는 삼면이 급경사 절벽으로 이루어진 천연 곶이다. 유적지에서 확인된 주거지는 선고전기에 속하는 것으로 추정된다. 테오티우아칸의 전성기에 상당한 규모의 촌락이 이곳에서 번성하였다. 900년경에 툴라는 톨텍–치치메카(Tolteca-Chichimeca)의 장인들이 거주하는 발달한 읍락이었으며, 짧은 기간에 16제곱킬로미터의 면적에 4만 명이 거주하는 도시로 성장한다. 1000년경 톨텍의 군주는 수도를 격자로 구획하여 건설하였는데, 넓은 중앙 광장과 당당한 피라미드로 경계를 만든 의례 중심구역과 최소한 두 개의 구기장을 갖추었다. 현재 피라미드 B만 발굴되었으며, 복원된 최종 형태는 각각 10미터 높이의 5개 계단으로 구성되었다. 피라미드의 정면에는 전사 부조가 장식된 기둥이 서 있는 공간이 조성되어 있었다(그림 16.5). 정상에 있는 신전은 층계를 통하여 올라가게 되어 있는데, 머리가 바닥으로 향한 날개 달린 뱀

그림 16.5 톨텍 수도인 툴라에 있는 피라미드 B의 거대한 전사들

모양이 묘사되어 있는 돌기둥이 양 옆을 장식하고 있다. 네 명의 거대한 전사가 창던 지개와 향료 보따리를 지니고, 첫 번째 방의 지붕을 받쳐 주는 형상이 조각되어 있다. 그 뒤로 성역이 조성되고, 작은 인간 조각이 묘사된 제단이 안치되었으며, 톨텍 전사 조각으로 장식된 네 개의 기둥이 지붕을 지탱하고 있다. 피라미드 B는 웅크린 모습의 '차크물(chacmool)' 조각상으로 주목을 받고 있다. 이 조각상은 떼어 낸 심장을 그릇 에 받아서 위 속으로 삼키는 신의 형상을 묘사한 것으로 보인다. 피라미드의 옆면에 는 전설적인 케찰코아틀로 여겨지는 괴물과 함께 국가의 막강한 전사 대열이 묘사된 부조가 조각되어 있다. 피라미드 북쪽에는 사람을 잡아먹는 뱀을 묘사한 40미터 길 이의 부조가 장식된 기괴한 분위기의 '뱀의 벽'이 있다. 모든 것은 인신을 제물로 삼 는 군사적 사회를 나타낸다. 최근 발굴을 통하여 구기장에 가까운 한 제단이 인간 유 골로 덮여 있는 사실이 확인되었다.

도시의 위치나 구조 등에 대해서는 별로 알려진 것이 없다. 툴라는 대략 각 600 제곱미터 넓이의 일정한 가구 거주구역들로 구성된 것으로 보인다. 구역 안에는 평평 한 지붕의 정사각형 또는 직사각형 주택이 5개의 거주구역별로 모여 있었으며, 각각 공동 신전을 갖추었다. 많은 가구들이 흑요석의 채광과 도구의 제작에 종사하였는데 대부분 수출용이었다. 정교한 토기를 비롯하여 열대조류의 깃털이나 재규어 가죽과 같이 쉽게 부패하는 재료의 교역과 공물에 대한 풍부한 증거가 있는데도, 고고학적 연구는 톨텍의 예술적 수확과 관련한 많은 전설을 확증하지 못하고 있다.

톨텍 제국이 해체되던 1200년경, 툴라의 신전과 피라미드 그리고 구기장은 황폐 화되었다. 문명화된 멕시코 계곡의 외곽에 살다가 풍요로운 농토를 찾아 남쪽으로 이 동하는 치치메카 사람들의 공격을 받았을 가능성이 있다.

아즈텍 문명의 출현(A.D. 1200~1519)

다음 세기가 도래하자 중간규모의 도시국가가 번창하고 서로 경쟁하던 멕시코 계곡은 정치적 공백 상태에 빠졌다. 이 과정에서 강력한 톨텍 혈통의 군주가 왕국의 지도 자 자리에 올랐으며, 톨텍 후손만이 왕위를 이을 수 있다는 전례를 만들었다. 같은 조 상을 섬기는 자들이 귀족으로 등장하였다. 야만스런 치치메카 출신으로, 급부상한 여 러 국가의 통치자들은 이미 튼튼한 토대를 갖춘 이웃세력을 애써 모방하였다. 이러한 경쟁적 세계에 잘 알려지지 않은 소규모 집단이 등장하는데, 아즈텍(Aztec), 혹은 멕 시카(Mexica)가 그것이다. 두 세기가 지나지 않아 고지대 출신 인물이 콜럼버스 도착 이전 아메리카의 가장 강력한 제국을 통치하게 된다.

그들이 말하는 아즈텍의 역사는 자수성가형 소설처럼 들린다. 자신들은 멕시코 서쪽 또는 북서쪽 호수의 섬인 아스틀란(Aztlan) 출신이며, 곧 태양신으로 재탄생하 게 될 부족 신인 위칠로포치틀리(Huitzilopochtli, '왼쪽 휘파람새')의 인도로 계곡에 들 어왔다고 주장한다. 이는 아즈텍 역사학자에게 널리 알려진 공식적인 내용으로 스페 인인에 의해 기록되었다. 이런 내용의 이주 전설은 고대 메소아메리카에서 자주 보이 는 흔한 것으로, 액면 그대로 받아들일 필요는 없다. 아즈텍인은 분명히 13세기에 계 곡에 정착하였지만, 인구밀도가 높은 지역에서는 환영받지 못하는 도래인이었다. 결 국 그들은 계곡에서 가장 큰 호수의 늪지대 중에서 습지가 많은 한 섬에 정착하였다. 그곳에서 1325년 이후 어느 시점에 테노치티틀란과 틀라텔롤코(Tlatelolco) 두 개의 수도를 세웠다. 사납고 잔인한 전사인 아즈텍인들은 1367년에 세력을 확장하던 테파 넥(Tepanec) 왕국의 테조조목(Tezozomoc) 왕의 용병으로 들어갔다. 아즈텍인은 영 토 확장에 따른 전리품을 분배받았고, 곧 자신을 고용한 자의 제도와 제국의 건설 전 략을 받아들였다.

1426년 테조조목의 죽음 이후 아즈텍 통치자 이츠코아틀(Itzcoatl)과 탁월한 고 문 틀라켈렐(Tlacaelel)은 테파넥을 공격하여 그들을 파멸시켰는데, 이는 아즈텍 역 사상 중대한 전쟁 중 하나이다. 아즈텍은 멕시코 계곡의 주인이 되어 사회와 역사 자 체를 다시 쓴다. 틀라켈렐은 아즈텍 경쟁자의 모든 역사책을 태워 버리고, 전설적이 고 환상적으로 꾸민 멕시코 역사로 그 자리를 대체한다. 이렇게 하여 아즈텍인은 태 양신 위칠로포치틀리에 의해 선택된 톨텍의 진정한 후계자로서, 매일 하늘을 가로질러 가는 태양룡에게 바칠 전쟁포로를 확보할 운명으로 태어난 위대한 전사가 되었다. 뛰어나고 잔인한 여러 지도자는 아즈텍의 운명을 받들기 위하여 공격적인 정복 전쟁에 착수하였다. 가장 위대한 통치자는 아위초틀(Ahuitzotl, 1486~1502)로, 6번째 틀라토아니(tlatoani), 즉 '말하는 자'였다. 그는 계곡 너머 멀리 과테말라의 국경까지 원정하였다. 테오티우아칸과 티칼이 그랬던 것처럼, 그의 초기 정복은 신속하게 이루어져 영역을 확장했다. 아즈텍 제국은 고지대와 저지대 전역에 걸쳐 5백만 명 이상의 삶에 영향을 미쳤다. 명석한 전략가이자 유능한 관리자인 아위초틀은 외고집의 군사전문가로서, 자신의 성스러운 사명은 태양신을 봉양하는 것이라고 열렬히 믿었다. 1487년 테노치티틀란의 중앙 구역에 위칠로포치틀리와 비의 신 틀랄록의 위대한 신전을 재건축할 때 2만 명의 포로가 희생되었다고 전해진다.

테노치티틀란(A.D. 1487~1519)

"우리가 호수에 세워진 모든 읍락과 촌락 그리고 마른 땅 위에 세워진 위대한 도시들 그리고 멕시코와 연결된 평평한 둑길을 보았을 때, 우리는 깜짝 놀랐다. 이렇게 큰 읍락들…. 그리고 호수에서 솟아오른 석조 건물들 모두 마법에 걸린 환상 같았다…. 실제로 우리 병사 중 몇 명은 이것이 전부 꿈이 아니냐고 물었다(디아즈, 1963, p.214)." 에르난 코르테스의 부하 중 한 명인 정복자 버널 디아즈(Bernal Diaz)는 1519년 그가 아즈텍의 첫 번째 수도인 테노치티틀란(Tenochtitlan)을 본 광경에 대하여 이렇게 기술하였다. 디아즈는 스페인의 멕시코 정복에 대하여 70대가 된 50년 뒤에 정식으로 기록하였다. 그럼에도 테노치티틀란에 대한 설명은 바로 전날 광장을 가로질러 걸었던 것처럼 생생하다. 아즈텍 문명이 산업화 이전의 초기국가 중에서 독특한 위치를 차지하게 된 것은 전성기를 목격한 사람이 쓴 기록이 있다는 직접성 때문이다.

코르테스와 그의 부하는 스페인의 세비야(Seville)보다 크고 당시의 많은 유럽 수도보다도 훌륭하게 기획된 도시의 모습에 분명히 경탄하였을 것이다. 테노치티틀란은 많은 수의 상인, 순례자, 외국인 그리고 수천 명의 노동자들을 정착시키기에 충분할만큼 사회적, 정치적, 경제적 조직을 제대로 갖춘 복잡하고 코스모폴리탄적인 도시였

그림 16.6 테노치티틀란의 중앙구역 복원도. 왼쪽에 위칠로포치틀리와 틀랄록의 신전이 보인다.

다. 아즈텍 수도는 군사적 강점과 아울러 목표 달성에 필요한 수의 사람을 조직할 수 있는 능력이 있는 사회임을 반영한다. 세심하게 기획되고 수로로 구획된 수천 에이커의 늪지 경작지(치남파스, chinampas)는 도시의 많은 인구에 식량을 공급하였다.

원래 도시는 각각의 의례중심지를 갖춘 두 개의 자치 공동체인 테노치티틀란과 틀라텔롤코(Tlateloco)로 구성되어 있었다. 1519년경 테노치티틀란이 종교적, 세속적 권력의 중심지가 되었고, 반면 주요 시장은 틀라텔롤코에 있었다. 수도는 네 개 구역으로 분할되어 있었는데, 중앙의 성벽으로 둘러싸인 위칠로포치틀리와 틀랄록의 위대한 신전은 올라가는 계단의 아랫부분에서 서로 구분되었다. 장방형의 광장은 약 460제곱미터로, 주요 공공행사 시기에 거의 1만 명을 수용하기에 충분한 크기였다(그림 16.6).

에두아르도 마토스 목테수마(Eduardo Matos Moctezuma)에 의한 발굴조사 덕분에 위칠로포치틀리와 틀랄록에게 각각 바쳐진 두 개의 계단과 두 개의 신전이 있는

그림 16.7 발굴조사된 템플로 마요르,
멕시코시티

계단식 피라미드, '템플로 마요르(Templo Major)' 신전이 광장의 북쪽에 서 있었다는 것을 알게 되었다. 위칠로포치틀리의 붉은 성소가 오른쪽에 자리잡고 틀랄록의 푸른 사당이 왼쪽에 자리잡았다. 목테수마는 6개 이상의 이른 단계 신전을 발굴하였는데, 두 번째 것은 약 1390년에 지어진 것으로 추정되며 거의 완전한 상태로 발견되었다 (그림 16.7). 대를 이은 통치자들이 이전 구조물 위에 더 큰 피라미드를 지속적으로 겹쳐 세웠으며, 각각 자체의 신전과 조각상 그리고 제물을 갖추었다. 목테수마는 86개의 분리된 제물 보관 장소에서 6천 점 이상의 유물을 발굴하였는데, 대부분은 제국의 원거리 정복 전쟁에서 얻은 공물 또는 전리품이었다. 화려한 옥, 흑요석, 테라코타 유물은 아즈텍 사람들이 유적에서 파낸 것으로 추정되는 테오티우아칸의 고대 석제 가면과 마찬가지로 신들에게 바쳐진 것이다. 돌로 경계가 표시된 어떤 구덩이에서는 틀랄록에게 바쳐진 팔다리가 잘린 어린아이 희생 시신 38구가 나왔다.

목테수마는 위대한 피라미드가 아즈텍 우주질서 중 네 단계의 천상세계를 표현하며, 피라미드 아래 지표면은 존재의 근원지 같은 것이라고 지적하였다. 이곳에서 아즈텍 세계가 기본적으로 네 방향으로 뻗어나는데, 각각 신과 여신을 상징적으로 표현한 색깔과 연관되어 있다. 여기에서 수직적인 통로를 통하여 위로는 하늘과 아래로는 지하와 연결된다. 테노치티틀란은 물로 둘러싸인 전설적인 섬인 아스틀란(Aztlan)으로, 호수 한가운데 세워진 도시이며 나아가 우주의 상징적 중심지이다. 아즈텍 세계의 화려한 축제는 거대한 피라미드에서 펼쳐지는데, 밝은 옷을 입고 가파른 경사로를 올라가는 희생 포로들의 행렬이 두드러진다. 희생자들이 희생석 위에 길게 눕혀지고, 순식간에 신관이 흑요석제 칼로 가슴을 절개하여 뛰는 심장을 꺼내서 희생석에 던진다. 시체는 가파른 피라미드 아래로 굴러떨어져 아래에 있는 도살자의 손으로 넘어가는데, 그는 시신의 사지를 떼어내고 근처의 큰 해골 선반에 머리를 올려놓는다(발견 16.2).

스페인 정복자들은 위칠로포치틀리와 틀랄록 신전을 보고 공포에 질렸다. 신전은 막 죽은 희생의 피로 범벅이 되어 있었다. 그들은 아즈텍인이 인신제물을 죽이고 그 살을 먹는 식인종이라고 주장하였다. 윌리엄 프레스콧(William Prescott)과 같은 19세기 역사학자들은 더 나아가 "맛있는 음료와 우아한 음식으로 가득 찬 향연(프레스콧, 1843, p.345)"이라고 이야기를 만들어 흥미를 불러일으켰다. 일부 현대 학자들이 단백질 부족을 보충하기 위하여, 인간의 살이 아즈텍인의 식사에 정기적으로 소비되었다고 주장한다. 그러나 대부분의 전문가들은 멕시카는 영혼을 갱신하려는 행위로, 단지 소량을 의례 행사 중에 소비하였다고 믿는다.

다섯 번째 태양의 세계

아즈텍인들은 호전적이면서도 모든 행위, 모든 삶의 순간을 상징적 의미로 가득 채웠으며 일상적으로 의례에 몰두하였다. 그들은 천체의 움직임에 근거한 시간의 순환 개

아즈텍의 인간희생

인간의 피를 바치는 것은 아즈텍의 가장 심오한 종교 행위였다. 인간희생은 모든 아즈텍인들의 표준적인 덕목으로 영혼 세계로 가는 열쇠이다. 신들 자신이 다섯 번째 태양의 세계를 만들기 위하여, 테오티우아칸에 있는 태양의 피라미드 정상에서 희생의례를 시작한 것으로 알려져 있다. 아즈텍인들은 성스러운 허가를 받은 혈통이어서 스스로 이러한 신들의 관습을 이어받았다고 믿었다.

희생 공양은 이를 받은 신을 갱생시킬 뿐만 아니라, 인신의 남성성에 대한 궁극적인 시험이기도 했다. 인간은 희생 공양이 신들에게 바쳐지는 한 우주 질서에서 나름대로의 위상을 갖는다. 희생제물이 용맹할수록 신에 대한 공양의 효과가 커진다. 따라서 전쟁 포로는 상징적인 신의 모습으로 분장하고 옷을 입었는데, 그래서 희생자의 죽음은 축복받은 '꽃다운 죽음'이 된다. 중요한 희생 제물에게는 보다 정교한 의례가 이루어졌다. 전쟁의 신 테스카틀리포카(Tezcatlipoca)를 의인화한 인물로 선발된 흠 없는 청년은 1년 내내 신의 역할을 한다. 그는 성스러운 의상을 입고 플루트를 연주한다. 죽기 한 달 전 그는 여신을 의인화한 네 명의 여사제와 결혼하며, 그녀들은 그가 도시 일대를 순행할 때 그와 함께 노래하고 춤춘다. 제물로 바쳐지는 날에 청년은 자발적으로 희생받침대 위로 홀로 올라간다. 이런 행사에서의 인간희생 공양은 분명히 세속과는 구분되는 성스러운 연극인 것이다(그림 16.8).

얼마나 많은 인간희생자가 매년 사라졌는지는 아무도 모르나, 제국 전체를 통하여 연간 2만 명으로 추정되는 것으로 종종 설명한다. 테노치티틀란의 주요 축제에서는 800 명의 희생자가 죽었다. 실제로 희생자가 누리는 특권은 그 수 이상으로 중요하였을 것이다.

그림 16.8 아즈텍의 인간희생

념을 이어받았는데, 이는 수천 년 동안 메소아메리카 문명의 핵심이었다. 365일로 구성된 세속 달력을 통하여, 계절 주기와 시장개설 날짜를 정하였다. 260일 순환에 맞춘 의례용 달력은 13일을 한 '주'로 하여, 모두 20'주'로 구성되어 있었다. 각 주와 각 날에는 수호신이 있어 모든 날은 특정의 선악과 관련을 맺는다. 매 52년마다 두 개의 달력이 처음으로 돌아오는데, 그때는 모든 불이 꺼져서 신관이 인간희생물의 가슴에 성스러운 불을 붙여야 하는 것으로 생각했다. 불이 붙여지면 새로운 순환이 모두의 환희 속에서 다시 시작된다 것이다.

아즈텍의 창조 신화에 의하면, 현세의 태양은 다섯 번째이며 이전에 네 개의 태양이 있었다고 전한다. 대재앙을 불러일으킨 홍수가 네 번째 태양의 세계를 파괴하고 태초의 물이 지구를 덮었다는 것이다. 신들이 성스러운 도시 테오티우아칸에 모여 협의를 해서 두 명의 신이 태양과 달의 대표로 선택되었다. 그들은 나흘간 고행을 하였고 다른 신들이 보는 앞에서 큰 불 위에 뛰어들어 분신하였다. 그들은 태양과 달이 되어 솟아올랐으며 바람의 신 에카틀(Ehecatl)에 의해 반복하여 순행하는 동선 위에 올려졌다. 그래서 다섯 번째의 태양이 태어났으나, 세계의 소멸은 필연적이고 순환적인 것으로 이미 정해져 있었다. 운명에 대한 깊은 관념이 아즈텍인들의 마음에 깔려 있었는데, 그들은 사람의 심장을 마법의 영약으로 삼아 태양에 바침으로써 생명을 영원히 유지할 수 있다고 확신하였다. 이러한 이유로 인간희생이 메소아메리카에서 널리 퍼졌고, 살아 있는 사람에게서 땅과 하늘, 그리고 물에 식량과 에너지를 돌려 주는 수단이 되었다. 태양에게 식량을 제공하는 것은 태양의 사람으로 선택된 전사의 임무이며, 정복사업에 성공하거나 그렇지 않으면 포로로 잡혔을 때 '꽃다운 죽음(희생석 위의 죽음)'의 고통을 겪어야 했다. 아즈텍인들은 태어나서부터 공식 연설은 물론 학교, 예술 건축 그리고 시를 통하여, 나아가 의복에 장식된 기호에서조차 위칠로포치틀리의 이름으로 제국을 만들어내는 성스러운 사업이 자신들이 해야 하는 의무라고 들었다.

아즈텍 국가

아즈텍 제국은 획일적이고 고도로 중앙집권화된 국가는 아니었다. 지속적으로 변화하는 동맹관계가 조합된 형태로, 정교한 공납체제를 통하여 결합된 국가였다. 소규모 지배자 집단이 국가를 통제하였으며, 집단의 우두머리는 테노치티틀란의 군주였다. 모든 것은 세력이 커지는 지배층에게 혜택이 되는 방향으로 결정되었다. 그들은 잔인하면서, 효율적인 징세제도와 정치적 결혼 그리고 무력의 지속적인 위협을 통하여 권력을 유지하였다. 정복한 도시에는 사금가루라든가 의례용 망토와 머리장식용 열대 조류 깃털 등과 같은 원자재가 공물로 부과되었다. 세공장식품이나 어깨망토는 각각 전문적으로 생산하는 공동체에 부과되었다. 26개의 도시가 왕궁 하나에 쓰일 장작을 공급하는 데 매달리기도 했다. 금속 공예품은 이전 메소아메리카 국가에서 절대적으로 중요한 아즈텍의 주요한 공물 항목이었다. 전문 대장장이는 종과 같은 악기를 비롯하여 반짝이는 금과 은빛을 내는 구리합금을 만들었다. 색과 소리는 메소아메리카 이데올로기의 중요 부분으로, 태양과 달을 기리고 비, 천둥, 방울뱀의 소리를 찬양하였는데, 이를 통하여 세상에 상징적 질서를 부여하였다.

주거지를 비롯한 고고학적 자료는 모두 아즈텍 제국이 사회와 경제 측면에서 이전의 테오티우아칸의 위대한 선조보다 덜 중앙집권적이었다는 점을 시사한다. 어느 정도까지 수요와 공급의 시장 역학을 거스르면서, 고위층이 의사결정을 내리는 구조였는지에 대하여 알려진 바는 없다. 예를 들어 토기의 분포를 살펴보면, 정치적 동맹이 토기 제작에 필요한 특정 점토원료 시장의 접근성보다 중요시되었다는 사실을 알 수 있다. 시장의 위치에 대한 고고학과 민족역사학 양자의 연구를 통해, 제국의 통치자가 종속 공동체의 사정을 고려하지 않은 채 자기 도시의 이익에 맞게 시장의 위치를 정하고 장인의 전문 분야를 결정하였다는 사실을 알 수 있다. 입술장식과 같은 장신구는 토지권리에 대한 물질적 상징이면서 지배 이념을 만드는 수단이다. 아즈텍 제국 통치하의 삶의 수준에 주요 변화가 있었다는 분명한 증거가 있다. 예를 들어 중앙 멕시코의 서부 모렐로스(Morelos) 지역의 경우 아즈텍의 통치하에 농작물과 옷감의 생산량이 증가한 반면 삶의 수준은 낮아졌다.

외관을 매우 중시하고 위세 당당한 제국 아래에서 작은 왕국, 읍락, 그리고 촌락 등의 여러 기초단위가 복잡하게 얽혀 단일 지역경제체제로 통합되어 있었다. 제국의 많은 부분은 아즈텍 또는 이전의 문명이 발생하기 전에 존재하였으며 스페인 정복 후에도 지속되었다. 제국의 경제적, 정치적 패턴은 지역적으로나 사회적으로 다양한 바, 토지소작료를 비롯하여 장인의 전문화, 도시화의 패턴, 상인, 시장에 이르기까지 모든 면에서 그러하였다. 이러한 사회적 결합 구조는 신세대의 고고학적 연구에 의해서 최근에 비로소 밝혀진 것으로, 그동안 주장되었던 정치적, 경제적 통일성과 중앙 집권화의 모습과는 다르다.

아즈텍 제국에서는 전문적 상인인 포치테카(pochteca)에 크게 의존하였기 때문에 공물봉헌과 교역이 함께 진행되었다. 아즈텍 상인은 자신들만의 긴밀한 계급 집단을 형성하여 국가의 눈과 귀 역할을 하였고, 때로는 많은 부를 축적하였다. 틀라텔롤코에 있는 테노치티틀란의 큰 시장은 스페인 연대기 작가의 기록에 의하면, 하루에 최소한 2만 명 그리고 장날에는 5만 명이 모이는 아즈텍 세계의 허브 역할을 하였다. 버날드 디아즈는 시장을 걸어다니면서 질서가 널리 지켜지고 있는 사실을 목격하고 놀랐다. 그곳에는 금과 은을 파는 상인, 노예 중개인, 열대조류의 깃털, 작은 망토와 초콜릿 상인, 그밖의 모든 종류의 상상 가능한 상품들이 있었다. 시장은 공정관행이 자리 잡도록 임명된 관리에 의해 면밀히 감독되었다.

국가는 토지를 통제하는 통치자와 귀족, 특권 계층의 이익을 위하여 운영되었으며, 공동체의 노동력을 이용할 권리가 있었다. 태어날 때부터 얻어진 권리는 물론 임명된 자리와 공물의 부과를 통하여, 귀족은 제국에 필요한 전략적 자원과 교역로를 거의 장악하였다. 의상의 정교한 규율이 장식에서 작은 망토와 신발의 형태에까지 적용되었다. 또한 규제를 통하여 귀족의 규모를 제한하였다(그림 16.9). 바쳐지는 공물과 수만 명의 평민 노동력으로 국가가 유지되었다. 거칠어진 작은 망토를 입고 손이 일에 닳은 미천한 평민은 소수의 사람에게 끝없이 식량, 장작, 물, 좋은 옷을 비롯하여 저지대와 고지대 전 지역에 걸쳐 생산되는 많은 양의 사치재를 공급하였다. 그들보다 낮은 사회계층은 노예와 죄수뿐이었다.

그림 16.9 정교한 제복을 입고 포로와 함께 있는 아즈텍 전사. 아즈텍은 모든 전사와 시민에 대해 엄격한 규제법을 적용했다.

　모든 아즈텍인은 공동조상의 모계 자손이라고 주장하는 혈연기반의 가족 집단인 칼풀리(calpulli, 큰 집)의 구성원이었다. 테노치티틀란의 네 구역은 이러한 집단에 기반을 둔 이웃으로 구성되어 있었다. 칼풀리는 공역과 공물을 제공하는 일반 개인과 공공사업을 수행할 인력을 배정하는 국가 사이에서 중간 역할을 하였다. 규모에 따라 각 칼풀리는 전쟁시에 병사 집단을 내보냈으며, 자체적으로 신전이 있고 학교를 운영하였다. 가장 중요한 것은 칼풀리가 자체 토지를 갖고 있어서, 구성원에게 할당하였다는 점이다. 선출된 지도자는 지도를 만들어 토지의 활용방식을 관리하고, 정부의 공물 징수관과 상호교류하였다. 칼풀리는 도시와 시골의 다양한 사람들을 다스리고, 짧은 시간의 통보로 많은 사람들을 동원하여, 군대를 조직하거나 공공사업을 시행할 수 있는 효율적인 수단을 국가에 제공하였다. 가족과 칼풀리의 긴밀한 연대는 태어나서부터 죽을 때까지 국가에 의해 신중하게 규제되는 고단한 생존 체계를 만들어 낸다. 아즈텍의 사회와 정치 제도 중 새로운 것은 아무것도 없었다. 톨텍과 테오티우아칸의 통치자에 의해 수세기 전에 잔인하리만치 성공한 것으로, 다만 아즈텍의 경우에는 보다 융통성 있고 다양한 사회적 환경에서 운영되었을 뿐이다.

스페인의 정복(A.D. 1517~1521)

아즈텍 제국은 공격적이고 군사적인 통치자 아위초틀이 죽은 1501년에 절정을 이루었다. 다음 해에 목테수마 소코요트진(Moctezuma Xocoyotzin, '젊은 사람')이 왕위에 선출되었다. 그는 복잡한 사람으로, 훌륭한 군인이라고 하나 내성적인 성격이었다. 1517년 멕시코 만에 산이 움직이고, 하얀 수염을 기른 방문자가 멀리 유카탄의 마야로 가는 동쪽 해안선 너머에서 오고 있다는 보고가 테노치티틀란에 전해졌다. 목테수마는 제1갈대 연도에 돌아오겠다고 서약하고 동쪽 수평선으로 떠난 토필친의 출항과 관련된 오래된 톨텍의 전설에 사로잡혔다. 동쪽은 태양이 떠오르는 방향으로 갱신, 다산 그리고 케찰코아틀 자신을 의미하였다. 에르난 코르테스가 갈대1년(1519)에 베라크루스에 상륙한 것은 기이한 역사적 일치였다. 목테수마는 "토필친 케찰코아틀이… 이 땅에 온 것이다. 그가 이 땅에 온 것은 바로 자신의 자리와 지위를 찾으려는 마음에서이다."라고 확신하였다(디블과 앤더슨, 1975, p.23)

　이어지는 스페인 정복의 이야기는 그리스 전설과 비슷하게 전개된다(기록 16.3). 넋이 나간 듯한 목테수마는 그에 불만을 품은 동맹세력이 합류한 군대를 코르테스가 이끌고 선두에 서서 해안을 행진하는 모습을 보았다. 두 사람은 테노치티틀란 외곽의 둑길에서 만났으며, 그때 비로소 스페인군이 신이 아님을 분명하게 알게 되었다. 그러나 2년 후에 아메리카의 위대한 도시는 연기가 피어오르는 폐허가 되었으며, 제국은 한 벌의 카드처럼 붕괴하였다. "내가 보았던 전부가 오늘 전복되고 파괴되었다. 서

아즈텍인의 눈으로 본 스페인 정복자

사아군은 테노치티틀란이 몰락한 지 10년이 채 안 된 1529년 멕시코에 도착한 프란체스코 수도회의 수사였다. 사아군은 곧 아즈텍 공통 언어인 나우아틀어를 배웠으며, 수사들이 '우상숭배'라 부르는 것들과 싸우기 위하여 서둘러 인디오의 전통 사회를 연구하였다. 다행히도 사아군은 비록 이전 세대가 아끼던 전통이 남지 않고 사라졌음에도 아즈텍의 역사가 주변에 여전히 살아 있다는 것을 깨달았다. 그는 상인을 포함한 저명한 아즈텍의 노인들에게 목록을 작성해 가면서 도움을 요청하였고, 스페인어를 사용하는 젊은 인디오들을 번역가로 활용하였다. 많은 시간을 정보제공자와 대화하며 이전에 있었던 공식적인 연설 내용을 기록하였다.

대부분 교육과 지식이 구전으로 전달되는 사회에서는 별로 놀라운 것이 아니지만, 아즈텍에서는 옷감을 짜는 일이 여성의 몫이고, 대중 앞에서 연설을 잘하는 것이 아즈텍의 남자라고 인식되었다. 사아군의 정보제공자는 비밀스런 책을 만들어 수사를 자신들의 조상이 있던 사라진 세계로 데리고 가서, 아즈텍의 초기 역사를 담은 반쯤 잊혀진 철학과 시 그리고 우주에 대한 연설을 낭송하였다. 아즈텍 문자는 특히 메소아메리카 세계의 방방곡곡에서 수도로 흘러들어오는 엄청난 양의 공물을 기록하는 데 사용되었으며, 공식적 연설의 내용을 작성하는 데에도 이용되었다. 책과 전설에만 만족하지 않고 사아군은 현대 인류학자와 민족역사학자가 사용하는 것과 놀랍게도 유사한 기법을 사용하여 신과 다른 문제에 대한 설문지를 준비하기도 하였다.

1547~1569년에 사아군은 아즈텍 문명에 관한 12권에 걸친 해설서로 그의 주요 저서인 『신스페인의 사물과 관련된 일반 역사 *General History of the Things of New Spain*』를 완성하였다. 이는 '원주민에 의해 경배되는 신들'과 의례, 제물 그리고 우주를 포괄해서 설명한 탁월한 업적이었다. 사아군은 천문학과 신학, 자연사 그리고 아즈텍의 역사와 철학을 저술하였다. 마지막 책에서는 스페인의 정복을 아즈텍인의 눈으로 보고 기술하였다. 사하군의 정보제공자는 이상한 징후, 바다에서 움직이는 산과 하얀 이방인의 도착, 코르테스와 그의 부하들의 냉혹한 공격에 직면한 목테수마의 흔들림에 대하여 이야기하였다. 그들은 목테수마가 어떻게 코르테스가 돌아 온 날개 달린 뱀, 케찰코아틀이라고 생각하는 치명적인 실수를 하였는지 말해 주었다. 목테수마의 사자는 "그(코르테스)에게 케찰 날개 머리의 부채와 함께 터키옥의 뱀 가면을 주었으며… 목걸이를 걸어 주었다(디블과 앤더슨, 1975, p168)." 코르테스는 그들에게 유럽의 검을 주면서 결투하자고 응답하였다. 당황한 사자는 목테수마에게 달려갔으며, 그는 "그들이 신의 얼굴과 머리를 보러 가서 그들에게 진심으로 말하였다(디블과 앤더슨, 1975, p.165)"는 이유로 두 명의 포로를 그들 앞에서 제물로 희생시켰다.

사아군의 걸작은 카톨릭 당국에 의해 잠재적 이단으로 간주되어 출판이 금지되었다. 원고는 교회 문서고에 깊숙이 보관되었으며, 19세기에 학자가 발견할 때까지 그곳에 있었다. 오늘날 사아군의 작업은 진실로 한 시대의 획을 긋는 것으로, 모든 학술 문헌이 그의 저술을 중심으로 삼고 있다.

있는 것은 아무것도 없었다."라고 버날드 디아즈(1963, p.214)는 말하였다. 정복 사업을 위하여 전투로 단련된 약 600명의 단독 탐험 부대가 전쟁을 벌였다. 이들이 상대해야 할 아즈텍들은 용감하고 투지가 넘치는 사람들로, 그들의 조상처럼 전쟁의 모든 행위는 깊은 상징을 갖고 있다고 확신하였다. 그들은 전쟁을 활용하여, 신의 게걸스런 욕심을 채우고 거대한 국가의 흐트러지기 쉬운 짜임새에 질서를 부여하였다. 그들은 노련한 적이 자신과 불편한 관계에 있던 동맹세력을 회유하여 자신을 고립시켰다는 것을 알았다. 그들이 할 수 있는 전부는 이전에 만난 어떤 상대와도 다른 당황스런 적에 대항하여, 결사적으로 자신을 방어하는 것뿐이었다. 황금에 굶주린 적은 수의 단호한 모험가 무리는 길고 고된 군사 원정에 익숙하였으므로, 필연적으로 우세할 수밖에 없었다.

멕시코(신스페인) 전체가 안정된 스페인의 지배 아래 들어가는 데는 10년이 흘러야 했다. 수만 명의 사람들이 유혈 전투에서 죽었고, 수십만 명 이상이 도래인으로부터 옮겨진 독감과 천연두 등 이국적인 질병으로 죽었다. 메소아메리카 사회의 빠른 붕괴는 기술의 압도적 우위로 무장한 문명 앞에서 피할 수 없는 것이었다. 낙후된 기술을 가진 지도자들은 과거에 전쟁과 신전 건설에 동원하고 도시인구를 부양하게 하였던 엄청난 노동력을 제대로 활용하지도 못하고 패망하기에 이르렀다. 성스러운 케찰코아틀의 자비 대신에 정복자는 고통, 죽음, 이국적 질병 그리고 노예제도로 갚았다. 그렇게 하여 3000년 이상의 메소아메리카 문명이 수세기에 걸친 어둠에 덮인 역사 속으로 급격하게 빠져 들어갔다.

요약

저지대 메소아메리카 문명과 마찬가지로, 고지대 국가는 서기전 1000년기에 걸쳐 멕시코 계곡과 와사카 같은 지역의 복합 촌락사회가 발달하여 이룩된 것이다. 와사카 계곡의 몬테 알반 도시는 서기 1000년기 초기에 전성기를 맞았으며, 당시 주요 종교적 중심지이자 지배적인 고지대 국가 테오티우아칸과 경쟁하였다. 테오티우아칸은 서기전 200년에 소규모 촌락에서 급격히 성장하여, 15만 명이 거주하는 거대한 메트로폴리스로 탈바꿈하였다. 테오티우아칸의 지배자는 당당한 신전과 공공건물을 세위, 자신들의 도시를 창조가 이루어진 장소로서 상징적 경관을 갖추도록 설계하였다. 테오티우아칸은 점차 군사적인 성격이 강화되었으며, 고지대에서 가장 강력한 국가로 발전하다가 750년에 몰락하였다. 이어서 톨텍이 1200년까지 주도권을 행사하고 붕괴하자, 멕시코 계곡은 정치적 공백상태에 빠졌다. 1325년과 1500년 사이에 아즈텍은 수도 테노치티틀란을 중심으로 거대한 제국을 건설하였는바, 1519년에서 1521년 사이 에르난 코르테스와 정복자들의 공격으로 멸망하였다.

THE FOUNDATONS OF ANDEAN CIVILIZATION

제17장 안데스 문명의 토대

동물 의상을 입은 파라카스(Paracas) 무당. 안데스 직물, 사람 행렬이 그려진
옷감의 일부이다. 페루 남부 해안 파라카스 반도에서 출토되었다. 나스카(Nazca)
양식, 100 B.C.~A.D. 700. 바탕은 면직물 섬유에 평면직조와 천연색조,
그리고 테두리는 낙타섬유에 평면직조(클리블랜드 미술관).

4000년 전 추운 겨울날에 한 가문의 사람들이 모였다. 그들은 두꺼운 망토를 입었다. 방이 하나인 작은 신전에 들어오면서 친족들은 서로 인사하였다. 우아리코토(Huaricoto)의 주변 언덕에는 눈이 높이 쌓여 있었지만, 문이 틈새 없이 잘 닫혀 최악의 추위는 막을 수 있었다. 참가자들은 높게 조성된 바닥에 놓인 화로에서 연기가 피어오르는 것을 내려다보았다. 불꽃 이외에 빛이라고는 없어 신전은 어두웠으며, 나무가 타서 나는 연기와 칠리 고추 냄새가 방안에 가득하였다. 무당이 환각성이 있는 선인장 영약을 먹으며 찬송을 하였다. 그가 황홀경에 빠져 콧물이 흐르는 것도 모르고 찬송할 때, 그의 영혼은 조상의 세계로 들어갔다. 무당이 찬송하면서 뛰어다니는 동안 조수는 삶의 수호신인 조상이 주는 메시지를 통역하였다.

잉카인은 자신들의 영토를 타완틴수유(Tawantinsuyu), 즉 '네 구역으로 나뉜 땅'이라고 불렀다. 15세기경 그들은 안데스 산맥을 따라서 티티카카(Titicaca) 분지의 알티플라노(altiplano, 고원)를 가로질러 제국을 확장하였다. 잉카인들은 지구 상 가장 메마른 환경이라고 할 수 있는 깎아지른 듯한 구릉의 페루 해안을 따라 지그

표 17.1 제17장과 제18장에 소개되는 유적과 문화의 연대표

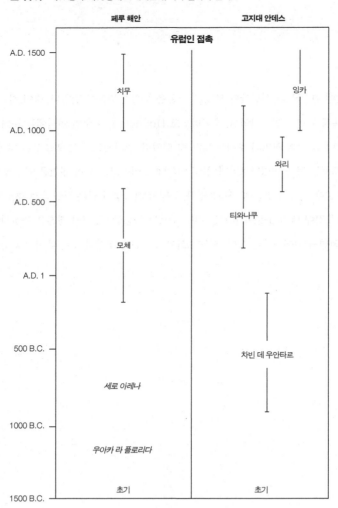

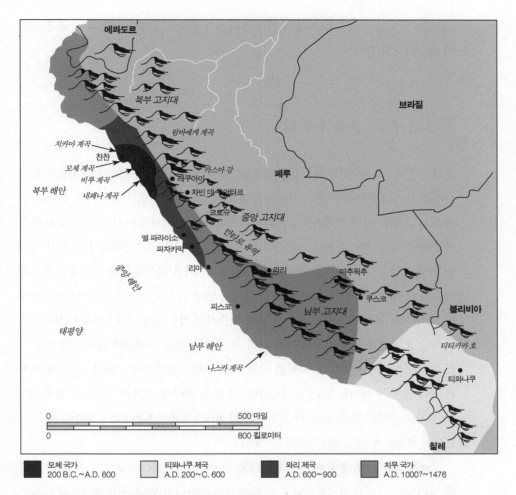

에콰도르

북부 고지대

람바예케 계곡

치카마 계곡
찬찬

모체 계곡   카스마 강
비루 계곡   레쿠아이
네페나 계곡   차빈 데 우안타르

북부 해안

페루

브라질

코토슈   중앙 고지대

엘 파라이소   만타로 유역
파차카막
리마   와리
미추픽추

쿠스코

피스코

볼리비아

남부 고지대

북부 해안

태평양

남부 해안

나스카 계곡

티티카카 호

티와나쿠

칠레

| 0 | | | | 500 마일 |
| 0 | | | | 800 킬로미터 |

| ■ 모체 국가 | □ 티와나쿠 제국 | ■ 와리 제국 | ▨ 치무 국가 |
| 200 B.C.~A.D. 600 | A.D. 200~C. 600 | A.D. 600~900 | A.D. 1000?~1476 |

그림 17.1 제17장에 소개된 안데스 지역과 고고학적 유적 분포의 지도

재그식으로 도로를 건설하였다. 타완틴수유는 동쪽으로 아마존의 울창한 숲, 서쪽으로 태평양의 풍부한 물을 경계로 하여 안데스 세계를 구축하였다(표 17.1, 그림 17.1). 양 지역의 환경과 자원을 바탕으로 문명이 형성되기 시작하였으며, 수세기를 지나 지구상에서 가장 다양한 환경을 지배하는 잉카 문명으로 발전한다. 제17장과 제18 장에서는 3000여 년 전부터 1531년 스페인의 정복자 프란시스코 피사로(Francisco

Pizarro)가 이끄는 소수의 부대에 전복될 때까지 안데스 문명의 기원과 발달에 대하여 서술하고자 한다.

안데스 세계 : 문명의 축들

안데스 산맥은 남아메리카의 대간을 형성하면서, 낮고 좁은 서쪽의 해안 평원과 동쪽 아마존 분지의 불규칙한 열대 저지대 사이를 쐐기모양으로 밀고 들어간다. 산맥의 남쪽은 넓고 높은 반면 북쪽은 좁고 낮다. 서쪽과 동쪽의 저지대는 서로 아주 닮은 환경과 문화를 갖추었다. 동부 코르딜레라(Cordillera)와 서부 코르딜레라의 두 줄기 커다란 산맥은 남부지역에서 알티플라노(Altiplano)의 외곽 경계를 형성하는데, 북쪽으로 갈수록 사이가 좁아진다. 기후 조건은 북쪽과 남쪽 그리고 고도에 따라 상당한 차이를 보이는데, 서쪽의 저지대 해안 평원은 따뜻하고 매우 건조하다. 그리고 산이 많은 지역은 춥고 습하지만, 저지대 지역 간에 큰 차이는 없다. 수세기에 걸쳐 안데스 문명의 두 '축'이 발달하였는데, 하나는 남쪽 중앙 안데스에서, 다른 하나는 지금의 페루라 불리는 북쪽 해안을 따라 형성되었다. 이 둘을 하나의 거대한 제국으로 통합하는 데 성공한 국가는 잉카(Inca)가 유일하다(이 책에서 안데스 혹은 안데스 지역이라는 용어는 잉카 제국이 차지한 타완틴수유를 의미한다).

　남쪽 축은 남부 중앙 안데스의 알티플라노와 티티카카(Titicaca) 호수 분지, 고지대 볼리비아 그리고 아르헨티나와 북부 칠레를 끌어안고 있다. 알티플라노의 대부분은 높은 밀도의 인구를 지탱하기에는 너무 건조하고 춥다. 티티카카 호수의 북쪽 끝은 다소 따뜻하고 수량도 양호하여, 알파카(alpaca)와 라마(llama)의 사육 그리고 감자와 키노아(quinoa) 농사가 가능하다. 이곳에서 강력한 티와나쿠(Tiwanaku) 국가가 1000년기 동안 번성하였다. 높은 알티플라노의 안데스 산맥 고원 초지에서 알파카와 라마를 방목하는 등 초원의 경제적 이용방식은 고도에 따라 달랐다. 남부 고원 문명은 북쪽으로는 이카(Ica) 강, 남쪽으로는 모케구아(Moquegua) 계곡을 경계로 하는 남부해안과 정기적으로 교역하였다. 평원은 건조하고 좁으며 남쪽에 깊은 강 계곡이 있다. 북쪽으로 이카 계곡 근처에서 넓어지는데, 이곳에서 작은 하천이 관개수로로 활용되었다.

실제로 고지대 안데스의 계곡은 각기 다른 환경이 층층이 있는 '중첩지대'이다. 가장 높은 고지는 알파카와 라마 목축에 이용되는 반면, 감자와 키노아는 약간 낮은 고도에서 재배된다. 그 아래는 옥수수, 콩 등의 다양한 곡물을 재배할 수 있는 경작지이다. 높은 안데스에서 경작하는 것은 항상 열악한 환경 조건과의 싸움과 다를 바 없다. 인구밀도가 계속 높아짐에 따라, 사람들은 환경이 거친 바깥의 더 높은 고지대로 나갈 수밖에 없었다. 이 과정에서 그들은 한 지역에서 사는 동물과 식물을 다른 지역에도 적응시키고, 이전에는 사용하지 않던 토지에서도 경작하기 시작하였다. 콩과 곡식을 심고 구근작물과 과실수를 옮겨 심으면서, 인공으로 재배할 토지를 확보하기 위하여 끊임없이 투쟁을 했다. 이 같은 투쟁이 3000여 년 전에 시작되어 감자와 같은 토착 식물을 수십 가지 변종으로 증식시켰다.

북쪽 축은 페루 사막의 평원에 중심을 잡고 있다. 황량하고 비가 거의 오지 않는 지역이 남쪽으로 해안을 따라 콜라수유(Collasuyu)까지 거의 550킬로미터 길이로 뻗어나간다. 람바예케(Lambayeque) 강 유역에서는 폭이 약 100킬로미터에 다다르기도 한다. 산의 발원지에서 내려오는 약 40개의 강과 개천이 평원을 가로질러 가지만, 이 물을 관개에 이용할 수 있는 곳은 상당히 낮은 주변 사막지역뿐이었다. 고대에 이런 지역 네 곳에서 밀집된 취락이 형성되었다. 가장 큰 두 개의 취락은 북쪽 해안의 치카마 모체(Chicama Moche)와 모투페-람바예케-제케테페케(Motupe-Lambayeque-Jequetepeque) 지역에 위치하였다. 이곳은 여러 하천에서 물을 끌어오는 수로를 경작지에 연결할 수 있는 지형을 갖추고 있어, 높은 밀도의 인구를 부양할 수 있었다.

페루 해안은 여러 미세 환경으로 구성되어 있다. 바위 노출이 많아 조개가 풍부한 곳, 습도가 높은 안개 때문에 양분이 풍부하여 야생 식물 식량자원이 흔한 곳, 그리고 강 계곡의 바닥과 가장자리 등이 그것이다. 해안가는 자연적인 용승작용이 일어나 깊은 물에 사는 식물성 플랑크톤이 올라와, 다종다양한 물고기들에게 양분을 공급하는 서식처 역할을 하였다. 수천 년 동안 이러한 미세 환경이 어우러져 풍부한 식량 자원을 제공하였다. 환경이 양호한 지역에서는 수렵-채집인이더라도 수세기 동안 상당히 높은 밀도의 인구가 일정수준 정주하는 거점 마을이 조성될 수 있었다. 주기적인 엘니뇨 현상은 태평양의 조류에 심각한 변화를 주어, 한번 이 현상이 나타나면 수년 동안 어장을 축소시켜 본래 모습이라고는 흔적만 남기고 해안 어업을 황폐화시켰다. 엘니뇨는 해안에 외래 어종을 들여오고 심한 폭우를 내려 관개시스템에 재앙 수준의 피해를 끼쳤다. 엘니뇨를 예측할 수 없었기 때문에 이에 대비하여 식량을 비축할 수도 없었다. 그래서 집약적인 관개농업으로 옥수수와 같은 식량 대체작물을 재배하기 전까지는 식량자원이 가장 부족한 경우에 맞추어, 인구밀도를 제한하는 전략을 사용하는 수밖에 없었다. 남쪽에서는 해안과 이웃 고지대 집단이 지속적으로 상호작용을 하였으며 상대방이 필요한 생산물을 서로 제공하였다. 안데스 문명의 발달은 이런 상호작용에서 유래하였다.

선토기 시대(3000~1800 B.C.)

해안지역

사람이 정주하기 시작한 1만 년 전부터 어로활동과 조개채집이 중요시되었다. 그러나 서기전 5000년 이후, 어업의 중요성은 증가하였지만 해안의 주민집단은 사냥과 채집에도 집중하였다. 이런 과정 속에서 선토기 시대(preceramic period)로 진입한 일부 사람들은 상대적으로 정주성이 강하고 규모가 큰 해안지역의 공동체로 이주하였다. 가장 잘 알려진 지역은 칠카(Chilca) 강변의 팔로마(Paloma)이다. 이곳에서 주민들이 크게 의존한 어업은 카누를 타고 정교한 창 등의 여러 도구로 깊은 물의 물고기를 잡는 방식을 취하였다. 아울러 해안 근처에서 뗏목을 타고 그물로 엄청난 양의 멸치류를 잡았다. 단순한 구조의 반수혈 주거지가 빽빽하게 들어서 있고 풀로 엮은 저장 구덩이가 조성되어 있었는데, 여기저기에서 생선뼈와 구근 베고니아, 박, 호박

그리고 고추와 같은 다양한 식물종이 포함된 쓰레기더미가 발견되었다. 서기전 2500년까지 취락으로 이용된 팔로마는 바다에서 4.5킬로미터 이내의 거리에 위치했고, 식용작물을 재배하는 작은 밭으로 둘러싸여 있었다.

　　해안 주변에서의 어로활동은 항상 안정적으로 이루어졌다. 그러나 인구가 장기적으로 꾸준히 성장하기 위해서는, 보다 효율적인 식물 채집 방법이 도입되거나 대체식량으로 재배되는 콩이나 다른 종류의 식물을 통하여 상대적으로 안정적인 새로운 식량원이 확보되어야 한다. 이와 같은 의도적인 활동은 서기전 5000년경 어느 시점부터 시작되었으나, 해안가에서 이루어지는 초기 원예 농업은 800년에 옥수수의 도입과 함께 광범위한 관개농업이 시작되면서 비로소 대규모화할 수 있었다.

고지대

서기전 2500년에서 1500년 사이에 안데스 고지대 전역에서 유사한 문화의 전개과정이 이루어질 때, 토기를 사용하지 않는 상당수의 취락이 북부와 중앙 고지대에서 번성한다. 해발 2,750미터에 위치한 우아리코토(Huaricoto)는 서기전 2260년부터 중요한 의례 중심지로 등장하여 2000년간 유지되었다. 불을 켜고 제물을 바치는 사적인 의례행사가 회칠된 바닥 중앙에 화덕이 시설된 방이 있는 독립된 구조물에서 치러진 것으로 추정된다. 의례행사에는 혈연관계에 있는 소수의 사람들만이 참석하였을 것이다. 틈새 없는 문짝과 단을 이루며 회칠이 된 장방형 혹은 방형의 바닥을 갖춘 성소가 수세기 동안 유지되었다. 높은 단은 참례자가 앉는 좌석 기능을 하며, 아랫단의 바닥 중앙에는 화덕이 시설되었는데, 공기순환체계가 뛰어나 불 쪽으로 바람이 지나가게 되어 있었다. 의례가 진행되는 동안 방은 폐쇄되었다.

　　선토기 단계에 코토슈(Kotosh)에 정착한 사람들은 여러 방으로 둘러싸인 2층 계단형 단을 세웠는데, 이는 수세기 동안 코토슈의 종교적 전통이 반영된 건축 형태이다. 9제곱미터 넓이에 상당히 정교하게 꾸며진 '교차한 손의 신전' 방은 자갈을 섞은 진흙 반죽으로 지어졌다. 회칠이 된 두꺼운 벽에는 줄 맞추어 만든 장식 벽감이 있었다. 입구를 바라보는 벽 한가운데에는 큰 감실, 측면에는 두 개의 작은 감실이 있으며,

그 아래에 손목 부분에서 교차한 사람의 손 조각이 안치되어 있었다. 벽감과 프리즈는 모두 선토기 시대의 성스러운 안데스의 건축물에 처음 등장하는 것으로, 잉카 제국에서 높은 지위의 건축물을 상징한다. 코토슈에서 발견된 의례용 방을 비롯한 여러 유적들은 이후 1500년 동안 지속된 코토슈의 종교적 전통이 된 초기 신앙의 핵심적 요소이다.

동일한 형태의 사원 설계는 라 갈가다(La Galgada)에서도 나타나는데, 이곳에서는 서기전 2200년 이전에 언덕 구조물이 조성되기 시작하였다. 여러 층의 타원형 언덕은 정교한 석재로 마감되고, 원형으로 파인 안뜰을 마주보고 있었다. 라 갈가다의 기단 구조물은 둥근 돌들을 점토로 부착하여 만들었으며, 흰색으로 채색되고 회칠로 마감되었다. 그리고 내부는 벽감으로 장식되었다. 통나무 지붕은 점토로 덧칠되고, 밀폐가 용이한 좁은 입구를 통하여 내부로 연결되었다. 단으로 구분된 바닥의 낮은 부분에는 불을 피우는 장소가 있으며, 공기를 공급하는 환기시스템을 갖추고 있었다. 이런 바닥 여기저기에서 흰색과 오렌지색 그리고 녹색의 열대조류 깃털과 사슴뿔이 발견되었다. 라 갈가다에서 사원은 산 자의 공간이면서 때로는 묘실로 전환되어 남성과 여성 그리고 아이들이 매장되기도 하였다. 그러므로 영혼의 기운을 부르는 데 사용되는 우아카스(huacas), 즉 성스러운 장소는 조상을 섬기는 사원으로서 후기 안데스 문명으로 이어지는 중요한 특징을 보여준다. 서기전 1700년 이후 라 갈가다 언덕의 사원이 많이 늘어나면서, 50명 이상을 수용할 수 있는 대형 복합 구조물이 등장한다. 이는 점차 공공적인 의례로 전환되는 징후를 나타내는 것으로 보인다. 마침내 서기전 1200년경 가장 큰 언덕의 정상에 세 개의 층으로 된 기단이 갖추어진 U자 형상의 구조물이 등장하는데, 한가운데에는 대형 무덤의 정면으로 연결된 낮은 중앙 안뜰이 배치되어 있었다. 이 구조물은 정교한 의례행사가 치러질 때 더 많은 참례자를 수용할 수 있게 한 것이다. 라 갈가다 건축의 긴 역사는 고지대에서 장기적으로 이루어지는 정치적, 사회적 복잡성을 보여주고 있는데, 계곡과 지역에 따라 상당히 다른 모습을 갖추고 있다.

동물사육과 식물재배

남아메리카의 동물사육과 식물재배의 기원에 대한 심층적인 논의는 특히 (구근작물이 재배된) 거대한 아마존 삼림과 (다양한 종류의 구근, 알곡 작물과 함께) 알파카, 라마 그리고 기니피그(guinea pig)가 사육되는 안데스 산맥의 중부 대간에 집중되어 있다. 안데스 산맥의 높은 고도에 있는 푸나(puna) 초지에서 자생하는 비큐냐(vicuna)와 과나코(guanaco)는 낙타 종류인 알파카와 라마의 조상이다. 둘 다 집단적, 사회적 동물로 상호 밀접한 관계를 가지며 서식한다. 안데스 산맥의 높은 지역에 있는 여러 동굴에는 두 종류의 야생동물을 전문적으로 사냥하였다는 증거가 잘 남아 있다. 야생으로 무리를 이루는 사회적 특성을 갖고 있다는 사실이 인간 목축업자에게는 관리와 운용이 상대적으로 용이하다는 이점이 될 수도 있다. 일단 사육되면 라마는 16킬로그램까지 짐을 싣고 운반할 수 있는 가치 있는 동물이 된다. 라마와 알파카 모두 고기와 털실을 제공하는 중요한 원천으로서, 고지대 페루의 주닌(Junin) 호수 분지에서 발견된 낙타류 동물의 뼈 연대를 측정한 결과, 사육이 시작된 시기는 이미 서기전 2500년부터라는 것을 알 수 있다. 티티카카 호수의 남서쪽 아사나(Asana) 유적지 내의 나무기둥 울타리 구역에서 발견된 낙타류 동물의 똥 연대는 서기전 2000년으로 추정되었다.

아마존 분지 내 초기 구근 작물에 대해서는 보존의 여건이 열악하여 아직 알려진 바가 없다. 그러나 최소한 네 종류의 덩이줄기가 안데스인에게는 절대적으로 중요한 식량이었다. 그중 오카(oca), 마수아(mashua) 그리고 울루쿠(ullucu) 세 종류는 고지대에서 재배되었다. 네 번째 종류인 감자는 안데스 전역에 걸쳐 재배되었으며 최근까지도 주식으로 이용된다. 감자는 재배된 작물의 유전적 다양성이 상당히 높게 나타나는 티티카카 호수 지역에서 처음 재배된 것으로 보인다. 야생 감자는 적어도 서기전 1만 년에 칠레의 중앙 남부에서 수확되기 시작하였다. 다른 중요한 안데스의 구근 작물과 함께 재배된 감자는 아마도 서기전 3000년에서 2000년 사이에 개량되었을 것으로 추정되는데, 이 시기는 동물이 처음으로 길들여진 때이기도 하다. 이러한 변화가 일어난 곳은 많은 계곡과 사람들이 밀집된 고지대이다. 이곳에서 수렵-채집인들이 야생 식물의 성장주기를 바꾸어 거친 환경에서 식량 공급량을 증가시켰다.

고지대의 주요 곡물 식량은 키노아(학명 Chenopodium quinoa)와 옥수수이다. 식물 유전학자는 키노아가 남부 페루와 볼리비아 등 안데스의 중부와 남부 지역에서 처음으로 재배되었으며, 이후 북쪽으로 급속히 산맥을 따라 해안까지 확산된 것으로 이해하고 있다. 파나울라우카(Panaulauca) 동굴에서 키노아 씨앗이 발견되었는데, AMS 방사성탄소연대가 서기전 3000년에서 2000년 사이로 측정되었다.

우리가 제15장에서 본 바와 같이 옥수수는 처음에 메소아메리카에서 재배되어 북아메리카의 남서부와 남아메리카로 퍼진 것으로 보인다. 그러나 안데스로 유입된 시기에 대해서는 의견이 엇갈린다. 일부 전문가는 일찍이 서기전 5000년에 전파되었다고 믿고 있지만, 그 시기는 실제 옥수수 속대에 대한 AMS 연대를 앞서고 있다. 동연대는 옥수수가 서기전 1250년에 고지대에서 처음 자라서 서기전 800년에 페루 해안으로 전파되었음을 시사한다. 이러한 추정연대는 아직도 상당히 잠정적이지만 처음 생각보다는 적어도 1500년 이상 뒤로 밀려난 것이다. 어느 시기엔가 해안에서 옥수수는 안데스의 야생 작물에서 재배된 콩과 함께 후대 국가들의 주요 재배 작물이 된다.

저지대에서의 농경은 비교적 최근까지도 이차적인 생계활동에 불과하다. 그럼에도 서기전 3000년 이후 해안을 따라 수백 명 또는 수천 명의 정주성 취락이 발달하였다. 이곳 거주자들은 해양에서 획득한 수산물과 계곡 내 개간지에서 재배된 콩, 호박을 식량으로 삼았다.

아스페로와 카랄(3000 B.C.)

비교적 복잡한 사회가 해안을 따라 발달하기 시작한 시기에 대해서는 정확하게 알려진 것이 없지만 최소한 5000년 전으로 추정되고 있다. 리오 수페(Rio Supe)강 하구 근처의 아스페로(Aspero)에서는 최소한 15헥타르의 면적에 걸쳐 해안지역의 공동체가 번성하였다. 정상에 건물이 있는 피라미드가 있는데, 그중 하나인 우아카 데 로스 이돌로스(Huaca de los Idolos) 유적은 방사성탄소연대측정 결과 서기전 3055년으로 추정되었다.

리마(Lima)에서 북쪽으로 193킬로미터, 태평양에서 22.5킬로미터 정도 떨어진

그림 17.2 수페 계곡의 카랄에 있는 계단식 피라미드

수페(Supe) 계곡의 카랄(Caral)은 서기전 3000년 당시에 큰 읍락이었다. 채석된 돌과 강 자갈로 축조된 6개의 피라미드가 중앙구역의 거대한 광장 가운데에 높게 세워져 81헥타르 넓이의 읍락을 압도했다. 가장 큰 것은 높이가 18미터로, 하단 면적은 173×152미터에 이른다(그림 17.2). 한두 시기 내에 건축된 6개의 중앙 피라미드는 당시 지배자가 대규모 노동력을 지휘할 수 있는 막강한 중앙집권적 권력을 가지고 있었음을 입증하는 증거이다. 둥근 돌과 바위를 바구니에 가득 담아 운반하고 피라미드를 쌓아 올리는 데에는 수백 명의 촌락민이 필요했다. 수페 지역에는 17개나 되는 중심지가 있는데, 숙련된 관개농업으로 구아바(guavas), 콩, 고추 그리고 과일을 재배하여 소비하였다. 농민은 면화도 재배하였지만, 안데스 후기의 주요 작물인 옥수수와 감자는 아직 재배하지 않았다. 왕국은 부표와 그물의 재료인 면화나 박 같은 산업용 작물을 재배하고 교역하면서 번성하였을 것이다. 비중을 많이 차지하는 생계수단이 멸치잡이였는데, 유적지에서 발견된 건조한 퇴적물에서 흔적이 발견되었다.

17.1 | 발견 안데스 직물

서기전 2500년경 면화가 재배된 직후에 안데스 직물이 처음으로 나타난다. 초기의 직물은 다소 거칠고 균질하지 않으며 가공되지 않은 방적사를 꼬아서 만들었다. 서기전 2000년 이후 천을 짜는 사람들은 진동을 최소화하기 위하여 특별히 만든 점토, 박 껍질 또는 목제 받침에 잘 다듬은 목제 방추차를 올려놓고 사용하였다. 그래서 품질이 상당히 좋은 직물이 생산되었다. 대부분의 페루 직물은 가죽 손잡이가 달린 베틀로 만들어졌는데, 지금도 안데스와 메소아메리카에서 제작, 사용된다. 이런 형태의 베틀이 갖는 단점은 직물의 폭이 이를 짜는 사람의 팔 길이를 넘지 못한다는 것이었다. 그래서 안데스인은 언제부터인가 가죽 손잡이 베틀을 여러 개 결합시켜 예복과 벽걸이용의 넓은 천을 짜기 시작하였다. 천을 짜는 사람은 염색 전문가이기도 하였으며, 대부분 파란색, 붉은색 그리고 기타 다양한 밝은색으로 염색하였다. 장식 문양으로는 사각형으로 채워진 단순한 체크판, 새, 고양이 등의 동물들을 유형화한 것, 의인화된 형상 등이 있다. 가장 좋은 직물은 남부 페루 해안의 파라카스 지역에서 제작된 것으로, 여자들이 종종 알파카 털을 재료로 하여 다채롭게 염색하여 만든 것이다. 좋은 외투와 망토 그리고 복잡한 디자인의 옷옷에는 수를 놓았는데, 그중에는 고양이 수염에 순금 코장식을 달고 화려한 옷을 입은 사람을 묘사한 것도 있다. 그들은 보좌관을 수행하고 희생물이 된 사람의 머리를 전리품으로 갖고 다녔다. 안데스 직물에 장식된 모티브가 이 지역 초기 문명의 정령신앙에 뿌리를 두고 있으므로, 천을 짜는 사람은 거미줄을 뽑아내는 거미에 비유되었다. 정령신앙에서는 동물과 인간이 모두 영혼을 가지고 있으며, 무속적 변신의례가 안데스 세계 전체의 영혼을 규정하는 데 중심적 역할을 한다고 한다.

분명히 권력을 가진 소수의 지배층이 이 중요한 왕국을 다스렸다. 그러나 그들은 물론 그들이 웅장한 중심지 건설에 수백 내지 수천 명의 충성심을 끌어낸 방식에 대하여 우리는 아는 바가 없다. 카랄은 불분명한 이유로 서기전 2000년에서 1500년 사이에 폐기되었고, 다른 왕국들이 해안을 따라 북쪽으로 세력이 확대되었다. 도시였다고 주장하기도 하는 이 유명한 유적지는 당시 아메리카의 취락 중 가장 큰 규모로, 멕시코 지역의 테오티우아칸 이전에 1500년 동안 존재하였다. 이는 반대편 세계에서 이집트의 파라오가 피라미드를 건설하던 시기, 즉 아메리카의 산업화 이전 국가 중 가장 이른 시기에 이미 수페 계곡에서 도시가 등장하였음을 보여준다.

이후 북쪽 해안의 우아카 프리에타(Huaca Prieta) 유적에 취락이 들어섰다. 이곳은 면화 직조에 숙련된 정착민이 살았던 중요한 공동체였다. 이러한 이른 시기에 안데스 방직자는 바위게가 매달리고 머리가 두 개인 뱀과 같은 정교한 문양을 고안해 냈다. 머리가 두 개인 존재를 소재로 한 문양은 이후 안데스 예술에서 3000년 이상 계속된다(발견 17.1).

엘 파라이소(1800 B.C.)

서기전 2000년 이전에 해안의 계곡에서 작은 왕국이 번성하여 점차 정교한 의례 중심지로 발달한다. 칠론(Chillon) 계곡에 있는 부에나 비스타(Buena Vista) 신전은 서기전 2200년 이전에 세워진 복잡한 천문학 관측소이다. 같은 계곡의 리마 근처 입구에 있는 엘 파라이소(El Paraiso)는 약 서기전 1800년에 존재하였던 것으로 추정된다. 거친 모양의 석재벽돌을 진흙으로 연접하여 축조한 사각형 건물들 6개가 어우러져 거대한 U자형 의례 단지를 형성하였다. 기단을 둘러싼 계단으로 서로 연결되어 있으며 회칠이 된 점토벽은 밝게 채색되었다. 10만 톤이나 되는 바위를 근처 언덕에서 채석해 엘 파라이소의 평원 위로 옮겨 건축에 사용하였다. 가장 큰 건물은 길이 205미터, 폭 50미터 그리고 높이 10미터 이상이다(그림 17.3). 내부의 방은 매트로 된 지붕과

그림 17.3 엘 파라이소

버드나무 기둥으로 지어졌다. 2.5헥타르 이상으로 길게 조성된 넓은 안뜰은 서기전 2000년 이후 해안을 따라 발달한 일반적인 공공건축물이 그러하듯이 U자형 건축물 내부에 배치되어 있다.

놀라운 것은 이 큰 엘 파라이소의 건축물을 세운 사람들이 산재한 수십 개의 촌락에서 왔다는 사실이다. 이유는 아직 알려져 있지 않으나, 그들은 주요 공공행사 때 많은 사람이 모이지만 정작 거주하는 사람은 별로 없는 거대한 기념비적인 중심지의 건축 사업에 잉여 노동력을 투입하였다. 촌락민들은 단순한 삶을 살았던 것으로 보인다. 다만 직물에 단순한 기하학적 형태와 양식화된 동물 문양을 짜 넣어 한껏 멋을 냈을 뿐이었다.

엘 파라이소는 초기국가와 관련하여 기본적인 의문을 제기한다. 복잡한 사회를 유지하기 위해서는 식량생산을 통제해야 할 필요가 있었는가, 그렇지 않으면 해양 식량자원의 잉여분으로 충분하였는가? 일부 고고학자는 그렇다고 주장한다. 그러나 다른 학자들은 일정 시기마다 예고 없이 찾아오는 엘니뇨 현상이 정상적으로 예측 가능한 식량 공급을 방해하였다고 지적한다. 그들은 새로운 농업경제가 해안 사회를 변모시켜, 내륙으로 사람들이 이주하고 관개 체계를 발달시켰을 때 엘 파라이소가 건설되었다고 믿는다. 엘 파라이소의 U자형으로 배치된 건축물이 내륙에 있는 유사한 형태의 의례중심지와 동시기에 출현하였다는 것은 주목할 만하다. 관개기술에는 노동력의 대대적인 재편성이 요구되며, 새로운 예술적 전통과 건축 장비의 출현이 이와 동시에 이루어지게 마련이다. 남아 있는 유물이 희소한 것으로 보아, 엘 파라이소가 거주지로 사용된 시기는 단지 선토기 시대 말기의 짧은 기간인 것으로 추정된다. 아마도 관련된 고고학적 증거로 미루어 보면, 급속한 사회적 변화와 전통적인 식량 자원에 대한 집중적 압력 그리고 새로운 경제의 수용이 건축물과 맥락을 같이하는 것으로 보인다.

해양 토대 가설

엘 파라이소는 안데스 고고학의 기본과제 중 하나를 보여준다. 해안지역의 국가가 어떻게 발달하였으며, 어떠한 경제적, 사회적 기반 위에 등장하였는가? 1970년대 마이클 모슬리(Michael Moseley)는 초기 안데스 문명의 발달을 설명하기 위하여 '해양 토대(maritime foundtions)' 가설을 제안하였다. 태평양 연안은 해양 자원이 풍부하였기 때문에 군집을 이루면서 급격히 증가하는 대규모 공동체의 정주 인구를 먹여살릴 식량을 감당할 수 있었다고 주장한다. 해안지역의 사회가 점차 복잡해지면서 지도자가 대형 공공기념물과 신전을 세우려고 할 때에도, 풍부한 잉여 식량 자원을 통하여 충분한 시간의 노동력을 확보할 수 있었다는 것이다. 이 시나리오는 고고학의 전통적 사고와 대립된다. 전통적인 사고는 농업을 국가 조직 사회의 경제적 기반으로 이해한다(제2장). 그렇지만 페루 해안의 경제적 기반은 어업이라고 모슬리는 주장한다. 수천 년 동안 해안의 인구는 점진적으로 증가하였다. 인구가 증가하면서 이후 그들이 대규모 관개와 옥수수 농업을 받아들여야 하는 환경에 미리 적응할 수 있었다. 대형 물고기와 연체동물도 중요했지만, 실제로 주요 산물은 멸치를 비롯하여 떼 지어 다니는 소형 어류이며 근해 카누의 어망으로도 쉽게 잡을 수 있었다. 물고기는 예측 가능한 식량 공급원이 되었으며 저장하기 위하여 말리거나 빻을 수도 있었다. 이러한 어획물로 많은 사람들이 풍부한 단백질을 제공받을 수 있었던 것이다.

모슬리의 가설은 해양 자원 단독으로는 해안의 대규모 취락을 지탱할 수 없다고 주장하는 사람들에 의해 상당한 비판을 받았다. 이들 주장은 건조한 쓰레기더미에서 발견되는 뼈와 촘촘한 그물망으로 증명되는 멸치의 절대적인 중요성을 무시하려고 한다. 다른 비판은 불규칙적으로 재앙을 불러일으키는 엘니뇨 현상과 관련된 것으로, 이 현상이 정상적인 수준 이하로 어류를 감소시켜 광범위한 기근을 불러일으키는 잠재적 원인으로 작용한다는 것이다. 그러나 전반적으로 볼 때, 대륙붕의 폭이 넓어 멸치 어업을 확대할 수 없는 해안 지역이나, 내륙과 고지대에 폭넓게 진행된 발달과정에 작용한 단지 한 요소로 받아들인다고 한다면, 이 해양 토대 가설은 당분간 검증을 하더라도 부정되지 않을 것이다.

　메소아메리카처럼 안데스 지역에서도 극적으로 대비되는 환경이 병존한다. 고지대와 저지대 공동체는 생활필수품을 상대방에게 의존하였다. 최소한 서기전 2500년경, 고지대 안데스인들은 키노아, 감자, 콩과 같은 식물을 재배하면서 고지대의 식단을 극적으로 바꾸었다. 그러나 농민에게는 소금과 단백질이 풍부한 생선류 그리고 해초 등과 같은 저지대산 식품도 필요하였다. 해초는 요오드가 풍부하여 풍토병인 갑상선종(갑상선 질환)과 기타 질병 문제를 해결하는 데 필요한 중요한 의약품으로 사용되었다. 반면 덩이줄기감자 울루쿠(Ullucu), 그리고 하얀 감자 같은 탄수화물 음식의 증거가 동부 해안 안콘-칠론(Ancon-Chillon) 지역의 고고학 유적지에서 발견되었는데, 이것들은 저지대 지역에서는 생육되지 않는 작물이었다. 해안과 저지대 구릉 그리고 고지대 내륙 집단 사이에 지속적이고도 고도로 지역화된 교환이 이루어지면서, 저지대와 고지대의 양 지역에서 국가의 형성이 촉진되었다.

　해양 토대 가설에 따르면, 해양 자원이 풍부하면 강 계곡의 여건이 좋은 지역에 고밀도의 대규모 인구 집단이 생계를 유지할 수 있다고 한다. 일단 이 계곡에 관개시설이 이루어지면 콩, 옥수수, 면화와 같이 더위에 잘 자라는 식물들을 대량 재배할 수 있는데, 특히 면화는 옷감을 짜는 원료로서 안데스 사회에서 가장 중요한 부분이었다. 지도자는 대형 의례용 건축물을 세울 때 뿐만 아니라, 강 유역에 일정 규모 이상의 관개체계를 갖춘 높은 생산성의 토지를 조성할 때에도, 노동력을 대규모로 동원할 수 있었다. 이 시나리오에 따르면, 잘 조직된 권력층 집단이 기존에 갖추어진 기술과 노동력을 잘 활용한 관개농업을 통해서 새로운 경제를 발전시켰다고 볼 수 있다. 교역과 옥수수 재배 그리고 해양 식량 등에 근거한 이런 변화가 안데스 사회를 근본적으로 탈바꿈시켰다는 것이다.

　모슬리는 궁극적으로 고지대, 열대우림 그리고 저지대의 다양한 생태적 환경에 따라 다양한 생존 전략을 수행하면서 안데스 문명이 발전하였으며, 이러한 생계 전략 중 일부는 최초의 취락이 등장하는 수천 년 전의 이른 시기에 수행되었다고 주장한다.

초기(1800~800 B.C.)

초기 안데스 문명은 약 1000년간 계속되는데, 이 시기에 취락의 형태와 생계방식에 중요한 변화가 생겨 우주와 강력한 종교적 신앙에 대하여 사람들이 새롭게 관심을 가졌다.

옥수수와 면화 재배의 중요성이 점차 커짐에 따라 해안 공동체는 내륙으로 이주하려 했고, 하천 유역에서 관개시스템을 발전시켰다. 발굴된 유골로 판단하면 농업으로의 전환이 쉬웠던 것은 아니다. 농업이 보다 많은 사람을 부양할 수 있게 되었지만, 많은 인구의 기대수명은 짧았고 종종 영양 불균형 상태를 겪었다. 팔로마(Paloma)를 비롯한 수렵-채집 유적에서 발견된 것과 같이 식생활에 대한 스트레스는 초기의 많은 장소에서 심각하였던 것으로 보인다. 이 시기에 해안지역의 어촌은 대형 공동체로 탈바꿈하여, 고도로 조직된 제도를 갖추고 엘 파라이소와 같은 대형 의례 유적 그리고 살리나스 드 차오(Salinas de Chao)에 있는 24미터 높이의 대형 흙 언덕을 건설할 수 있는 능력을 갖추게 된다. 해안사회의 복잡성이 증가하는 현상은 저지대와 고지대 전역에서 이루어진 기념비적 건축물의 건설 추세에 반영되어 있다. 서기전 2000년경에 이르는 의례 유적지에서는, 일반적으로 기단 언덕 전면의 장방형 광장에 다시 움푹 꺼진 원형의 뜰이 조성되었다. 따라서 사람들은 성스러운 평지의 단지 앞뜰로 들어선 후, 함몰형 안뜰로 내려간 다음에 신전 기단으로 올라가게 된다.

서기전 2000년 이후 해안지역의 의례용 건축물은 상당히 발전한다. 엘 파라이소에서 채용된 U자형 기단이 공통적으로 받아들여지는데, 이 기단은 동쪽 또는 상류를 향해 개방되어 있다. 피라미드는 U자형을 기초로 하여 조영되었으며, 보통 여러 개의 함몰형 안뜰을 에워싼 언덕의 형상이다. 이러한 함몰형 광장은 일찍이 서기전 2600년에 카랄에 세워진 바 있다. 북쪽 해안에서만 최소한 45개의 U자형 의례 중심지가 발견되는데, 모두 시각적으로 두드러진 형상을 보여주는 것으로 때로는 복잡한 어도비 소벽으로 장식되었다.

중심지에는 각각 고유의 복잡한 건축적 역사가 있으며, 가장 정교한 중심지는 카스마(Casma) 계곡에 있다. 면적이 45헥타르인 세친 알토(Sechin Alto)는 석재로 마감된 높이 40미터 기단의 압도적이고 거대한 의례 건축 단지이다. 이 구조물은 거의 길이 300미터와 폭 250미터의 규모로, 함몰형 안뜰, 광장과 측면의 구조물이 있는 U자형 의례 중심시설의 기반을 갖추었다. 가장 규모가 큰 초기 의례 구조물을 중심으로 대규모 가옥과 기단시설이 주위에 배치되었다. 서기전 1300년경 세워진 한 작은 건물은 무장한 남성의 행렬과 사지가 잘려진 인간희생물이 조각된 모자이크로 치장되어 있었다. 세친 알토 사원은 안데스 지역의 의례 건축물들이 지속적으로 채택한 주제, 즉 상호 마주하는 방향의 성스러운 공간을 수평축을 기준으로 인위적으로 높이거나 낮추는 방식으로 건설되었다.

의례적인 관점에서 볼 때 이러한 건축물이 갖는 의미는 무엇인가? 아메리카의 많은 지역에서는 연기와 물을 의례적으로 조작함으로써, 우주를 구성하는 공기와 흙의 층 그리고 물의 본체를 서로 연결할 수 있는 것으로 알려져 있다. 그러므로 고지대는 물론 해안 지역의 초기 의례 중심지는 이러한 물질을 통하여 영혼세계와 소통한다는 고대로부터 이어져온 전통적 관념에 따라 조성되었다. 가장 유명한 고지대의 중심지인 차빈 데 우안타르(Chavin de Huantar)에는 회랑과 의례용 수로가 의식행사용 기단을 거쳐 원형의 함몰된 안뜰 아래로 연결되도록 설계되어 있다. 이를 통하여 흐르는 물이 지하에서 공명하고, 이로 인해 신전이 '우는 소리를 내는' 효과를 발휘한다. 거대하고 개방된 광장을 갖춘 해안지역의 U자형 의례 단지에는 인공 수자원관리시스템을 통하여 물이 공급되는 성스러운 과수원과 정원이 조성되어 있다. 이런 의례용 수로는 수세기 이후 북쪽 해안의 치무(Chimú) 국가에서 상당히 정교하게 발달한다.

거대한 규모임에도 세친 알토는 다른 중심지와 마찬가지로 수천 명이 넘지 않는 비교적 작은 규모의 인구를 부양한 것으로 보인다. 대부분의 사람들은 작은 촌락이나 주요 하천 유역에 조성된 관개시스템 구역에서 살았을 것이다. 당시 소규모 취락의 위계적 체계는 종교적 능력과 정치적 관계를 통하여 지위를 확보한 소규모 지배층에 의해 운용되었다. 해안지역 사회에서의 변화가 급격히 이루어진 사실은 당시 고지대보다 규모가 큰 기념비적 건축물의 변화를 통하여 알 수 있다.

그러나 사회적, 정치적 관점에서 볼 때, 초기에는 다소 미지로 남아 있는 부분이 많다. 매장의례에는 사회적 서열이나 개인적 부에 대한 증거가 별로 남아 있지 않다. 의사결정과 리더십이 세습되지 않았음이 분명하며, 규칙적인 일정에 따라 한 사람에서 다른 사람으로 순차적으로 넘어간 것으로 보인다. 의례 중심지가 많다는 것은 상이한 혈연집단이 있어 서로 경쟁적으로 사원을 세워 정체성을 강조했다는 점을 시사한다. 아마도 여러 개의 강 유역에 걸쳐 더 규모가 큰 왕국이 몇 개 있었을 수도 있다. 그러나 이런 정치적 단위를 누가 지배하였는지에 대해서 알려진 것은 없다. 조세의 한 방식으로 평민의 노동력을 동원하여, 대규모 관개체계를 만들거나 거대한 종교적 기단을 건설한 사회는 후기 안데스에서 일반적이다. 세친 알토 같은 중심지의 지도자가 그와 같은 고도로 조직화된 사회의 지배자였을까? 그렇지 않으면 초기의 관개수로는 협업하여 건설된 것이고, 기단 구조물은 촌락민이 종교적 헌신 행위로 수세대에 걸쳐 반복하여 세운 것일까? 이러한 논쟁을 해결하기 위해서는 보다 더 많은 발굴조사가 필요하다. 그러나 취락의 규모, 식생활과 의례 중심지에서 나타나는 심각한 변이는 사회적, 정치적으로 중요한 변화가 있었음을 잘 보여준다.

전기(900~200 B.C.)

초기에는 몇몇 소규모 왕국이 북쪽과 중부 해안지역을 따라 발달하였다. 모체(Moche), 카스마(Casma), 칠론(Chillon)을 비롯한 하천 유역에서 주요 정치적 단위가 성장하였는데, 이곳은 대규모 관개가 가능한 지역이었다. 이러한 정치체들은 상호간 그리고 고지대의 공동체들과 지속적으로 교역하였으며, 대부분의 교역 상품은 생선식품, 면화 등으로 해안에서 생산되지만 안데스 전 지역에 수요가 있는 것이다. 우아카라 플로리다(Huaca La Florida) 같은 대규모 유적지는 엘 파라이소에서 내륙으로 13킬로미터 떨어진 곳에 있다. 이 유적지는 관개를 통하여 인위적으로 조성된 환경을 갖춘 구역의 가운데에 위치한다. 초기 말 서기전 800년경 해안지역에서의 관개작업이 상당히 큰 규모로 이루어졌다. 이 지역에서 농경을 확대할 수 있는 환경 조건은 양호하였다. 경작 가능한 완경사의 구릉과, 면화와 기타 곡물을 경작할 전문적인 인력이 있었을 뿐만 아니라, 곡물을 재배하고 태평양에서 어로 활동을 수행할 노동력도 풍부했다. 농민은 해안계곡의 가파른 지역에 수로를 건설하여 사막을 개간하였다. 이곳의 경사면은 강물의 수로를 돌리는 데 용이하게 작용하였다. 처음에는 모든 가족이 개별적으로 경사지 밭을 관개하였을 수도 있다. 그러나 점차 각 공동체가 성장하자 필수적인 관개작업은 공동 협업이 필요한 규모가 되었다. 결국 가족 또는 이웃 공동체간 단순한 협동 작업이 내륙 계곡의 전 지역에 걸쳐 중앙권력기구가 물의 공급과 토지 경작을 독점하는 정교한 공공사업으로 발전했다.

수세기에 걸쳐 이루어졌을 이러한 조직화 과정은 상호작용하는 복잡한 요인들의 결과이다. 이런 요인 중 하나는 인구 전체의 성장이며, 다른 요인으로는 신관, 예술가와 같이 다른 사람이 생산하는 식량에 의존해야만 하는 비농민 수의 증가가 있다. 서기전 1000년 이전 어느 시기에 우아카 라 플로리다와 다른 해안 중심지의 지도자들은 조세 제도를 고안했다. 이 제도는 2000년 후에 잉카가 사용한 유명한 미타 조세(mit'a tax)의 전신이라 할 수 있다. 이 조세제도에 의해 사람들은 건축 인력으로 또는 농민으로 국가에 연간 일정 일수 동안 노동을 제공함으로써, 부과된 조세 의무를 수행해야 했다. 국가를 위해 일하였을 때에는 수당을 받았는데, 이 수당은 식량과 집 때로는 국가 토지에서 수확한 곡물을 배분받는 방식으로 지급되었다.

서기전 800년경 많은 교역망이 해안의 강 유역 상호간 그리고 고지대와도 연결되었다. 새로운 종교적 신앙과 이념이 이런 교역망을 따라 서기전 800년 이후 고지대로 퍼져나갔는데, 이것이 안데스 초기 문명의 시작이다.

고지대 : 차빈 데 우안타르(900~200 B.C.)

1919년 페루 고고학자 훌리오 테요(Julio Tello)는 안데스 기슭의 푹차(Pukcha) 강 분지에 위치한 차빈 데 우안타르(Chavin de Huantar) 촌락에서 피라미드 형태의 독특한 석조 신전 폐허를 발견하였다. 그는 석재조각과, 재규어, 먹이감 새, 악어 그리고 전설적인 반인반수 형상의 삼림 짐승을 뛰어난 솜씨로 묘사한 장식 토기를 발견하였다. 테요는 차빈 데 우안타르로부터 상당히 멀리 떨어진 북쪽 해안에서 발견된 토기와 금제 공예품에서 보이는 것과 동일한 동물 문양이 이 토기에 장식되어 있음을 확인하였다. 그는 또한 남동쪽의 건조한 파라카스 반도와 티티카카 호수 주변에서 발견된 무덤에 부장된 토기와 직물에서 차빈(Chavin)에서 발굴된 것과 비슷한 문양을 발견하였다. 그는 메소아메리카의 올멕이 그러하였던 것처럼, 차빈도 안데스 문명의 '모문화(mother culture)'라고 확신하였다. 즉 차빈은 후대에 발전한 고지대의 티와나쿠(Tiwanaku)와 잉카를 아우르는 안데스 문명의 선조에 해당한다는 것이다. 그는 차빈이 원래 산맥의 동쪽 정글에서 형성된 문화로, 삼림 짐승을 모티브로 한 예술적 전통으로 이를 설명할 수 있다고 믿었다. 비록 모문화에 대한 테요의 개념이 논쟁거리로 남아 있지만, 대부분의 안데스 학자들은 오늘날 '전기(Early Horizon)'라고 알려진 시기인 서기전 800년과 200년 사이의 차빈이 고지대와 저지대에 막강한 영향을 미쳤다는 데 동의한다. 1970년대에 그들은 차빈 문화를 북부 중앙 고지대에서 기원하여 주변으로 널리 퍼져 있는 종교적 의례로 이해하였다. 예술과 의례 건축물에 반영되어 있는 독특한 차빈의 도상을 근거로, '문명'이 수세기에 걸쳐 광범위한 교역로를 따라 안데스의 많은 지역으로 전파되었다고 생각하였다.

이 시나리오는 차빈 문화나 예술양식 어떤 것도 명확하게 규정되어 있지 않을 뿐만 아니라, 편년조차 제대로 되어 있지 않다는 심각한 반론에 부딪쳤다. 최근의 현장조사를 통하여 차빈의 존속 시기는 보다 짧았음이 밝혀졌다. 나아가 차빈 데 우안타르 이전에 중앙과 북부 해안을 따라 복잡하고 고도로 조직된 사회가 이미 있었다는 수많은 증거가 제시되었다. 모체와 카스마 계곡의 거대한 U자형 의례 중심지는 차빈이 등장하기 전 초창기에 이미 전성기를 보내고 폐기되었다. 그리고 차빈 데 우안타르에서 인구밀도가 가장 높은 시기는 해안을 따라 정교한 왕국들이 번성하고 난 한참 후인 서기전 400년과 200년 사이이다. 오늘날 대부분의 전문가들은 차빈이 실제로 소규모의 종교적 중심지에 불과하였으며, 북부-중앙 고원 너머로 별다른 영향력을 미치지 못하였다고 믿는다. 차빈 문화가 중앙 안데스에서 가장 일찍 시작된 사회계층화 과정을 거쳐, 상당한 정도의 복합사회 수준에 이르렀음이 무덤과 정교한 주거지에 남아 있는 특권 지배층의 명백한 흔적으로 확인된다. 그러나 차빈(Chavin)의 독특한 예술과 건축물은 다른 유적지와 마찬가지로 고지대와 안데스 동쪽 밀림의 이전 문화에 영감을 받은 것이다.

차빈 데 우안타르는 해발 3,100미터 높이에 태평양과 열대우림 사이 중간 길목의 작은 계곡에 위치한다. 주민들은 계곡 바닥의 관개경작지에서 옥수수, 주변 경사지에서 감자를 재배하였으며, 완만한 경사의 고지대에서 낙타류 짐승을 키웠을 수도 있다. 사람들은 일찍이 서기전 1500년부터 저지대와 고지대 사이의 교역로가 지나가는 전략적으로 중요한 차빈 강 유역에서 살았다. 해양조개, 수입된 토기의 파편, 재규어와 같은 삼림 짐승의 뼈는 수세기 동안 교역이 있었음을 증명한다. 서기전 900년에서 600년 사이 차빈 데 우안타르는 순례자의 중요한 거점이 되었다. 공동체의 중심에는 웅장한 신전이 있었으며, 촌락 주민들은 그곳에서 가까운 강의 자연 제방을 따라 정착하였다. 가장 번성하였던 시기에 취락에는 이전 규모의 네 배 정도인 2~3천 명의 인구가 살았으며, 40헥타르의 면적을 차지하였다. 이전에 보잘것없었던 사원은 수마일 주변까지 알려져 순례자들이 머무는 안데스인의 '성당'이면서, 동시에 의례용 재화를 교역하고 생산하는 잘 조직된 중심지로 변모하였다. 고고학자 리처드 버거(Richard Burger)는 이런 의례에 중요하게 사용된 분홍빛 굴 조개껍질 파편을 발견하였는데, 이것은 북쪽으로 800킬로미터 떨어진 에콰도르 해안에서 교역을 통해서 수입된 것이다.

차빈 데 우안타르의 구신전은 U자형 구조로, 훨씬 이전에 해안 중심지로부터 영감을 받아 세워진 것으로 보인다. 계단 모양의 절단형 피라미드와 신전 구조물은 직사각형 안뜰의 삼면을 에워싸고 있으며 높이는 12미터이다(그림 17.4a). 안뜰은 해가 뜨고 열대우림이 있는 동쪽으로 트여 있다. 구신전은 수차례에 걸쳐 다시 축조되었는데, 통로와 회랑 그리고 작은 방으로 이루어진 미로의 형상을 하고 있었으며, 특별하게 제작된 사각형 관을 통하여 공기가 통하도록 하였다. 시야에 분명하게 들어오면서 접근하기가 까다로운 차빈의 신전은 신비한 건축물이다. 백색 화강암으로 바닥과

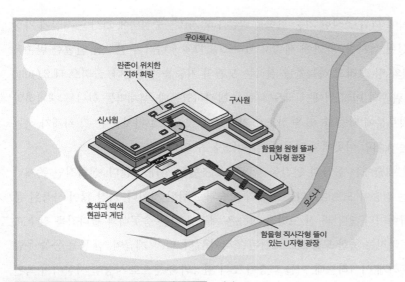

(a)

(b)

그림 17.4 차빈 데 우안타르, 페루. (a) 주요 건축물이
있는 의례 중심지의 평면도, (b) 다소 양식화하여 그린 차빈
데 우안타르의 란존 단지. 란존은 위를 쳐다보는 눈과 큰
송곳니를 드러낸 채 으르렁거리는 고양이과 짐승의 입을 가진
모습으로 묘사된다. 손톱이 날카로운 오른손을 올리고 왼손은
그 옆에 두었다. 정교한 머리장식과 허리띠를 갖춘 옆모습이
묘사된 짐승이 눈을 부릅뜨고 서 있다. 약 4.5미터 높이

천장 사이에 끼워 조성한 기둥 조형물 란존(Lanzón)은 중심축에 가까운 지점에 가장 먼저 조성된 십자형 방 안에 세워져 있다(그림 17.4b). 바닥과 천장을 연결한 란존은 지하세계와 땅 그리고 하늘을 연결하는 도관의 기능을 상징한다. 줄리오 테요(Julio Tello)는 란존의 머리 위에서 작은 회랑을 발견하였는데, 석재벽돌 하나를 제거하면 란존의 윗부분에 닿을 수 있을 정도로 가까웠다. 그러므로 마치 란존 그 자체가 하는 듯 보이는 것처럼 이곳에서 연설이 이루어졌을 수 있다.

차빈 예술에는 동물과 인간을 극적으로 조합한 사례가 많다. 신화적인 존재나 살아 있는 짐승이 으르렁거리는 인간의 모습과 조합된 것이다. 가장 많이 사용된 문양은 재규어이다. 인간과 신 그리고 짐승은 재규어 같은 송곳니와 팔다리를 갖추고, 뱀은 미끄러지는 듯한 모습으로 표현된 조각이 많다. 악어, 재규어, 뱀 등은 동쪽 우림 지역에 흔하게 서식하는데, 이들 짐승이 조각 형상의 부분으로 사용된 사실이 주목된다. 이런 형상은 높은 산과 습기 찬 밀림 사이의 대립을 완화시켜, 사막과 깊은 산 계곡 농민의 신앙과 밀림에 사는 주민의 고대 신앙을 합치하려는 것처럼 보인다. 전문가들은 차빈에는 주신이 둘 있다고 한다. 하나는 란존에 묘사된 '웃는 신'으로 인간의 몸과 고양이의 얼굴, 손발을 가진 화신이며, 또 다른 하나는 '지팡이 신'으로 아래를 향해 서 있는 남성 형상인데 으르렁거리는 입과 뱀 머리장식을 하고 있다. '지팡이 신'은 각각 고양이 머리와 재규어 입으로 장식되어 있는 두 개의 지팡이를 잡고 있다. 초자연적인 이 두 존재는 의인화된 신으로, 아마도 구신전에서 일어난 복잡한 변신 의례를 상징한 것으로 보인다.

이런 변신은 산 동쪽의 넓고 진흙탕 투성이의 강들이 있는 상록의 습한 밀림에서 이루어진 것으로 보인다. 풍부하지만 잘 알려지지 않은 예술적 전통이 저지대에서는 오늘날에 이르러서도 번성하고 있다. 이러한 전통을 보여주는 정교한 인공유물에는 정령신앙(우주에 모든 영혼이 깃들어 있다는 신앙)이 복잡한 은유의 방식으로 표현되어 있다. 새의 깃털과 육식동물의 이빨 그리고 바다조개는 자연 형태를 변형하여 정령화한 유물로, 밀림 환경에 풍부한 자연 자원을 이용한 것이다. 이런 인공유물의 대부분은 수명이 짧아서 수년 안에 썩어 숲으로 되돌아간다. 이런 신앙은 성장하고 전이되면서 진화하는 자연적인 모든 생물체가 인간처럼 영혼이 있다는 생각, 바꾸어 말하면 모든 우주에는 영혼적 의미가 있다는 믿음을 형성하였다. 이런 관점은 환각제와 복잡한 무속의례를 통하여 사람을 정령적으로 짐승 또는 새로 변신시키는 과정을 통하여 강화되었다. 차빈의 의인화된 존재는 이런 변신을 상징화한 것이다. 차빈 데 우안타르 광장의 화강암 석판에는 뱀 의상을 입은 재규어 인간의 모습이 묘사되어 있다. 이 조각 인물은 산 페드로 선인장(San Pedro cactus)을 쥐고 있는데, 이 식물은 환각 작용이 있어 오늘날에도 무당들이 이용하고 있다. 이 선인장의 메스칼린이라는 성분은 다채색의 환상적인 형태와 패턴을 만들어내는 향정신성 효과가 있어, 무당에게 막강한 힘을 불어 넣는다. 환각 상태에서는 잠재의식을 통하여 무당이 사납고 영민한 재규어로 변신하여 긴 여행을 떠나기도 한다. 동물과 인간 그리고 식물은 항상 상호 연결되어 있고 서로 의존하기 때문에, 영혼 세계에서는 모두 전적으로 동등한 위치에 있다.

차빈의 이데올로기는 눈부시고 거부할 수 없을 정도로 강력한 것으로, 동물과 인간 그리고 무당 간에 복잡한 관계를 맺어 주는 숲과 산 그리고 사막에 대한 믿음에서 발생하였다. 이 새로운 종교 신앙은 안데스의 넓은 지역에 걸쳐 인간사회와 예술양식에 영향을 미칠 만큼 강력하였다. 차빈은 이후 안데스 문명을 발달시키는 촉매제 중 하나로서 기술적인 측면이 두드러진다. 예를 들어 이념적 메시지가 점토, 금, 돌과 나무로 제작된 인공유물을 비롯하여 벽걸이용 직물 등에 표현되었다. 무속신앙적인 우주관을 수반한 이러한 강력한 이미지는 보다 정교화된 안데스 사회를 달성하고 제도를 발달시킨 차빈의 유산으로, 후기 안데스 문명에 계승된다.

티티카카 호수 분지 : 치리파와 푸카라(1400~100 B.C.)

차빈 데 우안타르가 북부 고지대에서 세력을 얻을 때, 또 하나의 전기 전통이 남쪽 멀리 티티카카 호수 주변에서 발달하였다. 분지의 평원 경관은 전에 없던 집약적인 농업과 목축 지대로 점차 변모하였다.

치리파(Chiripa, 1400~100 B.C.)는 티티카카 호수의 남부 호숫가에 있는 어업과 들새 사냥을 주업으로 하는 마을로, 오래전부터 유지되었던 수렵-채집의 전통에 농업과 목축이 융합된 생업방식을 취하였다. 치리파는 서기전 1000년경까지 작은 촌락으로 남아 있었는데, 공동체에 기단 구조물이 세워지고 이후 수세기 동안 여러 번에 걸쳐 변형되었다. 기단은 석재로 마감되었는데, 정상부에 시설된 직사각형의 건물로 둘러싸인 함몰형 사각형 안뜰을 갖추고 있다.

치리파의 기단은 서기전 600년과 100년 사이에 확대되어 넓이 55제곱미터, 높이 6미터 규모에 이른다. 석재로 마감한 함몰형 안뜰은 넓이가 23제곱미터, 깊이는 1.5미터 정도이다. 벽면을 마감한 석판에는 뱀과 동물 그리고 인간이 조각되어 있는데, 수세기 동안 호숫가 지역에서 지속된 석조예술 전통 중에서 가장 이른 사례에 속한다. 안뜰 주변에는 16개의 직사각형 건물이 세워졌다. 치리파 신전의 많은 특징, 특히 계단식 현관과 함몰형 안뜰 그리고 벽감형 창문은 이후 의례용 건축물에 같은 시설을 한 티와나쿠의 건축적 전통(제18장)의 조형이 된다. 이러한 건축물과 관련된 종교적 신앙은 야야 마마(Yaya Mama) 종교의 전통으로 굳어져 수세기 동안 번성하였다.

호수의 북서쪽으로 77킬로미터 떨어진 곳에 있는 푸카라(Pukara, 400 B.C.~A.D. 100)는 주요 중심지로, 큰 주거구역과 석재 계단으로 마감한 당당한 의례 단지를 갖추었다. 또한 직사각형의 함몰형 안뜰과 방 하나로 구성된 구조물이 3면에 배치되어 있다. 푸카라의 지배층은 인접한 계단형 건축물에서 살았는데, 전체 거주구역은 도시의 직전 단계로 분류될 수 있을 만큼 규모가 크다. 이곳에 거주하는 밀집된 인구는 오직 농업에 대한 막대한 투자를 통해서만 달성될 수 있다. 넓은 면적의 성토된 경작지와 코차스(cochas)라고 불리는 계절에 따라 수량이 달라지는 넓고 얕은 연못이 있는데, 연못이 마를 때에 가장자리에 작물을 심었다.

푸카라 토기 양식의 분포로 판단해 보면 왕국의 권력은 북부 티티카카 분지에 한정된다. 하지만 토기를 비롯한 여러 유물들이 멀리 북부 해안에서 유입된 것으로 보아, 광범위한 교역망이 작동하였음을 알 수 있다. 티와나쿠가 서기전 400년에서 서기 100년 사이에 남쪽 호숫가를 지배하였지만, 푸카라가 남쪽의 이웃세력을 통합하였다는 증거는 없다.

해안 지대 : 파라카스 문화(약 500 B.C.)

서기전 1200년경 토기와 직물 그리고 관개농업은 티티카카 지역에서부터 인구가 훨씬 적은 남쪽 해안으로 확산되었다.

뒤이은 남부 해안의 파라카스(Paracas) 문화는 부분적으로 차빈 문화에 영향을 받았지만 자신만의 독특한 예술양식을 발달시켰는데, 주로 정교한 수를 놓은 직물에서 확인된다(그림 17.5). 파라카스라는 용어는 독특한 토기 양식을 지칭함과 동시에, 파라카스 반도의 대규모 묘역으로 잘 알려진 남쪽 해안의 다소 복잡한 사회도 가리킨다. 수백 명의 부유한 사람이 대규모 공동묘지에 묻혀 있는데, 시신은 구부리거나 앉은 자세로 천으로 싸여서 크지만 얕은 바구니 안에 화려하게 장식된 옷을 비롯한 여러 부장품과 함께 안치되어 있었다. 바구니와 미라는 평범한 면포를 감싸서 커다란 보따리 모양으로 꾸려졌는데, 친척으로 보이는 다른 시신 옆 지하에 40기 이상이 묻혔다.

그림 17.5 파라카스 천에 묘사된 황홀경에 빠진 무당. 파라카스, 모직의 세부(페루 리마 국립고고학박물관).

흥미로운 것은 파라카스 사람 중 일부는 뇌수술을 받았다는 사실이다. 그들의 두개골에는 일부를 제거하여 종양을 처리하는 과정, 즉 두개골을 뚫은 천공술의 흔적이 남아 있었다. 건조한 환경으로 인해 다른 안데스 유적지보다 의복과 직물이 잘 보존되어, 알파카 양모와 면화를 소재로 한 우수한 예술성이 확인되기도 한다(발견 17.1).

이러한 남부의 해안 도시가 진실로 어느 정도 복잡한 사회에 이르렀는지 평가할 수 있는 수단이 없으므로, 파라카스는 다소 수수께끼 같다. 파라카스의 무덤과 반지하의 토굴을 호화롭게 장식한 사실이 있는 것으로 보아, 정교하게 꾸며진 무덤이 상대적으로 희소하기는 하지만 일부 공동체에서 정치적 권력과 높은 지위를 세습한 지배층 가족이 있었던 것으로 보인다.

2000년 전에 안데스 왕국의 다양한 세력이 고지대와 해안의 전 지역에서 번성하였다. 그들이 공통된 신념과 이념을 갖고 있었음이 예술양식과 건축 그리고 인공유물의 유사성을 보여주는 고고학적 자료를 통하여 확인된다. 해안과 고지대는 복잡하게 연결되었으며, 이는 이후 수세기에 걸쳐 매우 중요시되는 상호 연결망으로 발전한다. 이에 대해서는 제18장에서 살펴보기로 한다.

요약

안데스 문명의 뿌리는 최소한 서기전 5000년으로 추정되는 태평양 연안과 고지대의 고대 수렵-채집사회에서 찾을 수 있다. 모슬리는 평균 이상의 정주 인구를 부양할 수 있는 풍부한 해양 자원이 산출되는 해양을 토대로 하여 해안지역의 문명이 등장하였다고 설명한다. 카랄과 같은 큰 의례적 중심지가 서기전 3000년 이후 페루 해안의 일부 지역에서 발달하였다. 서기전 2000년에서 1000년 사이에는 U자형 성역이 있는 엘 파라이소와 같은 늦은 시기의 사원을 통하여, 대부분의 북부 안데스 지역이 공통된 종교적 이념으로 서로 연결되었음을 알 수 있다. 초기에는 해안과 고지대 사이에서 상호작용과 교역이 지속적으로 이루어진다. 북부 해안을 따라 여러 개의 작은 왕국이 등장하는 것과 시기를 같이하여, 사회적 복합성과 새로운 예술 전통 그리고 기념비적 건축물의 증가 현상이 발생했다. 이러한 경향은 전기에 들어서서 다양한 지역적 전통으로 발전하였는데, 그중 중요한 종교적 의식을 표현한 유명한 차빈 양식이 나타나 광범위하게 확산되었다.

ANDEAN STATES

제18장 안데스 국가(200 B.C.~A.D. 1534)

등자형 주둥이가 있는 두상 그릇, 페루, 모체 문화, 100 B.C.~A.D. 500.
26×17.8센티미터(버킹엄 재단).

라마 행렬이 바위투성이 산을 따라 가파른 경사를 지그재그로 묵묵히 올라갔다. 몰이꾼은 짐을 실은 라마를 막대기로 두드리며 재촉하였다. 등에는 냄새나는 생선이 거친 섬유 부대에 넣어져 실려 있었다. 주인은 냄새에 무감각하였고, 라마는 좁은 길을 담담하게 움직였다. 짙은 안개가 그들의 발을 휘감았다. 그때 갑자기 대상 앞에서 고함소리가 들려와 모두 멈추어 섰다. 몰이꾼은 욕을 해대며 짐승들을 언덕 쪽으로 몰았다. 속보로 가던 잉카의 사자가 소란을 피우며 앞쪽 모퉁이로 사라졌다. 하지만 속도는 늦추지 않았다. 그는 2000피트 산 아래에 있는 왕실 소유의 작은 휴양 가옥으로 가는 중이었다. 그는 속도를 줄이지 않고 성큼성큼 뛰면서 손을 들었다. 왕실 사자들은 날씨와 상관없이 매일 산길을 오르내리기 때문에, 몰이꾼들은 그를 무관심하게 바라보았다.

서기 1532년에 잉카 제국 타완틴수유는 6백만 명이 넘는 사람을 지배하였다. 고도가 매우 높고, 지구상 가장 건조한 환경이었기 때문에 이 지역의 취락은 세계 역사에서도 흔하지 않은 모습을 보여준다. 메소아메리카의 아즈텍인처럼 잉카인도 자신들의 제국을 널리 선전하였다. 역사학자들은 쿠스코(Cuzco)에 있는 잉카인들에 의해 문명이 탄생하여 안데스 전체에 퍼졌다고 가르쳤다. 잉카인들의 위대한 정복 이전에는 어떤 문명도 없었으며, 문명은 자신들의 도시에서 처음으로 시작되었다고 주장한다. 잉카의 선전가들은 자신들의 모습을 미화시키기 위해 역사를 썼다. 심지어 티티카카 호숫가 티와나쿠(Tiwanaku)에 있는 한때 위대했던 도시의 적막한 폐허도 인간이 창조되기 전 잉카의 신 비라코차(Viracocha)에 의해 돌로 변한 거인들이 건설한 곳이라고 경외심을 보이기도 했다. 쿠스코가 아직 작은 촌락에 불과할 때, 안데스 지역의 고지대인 티와나쿠 그리고 해안지역의 찬찬(Chan Chan)과 파차카막(Pachacamac)에서는 이미 강력한 국가와 제국이 등장하였으므로, 역사학자들이 제시한 잉카의 이러한 공식적 역사는 웃음거리가 될 수밖에 없다. 제18장에서는 앞 장에서 서술한 이전 왕국들에서 발달한 이런 초기 안데스 국가에 대해 기술한다(표 17.1, 그림 18.1).

전기 이행기(200 B.C.~A.D. 600)

서기전 200년경은 안데스 문명의 인구가 지속적으로 증가하던 시기였다. 이 시기에 안데스 문명이 북쪽과 남쪽 축 모두에서 발달하였다. 농업규모를 확장하기 위해서는 잘 조직된 대규모 노동력을 투입해야 했으므로, 결국 신의 이름을 앞세운 부유한 지배층이 다스리는 중앙정부에 의존했다. 해안에서는 U자형 신전과 관련된 이데올로기가 사라지고, 대신 새롭고 표준화된 예술양식이 나타나 창조신화나 영웅의 업적을 재설계하고 무덤을 꾸몄다. 일반인과 차별화하는 창조신화를 배경으로, 통치자는 반신격화되면서 성스러운 권리로 지배할 수 있는 근거를 가졌다.

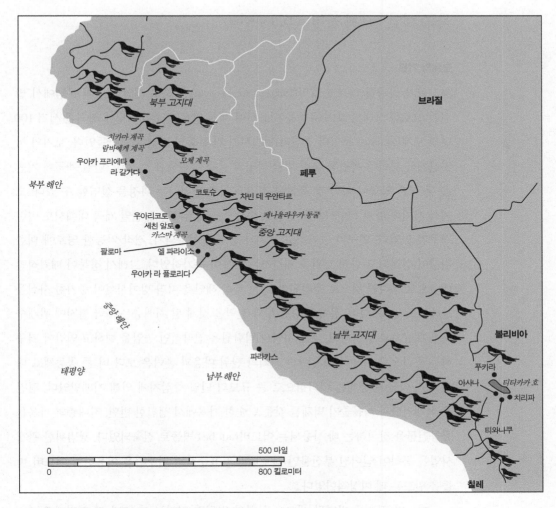

북부 고지대

지카마 계곡
람바예케 계곡
우아카 프리에타 ●
라 갈가다 ●
모체 계곡

북부 해안

브라질

페루

코토슈 ●
차빈 데 우안타르
우아리코토 ●
페냐울라우카 동굴
세친 알토 ●
카스마 계곡
중앙 고지대
팔로마 ─
엘 파라이소 ●
우아카 라 플로리다 ●

중앙 해안

남부 고지대

볼리비아

푸카라 ●
아사나 ●
티티카카 호
치리파 ●

태평양

파라카스 ●

남부 해안

티와나쿠 ●

칠레

0   500 마일

0   800 킬로미터

그림 18.1 제18장에서 소개된 고고학적 유적과 국가의 지도

    몇몇의 찬란한 국가들이 전기 이행기에 해안과 고지대에서 번성했는데, 북쪽 해안에서는 모체(Moche), 남쪽에서는 나스카(Nazca) 그리고 고지대에서는 레쿠아이(Recuay)와 푸카라(Pukara)가 그중 일부이다. 여기에서는 그중 몇 개의 국가에 대해서만 서술하고자 한다.

북쪽 해안 : 모체 문명(A.D. 100~700)

모체의 기원

고고학자 라파엘 라르코 호일(Rafael Larco Hoyle)은 북쪽 해안 지역의 무덤에서 발견된 양호한 상태의 토기 유물을 이용하여 세친 알토(제17장)의 당대 사회를 서기 100년경 모체(Moche) 문명의 출현과 연결시킨 긴 문화의 서열표를 만들었다. 토기의 서열관계를 통하여 복잡한 문화 발달 과정의 윤곽을 확인할 수 있고, 단일 계곡에 기반을 둔 작은 왕국이 여러 강 유역에 걸친 국가로 변천하는 과정을 설명할 수 있다. 초기와 전기에 걸쳐 해안사회는 상당한 수준으로 해체되는데, 단일 계곡 내에서도 이런 경우가 있었다. 인구가 증가하고 토지가 농경에 이용되자, 경작 가능한 영토에 대한 경쟁이 심화되고 한계 토지를 개간하는 비용이 증가하였다. 그래서 정복이 매력적인 대안으로 부각된 것으로 추정된다. 이는 북쪽 해안을 따라 방어시설이 증가한 사실을 통해서도 알 수 있다. 점차 막강한 부와 권력을 갖게 된 지배층은 계곡 협지에 관개수로를 대규모로 건설하고, 낮은 지역의 범람원은 집약적인 농업을 행하고 인간이 거주하는 공간으로 사용하였다. 이전 시기의 단위 마을과 촌락은 보다 더 큰 공동체로 대체되고, 이들 공동체는 예외적으로 큰 규모의 단일 중심지에 의해 지배받았다. 평민은 석재기단과 식물줄기 벽체를 갖춘 단순한 가옥에서 생활한 반면, 지배층의 가옥은 공공건물을 장식하는 데 사용되는 어도비(adobe) 벽돌로 건축되었다. 광범위한 관개사업을 통하여 얻어진 부산물인 점토토양은 표준화된 거푸집을 이용하여 어도비 벽돌을 만드는 데 이상적이었다.

어도비 건축에 반영된 새로운 문화와 정치적 질서는 2000년 전 갈리나조(Gallinazo) 단계에 빔(Vim) 계곡을 중심으로 나타났다. 수세기에 걸친 변화 뒤에 갈리나조 건축가들은 인상적인 기념 건축물을 세우기 위하여, 급경사지에 거대한 계단식 기단을 만들고 그 위에 웅장한 규모로 우아카(huaca, 사당)를 지었다. 빔 계곡에 위치한 갈리나조 유적은 5제곱킬로미터 면적의 공간에 산재한 어도비 건물 공동체였다. 당시 비루(Viru) 계곡은 여러 계곡에 걸쳐 있는 왕국의 중심이었을 것이며, 각각의 강 유역에서는 혈연으로 이어진 귀족과 평민의 위계적 질서가 각기 나름대로 모양을 갖추었다.

저지대의 모체 하천지류 주변에 거주하던 세로 블랑코(Cerro Blanco) 사람들은 그 방법이 알려져 있지 않지만, 더 큰 이웃세력인 치카마(Chicama) 계곡을 지배했다. 건축과 생활방식 또는 거주 유형은 바뀐 것이 별로 없었으나, 정치적 실체는 상당한 변화를 겪었다. 서기 100년경 출현한 해안지대의 새롭고 강력한 형태의 안데스 문명을 반영한 것이 새로운 모체 양식이다.

공공시설

모체는 여러 계곡에 걸친 국가로 일련의 위성 중심지를 가지고 있었던 것으로 추정된다. 각 위성 중심지는 자신의 계곡을 지배하였지만, 모체 계곡의 상위 중심지와 동맹을 맺고 있었다. 수도는 세로 블랑코(Cerro Blanco)로, 이곳에는 거대한 어도비 구조물 두 채가 있다. 하나는 우아카 델 솔(Huaca del Sol, 태양의 사당)이고 다른 하나는 우아카 데 라 루나(Huaca de la Luna, 달의 사당)로, 그 사이의 간격은 500미터가 채 안 된다. 우아카 델 솔의 기단은 340×160미터 넓이에 40미터 높이로 서 있다(그림 18.2). 이 거대한 기념물은 원래 십자형으로, 북쪽을 바라보고 있던 것으로 추정된다. 이 시설은 네 개의 계단 구역으로 구분되었으며, 바닥 계단이 가장 넓고, 높은 계단이 가장 좁은 피라미드 형상이다. 외벽은 붉은색을 비롯한 여러 가지 색깔로 채색되었다. 스페인 정복자들이 보물을 찾기 위하여 우아카를 파들어가서 강 물길을 돌려 흙을 씻어냈는데, 이는 보물이 기단 아래 묻혀 있을 것이라고 믿었기 때문이었다. 얼마 안 되는 당시 기록을 보면 이곳에서 많은 유물이 발견되었다고 하므로, 우아카 델 솔은 왕궁과 무덤 구역으로 추정할 수 있다.

연결된 기단 세 개로 구성된 근처의 우아카 데 라 루나는 높은 어도비 벽에 둘러싸여 있다. 벽체는 여러 색을 사용한 벽화로 장식되어 있는데, 여기에는 정령의 상징 유물은 물론 의인화, 동물화된 존재들이 묘사되어 있다. 일부 문양은 모체의 토기에서도 발견된다. 1998~1999년에 스티브 부르제(Steve Bourget)는 신전에서 떨어진

그림 18.2 우아카 델 솔의 모체 피라미드

광장에서 전사 70명의 유골을 발견하였다. 이 유골들은 복잡한 의례에 바쳐진 희생 제물로, 이 중에는 사지가 떼어진 것도 여럿 있었다. 나신의 남성을 묘사한 작은 점토 조각이 종종 시신과 같이 발견되었다. 이 시신은 복잡한 상징의 부장품으로 덮여 있었다. 이 희생 의례 중 최소한 두 건은 엘니뇨 현상으로 비가 억수같이 쏟아지는 중에 이루어진 것이다. 부르제(Bourget) 등의 학자들은 이것이 재앙이 닥친 기간 중 제물을 바쳐 자신의 권력을 지지하기 위한 통치자의 시도였다고 믿는다.

마이클 모슬리는 우아카 델 솔이 제국의 궁전과 능묘이며, 반면 우아카 데 라 루나는 국가의 주요신을 경배하는 공간이었다는 이론을 제시한다. 두 우아카는 계곡으로 둘러싸인 해안 지역의 비교적 작은 거주구역에서 이루어진 최고의 위계적 질서라고 할 수 있는 강력하고 중앙집권화된 지배를 보여준다. 우아카 델 솔은 1억 개 이상의 표준화된 벽돌을 사용하여 구역별로 건축이 이루어졌다. 각 구역이 별도의 작업집단의 책임하에 건축되었는데, 생산자가 자신만의 독특한 표식을 분명하게 표시한 벽돌도 여럿 발견되었다. 우아카의 건축사업은 수세대에 걸쳐 이루어졌는데, 이는 모체 영역 전체의 공동체가 연간 미타(mit'a, 노동징용제도) 조세로 국가에 대한 노동력을 제공하는 방식으로 수행되었다.

이 미타의 노동력 중 많은 부분은 수도에 가까운 새로운 관개체계의 건설사업에도 동원되었다. 경작지 중 많은 부분이 계곡의 사면에 계단형으로 개간 조성되었다. 이곳의 토양은 배수가 잘되고, 나무 막대기로도 쉽게 땅을 파서 파종할 수 있었다. 고대의 관개수로는 계곡의 측면을 따라 돌아가면서 흘렀다. 수로는 폭이 약 1.2미터로 좁은 편이고, 고리형 또는 S형 곡선의 수로를 통하여 물이 공급되는 보의 면적은 약 22제곱미터 정도이다.

모체의 지배 영역

서기 500년경 전성기에 모체 국가는 수십 개의 왕국을 복속시키면서 에콰도르의 피우라(Piura) 하천유역 전체를 지배하였다. 모체는 정복을 통하여 그 지역 통치자를 귀족으로 통합하거나 그들로 하여금 통치하게 하는 방식으로, 남쪽 후아르메이(Huarmey) 계곡까지 포함하는 작은 계곡과 해안 지역을 간접적으로 지배하였다. 수세기 뒤에도 이런 방식의 접근 방법은 해안 지역인 치미(Chimii)와 고지대의 잉카에 의해 활용되었다. 모체의 카누는 30개 이상의 해안 섬까지 항해할 수 있었으며 멀리는 남부 친차(Chincha) 섬까지 갈 수 있었다. 그곳에서 비료에 쓸 구아노(guano, 새똥)를 채취하였는데, 이는 왕실의 독점사업이었다. 모체는 가능한 곳이라면, 관개시스템을 확장하여 여러 인접한 계곡을 연결하였다. 이런 방식을 취함으로써 영역을 안정적으로 관리하기 위한 소규모 수도를 다수 건설해야 할 부담을 줄였다. 교역 상인들은 북쪽 고지대와 남쪽 해안 나스카까지 먼 지역의 사람들과도 접촉하였다. 모체는 수백 개의 해안지역 집단을 통합한 첫 번째 국가이다. 이 국가는 후대에 빈번하게 발생한 불가항력적인 엘니뇨 현상으로 인해, 그 중심지역이 혼란에 빠지고 실질적으로 제국의 영토였던 남부 속주를 잃어버리기 전까지 존속하였다.

전사 신관 : 왕의 무덤

여러 웅장한 왕실무덤에서 모체 지배층의 부귀가 흔들렸던 모습을 볼 수 있다. 1987
년에 도굴꾼들이 페루 북부 해안의 시판(Sipan) 피라미드 깊숙한 곳에 있는 고대 모
체 군주의 순금 부장 무덤을 파헤쳤다. 다행히 고고학자 월터 알바(Walter Alva)가 도
굴 초기에 현장을 지켰고 무덤을 발굴하였는데, 무덤의 기단은 1세기에서 약 300년
사이에 여섯 번 거듭하여 축조되었다. 알바는 이후에도 시판에서 세 개의 왕실무덤을
발굴하였는데, 이곳에서도 풍부한 금, 은, 구리 제품을 발견할 수 있었다. 각각의 모체
군주는 의례용 복식을 완전하게 갖추어 입고, 머리 장식과 백플랩(backflap), 목걸이
그리고 정교한 튜닉(tunic)으로 치장하였다. 한 묘실에서는 팔을 옆으로 내려놓은 채
누워 있는 30대 남성의 유골이 널빤지 관에서 발견되었다(그림 18.3, 발견 18.1). 그는
금으로 만든 코와 귀 장식을 했고, 금과 터키석 구슬 팔찌 그리고 구리 샌들을 갖추었
다. 의례용 방울, 초승달 모양의 칼, 홀(笏), 창 그리고 이국적 조개껍질이 시신 주변에
부장되어 있었으며, 18살 정도 된 세 명의 여성이 각각 목관의 머리와 아래, 그리고
30대 중반의 남성 두 명이 양옆에 놓여 있었다. 한 마리의 개, 두 마리의 제물용 라마
그리고 수백 점의 토기도 무덤에 부장되어 있었다.

시판의 군주는 수수께끼로 남아 있다. 분명히 그들은 모체사회에서 상당히 중요
한 인물이었다. UCLA 대학의 크리스토퍼 도난(Christopher Donnan)은 분묘에서 발굴
된 유물과 모체 항아리의 그림을 비교하였다. 그는 군주가 전사-신관(Warror-Priest)
으로서 모체 지배층의 정점에 있고, 정치적으로나 영적으로 막강한 권력을 행사하는
자라고 믿었다.

1998~1999년에 도난은 저지대 람바예케(Lambaeque)의 도스 카베사스(Dos
Cabezas)에 있는 왕실무덤을 추가로 발굴하였는데, 그중 다섯 기는 건장한 청년을 안
치한 무덤으로 직물, 토기, 라마 유골 그리고 정교한 금속공예품에 둘러싸여 있었다.
그들 중 22살을 넘은 자는 없었으며, 유난히 큰 키는 다리가 비정상적으로 길어지는
오늘날의 마르판 증후군(Marfan syndrome)과 유사한 유전적인 골격이상에서 초래된
것이다(유적 18.2).

(a)

그림 18.3 (a) 의례용 예복 한 벌을 완전하게 갖추어 입은 시판의 군주(전사-신관) 마네킹. 예복은 태양에 반짝이도록 디자인되었다. (b) 남성과 여성 시종을 거느리고 예복을 입은 채 관에 놓여 있는 군주의 모습. 화가가 재현했다. 시판 무덤1

(b)

시판의 군주는 누구인가? 그들은 분명히 귀족이었다. 그러나 그들의 사회적 역할은 무엇이었는가? 모체에는 문자가 없었기 때문에, 이 부유하고 권력을 가진 사람들에 대한 기록도 없다. 어떤 모체 귀족의 의례용 항아리에는 자부심을 드러내며 조용히 먼 곳을 응시하는 모습의 얼굴이 점토로 표현되어 있다(이 장의 첫머리 부분). 캘리포니아 대학의 고고학자 크리스토퍼 도난은 토기에서 복잡미묘한 띠 모양의 그림 수십 점을 '펼쳐 보이는' 간접적인 증거 활용 방식으로, 천재적이고 설득력 있게 그들의 사회와 종교적 신앙을 밝혀냈다. 두 남성의 결투 장면을 수백 개 찾아냈는데, 승자가 패자를 포로로 잡아 옷을 벗기고 무기를 빼앗은 뒤, 목에 밧줄을 걸고 있는 장면이었다. 승자는 포로를 앞세워 행진하였다. 주요 인물 앞에 포로들이 전부 서 있었는데, 때때로 피라미드를 배경으로 했다. 포로들은 목이 잘리고, 신관과 시종은 그 피를 마셨

다. 희생 의례의 가장 중요한 참석자는 '전사-신관'으로, 시판의 군주와 같이 초승달 모양의 머리장식, 원형 귀 장식 그리고 초승달 같은 코 장식이 부착된 원뿔형 모자를 쓰고 있었다. 도난은 군주는 전사-신관이며 지배층의 정점에 있는 사람으로, 모체사회에서 가장 중요한 의례를 주관하였다고 확신한다(그림 18.4).

시판 군주의 정교한 예복은 세대를 거쳐도 별로 달라지지 않았다. 전사-신관과 함께 묻힌 거의 모든 부장품은 압축적인 상징성을 갖는다. 예를 들어 군주는 오른쪽에 금제품, 왼쪽에 은제품을 착용하였는데, 이는 달과 태양의 상대성을 의미하였다. 울루쿠(ullucu) 과일이 인간희생 의식에 사용된 사실을 반영할 의도로, 그 과일을 금과 은으로 묘사하였다. 이 과일에는 항응고제 성분이 있어, 피가 의례과정에서 응고되는 것을 막기 위한 목적으로 사용된 것으로 보인다.

그림 18.4 희생으로 바쳐질 포로들의 행렬을 주관하는 모체 군주. 채색 항아리의 사진처럼 '펼쳐진' 띠 모양의 그림

도스 카베사스의 무덤

도스 카베사스(Dos Cavezas)는 페루 저지대의 제케테페케
(Jequetepeque) 계곡에 있는 32미터 높이의 모체 피라미드
로, 태평양으로 흘러 들어가는 강의 입구 가까이에 있다. 450
년에서 550년으로 추정되는 화려하게 장식된 모체 귀족의 무
덤으로, 1997년과 1999년 사이에 발굴되었다. 각각은 죽은
자를 묘사한 작은 구리 조각상을 가지고 있었는데, 별나게 큰
키로 유명했다. 평균적인 모체 남성의 키는 약 4피트 10인치
에서 5피트 4인치이다. 도스 카베사스의 남성은 키가 5피트 9
인치에서 6피트 사이로, 18살에서 22살 사이에 사망한 것으
로 추정된다. 생물인류학자들은 그들이 마르판 증후군과 같이
뼈가 가늘고 길어지는 유전적인 기형으로 고통을 받은 것으로
의심한다.

세 명의 남성이 모두 수주일을 넘기지 않고 사망한 것으
로 보이는데, 그중 가장 중요한 사람은 의례적 성격의 소유물
과 함께 진흙에 발라진 채로, 천에 감겨 2호 무덤에 안치되
어 있었다. 모체에서 신성한 짐승으로 받아들여지는 박쥐의
형상을 한 세련된 토제유물이 부장되어 있었는데, 박쥐 형상
은 금동제품으로 만들어 머리장식에 달리고 순금제품으로 만
든 코 장식에도 치장되었다. 박쥐는 모체의 의례에서 중요한
비중을 차지한다. 항아리에 인간을 희생으로 삼고 피를 마시
는 의례적인 행사 장면이 그려졌는데, 여기에도 일상적으로
박쥐가 등장한다. 남성은 조개 눈이 새겨진 장례용 구리 가면

을 쓰고 있으며, 황금 눈썹과 코 장식 그리고 수염 모양의 팔
찌를 착용하고 있었다. 무덤에는 다양한 토제용기, 금과 은
제 코 장식 그리고 18점의 머리 장식이 함께 부장되었다. 남
성은 직물에 머리, 손, 발 모양을 금으로 수놓아 만든 인간의
모습으로 치장된 튜닉을 입고 있고, 금속공예 작업을 하는 데
사용되는 정을 손에 쥐고 있었다. 그리고 전쟁용 곤봉, 창 던
지개, 순금 방패를 꾸려넣은 보퉁이를 무덤에 부장하였다. 친
척으로 추정되는 청년을 천으로 감아 시신의 밑에 안치하고,
약간 높은 위치에는 희생제물과 라마와 함께 젊은 여성이 안
치되어 있었다. 세 무덤 모두 근처에 묘실의 형태를 본딴 작
은 감실이 조성되어 있는데, 이는 모체의 무덤과 다르다. 1호
와 3호 무덤은 장식의 정교함이 다소 떨어지는데, 2호 무덤
에 묻힌 사람보다는 덜 중요한 사람의 것으로 추정된다. 각각
여성 인신 희생과 질이 좋은 토기가 함께 놓여 있었는데, 3호
무덤에는 별도로 9살 어린이의 시신이 놓여 있었다.

발굴자는 세 개의 시신이 서로 연관이 있다고 믿고 있지
만, 초기의 모체사회에서 그들의 정확한 역할이 무엇이었는
지 미스터리로 남아 있다. 그들은 후기의 시판 군주처럼 전
사-신관이었을까? 1호 무덤의 주인공은 모체사회에서 인정
받는 금속공예 기술자였을까? 이와 관련한 연구는 아직 초기
단계에 머물러 있어 알려진 것이 별로 없다.

모체의 야금술

시판과 기타 지역에 묻힌 유물은 모체 금속공예 기술자의 솜씨를 잘 보여준다. 예를
들어, 한 무덤에서 나온 귀 장식은 손톱 크기만 한 전사의 모습으로 제작되었다. 모체
의 예술가들은 금을 두드려 얇은 판으로 만들고, 돋을새김을 하여 문양을 만드는 방

법을 개발하였다. 그들은 금속을 단련하여 무르게 한 다음 망치질로 정교한 모습을 만들고, 세밀한 납땜으로 금속판을 결합해 금 세공품을 완성했다. 장인은 장식판, 장식고리, 목걸이, 핀, 족집게를 비롯하여 터키석과 조개장식에도 금을 사용하였다. 선사시대에는 금의 공급량이 상당히 부족하여, 구리와 금을 합금한 뒤 산화시키는 방법을 많이 사용하였다. 전체 무게의 12퍼센트에 해당하는 금을 섞고도 순금 제품으로 보이게 할 만큼, 당시 금속공예 기술자들은 도금과 담금 작업의 전문가였다. 프란시스코 피사로의 군대가 잉카에서 노획한 동물과 접시 모양의 커다란 금제품은 실제로 금과 은 그리고 구리로 만들어진 정교한 합금 제품이다.

모체사회

우리가 조금이나마 알고 있는 모체사회에 대한 모든 지식은 훼손되지 않은 무덤과 도굴된 토기에 대한 박물관학적 연구로 얻어진 것이다. 이렇게 얻은 지식에 의하면, 모체사회는 숙련된 예술가와 신관 그리고 농민과 어민으로 구성되어 있었음이 확인된다. 이 중 신관은 고양이과 동물의 송곳니와 퓨마 가죽 머리장식을 착용한 모습으로 토기항아리에 묘사되어 있다. 몇몇 토기 장인은 모체사회의 지도자로밖에 볼 수 없는 경이로운 모습의 초상이 묘사된 화려한 장식의 그릇을 제작하였다. 그중에는 방패와 전투용 곤봉, 패드를 덧댄 투구 그리고 채색된 무명옷감의 제복을 격식에 맞게 착용한 전사의 모습도 있다. 모체의 무덤을 통해 사회의 일부 구성원이 다른 사람보다 더 부유하였음을 알 수 있는데, 어떤 무덤에는 상위신분용 무기나 지팡이 또는 50점이나 되는 그릇이 부장되어 있었다. 모체사회가 어떻게 구성되어 있는지 정확히 알려져 있지는 않지만, 전사, 신관-의사, 예술가 그리고 대규모의 농업인구가 위계적으로 구성된 국가로, 이를 지배한 통치자가 존재한 것으로 추정된다.

다행히 모체의 예술가와 숙련공의 작품을 통하여 다른 문명보다 더욱 구체적으로 이 사회를 볼 수 있다. 전투 중에 곤봉을 치켜들고 적을 공격하는 모체의 병사, 목숨을 건 전투에서 깃털이 장식된 방패를 들고 저항하는 전사의 모습이 확인된다. 토기 제작자는 친구의 꼬드김에 넘어가 옥수수 맥주에 취한 채 친구의 부축을 받는 사람, 산파의 시중을 받으며 출산하는 여성, 아이를 천으로 된 어깨걸이로 싸서 등에 업거나 그물로 건 나무 요람에 넣어 돌보는 부인을 묘사하기도 했다. 여성은 집안의 모든 일을 맡고, 남성은 전사와 농민 그리고 어민의 역할을 담당하였다. 바위 해안에서 곤봉질을 당하는 어린 물개들이 사방으로 달아나는 사냥 장면도 있으며, 라마가 억지로 짐을 지고 있거나 쥐들이 옥수수대를 갉아먹는 장면도 있었다.

남성들은 짧은 허리옷이나 무명 반바지를 입고 무릎까지 내려오는 짧은 민소매 튜닉을 채색된 천 허리띠로 동여매고 작업을 했다. 지위가 높은 사람은 큰 외투를 입고 에콰도르나 아마존 강 유역(Amazonia) 고지대 밀림에서 생산된 퓨마의 머리 또는 새의 깃털로 만든 머리 장식을 썼다. 거의 모든 사람이 모자를 썼는데, 화려한 장식의 무명 터번으로 둘러싼 작은 모자를 쓰고, 천으로 된 턱끈으로 묶는 것이 일반적이었다. 작은 천을 덧대어 목 뒤를 뜨거운 태양으로부터 보호하였다. 모체의 여성은 무릎까지 내려오는 헐렁한 튜닉을 입고, 머리에는 아무것도 쓰지 않거나 천 조각으로 주름을 잡아 드리웠다. 남성 중 많은 사람은 다리와 발에 밝은색을 칠하였고, 얼굴에 여러 줄의 선 등의 모티브를 문신하거나 그려넣었다. 그들은 원형 또는 초승달 모양의 코 장식과 원통형 귀걸이를 착용하였는데, 어떤 것은 금으로 만들어졌다. 목에는 여러 색의 큰 돌구슬이나 값비싼 금속제품을 걸었으며, 팔과 다리는 고리로 치장하였다. 그리고 많은 사람들이 뜨거운 모래로부터 발을 보호할 목적으로 천으로 만든 샌들을 신었다.

붕괴

안데스의 모든 해안사회와 마찬가지로, 모체인은 가뭄과 엘니뇨의 영향을 받았다. 모슬리는 6세기 후반에 일련의 자연재해가 모체의 지배 지역을 덮쳤다고 한다. 쿠스코와 티티카카 호수 사이에 있는 산에서 빙하 깊은 곳의 나이테를 식별한 결과, 첫 번째 것은 564년에서 594년 사이의 극심한 가뭄기 때 발생한 것으로 추정된다. 650년과 670년 사이의 어느 시점에 대지진이 안데스에서 발생하였으며, 경사지에서 흘러내린 흙더미가 강을 메웠다. 침니가 실린 홍수가 관개수로를 막아 근처 들판으로 흘러

가는 물길을 방해하였을 수도 있다. 침니는 대양 쪽으로 흘러서 해안으로 쓸려간 뒤 내륙으로 부는 항풍에 실려 거대한 모래언덕을 만들었다. 짙은 모래폭풍은 촌락 전체와 넓은 면적의 개간지를 덮어 버렸다.

　　제국의 수도는 600년 직전에 엘니뇨에 의해 홍수 피해를 입은 후 복구되었다. 그러나 그 후 중심지인 우아카(huaca)를 제외한 대부분의 도시는 해안 언덕에서 불어온 고운 모래에 묻혔다. 똑같은 엘니뇨에 의해 해안의 어로 활동도 황폐화했다. 연안에서 멸치가 사라졌으며 호우로 인해 건조하였던 해안 평원에 홍수가 일어나 늪지가 되고, 촌락 전체를 포함해서 신중하게 유지되던 관개시설은 휩쓸려 사라졌다. 우아카 델 솔의 평탄하였던 옆면은 침식되었으며 지속적인 강우로 땅이 깎여 나갔다. 이 시기에 모체의 남부 영역은 국가에서 떨어져나갔다. 위대한 군주는 의례적 성격의 전투에서 잡은 여러 명의 포로를 희생제물로 바쳤으며, 자신들의 권한을 강화하고자 처절한 노력을 하였다. 하지만 결국 그들은 우아카 델 솔을 포기하고 태평양에서 50킬로미터 이상 떨어진 곳으로 이동하였다. 주요 관개시설을 가까이 두고 있는 북쪽 람바예케 계곡의 팜파 그란데(Pampa Grande)가 그곳이었다. 그러나 단지 반세기 만에 또 다른 엘니뇨가 해안에 발생하여 치명적인 피해를 입혀서, 결국 모체 문명은 몰락하였다. 또한 과도하게 부과한 미타 조세에 대항하며 평민이 일으킨 반란으로 추정되는 사건으로 인해, 팜파 그란데 귀족의 가옥들이 불에 타 무너졌다.

남부 축 : 나스카(200 B.C.~A.D. 700)

남부 해안은 하천 유역이 넓지도 않고 인구도 상당히 적었다. 이곳의 친차(Chincha)에서 아카리(Acari) 계곡을 잇는 넓은 땅에 나스카(Nazca)를 중심으로 한 국가가 출현했다. 초기 연대는 약 서기전 200년경으로 추정되며, 가장 후기에 나타난 유물의 연대는 600~700년경으로 추정된다. 처음에 나스카 공동체가 존재하였던 곳은 '오아시스'와 계단식 경작지 조성이 가능한 경사지였다. 500년 이후 어느 시점에 농민들은 가뭄에 대한 대책으로 물이 순환하는 터널을 팠다. 이 터널은 자연 대수층을 이용하여 이전에는 건조한 환경이었던 지역에 물을 공급하여 인구밀도가 높은 농장을 조성하기 위한 것이었다.

나스카의 수도인 카우아치(Cahuachi)는 해안에서 50킬로미터 내륙 안쪽에 위치한 나스카 강의 남쪽 제방 위에 있었다. 이곳은 산재한 농가 촌락으로 시작해서 중요한 의례 중심지로 성장하였으며, 면적이 150헥타르였다. 고고학자 헬렌 실버맨(Helene Silverman)은 카우아치가 언덕, 묘역 그리고 사당(소형은 혈연중심)을 포함한 독특한 의례 중심지였다고 믿는다. 광장, 어도비방 그리고 바닥 안뜰이 딸린 20미터 높이의 계단형 기단으로 구성된 대형 신전은 규모가 가장 커서 자연스러운 웅장함을 자랑한다. 우물이 딸린 카우아치는 성스러운 장소이지만 도시는 아니었다. 이곳은 조상에 대한 제물을 바치는 장소로, 혈연집단은 일정한 시기의 성스러운 달력일자에 조상을 위한 특별한 의례를 하기 위해 모였다. 유적지와 기타 장소에서 보이는 나스카의 예술에는 가면을 쓴 신관의 의례적 행위와 많은 전설적인 내용이 강조되어 있다. 실버맨과 다른 학자들은 카우아치 의례의 많은 것들이 비, 물 그리고 다산과 관련이 있다고 믿는다. 인간의 머리가 값진 전리품이라는 증거도 있다. 결국 카우아치에서 실제로 건설사업이 중단된 것은 카우아치가 거대한 묘역이면서 제물봉납장소가 된 뒤였다.

나스카 라인

나스카 라인(Nazca lines)은 평평한 사막 초원에 있는 세계적으로 유명한 그림으로, 나스카의 하천 지류 사이에 있다. 팜파 데 인게니오(Pampa de Ingenio)는 두껍고 하얀 충적층이 고운 모래와 자갈층으로 덮여 있는 곳이다. 표토 토양이 쓸려나가 없어진 후에, 나스카인은 흰 선의 삼각형, 직사각형, 나선형 그리고 지그재그 모양의 얽히고설킨 모양을 만들었다. 어떤 것들은 단순히 좁은 길이지만, 어떤 것은 활주로처럼 넓은 것도 있다(그림 18.5). 지면에서는 선이 아무런 의미도 없어 보이지만, 헬리콥터를 타고 사막 위 공중으로 올라가면 새, 원숭이, 고래, 거미 그리고 식물의 모습이 보

그림 18.5 나스카 라인. 사막 평원에 선의 형태를 파서 만들었으며 새를 비롯한 상징물이 표현되었다.

인다. 항공사진과 위성사진 등 현대과학으로 무장한 천문고고학자들이 현재 팜파 데 인게니오를 집중적으로 연구하고 있다. 그들이 촬영한 사진에 보이는 도형은 기하학적 무늬뿐만 아니라 합쳐서 1,300킬로미터에 달하는 직선들로 구성되어 있었으며, 이중 하나의 직선길이가 20킬로미터에 달하는 것도 있다. 어떤 것은 보다 많은 선형적인 표시들과 상호 연결되면서 언덕에서 방사상으로 퍼진 형상을 띠고 있는데, 물공급이 원활한 지역으로 향하고 있음을 미루어 볼 때 통행로 역할을 하였을 수도 있다. 많은 그림이 겹쳐서 그려진 것으로 보아 이전 것이 포기된 것처럼 보이는바, 이는 모든 그림의 중요성이 지속되지 않음을 시사하는 것이다. 나스카의 것과 마찬가지로 땅 위에 그려진 지상그림(geoglyphs)은 안데스의 다른 곳에서도 나타나므로, 이는 토착 아메리카인 신앙의 공통된 현상이라고 할 수 있다. 그러나 그 정확한 의미는 밝혀지지 않았다. 선과 형상이 나스카의 산 자와 영혼의 세계를 연결하는 의례의 일부분인가? 인류학자 존 레인하드(John Reinhard)는 산신이 인간을 보호하고 가축을 지키며 기후를 조절한다고 지적한 바 있다. 그들이 관개수로로 공급되는 물의 절대적인 원천인 호수, 강 그리고 대양과 관련되어 있다는 것이다. 레인하드는 지역의 산들이 관개 농경 용수의 원천이므로 비를 기원하는 의례에 매우 중요시되어, 나스카 등 해안 사람들이 이런 신앙을 공유하였다고 생각한다. 그러므로 나스카 라인은 지역 세계에 깊게 뿌리박은 정치적, 사회적 그리고 종교적 현상이다. 나스카 라인을 가로질러 성스러운 중심지에 도착한 사람은 의례적인 존재로 변신하는데, 이러한 변신은 춤, 정교한 의상과 가면 그리고 샤머니즘적 황홀경을 동원하여 완성시킨다.

중기 : 최초의 고지대 국가(A.D. 600~1000)

모체가 페루의 북쪽 해안을 지배할 때, 고지대의 두 도시 중심지인 티와나쿠(Tiwan-aku)와 와리(Wari)가 남부 중앙 안데스에서 우세한 세력으로 부상하였다. 그들은 600년에서 1000년까지의 '중기'에 절정에 이른다.

티와나쿠(A.D. 200~1000)

2000년 전 두 개의 왕국 푸카라와 티와나쿠(제17장)가 티티카와 연안을 지배하였다. 푸카라가 처음에 북쪽 티티카카 분지를 지배하다가 분명하지 않은 이유로 사라졌고, 남부 이웃세력은 첫 번째 안데스 제국의 중심지가 되었다.

티와나쿠는 중앙 안데스의 남부 끝 알티플라노(altiplano) 시골에 있었는데, 이곳에서는 낙타류 목축이 중요시되었다. 200년경 티와나쿠는 주요 인구 중심지로서, 600년경에 발전하면서 호수의 남부 연안 주변과 광범위하게 교역을 했다. 구리는 특별히 중요시되었는데, 북쪽 해안지역에서는 구리를 다루는 기술을 독자적으로 갖고 있었던 것으로 추정된다. 잘 보존된 무덤이 알티플라노에서 수백 마일 떨어진 곳에서 발견되었는데, 이곳에서 세련된 티와나쿠 직물, 토기, 목각과 금공예품이 발굴되었다. 짐승털과 기타 물품을 운송하는 티와나쿠 해안지역의 교역에서 라마 대상이 중요한 역할을 했는데, 이들 교역물품은 라마가 운송하기 좋게 가볍게 제작되었다. 8세기와 그 이후 전성기에 수도는 400헥타르 면적으로 확대되었으며 2만 명이나 되는 사람을 부양할 수 있었다. 이는 최소한 75제곱킬로미터 규모의 정교한 관개시설을 갖추고 북돋아 조성한 경작지 시스템 덕분이었다. 수천 명 이상이 티와나쿠 계곡 주변에서 살았는데, 오늘날 실시한 실험에 의하면 이런 경작지는 서리에 강하고 감자 생산에 적합하다는 것이 증명되었다. 주변 언덕 기슭의 마른 땅보다 수확량이 400퍼센트 정도 높았다.

티와나쿠는 경제적이면서 동시에 종교적인 세력집단이었다. 성곽으로 둘러싸인 거대한 신전인 칼라사사야(Kalasasaya)의 특징은 돌로 표면이 처리되었다는 것과 구역 내의 중요 지점에 정렬된 커다란 토제 기단을 갖추고 있다는 것이다. 조각된 돌기둥은 제국 권력의 상징(그림 18.6) 역할을 했다. 가까이에 있는 장방형 구역의 경계에는 돌이 세워져 있고, 창조신 비라코차로 추정되는 의인화된 신이 조각된 현관이 있다. 측면의 길이가 약 200미터이고 높이 15미터 정도인 대규모 인공 기단인 아카파

그림 18.6 티와나쿠에 있는 칼라사사야 구역

나(Akapana)가 도시를 굽어보고 있다. 이 계단형 기단은 계단이 있는 거대한 성벽에 둘러싸여 있으며, 안쪽으로는 성직자 주거지로 둘러싸인 정상에 함몰형 안뜰이 있다. 비가 오는 동안에는 이 안뜰에서 계단으로 물이 쏟아져 나가는데, 이 물은 의례적 구역을 둘러싸고 있는 거대한 해자로 모인다. 티와나쿠를 연구하는 앨런 콜라타(Alan Kolata)는 이 구역이 티티카카 호수 근처의 성스러운 태양의 섬과 같이 상징적인 섬이었다고 믿는다. 조각에 표현된 것처럼, 이곳에서 콘돌이나 퓨마 모양의 정교한 머리 장식을 한 티와나쿠 지도자가 의례 행사에 등장한다. 티와나쿠 종교가 인간희생 의식을 통하여 발전하였다는 증거는 풍부하다. 최근에 발굴된 신전 중 하나에는 600년에 희생된 포로라고 추정되는 어린 전사의 유골이 확인된 바 있다.

티와나쿠의 놀라운 예술양식은 도처에서 발견되는 도상으로 특징지어진다. 하급 신과 전령이 배석한 의인화된 신을 비롯하여 재규어와 독수리를 포함한 다양한 모티브가 확인되는데, 비슷한 양식이 남부 안데스 여러 지역에서도 나타난다.

티와나쿠는 강력하게 통제한 교역과 주도면밀한 정복 그리고 식민지화 등의 수단을 통하여, 남부 중앙 안데스에서 제국을 탄생시켰다. 비록 변형되기는 했으나 그중 많은 제도가 수세기 뒤 잉카 제국의 통치기에도 지속된다. 티와나쿠 제국은 북쪽에서 모체가 몰락한 뒤에도, 안데스의 규율을 따르면서 2~3세기 더 지속하였다. 그러나 결국에는 티와나쿠도 수십 년 동안 심한 가뭄이 계속되었던 11세기에 무너진 것으로 보인다. 중앙정부가 붕괴하면서 결국 제국은 개별 부분으로 해체되었다.

와리(A.D. 500~750)

큰 비중을 차지하지 못하였지만 다른 국가들이 동시대에 고지대에서 번성하였으며, 따라서 티와나쿠가 유일한 국가라고 볼 수는 없다. 북쪽 해안의 모체가 불안정해지면서 와리(Wari)가 중앙 안데스의 아야쿠초(Ayacucho)에서 일어났다. 티와나쿠의 영향력은 수제곱킬로미터 면적을 가진 중요한 의례 중심지인 만타로(Mantaro)강 유역의 수도에서도 볼 수 있다. 언덕 위에 자리한 이곳에는 거대한 석재 성벽과 많은 거주가옥이 있었다. 와리 예술양식에는 어느 정도 푸카라의 영향이 남아 있는데, 특히 토제

용기의 의인화된 고양이와 독수리 그리고 뱀 장식 등에서 흔적을 찾을 수 있다. 남부 이웃세력과 같이 와리 사람도 비라코차와 유사한 존재를 숭배한 것으로 보인다. 800년경 그들의 영역은 북쪽 해안의 람바예케 계곡에 있는 모체의 외곽에서 나스카 남부의 고지대를 거쳐, 남부 중앙 안데스의 모케쿠아(Moquequa) 계곡 그리고 내륙으로 쿠스코 남쪽 고지대까지 뻗쳐 있었다. 그들은 전문적인 교역인들로서 정복과 상업적 사업 그리고 종교적 개종을 통하여, 영역을 확장한 것으로 추정된다. 국가가 창고와 도로를 관리하고, 이후 수세기 동안 잉카처럼 식량공급과 노동력을 통제한 것으로 보인다.

모케쿠아 계곡의 세로 바울(Cerro Baul) 유적지는 와리가 난공불락의 메사(mesa, 탁상형대지)에 세운 요새화된 취락으로, 엄중하게 방어되는 좁은 길을 통해야만 평평한 정상으로 올라갈 수 있었다. 직사각형 건축물, 안뜰, 문밖 테라스 그리고 때로는 D자형 건물들로 이루어진 단지가 거주자들에 의해 정상에 건설되었다. 세로 바울은 구리, 청금석 또는 흑요석의 현지 광산을 개발하기 위하여 외딴 계곡에 세워진 와리 세력의 취락으로 추정된다.

와리는 혈연 계통에 의해 조직되고 귀족들이 정교한 관개시설을 통제한 고도로 계층화된 사회였다. 통치자들은 가파르고 낮은 경사지에 계단식으로 조성된 수에이커의 경작지를 개간하였는데, 이곳에는 높은 고도에 위치한 샘과 개울을 연결시키는 긴 수로가 축조 관리되었다. 계단형 경작지는 지속적으로 확장되어 수천 명에게 식량을 공급할 수 있었는데, 이는 이곳에서 지역형 옥수수가 대량으로 재배될 수 있었기 때문이다.

와리는 정확하고 단순한 정략적 방법으로 영역을 넓혔다. 주민들을 고지대 계곡의 비거주구역으로 이주시키고, 경작지 개간을 위하여 정교하고 잘 보호된 관개수로를 건설하여 농수를 공급하였다. 각 계곡에서 와리 귀족들은 직사각형 행정 중심지에서 현지 거주민과 함께 살았다. 이런 방법을 통하여 북서쪽으로 거의 1000킬로미터 떨어진 쿠스코 근교에서 산악 분지까지 연결되는 일련의 고지대 식민지를 형성할 수 있었다. 와리는 티와나쿠를 비롯한 주요 왕국과 접촉할 수 있는 전략적 위치에 있었는데, 산을 넘어 태평양으로 내려가는 주요 교역로의 길목에 있었다. 수세기 후의 잉카가 그러하였던 것처럼, 와리도 연간 미타 조세를 통하여 식량공급량과 노동력을 국가가 통제하였다. 와리는 남쪽 해안의 이카나 나스카 계곡과 오랫동안 관계를 지속하였는데, 경작 방식이 사막과는 달랐기 때문에 그곳의 해안 계곡을 점령하거나 식민화하지 않았다.

와리는 내부 반란으로 추정되는 사건으로 8세기에 쇠퇴하였으나, 예술적 양식은 최소한 2세기 이상 해안지역에 존속되었다. 옥수수 경작과 관련된 구릉 경사지의 적극적인 개간은 급격한 인구성장을 초래하고, 고지대에서 정치적 경쟁이 집중적으로 나타나는 결과를 낳았다. 와리와 티와나쿠 양자는 소규모의 지역 국가보다 더 큰 정치적 단위로 통합되는 전환기의 국가이다. 이 통합이 정복과 기타 강압적 수단으로 달성되었을 수도 있었지만, 당시 해안과 고지대의 많은 페루인이 공유한 그림형상도 밀접한 정치적 단위를 만드는 강력한 촉매제였음이 틀림없다. 고지대와 저지대의 안데스 문명의 두 축은 식량자원과 제품이 각각 다름에도 종종 집약적인 상호작용이 있었음을 보여준다. 안데스 생활의 오랜 특징인 이 상호작용은 이후 수세기 동안 더욱 강화되었다.

후기 이행기(A.D. 900~1400)

와리와 티와나쿠가 붕괴하면서 고지대의 정치적 권력이 무너지고 발전의 중심지가 다시 해안으로 이동하였다. 모체의 쇠퇴로 인해 람바예케 계곡에 일정 부분 공백상태가 조성되었으며, 700년 이후 시칸(Sican) 문화가 유입되었다. 람바예케 계곡에 중심지를 둔 시칸은 화려한 금제 세공품으로 유명했는데, 900년과 1100년 사이에 전성기를 누렸다. 특이한 귀금속으로 만들어진 인공유물과 장식품은 시칸사회에서 특정 계급만이 배타적으로 소유할 수 있었다. 따라서 모든 종류의 금속제품은 사회적 지위와 부의 표식이었으며, 정치적, 사회적, 종교적 지위를 표현하는 특권적 수단으로 사용

그림 18.7 우아카 로로(Huaca Loro)에서 출토된 여러 조각을 재구성한 시칸 가면

되었다. 시칸 군주는 금속제품의 생산력 강화를 장려하였을 뿐만 아니라, 구리와 기타 금속품의 교역을 목적으로 북쪽 에콰도르로의 장거리 연안 항해를 장려하였다. 동시에 그들은 레체(Leche) 계곡의 투쿠메(Tucume) 같은 주요 중심지에서 거대한 관개사업을 감독하였다. 이러한 여러 도시는 때때로 계곡 간 수로로 연결되었는데, 이는 이웃 중심지 군주와의 지속적인 협력이 필요한 것이었다. 구전 설화에 따르면, 그들 중 많은 사람이 같은 조상의 후손이었다. 이곳 통치자들은 엄청난 부를 누렸는데, 40~42세의 남성이 천장이 있는 묘실에 묻혔다는 증거가 발견되었다. 미라로 만들어진 시신은 준보석으로 만든 가슴덮개와 정교한 금제 가면을 착용하고 정식 예복을 입고 누워 있었으며(그림 18.7), 금으로 만든 장갑과 정강이 덮개가 시신 옆에 있었다. 두 명의 여성희생 제물도 있었는데, 한 사람은 다리를 벌린 채 누워 있었고, 다른 한 사람

은 손을 다른 여자의 가랑이 앞에 놓은 채 앉아 있었다. 이는 군주의 부활을 상징하는 것으로 보인다. 청동, 구리, 금 그리고 은을 포함한 약 1.2톤의 부장품이 무덤에서 발굴되었다.

1050년과 1100년 사이에 거대한 엘니뇨가 홍수와 재해를 일으켜 광범위한 지역이 피해를 입었다. 정치적 권력이 서쪽 엘 푸르가토리오(El Purgatorio) 지역으로 이동하면서, 시칸 내부에 있는 왕실 구역은 불타 폐기되었다. 1375년 번창하는 치무(Chimu) 국가가 시칸을 전복하고 영토를 흡수하여 새로운 제국을 건설했다.

치모르–치무 국가(A.D. 1100~1400)

치모르(Chimor)는 팜파데 그란데의 모체 수도가 붕괴하면서 정치적으로 혼란스러운 와중에 등장하였다. 모체 계곡은 이전에도 오랫동안 집약적으로 경작되었으나 치무는 이전보다 훨씬 야심찬 관개체계 건설에 착수하였다. 그들은 거대한 저수지를 건설하였고, 수백 킬로미터의 언덕에 걸쳐 계단식 경작지를 조성하여 아래로 흐르는 물을 활용하였다. 치카마(Chicama) 계곡에서 새로운 수도 찬찬까지 공급될 수량을 보충하기 위하여 거의 32킬로미터에 걸쳐 수로가 건설되었다. 치무는 수천 헥타르의 새로운 경작지를 조성하였고, 일모작만이 가능하였던 지역에서 연간 2~3번의 수확을 거두기 위하여 상당히 먼 곳에서부터 물을 끌어왔다. 관개기술은 상당히 효과적이어서, 치무는 12개 이상의 강 계곡을 관리하여 대부분 괭이와 막대기로도 농사를 지을 수 있는 경작 가능 토지를 최소한 50,600헥타르를 확보하였다. 오늘날에도 이 지역의 인디오들은 약 10일마다 옥수수밭에 물을 주는데, 아마도 치무 시기에 조성된 관행인 것으로 보인다.

13세기에 치모르의 통치자는 정복과 영토 확장을 위하여 그 후 2세기 동안 수시로 야심에 찬 출정에 착수하였다. 그들은 얼마 지나지 않아 시칸의 도시국가와 람바예케 계곡을 흡수하였다. 1470년경 치모르는 1000킬로미터 이상의 해안을 확보하였는데, 이는 페루 해안의 모든 관개가능 토지의 3분의 2에 해당하며, 이로 인해 초기 안데스 문명의 북쪽 축이 단일 국가의 통제하에 들어간다.

치모르의 구전 설화에 따르면, 1462년에 야망을 품고 잉카와 전쟁을 치른 정복자 민찬카몬(Minchancamon)이 등장하기 이전에 9 내지 11명의 통치자가 찬찬 왕국을 지배하였다고 전한다. 민찬카몬과 그의 선조들은 권력을 세습한 지역 귀족의 네트워크를 통치의 수단으로 삼았다. '조개 나팔수(Blower of the Shell Trumpet)', '가마와 왕좌의 주인(Master of Litter and Thrones)', 통치자가 걸어나갈 길에 조개를 빻아 만든 가루를 뿌리는 '길의 준비자(Preparer of the Way)' 같은 사람들이 그의 신하로서 특정 지위를 유지했다. 1969년에서 1970년 사이 찬찬에서 발굴 조사하던 고고학자가 앞뜰에 있는 의자 밑에서 '길의 준비자'가 작업한 증거로 보이는 조개가루 층을 발견하였다. 왕국의 여러 속주는 현지 왕실 출신 통치자가 다스렸는데, 그들은 공물에 대한 특권뿐만 아니라 수확곡물과 토지 그리고 평민의 노동력에 대한 권리를 행사하였다. 아마도 가장 막강한 특권을 부여받은 사회 구성원은 오케틀루펙(oquetlupec), 즉 약초치료사로 보이는데, 이들은 환자를 치료하는 대가로 국가로부터 보수를 받았다. 치모르는 귀족과 평민 계층이 엄격하게 구분된 고도로 위계화된 조직사회였다.

치무 국가의 중심은 찬찬(Chan Chan)으로, 모체 계곡의 입구인 태평양 근처에 위치하며 성벽으로 둘러싸인 약 20제곱킬로미터 면적의 거대한 복합단지이다. 중앙 구역은 6제곱킬로미터의 면적으로, 마치 부서진 직사각형과 같은 모양으로 배치된 9

그림 18.8 지배층을 위해 만들어진 찬찬의 대규모 성곽구역

개의 큰 구역으로 구성되어 있다(그림 18.8). 각 구역은 미타 조세에 따라 동원된 노동력으로 세워졌으며, 찬찬의 당대 통치자가 선대의 지휘시설에 잇대어 추가 건설해서 사용한 왕궁이 확인된다. 이 단지의 어도비 성벽은 당시 10미터 높이로 지어졌는데, 안의 넓이는 200×600미터였다. 성벽은 통치자를 군사적으로 보호하기 위해서이기보다는, 사생활을 지키고 태평양 바람을 막기 위하여 지어진 것이다. 각 구역은 자체적으로 용수공급시설, 무덤 기단 그리고 나무등걸 뼈대에 흙과 풀을 덮은 지붕과 화려한 장식의 주거용 가옥을 갖추었다. 치무 신-왕(god-king)이 죽은 뒤에는 신을 모시는 기단 아래에 묻혔다. 생전에는 왕궁으로 사용된 구역이 사후에는 무덤으로 사용된 것이다. 약 6천 명의 카라카(karaka)로 불리는 귀족이 낮은 벽으로 둘러쳐진 소규모 단지 30개에 거주하였다. 2만 6천 명 이상의 예술가와 그들의 가족이 어도비와 갈대 매트로 지어진 작은 가옥이 위치한 도시의 서쪽 구역에서 살았다. 이들의 대부분은 금속공예 기술자와 천을 짜는 사람들이었다. 농민과 어민은 중앙 구역의 바깥쪽에서 살았다.

치무의 통치자는 얼마 지나지 않아 효율적인 소통의 가치를 알았다. 영역 내 각 계곡을 수도 중심부와 연결하는 도로를 국가가 공식적으로 관리함으로써 군대를 한 장소에서 다음 장소로 신속하게 이동시킬 수 있었다. 대부분 들판을 가로지르는 길로, 수세기에 걸쳐 이용된 외곽 통행로는 낮은 어도비 벽돌 담장 사이에 난 골목길, 또는 여기저기 흩어져 있는 병사 근무 초소를 연결하는 소로보다 규모가 조금 크다. 인구밀도가 높은 계곡의 경우 치무 도로는 그 폭이 4.5 내지 7.5미터인데, 어떤 장소에서는 24미터 또는 그 이상으로 갑자기 넓어지기도 했다. 이 길은 순금 장식과 망치로 정교하게 만든 그릇을 찬찬으로 운반하고, 직물과 정교한 흑색 그릇을 제국 전역으로 보내는 도로였다. 당시 여행자는 간혹 물품을 잔뜩 싣고 시장으로 운반하는 라마를 볼 수도 있었지만, 대부분의 짐은 사람이 등에 지고 운반하였다. 이는 치무가 바퀴달린 수레를 개발하지 않았기 때문이다. 새로 정복한 지역의 사람들이 원래 거주지에서 멀리 떨어진 지역에 재배치되면서, 모든 수입과 공물은 국가관리 도로로 운송되었다. 이 가혹한 재배치 전략은 잉카도 채택할 만큼 성공적이었다. 통치자는 새로운 지역에 책임자를 임명하였는데, 그는 규모는 작지만 찬찬을 그대로 모방한 성곽구역에 거주하였다.

치무 제국은 남쪽으로 멀리 카스마(Casma) 또는 지금의 리마 근처까지 영토를 확장하였다. 그러나 문명의 주요 핵심지는 대규모 관개가 실질적으로 실현된 북쪽 페루 연안지역이었다. 치무 군대는 남쪽의 강력한 이웃세력과 싸웠는데, 그들 중 하나가 파차카막으로, 우두머리는 리마 남쪽의 일부 좁은 계곡을 장악하고 있었다. 파차카막(Pachacamac)에는 오랫동안 숭배대상이 된 사원이 있었다. 그리고 당시 0.3헥타르 면적의 규모를 갖춘 계단형 신전도 있었다. 잉카는 후대에 파차카막에 불규칙 이등변 사각형 모양의 거대한 태양신전을 바위 언덕의 높은 곳에 세웠다.

광범위한 군사 활동과 풍부한 재부를 갖고 있었기 때문에, 치무 제국은 외부로부터의 공격을 쉽게 받았고 대응하는 데 취약하였다. 북부 강 계곡의 거대한 관개시설은 공격적인 정복자에 의해 쉽게 훼손되었다. 당시 방어시설에 대하여 알려져 있는 것은 별로 없다. 다만 예외적으로 포르탈레자(Fortaleza) 계곡의 파라몬가(Paramonga)를 통하여 일부 알 수 있는데, 그곳에는 치무 영토의 남쪽 경계를 바라보는 거대한 계단식 직사각형 어도비 건축물이 갖추어져 있었다. 치무는 오랜 기간 지속되는 가뭄에 대해서도 취약하였다. 상당한 규모의 관개시설이라고 하더라도 저장 용량은 겨우 비수확기의 한두 계절을 버틸 정도였다. 더욱이 관개가 이루어진 사막 토양도 경작하기에는 너무 염분이 많아, 인구밀도가 급격히 높아질 때에는 수확량이 현저히 감소하였다. 치무는 고도로 전문화된 경작시스템에 의존하였기 때문에, 자연적인 원인이든 인위적인 원인이든 일단 시스템이 붕괴되더라도 관개시설망을 군사적으로 장악해서 통제하기는 쉬웠다. 1462년과 1470년 사이에 민찬카몬은 잉카 군대와 계속 전쟁을 치렀다. 수년 후 잉카가 승리하였을 때, 치모르는 타완틴수유의 일부가 되었으며, 수천 명의 치무 장인은 새로운 주인을 섬기기 위해 쿠스코에 재배치되었다.

후기 : 잉카 제국(A.D. 1476~1534)

안데스 지역은 후기에 잉카(Inka) 통치하의 단일 제국으로 편입된다. 타완틴수유는 메소아메리카의 아즈텍처럼, 갑자기 등장한 남부 중앙 안데스의 쿠스코 사람들이 지배하게 되었다.

기원

1000년기 말에 티와나쿠와 와리가 붕괴하면서 남부 중앙 안데스는 정치적으로 공백 상태가 되었다. 이 공백기 동안 권력과 수익이 있는 교역권을 두고 경쟁하는 많은 작은 왕국들이 생겨났다. 잉카는 이 시기를 아우카 루나(auca runa), 즉 '전사들의 시대'라고 부른다. 당시 잉카는 작은 규모의 농경사회로, 최초 발생지인 쿠스코 근처 티티카카 분지의 북서쪽에 위치했다. 그들은 작은 촌락에서 살았는데, 아이유(ayllu)라는 공동조상을 모시고 토지를 공유한 혈연집단으로 조직되었다. 아이유는 토지소유권을 합법적으로 소유하였고 조상들에 의해 보호받았으며, 지도자는 호혜성의 원칙을 갖고 자원을 조직하고 배분하는 수단으로 상호 간에 노동력을 주고받았다.

후기의 잉카 통치자는 자신의 선대를 영광스런 영웅적 행위로 치장하였지만, 초기 잉카 통치자는 소규모 전쟁의 지도자(신치, sinchi)로 전쟁에서의 승리와 전리품으로 성공의 정도가 평가되는 선출된 관리였다. 잉카 혈통 계보를 그대로 믿을 수는 없지만, 1200년부터 1438년까지 최소한 8명의 전설상의 통치자가 알려져 있다. 비라코차 잉카(Viracocha Inka)가 15세기 초 권력을 장악하면서 쿠스코를 중심으로 한 작은 왕국을 단순한 노략이 아닌 영구적인 복속의 대상으로 지배했다. 비라코차 잉카는 살아 있는 신이 되었으며, 이는 새로운 왕국을 강력히 통제하는데 필요한 종교의 지속적인 변혁의 시작이었다. 동시에 새로운 종교적 숭배의 대상이 등장하는데, 태양과 관련된 하늘의 성스러운 조상 인티(Inti)가 그것이다.

그림 18.9 우루밤바(Urubamba) 계곡의 계단식 경작지. 잉카인들의 집약적인 토지 이용방식을 알 수 있다.

분할 세습과 정복

1438년 무렵에 쿠시 잉카 유판키(Cusi Inka Yupanqui)라는 이름의 뛰어난 전사가 잉카의 왕이 되었다. 그는 파차쿠티(Pachakuti, '세상을 재창조하는 자')라는 이름을 갖게 되며, 잉카 국가를 변혁하기 시작했다. 세대를 거쳐 내려온 안데스 조상에 대한 숭배와 분할 세습과 관련된 법을 수정하고, 잉카 제국의 삶을 근본적으로 바꾸었다. 통치자가 사망하더라도 왕궁과 하인 그리고 소유물은 여전히 그의 재산으로 인정되면서 일반적으로 아들 중 한 명인 후계자를 제외한 모든 남자 후손들이 관리하게 된다. 거창한 의식 절차를 거쳐 죽은 자는 미라로 만들어졌다. 죽은 왕을 돌보도록 위임받은 사람은 마치 그가 살아 있는 것처럼 함께 먹고 이야기를 나누었다. 죽은 통치자는 인티의 살아 있는 아들이자 신과 연결시켜 주는 현실적 존재라는 상징으로서 절대적으로 중요했으며, 잉카 국가의 화신이자 자연의 풍요 자체로 받아들여졌다. 분할 세습으로 인해 통치자는 특권을 가졌으나 반면에 재산 상속은 거의 없었다. 새로운 왕은 부를 창출해야만, 왕실의 영광 속에서 살 수 있고 미래에 미라로 남을 수 있었다. 고지대 왕국에서 부는 과세할 수 있는 노동력이 유일하였다.

잉카 지역의 성인은 모두 국가에 미타 조세의 용역을 제공해야 했다. 이 시스템을 통하여 다리와 도로를 보수하고 국가 소유의 토지를 경작하며, 군대를 충원하고 공공사업을 수행하였다(그림 18.9). 이는 쌍방향 시스템으로, 국가 또는 사업에서 혜택을 받는 자는 일을 하는 자를 먹이고 유흥을 제공해야 했다. 잉카 통치자의 분할 세습 관행은 선조로부터 부과된 모든 조세는 선조의 것이며, 새로운 지배자의 것이 아니라는 것을 의미한다. 새 통치자는 새로운 조세 체계를 개발해야 했는데, 단지 기존 납세자에게 추가적인 노동을 부과하거나 새로운 토지를 정복하는 두 가지 방법만이 있을 뿐이었다. 잉카의 통치자는 자신에게 노동력을 제공하는 자에게 식량을 공급할 토지가 필요하였다. 쿠스코 근교의 토지 대부분은 선왕의 소유였기 때문에, 새로운 통치자가 왕실 부동산을 획득하기 위해서는 새로운 영토를 확장해야만 했다. 정복은 영구적이어야 했고, 정복된 영토는 통제되고 과세 대상이 되었으며, 장기간에 걸친 정복사업 정책의 가치를 신하들에게 확신시켜야 했다.

잉카 통치자는 탁월한 선전가로 변신하였다. 자신이 신이며, 현재와 과거의 모든 통치자가 번창하고, 지속적으로 군사적 정복이 수행되어야 모든 사람이 평안하다는 것을 상기시켜야 했기 때문이다. 이는 기근에 대하여 효과적으로 대처한다는 측면에서 초기 경제 단계에서는 나름대로 장점도 있었다. 통치자는 전투에서 보여준 용기에 대하여 세심하게 보상하였다. 귀족은 더 높은 지위에 승진되었고 왕에 버금가는 생활수준을 보장받았다. 용맹을 떨쳤던 평민도 귀족 다음의 구성원으로 대접을 받았다. 경제적 이득과 보상 그리고 정당성의 인정 등으로 이루어진 고도로 복잡한 혜택은 잉카 정복에 에너지와 활력을 공급하였다. 잉카인들의 성공적 이념은 이웃세력에게 중요한 이익을 주었다. 파차쿠티가 승계한 지 채 10년이 지나지 않아 그들은 남부 고지대의 주인이 되었다. 1세기도 안 되어 파차쿠티가 취한 작은 왕국은 거대한 제국이 되었다.

산과 사막으로 이루어진 타완틴수유의 지형 때문에, 그곳에 거주하는 무수한 종족집단은 문화적 다양성을 풍부하게 만들어냈다. 이런 다양성으로 인해 정복은 비교적 용이하였지만, 영토를 통합시키는 것은 상당히 어려웠다. 더욱이 모든 것을 포용하는 잉카의 정치적 우산 속에서 제국에는 80개 이상의 속주가 있었다. 토파 유판키 왕(Topa Ypanqui, 1471~1493)은 에콰도르, 북부 아르헨티나, 볼리비아 일부 그리고 칠레까지 영토를 넓혔다. 군대를 보내 치무 국가도 정복하였는데, 치무는 이미 잉카가 지배하고 있는 토파(Topa)에 물을 공급하고 있었다. 또 다른 왕 우아냐 카팍(Huanya Capac)은 토파 유판키 이후 32년 동안 통치하였으며, 제국을 에콰도르 깊숙이 확장하였다.

국가 조직

잉카 통치자는 제국을 운영할 효율적인 행정 시스템을 개발하였는데, 이전 사회의 제도에 기반을 두고 발전시킨 것이었다. 타완틴수유는 수유(suyu)라고 불리는 네 개의 큰 속주로 구분되며, 일부는 이전에 정복된 왕국과 일치한다. 잉카 제국에 의해 정복된 사람들은 보통 현지 가문의 고위 구성원에 의해 지배된다. 이런 세습적 족장(군장)은 잉카인이 아닌 이차 귀족으로서, 수백 명 또는 그 이상의 과세 대상 인구를 통치하였다. 실제로 중요한 지위는 잉카 귀족들이 독점 관리하였는데, 잉카 통치자는 이런 다양한 지형에서 효율적 정부를 만들기 위한 핵심은 효율적 소통이라고 이해했다. 그래서 정복한 국가로부터 도로건설인력을 징발하여 기존 인디오 고속도로를 거대한 네크워크로 묶는 사업을 시행하였다. 이렇게 하여 도로망과 상호 통합된 역참 시스템을 통하여, 군대 이동, 재화 교역, 연락병의 이동을 왕국의 끝에서 다른 쪽 끝으로 신속하게 수행할 수 있었다.

조직에 대한 잉카의 욕망은 모든 사람의 삶에 부담을 주었다. 인구조사와 조세 부과를 위하여 잉카사회를 12개의 연령집단으로 분류하였는데, 사춘기와 같은 신체적 변화와 결혼과 같은 사회적 사건 모두를 기준으로 삼았다. 가장 중요한 분류집단은 성인으로, 하루 내내 일을 할 수 있는 사람들이다.

모든 인구조사와 제국의 다른 자료들은 결승문자인 키푸(quipu)로 남아 전한다. 이는 복잡하고 정교한 기록관리 시스템으로, 일반 문자의 결함을 보완하는 것 이상의 효율성을 가지고 있었다. 이름은 '매듭(knot, khipu)'에서 유래하였는데, 각 키푸는 수평으로 걸린 긴 줄에 여러 색의 다른 길이를 가진 끈을 얽어매어 만든다. 이차적인 줄은 색깔로 하위 체계를 구성하였는데, 서기는 이러한 서로 다른 형태의 매듭을 이용하여 자료를 기록하였다. 정보는 줄의 길이와 색깔 그리고 위계적으로 구분된 위치에 따라 의미를 달리하며 기록되었다. 불행하게도 키푸의 기호체계는 스페인의 정복으로 인해 왕궁이 해체되면서 전해지지 않았다. 이는 기본적으로 인간의 기억을 보강하는 기록시스템으로, 이를 해독하기 위해 지금도 연구가 계속되고 있다. 이 결승문자와 효율적인 도로시스템으로 인해 잉카는 놀라울 정도의 표준화사업을 통하여 고지대와 저지대로 이루어진 거대한 영역을 효율적으로 지배할 수 있었다. 결승문자는 사회적 통합성을 강화하고 법률을 성문화하며, 주민의 생산작업 참여와 위생 환경을 파악하기 위해 정기적으로 방문하는 조사원들이 데이터를 관리하는 효율적인 수단이었다.

잉카에서의 생활 방식과 관련된 모든 것은 중앙정부에 대한 존경과 복종의 필요성 그리고 통합성을 잘 보여준다.

쿠스코

잉카의 정치적, 종교적 권력의 중심은 쿠스코(Cuzco)와 같은 주요 도시 복합단지에 있는데, 쿠스코는 제국의 네 지역이 만나는 곳에 위치한다. 십자 형태로 기획된 쿠스코는 물이 풍부하고 석재로 축조된 수로가 주요 도로 연변에 있어, 당시 유럽의 어떤 도시보다도 우월한 위생환경을 조성하였다. 두 개의 작은 강이 도시를 가로질러 흘렀는데, 그중 하나는 중앙 광장을 두 부분으로 나누었다. 동쪽에 있는 아우카이파타(Aucaypata)의 3면은 촘촘하게 맞추어진 잉카 왕궁의 화강암 벽체, 그리고 다른 한 면은 의례 건축물이 둘러쌌다. 태양의 신전인 코리안차(Coriancha)는 중앙 광장에서 남쪽으로 수백 미터 거리에 있는데, 중앙 정원을 둘러싸고 금칠을 한 벽이 있는 방 6개가 있는 건물이다. 정교하게 맞추어진 석재 벽이 전체 단지를 4.5미터 높이로 둘러싸고 있다. 스페인 정복자들의 기록을 보면, 신전 중앙에 은제 줄기와 황금 열매가 달린 옥수수 모조품으로 장식된 황금 식물의 정원이 있었다고 한다. 이 신전 뒤에는 태

그림 18.10 쿠스코 근교 삭사우아만(Sacsahuaman) 요새에 있는 잉카 제국의 건축물

양의 형상에 준보석이 감입된 황금 이미지의 방이 있다.

숙련된 석재기술을 보유한 잉카의 건축가는 먼 거리 채석장에서 수도로 운반해 온 적색 화강암 석재를 활용하였다. 수백 명의 석공이 돌덩이 표면을 강자갈로 두들겨 옆의 돌과 꼭 맞도록 움푹하게 파서 다듬었다. 이러한 잉카의 석벽은 돌 사이 틈새에 얇은 칼날도 넣을 수 없을 정도로 완벽하게 맞물려 축조되었다(그림 18.10).

이전 왕실 수도와 같이 쿠스코도 주요 종교적, 행정적 중심지였을 뿐만 아니라 거대한 창고였다. 줄지어 서 있는 동일한 형태의 석제 창고는 망토(일부는 쇠줄 갑옷 같은 효과를 내는 금은제 장식으로 치장된), 금속공예품, 직물, 열대조류의 깃털, 양모 옷, 무기 그리고 타완틴수유의 모든 지역에서 온 공물 등 엄청난 양의 물품을 보관했다. 외곽에 위치하여 가기조차 어려운 수십 개의 중심지가 수도에 공물을 바쳤다(그림 18.11).

곤경에 처한 제국

잉카 통치자는 궁정을 쿠스코에 두었는데, 음모를 꾸미는 파벌에 둘러싸여 있었다.

그림 18.11 스페인 정복 이후 400년 동안 잊혀졌던 마추픽추(Macchu Picchu). 외진 곳에 있는 안데스 고지대 잉카 취락으로, 미국 탐험가인 하이럼 빙엄(Hiram Bingham)에 의해 1911년 고고학적으로 재조사되었다.

상황을 어렵게 한 요인 중 하나는 바로 잉카의 군사 정복을 유발한 분할 세습 제도였다. 이로 인하여 모든 통치자가 해결해야 할 복잡한 통치 문제가 계속 늘어났다. 정복의 필요성이 계속 증가하여, 군사적, 경제적, 행정적인 엄청난 압박이 초래되었다. 장거리 군사 원정에 필요한 병참은 끔찍한 것이었으며, 병사들은 왕실 부동산이 아닌 국가가 소유한 토지로 부양해야 했다. 더욱이 그들의 군대는 트인 환경에 적합한 전략을 갖고 있어서 쿠스코에서는 무적이었지만, 불가피하게 숲속에서도 싸우게 되면서 성공할 수가 없었다. 반면에 제국은 점점 커져 통신 거리도 길어졌을 뿐만 아니라, 잉카 영역 안에서 사는 사람들도 상당히 다양해지고 복합적인 성격을 띠게 되었다. 또한 죽은 통치자의 이익에 헌신하는 고위 귀족들의 수가 증가하면서 쿠스코의 상습적인 파벌주의가 만연했다. 겉모습은 찬란하였으나 타완틴수유는 썩은 사과처럼 변해 갔다. 잉카 제국은 결국 위계적이고 순응적 사회가 갖는 내재적인 취약성 때문에, 소총으로 무장한 작은 무리의 외국인에 의해 전복되었다.

스페인 정복(A.D. 1532~1534)

스페인 정복자 프란시스코 피사로(Francisco Pizarro)가 1532년 페루에 도착하였을 때, 잉카 제국은 정치적 혼란에 빠져 있었다. 그리고 주민들은 이미 유럽의 도래인들이 중앙아메리카에 퍼뜨린 천연두와 다른 질병으로, 인구의 10분의 1이 죽은 뒤였다. 우아나 카팍 왕은 1525년 전염병으로 죽었다. 제국은 그의 아들 우아스카르(Huas-car)와 이복형제인 다른 아들 아타우알파(Atahuallpa) 간의 내전에 빠졌다. 이 내전은 아타우알파의 승리로 끝났는데, 그가 에콰도르에서 남쪽으로 내려와 영토를 병합할 때, 피사로가 페루에 도착한 사실을 알게 되었다.

　　스페인 정복자들은 페루를 스페인의 일부로 만들 것을 다짐하면서 약탈과 정복에 열중하였다. 피사로는 사신을 가장하여 들어와 아타우알파를 속여 붙잡고 몸값으로 거대한 양의 금을 요구하였다. 그러고 나서 그를 잔인하게 죽이고, 1년 만에 소수의 군대로 잉카의 수도를 점령하였다. 그들은 관료정부를 만들고 만코 잉카(Manco Inka)를 꼭두각시 통치자로 임명하였다. 3년 후에 잉카는 정복자를 상대로 유혈 반란을 일으켰지만 진압되었으며, 결국 가장 위대하였던 안데스 제국은 파괴되었다.

요약

서기전 200년경 점차 복잡해진 도시국가가 안데스 지역의 북쪽 해안을 따라 나타났으며, 이 국가들은 지위를 세습한 강력한 지배층에 의해 통치되었다. 모체 국가는 서기 100년과 700년 사이에 번성하였는데, 교역과 집중적인 관개농업에 근거한 여러 계곡에 걸친 정치체는 조세 노동에 의해 지탱되었다. 시판 군주의 무덤은 아직 알려지지 않은 종교적 신앙에 근거한 모체 문명의 위대한 권력과 부를 보여준다. 남부 중앙 안데스 지역에서 티와나쿠와 와리는 1000년기에 고지대와 저지대의 넓은 지역과 교역을 통제하며 두각을 나타냈다. 치무 국가는 1100년에 모체 국가가 몰락하면서 생긴 혼란 속에서 출현하였다. 이후 북동 해안의 찬찬에 기반을 둔 통치자가 해안 지역의 대부분을 통합하였다. 치무가 1470년 잉카 제국에 흡수당하면서 고지대와 저지대가 단일 정치 단위로 통합되었는데, 이러한 안데스 문명은 1532년에 스페인 정복으로 멸망하였다.

EPILOGUE

제19장 에필로그

크메르의 병사와 전투용 코끼리가 전장으로 나아가고 있다. 앙코르 와트, 캄보디아

내가 쓴 역사에는 낭만이 빠져 있어 흥미가 떨어지는 것이 두렵기는 하지만, 과거에 대한 정확한 지식을 추구하여 미래를 해석하는 데 도움을 받으려는 연구자가 유용하다고 평가해 준다면 나는 만족할 것이다.

–투키디데스(Thucydides), 『펠레폰네소스 전쟁사』(431~413 B.C)

스페인 정복자 베르날 디아즈 델 카스티요(Bernard Diaz del Castillo)는 군인과 탐험가로 이루어진 에르난 코르테스 혼성 부대의 마지막 생존자였다. 디아즈는 콜럼버스가 서인도제도에 상륙하던 해에 태어나 1581년에 과테말라의 자택에서 죽었다. 그는 스페인이 중앙과 라틴아메리카를 복속시키는 시기 그 주요 현장에서 삶을 보냈다. 하지만 그는 재산 축적에 실패한 것이 확실하다. 천부적인 형상 기억력과 뛰어난 감각의 이 나이 든 정복자는, 극적인 사건으로 가득 찬 자신의 인생에서 겪었던 것을 바탕으로, 스페인이 정복하였던 멕시코와 아즈텍 문명에 대한 귀한 해설서를 가족과 역사에 남겼다. 그는 『신스페인의 정복 역사(*History of the Conquest of New Spain*)』라는 저서를 70대에 펴내고, 84세에 몇 가지 내용을 수정, 보완하여 완성하였다. 디아즈는 작가는 아니었지만 테노치티틀란과 찬란한 아즈텍 문명에 대한 뛰어난 기억력으로 인해, 독자들은 마치 젊은 군인의 옆에 서서 직접 목소리를 듣는 것 같은 생생함을 느낄 수 있었다. 거의 한 세기의 4분의 3이 지난 뒤임에도 웅장한 수도와 사라진 문명에 대한 세세한 내용은 늙은 남자의 마음에 여전히 각인되어 있었다. 거의 5세기가 지난 뒤, 고고학적 자료만으로는 절대 얻을 수 없는 색채, 의상, 냄새, 번화한 테노치티틀란 시장의 부산스러움 등 모든 것들이 직접적인 모습으로 우리에게 다가왔다. 디아즈는 세력 있는 국가에서 살았으며, 엄청난 재부에 싸여 있던 최고 통치자 목테수마가 통솔하는 사회에 대하여 기술하였다. 수백 명의 사람이 그의 개인적인 부를 축적하는 데 참여하였고 그의 정부를 관리하였다. 그리고 테노치티틀란에 태양신 위칠로포치틀리를 모시는 위대한 신전을 높이 세웠다. 이곳에는 10킬로미터 밖에서도 들리는 큰 북이 있었다. 태양신 신전에 얼룩진 피는 아즈텍 세계의 운명을 쥐고 있는 성스러운 세력집단의 막강한 권력을 상징하는 것이었다. 아즈텍 문명은 '말하는 자(tlatoani)'인 목테수마 한 사람에게 모든 정치적, 종교적, 경제적 권력이 집중된 피라미드 구조였다. 그러나 공물과 평민 수천 명의 노동력을 효율적으로 운용하는 것에 기반을 두고 구축한 사회를 지배하던 이 통치자는 물론, 이전의 전임자와 다른 사회에서 비슷한 지위를 가진 자들까지 종종 경제적 환경의 희생자가 되기도 했다.

상사성과 상이성

우리는 시간과 공간적인 측면에서 상당히 다른 국가조직 사회를 동등한 비중으로 다루려고 노력하면서, 정교한 세계지도상에서 초기 문명에 대하여 설명하였다. 이를 통하여 우리가 한 것과 같은 방식으로 오늘날 또는 과거의 모든 문명이 세계를 조직하고 이해한 것이 아니었음을 알게 되었다. 이런 다양한 세계관은 수백, 수천 년 동안 다양한 방식으로 나타난다. 마야 의례 중심지나 앙코르 와트와 같은 거대한 공공건물은 돌과 회벽칠 그리고 다른 내구적 재료를 통하여, 우주의 상징적 세계를 재창조하였다. 이는 엄청난 지출을 수반하는 공공의례를 배경으로 한 것으로, 통치자와 영혼 세계, 통치자와 피지배자 사이의 특별한 관계에 정당성을 부여하였다. 법전문서, 금석문, 파피루스 그리고 점토문자판 등은 종종 초기 문명의 철학과 영혼적 믿음을 보여준다. 안데스의 차빈 또는 고전기 그리스 같은 독특한 예술 전통 또한 그러하다. 이런 모든 자료가 주는 가르침은 분명하다. 여러 초기 문명들을 지극히 개략적인 수준에서 비교해 보는 것은 별로 의미가 없는데, 이는 그들 사이에 상사성보다는 상이성이 더 크기 때문이다. 예를 들어 초기 고고학자들이 이집트의 피라미드를 메소아메리카의 그것과 비교하면서 그들 사이에 문화적 연계 가능성을 주장한 바 있다. 그러나 이집트와 마야의 피라미드를 면밀히 검토하면, 그들 구조물 뒤에 놓인 기본적으로 상이한 종교적 신앙은 논하지 않더라도, 건축적인 측면에서도 상당한 차이가 있음을 알 수 있다.

지금도 많은 일반 서적들이 어떻게 고대 이집트인이 대서양을 건너 마야 문명을 건설하였는지를 장황하게 설명하고 있다. 어떤 허황된 설명에 따르면, 슈피리어(Superior) 호숫가에서 출토된 구리 광석이 모든 초기 문명을 발달시킨 촉매제라고 한다. 그러나 역사적 현실은 훨씬 복잡하여, 이집트의 예술과 인공유물은 고고학자 존 로이드 스티븐스가 1840년대에 지적한 대로 마야의 그것과 비슷한 점이 전혀 없다. 또한 단 한 점의 이집트 유물도 아메리카의 고고학적 유적지에서 발견된 적이 없다. 산업혁명 이전 초기 문명의 위대한 전통은 근동과 나일 강변, 동아시아 그리고 아메리카에서 독자적으로 발달하였다. 건축, 유물 그리고 기술적인 측면은 물론이고 사회적, 정치적 제도와 종교적 신앙에서 그들은 현저하게 다른 모습을 보여준다. 그러나 공통된 특징이 하나 있었는데, 그것은 각각 이전보다 상당히 복잡한 인간사회인 문명단계로 성장하였다는 것이다. 집약적 농업과 복합행정체계의 지원을 받아 이전보다 인구밀도가 높아졌지만, 개인적 자유는 희생되고 사회적 불평등이 고착되는 대가를 치러야 했다.

문화별로 점차 복잡해지는 과정을 세부적으로 들여다보면 각기 다르며 (우리가 제2장에서 본 바와 같이) 이 복잡한 변화를 설명할 수 있는 우월한 단일이론을 제시하는 것은 아직은 시기상조이다. 다만 그러한 과정이 기후 변화와 환경적 제한 그리고 효율적인 식량 증산과 저장의 필요성에 대한 대응방식과 관련되어 있다는 것은 명백한 것으로 보인다. 그러나 이런 변화가 나타나는 과정은 지역별로 상당히 다르다. 교역망의 장악을 둘러싼 이웃 지도자간의 경쟁이 메소포타미아와 이집트에서는 정치적, 사회적 복잡성을 불러온 중요한 촉매제가 되었던 것으로 보인다. 마야 저지대의 샤머니즘적인 권력은 왕실 혈통을 설정하는 주요한 요인이었다. 중요한 점은 광범위한 여러 지역에서 문화적, 정치적 그리고 사회적 복잡성이 확인된다는 것이다. 이런 복잡성은 그 기원이 다양하지만, 다음에 제시한 것처럼 뚜렷하게 공통적인 특성도 확인된다.

- 집약적이며 잘 조직된 농경. 이는 높은 인구밀도를 유지할 수 있게 하지만, 커다란 사회적 불평등과 때로는 재앙이라고 할 수 있는 환경의 악화를 초래한다.
- 강력한 중앙집권적인 정치적, 사회적 조직. 이는 사회적 불평등을 제도화하여 수천 명의 농민과 장인 그리고 노예의 노동력을 동원할 수 있는 권리를 소수가 갖게 한다.
- 제대로 규정된 귀족이 있는 계층화된 사회적 계급. 귀족은 종종 혈연적 유대와 밀접하게 연결되기도 하는데, 피라미드와 같은 사회의 정상에 있으며, 그곳으로 올라가는 것은 무력적 싸움이 아니면 불가능하다.

- 종교적 신앙에 따른 우주 질서. 이는 종종 지도자가 성스러운 군주이며 살아 있는 지상의 신이라는 관념의 토대가 된다.
- 정교한 공공건축. 이것은 보통 국가의 상징적 건축물을 가리킨다. 예를 들면 앙코르 와트, 테오티우아칸 또는 고유한 방식으로 세워진 아테네의 파르테논과 로마의 콜로세움이 있다.
- 무력 또는 협박에 의해 유지되는 정교하게 조직되고 중앙집권화된 관료제. 이 관료제는 공물의 수집과 많은 산업화 이전 문명의 주요 사업을 관리하였다.
- 특정 형태의 기록 유지. 통상 권력을 보유한 관리의 손으로 쓰인 기록 문자. 권력은 문자에서 나온다.
- 육지와 수상을 통한 특정 형태의 의사전달 시스템. 종종 도로 연결망과 대상로로 구성되는데, 보통 국가에 의해 관리된다.
- 도시 또는 그보다 작지만 거대한 행정 중심지이며 인구가 밀집된 지역, 그리고 더 작은 중심지가 일정 경관에 전략적으로 배치된 위계적 체계.

산업화 이전 문명은 세계의 여러 지역에서 상당히 유사한 방식으로 발달하였는데, 이는 화석연료가 출현하기 전에 복합사회가 목표를 달성하기 위하여 대규모 노동력을 조직할 수 있는 능력에만 의존하였기 때문이다. 그 목표는 대규모 관개시설(페루의 모체)과 장성(중국의 한) 그리고 거대한 도로시스템(로마 제국)의 건설이었다. 그러나 건설과 관리에 투입되는 노동력과 생산물의 수확 또는 보호하고 이용하는 군대 등에 대한 고도의 집중적인 통제가 없다면, 그것들을 건설할 수도 효율적으로 운용할 수도 없었다. 구축되고 인정된 사회적 불평등과 사회적 합일성을 보장하는 정치적, 경제적 메커니즘, 그리고 완전하고 노골적인 무력 또는 그것을 통한 위협은 여러 곳에 있는 산업화 이전 문명의 기초가 되었다. 이는 단순히 파라오든 중국 지도자든 또는 마야 군주든 누구도 그들의 권력을 지켜 주는 자들의 충성심을 보장하고 통제할 수 있는 다른 방법이 없었기 때문이다. 이념과 의례적 성역이 그 역할을 하였지만 장기적으로는 종종 비효율성을 드러냈다. 제도, 신념, 왕권의 성격은 다를 수 있으나,

인간 삶의 모든 측면을 통제할 중앙집권화의 메커니즘은 언제나 기본적으로 같다. 그 사회들은 한 가지 또는 다른 형태로 수세기 동안 근동과 아시아 그리고 아메리카에서 존속되었는데, 한편으로는 변동이 심하고 급격하게 붕괴되는 성향이 두드러지게 나타난다.

상호연계성

우리는 전지구상의 경제체계와 즉시적 소통의 세계에서 살고 있다. 아시아의 시장 세력은 북아메리카나 유럽의 경제에 근본적인 영향을 미칠 수 있고, 스웨덴의 컴퓨터산업의 건전성은 인도의 소프트웨어 작가의 능력에 의존하고 있다. 크거나 작은 국가, 거대한 대륙과 태평양의 작은 섬 등을 비롯한 우리 모두는 상호연계망으로 연결된다. 지속적으로 변하는 상업적, 사회적, 정치적 연계망을 통하여 우리들은 상호 연결되어 있는데, 서로 다른 시장에서 정보를 공유하거나 원자재 획득을 위하여 경쟁하기도 하고, 때로는 전쟁까지 치르기도 한다. 임마뉴엘 월러스타인(Immanuel Wallerstein)과 같은 역사학자는 부상하는 세계경제시스템에 대해서 오랫동안 글을 발표하였는데, 이 경제시스템은 15세기에서 19세기 사이 유럽의 신대륙 발견 시대부터 시작된 것이다. 인류학자 에릭 울프(Eric Wolf)는 종종 모호하기는 하지만, 넓은 범위에 산재한 세계의 각 지역, 즉 산업화가 진행중인 유럽 국가와 가죽 교역시장, 금 광산 또는 비옥한 농경지를 운영하는 부족 집단을 이어주는 연대에 대해서 논의한 바 있다. 그러나 이런 상호연계성은 새로운 것이 아니다. 비교적 소규모이며 덜 집약적이기는 하지만, 넓은 범위에 걸친 교역망은 보다 이전에도 발달된 모습으로 존재한 적이 있다. 수메르인의 우르와 우루크는 레반트, 이란 고원은 물론 아프가니스탄과 페르시아 만을 거쳐 인더스 계곡에 이르는 지역과 정기적인 교역망을 유지했다. 예수 시대에는 중국, 인도, 메소포타미아 그리고 근동의 많은 지역이 수세기 동안 대규모 국제 교역망에 포함되었다. 교역망을 통해 중국 비단이 알렉산드리아와 로마로, 값싼 인도 직물이

나일 강으로, 홍해의 준보석이 페르시아 만으로 유통되었다. 일부 메소아메리카 도시는 안데스 해안국가와 불규칙적이나마 교역망을 갖고 있었으며, 그들에게서 야금술을 배운 것으로 추정된다. 이런 상호 연계는 초기 문명의 생존에 절대적이었다. 수메르인은 목재와 금속 광석을 고지대 이웃세력으로부터 획득하였고, 그 대신 곡식과 준보석을 수출했다. 인더스 계곡의 하라파 문명은 그런 물품을 아가데나 다른 메소포타미아 항구와 교역하였다. 초기 문명의 제도가 교역과 함께 확산되었다. 수세기에 걸쳐 인도와의 오랜 교역로를 통해서 유입된 성스러운 왕권의 개념은 동남아시아 국가의 기초가 되었다. 고지대와 저지대 안데스 국가 간의 지속적인 상호작용은 상호의존성을 완성시키는 쪽으로 진행되었고, 수세기 후에 경쟁과 동화의 현상이 심화되면서 잉카 제국으로 발전하였다.

교통은 이 과정에서 큰 역할을 했는데, 재화를 유통시키거나 분쟁지역에 군대를 신속하게 이동시키기 위하여 효율적으로 관리되어야 했기 때문이다. 효율적인 교통제도가 없다면 개별 국가의 영토, 특히 국경은 상당히 불안정할 수밖에 없었다. 구대륙 문명은 바퀴와 당나귀, 노새 그리고 황소와 같은 운송 동물을 활용할 줄 알았다. 말과 낙타의 사육이 전쟁과 대상 무역에 혁명을 가져왔다면, 바람을 이용한 범선 선박은 이집트, 메소포타미아 등 하천을 기반으로 하는 문명에 절대적인 영향을 미쳐 해양 교역로의 개발에 이르게 하였다. 로마와 같은 거대한 제국은 광범위한 도로망을 갖추었음에도 장거리 교통에 지속적인 문제가 있었다. 로마가 식량을 수송하는 데에서 가능한 곳이면 어디든 선박을 사용한 것은 우연이 아니다. 신대륙의 고대 아메리카는 운송 동물과 항해용 선박이 별로 없어서, 사람이 직접 운반하거나 라마(안데스 지역에 국한됨)나 카누, 뗏목에 의존하였다.

그러나 빠른 속도의 말, 전차, 갤리선 그리고 항해 선박이 있었음에도 교통은 영토를 장악한 강력한 통치자에게조차도 지속적인 문제였다. 교통의 장애는 국가가 외형적으로 성장할수록 악화되게 마련이다. 작은 도시국가 시기에 직면하는 주된 문제는 도시의 내부나 일부 한정된 범위 내의 조직과 관련된 것이었다. 그들의 주된 관심은 종족과 이념 그리고 사회적 갈등의 규제였다. 그러나 거대한 제국으로 성장하면서 제국의 문명은 상당히 넓은 세계를 포용할 수 있어야 했고, 교통은 일상적인 삶에도 영향을 미치는 주요 요인이 되었다. 잉카는 안데스 고지대와 저지대를 연결하기 위하여 역참을 갖추고, 우편배달 집단이 동원된 거대한 도로망을 운영하였다. 로마는 먼 거리의 전선에 로마 군단을 신속하게 배치하려면 효율적인 고속도로가 절대적이라는 사실을 인식하였던 것이다.

변동성

이런 모든 문제는 불확실성과 지속적인 정치적, 경제적 불안정으로 귀착되었다. 혈연 유대와 출자에 따른 강한 충성심, 엄격하게 유지된 재산 배분에 따라 권력이 움직이는 문명에 대해서 파벌주의는 강력하게 영향을 미치는 요인이었다. 통치자는 책임을 다하는 충성심에 대하여 보상하였는데, 이는 종종 대부분 속주의 지배자와 신관 그리고 고관이었던 자들에게 끊임없이 야망의 씨앗을 심어 주었다. 예를 들어 나일 강 유역의 경우 파라오가 혈연에 따라 세습되어 권력이 안정된 것처럼 보이지만, 실제로는 권력의 핵심에서 가깝든 멀든 상관없이 최고의 권력에 대한 주도권을 차지하기 위한 지속적인 음모와 책략으로 상당히 불안정하였다. 마야 군주는 왕조를 합법화하기 위하여 혈통을 수정해야 할 정도로 엄청난 고통을 감수해야 했다. 중국 통치자는 존경받는 강력한 신화적 조상들과 자신들이 밀접한 관계에 있음을 강조하였다. 그러나 모든 경우에 통치자와 국가의 수명은 균형을 어떻게 유지하는가에 달려 있었다. 각자의 영역을 통치하고 자신들의 부를 확보하는 속주 지배자들의 충성심을 확보하는 한편, 국가를 지원함으로써 얻는 이익을 잘 알고 있고 법적으로 인정받은 신하들의 지원을 받아 궁정에 바칠 공물, 식량 잉여, 노동력을 확보해야 했던 것이다. 당시에는 최고의 권력이 만능 처방약이었다. 문명이 상당히 발전하면 상호 시기하는 이웃세력이 있게 된다. 그들은 때로는 경쟁적으로 서로 장신구나 의상을 모방하기도 하고, 때로는 권력의 주도권을 확보하려고 노력한다. 그러나 균형을 유지하기 위한 행위가 잘못되면 종종 정치적 혼란이 따르고, 새로운 통치자가 등장하여 명성을 얻게 된다.

파라오가 연례적인 강의 범람에 따른 농작물 수확을 통제한 것으로 추정되는 이집트에서 이런 과정을 분명하게 찾아볼 수 있다. 이민족인 힉소스인의 이집트 침범은 고왕국의 마지막 왕조의 붕괴에 영향을 미쳤고, 상당 부분이 가뭄시기에 나타난 중왕국 말기의 혼란은 불패의 파라오 신화를 붕괴시키고 지역 지도자가 정치적 명성을 갖게 하였다. 어떤 문명은 몰락을 스스로 초래하기도 했다. 서기 900년경 남부 저지대 마야의 붕괴는 가뭄에 의해 초래되기도 했지만, 과도한 토지 이용과 지배층의 요구 때문이기도 했다. 이렇게 되면 국가의 전체시설과 제도는 해체되며 도시들은 폐기되고, 사람들은 촌락으로 돌아가 농사짓는 일에 매달리게 된다. 로마와 같이 상당히 큰 규모의 산업화 이전 제국이라고 하더라도, 절대적인 중앙집권 정부가 부적절하고 과도한 압박에 대처할 수 없을 경우 붕괴되게 마련이다.

변동성, 불안정의 지속적 상황, 제도화된 사회적 불평등과 군사력, 노예제도, 때로는 사람들이 보는 앞에서 인간희생 제물을 요구하는 종교적 제도에 근거한 산업화 이전 문명은 크고 복잡한 사회에서 사는 인간이 능력을 충분히 활용할 수 있는 모습과는 거리가 있었다. 소멸과 발생의 순환이 규칙적으로 나타나는 것을 보고 있으면, 현대의 산업 문명도 유사한 순환적 관점에서 보려는 유혹을 느끼게 된다. 그렇다면 이 책에서 변동성과 궁극적 붕괴를 중심으로 살펴본 산업화 이전 문명의 연대기적 상황을 21세기 문명도 유사한 운명에 처할 것이라는 전조로 볼 수 있을까?

시간의 흐름

"오늘 내가 본 모든 것은 모두 전복되고 파괴된 것들이다. 서 있는 것은 아무것도 없었다." 나이 든 버날드 디아즈는 자신이 목격한 광경이 오래된 토착 아메리카 문명 전통의 최후의 격변이자 역사상 절정의 순간이었음을 알고 있었다. 아즈텍과 잉카 문명은 확장되는 세계경제로 편입되는 마지막 산업화 이전 문명이었다. 그들의 제도는 사라진 고대 문명 세계에 속하는 것으로, 불완전한 역사 문헌, 구전 설화 그리고 무엇보다도 고고학적 자료에 근거하여 알 수 있을 뿐이다. 거대하고 전세계적인 인간 진화의 과정 속에서, 고고학만이 객관적인 연대표를 통하여 문화적 관점에서 산업화 이전 문명을 이해할 수 있게 한다. 수천에 달하는 발굴과 현장 조사를 통하여, 고대 문명이 놀라울 정도로 다양하고 내부와 외부의 도전으로 끊임없이 변화하며, 급격하게 출현하고 몰락하는 과정에 대한 지식을 얻을 수 있다. 그러나 스페인에 의한 멕시코와 페루의 정복에 대해서는 고고학적 자료보다 더 풍부한 민족지 역사학과 문헌 자료를 통하여 접근할 수 있다. 이를 통하여 인간사회에서 가장 복잡한 문제인 문명의 변동성이 오늘날에 어떻게 이어지는지를 알 수 있다.

불과 5세기 전에 프란시스코 피사로와 그의 군대의 위협으로 잉카 문명이 붕괴되었다. 이 시기에 세계 역사는 새로운 단계로 들어선다. 16세기 중반 중국과 인도의 무굴(Mughal India) 그리고 오스만(Ottomans) 등과 같은 아시아 문명은 상당한 수준으로 조직되고 강력한 권력을 가진 것으로 추정된다. 이 모든 문명들은 고도로 중앙집권화된 통치 아래 번성하였는데, 통치자들은 종교와 상업 활동 그리고 심지어 전쟁에서조차 통일성을 주장하였다. 이런 측면은 그에 앞서 변동성을 경험한 산업화 이전 문명과 유사하다. 그러나 유럽에서는 최고의 권한을 가진 자가 없었으며, 왕국과 도시국가는 서로 지속적으로 싸우고 상업적 주도권을 놓고 경쟁하였다. 이 정치적, 경제적 무한경쟁 속에서 군사적 발달과 기술 혁신이 촉진되었는데, 이는 보다 더 중앙집권화된 다른 사회에서는 상상할 수 없는 것이다.

1500년경 유럽은 급격한 경제성장기에 진입하였고 군사 능력도 높아져, 이후 서양 국가들은 지구상의 다른 모든 문명보다 앞서게 된다. 그들은 총포와 고도의 군사 전략으로 무장한 장기 항해용 선박으로 대양을 건넜다. 이후 5세기 이상 문명과 관련하여 펼쳐지는 이야기는 이전에는 본 적이 없는 훨씬 큰 규모의 문명 간 발흥과 몰락, 끝없는 경쟁으로 점철된 연대기가 되었다. 이에 대하여 예일대학교 역사학자 폴 케네디(Paul Kennedy)는 '위대한 권력(Great Powers)'이라고 명명한 바 있다. 케네디는 산업화 이전 선조처럼 이 위대한 권력도 발흥과 몰락으로 이루어진 순환을 겪게 되며, 이런 과정은 종종 그들이 통제할 수 없는 환경에 의한 것이기도 하다고 주장한다.

19세기와 20세기 양 세기에 걸쳐 지속적인 정치, 경제와 사회적 변혁이 일어났다. 위대한 권력들은 정치적 권력과 경제적 이익을 위하여 경쟁하였으며, 외교로 통할 수 없는 경우에는 때때로 전쟁에 의존하기도 했다. 두 번의 세계대전과 불안한 수십 년의 평화 기간이 있었던 20세기에 대규모로 유혈 집단학살이 발생하였다. 이는 로마나 다른 문명이 행한 어떤 것보다도 상상할 수 없을 정도로 잔인한 것이었다. 그러나 훨씬 이전에 그러하였던 것처럼, 세계 시스템은 지속적인 변화를 겪었다. 정치적 썰물과 밀물 그리고 군사적 사건과 독일의 아돌프 히틀러나 중국의 마오쩌둥 또는 미국의 존 F. 케네디와 같은 지도자의 일상적인 행위는 국제체제의 필연적인 변화를 야기하였다. 그러나 세계 권력의 토대 깊은 곳에서 진행되는 변화 또한 표면으로 부상하였는데, 특히 경제적인 측면에서 두드러졌다. 제2차 세계대전 이후 주요 경제적 권력으로서 독일과 일본이 부상하였다는 것과 세계적인 주요 무역 대상국으로서 중국이 지속적이고 급격한 변화를 겪고 있다는 것은 좋은 예이다. 세계 문명에서의 이른바 위대한 권력 간 경쟁은 종종 20세기의 사례와 같은 장기적인 전쟁을 초래할 수도 있다. 생산적인 경제력은 피와 고통으로 얼룩진 전쟁을 통하여 새로운 영토 질서가 나타나는 전시에는 물론, 그 이후에도 항상 절대적인 영향력을 행사하였다. 그러나 평화의 도래가 변화의 중단을 의미하는 것은 아니다. 위대한 권력 간에 성장의 차이가 있으므로, 그들은 상대적으로 발전하거나 퇴보할 것이 분명하기 때문이다.

문명의 실존은 경쟁자로부터 자신을 보호하기 위해서는 더 풍요로운 경제적 토대를 갖고 있지 않으면 안 된다는 것을 의미한다. 이는 정복과 같은 단기 목표가 아니라, 장기 성장을 위한 생산적 투자에 초점이 맞추어져야 함을 말한다. 산업화 이전이나 이후의 문명은 오래전부터 발흥과 몰락이라는 오래된 딜레마, 즉 생산성의 성장, 기술혁신, 경쟁국가 간 권력의 균형 변화, 지속적으로 상승하는 전쟁과 정복 비용 등의 국면 전환과 싸워 왔다. 이런 전개과정은 한 국가나 개인에 의해서는 통제될 수 없다. 19세기 독일의 위대한 정치가 오토 폰 비스마르크(Otto von Bismarck)가 지적한 바와 같이, 모든 국가(문명)는 '시간의 흐름'에서 표류한다. 그들은 보다 숙련되거나 많은 경험이 있든 그렇지 않든 그 흐름에서 항해했다. 과거에 대한 기록이 보여주는 바와 같이, 성스러운 왕, 신관-통치자, 황제 그리고 현대 정치인의 리더십과 같은 지도자의 자질에 많은 것을 의존해야 했다. 그러나 수메르, 이집트, 하라파, 마야 그리고 다른 모든 지구상 초기 문명이 직면하였던 것처럼, 모든 국가는 지속적인 변화와 싸워 왔다. 경제 성장의 불균형 패턴은 어떤 존재를 다른 존재보다 더 부유하거나 강력해질 수 있게 하였으며, 국경 너머로 경쟁적이고 때로는 위험한 세계를 구축하게 했다. 그들 지도자는 항상 경제성장과 자기방어의 필요성, 그리고 사회를 긴장시키는 지속적인 위험 사이에서 최선의 노선만을 택하였다. 너무나 자주 그리고 언제나 거침없이 흐르는 모든 시간에 따라, 많은 문명들이 권력과 번영에서 붕괴의 수렁으로 번갈아 오간다. 세계 초기국가들이 겪은 과정을 볼 때, 21세기 초기의 산업 문명이 반드시 위험하다는 의미는 아니다. 그러나 역사에 따르면 우리들의 조상을 괴롭혔던 압력들이 지금도 흐르는 시간 속에서 예측할 수 없는 속도로 여전히 나타나고 있다고 볼 수 있다.

심층 연구의 길잡이

다음에 소개하는 참고문헌은 세계 초기 문명에 대한 방대한 문헌 중 극히 일부에 불과하다. 그렇지만 이들 문헌을 통하여 이 책에서 다룬 대부분의 개론적인 연구 내용을 보다 심화시킬 수 있다.

제1부 배경

제1장 문명에 대한 연구

고대 문명에 대한 일반적 연구는 Charles K. Maisel의 *The Emergence of Civilizations* (London : Routledge, 1990)과 동일 저자의 *Early Civilizations of the Old World Civilizations* (London : Routledge, 1990), Charles Redman의 *The Rise of Civilizations* (San Francisco : Freeman, 1978), Jeremy A. Sabloff 와 C. C. Lamberg Karlovsky 공저의 *Civilizations of the Near East and Mesoamerica*, 2nd ed. (Prospect Heights; IL : Waveland Press, 1995), 그리고 Bruce G. Trigger의 *Early Civilizations : Ancient Egypt in Context* (Cairo : American University in Cairo, 1993)가 있다. Trigger가 쓴 저서로 흠잡을 곳이 별로 없는 *Understanding Early Civilizations : A Comparative Study* (Cambridge : Cambridge University Press, 2003)는 진지하게 공부하고자 하는 모든 연구자들의 필독서가 될 것이다.

Brian Fagan의 *A Brief History of Archaeology : Classical Times to the Twenty-First Century* (Upper Saddle River, NJ : Prentice Hall, 2005)와 동일 저자의 *The Adventure of Archaeology* (Washington, D.C. : National Geographic Society, 1984)는 고대 문명의 발견과 관련하여 기본적인 내용을 설명하고 있다. 또한 William H. Steibing Jr.의 *Uncovering the Past : A History of Archaeology* (New York : Oxford University Press, 1994)도 참고하기 바란다. 지역적인 역사에 대한 연구 중 그

리스의 경우 R. Etienne and F. Etienne의 *The Search for Ancient Greece* (London : Thames and Hudson, 1992), 이집트는 Nicholas Reeves의 *Ancient Egypt : The Great Discoveries* (London : Thames and Hudson, 2000), 메소포타미아에 대해서는 Brian Fagan의 *Return to Babylon*, rev. ed. (Boulder, CO : University of Colorado Press, 2007), 그리고 마야에 대해서는 Michael Coe의 *Breaking the Maya Code* (London : Thames and Hudson, 1992)를 보기 바란다. 초기 문자에 대해서는 Andrew Robinson의 *The Story of Writing* (London : Thames and Hudson, 1995)이 있다.

제2장 국가 이론

문명의 기원을 다룬 저술은 상당히 많다. 역사적 그리고 인류학적 관점에서 다룬 연구로는 Stephen K. Sanderson 편저 *Civilizations and World Systems* (Walnut Creek, CA : AltaMira Press, 1995)가 있다. Charles L. Redman의 *The Rise of Civilization : From Early Farmers to Urban Society in the Ancient Near East* (San Francisco : W. H. Freeman, 1978)는 서로 다른 여러 이론적 접근방법을 요약하여 소개하고, 문명에 대한 체계론적인 접근방법을 보여준다. 권위를 인정받고 있는 Bruce G. Trigger의 *Understanding Early Civilizations : A Comparative Study* (Cambridge : Cambridge University Press, 2003)는 필독서이다. Gary M. Feinman 과 Joyce Marcus가 펴낸 *Archaic States* (Santa Fe : School of American Research Press, 1998)는 초기 국가 사회와 관련하여 개별적인 사례 연구와 다양하고 광범위할 뿐만 아니라 최근의 흥미로운 연구 내용을 더하여 개괄적으로 기술하고 있다. 후자 중에는 Kent Flannery의 "The Ground Plans of Archaic States"(pp.16-57)는 특히 유명하다.

인류학적 맥락에서 경제적 문제에 초점을 두고 인간 사회의 전개 과정을 발전적 관점으로 폭넓게 쓴 글이 Allen W. Johnson과 Timothy Earle이 지은 *The Evolution of Human Societies : From Foraging Group to Agrarian State* (Stanford : Stanford University Press, 2001)와 Timothy Earle이 쓴 *How Chiefs Come to*

Power : The Political Economy in Prehistory (Stanford, CA : Stanford University Press, 1997)가 있다. 이 저술은 광범위한 지역에 걸친 족장(군장) 사회를 대상으로 하였다. 현재로서 다소 오래되었다고 할 수 있지만, 아직도 유용한 자료로 V. Gordon Childe의 *Man Makes Himself* (London : Watts, 1936)와 *New Light on the Most Ancient East,* 2nd ed. (London : Routledge and Kegan Paul, 1956)가 있는데, 이 저술에서 "혁명"이론이 제시되었다. Robert McC. Adams의 *The Evolution of States* (Chicago : Aldine, 1966)는 여전히 권위를 인정받는 저술이다. Kent V. Flannery의 "The Cultural Evolution of Civilizations," *Annual Review of Ecology and Systematics* 4 (1972): 399-426 또한 체계론적인 관점에서 본 고전적인 저술이다.

William T. Sanders와 Jeffrey R. Parsons 그리고 Robert S. Santley의 *The Basin of Mexico : Ecological Processes in the Evolution of a Civilization* (Orlando, FL : Academic Press, 1979)은 고지대 메소아메리카 문명을 생태학적 측면에서 강조하여 기술한 지역 연구서로서의 시금석이 되기에 충분한 저서이다. 문자에 대해서는 Andrew Robinson의 *The Story of Writing* (New York : Thames and Hudson, 1995)이 참고가 될 것이다. 사회적 접근방법으로는 Elizabeth Brumfiel의 "Aztec State Making : Ecology, Structure and the Origin of the State," *American Anthropologist* 85, no. 2 (1992): 261-284 그리고 Elizabeth Brumfiel과 John Fox 편저 *Factional Competition and Political Development in the New World* (Cambridge : Cambridge University Press, 1994)가 국가 발달 과정에서 나타나는 경쟁적인 파벌의 역할에 대한 최근의 연구 경향을 반영한 사례를 제시하였다.

Kent Flannery의 영향력 있는 논문 "Process and Agency in Early State Formation," *Cambridge Archeological Journal* 9 (1999): 3-21은 순환하는 카리스마적 리더십에 대해서 주로 논의하고 있다. Norman Yoffee의 *Myths of the Archaic State : Evolution of the Earliest Cities, States and Civilizations* (Cambridge : Cambridge University Press, 2005)는 국가 형성의 실재에 관한 최근의 관점에 대한 중요한 분석을 내용으로 한다. 도시 외곽에 위치한 시골의 관점에서 본 연구로는

Glenn M. Schwartz와 Steven E. Falconer 편저 *Archaeological Views from the Countryside* (Washington, D.C. Smithsonian Institution Press, 1994)가 있다. 도시를 광범위한 맥락에서 본 저서로는 Monica L. Smith 편저 *The Social Construction of Ancient Cities* (Washington, D.C. : Smithsonian Institution Press, 2003)와 Joseph Tainter 편저, *The Collapse of Civilizations* (Cambridge : Cambridge University, Press, 1988)를 보기 바란다. 그리고 Norman Yoffee와 George Cowgill 편저 *The Collapse of Ancient States and Civilizations* (Tucson : University of Arizona Press, 1988)는 초기 국가의 쇠락에 대한 중요한 견해를 담고 있다.

Jared Diamond의 *Collapse : How Societies Choose to Fail or Succeed* (New York : Viking Adult, 2004)도 또한 참고해야 한다. Roderick J. McIntosh와 Joseph A. Tainter 그리고 Susan Keech McIntosh의 *The Way the Wind Blows : Climate, History and Human Action* (New York : Columbia University Press, 2000)과 Charles L. Redman의 *Human Impact on Ancient Environments* (Tucson : University of Arizona Press, 1999)는 문명의 변천에 영향을 준 기후 변화의 역할에 대해 연구하였다. 현대 문명의 순환에 대해서는 Paul Kennedy의 *The Rise and Fall of the Great Powers* (New York : Random House, 1987), 초기문명의 순환에 대해서는 Gary M. Feinman과 Joyce Marcus가 펴낸 *Archaic States* (SantaFe : School of American Research Press, 1998), pp.60-94에 실린 Joyce Marcus의 "The Peaks and Valleys of Ancient States"를 보기 바란다.

제2부 첫 번째 문명

근동의 농경 기원에 대해 연구한 저서로 Charles Redman의 *The Rise of Civilization* (San Francisco : Freeman, 1978)이 있다. 보다 최근의 연구로는 Marc Verhoeven의 "Beyond Boundaries : Nature, Culture and a Holistic Approach to

Domestication in the Levant," *Journal of World Prehistory* 18 (2004): 179-282 를 보기 바란다. 근동에서의 농경을 알게 된 배경에 대해 Jacques Cauvin은 자신의 관점을 *The Birth of the Gods and the Origins of Agriculture* (Cambridge : Cambridge University Press, 2000)에서 기술하였다. 괴베클리 테페 유적의 최근 발굴 성과와 그 중요성에 대한 최근의 연구로 David Lewis-Williams와 David Pearce의 *Inside the Neolithic Mind* (London : Thames and Hudson 2005, pp. 31-33)가 있다. Kathleen Kenyon은 *Digging Up Jericho* (London : Benn, 1957)에서 자신이 수행한 예리코 유적의 발굴에 대해 쉽게 설명하고 있다. 회칠이 된 유골과 그것들의 중요성에 대해서는 Yosef Garfinkel이 "Ritual Burial of Cultic Objects : The Earliest Evidence" *Cambridge Archaeological Journal* 4 (1994) : 159-188에서 검토하고 있다. 텔 아부 후레이라 유적의 조사 성과는 A. M. T. Moore와 G. C. Hillman 그리고 A. J. Legge가 쓴 *Village on the Euphrates : The Excavation of Abu Hureyra* (New York : Oxford University Press, 2001)를 보기 바란다. 넴릭과 카요누에 대해서는 *World Archaeology* 21, no. 3 (1990)의 논문, 시리아 유적지에 대해서는 Peter M. M. G. Akkermans와 Glenn M. Schwartz의 *The Archaeology of Syria* (Cambridge : Cambridge University Press, 2003)을 참조하기 바란다. 차탈 회위크의 초기 연구는 잘 알려진 James Mellaart, *Çatal Hüyük : A Neolithic Town in Anatolia* (London : Thames and Hudson, 1967)에서 기술되고 있다. 또한 Ian A. Todd의 *Çatal Hüyük in Perspective* (Menlo Park, CA : Cummings, 1976)도 참고하기 바란다. 유적지에 대한 가장 최근의 현장 연구에 대해서는 Ian Hodder의 *Çatalhöyük : The Leopard's Tale* (London : Thames and Hudson, 2006)을 참고하기 바란다(유적명 철자는 수정된 것임).

제3장 메소포타미아 : 첫 번째 도시들(3500~2000 B.C.)
메소포타미아 문명의 발달에 대해 기술한 저서로 Charles Redman의 *The Rise of Civilization :* (San Francisco : Freeman, 1978) 그리고 David Oates와 Joan Oates

의 *The Rise of Civilizaiton* (Oxford : Phaidon, 1976)이 탁월하며, 보다 최근의 것으로는 Susan Pollock의 *Ancient Mesopotamia* (Cambridge : Cambridge University Press, 2000)가 있다. 보다 상세하게 제시된 지리적 관점이 Michael Roaf의 *Cultural Atlas of Mesopotamia and Ancient Near East* (New York : Facts on File, 1990)의 앞부분에 제시되어 있다.

초기 메소포타미아 문명에서 관개의 역할은 Karl A. Wittfogel의 *Oriental Despotism : A Comparative Study of Total Power* (New Haven, CT : Yale University Press, 1957)와 Julian Steward 편저 *Irrigation Civilizations : A Comparative Study* (Washington, D.C. : Pan-American Union, 1955)에서 논의되고 있다. 메소포타미아의 관개 수로에 대한 가장 이른 시기의 고고학적 증거는 David Oates와 Joan Oates가 "Early Irrigation Agriculture in Mesopotamia"라는 제목으로 G. de G. Sieveking와 I. H. Longworth 그리고 K. E. Wilson이 펴낸 *Problems in Economic and Social Archaeology* (London : Duckworth, 1976, pp. 109-135)에 기술되어 있다. Adams의 유명한 취락 조사에 대해서는 *Heartland of Cities* (Chicago : University of Chicago Press, 1981)를 참고하기 바라며, 이것과 그 이후 예멘에서 터키까지 근동 전체를 대상으로 한 최근의 조사 연구는 T. J. Wilkinson의 *Archaeological Landscapes of the Near East* (Tucson : University of Arizona Press, 2003)에서 폭넓게 검토 분석되었다. 시골에서의 도시의 영향과 복잡사회의 형성에 대해서는 Glenn M. Schwartz와 Steven E. Falconer 편저 *Archaeological Views from the Countryside : Village Communities in Early Complex Societies* (Washington D.C. : Smithsonian Institution Press, 1994)를 보기 바란다. 텔 알라카이의 발굴조사에 대해서는 Glenn Schwartz의 "Rural Economic Specialization and Early Urbanization in the Khabur Valley, Syria" 3장 pp.19-36에 서술되어 있다.

우루크 시기의 국가 형성 이론에 대해서 논쟁이 많은데, 이에 대해서는 Susan Pollock의 "Bureaucrats and Managers, Peasants and Pastoralists, Imperialists and Traders : Research on the Uruk and Jemdet Nasr Periods in Mesopotamia," *Journal of World Prehistory* 6 (1992) : 297-336에서 검토되고 있다. 아울러 G. Stein과 M. S. Rothman 편저 *Chiefdoms and Early States in the Near East* (Madison, WI : Prehistory Press, 1994)도 보기 바란다. "The Decline and Rise of Mesopotamian Civilization," *American Antiquity* 44 (1979) : 5-35에서 Norman Yoffee는 메소포타미아 국가의 발흥에 대한 혁신적 이론들을 비판하였다. N. Yoffee 와 A. Sherratt가 펴낸 *Archaeological Theory : Who Sets the Agenda?* (Cambridge : Cambridge University Press, 1993)에 쓴 "Too Many Chiefs?"도 보기 바란다. Rainer Michael Boehmer의 "Uruk 1980-1990 : A Progress Report" *Antiquity* 65 (1991) : 465-478은 우루크 자체에 대한 최근 연구를 요약한 것이다. Guillermo Algaze의 *The Uruk World System : The Dynamics of Expansion of Early Mesopotamian Civilization,* 2nd ed. (Chicago : University of Chicago Press, 2004)는 우루크 세계시스템에 대하여 고전적으로 설명한 것이다. Gil Stein 등이 쓴 "Uruk Colonies and Anatolian Communities : An Interim Report on the 1992-1993 Excavations at Hacinebi, Turkey," *American Journal of Archaeology1000* (1996) : 205-260는 하시네비에서의 발굴 성과와 우루크 "식민지"에 대한 검토를 내용으로 한다. 텔 하무카르에 대한 최근 연구는 McGuire Gibson과 Muhammad Maktash의 "Tell Hamoukar : Early City in Northeastern Syria" *Antiquity* 74 (2000) : 477-478를 읽기 바란다. Gary M. Feinman와 Joyce Marcus가 펴낸 *Archaic States* (Santa Fe : School of American Research Press, 1998), pp.173-197에 실린 "Uruk States in Southwestern Iran"에서는 우루크 시대 수시아나의 도시화 과정에 대해서 기술하였다.

문자의 전신으로서 점토 상징물을 다룬 이론에 대해서는 Denise Schmandt-Besserat가 2권에 걸쳐 쓴 *Before Writing* (Austin : University of Texas Press, 1992) 이 있고, 이를 요약 발표한 것이 *How Writing Came About* (Austin : University of Texas Press, 1996)이다. Hans J. Nissen와 Peter Damerow 그리고 Robert K. Englund가 쓴 *Archaic Bookkeeping : Early Writing and Techniques of Economic*

Administration in the Ancient Near East(Chicago : University of Chicago Press, 1993) 또한 초기 문자에 대해서 서술하고 있다. "초기 문자 시스템"을 주제로 한 *World Archaeology* 17, no. 3 (1986) 특별호에도 메소포타미아와 근동 지역에 대한 다수의 유용한 논문이 실려 있다.

남부 메소포타미아의 서기전 3000년기에 대해 Nicholas Postgate는 *Early Mesopotamia : Society and Economy at the Dawn of History* (London : Kegan Paul, 1992)에서 치밀하게 검토하였다. 같은 저자가 "How Many Sumerians per Hectare?-Probing the Anatomy of an Early City" *Cambridge Archaeological Journal* 4 (1994) : 47-65 에서 텔 아부 살라비크의 건물 규모를 도시 인구 추정치와 관련지어 서술하였다. 우르에 있는 왕실 무덤과 지구라트의 발굴을 담당했던 Leonard Woolley 경이 도면과 사진과 함께 기술한 저서가 *Ur of the Chaldees*로 P. R. S. Moorey가 수정판을 내놓았다(New York : Barnes & Noble, 1982). 왕실 무덤의 인간 희생물에 대해서는 D. Bruce Dickson이 쓴 "Public transcripts expressed in theatres of cruelty : the Royal Graves at Ur in Mesopotamia" *Cambridge Archaeological Journal* 16 (2006) : 123-144를 보기 바란다. 수메르인의 생활과 종교 신앙은 Samuel Noel Kramer의 *The Sumerians : Their History, Character and Culture* (Chicago : University of Chicago Press, 1963)와 Thorkild Jacobsen의 *The Treasures of Darkness* (New Haven, CT : Yale University Press, 1972)에 생생하게 설명되어 있다.

초기 메소포타미아 역사를 설명한 저술 중에 표준적이고 일반적이라고 할 수 있는 것은 I. E. S. Edwards 등이 펴낸 *The Cambridge Ancient History*, 3rd ed. (Cambridge : Cambridge University Press, 1980)의 관련된 장이라고 할 수 있다. 아카드 제국의 역사와 이념에 대해서는 현재 전문가 연구 결과로 정평이 나 있는 M. Liverani 편저, *Akkad : The First World Empire* (Padua : Sargon srl, 1993)가 있으며, 그중 특히 Piotr Michalowski의 "Memory and Deed : The Historiography of the Political Expansion of the Akkadian State" pp.69-90와 Harvey Weiss와

Marie-Agnes Courty의 "The Genesis and Collapse of the Akkadian Empire" pp.131-155를 보기 바란다.

아카드 제국의 몰락에 기후적인 요인이 크게 작용하였다는 설명을 뒷받침하는 증거에 대해 Peter de Menocal가 "Cultural Responses to Climate Change during the Late Holocene," *Science* 292 (2001): 667-673에서 검토하고 있다. 섬유기술의 발달과 천 생산에서 여성의 역할에 대해서는 Joy McCorriston이 "The Fiber Revolution : Textile Extensification, Alienation and Social Stratification in Ancient Mesopotamia," *Current Anthropology* 38 (1997): 517-549에서 논의하고 있다.

에블라에서의 발견에 대해서는 Paolo Matthiae가 쓴 *Ebla : An Empire Rediscovered* (London : Hodder and Stoughton, 1980)를 참고하기 바란다. 남부 레반트와 메소포타미아에서의 도시 발달에 대해서 S. E. Falconer와 S. H. Savage가 "Heartlands and Hinterlands : Alternative Trajectories of Early Urbanization in Mesopotamia and the Southern Levant" *American Antiquity* 60 (1995) : 37-58에서 비교의 관점에서 기술하고 있다.

엘람과 이란 고원에 대해서는 D. T. Potts가 쓴 *The Archaeology of Elam* (Cambridge : Cambridge University Press, 1999)과 John Curtis 편저 *Early Mesopotamia and Iran : Contact and Conflict 3500-1600 B.C.* (London : British Museum Press, 1993)를 참조하기 바란다. 초창기 엘람의 식민지에 대한 주장이 C. C. Lamberg-Karlovsky가 쓴 "The Proto-Elamites on the Iranian Plateau," *Antiquity* 52 (1978) : 114-120에서 제시되었다. 샤흐리 소크타와 이란 고원의 다른 서기전 3000년기 중심지의 전문화된 장인 생산에 대한 증거에 대해 Maurizio Tosi가 "The Notion of Craft Specialization and Its Representation in the Archaeological Record of Early States in the Turanian Basin"에서 마르크스의 관점에서 서술하고 있다. 이 연구는 Matthew Spriggs 편저 *Marxist Perspectives in Archaeology* (Cambridge : Cambridge University Press, 1984), pp.22-52에 실려 있다.

제4장 이집트 문명

이집트 문명에 대한 저작물은 방대한데, 그중 많은 것이 전문적인 이집트 학자에 의해서 생산되었다. 일반적인 설명을 다룬 저서는 많지만 그중에서도 가장 훌륭한 것 중 하나가 Barry Kemp가 쓴 *Ancient Egypt : Anatomy of a Civilization* (London and New York : Routledge, 1989)으로 깊은 통찰력을 보여준다. Cyril Aldred의 *The Egyptians,* 3rd ed. (London and New York : Thames and Hudson, 1998)는 대중적이면서도 탁월한 솜씨로 이집트에 대해 요약 정리하였다. Ian Shaw 편저 *The Oxford History of Ancient Egypt* (Oxford : Oxford University Press, 2000)는 권위 있는 논문과 훌륭한 참고문헌을 제시하고 있다. 고고학적 발견에 대한 연대표를 보려면 Nicholas Reeves의 *Ancient Egypt : The Great Discoveries* (London and New York : Thames and Hudson, 2000)를 참조하기 바란다. 아프리카 중심주의에 대한 저술은 광범위하다. Chiekh Anta Diop의 *Nations Nègres et Culture*(Paris : Presence Africaine, 1955)와 Tarharka Sundiata의 *Black Manhood : The Building of Civilization by the Black Man of the Nile* (Washington, D.C. : University Press of America, 1979)이 자주 인용되는 연구서이다. Ivan van Sertima의 *The African Presence in Early America* (New Brunswick, NJ : Transaction Press, 1987)가 확고하게 아프리카중심주의 입장에 기술하고 있다면, Martin Bernal의 *The Afroasiatic Roots of Classical Civilization* (New Bruswick, NJ : Rutgers University Press, 1987 and 1992)은 서양 문명에 끼친 이집트의 영향을 논평하고 있다. G. T. Martin의 *The Hidden Tombs of Memphis* (London : Thames and Hudson, 1991)는 누비아에 대해서 놀라울 정도로 현실감 있게 묘사하고 있다.

특정 주제에 대한 연구도 풍부한데, 그중 하나가 Salima Ikram and Aidan Dodson의 *The Mummy in Ancient Egypt* (London and New York : Thames and Hudson, 1998)이다. 선왕조시대의 이집트와 기원에 대해서는 Michael A. Hoffman 의 *Egypt before the Pharaohs* (Austin : University of Texas Press, 1991)와 *The Predynastic of Hierakonpolis* (Cairo : Egyptian Studies Association, 1982)를 참

고하기 바란다. 선왕조시대의 고고학에 대해서는 Kathryn A. Bard "The Egyptian Predynastic : A Review of the Evidence" *Journal of field Archaeology* 21, no. 3(1994): 265-288과 Robert J. Wenke, "The Evolution of Early Egyptian Civilization : Issues and Evidence," *Journal of World Prehistory* 5 (1991) : 279-329를 보기 바란다. T. A. H. Wilkinson가 쓴 *Early Dynastic Egypt* (London : Routledge, 1999)는 상당히 가치가 있는 기초적인 내용을 다루었다. 피라미드에 대해서는 Mark Lehner의 *The Complete Pyramids* (London and New York : Thames and Hudson, 1997)가 권위가 있다. Kurt Mendelssohn의 *The Riddle of the Pyramids* (New York : Praeger, 1974)는 도전적인 가설을 제시하고 있다. Peter James의 *Centuries of Darkness* (New Brunswick, NJ : Rutgers University Press, 1993)는 마네토의 왕 명단에 대해서 연구하였다. 아크나톤에 대해서는 Donald B. Redford의 *Akhenaten : The Heretic King* (Princeton, NJ : Princeton University Press, 1984)을 참조하기 바란다. 보다 공감적인 서술을 원한다면 Cyril Aldred의 *Akhenaten : King of Egypt* (New York : Thames and Hudson, 1991)과 Nicholas Reeves의 *Akhenaten* (London : Thames and Hudson, 2001)을 보기 바란다. 투탕카멘에 대한 지식을 원한다면 Nicholas Reeves의 *The Complete Tutankhamun* (London and New York : Thames and Hudson, 1990)을 읽어 보기 바란다. Richard H. Wilkinson의 *Reading Egyptian Art : A Hieroglyphic Guide to Ancient Egyptian Painting and Sculpture* (London and New York : Thames and Hudson, 1992)는 고대 이집트 문자와 종교 신앙에 대해서 서술하고 있다. Miriam Lichtheim가 펴낸 *Ancient Egyptian Literature : A Book of Readings*(Berkeley : University of California Press, 1973-1980)에서는 이집트인의 목소리를 들을 수 있다.

제5장 남아시아 : 하라파와 후기 문명

초기 남아시아 문명에 대해서 일반적으로 요약한 저술은 Bridget와 Raymond Allchin의 *The Rise of Civilization in India and Pakistan* (Cambridge : Cambridge University Press,1982)에서 볼 수 있다. Raymond Allchin의 *The Archaeology of Early Historic South Asia* (Cambridge : Cambridge University Press, 1995) 에서는 앞의 저서에서 기술한 이후의 시대를 다루고 있다.

인더스 문명에 대한 연구도 풍부하다. Mortimer Wheeler의 *The Indus Civilization*, 3rd ed. (Cambridge : Cambridge University Press, 1968)는 고전적이며 상당히 오래된 저서이다. Gregory Possehl 편저의 *Harappan Civilization*, 2nd ed. (New Delhi : Oxford and IBH Publishing, 1993)은 여러 편의 귀중한 논문을 싣고 있다. 개괄적인 관점에서 최근에 발표된 글로는 J. M. Kenoyer의 *Ancient Cities of the Indus Valley Civilization* (Karachi : Oxford University Press,1998)가 있다. 또한 Jane McIntosh의 *A Peaceful Realm : The Rise and Fall of the Indus Civilization* (Boulder, CO : Westview Press, 2001)도 읽을 것을 권한다. Asko Parpola의 *Deciphering the Indus Script* (Cambridge : Cambridge University Press, 1994)는 하라파 문자에 대한 논문이다. S. Ratnagar의 *Encounters : The Westerly Trade of the Indus Civilization* (Delhi : Oxford University Press, 1981)은 하라파의 외국 무역에 대해 쓴 것이며, 보다 최근의 것으로는 "The Bronze Age : Unique Instance of a Pre-Industrial World System?" *Current Anthropology* 43 (2001) : 351-379 가 있다. Gary M. Heinemann과 Joyce Marcus 편저 *Archaic States* (Santa Fe : School of American Research Press, 1998), pp.261-291에서 Gregory L. Possehl은 "Sociocultural Complexity without the State"이라는 논문을 통해 하라파 도시의 정치적 조직에 대해 기술하였다.

아리아 언어에 대해서는 J. P. Mallory의 *In Search of the Indo-Europeans* (London and New York : Thames and Hudson, 1991)를 읽기 바란다. 그 이후 시기의 고고학적 연구로서 Anna King의 "Some Archaeological Problems Regarding Gangetic Cultures in Early Historical India"와 James Heitzman의 "Early Buddhism, Trade and Empire"가 Kenneth A. R. Kennedy와 Gregory L. Possehl이 펴낸 *Studies in the Archaeology and Palaeoanthropology of South Asia* (New

Delhi : Oxford and IBH Publishing, 1984), pp.109-119와 pp.121-137에 실려 있다.

제6장 초기 중국 문명

불행하게도 중국 문명에 대한 엄청난 양의 저술 중 많은 것이 비중국어인에게는 접근하기 힘들다. 그러나 영어로 된 책 세 권이 초기 중국 문명과 고고학에 대해 유용한 내용의 설명을 제공해 준다. G. L. Barnes의 *China, Korea and Japan : The Rise of Civilization in East Asia* (London : Thames and Hudson, 1992)는 Kwang-Chi Chang의 두 편의 고전적인 저술 *Shang Civilization* (New Haven, CT : Yale University Press, 1980)과 *The Archaeology of Ancient China*, 4th ed. (New Haven, CT : Yale University Press, 1986)를 최근 시점에서 수정 보완한 것이다. 상 이전의 시기에 대한 것은 C. Y. Hsu와 K. M. Linduff이 저술한 *Western Chou Civilization* (New Haven : Yale University Press, 1988)을 보기 바란다. Jessica Rawson의 *Ancient China : Art and Archaeology* (London : British Museum, 1980)와 Wen Fong의 *The Great Bronze Age of China* (New York : Metropolitan Museum of Art, 1980)도 중요하다. 이 저서를 보완한 것이 Jessica Rawson의 *Mysteries of Ancient China* (London : British Museum Publications, 1996)이다. 이 글은 산싱두이에서 출토된 경탄할 만한 청동 조각을 포함한 최근의 고고학적 발견의 세부 사항과 도시와 관련된 내용을 포함하고 있다. Anne P. Underhill의 "Current Issues in Chinese Neolithic Archaeology," *Journal of World Prehistory* 11 (1997) : 103-160는 중국 신석기 시대에 대한 최근의 연구성과물로 참고문헌을 풍부하게 제시하고 있다.

David N. Keightley의 *Sources of Shang History : The Oracle Bone Inscriptions of Bronze Age China* (Berkeley : University of California Press, 1978)는 역사적 기록인 상의 갑골문을 주제로 하고 있다. 중국의 늦은 시기의 일반적 역사에 대해서는 Jacques Gemet의 *A History of Chinese Civilization* (Cambridge : Cambridge University Press, 1982)을 보기 바란다. Sarah M. Nelson 편저, *The Ar-*

chaeology of Northeast China : Beyond the Great Wall (London : Routledge, 1995)은 서양 독자에게는 만주로 잘 알려진 중국 동북지역의 새로운 조사 성과에 대한 세부사항을 소개하고 있다. 뉴허량에 대해서는 Gina L. Barnes와 Guo Dashun 공저 "The Ritual Landscape of 'Boar Mountain' Basin : The Niuhelinag Site Complex of North-Eastern China" *World Archaeology* 28 (1996) : 209-219를 보기 바란다. 중국 동북부의 홍산 문화와 그 이후의 전개에 대해서는 Gideon Shelach의 *Leadership Strategies, Economic Activity, and Interregional Interaction : Social Complexity in Northeast China* (New York : Kluwer Academic, 1999)를 읽기 바란다.

두 편의 정기간행물 Antiquity와 Orientations는 중국 신석기시대와 청동기시대에 대한 논문을 가끔 게재한다. 이 간행물은 최근 발견 성과에 대해 영어로 된 귀한 자료를 제공한다. 양주 옥에 대해서는 Tsui-mei Huang의 "Liangzhu - A Late Neolithic Jade-Yielding Culture in Southeastern Coastal China" *Antiquity* 66(1992) : 75-83와 Jean M. James의 "Images of Power : Masks of the Liangzhu Culture" *Orientations* 22, no. 6 (1991) : 46-55를 보기 바란다. Katheryn M. Linduff의 "Zhukaigou, Steppe Culture and the Rise of Chinese Civilization" *Antiquity* 69 (1995) : 133-145는 내몽골 주카이거우 유적지에 대해 기술하고 있다. 산싱두이의 중요한 발견에 대해서는 앞에서 인용한 Jessica Rawson의 저서 그리고 Katheryn M. Linduff와 Yan Ge가 쓴 "Sanxingdui : A New Bronze Age Site in Southwest China" *Antiquity* 64 (1990) : 505-513 그리고 Robert W. Bagley의 "A Shang City in Sichuan Province" *Orientations* 21, no. 1 (1990) : 52-67를 보기 바란다. Jigen Tang과 Zhichun Jing 그리고 George Rapp이 쓴 "The Largest Walled Shang City Located in Anyang, China" *Antiquity* 74 (2000) : 479-480은 새로이 발견된 환베이의 상 도시에 대해 간략히 언급하고 있으며, 신간 무덤에 대해서는 Robert W. Bagley가 "An Early Bronze Age Tomb in Jiangxi Province" *Orientations* 24, no. 7 (1993) : 20-36에서 서술하고 있다.

중국 문자의 기원에 대한 최근 정보는 Nicholas Postgate와 Tao Wang 그리고 Toby Wilkinson이 함께 쓴 "The Evidence for Early Writing : Utilitarian or Ceremonial?" *Antiquity* 69 (1995) : 459-480에서 Tao Wang이 제시하고 있다. David N. Keightley의 "Art, Ancestors, and the Origins of Writing in China" *Representations* 56 (1996) : 68-95는 중국 문자가 다른 초기 국가 사회에서 발견되는 회계 또는 경제적 기록에 대한 필요성 때문이 아니라, 중국의 의례 관습과 예술적 발명에 의해 발생한 것이라는 주장을 하고 있다. 룽산에서 상까지 북동 중국의 국가 형성 과정은 최근에 Li Liu의 "Settlement Patterns, Chiefdom Variability and the Development of Early States in North China" *Journal of Anthropological Archaeology* 15 (1996) : 237-288에서 상세히 연구되었다.

제3부 근동의 위대한 권력

제7장 근동 왕국들(2000~1200 B.C.)

두 편의 저서 즉 Seton Lloyd의 *The Archaeology of Mesopotamia* (London : Thames and Hudson, 1978)와 Michael Roaf의 *Cultural Atlas of Mesopotamia and the Ancient Near East* (Oxford : Facts on File, 1990)는 복잡한 시대의 근동 고고학을 다루었다. Joan Oates의 *Babylon* (London : Thames and Hudson, 1986)은 상당히 중요한 유적지와 그곳에 수도를 둔 왕국에 대한 고고학적 성과를 다루었다. Eric M. Meyers 편저 *The Oxford Encyclopaedia of Archaeology in the Near East* (New York : Oxford University Press, 1997) 또한 유용성이 큰 저서이다. 아슈르와 아나톨리아의 교역을 주제로 Mogens Larsen이 *The Old Assyrian City-State and Its Colonies* (Copenhagen : Akademisk Forlag, 1976)를 저술하였으며, Michael Rowlands와 Mogens Larsen 그리고 Kristian Kristiansen이 함께 펴낸 *Centre and Periphery in the Ancient World* (Cambridge : Cambridge University

Press, 1987), pp. 47-56에 실린 Larsen의 광역 네트워크 분석인 "Commercial Networks in the Ancient Near East"도 보기를 바란다. Harriet Crawford의 "The Site of Saar : Dilmun Reconsidered" *Antiquity* 71 (1997) : 701-708은 바레인의 사르에서 이루어진 최근 발굴에 대해 서술하고 있다.

Elizabeth C. Stone과 Paul Zimansky의 *The Anatomy of a Mesopotamian City : Survey and Soundings at Mashkan-shapir* (Winona Lake, IN : Eisenbrauns, 2004)는 이라크 마쉬칸 샤피르에서 이루어진 발굴 성과에 대하여 기술하였다. 보다 간략한 설명을 원한다면 "The Tapestry of Power in a Mesopotamian City" *Scientific American* 272, no. 4 (April 1995) : 92-97를 보기 바란다.

마리 왕궁에 대해서는 영어로 된 좋은 설명서가 없으나 Stephanie Dalley의 *Mari and Karana : Two Old Babylonian Cities* (London : Longman, 1984)이 왕궁 도서관에서 찾은 세세한 일상생활에 대한 자료를 제공하고 있다. Norman Yoffee는 *The Economic Role of the Crown in the Old Babylonian Period* (Malibu, CA : Undena, 1977)에서 고바빌로니아 제국의 몰락에 대해 분석하였다. 그는 "The Decline and Rise of Mesopotamian Civilization : An Ethnoarchaeological Perspective on the Evolution of Social Complexity" *American Antiquity* 44 (1979) : 5-35에서 그의 주장을 요약하였다. D. T. Potts의 *The Archaeology of Elam : Formation and Transformation of an Ancient Iranian State* (Cambridge : Cambridge University Press, 1999)에서는 엘람인들에 대한 최근의 설명을 볼 수 있다.

히타이트에 대해서는 Trevor Bryce의 *The Kingdom of the Hittites* (Oxford : Oxford University Press, 1999)와 J. G. Macqueen의 *The Hittites and Their Contemporaries in Asia Minor* (London : Thames and Hudson, 1996)를 읽어 보기 바란다. W. L. Moran의 *The Amarna Letters* (Baltimore : Johns Hopkins University Press, 1992)에서는 아마르나 글자에 대해 설명하고 있다. 후기 청동기시대의 위대한 중심지에 대한 파괴 상황과 그곳을 공격한 자들의 정체에 대해서는 Trude Dothan 의 *People of the Sea : The Search for the Philistines* (New York : Macmillan,

1992)을 보기 바란다. 킬리세 테페와 다른 유적지의 발굴에 대한 내용이 Roger Matthews 편저 *Ancient Anatolia* (London : British Institute of Archaeology at Ankara, 1998)에 설명되어 있다.

제8장 서기전 1000년기의 근동 지역

이 시기에 대한 저술은 상당히 복잡해서 전문가에게도 부담스러운데, 일반적인 참고저서로 다음과 같은 몇 편이 있다. Michael Roaf의 *Cultural Atlas of Mesopotamia and the Ancient Near East* (Oxford : Facts on File, 1990)와 Seton Lloyd의 *The Archaeology of Mesopotamia* (London : Thames and Hudson, 1984)와 Amelie Kuhrt 편저 *The Ancient Near East : 3000-330 B.C.* (London and New York : Routledge, 1995)의 해당 장이 그것이다. Seton Lloyd의 *Foundations in the Dust,* 2nd ed. (London : Thames and Hudson, 1980)은 메소포타미아의 어지러운 고고학사를 경탄스러울 만큼 잘 요약하고 있다. J. T. Hooker의 *Reading the Past : Ancient Writing from Cuneiform to the Alphabet* (London : British Museum Publications, 1990)는 쐐기문자의 해독과 알파벳의 발달에 대해 설명하고 있다.

이스라엘과 이스라엘인의 기원에 대한 논문으로는 Neil A. Silberman의 "Who Were the Israelites?" *Archaeology* 45, no. 2 (1992) : 22-30과 K. W. Whitelaw와 R. B. Coote의 *The Emergence of Israel in Historical Perspective* (Sheffield, England : Almond Press, 1987)를 참고하기 바란다. 구릉에 발달한 취락과 관련된 논문으로는 Israel Finkelstein이 쓴 "The Great Transformation : the 'Conquest' of the Highlands Frontiers and the Rise of Territorial States"가 있다. 이 논문은 Thomas E. Levy 편저 *The Archaeology of Society in the Holy Land* (Leicester : Leicester University Press,1998), 349-365에 실려 있다. 또한 T. J. Wilkinson의 *Archaeological landscape of the Near East* (Tucson : University of Arizona Press, 2003)도 같은 주제를 다루고 있다. Finkelstein은 다윗과 솔로몬이 함께 세운 왕국에 대하여 두 편의 논문을 통하여 재해석했는데 "The Archaeology of the United

Monarchy : An Alternative View," *Levant* 28 (1996) : 177-187와 "Bible Archaeology or Archaeology of Palestine in the Iron Age? A Rejoinder" *Levant* 30 (1998) : 167-174이 그것이다. Sabatino Moscati는 *The Phoenicians* (Milan : Bompiani, 1988)에서 페니키아인들에 대해 풍부한 도면을 제시하여 설명하였다. 제국의 고고학에 대해 Carla M. Sinopoli의 "The Archaeology of Empires" *Annual Review of Anthropology* 23 (1994): 159-180와 Susan E. Alcock와 Terence N. D'Altroy, Kathleen D. Morrison 그리고 Carla M. Sinopoli가 함께 펴낸 *Empires : Perspectives from Archaeology and History* (Cambridge : Cambridge University Press, 2001)에서 폭넓은 관점에서 검토되었다.

아시리아 역사와 고고학에 대해 개괄적으로 설명한 저술 중 우수한 것은 비교적 적은 편이다. 앞에서 언급한 Seton Lloyd의 *The Archaeology of Mesopotamia*에는 간략한 개요가 서술되어 있다. John Malcolm Russell의 *Sennacherib's Palace without Rival at Nineveh* (Chicago : University of Chicago Press, 1991)는 주요 궁정유적 중 하나에 대한 연구이다. 님루드에 대해서는 David Oates와 Joan Oates의 *Nimrud : An Assyrian Imperial City Revealed* (London : British School of Archaeology in Iraq, 2001)를 읽기 바란다. T. J. Wilkinson과 Eleanor Barbanes Wilkinson, Jason Ur 그리고 Mark Altaweel의 "Landscape and Settlement in the Neo-Assyrina Empire" *Bulletin of the American Schools of Oriental Research* 340 (2005) : 23-56에는 아시리아 제국주의가 북부 메소포타미아의 경관에 미친 영향이 설명되어 있다. 바빌론에 대해서 훌륭하게 설명한 저서로는 Joan Oates의 *Babylon* (London : Thames and Hudson, 1986)과 (서기전 6세기에 대한) David J. Wiseman의 *Nebuchadnezzar and Babylon* (Oxford : Oxford University Press, 1985)가 있다. A. R. George의 "Babylon Revisited : Archaeology and Philology in Harness" *Antiquity* 67 (1993) : 734-746도 보기 바란다. Charles Burney와 David M. Lang의 *The Peoples of the Hills : Ancient Ararat and Caucasus* (London : Weidenfeld and Nicholson, 1971)는 우라르투와 고지대 왕국에 대해 다루

고 있다.

Ben Marsh의 "Alluvial Burial of Gordion, an Iron-Age City in Anatolia" *Journal of field Archaeology* 26 (1999) : 163-175는 고르디온의 환경에 대해서 설명하고 있다. 고르디온 고총의 음식 잔존물에 대한 분석은 Patrick E. McGovern 등에 의해 "A Funerary Feast Fit for King Midas" *Nature* 402 (1999) : 863-864라는 연구논문을 통해서 제시되었다.

제4부 지중해 세계

제9장 에게 해의 첫 번째 문명

청동기 시대의 에게 고고학에 대해서는 많은 저술에 잘 요약 정리되어 있다. Oliver Dickinson의 *The Aegean Bronze Age* (Cambridge : Cambridge University Press, 1994)와 Colin Renfrew의 *The Emergence of Civilization : The Cyclades and the Aegean in the Third Millennium B.C.* (London : Methuen, 1972)가 좋은 출발점이 될 것이다. Peter Warren의 *The Aegean Civilizations*, 2nd ed. (Oxford : Phaidon, 1989)는 보다 대중적인 설명을 하고 있다. Donald Preziosi와 Louise Hitchcock의 *Aegean Art and Architecture* (Oxford : Oxford University Press, 2001)도 도움이 된다. Tracey Cullen 편저 *Aegean Prehistory : A Review* (Boston : Archaeological Institute of America, 2001)에 지침이 될 만한 연구가 다수 실려 있다.

키클라데스에 대한 최근 저서인 Cyprian Broodbank의 *An Island Archaeology of the Early Cyclades* (Cambridge : Cambridge Universify Press, 2001)는 도서 사회의 특별한 성격에 대해 다루고 있다. 키클라데스의 조각에 대해서는 Colin Renfrew의 *The Cycladic Spirit* (London : Thames and Hudson, 1991)를 보기 바란다. 개별적인 군주에 대한 Patricia Getz-Preziosi의 분석 내용은 *Sculptors of the Cyclades : Individual and Tradition in the Third Millennium B.C.* (Ann Arbor :

University of Michigan Press, 1987)로 출판되었다. 대부분 출처가 기록되지 않고 도굴된 비극적인 키클라데스 조각에 대해 Chris Chippindale과 David Gill은 "Material and Intellectual Consequences of Esteem for Cydadic Figures" *American Journal of Archaeology* 97 (1993): 601-659를 통해 기술하고 있다.

다수의 최근 연구에서는 특히 에게 해 청동기시대 연대기를 다루고 있다. 그중 가장 유용한 것이 Peter Warren과 Vronwy Hankey의 편저 *Aegean Bronze Age Chronology* (Bristol : Bristol Classical Press, 1989)와 Sturt Manning의 *Absolute Chronology of the Aegean Early Bronze Age* (Sheffield : Sheffield Academic Press, 1995)이다. M. G. L. Baillie의 *A Slice Through Time* (London : Batsford, 1995)는 산토리니 화산 폭발의 나이테 연대 추정에 대한 것이다. 올리브나무 연대 추정 결과에 대해서 Walter L. Friedrich, Bernd Kromer, Michael Friedrich Jan Heinemeier, Tom Pfeiffer 그리고 Sahra Talamo가 "Santorini Eruption Radiocarbon Dates to 1627-1600 B.C." *Science* 312 (2006) : 548로 발표하였다.

Gerald Cadogan의 *Palaces of Minoan Crete* (London : Barrie and Jenkins, 1976)와 Nanno Marinatos의 *Minoan Religion* (Columbia : University of South Carolina Press, 1993)은 미노아 문명의 두 가지 주요 측면을 다루고 있다. "경쟁 정치체제의 상호작용"과 크레타 왕궁에 대해서는 John F. Cherry의 "Polities and Palaces : Some Problems in Minoan State Formation"을 보기 바란다. 이 논문은 Colin Renfrew와 John F. Cherry의 편저 *Peer Polity Interaction and Socio-Political Change* (Cambridge : Cambridge University Press, 1986), pp.19-45에 실려 있다. Sir Arthur Evans의 *The Palace of Minos at Knossos*, 4 vols. (Oxford : Clarendon Press, 1921-1935)은 위대한 왕궁에 대해 설명한 오래된 고전이다. Lucy Goodison의 "From Tholos Tomb to Throne Room : Perceptions of the Sun in Minoan Ritual"은 크노소스 왕 즉위실에서 확인되는 태양빛 효과에 대한 것이다. 이 논문은 R. Laffineur와 R. Hägg 편저 *Potnia : Deities and Religion in the Aegean Bronze Age,* (Liege and Austin, 2001), pp.77-88에 실려 있다. Robin Barber의 *The Cyclades in the Bronze Age* (London : Duckworth, 1987)는 에게 해 섬의 고고학에 대해 설명하고 있다.

Christos Doumas의 *Thera : Pompeii of the Ancient Aegean* (London : Thames and Hudson, 1983)에서 아크로티리의 웅장한 유적지를 설명하고 있으며, 같은 Doumas의 *The Wall-Paintings of Thera* (Athens and London : Thera Foundation, 1992)에서는 벽화에 대해서 호화판으로 소개하였다. 미케네 본토 유적지 두 곳에서 이루어진 20세기 발굴에 대해서는 Alan Wace의 *Mycenae : An Archaeological History and Guide* (Princeton, NJ : Princeton University Press, 1949)와 George Mylonas의 *Mycenae and the Mycenaean Age* (Princeton, NJ : Princeton University Press) 그리고 Carl W. Blegen과 Marion Rawson의 *The Palace of Nestor at Pylos* (Princeton, NJ : Princeton University Press, 1966)를 보기 바란다. John Chadwick의 *The Mycenaean World* (Cambridge : Cambridge University Press, 1976)는 선형 B 문자를 증거로 미케네 문명에 대해 서술한 훌륭한 일반 저서이다. Chadwick의 *The Decipherment of Linear B* (Cambridge : Cambridge University Press, 1958)은 Michael Ventris의 문자 해독에 대해 이야기하였다. Chadwick의 선형 B 문자에 대한 설명은 J. T. Hooker 편저 *Reading the Past* (London : British Museum Publications, 1990), pp. 136-195에서 심화되었다. Sinclair Hood의 *The Arts of Prehistoric Greece* (Hannondsworth, England : Penguin, 1978)는 미케네 장인제도와 미케네에 대해 잘 다루고 있다. Michael Woods의 *In Search of the Trojan War* (London : BBC Books,1985)는 트로이 전쟁의 역사성에 대해서 상세하게 논의했다.

제10장 서기전 1000년기의 지중해 세계(1000~30 B.C.)

P. Horden과 N. Purcell의 *The Corrupting Sea* (Oxford : Blackwell, 1999)는 3000년 이상이 된 지중해의 역사를 탁월하게 개괄하고 있다. Barry Cunliffe의 *Facing the Ocean : The Atlantic and Its Peoples 8000 B.C.-A.D. 1500* (Oxford : Oxford University Press, 2001)에는 서지중해와 대서양에서의 페니키아와 그리스의 활

동이 서술되어 있다. 고대 그리스에 대해서는 William R. Biers의 *The Archaeology of Greece : An Introduction*, 2nd ed. (Ithaca, NY : Cornell University Press, 1996) 과 James Whitley의 *The Archaeology of Ancient Greece* (Cambridge : Cambridge University Press, 2001)에서 시작하는 것도 좋을 것이다. 앞의 연구를 보완할 수 있는 것이 Ian Morris 편저 *Classical Greece : Ancient Histories and Modern Archaeologies* (Cambridge : Cambridge University Press, 1994)이다. 이 논문은 현대 고고학적 접근 방법을 통해 달성된 성과를 설명하고 있다. 보다 전통적인 역사학의 접근방법으로는 J. B. Bury와 Russell Meiggs의 *A History of Greece*, 4th ed. (London : Macmillan, 1975)가 있는데, 고전기 말까지의 그리스 역사에 대해 개괄하고 있다.

아테네 도시국가의 발흥에 대해 Ian Morris가 연구한 사례를 중심으로 저술한 것이 *Burial and Ancient Society : The Rise of the Greek City-State* (Cambridge : Cambridge University Press, 1987)로, 아티카 무덤에 나타난 증거를 토대로 이루어진 영향력 있는 저서이다. 이 연구와 대비되는 것으로 Michael Shanks의 *Art and the Early Greek State : An Interpretive Archaeology* (Cambridge : Cambridge University Press, 1999)가 있는데, 코린트에 초점을 두고 있다. Ian Morris의 *Archaeology as Cultural History* (Oxford : Blackwell, 2002)도 서기전 1000~600 기간 동안 그리스의 발달에 대해 문헌기록과 고고학적 증거를 결합하여 설명하였다. John Bintliff의 "Regional Survey, Demography and the Rise of Complex Societies in the Ancient Aegean : Core-Periphery, Neo-Malthusian and Other Interpretive Models" *Journal of field Archaeology* 24 (1997) : 1-38은 고전기, 헬레니즘 시기, 그리고 로마시대에 걸친 그리스 도시국가의 발흥과 운명에 대해 고고학적 조사에서 나온 증거를 제시하여 설명하였다.

그리스의 식민지화에 대해서는 John Boardman의 *The Greeks Overseas : Their Early Colonies and Trade*, 2nd ed. (London : Thames and Hudson, 1980)에서 잘 설명되고 있다. 서구의 초기 식민지인 피테쿠사이에서 나온 증거를 광범위하

게 이용하여 David Ridgway가 *The First Western Greeks* (Cambridge : Cambridge University Press, 1992)를 저술하였다. 화려한 도면이 삽입된 G. Pugliesi Carratelli 편저 *The Western Greeks* (London : Thames and Hudson, 1996)도 읽어 보기 바란다. 시바리스에 대해서는 Marianne Kleibrink의 "The Sacred Landscape of the Sibaritide : Veneration of Ancestors, Nymphs and Deities"를 읽어 보기 바란다. 이 논문은 P. A. J. Attema, G. J. Burgers, E. van Joolen, M. van Leusen 그리고 B. Mater 편저 *New Developments in Italian Landscape Archaeology* (Oxford, British Archaeological Reports, 2002), pp.211-219에 실려 있다. 메타폰툼에 대해서는 J. C. Carter의 *Discovering the Greek Landscape at Metaponto* (Ann Arbor : University of Michigan Press, 2005)를 보기 바란다.

지중해에서 페니키아의 활동에 대해서는 Sabatino Moscati 편저 *The Phoenicians* (Milan : Bompiani, 1988)와 Maria Eugenia Aubet의 *The Phoenicians and the West : Politics, Colonies and Trade* (Cambridge : Cambridge University Press, 1993)를 읽어 보기 바란다. 고대 카르타고에 대하여 탁월하게 설명되어 있는 저술 중 하나는 David Soren, Aicha Ben Abed Khader 그리고 Hedi Slim의 *Carthage : Uncovering the Mysteries and Splendors of Ancient Tunisia* (New York : Simon & Schuster, 1990)이다. Serge Lancel의 *Carthage : A History* (Oxford : Blackwell, 1995)도 유익하다. 카르타고의 아이 제물 관습에 대해서는 John Day의 *Molech : A God of Human Sacrifice in the Old Testament* (Cambridge : Cambridge University Press, 1989)와 Shelby Brown의 *Late Carthaginian Child Sacrifice and Sacrificial Monuments in Their Mediterranean Context* (Sheffield : JSOT Press, 1991)를 보기 바란다.

에트루리아의 고고학과 역사에 대해서는 Massimo Pallottino의 *The Etruscans* (Harmondsworth, England : Penguin, 1978)가 고전적인 연구이다. 이 연구를 보완한 것들이 Larissa Bonfante 편저 *Etruscan Life and Afterlife* (Detroit : Wayne State University Press, 1986)와 Mario Torelli 편저 *The Etruscans* (London

: Thames and Hudson, 2000) 그리고 Graeme Barker와 Tom Rasmussen의 *The Etruscans* (Oxford : Blackwell, 1998)라고 할 수 있다. Alessandro Guidi의 "The Emergence of the State in Central and Northern Italy" *Acta Archaeologica* 69 (1998) : 139-161에서는 에트루리아 도시 국가의 출현에 대한 증거를 검토했다. Vedia Izzett의 "Form and Meaning in Etruscan Ritual Architecture" *Cambridge Archaeological Journal* 11 (2001) : 185-280은 에트루리아 신전의 상징주의에 대해 논의하였다. 고대 그리스에 대한 논문은 엄청나게 많으나 그중에서 W. B. Dinsmoor의 *The Architecture of Ancient Greece*, 3rd ed. (New York : Norton, 1975)과 A. W. Lawrence가 처음 쓰고 T. A. Tomlinson이 개정한 *Greek Architecture* (Harmondsworth, England : Penguin, 1983) 그리고 J. J. Coulton의 *Greek Architects at Work* (Ithaca, NY : Cornell University Press, 1977)는 특히 읽어야 한다. 아테네 건축에 대해서는 R. E. Wycherley의 명저 *The Stones of Athens* (Princeton, NJ : Princeton University Press, 1978)에서 훌륭하게 다루고 있다. 그리스 신전 중 가장 유명한 파르테논에 대해서는 John Boardman과 David Finn의 *The Parthenon and Its Sculptures* (London : Thames and Hudson, 1985)과 Ian Jenkins의 *The Parthenon Frieze* (London : British Museum Publications, 1994)를 보기 바란다. 아크로폴리스의 복원 작업에 대한 최근의 계획에 대해서 Richard Economakis 편저 *Acropolis Restorations* (London : Academy Editions, 1994)에 풍부한 삽화와 함께 설명되어 있다. Robin F. Rhodes의 *Architecture and Meaning on the Athenian Acropolis* (Cambridge : Cambridge University Press, 1995)는 아크로폴리스의 건축 발달에 대해 서술하고 있다. 마지막으로 Richard A. MacNeal의 "Archaeology and the Destruction of the Later Athenian Acropolis" *Antiquity* 65 (1991) : 49-63는 19세기에 중세의 터키 건물을 아크로폴리스에서 제거한 정치적 배경에 대해서 설명하고 있다.

John Boardman 편저 *The Oxford History of Classical Art* (Oxford and New York : Oxford University Press, 1993)는 로마 시대의 고전 예술과 건축에 대한 최근의

개괄적 연구서이다. 초기 그리스 조각에 대해서는 Boardman의 뛰어난 저작물 시리즈인 *Greek Sculpture : The Archaic Period*와 *Greek Sculpture : The Classical Period* 개정판, 그리고 *Greek Sculpture : The Late Classical Period* (London : Thames and Hudson, 1978,1991,1995)를 보기 바란다. J. J. Pollitt의 *Art and Experience in Classical Greece* (Cambridge : Cambridge University Press, 1972)도 귀중한 연구저서이다. R. M. Cook의 *Greek Pointed Pottery*, 2nd ed. (London : Methuen, 1972)와 Martin Robertson의 *The Art of Vase-Painting in Classical Athens* (Cambridge : Cambridge University Press, 1992), Tom Rasmussen과 Nigel Spivey 편저 *Looking at Greek Vases* (Cambridge : Cambridge University Press, 1991)는 흑색과 적색 토기에 대해 다루고 있다.

고전 그리스의 지역 조사와 "거름 가설(manuring hypothesis)"에 대한 논의를 보고자 한다면 Morris의 *Classical Greece*, pp.137-170에 실린 Susan E. Alcock, John F. Cherry 그리고 Jack L. Davis의 "Intensive Survey, Agricultural Practice and the Classical Landscape of Greece"를 읽기 바란다. Lisa C. Nevett의 *House and Society in the Ancient Greek World* (Cambridge : Cambridge University Press, 1999)는 가구 맥락과 관계에서 본 여성과 남성 그리고 가족과 외부인에 대한 연구서이다.

Signe Isager와 Jens Erik Skydsgaard의 *Ancient Greek Agriculture : An Introduction* (London : Routledge,1992)은 고전기 농경 관행에 대한 개론서이다. 이 책에서 사례 연구로 본 아르골리드는 Tjeerd van Andel와 Curtis Runnels의 저서 *Beyond the Acropolis : A Rural Greek Past* (Stanford, CA : Stanford University Press, 1987)에서도 소개되어 있다. 이 사례 조사연구에 대한 보다 자세하고 확실한 해설은 Michael Jameson, Curtis Runnels 그리고 Tjeerd van Andel가 저술한 *A Greek Countryside : The Southern Argolid from Prehistory to the Present Day* (Stanford, CA : Stanford University Press, 1994)에 실려 있다. P. Cartledge, E. E. Cohen 그리고 L. Foxhall 편저 *Money, Labour and Land : Approaches to the*

Economies of Ancient Greece (London & NewYork : Routledge, 2002), pp.185-199에 실려 있는 Sue Alcock의 "A Simple Case of Exploitation? The Helots of Messenia"는 스파르타 지배하의 메세니아 취락 유형에 대해 서술하고 있다. Sarah P. Morris와 John K. Papadapoulos의 "Greek Towers and Slaves : An Archaeology of Exploitation," *American Journal of Archaeology* 109 (2005): 155-225 는 노예를 감금하기 위한 용도의 탑에 대해서 설명하고 있다. J. C. Carter, M. Crawford, P. Lehman, G. Nikolaenko 그리고 J. Trelogan의 "The Chora of Chersonesos in Crimea, Ukraine" *American Journal of Archaeology* 104 (2000) : pp. 707-741는 케로소네소스의 시골 배후지의 발달에 대하여 증거를 제시하여 설명하고 있다.

헬레니즘 시대의 표준적인 역사는 Peter Green의 *Alexander to Actium : The Hellenistic Age* (London : Thames and Hudson, 1990), 헬레니즘 예술에 대해서는 J. J. Pollitt의 *Art in the Hellenistic Age* (Cambridge : Cambridge University Press, 1986)를 보기 바란다. John Boardman의 *The Diffusion of Classical Art in Antiquity* (London : Thames and Hudson, 1994)는 그리스 예술이 헬레니즘 세계와 인도 및 그 너머 지역에 미친 영향에 대해 다루고 있다.

제11장 로마 제국

로마 제국에 대한 개괄서 중 뛰어난 책 중 하나는 M. Cary와 H. H. Scullard의 *A History of Rome to the Reign of Constantine*, 3rd ed. (London : Macmillan, 1975)이다. T. J. Cornell과 J. Matthews의 *Atlas of the Roman World* (Oxford : Phaidon, 1982)도 유익한 책이다. Chris Scarre의 *The Penguin Historical Atlas of Ancient Rome* (Harmondsworth, England : Penguin, 1995)은 지도와 더불어 제국 시기에 초점을 맞춘 간략한 저술이다. R. Talbert 편저 *Barrington Atlas of the Greek and Roman World* (Princeton : Princeton University Press, 2000)도 읽어 보기 바란다.

T. J. Cornell의 *The Beginnings of Rome* (London : Routledge, 1995)과 R. Ross Holloway의 *The Archaeology of Early Rome and Latium* (London : Routledge, 1994)은 로마의 기원과 초기 발달을 역사와 고고학적 관점에서 논의한 책들이다. 도시 중심지 아래에서 발견된 최근의 유적 유물들에 대해서도 소개했다.

로마제국에 대한 저술은 엄청나게 많기 때문에 여기에서는 아주 일부만 소개한다. 후기 공화정에서 초기 제국까지의 전환기에 대해서는 다음 두 책, 즉 Ronald Syme 경의 고전적인 책 *The Roman Revolution* (Oxford : Oxford University Press, reissued 2002)과 H. H. Scullard의 *From the Gracchi to Nero* (London and New York : Routledge, 1982)가 탁월하게 설명하고 있다. 훌륭한 개괄적 역사서로는 Colin Wells의 *The Roman Empire,* 2nd ed. (London : Fontana, 1992)가 있다. M. Goodman의 *The Roman World, 44 B.C.-A.D. 180* (London and New York : Routledge, 1997)와 D. S. Potter의 *The Roman Empire at Bay, A.D. 180-395* (London & New York : Routledge, 2004)도 유익하다. 국경 연구를 포함한 로마 고고학의 다양한 측면이 John Wacher 편저 *The Roman World*, 2 vols. (London : Roudedge, 1987)에서 기술되고 있다. 보다 전문화된 주제로 이 책을 보완한 연구들로는 Kevin Greene의 *Archaeology of the Roman Economy* (London : Batsford, 1986)와 Yann Le Bohec의 *The Imperial Roman Army* (London : Batsford,1994) 그리고 D. P. S. Peacock와 D. F. Williams의 *Amphorae and the Roman Economy* (London : Longman, 1986)가 있다. Glenn R. Storey의 "The Population of Ancient Rome" *Antiquity* 71 (1997) : 966-978은 로마 자체의 인구를 추정한 것을 내용으로 한다. James Packer의 논문 "Report from Rome : The Imperial Fora, a Retrospective" *American Journal of Archaeology* 101 (1997) : 330-337는 고대 도시의 중심지에서 수십 년간 이루어진 발굴 성과에 대해 검토하고 있다.

로마가 개별 속주에 미친 영향에 대한 뛰어난 연구로는 Greg Woolf의 *Becoming Roman : The Origins of Provincial Civilization in Gaul* (Cambridge : Cambridge University Press, 1998)과 Martin Millett의 *The Romanization of Brit-*

ain : An Essay in Archaeological Interpretation (Cambridge : Cambridge University Press, 1990)과 David Mattingly의 *An Imperial Possession : Britain in the Roman Empire* (London : Allen Lane, 2006) 그리고 Susan E. Alcock의 *Graecia Capta : The Landscapes of Roman Greece* (Cambridge and New York : Cambridge University Press, 1993), 아울러 Warwick Bal의 *Rome in the East* (London : Routledge, 2000)가 있다. Ray Laurence와 Joanne Berry 편저 *Cultural Identity in the Roman Empire* (London : Routledge, 2001)는 다양성과 정체성을 주제로 한 연구저서이다.

로마 건축에 대한 권위있는 두 표준적인 연구로는 J. B. Ward-Perkins의 *Roman Imperial Architecture* (Harmondsworth, England : Penguin, 1991)와 William L. MacDonald의 *The Architecture of the Roman Empire*, 1 vols. (New Haven, CT : Yale University Press, 1982 and 1986)가 있다. 조각, 그림, 모자이크에 대해서는 Donald Strong이 쓰고 Roger Ling이 개정한 *Roman Art* (Harmondsworth, England : Penguin, 1988)과 Roger Ling이 단독으로 쓴 *Roman Painting* (Cambridge : Cambridge University Press, 1991)을 보기 바란다.

후기 로마 제국에 대해서는 A. H. M. Jones의 *The Later Roman Empire : A Social, Economic and Administrative Survey* (Oxford : Blackwell, 1964)와 Averil Cameron의 *The Later Roman Empire* (London : Fontana, 1993)를 읽기 바란다. Klaus Randsborg의 *The first Millennium A.D. in Europe and the Mediterranean* (Cambridge : Cambridge University Press, 1991)은 유럽 차원에서 보다 넓게 접근한 것이다. 고전시대에서 초기 그리스도 시대까지 로마 예술의 변천에 대해 Jas Elsner가 *Imperial Rome and Christian Triumph : The Art of the Roman Empire A.D. 100-450* (Oxford : Oxford University Press, 1998)에서 서술하고 있다. 마지막으로 콘스탄틴누스 통치하의 기독교 초기 역사에 대해 읽을 만한 저서로는 Robin Lane Fox의 *Pagans and Christians* (New York : Knopf, 1986)가 있다.

제12장 동북아프리카 : 쿠시, 메로에 그리고 악숨

Lionel Casson이 번역한 *The Periplus of the Erythraean Sea* (Princeton, NJ : Princeton University Press, 1989)는 주항기(周航記, Periplus)를 탁월하게 분석하였다. 누비아의 개괄적인 내용에 대해서는 W. Y. Adams의 *Nubia : Corridor to Africa* (London : Allen Lane, 1977)가 일부 오래된 내용이 있기는 하지만 완벽한 자료라고 할 수 있다. Derek Welsby의 *The Kingdom of Kush* (London : British Museum Publications, 1996)와 Timothy Kendall의 *Kush, Lost Kingdom of the Nile* (Brockton, MA : Brockton Art Museum, 1982)은 John Taylor의 *Egypt and Nubia* (London : British Museum, 1991)와 함께 최근의 연구를 반영한 저서이다. Graham Connah의 *African Civilizations*, 2nd ed. (Cambridge : Cambridge University Press, 2001)은 누비아를 한 장에 걸쳐 비중있게 설명하고 있다. Torgny Save Soderbergh의 *Temples and Tombs of Ancient Nubia* (London : Thames and Hudson, 1987)는 아주 유익하다. 케르마에 대해서는 George Reisner의 *Excavations at Kerma* (Cambridge, MA : Peabody Museum, Harvard University, 1923)를 보기 바란다. Reisner가 누비아 발굴에 대해 쓴 다른 많은 단행본들은 W. Y. Adams의 참고문헌에 소개되어 있다. Charles Bonnet는 최근 시행한 장기 발굴의 중간 보고서를 학술정기간행물 *Geneva*(1978년 이후)에 게재하였다. 제벨 바칼의 복원에 대해서는 Timothy Kendall 의 *The Gebel Barkal temples 1989-1990 : A Progress Report on the Work of the Museum of Fine Arts, Boston, Sudan Mission* (Geneva : Seventh Conference for Nubian Studies, 1990)을 보기 바란다. D. M. Dixon의 "The Origin of the Kingdom of Kush" *Journal of Egyptian Archaeology* 50 (1964) : 121-132도 또한 읽기 바란다. 누비아의 이집트 제국주의에 대해서는 상당히 많은 연구가 이루어졌는데, 예를 들면 Mogens Trolle Larsen 편저 *Power and Propaganda : A Symposium on Ancient Empires* (Copenhagen : Akademisk Forlag, 1979), pp.167-191에 실

린 Paul John Frandsen의 "Egyptian Imperialism" 등이 있다. Stuart T. Smith의 "A Model for Egyptian Imperialism in Nubia" *Gottinger Miszellen* 122 (1991) : 77-102도 읽기 바란다.

메로에에 대한 것으로 Peter Shinni의 *Meroe* (London : Thames and Hudson, 1967)는 여전히 고대 도시에 대한 권위있는 자료이며, Judy Stemer와 Nicholas David 편저 *An African Commitment* (Calgary : University of Calgary Press, 1993)에 실린 John Robertson의 "History and Archaeology at Meroe"는 유용한 기초지식을 제공해 준다. Shinnie와 Rebecca Bradley의 *The Capital of Kush I* (Berlin : Akademie-Verlag, 1980)은 필수적인 단행본이다. Peter Shinnie와 Francois Kense의 "Meroitic Iron Working" *Meroitica* 6 (1982) : 17-28과 R. F. Tylecote "Metal Working at Meroe, Sudan" *Meroitica* 6 (1982) : 29-42도 볼 것을 권한다. Laszlo Torok의 "Kush and the External World" *Meroitica* 10 (1989) : 49-215는 외국과의 교역에 대해 서술하고 있다.

Richard W. Bulliet의 *The Camel and the Wheel* (Cambridge, MA : Harvard University Press,1975)은 낙타에 대한 뛰어난 연구서이다. Hilde Gauthier-Pilters와 Anne Innis Dagg의 *The Camel : Its Evolution, Ecology, Behavior and Relationship to Man* (Chicago : University of Chicago Press, 1981)도 읽기 바란다.

Stuart Munro-Hay의 *Aksum : An African Civilization of Late Antiquity* (Edinburgh : Edinburgh University Press, 1991)는 악숨 사회의 특징을 역사적 문헌적 자료를 이용하여 포괄적으로 설명하고 있다. Graham Connah의 *African Civilizations*, 2nd ed. (Cambridge : Cambridge University Press, 2001)도 보기 바란다. David W. Phillipson의 *Ancient Ethiopia : Aksum : Its Antecedents and Successors* (London : British Museum Press, 1998)는 악숨에 대한 포괄적인 검토를 내용으로 한다.

제13장 동남아시아의 성스러운 왕들

Charles Higham의 *The Civilization of Angkor* (London : Weidenfeld and Nicolson, 2001)는 앙코르에 대하여 선사시대의 기원부터 발흥까지 다루고 있다. Charles Higham와 Rachanie Thosarat의 *Prehistoric Thailand* (Bangkok : River Books, 1998)은 유용하면서도 널리 읽히는 저술이다. David Chandler의 *A History of Cambodia* (Boulder, CO : Westview Press, 1983)는 폭넓은 역사적 관점을 제공해 준다. Paul Wheatley의 *The Golden Khersonese : Studies in the Historical Geography of the Malay Peninsula to A.D. 1500* (Kuala Lumpur : University of Malaya, 1961)도 보기 바란다. Wheatley가 저술한 *Nagara and Commandery* (Chicago : University of Chicago Department of Geography Research Papers, 1983)는 필수적인 자료이다. O. W. Wolters의 *History, Culture and Region in Southeast Asian Perspective* (Singapore : Institute of Southeast Asian Studies, 1982)는 만달라에 대해 서술한 귀한 자료이다. 크메르의 왕권에 대해서는 I. W. Mabbett의 "Kingship at Angkor", *Journal of the Siam Society* 66, no. 2 (1965) : 1-58를 보기 바란다. 앙코르 와트에 대해서는 E. Mannika의 *Angkor Wat : Time, Space, Kingship* (Honolulu, HI : University of Hawaii Press, 1996)를 보기 바란다. R. B. Smith와 W. Watson 편저 *Early South East Asia* (Oxford : Oxford University Press, 1979)는 평민의 생활 같은 주제를 다룬 귀중한 연구서이다.

제14장 동아시아 왕국과 제국(770 B.C.~A.D. 700)

Gina Barnes가 저술한 *China, Korea and Japan : The Rise of Civilization in East Asia* (London : Thames and Hudson, 1993)는 후기 동아시아 고고학에 대한 믿을 만한 안내서이다. Qian Hao, Chen Heyi 그리고 Ru Suichu의 *Out of China's Earth : Archaeological Discoveries in the People's Republic of China* (Beijing : China Pictorial, 1981)는 역사적인 발견들을 다루고 있다. Jessica Rawson의 *Ancient China : Art and Archaeology* (London : British Museum Press, 1980)는 훌

룡한 요약서이다.

동주의 도시에 관한 고고학 연구에 대해서는 Shen Chen의 "Early Urbaniza-
tion in the Eastern Zhou in China (770-221 B.C.) : An Archaeological View"
Antiquity 68 (1994) : 724-744를 보기 바란다. Li Xueqin의 *Eastern Zhou and
Qin Civilizations* (New Haven : Yale University Press, 1985)는 당시 역사를 다루고
있다.

시황제의 토용 군대와 통치에 대해서는 Arthur Cotterell의 *The first Emperor
of China* (Harmondsworth, England : Penguin, 1981)에 서술되어 있다. 한 제국에
대해서는 Wang Zhongshu의 *Han Civilization* (New Haven, CT : Yale Univer-
sity Press,1982), 무덤 유물에 대해서는 S. L. Caroselli 편저 *The Quest for Eternity*
(London : Thames and Hudson; Los Angeles : Los Angeles County Museum of Art,
1987)를 보기 바란다. 베이동산과 수저우에서 최근 발견된 것에 대해서는 *Orienta-
tions* 21, no. 10 (1990)에 사진과 도면과 함께 소개되어 있다. 한 제국에 대한 개괄
적인 설명은 Michael Loewe의 *Everyday Life in Early Imperial China* (London
: Batsford, 1968)를 보기 바란다. 타림 분지의 인도 유럽인들에 대해서는 P. Mallory
와 Victor H. Mair의 *The Tarim Mummies* (London : Thames and Hudson, 2000)
를 읽기 바란다. 한반도의 초기국가들에 대해서는 Gina Barnes의 *State Formation
in Korea* (London : Curzon Press, 2001)를 보기 바란다.

제6부 아메리카의 초기국가들

제15장 저지대 메소아메리카

메소아메리카 문명에 대한 최고로 잘 정리된 저서는 Susan Toby Evans의 *Ancient
Mexico and Central America* (London and New York : Thames and Hudson,
2004)이다. Michael Coe의 *Mexico : From the Olmecs to the Aztecs,* 5th ed.

(London : Thames and Hudson, 2002)은 메소아메리카 문명에 대하여 일반인이 알기 쉽게 설명하여 널리 읽혀지는 책이다. 농경의 시작에 대해서는 Bruce Smith의 *The Emergence of Agriculture* (New York : Scientific American Library, 1994)를 보기 바란다. *The Early Mesoamerican Village* (Orlando, FL : Academic Press, 1976)는 당대의 고고학적 상황에 대하여 고전적이면서 독자적인 관점을 보여주는 저술로 유명하다. 올멕에 대해서는 Richard Diehl의 *The Olmecs : America's first Civilization* (London : Thames and Hudson, 2005)과 같은 책 (Austin : University of Texas Press, 1980) 그리고 삽화가 풍부하게 실려 있는 Michael Coe의 *Olmec World*(New York : Abrams, 1996)도 추천한다. Robert Share와 David Grove 편저 *Regional Perspectives on the Olmec* (Cambridge : Cambridge University Press, 1989)는 다소 오래전에 발표된 것이기는 하지만 보다 기술적인 수준에서 유용하다. Joyce Marcus의 "Political Fluctuations in Mesoamerica" *National Geographic Research and Exploration* 8, no. 4 (1992) : 392-411는 마야 도시 국가의 출현과 몰락에 대한 시나리오를 제시했다.

고대 마야에 대한 연구저서는 대중적이든 전문적이든 엄청나게 많다. Michael Coe의 *The Maya*, 7th ed. (New York : Thames and Hudson, 2005)는 개괄적인 설명을 하고 있으며, Coe의 *Breaking the Maya Code* (New York : Thames and Hudson, 1992)와 Robert J. Sharer의 *The Ancient Maya*, 5th ed. (Stanford : Stanford University Press, 1994)는 문자 해독에 성공한 내용을 생생하게 서술하고 있다. Arthur Demarest의 *Ancient Maya : The Rise and Fall of a Rainforest Civilization* (Cambridge : Cambridge University Press, 2005)도 보기를 바란다. Jeremy A. Sabloff의 *The Cities of Ancient Mexico* (New York : Thames and Hudson, 1989)는 적극 추천하는 개괄적인 자료이다. Linda Schele와 David Freidel가 저술한 *Forest of Kings* (New York : William Morrow, 1990)와 *Maya Cosmos* (New York : William Morrow, 1993)는 마야 세계에 대하여 복잡하면서도 알기 쉽게 정리한 저서로, 부분적으로는 논란의 소지가 있지만 설득력 있는 내용을 전해준다. Peter Harrison의

The Lords of Tikal : Rulers of an Ancient Maya City (New York : Thames and Hudson, 1999)는 마야 도시에 대해 알려진 내용을 요약 소개하였다. William Fash 의 *Scribes, Warriors and Kings* (New York : Thames and Hudson, 1991)는 코판 유적의 발굴을 정리한 저서이다. 기후 변화와 마야 농경의 관계에 대해서는 Garth Bawden과 Richard Martin Reycraft 편저 *Environmental Disaster and the Archaeology of Human Response* (Albuquerque : Maxwell Museum of Anthropology, 2000), pp. 195-212에 실린 Vernon L. Scarborough의 "Resilience, Resource Use and Socioeconomic Organization : A Mesoamerican Pathway"를 보기 바란다. Gerald Haug 등의 "Climate and the Collapse of Maya Civilization" *Science* 299 (2003) : 1731-1735는 호수와 바다 심층의 시추 조사연구 성과를 정리한 저술이다. Norman Yoffee와 George Cowgill 편저 *The Collapse of Ancient States and Civilizations* (Tucson : University of Arizona Press, 1988), pp.222-263 에 실린 T. Patrick Culbert의 "The Collapse of Classic Maya Civilization"은 마야 의 몰락을 다루고 있다. David Webster의 *The Collapse of Maya Civilization* (New York : thames and Hudson, 2001)도 읽기를 바란다. 발흥과 붕괴의 순환에 대해서는 Joyce Marcus 와 Gary Feinman 편저 *Archaic States* (Santa Fe : School of American Research, 1998), pp.59-94에 실린 Joyce Marcus의 "The Peaks and Valleys of Archaic States"를 보기 바란다.

제16장 고지대 메소아메리카

이 주제와 관련된 문헌 또한 엄청나게 많다. Susan Toby Evans의 *Ancient Mexico and Central America* (London and New York : Thames and Hudson, 2004)는 포괄적으로 요약 서술했다. Michael Coe의 *Mexico : from the Olmecs to the Aztecs*, 5th ed. (London : Thames and Hudson, 2002)도 이 장에서 다룬 내용 중 많은 부분을 다루고 있다. 왁사카 계곡에 대해서는 Kent Flannery와 Joyce Marcus가 공동으로 저술한 *Zapotec Civilizations : How Urban Society Evolved in Mexico's*

Oaxaca Valley (London and New York : Thames and Hudson, 1996)와 Richard Blanton 등의 *Ancient Oaxaca : The Monte Alban State* (Cambridge : Cambridge University Press, 1999)에서 다루고 있다. 테오티우아칸에 대해서는 Kathleen Berrin과 Esther Pasztory 편저 *Teotihuacan : Art from the City of the Gods* (New York : Thames and Hudson, 1993)에 풍부한 삽화와 함께 정리되어 있다. Rene Millon의 *Urbanization at Teotihuacan, Mexico,* vol. 1, *The Teotihuacan Map* (Austin : University of Texas Press, 1973)과 Janet Berlo 편저 *Art, Ideology and the City of Teotihuacan* (Washington, D.C : Dumbarton Oaks, 1992)도 보기 바란다. 톨텍에 대해서는 Richard Diehl의 *Tula* (London : Thames and Hudson, 1984)와 David Hanson 편저 *Tula of the Toltecs* (Iowa City : University of Iowa Press, 1989)를 보기 바란다.

아즈텍에 대해서는 Richard F. Townsend의 *The Aztecs* (New York : Thames and Hudson, 1992)와 Inga Clendinnen의 *Aztecs : An Interpretation* (Cambridge : Cambridge University Press, 1991)에 잘 서술되어 있다. Michael Smith의 *The Aztecs,* 2nd ed. (Oxford : Blackwell, 2002)도 보기 바란다. Geoffrey W. Conrad와 Arthur Demarest의 *Religion and Empire : The Dynamics of Aztec and Inca Expansionism* (Cambridge : Cambridge University Press, 1984)은 독자적인 비교의 관점을 보여준다. Eduardo Matos Moctezuma의 *The Great Temple of the Aztecs* (London : Thames and Hudson, 1988)는 테노치티틀란 중심부의 발굴 성과에 대해 설명하고 있다. 아즈텍에 대한 최근의 경제적 관점에서의 연구는 그들의 문명에 대한 기존의 개념에 혁신적인 변화를 가져왔다. 그중 일부의 연구를 보고자 한다면 Mary G. Hodge와 Michael E. Smith 편저 *Economies and Polities in the Aztec Realm* (Albany, NY : Institute for Mesoamerican Studies, 1994)를 보기 바란다. M. Cohen이 번역한 Bernal Diaz의 *The True Story of the Conquest of New Spain* (Baltimore : Pelican Books, 1963)에서는 스페인 정복을 생생하게 설명하고 있다. Charles E. Dibble과 Arthur J. O. Anderson의 *Florentine Codex : General*

History of the Things of New Spain, 12 vols. (Salt Lake City : University of Utah Press, 1950-1975)은 Fray Bernardino de Sahagun의 아즈텍 문명 연구에 대하여 탁월하게 분석하고 번역 소개했다.

제17장 안데스 문명의 토대

Michael Moseley의 *The Incas and Their Ancestors*, 2nd ed. (New York : Thames and Hudson,2000)는 안데스 고고학을 훌륭하게 종합한 저술이다. 문명의 기원에 대해서는 Michael Moseley의 *The Maritime foundations of Andean Civilization* (Menlo Park, CA : Cummings Publishing, 1975)를 보기 바란다. 불행하게도 초기 해안 유적지 출토유물들에 대해서는 발표된 연구가 많지 않다. 카랄에 대해서는 Ruth Shady Solis의 *La Ciudad Sagrada de Caral-Supe en las abrores de la civilizacion en el Peru* (Lima : UNMSM, 1997)와 Ruth Shady Solis와 Jonathan Haas 그리고 Winifred Creamer의 "Dating Caral : A Prehispanic Site in the Supe Valley on the Central Coast of Peru" *Science* 292 (2001): 723-726을 보기 바란다. Jonathan Haas와 T. Pozorski 그리고 S. Pozorski가 공동으로 펴낸 *The Origins and Development of the Andean State* (Cambridge : Cambridge University Press, 1987)에도 읽기를 추천할 만한 유용한 논문이 많이 실려 있다. 고지대의 종교 전통에 대해서는 Christopher Donnan의 *Architecture in the Andes* (Washington, D.C. : Dumbarton Oaks, 1985)를 보기 바란다. 차빈에 대해서는 Richard Burger의 *Chavin and the Origins of Andean Civilization* (NewYork : Thames and Hudson, 1992)를 읽기 바란다. Lawrence Sullivan의 *Icanchu's Drum* (New York : Free Press, 1989)에서는 고대와 현대의 안데스 종교가 멋들어지게 설명 분석되어 있다. 모든 고고학자들이 읽어 보아야 할 특별한 책이기도 하다.

제18장 안데스 국가(200 B.C.~A.D. 1534)

Michael Moseley의 *The Incas and Their Ancestors,* 2nd ed. (New York :

Thames and Hudson, 2000)는 안데스 고고학을 종합한 중요 연구서이다. 최신의 권위 있는 저서로 설득력이 있는 내용의 참고문헌을 담고 있다. 모체에 대해서는 Walter Alva와 Christopher Donnan의 *Royal Tombs of Sipan* (Los Angeles : Fowler Museum of Cultural History, 1993)을 보기 바란다. 삽화를 풍부하게 실은 이 책은 모체 문명에 대해 개괄적으로 설명하고 있다. 또한 Christopher Donnan과 Donna McClelland 편저 *The Burial Theme in Moche Iconography* (Washington, D.C. : Dumbarton Oaks, 1979)도 읽기 바란다. Alan Kolata의 *Tiwanaku* (Oxford : Blackwell, 1993)는 주요 왕국에 대해 훌륭하게 설명하고 있다. Clark L. Erickson 의 "Applied Archaeology and Rural Development : Archaeology's Potential Contribution to the Future" *Journal of the Steward Anthropological Society* 20, no. 1 and 2 (1992) : 1-16은 알티플라노에서 이루어진 집약농업을 설명하였다. 와리에 대한 연구로는 Katherina J. Schreiber의 "Conquest and Consolidation : A Comparison of the Wari and Inka Occupations of a Highland Peruvian Valley", *American Antiquity* 52, no.2 (1987) : 266-284가 있는데, 이 논문에서는 전문적인 내용의 참고문헌을 볼 수 있다. 치모르와 찬찬에 대한 연구로는 Michael Moseley와 Kent Day 편저 *Chan Chan : Andean Desert City* (Albuquerque : University of New Mexico Press, 1982)가 있다. 나스카에 대한 연구로는 Anthony Aveni의 *Between the Lines : The Mystery of the Ancient Ground Drawings of Ancient Nazca* (Austin : University of Texas Press,2000)가 있다. 잉카 문명에 대한 연구도 점차 증가하고 있는데, Terence N. D'Altroy의 *The Incas* (Oxford : Blackwell, 2002)는 탁월한 서술로 이루어진 연구서이다. 오래된 고전으로는 John Rowe 의 *Inca Culture at the Time of the Spanish Conquest,* vol. 1, *The Handbook of South American Indians* (Washington, D.C : Smithsonian Institution, 1946)가 있다. Geoffrey W. Conrad와 Arthur A. Demarest의 *Religion and Empire : The Dynamics of Aztec and Inca Expansionism* (Cambridge : Cambridge University Press, 1984)은 분할 세습과 왕실 조상 경배를 다루고 있다. John Hyslop의 *The Inca*

Road System (Orlando, FL : Academic Press,1984)과 *Inka Settlement Patterns* (Austin : University of Texas Press, 1990)는 뛰어난 연구서이다. 국가 경영에 대한 연구로는 Terence D'Altroy의 *Provincial Power in the Inka Empire* (Washington, D.C. : Smithsonian Institution, 1993)가 있다. John Hemming의 *The Conquest of the Incas* (New York : Harvest, 2003)는 스페인 정복에 대해 흥미롭게 서술하고 있다.

에필로그

Paul Kennedy의 *The Rise and Fall of the Great Powers* (New York : Random House, 1987)는 과거 5세기 동안 전세계적 권력의 지리적 이동에 대해 효율적으로 설명하고 있다. Eric Wolf의 *Europe and the People without History* (Berkeley : University of California Press, 1982)와 Immanuel Wallerstein의 *The Modern World System* (London : Academic Press, 1974,1980)은 필독서이다. Stephen K. Sanderson 편저 *Civilizations and World Systems* (Walnut Creek, CA : AltaMira Press, 1995)는 세계 시스템의 접근 방법을 비판하고 있다. Ahsan Jan Qaisir의 *The Indian Response to European Technology and Culture A.D. 1498-1707* (New Delhi : Oxford University Press, 1982)은 인도 무굴이 받아들인 유럽 기술과 그렇지 않은 기술을 서술하고 각각의 이유를 훌륭하게 설명하고 있다.

주요 참고문헌

Baines, John, and Jaromir Malek. 1980. *Atlas of Ancient Egypt*. Oxford: Phaidon.

Birley, Robin. 1994. *Vindolanda's Roman Records*. Rev. ed. Greenhead, England: Roman Army Museum Publication.

Chang, K.C. 1980. *Shang Civilization*. New Haven, CT; Yale University Press.

_____. 1986. *The Archaeology of Ancient China*, CT; Yale University Press.

Childe, Gordon. 1942. *What Happened in History*. Harmondsworth: Penguin Books.

Diaz, Bernal. 1963. *The True Story of the Conquest of New Spain*, trans. J. M. Cohen Baltimore: Pelican Books.

Dibble, Charles E., and Arthur J. O. Anderson. 1950-1975. *Florentine Codex: General History of the Things of New Spain*. Salt Lake City University of Utah Press

Fedder, Robin. 1965. *Egypt; Land of the Valley*, London: Faber and Faber

George, Andrew, ed., 2000. *The Epic of Gilgamesh*. Harmondsworth, England: Penguin Books.

Keightley, David N. 1996. "Art, Ancestors, and the Origins of Writing in China." *Representations* 56: 68-95.

Kovak, J. 1989. *The Epic of Gilgamesh*. Palo Alto, CA: Stanford University Press.

Lattimore, Owen, trans. 1967. *The Odyssey*. New York: Harper & Row.

Layard, Austen Henry. 1849. *Nineveh and Its Remains*. London: John Murray.

_____. 1853. *Nineveh and Babylon*. London: John Murray.

Lewis, Naphtali, and Meyer Reinhold, eds. 1990. *Roman Civilization: Selected Readings*. 3rd ed. 2 vols. New York: Columbia University Press.

Lichtheim, Miriam. 1973. *The Old and Middle Kingdoms*. Vol. 1 *of Ancient Egyptian Literature, A Book of Readings*. Berkeley: University of California Press.

_____. 1976. *The New Kingdom*. Vol. 2 of *Ancient Egyptian Literature, A Book of Readings*. Berkeley: University of California Press.

Linduff, Katheryne, and Yan Ge. 1990. "Sanxingdui: A New Bronze Age Site in Southwest China." *Antiquity* 64: 505-512.

Morgan, Lewis H. 1877. *Ancient Society, or, Researches in the Lines of Human Progress from Savagery through Barbarism to Civilization*. London: MacMillan & Company.

Oates, Joan. 1979. *Babylon*. London: Thames and Hudson.

Prestcott, William. 1843. *The Conquest of Mexico*. New York: Harpers.

Pritchard, James B., ed. 1958. *An Anthology of Texts and Pictures*. Vol. 1 of *The Ancient Near East*. Princeton, NJ: Princeton University Press.

Quigley, Carroll. 1961. *The Evolution of Civilizations: An Introduction to Historical Analysis*. New York: Macmillan.

Schele, Linda, and David Freidel. 1990. *A Forest of Kings*. New York: William Morrow.

Schliemann, Heinrich. 1885. *Ilios*. London: John Murray.

Stephens, John Lloyd. 1841. *Incidents of Travel in Central America, Chiapas, and Yucatan*. London: John Murray.

_____. 1841. *Incidents of Travel in Chiapas and Yucatan*. New York: Harpers.

_____. 1843. *Incidents of Travel in Yucatan*. London: John Murray.

Toynbee, Arnold J. 1934-1961. *A Study of History* (12 vols.). London: Oxford University Press

사진과 그림의 출처

1장

page2. Art Resource/The British Museum Great Court Ltd, ⓒ Copyright ; page 4: Adapted from *World Civilizations; The Global Experience*, vol. I, by Peter N. Stearns, Michael Adas, and Stuart B. Schwartz, ⓒ 1996 HarperCollins College Publishers, Inc.; page 13: Copyright Werner Forman/ Art Resource, NY; page 14: Art Resource, NY; page 16: Victoria & Albert Museum, Searight Collection, photograph: Photographic Survey, Courtauld Institute of Art; page 17: Art Resource/The British Museum Great Court Ltd, ⓒ Copyright The British Museum; page 20: Courtesy of the library of Congress.

2장

page 23: Museo Archaelogico, Florence, Italy, Copyright Scala/Art Resource, NY; page 25: Museo del Templo Mayor, Mexico City, D.F., Mexico, Copyright John Bigelow Taylor/Art Resource, NY; page 35: Art Resource/The Metropolitan Museum of Art, Museum Excavation 1919-1920, Rogers Fund and Edward S. Harkness Gift, 1920 (20.3.11); page 49: Nathaniel Issaacs/National Library of South Africa.

3장

page 60: Deutsches Archäologisches Institut; page 64: Visual Arts Library (London)/ Alamy Images; page 71: Louvre, Paris, France, The Bridgeman Art Library; page 73: Adapted from *Cultural Atlas of Mesopotamia and the Ancient Near East* by Michael Roaf, ⓒ 1990 Facts on File and *The Archaology of Mesopotamia* by Seton Lloyd, ⓒ 1978 Thames & Hudson; page 75: Adapted from *Heartland of Cities* by Robert McC. Adams, ⓒ 1981 University of Chicago Press; page 76: ⓒ Ronald Sheridan/ Ancient Art & Architecture Collection Ltd.; page 79: Adapted from "How Many Sumerians per Hectare?-Probing the Anatomy of an Early City," *Cambridge Archaeological Journal*, 4, by Nicholas Postgate, ⓒ 1994 McDonald Institute for Archaeological Research; page 82: Adapted from *Cultural Atlas of Mesopotamia and the Ancient Near East* by Michael Roaf, ⓒ 1990 Facts on File; page 88: Dagli Orti/Picture Desk, Inc./Kobal Collection/Musée du Louvre, Paris; page 90: British Museum, London/The Bridgeman Art Library; page 91: Adapted from *Ur of the Chaldes* by Sir Leonard Wooley and P. R. S. Moorey, ed., ⓒ 1982 Barnes & Noble; page 95: Iraq Museum, Baghdad, Iraq, Copyright Snark/ Art Resource, NY; page 98: Adapted from *Cultural Atlas of Mesopotamia and the Ancient Near East* by Michael Roaf, ⓒ 1990 Facts on File; page 101: Art Resource, NY.

4장

page 103: ⓒ Sandro Vannini/CORBIS, All Rights Reserved; page 109: Adapted from *People of the Earth: An Introduction to World History* by Brian Fagan, ⓒ 1995 Lindbriar Corporation; page 112: The Bridgeman Art Library International; page 117 (left): Egyptian Museum, Cairo, Copyright Werner Forman/Art Resource,

8장

page 216: Copyright SEF/Art Resource, NY; page 221: Chris Scarre; page 222: Adapted from *The Early Alphabet* by John F. Kealy, © 1990 British Museum Publications; page 223: Chris Scarre; page 224: Adapted from The *Phoenicians* by D. B. Harden, © 1971 Penguin Books; page 225: Mansell Collection/Getty Images/ Time Life Pictures; page 228: © R. Sheridan/ Ancient Art & Architecture Collection Ltd.; page 229: Adapted from *World Civilizations: The Global Experience*, vol. 1, by Peter N. Stearns, Michael Adas, and Stuart B. Schwartz, © 1996 HarperCollins College Publishers, Inc.; page 230: Chris Scarre; page 236: © Julian Worker / Ancient Art & Architecture Collection Ltd.; page 237: Adapted from *Babylon* by Joan Oates, © 1986 Thames & Hudson; page 239: Maynard Owen Williams/NGS Image Collection.

9장

page 242: Dagli Orti/Picture Desk, Inc./Kobal Collection; page 246: Adapted from *Societies and Cultures in World History* by Mark Kishlansky et al., © 1995 HarperCollins College Publishers, Inc.; page 248: Dagli Orti/ Picture Desk, Inc./Kobal Collection/National Archaeological Museum, Athens; page 251: The Art Archive/Private Collection, Paris/Dagli Orti/The Picture Desk; page 252: Archaeological Museum, Heraklion, Crete, Greece, Copyright Scala/Art Resource, NY; page 255: Archaeological Museum, Heraklion, Crete, Greece, Copyright Nimatallah/ Art Resource, NY; page 257: Dagli Orti/The Art Archive/Picture Desk, Inc. /Kobal Collection; page 259: National Archaeology Museum, Athens, Greece, Copyright Giraudon/ Art Resource, NY; page 260: Greek National Tourism Organization; page 261: Adapted from *The Aegean Bronze Age* by Oliver Dickenson, © 1994 Cambridge University Press; page 262: Chris Scarre; page 263: © The Trustees of the British Museum; page 267: Institute of Nautical Archaeology /D. Frey; page 270: Chris Searre.

10장

page 271: Dagli Orti/Picture Desk, Inc./Kobal Collection; page 273: Adapted from *Burial and Ancient Society: The Rise of the Greek City-State* by Ian Morris, © 1987 Cambridge University Press; page 276: Adapted from *World Civilizations: The Global Experience*, vol. 1, by Peter N. Steams, Michael Adas, and Stuart B. Schwartz, © 1996 HarperCollins College Publishers, Inc.; page 280: Chris Scarre; pages 281 and 282: Adapted from *Etruscan Italy: An Archaeological History* by Nigel Spivey and Simon Stoddart, © 1990 Batsford; page 285 (top): National Archaeological Museum, Athens, Greece, Copyright Alinari/ Art Resource, NY; page 289 (left): © Ronald Sheridan/Ancient Art & Architecture Collection Ltd.; page 289 (right): Museo Etrusco Gregoriano, Rome, Italy, Copyright Alinari/ Art Resource, NY; page 291: Photo by S. Morris and J. Papadopoulos, © Archaeological Institute of America/ *American Journal of Archaeology*; page 294 (top): George Holton/Photo Researchers, Inc.; page 294 (bottom): Chris Scarre; page 295: Ancient Art & Architecture Collection Ltd.; page 298: Chris Scarre; page 300: Adapted from Lisa C. Nevett, *House and Society in the Ancient Greek World*, reprinted with the permission of Cambridge University Press.

11장

page 303: ⓒ Araldo de Luca/CORBIS, All Rights Reserved; page 308: Vatican Museums, Vatican State, Copyright Alinari/ Art Resource, NY; page 314 (top): Adapted from *The Roman World*, vol. 2, by John Wacher, ed., ⓒ 1987 Routledge; page 314 (bottom): Oliver Benn/Getty Images, Inc.-Stone Allstock; page 316: Adapted from *Atlas of the Roman World* by T. J. Cornell and J. Matthews, ⓒ 1982 Phaidon; page 317: Chris Scarre; page 318: Chris Scarre; page 319: Adapted from *Atlas of the Roman World* by T. J. Cornell and J. Matthews, ⓒ 1982 Phaidon; page 320: Adapted from *Atlas of Classical Archaeology* by M. Finley, ed., ⓒ 1977 Chatto & Windus; page 321: A. K. G., Berlin/Superstock; page 322: Adapted from *Roman Imperial Architecture* by J. B. Ward-Perkins, ⓒ 1981 Penguin Books; page 323 (top): Galleria Borghese, Rome, Italy, ⓒ Alinari/ Art Resource, NY; page 323 (bottom): Chris Scarre; page 326: Adapted from Amphorae and the Roman Economy by D. P. S Peacock and D. F. Williams, ⓒ 1986 Longman; page 327: Adapted from Amphorae and the Roman Economy by D. P. S. Peacock and D. F. Williams, ⓒ 1986 Longman; page 328: HIP/Art Resource, NY; page 329: Alison Rutherford/ ⓒ The Vindolanda Trust.

12장

page 335: ⓒ J. Stevens/Ancient Art & Architecture Collection Ltd.; page 337: Adapted from *World Civilizations: The Global Experience*, vol. 1, by Peter N. Steams, Michael Adas, and Stuart B. Schwartz, ⓒ 1996 HarperCollins College Publishers, Inc.; page 342: Professor Stuart Tyson Smith; page 345: Dr. Timothy Kendall;

page 349: Peter Shinnie; page 353: Copyright Werner Forman/ Art Resource, NY.

13장

page 356: Photo by Thierry Ollivier, Musée des Arts Asiatiques-Guimet, Paris, France, Copyright Réunion des Musées Nationaux / Art Resource, NY; page 368: Eliot Elisofon/Getty Images/Time Life Pictures; page 369 (top): Jean-Louis Nou/ AKG Images; page 369 (bottom): Musée des Arts Asiatiques-Guimet, Paris, France, Copyright Giraudon/ Art Resource, NY; page 370: Michael S. Yamashita/CORBIS.

14장

page 374: Wang Lu/ChinaStock Photo Library; page 377: Adapted from "Early Urbanization in the Eastern Zhou in China (770-221 B.C.): An Archaeological View," *Antiquity*, by Shen Chen, ⓒ 1994; page 379: Ancient Art & Architecture Collection Ltd.; page 381 (top): Adapted from *China, Korea, and Japan: The Rise of Civilization in East Asia* by G. L. Barnes, ⓒ 1993 Thames & Hudson; page 381 (bottom): Gavin Hellier /Robert Harding World Imagery; page 383: Adapted from *World Civilizations: The Global Experience*, vol. I, by Peter N. Stearns, Michael Adas, and Stuart B. Schwartz, ⓒ 1996 HarperCollins College Publishers, Inc.; page 384: Adapted from *Ancient China* by Jessica Rawson, ⓒ 1980 British Museum; page 385: Wang Lu/ChinaStock; page 389: Adapted from *Han Civilization* by Wang Zhongshu, ⓒ 1982 Yale University Press; page 390: Jeffrey Newbury; page 395: Chris Scarre.

15장

page 398: Barbara & Justin Kerr Studio/ ⓒ Justin Kerr; pages 400 and 401: Adapted from *People of the Earth: An Introduction to World History* by Brian Fagan, ⓒ 1995 Lindbriar Corporation; page 405: Lee Boltin Picture Library; page 407: Robert & Linda Mitchell Photography; page 409: Kenneth Garrett/National Geographic Image Collection; page 411: Ray Matheny; page 413: Adapted from *The New Archaeology and the Ancient Maya* by Jeremy Sabloff, ⓒ 1990 Scientific American Library; page 415: Carnegie Institution of Washington; page 420: George Holton/Photo Researchers, Inc.; page 424: Robert Frerck/Getty Images, Inc.–Stone Allstock; page 425: ⓒ Robert Frerck/Odyssey /Chicago; page 426: Hillel Burger /Courtesy of the Carnegie Institution of Washington and The Peabody Museum of Archaeology and Ethnology, Harvard University; page 428: Hillel Burger/ Courtesy of the Carnegie Institution of Washington and The Peabody Museum of Archaeology and Ethnology, Harvard University; page 433: Ulrike Welsch/Photo Researchers, Inc.

16장

page 435: ⓒ Bettmann/CORBIS, All Rights Reserved; page 437: Adapted from *People of the Earth: An Introduction to World History* by Brian Fagan, ⓒ 1995 Lindbriar Corporation; page 439: Danny Lehman/ ⓒ Lehman/CORBIS, All Rights Reserved; page 442: ⓒ Angelo Hornak/CORBIS, All Rights Reserved; page 443: Lesley Newhart; page 449: Lesley Newhart; page 451: Neg./ Transparency no. 326597, Courtesy Dept. of Library Services, American Museum of Natural History; page

452: ⓒ Robert Frerck/Odyssey /Chicago; page 454: Library of Congress; page 456: The Bodleian Library, University of Oxford, MS, Arch. Selden A. I. Folio 60, detail.

17장

page 460: ⓒ The Cleveland Museum of Art, The Norweb Collection 1940.530; pages 462 and 463: Adapted from *People of the Earth: An Introduction to World History* by Brian Fagan, ⓒ 1995 Lindbriar Corporation; page 468: ⓒ Oscar Biffi/LATINPHOTO.org; page 470: Jeffrey Quilter; page 479: National Archaeological Museum, Lima, Peru, Copyright Giraudon/ Art Resource, NY.

18장

page 481: Buckingham Fund, 1955.2341, photo ⓒ The Art Institute of Chicago, All Rights Reserved; page 485: ⓒ Charles & Josette Lenars/CORBIS, All Rights Reserved; page 487 (top): Photo by Susan Einstein, Courtesy UCLA Fowler Museum of Cultural History; page 487 (bottom): Painting by Percy Fiestas, Courtesy Bruning Archaeological Museum, Lambayeque; page 493: ⓒ Robert Frerck/Odyssey /Chicago; page 494: ⓒ Chris Lisle/CORBIS, All Rights Reserved; page 497: Yutaka Yoshii/Izumi Shimada; page 498: M. E. Moseley / Anthro-Photo File; page 501: Mark Keller/SuperStock, Inc; page 503: Photo Researchers, Inc.; page 504: Adalberto Rios/Getty Images, Inc.–Photodisc.

19장

page 506: Bruno Barbey /Magnum Photos, Inc.

옮긴이의 글

인류 전체 혹은 각 민족의 역사를 설명하는 데 첫번째로 중요한 주제는 그들이 언제 어떻게 문명단계에 도달하였는지를 살피는 것이다. 그렇기 때문에 19세기부터 오늘날에 이르기까지 역사학, 인류학, 그리고 고고학 등 여러 분야의 많은 저명한 학자들이 고대의 초기문명에 대하여 관심을 갖고 지속적으로 논의하여 왔다. 그중에서도 실질적으로 가장 많은 기여를 할 수 있는 분야는 이 책의 저자가 지적한 대로 고고학이다. 신화는 확실하지 않으며, 초기문자기록 또한 제대로 해독되지 않으므로, 비록 그 자체가 제대로 알려주는 사실은 적더라도 당대 사람들이 남긴 유적과 유물이 가장 비중이 큰 논의 근거가 될 수밖에 없다.

20세기에 들어와 학자들은 물론 일반 대중들의 문명에 대한 관심은 더욱 구체화되고 폭이 넓어진다. 산업혁명 이후 고도로 발전한 도시와 국가가 산업혁명 이전 그 초기에 어떤 모습인가를 살피는 쪽으로 전환된다. 신구대륙 할 것 없이 전 세계에서 고고학적 탐험과 발굴조사가 활발하게 이루어지는데, 대체로 유럽의 연구자는 지중해와 근동, 미국의 연구자들은 인근의 중앙과 남부 아메리카, 그리고 아시아지역의 현지 연구자는 중국과 동남아 문명을 그 주된 대상으로 삼아왔다.

그들의 노력을 통하여 얻어지는 고고학 자료가 실로 방대하여 이를 전 세계 수준에서 체계적으로 설명한다는 것은 어려운 일이다. 그래서 세계 고대 문명을 다룬 많은 개론서가 일부 지역에 치중하거나, 전체를 개략적으로 소개하는 데 그치는 것은 이해할 수 있는 일이다. 세계 도처의 고대 문명을 망라하고 균형 있게 충분하게 다룬 책은 찾기가 쉽지 않은바, 그러한 점에서 이 책은 단연코 뛰어나다고 할 수 있겠다.

이 책은 크게 6부 19장으로 구성되어 있는데, 우선 1부에서는 각 지역별 문명의 사례를 살피는 데 필요한 사전 정보를 제공한다. 중요 유적의 조사성과를 소개하고 (1장) 국가의 형성 동인과 그 발전과정에 대한 여러 연구자들의 이론을 설명하였다(2장). 2부에서는 구대륙의 가장 이른 4대 문명, 메소포타미아(3장), 이집트(4장), 인더스(5장) 그리고 중국(6장)의 문명을 다룬바, 각 지역별로 신석기시대 농경취락에서 청동기시대의 도시와 국가에 이르기까지의 과정을 구체적으로 설명하고 있다.

다음 3부에서 6부까지는 신구대륙을 망라하여 도시국가 혹은 소규모 국가에서 대규모 제국에 이르고, 더 나아가 국가가 붕괴하거나 제국이 해체되기까지의 과정을 살피고 있다. 근동과 소아시아지역을 다룬 3부에서는 바빌론과 히타이트 국가의 성장(7장)과 아시리아와 페르시아 제국의 등장(8장), 지중해 연안 도서 지역을 다룬 4부에서는 크레타 문명의 형성 발전과 미케네지역과 교류(9장), 그리스에서 도시국가의 성장과 헬레니즘 세계의 구축(10장), 그리고 이탈리아 로마제국의 발전과 식민지 영역의 확장(11장)을 설명하고 있다.

동북 아프리카와 아시아 지역을 다룬 5부에서는 나일강 상류와 에티오피아 지역에서의 국가형성과 주변 문명권의 교류(12장), 동남아시아 신성왕권의 형성과 크메르 왕국의 발전(13장) 그리고 중국 진한 제국의 형성과 한국, 일본의 2차국가 형성(14장)을 다루었다. 아메리카 지역을 다룬 6부에서는 저지대 메소아메리카의 마야 도시국가의 경쟁과 흥망(15장), 메소아메리카 고지대의 테오티우아칸에서 아즈텍 제국의 형성과 붕괴(16장)를 설명하였다. 그리고 남아메리카 해안지대의 취락 발전과 국가의 형성(17장), 남미의 해안 모체국가의 발전에서 고지대 잉카 제국의 형성과 그 멸망(18장)을 소개하고, 마무리단계에 고대에서 현대로 이어지는 문명의 상사성과 상이성, 그리고 그 지속성에 대해서 설명한다(19장).

이러한 내용으로 이루어진 이 책은 영어저술 논저가 부족한 일부 지역을 제외하고는 세계 각 지역의 도시, 국가, 문명에 대해서 균등하게 설명하려고 노력하였다는 장점이 있다. 아울러 사회진화에 관심을 둔 과정주의와 더불어 개인과 이데올로기 등을 강조한 후기과정주의의 다양한 관점을 수용해서 설명하고 있는 점이 또한 돋보인다. 세계 각 지역마다 각기 다른 지리적 환경과 자연자원을 토대로, 지역집단마다 다양한 부문과 연계하여 사회의 변천과정을 설명하고 있는 것도 주목된다. 그러한 설명의 틀은 신진화론자들이 주장하는 족장(군장) 사회에서 초기국가 혹은 영역국가, 더나아가 제국에 이르기까지의 진화과정론을 대폭 수용한 것이다. 이는 우리나라 고고학, 고대사학계의 상당수 연구자들이 사회진화론 혹은 신진화론을 낮게 평가하는 인식과는 격세지감이 있다.

한편으로 각 국가의 형성과정에서 전쟁, 농경, 교역, 종교를 비롯하여 다종다양한 동인이 복합적으로 작용하였음을 강조한다. 또한 그 사회가 반드시 발전하는 것이 아니라, 해체되거나 붕괴되며, 모든 면에서 진보하는 것이 아니라고 역설한 점에서 진화론적 관점만을 견지하는 것이 아님을 알 수가 있다.

자칫 세계 전 지역의 사례를 망라하여 다룰 경우, 깊이 없이 개별적인 사실을 나열하거나 일정한 틀에 끼워 맞춰 도식적으로 설명하는 수박 겉핥기식의 밋밋한 문명 개론서에 그치기 마련이다. 그러나 이 책은 선택과 집중의 원리를 활용하여 인류가 남긴 문명 유산의 고고학적 특징과 역사문화적 의미를 함축적이고도 충분하게 설명하고 있다. 무엇보다도 이 책의 내용을 풍부하게 하는 것은 본문의 내용과 연계하여 제시된 많은 유적지도와 연대표, 유적 유물 사진과 도면이다. 또한 별도의 박스 형태로 중요한 유적, 유물의 조사연구에 얽힌 이야기를 세밀하게 소개하고 있어 흥미를 더해주고 있다.

잘 알다시피 요즈음 동아시아 지역에서 상고사와 고대 문명에 대해서 신화와 고고학 자료를 연계한 논의가 활발하다. 한국의 경우 정작 대부분의 고고학자들이 외면하는 고조선의 문명, 국가 형성 문제와 관련하여 요하유역의 고고학적 자료에 접근하고 있는 사례가 늘고 있는 중이다. 북한에서는 단군조선을 서기전 3천년기에 존재하였다고 전제하고, 그 근거지인 대동강유역의 청동기시대 문화를 염두에 두고 대동강 문명이라 주장하기도 한다. 중국에서도 한족 중심의 전통적인 황하문명론에서 벗어나 다민족 중심 국가론과 관련한 요하문명론이 주장되고 있다.

이러한 사례로 대표되는 동아시아 지역의 문명론은 도시, 국가와 연계한 "civili-zation"을 지칭하는 서구의 문명 개념을 제대로 수용하고 있지 않다. 그러한 관점이 동아시아 지역의 특성을 이해하는 데 도움이 될는지 모르지만, 세계 다른 지역과 비교하여 객관적인 설득력을 얻는 데는 실패할 수밖에 없다. 누구라도 인정할 만한 고고학적 근거를 충분하게 제시하지 못하면 더욱 그러할 것이다.

역자를 포함하여 많은 한국 고고학자들은 한반도를 지리적 범위로 하는 고고학, 그것도 유적과 유물의 팩트(fact)에 충실한 연구에 치중하고 있다. 최근에 와서 주변 국가에 관심을 갖는 사례가 늘고 있지만, 여전히 동북아시아 이외의 지역에 대한 체계적인 관심과 연구는 그리 많지 않다. 다른 문명권과의 비교론적 관점에서 접근하고자 하는 연구자는 더욱 드물다. 이러한 상황에서 한국의 초기국가 혹은 문명에 대한 설득력 있는 연구와 이해를 위해서 이 책에서 제시하는 세계 고대 문명에 대한 이해가 절대 필요한 것이다.

이 책을 한글로 옮기면서 많은 어려움이 있었는데, 무엇보다도 필자의 영어 어학과 한글 문장 실력이 저급한 데에 그 이유가 있다. 또한 고유명사의 표기가 가장 큰 문제로 세계의 모든 유적, 유물, 사람 이름을 통일된 기준에 맞추는 것이 어려웠다. 그래서 이미 많이 알려진 표기를 대부분 그대로 살렸으며, 중국의 경우 상나라 청동예기의 사례처럼 가능한 발음대로 표기하되 한자를 병기하는 방식을 택하였음을 밝힌다. 고유명사의 표기 이외에도 번역 용어를 선택하기 어려운 학술용어도 적지 않았는데, "chiefdoms society"가 바로 그 대표적인 사례이다. 이 번역서에서는 그중에서 고고학계와 고대사학계에서 가장 많이 활용되는 최몽룡과 김정배의 제안을 고려하여 족장(군장)사회로 병행 표기하였다.

이 책을 번역하겠다는 생각을 처음 갖게 된 것은 십여 년 전 제1판(1997년 출간)을 접하면서이지만, 정작 실천에 옮길 수 있었던 것은 4년 전 제3판(2008년 출간)을 보고 경북대 이희준 교수가 독려해준 덕택이다. 이 교수는 이 책의 저자 중의 한 사람인 페이건의 저서 다수를 번역한 바 있는데, 그 번역서 중 〈세계 선사문화의 이해〉 (2011년 출간)는 인류 출현에서부터 고대 문명의 발전까지 체계적으로 정리 소개하고 있어 이 책과 연계하여 참고할 만하다. 이 책의 제4판 수정판도 수년 이내에 출간되리라 기대되는데, 때마침 번역자가 올해 케임브리지 대학으로 1년 연구 교수로 가게 되어, 현재 더럼 대학에 재직 중인 스카레 교수를 만나 더욱 많은 정보를 얻을 수 있기를 기대하고 있다.

끝으로 이 책을 번역 출판하는 데 전폭적인 후원을 아끼지 않은 영남문화재연구원의 이백규 이사장, 박승규 원장을 비롯하여, 동 기관이 설립 20주년을 맞이할 때까지 많은 노력을 마다하지 않은 모든 연구원과 직원들에게도 고마움을 표한다. 아울러 전공이 전혀 다르면서도 흥미를 갖고 이 책을 번역 교정하는 데 도움을 준 아우 이덕규와 이 책을 깔끔하게 나올 수 있도록 힘을 써 준, 사회평론아카데미의 윤철호, 김천희 대표와 박서운 선생에게 감사를 드린다.

2015년 1월 1일
어머니의 건강을 빌면서
옮긴이 이청규

찾아보기